BAUSTEINE ZUR SLAVISCHEN PHILOLOGIE
UND KULTURGESCHICHTE

NEUE FOLGE

Begründet von

HANS-BERND HARDER (†)
und
HANS ROTHE

Herausgegeben von

DANIEL BUNČIĆ, ROLAND MARTI, PETER THIERGEN,
LUDGER UDOLPH und BODO ZELINSKY

Reihe A:
SLAVISTISCHE FORSCHUNGEN

Begründet von

REINHOLD OLESCH (†)

Band 87

Die Theologie des slowenischen Reformators Primož Trubar

von

Gerhard Giesemann

2017

BÖHLAU VERLAG KÖLN WEIMAR WIEN

Gedruckt mit Unterstützung des
Förderungs- und Beihilfefonds Wissenschaft der VG Wort

Gerhard Giesemann war bis zu seiner Emeritierung Professor
für Slavische Philologie an der Universität Gießen.

Bibliografische Information der Deutschen Nationalbibliothek:
Die Deutsche Nationalbibliothek verzeichnet diese Publikation in der
Deutschen Nationalbibliografie; detaillierte bibliografische Daten sind
im Internet über http://portal.dnb.de abrufbar.

Umschlagabbildung:
Holzschnitt des Tübinger Formschneiders Joachim Lederlin (1551–1610)

Korrektorat: Jörg Eipper-Kaiser, Graz
Satz: Büro mn, Bielefeld
Druck und Bindung: Hubert & Co. GmbH & Co. KG,
Robert-Bosch-Breite 6, D-37079 Göttingen

ISBN 978-3-412-50927-9

Inhalt

Präambel

Wozu eine weitere Behandlung der Theologie Trubars und ihrer Verknüpfung mit Luthers reformatorischem Werk? Ist zu diesem Thema nicht schon vieles – allzu vieles – geschrieben worden?

Es geht weniger um Korrekturen, wohl aber um eine perspektivische Entzerrung, um eine grundlegende Umstellung der Blickrichtung, hin auf den theologischen Anspruch Trubars und damit auf die Zielsetzung der Theologie des slowenischen Reformators. Es geht um eine angemessene Deutung des Verhältnisses zu Luther und der Wittenberger Reformation. Und es geht schließlich um einen konsequenten und vertieften Textvergleich mit Trubars schriftlichen Quellen.

Trubars Aktivitäten sind nicht nationalen Zwecken unterworfen. Er schafft eine Schriftsprache, von der er glaubt, dass alle seine slowenischen Brüder und Schwestern sie verstehen werden; sie ist für ihn Voraussetzung, um seine Landsleute im christlichen Glauben zu unterrichten. Die Sprache dient wie bei Luther als Vehikel zur Verständigung über christliche Themen. Dabei ist das Slowenische (samt angrenzenden südslawischen Sprachen) der Bezugsraum, auf den Trubar seine missionarische Tätigkeit ausrichtet. Das ist keine räumliche Begrenzung in einem nationalen Sinne; das Seelenheil ist mit solchen Kriterien nicht zu fassen. Das Seelenheil für die, denen diese Botschaft nahegebracht wird und die sie aufnehmen, ist der nicht begrenzte Raum, für den Trubar ohne irdische Zweckbindung wirkt. Missionarische Tätigkeit ist das herausragende Merkmal, wofür das apostolische Wirken von Paulus sicherlich Vorbild gewesen ist.

Der Gedanke, die Menschen vor drohendem Unheil bewahren zu müssen, ist Impetus seines Tuns und reguliert alle Phasen der christlichen Motivation Trubars. Die Seele als Teil des göttlichen Reiches und nicht der Mensch als Teil staatlicher Organisation oder kultureller Zugehörigkeit bestimmen die Koordinaten.

Trubars Leistung benötigt eine andere Funktionszuweisung, als bisher mehrheitlich in der Forschung eruiert worden ist. Natürlich stellt seine Wirkung einen wesentlichen Schritt in der kulturellen Entwicklung slowenischer Geschichte dar. Es ist aber ein undifferenziertes Vorgehen, wenn daraus eine historisch-theologische Gewichtung Trubars abgeleitet wird, die ihm in der Entwicklung des Protestantismus eine vermittelnde oder gleichwertige oder gar führende Rolle zuweist.

Der slowenische Reformator weicht in seinen Werken nicht von der Generallinie lutherischer Erkenntnisse ab. Eine bisher nicht geleistete gründliche Analyse der theologischen Schriften im Vergleich mit Luthers entsprechenden Aussagen bestätigt diese Behauptung im Detail. Dabei muss berücksichtigt werden, dass Weiterentwicklungen in der protestantisch-lutherischen Lehre, etwa über Johannes Brentius, Philipp Melanchthon, Veit Dietrich, teilweise auch Flacius Illyricus sich bei Trubar widerspiegeln, etwa wenn sie zur Erläuterung lutherischer Texte und Dogmen beitragen. Abweichungen oder Abwendungen sind auch dort nicht vorhanden, wo sich Parallelen mit Anhängern der zwinglianischen Lehre ausmachen lassen; das betrifft vor allem Übereinstimmungen mit Texten Bullingers etwa zum Johannesevangelium. Trubar nutzt durchaus Zitate, die in keinem Widerspruch zur lutherischen Lehre stehen, sondern allgemeine protestantische Überzeugungen betreffen.

Der in der nationalen Forschung zu spürende Wille, die frühzeitige Konsolidierung slowenischer Kultur durch die Schaffung einer Schriftsprache auch in anderer Weise zu untermauern, führt zu Schlussfolgerungen, die zwar verständlich, aber bei genauer Prüfung nicht tauglich sind. Unter solcher Prämisse wird Trubars Leistung durch Überforderung verzerrt. Die Einordnung des Slowenen in die Phalanx der protestantischen Humanisten setzt Maßstäbe, denen Trubar aufgrund seiner Ausbildung und örtlichen Bindung nicht gerecht werden konnte; der Versuch, Trubar auf europäischer Diskussionsebene teilhaben zu lassen, ist ebenso zum Scheitern verurteilt wie das Unternehmen, dem Slowenen eine theologische Mittlerfunktion zuzugestehen. Alle diese wohlmeinenden Ausführungen übergehen eine nicht wegzuleugnende Tatsache, nämlich, dass sich Trubar seiner Defizite wohl bewusst ist und keinen diesbezüglichen Anspruch erhebt.

Er ist Beobachter der Auseinandersetzungen seiner Zeit, verfolgt mit größter Aufmerksamkeit die protestantischen Grabenkämpfe vom Thesen-Anschlag Luthers bis hin zur *Formula Concordiae*. Mit allen entscheidenden Schriften macht er sein Christenvolk bekannt. Die Analyse dieser Texte kristallisiert deutlich heraus, dass sich Trubar in wesentlichen dogmatischen Fragen streng an Luther oder seine Gewährsleute hält. Trotzdem nimmt er sich die Freiheit, in seelsorgerlichen und missionarischen Fragen seine ganz eigene Verkündigungstechnik einzubringen. Sie besteht in Textausschmückungen, Beispielgeschichten, biblischen Zitathäufungen, zahlreichen Redundanzen. Sie dienen alle der volkstümlichen Umsetzung der Verkündigung, bei der es Trubar besonders wichtig war, dass seine Leser und Zuhörer ihre protestantische Mitverantwortung am Seelenheil wahrnahmen. In dieser Konstellation zeigt sich die Theologie des Slowenen, die ihre Einzigartigkeit aus der christlich-missionarischen Zuwendung bezieht, aber nicht in Konkurrenz zu protestantischen Lehrmeinungen steht und keine Richtungsimpulse inszeniert.

Die Zurückhaltung Trubars ergibt sich nicht nur aus seiner räumlich abseitigen Position, die ihn hindert, eine Schule aufzubauen; sie ist ebenfalls der Tatsache geschuldet, dass er zeitlebens ein Getriebener war: Von Wien wurde er der Ketzerei und Abtrünnigkeit bezichtigt; in protestantischen Bereichen Süddeutschlands wurden ihm lutherische Gesinnungen als Abweichungen vom wahren Glauben vorgehalten, umgekehrt musste er sich Verdächtigungen erwehren, zwinglianisches Gedankengut zu vertreten.

Trubar ist nicht Initiator reformatorischen Gedankenguts im Habsburgerreich, wohl aber ein Verstärker und Verbreiter unter widrigen Umständen. Er lernte schon als Schüler in Salzburg die neue Strömung kennen, wo zuerst Paulus Speratus bis zu seiner Vertreibung und dann Johannes Staupitz Einfluss genommen hatten. In Triest wurde Peter Bonomo sein Lehrer; die Stadt war ein geistiger Umschlagplatz, auf dem der Bruch Luthers mit dem Papsttum sehr genau registriert worden war. Bonomo, der Lehrer Trubars, sorgte für eine Ausbildung im Geist der Reformation. Dies verstärkte sich noch bei Trubars kurzem Aufenthalte zum Studium in Wien und schließlich auf der Stelle eines slowenischen Dompredigers (Vikar) in Laibach. Am Bischofssitz hatte die Reformation unter Franz Katzianer bereits Einzug gehalten mit dem Abendmahl in beiderlei Gestalt, der Forderung, die „reine evangelische Wahrheit" zu verkündigen.[1] Aber auch in bürgerlichen Kreisen fand Trubar Anhänger des Protestantismus. Die Auseinandersetzung um reformatorische Veränderungen im kirchlichen Leben nahm dann für Trubar, inzwischen Domherr zu Laibach, Anfang der 40er Jahre eine gefährliche Wendung: Ferdinand I., damals Erzherzog von Österreich, wandte sich mithilfe des Laibacher Bischofs Urban Textor gegen die den neuen Ideen aufgeschlossene Geistlichkeit. Trubar musste fliehen.

Eine gewichtige Rolle in der protestantischen Bewegung spielte Maximilian II., einer der Söhne von Kaiser Ferdinand I. Der Erzherzog von Österreich wurde 1562 zum König von Böhmen und 1563 von Ungarn und Kroatien gekrönt.1564 übernahm er von seinem Vater die Kaiserwürde, die er bis zu seinem Tode 1576 innehatte. Maximilian war um Ausgleich zwischen den Religionsgegnern bemüht und hielt Verbindung zu den protestantischen Fürsten. Das schlug sich u. a. nieder beim Zustandekommen des Augsburger Religionsfriedens. Für Trubar war Maximilian in den 60er Jahren ein wichtiger Ansprechpartner für seine Klagen über Verfolgung und ungerechte Behandlung, ebenso wie die meist deutschen Landesherren in den Erblanden.

Das vorläufige Ende der protestantischen Bewegung, das Trubar nicht mehr erlebte, stellte sich mit der Herrschaft von Ferdinand II., einem Neffen Maximilians II., ein. Sein absolutistisches Verständnis duldete keine Selbstständigkeit einzelner Landesfürsten. Als Erzherzog von Innerösterreich hat er schon seit den 90er Jahren des 16. Jahrhunderts unnachgiebig die Gegenreformation eingeleitet,

1 Vgl. Mirko Rupel, *Primus Truber. Leben und Werk des slowenischen Reformators*. Übs. Balduin Saria, München 1965, pp. 45 ff.

die keinen Kompromiss oder selbstständige Entscheidungen mehr zuließ, wie es noch unter Maximilian der Fall gewesen war.

Als Gelehrter zu gelten oder in einen gelehrten Disput verwickelt zu werden, war Trubar abhold. Er füllte sein theologisches Arbeitsfeld als Prediger, Tröster, Helfer, Vermittler aus; persönliche Hinwendung, volkstümliche Verkündigung, die einer ihm sprachlich vertrauten christlichen Gemeinde zugutekommen sollte, bestimmen seine Mission. Luthers Lehre ist sein Leitpfad, weil sie den seiner Überzeugung nach wahren Glauben als Antrieb und Wegweiser zugleich vermittelte. Der allgemeine reformatorische Gedanke, den Menschen in die Heilsbotschaft eigenverantwortlich einzubeziehen, hat bei Luther konkrete Gestalt angenommen, und dieses Vorbild macht sich Trubar zu eigen.

2017 ist das Lutherjahr, die 500. Wiederkehr der Thesenverkündigung. Viel wird geschrieben, gestritten, neu bewertet, infrage gestellt werden. Da kann es nicht schaden, auch auf die Wirkung Luthers im Zentrum des Heiligen Römischen Reiches Deutscher Nation hinzuweisen. Trubar entzündet sein Licht in den Erblanden Innerösterreichs, umgeben von einer kirchlichen Ordnung, die von der Katholischen Majestät bestimmt wird. Der Slowene muss Wanderer zwischen zwei Welten werden, der Heimat und dem Exil, katholischer Herrschaft und evangelischer Dogmatik, Luthertum und Zwinglianismus, Papstschmähung und Sektendistanzierung. Das sind Herausforderungen, die ihn Ohnmacht spüren ließen, wie bei dem „armen Mönchlein", als das sich Luther in seinem Widerstand fühlte.[2] Vieles parallelisiert sich: Trubar bleibt standhaft, findet mächtige Unterstützer wie entschiedene Gegner, verankert seine Überzeugung in einem unerschütterlichen Glauben, bleibt mit seinem Werk und Wirken im Gedächtnis der Landsleute.

Trotzdem ist ihm Weltgeltung versagt geblieben – er war eben Randfigur der Reformationsgeschichte, kein Diskutant der Universitäten, kein vor die Mächtigen zitierter Untertan. Dennoch ist sein Wirken von höchstem Interesse, weil Trubar die Tauglichkeit der lutherischen Lehre in der Missionierung der Landsleute in katholischer und muslimischer Umgebung unter Beweis stellt, sozusagen ein einmaliges Experiment. Hier wird aus Luthers Vorgaben Trubars ambitionierte Theologie in den unterschiedlichen Facetten der Verdolmetschung, der Übertragung, der Paraphrasierung, der Erläuterung, der eidetischen Verdeutlichung seinem sprachverwandten christlichen Volk nahegebracht.

2 „Quis enim ego eram, miserrimus lune fraterculus, cadaveri similior, quam homini, qui Maiestati Pontificis contra irem? A cuius facie non solum Reges terrarum et totus orbis, sed ipsum coelum et trina (ut dicitur) rerum machina parebant, et ab eius nutu pendebant." Vorrede zu den Thesensammlungen 1534 und 1538. In: D. Martin Luthers *Werke. Kritische Gesamtausgabe*. Weimar 1883–1929. (= Weimarer Ausgabe – WA) 1, 39I, 6–8; hier: 6.

I.
Das Problem mit Trubar: Theologisches, Nationales, Originales auf dem Prüfstand[1]

1. Problemeinweisung

Die Theologie Primož Trubars, der sprachschöpferische Einfluss, die Originalität seiner Tätigkeit, das nationale Interesse an seinem Wirken unterliegen der Perspektive gegenwärtiger Einschätzung. Daraus ergeben sich Zweckbindungen, auf die die Aufmerksamkeit zu richten ist und die möglicherweise der Regulierung bedürfen.

- Nationale Vorstellungen bezüglich Reformation und Reformator, schriftsprachliche Entwicklungen müssen auf die Theologie des slowenischen Reformators projiziert werden.
- Die Originalität von Werk und Wirkung wiederum ist vor dem Hintergrund zeitgenössischer theologischer Vorstellungen, missionarischer Absichten und sprachschöpferischer Einordnungen zu sehen.
- Das sprachschöpferische Vermögen des Slowenen wird von theologischer Bindung, nationaler Einordnung und originaler Zuweisung perspektiviert.

Die daraus zu folgernden vielfältigen Untersuchungsaspekte sollen in einem ersten Abschnitt angegangen werden: Inwieweit bestimmt die Theologie des slowenischen Reformators seine Übersetzungs- und Dolmetschertätigkeit; wie original sind seine Unternehmungen und welchen Zugang eröffnen sie zu kulturhistorischen Fragestellungen? Zunächst aber sind einige allgemeine Feststellungen zu treffen und Voraussetzungen zu klären.

„Vom Kopf auf die Füße stellen" – die Anlehnung an den marxschen Umgang mit der hegelschen Dialektik soll nicht in ihren weitreichenden historischen Konsequenzen bemüht werden. Es geht in dieser Untersuchung und der ihr zugrunde liegenden Aufgabenstellung nicht in erster Linie um eine Umkehrung oder gar Verkehrung bisheriger Forschungsergebnisse zu Trubar. Vielmehr steht im Zentrum ein Zurechtrücken wesentlicher Aussagen, die damit passgenauer in das große kulturelle Mosaik eingefügt werden können; die Rechtfertigung für eine

---

1 Der Text des I. Abschnitts ist eine überarbeitete Wiedergabe von: Gerhard Giesemann, „Das Problem mit Trubar. Theologisches, Nationales, Originales auf dem Prüfstand". In: *Schulbildung und ihre Weiterentwicklung. Gedenkband zum 100. Geburtstag von Alfred Rammelmeyer.* Hg. G. Giesemann, H. Rothe. München – Berlin 2010, pp. 137–174.

solche Perspektive ist der Versuch, historische Genauigkeit gegen den Trend eines Rückblicks aus zeitgenössischen Interessen zu wahren bzw. wiederherzustellen. Die Versuchungen sind groß, eine durchaus vorhandene Verbindung als direkte oder gar ununterbrochene Entwicklungslinie auszugeben und damit soziale, nationale und gesellschaftlich-politische Prägungen der eigenen Erfahrung zu beglaubigen. Die Ideologie der Jetztzeit teilt sich damit unversehens dem betrachteten Gegenstand oder der Person mit, statt sie aus ihrer zeitbedingten Originalität heraus wirken zu lassen.

Es ist der Versuch, auf der Grundlage der zur Verfügung stehenden Quellen und ihrer Einschätzung Tendenzen zu artikulieren, Floskeln und Topoi in ihrem begrenzten Aussagewert zu erkennen und damit vorsichtig in individuelle Feststellungen einzuarbeiten; es gilt, theologische Vertiefungen und Diskussionen von gebräuchlichen Verweisen oder gelehrten Anmerkungen zu trennen. Es geht darum, protestantische Überzeugungen in Anlehnung an Leitfiguren auszumachen ohne dem originalen Ansatz Schaden zufügen zu wollen. Dabei müssen nationale Spekulationen und daraus resultierende übereilte Schlussfolgerungen eingedämmt werden. Wie sind protestantische Entwicklungen bei Trubar verankert, ist ein prägender Bestandteil in Glaubensstücken, ihrer Auswahl und Kommentierung festzustellen, welche Bedeutung haben Namenserwähnungen, regionale Bedingungen, wie sind Vermittlungswege zu deuten. Es geht darum, weniger zu deuten als darzustellen, weniger sinnstiftend zu verklären als zu analysieren[2], um den Mythoscharakter der Reformation zu erkennen.[3]

Viele gute Erkenntnisse sind eingehender Forschung zu Ausbildung, Wirkungsstätten, brieflichen Zeugnissen, Übersetzungstätigkeit, theologischen Traktaten zu verdanken. Wie es bei der Inanspruchnahme von kulturell bedeutsamen Persönlichkeiten selbstverständlich ist, wird die wissenschaftliche Erkenntnis bis ins kleinste Detail vorangetrieben. Gleichzeitig wächst auch das Verlangen, nationalen Nutzen aus historischen Entwicklungsansätzen zu ziehen. Die Erinnerungskultur erhält eine gesellschaftliche Aufgabenzuweisung. Davon abhängig ist eine bestimmte Perspektive der Betrachtung, in die der slowenische Reformator aufgrund seiner nationalen Inanspruchnahme unwillkürlich hineingestellt wird. Sie hat sich erweitert: Ausgehend vom Begründer der slowenischen Schriftsprache, dem Herausgeber des ersten slowenischen Buches – also vor allem sprachbezogenen Verdiensten – über die Übersetzungstätigkeit bis hin zur theologisch-

---

2 Lexutt, Athina: *Die Reformation. Ein Ereignis macht Epoche.* Köln (etc.) 2009, p. 10.

3 Vgl. dazu das ausführliche Zitat von Heinz Schilling, „Reformation – Umbruch oder Gipfelpunkt eines Temps des Réformes?“, zitiert nach: Lexutt, a. a. O., p. 10.

reformatorischen Leistung, aus der seine eigentliche Bedeutung hervorgeht, ist die Meinungsbildung fortgeschritten.

Das Interesse an Trubar hat sich gewandelt und diesem Umstand muss Rechnung getragen werden. Es ist ein Entideologisierungsprozess: die theologische Komponente rückt in den Mittelpunkt. Seine Wirkung wird zunehmend und zu Recht auf dieser Grundlage der Bemühung um Verbreitung des „rechten Glaubens" („stara prava vera") gesehen und gemessen. „Veredelungsversuche" durch Betonung einer nationalen Richtungsgebung, einer geistigen Umbruchaktion, einer individualistischen Befreiung und wie die Zuordnungen alle heißen mögen, die aus der staatlichen Adaptierung des großen Slowenen genährt wurden und werden, müssen sich in die Erkenntnis des missionarischen Grundantriebes einfügen. Einordnung und vor allem Gewichtung der verschiedenen Beweggründe erfordern ein Einlassen auf die theologischen Vorstellungen des slowenischen Reformators.

Unabhängig von solchen Erkenntnissen ist es notwendig, den Blick auf den Forschungsstand zu Trubar zu werfen. Das ist bei der Fülle von Monographien, Aufsätzen, Beiträgen und Festreden nur möglich in der Klassifizierung einiger Meilensteine, soweit sie im Zusammenhang mit unserem Thema stehen.

Die Texte Trubars sind ediert und dank der Digitalisierungstechnik auch weitgehend verfügbar. Editionen der Briefe liegen vor bei Theodor Elze, Primus Trubers Briefe. Tübingen 1897 (= Bibliothek des Litterarischen Vereins in Stuttgart CCXV); eine umfassend kommentierte Ausgabe liegt vor bei Jože Rajhman, Pisma Primoža Trubarja. Ljubljana 1986; ders., Pisma slovenskih protestantov. Briefe der slowenischen Protestanten. Ljubljana 1997. Ein früher Versuch, das Werk Trubars und anderer slowenischer Reformatoren in seiner Vielfalt wiederzugeben, ist die gut dokumentierte, kommentierte und mit Titelbildern der einzelnen Schriften versehene Zusammenstellung von Mirko Rupel, Slovenski protestantski pisci, 2. erg. Aufl., Ljubljana 1966. Leider werden durch die Übertragung der Texte in ein modernes Slowenisch Möglichkeiten zur Sprachuntersuchung und Begriffsbildung speziell im theologischen Bereich behindert. Zum 400. Todestag des slowenischen Reformators wurde 1986 in Ljubljana Trubars „Ena dolga predguvor k novemu testamentu" als Reprint der in Ljubljana und Celje aufbewahrten Originale von 1557 veröffentlicht. Große Verdienste um Werk und Kommentierung hat Jože Rajhman, dessen Untersuchung „Trubarjeva ena dolga predguvor" ebenfalls zum 400. Todestag des slowenischen Reformators 1986 in Ljubljana erschienen ist.

Besondere Bedeutung für die Untersuchung haben die beiden Katechismen Trubars aus den 50er Jahren. Als Faksimile, Ljubljana 2000, nach dem Original der Österreichischen Nationalbibliothek, Wien, ist der „Catechismus in der windischen Sprache samt einer kurzen Auslegung in Gesangsweise" unter dem

Pseudonym Philopatridum Illiricum erschienen. Es ist das sogenannte erste slowenische Buch. 1555 erschien in Tübingen Trubars „Catechismus v slouenskim Iesiku sano kratko sastopno Islago“, ebenfalls eine Faksimile-Ausgabe, Ljubljana 1992.

Texte, die Trubars „Deutsche Vorreden zum slowenischen und kroatischen Reformationswerk“ betreffen, hat Oskar Sakrausky 1989 in Wien herausgegeben und kommentiert. Sie sind eine wichtige Quelle für die Erkundung der theologischen Grundlagen des Slowenen, seiner missionarischen Absichten und seelsorgerlichen Fürsorge. Eine wertvolle Textgrundlage sind die von Jože Krašovec, Majda Merše und Hans Rothe in der Reihe „Biblia Slavica“ 2006 herausgegebenen Übersetzungen Trubars von 1555 bis 1582: die Evangelien, die Apostelgeschichte, die Briefe, die Offenbarung und die Psalmen. Die deutschen und slowenischen Vorworte Trubars sind eine wichtige Quelle für seine theologischen Ansichten. In einem eigenen Kommentarband sind Untersuchungen zu den Texten und ihren Quellen sowie zum Wortbestand veröffentlicht. Im Jahre 2014 ist Trubars Kirchenordnung von Kozma Ahačič in Ljubljana herausgegeben worden unter dem Titel: „Primož Trubar, Cerkveni red (1564), Znanstvenokritična izdaja dela Cerkovna ordninga z znotrajjezikovnim prevodom v sodobni slovenski knjižni jezik“. Die Übersetzung der „Cerkovna ordninga“ in ein modernes Slowenisch macht dieses kirchenhistorisch wichtige Werk einem größeren Kreis von Interessierten zugänglich.

Untersuchungen zu Trubar, die sich vorwiegend mit theologischen Fragen beschäftigen, sind in zahlreichen Sammelbänden zu finden, die hier nur in Auswahl aufgezählt werden können. Im Einzelnen erfolgt eine Einschätzung in Verbindung mit speziellen Fragestellungen in dieser Arbeit. Eine erste Ausgabe dieser Art sind die „Abhandlungen zur slowenischen Reformation“, München 1968; in Wien erschien 1984 die Aufsatzsammlung „Protestantismus bei den Slowenen. Protestantizem pri slovencih“. 1986 wurden in Ljubljana im 6. Band der Reihe „Obdobja“ die Ergebnisse eines internationalen Symposiums aus Anlass der 400. Wiederkehr der Bibelübersetzung von Jurij Dalmatin unter dem Titel veröffentlicht: „16. stoletje v slovenskem jeziku, književnosti in kulturi“. Der Sammelband widmet sich im kulturhistorischen Teil allgemeinen Fragen zum slowenischen Protestantismus im europäischen Raum, insbesondere aber Einzelfragen zur Theologie und zum kulturellen Umfeld von Primož Trubar. „III. Trubarjev Zbornik“, Ljubljana 1996, befasst sich mit der Verbreitung der Reformation bei den Slowenen unter Berücksichtigung von italienischen und deutschen theologischen Strömungen. Dem Verlauf der Reformation in und zwischen Württemberg und Innerösterreich widmet sich der 1995 erschienene Sammelband „Ein Leben zwischen Laibach und Tübingen. Primus Truber und seine Zeit“. Im „Historischen Hintergrund“ wird die komplizierte Vielfalt der konfessionellen Entwicklung im west- und südeuropäischen Gebiet, werden staatliche Maßnahmen zur Konsolidierung bzw. Abwehr der Reformation erörtert; einige Aufsätze befassen sich mit der Theologie Trubars im Vergleich zu Luther.

Als Sammelband eines Symposiums der „Slovenska matica" erschien 2009 eine Reihe von Aufsätzen zu „neuen Ansichten über Trubar und seine Zeit". Neu ist der breitere Blick auf häretische Varianten in der europäischen Reformation, auf Glaubensbegriffe in der theologischen Auseinandersetzung, auf die Aufnahme reformatorischen Gedankengutes bei den Gläubigen Sloweniens; andererseits werden Themen neu aufgegriffen, wie Untersuchungen zur Kirchenordnung, zur „slowenischen Theologie" Trubars oder zu seiner Teilhabe an der reformatorischen Theologie. „Vera in hotenja" ist eine Studie zu verschiedenen Aspekten der theologischen Wirkung des Slowenen. 2008 fand an der slowenischen theologischen Akademie in Rom das Symposium „Primož Trubar" statt, das die theologische Leistung und das theologische Verständnis des Slowenen aus katholischer Sicht in den Mittelpunkt stellt. Trubars Verhältnis zu Glaubensbegriffen wie „Rechtfertigung", „Schöpfung", „Taufe", „Eucharistie", „Eschatologie" sind Gegenstand einzelner Beiträge, ebenso die Art seiner Glaubensvermittlung unter den Stichworten „Anthropologie", „Pädagogik", „Ethik" und seine Beziehungen zu Luther, Calvin, Zwingli, Pietro Bonomo, Peter-Paul Vergerius, Heinrich Bullinger. Das Symposium spiegelt eine Zusammenfassung bisheriger Ergebnisse der Trubarforschung. Gleiches gilt für die posthum (2008) herausgegebene Sammlung von Aufsätzen Rajhmans zur Theologie Trubars mit den bekannten Einlassungen zu seinen Quellen, weiterhin Zusammenfassungen und Ausschnitte aus seinen Untersuchungen zum „ersten slowenischen Buch", zur „langen Vorrede", zu den zeitgenössischen Reformatoren. Einige Aufsätze spiegeln die reformatorischen Ansätze aus katholischem Blickwinkel („Simul iustus et peccator (Luthrova teza v katoliški luči)"; Trubarjevi ekumenski nazori v luči katoliškega ekumenizma").

Ähnlich wie Luther hat auch Trubar großen Wert auf die Pflege des Kirchenliedes gelegt, sich aktiv an Übersetzungen beteiligt und zahlreiche eigene Dichtungen zu biblischen Themen, zu liturgischen Festen, zu Glaubensgrundlagen (Trinität) sowie Psalmennachdichtungen vorgelegt. Eine der ersten umfangreichen Untersuchungen zum Kirchenlied als Spiegel reformatorischer Glaubenserkenntnisse ist die Dissertation von Marjan Smolik, „Odmev verskih resnic v slovenski cerkveni pesmi", Manuskript, Ljubljana 1963, hier besonders das zweite Kapitel, das sich mit den reformatorischen Liedern u. a. in den Katechismen befasst. Der Umsetzung der Theologie im geistlichen Lied bei Trubar ist eine spezielle Untersuchung gewidmet: Gerhard Giesemann, „Der ‹Feind› im protestantischen Kirchenlied. Reformatorisches Bekenntnis bei Trubar aus der Perspektive des geistlichen Liedes". Neben der theologischen Botschaft klingt hier der soziale und religiöse Protest gegen die Widersacher der neuen Lehre an. Mehrere Aufsätze zu Trubars, Jurij Dalmatins und Sebastian Kreljs Psalmennachdichtungen weisen auf die Identifizierung mit christologischen Einstellungen Luthers hin.

2. Theologische Überlegungen

Für Trubar gibt es nur eine Instanz, die ihm Freiheit des Handelns garantiert und der er deshalb sein Tun unterordnet: Es ist das Gewissen, das im lutherischen Sinne – und so von Trubar übernommen – einzige Motivation und Prüfinstanz zugleich ist. Trubar geht es, wie er eigentlich in sämtlichen Vorreden wiederholt, um die Verkündung der Heilserwartung, die er denen nahebringen will, die seiner Seelsorge anvertraut sind und für die er sich verantwortlich fühlt. Der Mensch kann (nach Luther und im Gegensatz zur bekämpften These von Erasmus) in seinem Verhältnis zu Gott nur empfangen, nichts aus eigener Kraft bewirken. Diese Unfreiheit der menschlichen Willensentscheidung wird durch das „freimachende Wort" (sola scriptura), das sich im „rechten Glauben" erschließt, aufgehoben. Gewissen und freimachendes Wort stehen in Relation, sodass das mit dem Glauben identische gute Gewissen unbedingt bindend ist. Das zeigt sich in Luthers Konflikt mit dem Reich und lässt sich auf Trubar übertragen in der Bindung und Ausrichtung seiner Taten allein auf das Heilsgeschehen und keine andere vaterländische, gesellschaftliche oder soziale Zweckbindung. Diese sind sozusagen als Nebenprodukt zwar vorhanden, aber nicht Triebfeder des Handelns.

Zwar lehnt Luther falsche Autoritäten ab, die nicht aus der Schrift beglaubigt werden können; ergänzend jedoch zur Vorrangstellung der Hl. Schrift werden Bekenntnisschriften (zu den wichtigsten gehören: Confessio Augustana von 1530, der Kleine und Große Katechismus, die Konkordienformel) als „rechte" Interpretationen und unverzichtbare Lehrauslegungen in den Kanon einbezogen.[4] Dies bestätigt an ganz unverfänglicher Stelle (Brief an die Krainischen Landesherren) Baron Hans Ungnad in der Begutachtung von Trubars „Artikuli": „Wir brauchen keine neuen Gedanken und neue Meister, Luther, Brenz und Melanchthon sind die, die aus der Heiligen Schrift rein und klar das herausgenommen haben, auf das sich das Augsburger Glaubensbekenntnis gründet. Dabei werden wir bleiben."[5] Es ist also festzuhalten, dass Trubar sich nicht, wie gern postuliert

4 Vgl. Lexutt, a.a.O., p. 172.

5 Zitiert nach Paternu, Boris, „Primož Trubar – naš sodobnik". In: *Letopis slovenske akademije znanosti in umetnosti*, 59. Knjiga, 2008. Ljubljana 2009, pp. 12–21, hier p. 14 (Übersetzung G.G.).

wird, mit einem geistlichen und politischen Pragmatismus arrangiert habe. Seine Festlegung geschieht aus Überzeugung, die für sich und die Slowenen unmittelbar aus der Hl. Schrift und den lutherisch-protestantischen Dogmen des „wahren Glaubens" genährt wurde. Briefe aus verschiedenen Zeiten unterstreichen, dass es sich um eine Übernahme theologischer Glaubenserkenntnisse handelt, und nicht um ein Arrangement:

> „Vnd der herr Brentius saget zu mir, das jr vnd nicht die lutherischen haben disen krieg vom sacrament [des Abendmahls] vom newen angefangen, welhes ich zuuor nicht vermaint. [...] Gott gebe frid vnd ainigkheit in der kirchen! [...] Jch will bei den 3 symbolis[6] bleiben vnd sterben."[7]

Eine gerade im Brief an den Zwingli-Nachfolger Bullinger ganz eindeutige Dogmenentscheidung, die für Trubar lebenswichtig und damit undiskutierbar ist.[8] Die Aussage von 1557 wird 1560 im Schreiben an die Krainer Landstände noch erweitert und die absolute Gewissensentscheidung ebenso drastisch demonstriert:

---

6 Zur Bedeutung der drei Symbole vgl. Lexutt, a. a. O., pp. 172 ff.; ausführlich Luther, „Die drei Symbole oder Bekenntnisse des Glaubens Christi, in der Kirche einträchtiglich gebraucht" (1538). In: Luther, Martin: *Luther Deutsch. Die Werke Martin Luthers*, Hg. Kurt Aland. Göttingen 1991, Bd. 4, pp. 319 ff. Die Ausgabe: Luther Deutsch. Die Werke Luthers in Auswahl, Hg. Kurt Aland, Bd. 1–10, Göttingen 1991 ff., ist bewusst als Grundlage für die in dieser Untersuchung relevanten Lutherschriften gewählt worden. Sie ist gegenüber der Weimarer Ausgabe besser zu handhaben. Die von Aland aufgenommenen Texte sind – soweit erforderlich – aus dem Lateinischen bzw. aus dem Frühneuhochdeutschen in modernes Deutsch übertragen worden. Das beeinträchtigt nicht die auf Themen- und Textvergleiche, weniger auf sprachliche Erörterungen bezogene Untersuchung. Die zehnbändige Ausgabe umfasst alle für die Reformation wichtigen zentralen Schriften Luthers, d. h. alle Äußerungen Luthers, auf die sich Trubar direkt oder indirekt bezieht, sind in dieser Ausgabe bis auf wenige Ausnahmen vorhanden. Im Bedarfsfalle werden jeweils angemerkte „ergänzende" Texte aus den Lutherschriften der Weimarer oder anderer Ausgaben entnommen. Die Digitalisierung der vorliegenden Veröffentlichung bietet den unschätzbaren Vorteil des schnellen Zugriffs auf Themen-, Text- und Stichwortvergleiche, die sonst nicht oder nur mühsam erarbeitet werden könnten, zumal Quellenhinweise bei Trubar für gewöhnlich fehlen oder z. T. auch irreführend sind.

7 Brief Trubars aus Kempten vom 10. Juli 1557 an Henrik Bullinger. In: Rajhman, Jože: *Pisma Primoža Trubarja.* Ljubljana 1986, p. 30.

8 Nähere Erläuterungen zu Trubars Verständnis des Abendmahlgeschehens folgen in einer weiteren Untersuchung zur Theologie des Slowenen, insbesondere, ob zwinglianische Elemente zu vermuten sind. (Vgl. dazu Rupel, Mirko: *Primus Truber. Leben und Werk des slowenischen Reformators.* Deutsche Übersetzung und Bearbeitung Balduin Saria. München 1965, pp. 204 f. (= Südosteuropa-Schriften. 5) / Rupel, Mirko: *Primož Trubar. Življenje in delo*. Ljubljana 1962, pp. 169 f.; *Evangelisches Kirchenlexikon.* Internationale theologische Enzyklopädie, 3. Aufl., Bd. 1. Göttingen 1986 (Stichwort „Abendmahl").

Der Anspruch, „im rechten catholischen vnd der augspurgischen confession verwanhten verstanndt zu predigen vnnd die hailigen sacrament, wie es der son gottes selbst eingeseczt vnnd beuollchen, außzutailn", habe ihn hoch erfreut. „Jch will disem beruf nachkhummen vnnd soll ich deß anndern tags, wen jch geen Labach khumme, gehenckt oder verprendt werden."[9]

Trubar verdeutlicht im gleichen Schreiben, dass die soziale Beziehung zu seinen Landsleuten eingeordnet ist in die geistliche Bestimmung seines Handelns im göttlichen Auftrag. Damit ist sehr eindeutig auf die ursächliche und alleinige Wirkung des reformatorischen Ansatzes für sein Handeln hingewiesen.

> „Ich lob und dannckh gott, unserm himlischen vatter durch Jhesum Christum, vnsern herrn, daß er auch auß sonnderlichen gnaden vnnd guette in meinem lieben vatterlandt, jn dem ich erstlich nach dem fleisch, nachmals auß dem geist vnnd wasser geporen binn, durch die mundliche vnnd geschriben predig des euangelij auß allerlay stendt jme ein kirchen, die jn recht anrueffet vnd bekent, offenlich versamlet hatt vnnd dieselbig so wunderbarlich wider allen pforten der hellen erhelt."[10]

Trubar hält sich an Joh. 3, 3 + 5: „Es sei denn, dass jemand geboren werde aus Wasser und Geist, so kann er nicht in das Reich Gottes kommen." Ebenso sind Luthers Auslegungen („Von der Freiheit eines Christenmenschen" 1520, „Vorrede zum Brief des Paulus an die Römer" 1522, „Vom unfreien Willen" 1525, „Das Taufbüchlein" 1526) Hintergrund und Erläuterung für Trubars Vorstellungen, die sich an der Lehre des deutschen Reformators von der zweierlei Natur des Christenmenschen orientieren.[11] Damit ist auch die Verbindung zum oben erörterten Freiheitsbegriff gegeben.

Über Luthers Einleitung zum Paulusbrief mit der strengen Trennung von Fleisch und Geist und der Warnung vor falschen Lehrern („Drum hüte dich vor allen Lehrern, die diese Worte anders brauchen, sie seien auch, wer sie wollen"[12]) steht auch Trubars Brief an den Laibacher Bischof Peter Seebach von 1561 damit

9 Rajhman: *Pisma Trubarja*, a. a. O., p. 70; das Bekenntnis, das Sakrament des Abendmahls im Sinne der Augsburger Konfession zu handhaben, äußert Trubar verschiedentlich, so auch a. a. O., pp. 87, 124 u. ö.

10 Rajhman, a. a. O., p. 70 (Brief an den Krainer Ständeausschuss vom 25. Juli 1560).

11 Vgl. „Von der Freiheit eines Christenmenschen" (1520). In: *Luther Deutsch*, a. a. O., p. 1490: „Um diese zwei sich widersprechenden Reden von der Freiheit und von der Dienstbarkeit zu verstehen, sollen wir daran denken, daß ein jeglicher Christenmensch von zweierlei Natur ist: geistlicher und leiblicher. Nach der Seele wird er ein geistlicher, neuer, innerlicher Mensch genannt, nach dem Fleisch und Blut wird er ein leiblicher, alter und äußerlicher Mensch genannt."

12 „Vorrede zum Brief des Paulus an die Römer" (1522). In: *Luther Deutsch*, p. 3070.

im Zusammenhang. Es sind Denkverbindungen, die nur in theologischer Untersuchung aufgedeckt werden können.

> „Jch hab khain anders fürhaben dan allain dj ehr gottes zubefüdern, die pueß vnd den rechten lebendigen glauben an den herrn Christum zuuerkhündten vnd mich aller ding der aldten waren chatolischen püechern vnd der augspurgischen confession gleichmessig zuhaldten. Jch will auch [...] alle ferfierische neue Lehr, alle secten, rotten vnd schbermereien, so dem laudterm wort gottes zuwider, gentzlich vermeiden."[13]

Dem Zweifel am rechten Glauben, der diese Verteidigung ausgelöst hat, wird durch ein so immer wiederholtes Bekenntnis entgegengetreten, das dem Missionar und Seelsorger Trubar zu eigen ist und keinerlei Züge einer religionspolitischen Anpassung trägt. Schon hier sei gesagt, was später ausführlich diskutiert werden wird, dass der slowenische Reformator keine eigenständige theologische Position aufgibt, sich nicht durch Dogmen eingeengt fühlt oder einen bestimmten slowenischen Reformationsweg verfolgt. Trubars Überzeugungen, die er in seinem Wirkungsbereich missionarisch verbreiten will, stehen als christliches Bekenntnis über der Rücksichtnahme auf profane Bedingungen.

Theologische Offenbarungen sind – unabhängig von brieflichen Selbstzeugnissen – am deutlichsten dort aufzuspüren, wo das zur Verfügung stehende Repertoire ganzheitliche Aussagen vermuten lässt. Das ist der Fall in den Einleitungen und Widmungen zur Herausgabe der Heiligen Schrift in ihren Teilen oder im Ganzen, in den Einführungen zu den dogmatischen Schriften (Katechismen, Artikel etc.), den Kirchenordnungen u. v. m. Hier ist nicht nur der Sprach- und Schriftschöpfer in seiner Eigenschaft als Dolmetscher gefragt; vielmehr steht die theologische Einstellung zur Disposition, verdeutlicht in Kommentierungen, Scholien, Traktaten, Aufrufen. Trubar ist kein theologischer Systematiker, umso wichtiger ist die intensive Analyse. Grundelemente der Glaubensüberzeugung werden in zahlreichen Schriftauslegungen, in der Anlehnung an dogmatische Erfordernisse der lutherischen Lehre, in Verfechtung des „wahren Glaubens", der Rechtfertigung reformatorischer Einsichten, der Abwehr aller abweichenden Lehrmeinungen uneingeschränkt und abgesichert beschworen. Auf dieser Basis ist durchaus ein sich herausbildender Schwerpunkt in der Glaubensübermittlung des slowenischen Reformators herauszufiltern. Trubar sieht seine Aufgabe beschränkt auf den Bereich, der seine Sprache versteht und somit ansprechbar ist. Erweitert wird die geistliche Hilfestellung auf das geographisch und sprachlich benachbarte Gebiet der Kroaten, denen in der Bedrängnis durch den „Türken" zu helfen er als seine christliche Pflicht ansieht. Schwerpunkt ist damit die Missionierung (durchaus im paulinischen Sinne), für die die Nutzung der Empfängersprache wiederum

---

13 Rajhman: *Pisma Trubarja*, p. 87.

Voraussetzung ist. Rücksicht muss dabei genommen werden auf die Einstellung und Denkweise seiner einfachen Landsleute; Trubar bemüht sich um eine bildhafte und unkomplizierte Übertragung der in der reformatorischen Auseinandersetzung schwierigen Vermittlung von Grundsätzen des „wahren Glaubens".

Typische Sätze dafür finden sich im slowenischen Vorwort zum Katechismus von 1551[14]:

> „Sakai is tih / ſe vſaki lahku nauuzhi / to prauo staro Vero / de ſpoſna tiga prauiga Boga de bode veidel nemu prou ſhluſhiti / inu tudi ſpoſna ſam ſebe / bo veidel kai ye ta Greh / kai ye ta Sapuuid / inu Obluba boſhya /ſakai ye Jeſus ſyn boſhy zhlouik poſtall inu martran bill / koku my ſkuſi to vero Vieſuſa Chriſtuſa odpuſhzhane vſeh grehou / gnado boſhyo / nebeſhki erb / inu ta vezhni leben dobodemo / koku imamo vſeh vnadlugah prou klyzati na Buga / kai ye ta Kerſt / inu ta praua ſtara Maſha [...] ta bode vſuetim piſmi / te Euangelie inu druge pridige ſaſtopill ſadoſti. Potle tudi lahku ſpoſna tiga Antichriſta / kir ſdai pouſod po ſueidtu hodi veni zhloueſki andahtliui ſtalti / inu hozhe ſzhloueſkimi poſtauami / ſfalſh pridigo inu ſoblubami tar pryteſhom te ludi odpelati od ſuetiga Euangelia / od te ſhiue zhiſte riſnizhne beſede boſhye."[15]

Die Kernaussagen des christlichen Glaubens werden geordnet, anschaulich gereiht und „sortiert" aufgeführt: Was ist Sünde, Gebot, Verheißung, Inkarnation, Gnade, ewiges Leben – was ist Gebet, Taufe, Gottesdienst – welche Gefahren drohen dem Seelenheil?

Die Besorgnis um das Seelenheil zeichnet ihn aus, er ist Prediger, Tröster, Helfer. Bereits diese Eigenschaften weisen auf die landsmannschaftliche Bindung, die persönliche Hinwendung, die volkstümliche Umsetzung der Verkündigung hin, gemünzt auf eine Gemeinde, die nicht nach „nationalen" Gesichtspunk-

---

14 Ähnliche volkstümliche Zusammenfassungen befinden sich im Vorwort zum „Abecedarium" (1551). In: Mirko Rupel: *Slovenski protestantski pisci*. 2. erg. Aufl., Ljubljana 1966, pp. 60 f.; ebenfalls im Vorwort von Trubar: *Ena dolga predguvor k novemu testamentu* (1557). Reprint. Ljubljana 1986, pp. f2 f.

15 [Jeder kann daher daraus leicht den wahren alten Glauben lernen, dass er Gott wahrhaftig erkennt, weiß, ihm recht zu dienen und auch für sich selbst erkennt und weiß, was Sünde ist, was das Gesetz ist und die göttliche Verheißung, weshalb Jesus, der Sohn Gottes, Mensch geworden ist und gemartert wurde, wie wir durch den Glauben an Jesus Christus Vergebung aller Sünden, Gottes Gnade, das himmlische Erbe und das ewige Leben erlangen, wie wir Gott in allen Nöten recht anrufen sollen, was die Taufe ist und die wahre alte Messe ... Das wird durch die Heilige Schrift, die Evangelien und die anderen Predigten genug bezeugt. Hernach erkennt er auch leicht den Antichristen, der jetzt überall durch die Welt geht in andachtsvoller menschlicher Gestalt und mit menschlichen Gesetzen, mit falscher Predigt und Versprechungen und Verlockungen die Menschen vom heiligen Evangelium wegführen will, vom lebendigen, reinen, wahrhaftigen Wort Gottes.] Catechiſmus In der Windischenn Sprach / ſambt einer kürtzen Außlegung in geſang weiß. Item die Litanai vnd ein predig vom rechten Glauben / geſtelt / durch Philopatridum Jlliricum, pp. Aiii–Aiiii.

ten ausgewählt wird, sondern in erster Linie das Christenvolk slowenischer Sprachgemeinschaft ist. Trubar selbst formuliert es deutlich in der Widmung zum ersten Teil des NT 1557: „Vsem pobožnim kristjanom, ki prebivajo v deželi Kranjski, Spodnještajerski, Koroški, na Krasu, v Istri in v Slovenski marki. [...] Ljubi krščanski gospodje in bratje!“[16]

Die hier angeschnittenen theologischen Überlegungen sind vorläufig und sollen zunächst nur auf den Umstand hinweisen, dass die christliche Verkündigung und der Stellenwert, den die protestantische Glaubenslehre der Heiligen Schrift zumisst, den Völkern und so auch den Slowenen ihre Literatursprache gab und ihnen letztlich bei der Nationenwerdung half. Es ist diese Reihenfolge, die ausschlaggebend ist zur Beurteilung der Leistung von Primož Trubar.

3. Erinnerungskultur

Kulturelle, historische, soziale Ereignisse sind Werte an sich, damit aber noch nicht von allgemeinem Nutzen; ihre breitere Wirkung entfalten sie erst durch eine Erinnerungskultur, die von einer Gemeinschaft als Interessenverband nutzbar gemacht wird. Der Staat beansprucht geeignete historische Ereignisse und Personen zur Stärkung der Staatsräson. Ihre Initiation macht sie zugleich öffentlich und erfordert eine verbreitet sichtbare und zugängliche Zeichensetzung. Es werden Gedenkstätten eingerichtet, Denkmäler gesetzt, Geldscheine bedruckt und Briefmarken mit entsprechender Symbolik herausgegeben. Münzen wir es auf Trubar: Der jugoslawische Staatenverbund war aus ideologischen und nationalen Gesichtspunkten zurückhaltend gegenüber einer Öffentlichmachung der Wirkung Trubars. Mit Bernekers Denkmal zum 400. Geburtstag, weiterhin der Pyramide in Raščica (1952), sind schon die wesentlichsten Erinnerungsstätten benannt. Letzteres beschränkt sich mit Hinweisen auf den Schöpfer der slowenischen Schriftsprache, was schon Sakrausky seinerzeit monierte.[17] Erst in den 80er Jahren wird eine Gedenkstätte im Geburtsort Raščica eröffnet; wachsendes nationales Bewusstsein wird deutlich, das auf die eigene Geschichte und Kultur nicht verzichten kann. Aus den Insignien der Nation ist Trubar fortan nicht mehr wegzudenken: Geldschein (Tolar), Euromünzen und Briefmarken tragen das Bildnis Trubars, natürlich ge-

16 [An alle frommen Christen, die im Krainer Land, in der Untersteiermark, in Kärnten, auf dem Karst, in Istrien und in der Slowenischen Mark wohnen ... Liebe christliche Herren und Brüder!] Rupel: *Slovenski protestantski pisci*, a. a. O., p. 71.

17 Sakrausky, Oskar: *Primus Truber. Deutsche Vorreden zum slowenischen und kroatischen Reformationswerk.* (= Studien und Texte zur Kirchengeschichte und Geschichte, 5. Reihe, Bd. 1). Wien 1989, p. 15.

stützt durch Gedenktage rund um die Reformation: 1584–1984: Dalmatin-Bibel, 1586–1986: Trubars Todesjahr; 1508–2008: Trubars Geburtsjahr. Zahlreiche Symposien, Konferenzen, staatliche Veranstaltungen zu diesen Gedenktagen machten auf die Zeichensetzung des Staates und der Nation aufmerksam, auch weit über das wissenschaftliche Interesse hinaus. Trubar wurde und wird in den Fokus der Öffentlichkeit gerückt und seine Bedeutung für die Nation vereinnahmt, wie es die Themen widerspiegeln: Im Mittelpunkt stehen seine sprachschöpferische Leistung, seine Begründung der slowenischen Literatur, seine „nationale Bedeutung", seine Individualität, d. h. Selbstständigkeit im europäisch-humanistischen Denken, seine Originalität im Konzert reformatorischer Stimmen und schließlich auch das bisher vernachlässigte Nachdenken über seine theologische Bedeutung.[18]

Die „Nationalisierung" fördert den Kult um Trubar, was sich in der Grenzüberschreitung streng wissenschaftlicher Betrachtung und Aufarbeitung niederschlägt und infolge davon in der Vereinnahmung des Slowenen durch politische, gesellschaftliche, administrative und merkantile Kräfte. Jedermann, auch Wissenschaftler, die die Reformation nicht zu ihrem Spezialgebiet zählen, fühlt sich zur Stellungnahme berufen. Merklich verschiebt sich wiederum der Schwerpunkt: Kaum entideologisiert, erhält Trubar nunmehr in der gesellschaftspolitischen Eroberung Funktionen einer nationalen Größe, einer kulturellen Vorbildgestalt, eines Trägers unverwechselbarer slowenischer Eigenarten. Trubar wird zum griffigen Begründer ohne Wenn und Aber:

> „[Trubar] erkannte und bestimmte trotz der dialektalen Vielfalt des Slowenischen präzise die strukturelle Einheit der Sprache und definierte alle slowenischen Regionen exakt. Auch spricht Trubar seine Landsleute immer als Slowenen im Sinne eines nationalen Kollektivs an. [...] Die Überlegungen zur Orthographie, die Trubar anstellte, seine Kirchenordnung, die Grammatik und die Lexikographie, sie alle liegen auf der Ebene der Willensbekundung, mit der die Slowenen auch ohne Eigenstaatlichkeit und ohne politische Strukturen, allein aufgrund ihrer Sprache ein eigenständiges nationales Subjekt sein wollten."[19]

---

18 Janko Kos formuliert in einer kurzen Replik auf die zahlreichen wissenschaftlichen Unternehmungen anlässlich des 500. Geburtstages von Trubar die Problematik in historischer und gegenwärtiger Sicht; eine verhaltene Bilanz, die mehr das überwundene Negative als das erarbeitete Positive herausstellt. Kulturkampf und Nationalismus seien gebändigt oder eingeschränkt, in Fragen theologischer Anlehnungen, sozialer Präferenzen, der verständigen Übernahme komplizierter theologischer Diskussionen bleiben nach Kos viele Probleme im Raum: „Na ta vprašanja Trubarjevo leto ni dalo pravih odgovorov." [Auf solche Fragen hat das Trubarjahr keine rechten Antworten gegeben.] (Janko Kos, „Po Trubarju". In: „Demokracija", Nr. 48, Jg. XIII, 2008, p. 11).

19 Sturm-Schnabl, Katja, „Die Rolle der Literatur- und Sprachwissenschaft bei der Affirmation der slowenischen nationalen Identität". In: http://www.inst.at/trans/6Nr/sturm.htm (November 2009).

Trubars Liebe zu seinem Volk sei ein Indiz dafür, dass er es als Nation betrachtete, auch die Sprachwissenschaft (!) sei in den „Dienst der Affirmation der slowenischen nationalen Identität gestellt" worden.[20] Es ist aus den Bedürfnissen der Gegenwart eine äußerst unkritische Beurteilung der „Willensbekundung" Trubars erfolgt, sozusagen die Herstellung eines individualpsychologischen Diagramms, das ihm untergeschoben wird und gerade dadurch das Problem Trubar verdeutlicht. Von „Nation" und „Nationalem" zu reden, bringt Untersuchungen zum 16. Jahrhundert in Schieflage; die Andeutungen von Individualismus und Originalität sind durchaus anders zu verstehen, vor allem im Hinblick auf die theologischen Hintergründe (davon später), die den Slowenen bestimmen. Die Vereinnahmung ist zwar griffig im vaterländischen Sinne, verschiebt aber das Koordinatensystem.

Der Kult um eine Person birgt problematische Überhöhungen, führt zu Legendenbildungen, vereinseitigt und verflacht Leistungen durch initiierte Stichworte. Trubar ist kein Einzelfall. Gleiche Beobachtungen lassen sich hinsichtlich Luther und seiner Vereinnahmung in deutscher Nationalisierung machen. Der konservative Historiograf des preußischen Staates, Leopold von Ranke, sieht in Luthers Reformationstat einen wesentlichen „Meilenstein auf dem Weg zu einer nationalen Identität"; der deutsche Kulturkampf in den 70er- und 80er Jahren des 19. Jahrhunderts zwischen dem preußischen Staat (Bismarck) und der katholischen Kirche überhöhte die Bedeutung der Reformation, indem das protestantische Element als unerlässlich für das Funktionieren des Nationalstaates propagiert wurde.[21] Luther war Nationalheld und sein Auftreten gegenüber dem Kaiser auf dem Reichstag in Worms passte gut zu den Stichworten „Freiheit", „Widerstand". Luther argumentierte aus religiöser Gewissensüberzeugung mit den Worten: „Und solange mein Gewissen durch die Worte Gottes gefangen ist, kann und will ich nichts widerrufen, weil es weder sicher noch redlich ist, etwas gegen das Gewissen zu tun." Der Zusatz: „Ich kann nicht anders, hier stehe ich, Gott helfe mir. Amen"[22], ist Legendenbildung, aber so wirksam für den Glauben an die Standfestigkeit des deutschen Reformators gegenüber Kaiser und Reich wie der legendäre Tintenfasswurf gegenüber dem Teufel auf der Wartburg.

---

20 A. a. O.

21 Vgl. dazu die Hinweise zur Auseinandersetzung in der Geschichtsschreibung bei Lexutt, a. a. O., p. 13.

22 Luther: WA, Abt. I, Band 7, p. 838.

4. Die Qualität der Originalität

Es ist angesprochen worden, dass die Rezeption Trubars teilweise einer problematischen Perspektivenverschiebung ausgesetzt ist, etwa in der Zuordnung von christlichem Engagement und zweckdienlicher Nutzung von Sprache und Buchdruck. Was ist zielführend, was wegbereitende Maßnahme? Ähnlich ist es mit den Spekulationen über den Originalitätsbegriff im Zusammenhang mit Trubar. Es soll hier nicht darüber diskutiert werden, inwiefern dieser Begriff im 16. Jahrhundert überhaupt Gültigkeit hatte und nicht etwa der europaweite kulturelle Austausch von Ideen und Richtungen den Gedanken des Initiatorrechtes als inkompatibel zurückweisen müsste. Es besteht die Gefahr, heutiges Begriffsverständnis zu übertragen, was wiederum die Sorge um entsprechende Würdigung historischer Persönlichkeiten nach sich zieht. Diese Denkweise macht sich in der Trubarforschung verschiedentlich bemerkbar. So etwa in Versuchen, die lutherische Prägung Trubars als nicht zweifelsfrei hinzustellen. Die Problematik kann in diesem Abschnitt erst angedeutet werden: Die Bildungseinflüsse im Kreis um Bonomo (Erasmus von Rotterdam, Konrad Pellicanus, Kirchenväter, italienische Reformationsrichtungen), mögliche Berührungen mit dem Zwinglianismus (Bullinger, Verteidigungsbriefe Trubars), politische Zwänge zur lutherischen Bekenntnisübernahme (Württemberg), Widerstand gegen protestantischen Dogmenstreit (Abendmahl, Bußsakrament etc.). Merkwürdig sind ebenfalls Versuche, den direkten Einfluss von Luthers Theologie, etwa die über die Pauluslektüre gewonnene Erkenntnis von der Rechtfertigung und alle damit verbundenen Folgerungen einschließlich der Bibelübersetzung, in den Hintergrund zu drängen und solche Erkenntnisse entweder als unabhängig von den Wittenberger Ereignissen oder als veränderte Übernahme hinzustellen; hierher gehört auch, zum Zweck originaler Denkweise, der Theologie Trubars bestimmte Ausprägungen anzuheften. Das alles schießt am Ziel einer Würdigung des Slowenen vorbei; wiederum bestimmen Wertvorstellungen der Gegenwart den Gegenstand und stellen Trubars Leistungen nicht in einen scharfen Fokus.

Der slowenische Reformator hat keine Prinzipien aus einer höheren theoretischen Warte den Menschen als Leitlinie seiner Verkündigung auferlegt, sondern versucht, seinen Landsleuten die Mitverantwortung für ihr Seelenheil zu verdeutlichen und sie bei ihren irdischen Problemen abzuholen. Trotzdem hält sich Trubar an die für die lutherische Kirche verbindlichen Dogmen, die er, ebenso wie den Heilsweg der Schrift, in bildlicher Predigt vermittelt. Trubars christliche Lehre ist, auch wenn sie den lutherischen Dogmen und der Theologie seiner Mitstreiter folgt, auf die Bedürfnisse der slowenischen Bevölkerung, ihrer Sozialisation und historischen Lage ausgerichtet. Die soziale Verankerung des Christentums macht die Aktualität und – wenn man so will – Originalität seines Handelns aus. Solche Einstellungen führen dazu, dass der Reformator Positionen einnimmt, deren Summe die unverwechselbare Erscheinung Trubars bestimmen: Er ist der Volksaufklärer, der abstraktes Gedankengut durch Bildlichkeit und durch simplifiziertes Gegeneinander in fassbare Lehreinheiten übersetzt. Er ist der Seelsorger, der den biblisch-missionarischen Auftrag mit großem Ernst wahrnimmt. Er ist der Lehrer, der sich an die Erkenntnisse seines reformatorischen Vorbildes hält und sie gewissenhaft umsetzt. Trubar versteht sich als Hirte seiner Schafe in der Hinwendung an die Landsleute; das ist die christliche Zugehörigkeitsformel, die jede scheinbar politisch-landmannschaftliche Zuwendung einer anderen Perspektive unterwirft. Aus dem scheinbaren Widerspruch zwischen einem kulturell gebildeten Menschen und einem auf seine Landsleute konzentrierten Reformator, der nicht „allen Richtungsweisungen der großen Reformatoren folgte", leitet Edvard Kovač[23] einen multifunktionalen Trubar ab:

> „Ko razmišljamo o teologiji Primoža Trubarja, nikakor ne orjemo ledine. Pred nami so to počeli že mnogi in njihova mnenja so si bila precej različna. Nekateri so zagovarjali mnenje, da je bil Trubar predvsem ljudski pridigar, ki je bil na teološkem področju sicer bolj razgledan od tedanje duhovščine, a posebej globokega znanja naj bi ne imel. Drugi so bili prepričani, da je bil Trubar samo prevajalec že znanih katekizmov in že znanih teoloških misli. Spet drugi so, nasprotno, skušali pokazati, da je bil Trubar dober poznavalec luteranske in zwinglijanske teologije ter izviren teološki mislec. In če si za izhodišče našega premišljevanja vzamemo to slednjo tezo, ki jo je posebej vneto zagovarjal Jože Rajhman, potem se seveda moramo vprašati, v čem je bila izvirnost Trubarjeve teološke misli."[24]

Trotz holzschnittartiger Zuspitzung trifft Kovač das Problem; die perspektivische Sicht auf Trubar ist vielgestaltig und z. T. verzerrt, hervorgerufen durch den unbedingten Anspruch einer slowenischen Funktionalisierung des „Sprach- und Literaturgründers". Die Widersprüchlichkeit wird von Kovač natürlich aufgehoben,

23 Kovač, Edvard, „Slovenska teologija Primoža Trubarja". In: *Vera in hotenja*. Študije o Primožu Trubarju in njegovem času. Ljubljana 2009, p. 285.

24 [Wenn wir über die Theologie Trubars nachdenken, beackern wir keinesfalls Brachland. Vor uns haben schon viele damit begonnen und ihre Meinungen waren ziemlich unterschiedlich. Einige verfochten die Meinung, dass Trubar vor allem ein Volksprediger war, der sich im theologischen Bereich zwar besser orientierte als die damalige Geistlichkeit, jedoch keine besonders tiefen Kenntnisse gehabt hätte. Andere waren überzeugt, dass Trubar nur ein Übersetzer bereits bekannter Katechismen und schon bekannter theologischer Gedanken gewesen ist. Wieder andere versuchten im Gegenteil zu zeigen, dass Trubar ein guter Kenner der lutherischen und zwinglianischen Theologie war und ein origineller theologischer Denker. Und wenn wir zum Ausgangspunkt unserer Überlegung die letzte These nehmen, die Jože Rajhman besonders eifrig befürwortet hat, müssen wir freilich fragen, worin die Originalität von Trubars theologischem Denken bestand.]

sozusagen zu einem guten Ende geführt mit dem Hinweis, dass Trubar nicht nur ein Überträger fremder reformatorischer Ideen gewesen sei, sondern „eine eigene slowenische Theologie geformt habe". Schnittpunkt der Vereinnahmung Trubars sind die umfangreichen Arbeiten von Jože Rajhman zu den Schriften des Slowenen, mithilfe derer er versucht, eine Theologie aufzubauen.[25]

Die Sprache ist das Vehikel des slowenischen Reformators, die sprachschöpferische Tätigkeit ist nicht Selbstzweck, sondern das Mittel, seinen Landsleuten die Theologie verständlich zu machen und das geforderte „sola scriptura" umzusetzen – eine Adaptation an reformatorische Bedingungen. Die Einleitung in das Matthäus-Evangelium formuliert Quelle und Anspruch des Übersetzungswunsches; sie verdeutlichen die o. a. Bemerkungen:

> „Lubesniui Bratie, Kadar ta Duh Boshy, Kateri notri vuas prebiua, ie eno tako dobro lakato inu sheio tiga ſuetiga Euangelia nashiga Goſpudi Ieſuſa Criſtuſa, per uas ſturil, De ſte ui nas proſſili (potehmal ta vegshi del Ludi vnashi desheli druſiga Ieſiga ne ſna, ſamuzh ta Slouenski) De mi te ſuete Euangelie inu Liſtuue, koker ſo ty od tih Euangeliſtou inu Iogrou piſſani, tudi vta Slouenski Ieſig iſpishemo. Katero uasho ſueto proshno ſo mi radi tar ſueſelom ſaſlishali."[26]

Er benutze die krainische Sprache, weil alle anderen slowenischen Gegenden sie auch verstehen und dazu verwende er unter „Vermeidung schöner, glatter, hoher, künstlicher, neuer [...] Verdolmetschungen" einfache Worte, die der gemeine Krainer verstehe. Das Evangelium bestände ja auch nicht aus schönen Worten, sondern stehe im Geist der Wahrheit, im wahren Glauben und einem heiligen christlichen Leben.[27] Das ist wiederum weniger der Hinweis auf volkssprachliches Niveau, sondern eine Floskel biblischen Ursprungs, die Paulus verwendet: „Denn Christus hat mich nicht gesandt zu taufen, sondern das Evangelium zu predigen; nicht mit klugen Worten, auf dass nicht das Kreuz Christi zunichte werde." (1. Kor. 1, 17). Die Sprache im Dienst der richtigen Verkündigung, so sieht es auch Luther in Berufung auf diese Textstelle: „Und er [Paulus] rühmt von sich,

25 Zur Bedeutung und Deutung der Untersuchungen Rajhmans vgl. im Folgenden vor allem die Veröffentlichungen zum sog. ersten slowenischen Buch (Katechismus), und zur „langen Vorrede".

26 [Liebe Brüder, der Geist Gottes, der in uns wohnt, hat einen so großen Hunger und Durst nach dem heiligen Evangelium in uns geschaffen, dass ihr uns gebeten habt (zumal der größere Teil der Menschen in unserem Land keine andere Sprache kennt als nur die slowenische), dass wir die heiligen Evangelien und Briefe, wie sie von den Evangelisten und Jüngern geschrieben worden sind, auch in die slowenische Sprache übertragen. Diese eure heilige Bitte haben wir gern und mit Freude gehört.] *Biblia slavica*, Hg. Hans Rothe u. a. Serie IV: Südslavische Bibeln, Bd. 3 (Slowenische Übersetzungen 1555–1582). Paderborn (etc.) 2006, p. 6.

27 A. a. O.

dass seine Rede nicht mit geschmückten und kunstvollen Worten geziert, doch voller Reichtum aller Kunst der Weisheit erfunden worden sei."[28] Luther lenkt die Aufmerksamkeit auf das dienende Verhältnis der Sprache zur Verkündigung, wie es Trubar übernimmt, und unterstreicht an anderer Stelle,[29] dass die Sprache das Gefäß für den kostbaren Inhalt des Evangeliums sei, also eine nachgeordnete, wenn auch notwendige Funktion einnimmt.[30]

Trubar ist in der protestantischen Zerrissenheit vor allem in der Abendmahlsfrage ein origineller Entscheider. Hier mögen die Briefe an Bullinger vom 13. März und 10. Juli 1557 genügen, da in weiteren Ausführungen noch tiefer auf theologische Hintergründe eingegangen werden wird. Trubar erwähnt Auseinandersetzungen, „wie die vorrigen prediger schier alle allhie [in Kempten] fur vnd für wider einander von wegen des sacraments waren", wehrt sich gegen den Vorwurf, die Zwinglianer in dieser Sache angegriffen zu haben. Trubar löste sich aus dem Streit der „beiden Parteien" (Zwinglianer, Lutheraner) mit dem Hinweis, nicht noch Öl ins Feuer gießen zu wollen und die Zwietracht, die der Teufel „von dieses artickls [Sakrament] wegen jn der christlichen kirchen zum großen hindernus des euangelij lauffs het angericht", noch zu schüren. Der Ausweg Trubars ist originell, aber theologisch nicht haltbar:

> „Vnd vndteren anderen saget ich, was nützt den gotsaligen ainfeltigen christen solhe hohe disputationen de reali, corporali, substantiali et spirituali corporis Christi presentia, dieweil beide teyll, die zwinglischen vnd die lutherischen, bekenen, es sind nicht nuda signa, sonder es wird jm nachtmal warhafftig der leib Christi vnd sein pluet den Christen ausgetailt."[31]

Gerade das Sakrament des Abendmahls scheidet die Geister; Zwingli, der sich auch auf den Humanismus von Erasmus stützte, verstand die Gegenwart Christi als praesentia in mente, Brot und Wein als bloße Symbole („significat" statt „est" in den Einsetzungsworten)[32]; Luther sieht die Gegenwart Christi als Res-Praesenz von Leib und Blut in Brot und Wein. Trubars scheinbare Toleranz löst sich also in einem lutherischen Bekenntnis auf. Er kann nicht anders handeln, da Zwingli auch die Rechtfertigungslehre des deutschen Reformators nicht in den Mittelpunkt seiner Theologie stellt.

---

28 „Vorrede zur Theologia Deutsch" (1518). In: *Luther Deutsch*, a. a. O., p. 996.

29 Vgl. „An die Ratsherren aller Städte deutschen Landes" (1524). In: *Luther Deutsch*, p. 3123.

30 In Trubars Ausgabe der Paulusbriefe ist in der Einleitung zum Epheserbrief ebenfalls dieser Topos präsent: „Sveti Paul vletim listei, od velikih, globokih, lepih pridnih inu potrebnih rizhy gouori [...]" [Der hl. Paulus spricht in dem Brief von großen, tiefen, schönen guten und notwendigen Dingen] (*Biblia slavica*, a. a. O., p. 223).

31 Brief an Bullinger vom 13. März 1557. In: Rajhman: *Pisma Trubarja*, p. 26.

32 Vgl. *Evangelisches Kirchenlexikon*, a. a. O., Bd. 1, p. 18 (Stichwort: „Abendmahl").

Zur Klärung der Sachlage ist es notwendig, auch den zweiten Brief an Bullinger vom 10. Juli 1557 heranzuziehen. Hier zitiert Trubar die Lutheraner Jakob Andreae und Johannes Brenz, Letzteren mit dem Hinweis „jr [die Zwinglianer] vnd nicht die lutherischen haben disen krieg vom sacrament vom newen angefangen, welhes ich zuuor nicht vermaint." Eigentlich eine klare Aussage, die dann wieder originell abgewandelt wird mit der tolerierenden, aber auch ausweichenden Bemerkung, dass Gott Friede und Einigkeit in der Kirche geben möge und mit dem allgemeinen christlichen Bekenntnis: „Jch will bei den 3 symbolis bleiben vnd sterben."[33] Trubar meint hier vermutlich die Dreieinigkeit Gott Vater, Gott Sohn, Gott Heiliger Geist.[34]

Man muss Trubar eine gewisse Hilflosigkeit zugestehen; jemanden, dem weniger an der Orthodoxie als an der christlichen Sozialisierung seiner Landsleute gelegen ist, zieht es auf die Verständigungsebene der Laien. Definitionsansätze überstehen bei Trubar durchaus Wandlungen, ohne Schaden zu nehmen. Sein Gewissen ist nicht tangiert. Es sind Reaktionen im Versuch, Ausgleich zu schaffen, um dem „einfältigen Gläubigen" einen verständlichen Einblick zu bewahren. Das könne nur unter Aufgabe präziser Anweisungen geschehen.[35]

Eigenständigkeit oder besser volksnahe Einfärbung der Theologie Trubars wird von Sakrausky beansprucht. Er habe die Gedanken berühmter Reformatoren verwendet, „aber wie er sie verwendet hat und wie er sie auf das Leben seines Volkes hin ausgerichtet hat und zu welchen seelsorgerlichen Schlüssen er kam, ist einmalig und verleiht ihm das Ansehen eines Reformators seines Volkes."[36] Das sind große, fast pathetische Worte. Eine genaue Analyse muss hier noch ausstehen;[37] anzumerken ist jedoch, dass die volksnahe Verkündigung aus dem verwendeten Gedankengut der Reformatoren zunächst dazu verpflichtet, die Anlehnung an die

33 Brief an Bullinger vom 10. Juli 1557. In: Rajhman: *Pisma Trubarja*, p. 30.

34 Vgl. dazu seine Ausführungen in der Vorrede zum NT 1582. In: *Biblia slavica,* a. a. O., pp. 307 ff.

35 Vgl. dazu auch Giesemann, Gerhard, „Die slovenischen Vorreden Primus Trubers zu seinen Übersetzungen der Heiligen Schrift. Erkenntnisse zur Struktur, Theologie und zu den lutherischen Quellen der Schriften des slovenischen Reformators". In: *Biblia slavica*, Serie IV, Bd. 3.2. Paderborn etc. 2006, Kommentare, pp. 23–39, hier bes. p. 25.

36 Sakrausky: *Primus Truber. Deutsche Vorreden*, a. a. O., p. 88.

37 Die Ausrichtung auf Zielpersonen inbesondere in den Vorworten/Dedikationen spielt für Trubars Vermittlungsstrategie eine große Rolle; soziologische Untersuchungen zu diesem Thema berücksichtigen die Rolle der Zuhörer/Leser, die Adressaten mit ihrem Bildungshintergrund und ihrer Funktion im Staatswesen. Vgl. dazu u. a. Ahačič, Kozma, „Od naslovnikov ...", in: *Jezik in slovstvo*, 2003, Jg. XLVIII, pp. 3–24; weiterhin Scherber, Peter, „Die Funktion des deutschen Textes und der deutschen Sprache im Korpus der slowenischen protestantischen Schriften". In: *III. Trubarjev zbornik.* Ljubljana 1996, pp. 323–329.

Theologen im Einzelnen zu beglaubigen. Meines Wissens fehlt es bisher an einer solch tiefgehenden Analyse, wenn man von summarischen Schlussfolgerungen absehen will. Trubar selbst weist auf die „berühmten Reformatoren" und die Verwendung ihrer Werke hin;[38] das ist aber mehr gelehrte Anmerkung, einfach der Hinweis darauf, dass das diesbezügliche Schrifttum bekannt und zurate gezogen worden ist. Es gibt u. E. noch keine grundlegende Untersuchung über die Funktion der Zitierung in reformatorischer Zeit. Inwieweit es sich dabei um echte Auseinandersetzung mit den Kirchenvätern oder um einen Zitierkanon handelt, ist im Vergleich mit ähnlichem Gebrauch bei anderen Reformatoren genauer zu untersuchen.

Trubar fehlt als humanistische Grundlage die Kenntnis der hebräischen und griechischen Sprache. Sein Zögern, den Übersetzungsauftrag von Vergerius für das Matthäus-Evangelium anzunehmen, das er im Vorwort und an anderen Stellen artikuliert, macht seine Unsicherheit deutlich. Das umso mehr, als die Quellen, die er für seine Ausbildung präsentiert – Erasmus, Augustinus, Pellicanus etc. – mit diesen Sprachkenntnissen ausgestattete Humanisten waren. Gerade das Unterfangen der Bibelübersetzung musste Sorge bereiten, weil die Auslegungsmöglichkeiten der Schrift für Ursprachen-Unkundige in humanistischer Meinung sehr beschränkt waren. Luthers Warnung musste Trubar regelrecht auf sich beziehen: Der „schlichte" Priester könne vieles verstehen und anderen predigen, heißt es bei dem deutschen Reformator, aber „die Schrift auszulegen und fortlaufend zu behandeln und wider die irrigen Anführer der Schrift zu streiten, ist er zu gering, das lässt sich ohne (Kenntnis der Ur-) Sprachen nicht tun."[39]

Jedenfalls muss konstatiert werden, dass die „Ausrichtung auf das slowenische Volk" als originale reformatorische Leistung Trubars anzusehen ist. Aber auch hierbei darf nicht übersehen werden, dass es eine ganze Reihe von Floskeln, Topoi oder Strategien gibt, die in dieser frühneuzeitlichen Umgebung einfach zur Hervorhebung der eigenen sozialen Leistung bzw. der Wichtigkeit des Übersetzungs-Unternehmens gehörten. Die „einfältigen Christen"[40] sind eben die Nicht-Gelehrten; bei Luther taucht das ebenfalls zur Kennzeichnung des (ungebildeten) Volkes

38 Vgl. die ausführliche Bestandsaufnahme in der Einleitung zu NT, Evangelien, Apostelgeschichte (1582). In: *Biblia slavica,* pp. 306 f.; weiterhin in Briefen an Bullinger. In: Rajhman, a. a. O.

39 „An die Ratsherren aller Städte deutschen Landes" (1524). In: *Luther Deutsch,* a. a. O., p. 3127; da ist wohl ein Grund dafür zu sehen, dass Trubar in der Auslegung der Paulusbriefe sehr stark auf die Aussagen Luthers reflektiert – vgl. dazu Giesemann, „Die slovenischen Vorworte Primus Trubers zu seinen Übersetzungen der Heiligen Schrift". In: *Biblia slavica,* a. a. O., pp. 27 ff.

40 Brief an Bullinger vom 13. März 1557. In: Rajhman: *Pisma Trubarja,* a. a. O., p. 26.

auf. Der „Abstieg" aus der Universitätsgelehrsamkeit (mit der humanistischen Sprachverständigung im Griechischen oder Lateinischen als lingua franca) in die Landessprache geht einher mit dem Versuch, schwierige theologische Begriffe in Allgemeinverständlichkeit etwa durch Bildlichkeit zu übertragen.

Trubar – und hier sei zum Vergleich Luther herangezogen, um die Verfahrensweise der Toposverwendung aufzudecken – benutzt die antinomische Darstellung als wirksames Überzeugungsinstrument.[41] Die Argumentation ex negativo in der Vorrede zum NT 1582 (Evangelien, Apostelgeschichte) führt Meinungen an. Unter der Randglosse „Windisch Sprach zuuor nit geschriben" heißt es:

> „Denn vns vnd meniglich ist bewust / daß vor vier vnnd dreissig Jaren / kein Brieff oder Register/ vil weniger ein Buch / in vnserer Windischen Sprach zufinden war / denn man hielts darfür / die Windische vnd Vngerische Sprachen / weren so grob vnd Barbarisch / daß man sie weder schreiben noch lesen könne."[42]

Bei Luther, ebenfalls in der Bemühung um Volksaufklärung in seiner Schrift „An die Ratsherren aller Städte deutschen Landes, daß sie christliche Schulen aufrichten und halten sollen" (1524), liest es sich fast noch grobschlächtiger:

> „Könnten wir die Bibel und Gottes Wort doch wohl deutsch lehren, die uns genug zur Seligkeit ist? […] Ja, ich weiß leider wohl, daß wir Deutschen immer Bestien und tolle Tiere sein und bleiben müssen, wie uns denn die umliegenden Länder nennen und wir auch wohl verdienen."[43]

Die in die Argumentationsstruktur integrierte positive Antwort hat bei Luther wie Trubar die gleiche Gottesgnadenschaft für die jeweiligen Länder, die Besinnung auf eigene Werte, zur Basis. Luther nutzt eine umschreibende Sprache, ja einen ausschmückenden Stil:

---

41 Trubar argumentiert aus dem Gegensatz in allen seinen Schriften – ein Verfahren, das in der deutschen Reformation Gang und Gäbe ist. Die antinomische Darstellung kommt ebenfalls, wie ausführlich dokumentiert, in seinen Liedtexten zur Anwendung. (Vgl. Giesemann, Gerhard, „Der ‚Feind' im protestantischen Kirchenlied. Reformatorisches Bekenntnis bei Trubar aus der Perspektive des geistlichen Liedes". In: *16. Stoletje v slovenskem jeziku, književnosti in kulturi.* Ljubljana 1986, pp. 69–79; ders., „Die Psalmennachdichtungen bei Trubar, Dalmatin, Krelj – Reformatorisches Bekenntnis im Vergleich". In: Harder, Hans-Bernd u. a. (Hg.): *Gattungen in den slavischen Literaturen.* Köln, Wien 1988, pp. 697–725; ders., „Theologie und Poesie: Kombinationsvarianten in Liedmodellen von Truber, Dalmatin und Krelj". In: Kluge, Rolf-Dieter (Hg.): *Ein Leben zwischen Laibach und Tübingen. Primus Truber und seine Zeit. Intention, Verlauf und Folgen der Reformation in Württemberg und Innerösterreich.* München 1995, pp. 289–308).

42 *Biblia slavica*, a. a. O., p. 306.

43 „An die Ratsherren aller Städte" (1524). In: *Luther Deutsch*, a. a. O., p. 3120.

„Mich wundert aber, warum wir nicht auch einmal sagen: Was sollen uns Seide, Wein, Gewürze und die fremde, ausländische Ware, so wir doch selbst Wein, Korn, Wolle, Flachs, Holz und Stein in deutschen Landen die Fülle zur Nahrung haben, sondern auch eine reiche Auswahl zur Ehre und Schmuck?"[44]

Die Randglosse bei Trubar in der deutschen Vorrede zum NT (Evangelien) von 1582 trifft den Kern der lutherischen Aussage: „Windisch Volck ist auch reich in Christi Bekanntnuß worden." Die Ausführungen bestätigen den „Reichtum" im christlichen Sinn:

„Wir wollen Gott dancken vnd preisen / für die Gnad / die er vns gegeben hat in Christo Jesu / daß wir durch jn / in allen stucken reich / ub allerley Lehr vnd Erkandtnuß worden seind / wie dann die Predigt von Christo in vns krefftig ist worden / also daß wir keinen mangel an jrgend einer Gaben haben."[45]

Die conclusio zeigt bei beiden Reformatoren noch einmal die metarealistische Linienführung – die Erleuchtung des Vaterlandes durch Gottes Gnade und gleichzeitig die Abwehr höllischer Mächte:

„Aber der Allmechtige trewe Gott / hat in disen letsten gefährlichen zeitten / auch vnserem lieben Vatterlandt / welches [...] vom Türcken vnnd Bapst geengstiget vnnd geplagt würdt / sein grosse Gnad vnd Gaben / gantz wunderbarlich durch Verfolgung mitgetheilt.[46] Umb dises hohes edel köstlich Liecht des heiligen Euangelij / welches der gütige Gott / auch bey vns Windischen / durch die Predigten vnnd Bücher angezündt / vnd wider Willen vnd Gewalt der Hellischen Pforten leuchten lasset [...]."[47]

Bei Luther heißt es:

„Zwar, wenn kein anderer Nutzen an den Sprachen wäre, sollte doch uns das wahrlich erfreuen und entzünden, daß sie so eine edle feine Gabe Gottes sind, mit der Gott uns Deutsche jetzt so reichlich, mehr als alle Länder heimsucht und begnadet. [...] Ja, sie haben allzeit aufs höchste dagegen getobt und toben auch noch. Denn der Teufel roch den Braten wohl: wo die Sprachen hervorkämen, würde sein Reich ein Loch bekommen, das er nicht leicht wieder zustopfen könnte. [...] Darum, liebe Deutschen, laßt uns hier die Augen auftun, Gott für das edle Kleinod danken und fest darüber wachen, daß es uns nicht wieder entrissen werde und der Teufel nicht seinen Mutwillen an uns auslasse."[48]

Trubar beschließt seine Vorrede mit der summarischen Feststellung, dass der rechte Glaube durch Wirkung des Heiligen Geistes in der allen Einwohnern verständlichen Sprache verbreitet worden ist:

---

44 A. a. O.
45 *Biblia slavica*, a. a. O., p. 306.
46 A. a. O.
47 *Biblia slavica*, a. a. O., p. 311.
48 „An die Ratsherren aller Städte" (1524). In: *Luther Deutsch*, a. a. O., p. 3121.

> „In Summa / die von Gott außerwelten / Creiner/ Steirer / Kerner vnd Windischen / hohen vnnd nideren Standts / Grauen / Herren / Ritter / Edel / Burger / vnnd das gemein Baurenvolck / haben wie andere / durch Gnad vnnd Würckung des heiligen Geistes / auß den Windischen vnnd Teutschen Predigten vnnd Büchern erlehrnet vnnd begriffen / den rechten Glauben."[49]

Diese Erkenntnis der transmittierenden Funktion der Sprache beschreibt Luther fast 60 Jahre vorher: „Obgleich das Evangelium allein durch den heiligen Geist gekommen ist und täglich kommt, so ists doch durch das Mittel der Sprachen gekommen und hat auch dadurch zugenommen, muß auch dadurch behalten werden."[50]

Die Berufung auf die „einfältigen Christen", auf die Bauern und ihre Kinder, das gemeine Bauernvolk als Ziel der Verkündigung, auch die liebevolle Anrede der Slowenen – all das ist weniger durch seelsorgerliche Priesterzuwendung auszudeuten, sondern Bestandteil der Sprach- und Diskussionsebene außerhalb humanistischer Abgeschlossenheit. Die Ebene der Landessprache verlangt ganz selbstverständlich diesen Perspektivenwandel. Das ist durchaus üblich, wie zahlreiche ähnliche Topoi in vergleichbaren reformatorischen Schriften belegen.[51] Es ist ja logisch, dass die Übersetzungen der Bibel und weiterer Glaubensschriften in die Landessprache nicht für die Gelehrten geschaffen waren, sondern eben das „einfältige" Volk erreichen sollten. Die Leistung ist umso höher einzuschätzen, je „barbarischer" der Sprachzustand ist. Solche Hinweise finden sich, wie oben gesehen, ebenfalls bei Luther.

Verschiedene Ansätze zur theologischen Einordnung, zum nationalen Denken, zur Sprachschöpfung, zur Originalität sollen die Problematik des heutigen Umgangs mit Trubar in den Brennpunkt stellen. Es geht dabei nicht darum, die Bedeutung Trubars und seiner reformatorischen Leistung einzuschränken, sondern im Gegenteil durch die historische Vergewisserung seines Wirkens die von ihm ausgehende Prägung der slowenischen und europäischen Kultur auf einen sicheren Grund zu setzen.

---

49 *Biblia slavica*, a. a. O., p. 310.

50 „An die Ratsherren aller Städte", a. a. O., p. 70.

51 Luther spricht ständig den „deutschen Mann" an, schreibt eine „Deutsche Auslegung des Vaterunser für die einfältigen Laien" (1519).

5. Epochenfrage

Wie ist Trubar in seinem kulturellen Umfeld verankert? Sind Trubars Auftritt und seine Leistung ein Ereignis, das Epoche macht?[52] Kann zumindest von einem epochalen Neubeginn gesprochen werden? Boris Paternu spricht von der Reformation als einem tiefen Umbruch und einer Erscheinung, die über die Grenzen ihrer Zeit hinauswirkt,[53] womit er die Modernität der Reformation ansprechen will, d. h. so neuzeitliche Begriffe wie „Befreiung des Individuums", Antrieb zur „Suche nach nationaler Identität", die Einbettung in den „europäischen Strom" der Reformation einbringt.[54] Die Frage ist doch, gibt es eine nationale Komponente, d. h. eine Identifizierung mit dem Protestantismus Trubars als Voraussetzung für eine moderne Staatenentwicklung, wie sie etwa der Calvinismus mit seiner weltweiten Ausprägung und seinen ethischen Grundsätzen entwickelt hat? Ist Trubar der Vater der Moderne, der Ursprung slowenischer Selbstständigkeitsentwicklung?

Eine reformatorische Epoche für den slowenischen Bereich zu konstatieren bzw. zu konstruieren bedeutet, die Vernetzung von theologischen, politischen, institutionellen, sozialen und kulturellen Prozessen nachzuweisen. Die Tatsache, dass in den österreichischen Kernländern reformatorisches Gedankengut aus verschiedenen europäischen Ländern und Bewegungen eingeflossen ist, bevor die Reformation als kirchenpolitische Tat gewirkt hat, begründet noch keine Epoche. Wir können uns am deutschen Beispiel orientieren, wo die lutherische (wittenbergische) Reformation mit allen folgenden Auswirkungen ein Neubeginn ist, also eine Epochenabgrenzung gegen die Tradition darstellt. Kirchenhistoriker bezeichnen Luthers Rechtfertigungslehre als reformatorischen Systembruch,[55] da sie die Auflösung des Absolutheitsanspruches der katholischen Kirche unumkehrbar machte.[56] Dieser Umbruch wirkt natürlich auf Slowenien ein, ist aber sekundärer Art, also kein Systembruch mehr, was auch daran zu bemerken ist, dass keine Disputation mit der römisch-katholischen Kirche auf institutioneller Ebene stattfindet, ganz abgesehen davon, dass die institutionellen Einrichtungen dafür fehlen. Die daraus resultierenden Erkenntnisse werden übernommen und auf der Grundlage einer bereits gefestigten reformatorischen Dogmatik verbreitet. Trubar fehlt die öffentliche Auseinandersetzung, wie sie Luther in Kaiser und Reich,

52 So lautet der Untertitel von Athina Lexutts Untersuchung zur Reformation. (Vgl. Lexutt, a. a. O.).

53 Paternu, „Primož Trubar – naš sodobnik", a. a. O., p. 12.

54 A. a. O., pp. 12, 15, 21.

55 Vgl. dazu Schorn-Schütte, Luise: *Die Reformation. Vorgeschichte – Verlauf – Wirkung.* München 1996, pp. 106 f.

56 Vgl. dazu die zusammengefassten theologischen Begründungen bei Lexutt, a. a. O., p. 57.

Kurfürsten und Gesandten des Papstes vorfand. Die Ebene des philologischen Humanismus, die Trubar in der Ausbildung bei Bonomo gestreift hat,[57] stellt für den künftigen Seelsorger nicht die Grundlage seiner Missionierung dar. Seine Probleme (päpstliche Widersacher, Verleumder, Kampf gegen den Vorwurf des Abweichlertums etc.) sind ähnlich, aber sie bleiben im privaten, nicht öffentlichen Bereich. Die Briefe Trubars liefern dafür Zeugnis: Es geht dort in Schreiben an Kaiser Maximilian, verschiedene Landesherren in Innerösterreich, Württemberg, meist um Verteidigungsargumente hinsichtlich des rechten Glaubens, der Einhaltung lutherischer Sakramentslehre, der Abwehr von Vorwürfen der Häresie, missionarischer Vorhaben etc. Es fehlt die zentrale politische Gewalt staatlicher wie kirchlicher Ausprägung, vor die Luther von Amts wegen geladen wird und Anhörungsrecht genießt. Die slowenische Reformation bleibt provinziell gebunden.

Während, von Wittenberg ausgehend, die Reformationstheologie zu einer Diskussionsgrundlage humanistischer Gelehrter wird und die Universitäten des deutschen Reiches sich an dem öffentlichen Disput beteiligen, ist Trubar diese Plattform versagt. Seine Vorworte, Dedikationen, Einleitungen sind die Möglichkeiten des Disputersatzes; es fehlt dabei an gelehrtem theologischem Widerspruch. Auch die Dolmetschungen, Glaubensartikel, Lehrstücke und Katechismen stellen als sekundäre Produktion keine theologische Debatte dar. Das Nacheinander der deutschen Reformation, von der Rechtfertigung, dann der Kirchenkritik über die institutionelle politische und kirchliche Konsolidierung bis hin zur Konkordienformel, ist Trubar als Gleichzeitigkeit, als „Einheit" bereits vorgegeben.

Die von Wittenberg ausgehende Reformation ist Auslöser für kulturelle und nationale Identität, da reichsrechtliche Folgen von ihr initiiert wurden (etwa die vom Fürsten bestimmte Glaubensidentität, Fürstenbünde, kriegerische Auseinandersetzungen); der Weg bei Trubar ist umgekehrt: Der vollzogene fundamentale theologische und administrative Umbruch, wie er ihn im reformierten Süddeutschland kennengelernt hat, bestimmt und prägt seinen Werdegang.

Hieraus ergibt sich noch ein weiterer Gesichtspunkt, der gegen einen Epochenbegriff in der slowenischen Kulturgeschichte spricht; Trubar gründet sich auf die Wurzeln in Deutschland und sozialisiert diese reformatorischen Erkenntnisse bei seinen Christen slowenischer Sprache. Es ist ganz typisch, dass Trubars theologische Überzeugungen nicht von einer Obrigkeit diskutiert werden; im Gegenteil, zur Diskussion steht nur, ob er in allen Belangen auf dem Boden des

57 Primož Simoniti geht zu Recht sehr vorsichtig mit Überlegungen zu Bildungseinflüssen am Hof von Bonomo und ihrer Wirkung auf Trubar um. (Vgl. dazu seine Untersuchung „K vprašanju razmerja med humanizmom in reformacijo". In: *Protestantismus bei den Slowenen.* (= Wiener Slawistischer Almanach. Sonderband 13). Wien 1984, pp. 89–102, hier p. 96.

„rechten Glaubens“ steht, also keine abweichlerischen Tendenzen zeigt. Seine Briefe und Vorworte sind voll von solchen „Rechtfertigungen“.

Die historischen und kulturellen Veränderungen durch die Wittenberger Reformation sind bis auf den heutigen Tag in nahtloser Folge und deutlicher kultureller, historischer, administrativer und politischer Zeichengebung problemlos eruierbar; durch Trubar ist zeitlich und historisch nur bedingt eine solche Veränderung eingetreten. Sie kann auch nicht als durchgehend bis in die Gegenwart bezeichnet werden. Vieles ist verschüttet worden in der Geschichte, aufgenommen dann und gemünzt in restaurierte Vergangenheit, die aus gegenwärtigen Interessen ihre Belebung erfährt. Slowenien erfährt eine Reformation von außen, die im eigenen Land im Wesentlichen keinen staatlichen Schutz und keine Protektion genoss, sondern auf mühsame Eigeninitiative angewiesen war. Insofern hat Mirko Rupel den Nagel auf den Kopf getroffen, wenn er in seiner Einleitung zur Reformation auf die verhängnisvolle Tatsache hinweist, dass die Slowenen ohne eigenen Staat waren;

> „weil sie einem fremden politischen, gesellschaftlichen und kulturellen System angehörten, waren sie sich einer eigenen Staatlichkeit nicht bewußt. Obendrein waren sie auf verschiedene Länder verteilt mit mehr oder weniger eigenem politischen Leben.“[58]

Die von der deutschen Reformation geschaffene kulturelle und letztlich nationale Identität ist in dieser zukunftsgewandten Stoßrichtung bei Trubar nicht vorhanden: Aus dem Slowenen ergibt sich für die Zukunft nationaler Gewinn durch Berufung auf seine Taten und dadurch die Schaffung eines Geschichtsbewusstseins von der Gegenwart her, aber nicht durch ihn.

Trotz der fehlenden Voraussetzungen für einen „Systembruch“[59], wie er durch Luther erfolgt ist mit bleibenden Neuerungen, ist Trubars Leistung in keiner Weise geschmälert; ihr fehlt nur die durchschlagende historische Anerkennung.

Es ist deutlich geworden, dass Trubars reformatorischer Wille wesentlich in Einklang mit den Wittenberger Vorgaben steht, aber eben kein Parallelismus stattfindet. Vieles, was mit den theologisch-humanistischen Vorstellungen der deutschen Reformatoren zusammenhängt, ist bei dem Slowenen trotz inhaltlicher Übereinstimmungen auf eine andere Ebene und in eine andere Perspektive gerückt. Diese Problematik muss nun im Einzelnen aufgerollt werden.

---

58 Rupel, Mirko, „Razvoj reformacije na Slovenskem“. In: *Zgodovina slovenskega slovstva*, Bd. 1. Ljubljana 1956, pp. 197–205, hier p. 197.

59 Das „Neue [der Reformation] wird als wahrhaft neu deklariert und markiert dann tatsächlich einen Systembruch“ (Lexutt, a. a. O., p. 19).

II.
Begründer der Schriftsprache: Nationales und Individualität in theologischer Sicht

1. Sprache als Komponente der Reformation

Es ist sinnvoll, mit dem zu beginnen, was Trubar ursächlich als Verdienst und Grundelement kultureller Wirkung zugesprochen wird, unabhängig von Zeitgeist und ideologischer Zuspitzung: Er gilt als Schöpfer der slowenischen Schriftsprache und Begründer slowenischer Literatur. Dies an den Anfang zu setzen ist auch deshalb wichtig, weil der reformatorische Gedanke davon ausgeht, dass jede Zwischeninstanz in der Vermittlung des Heilsweges als mögliche Verfälschung des wahren Glaubens nach Möglichkeit ausgeschaltet wird oder auf ein Mindestmaß beschränkt werden sollte; jeder Einzelne musste also Zugang zu den Glaubensgrundsätzen haben, allem voran durch eine jedermann verständliche Übertragung der Heiligen Schrift, d. h. in der Volkssprache geschrieben. An dieser Stelle muss bereits das Umdenken betrieben werden: Trubars Handeln ist durch den theologischen Ansatz, d. h. seine seelsorgerlich-missionierende Komponente motiviert. Im Fokus steht dabei die soziale Funktion der Sprache in ihrer volkssprachlichen Komponente, ihrem christlich-biblischen Bezug, ihrer Dolmetscherfunktion; notwendige Voraussetzung ist die Ausbildung der Kinder als zukünftige Versteher, Ausleger der Hl. Schrift und Prediger des Glaubens.

> „Obtu ie ſylnu potreba tudi per ſadashnim zhaſſu de ſe te Shule pouſod gori dershe, de tei Cerqui dobra Seimena od mladih Vuzhenih ludy, Bogu na zhaſt, inu timu Kerſzhanſtuu dobrimu, ſa ſebo puſtimo."[1]

Die Herrschaft soll die Schulmeister zur Verfügung stellen und gleichzeitig die „faulen" Mönche hinauswerfen. Luther hat sich im Artikel „An die Ratsherren aller Städte deutschen Landes, daß sie christliche Schulen aufrichten und halten sollen" (1524) vehement für die Bildung der Jugend eingesetzt und auf die Bedeutung des Spracherwerbs hingewiesen. Hätten die Apostel – so seine Argumentation – das NT nicht in die griechische Sprache gegossen, wären die Evangelien ungeschützt

1 [Deshalb ist es auch in heutiger Zeit dringend nötig, dass die Schulen überall hoch gehalten werden, damit wir der Kirche guten Samen von jungen gelehrten Menschen überlassen, Gott zur Ehre und der Christenheit zum Guten.] Primož Trubar. *Cerkveni red* (1564). Znanstvenokritična izdaja dela Cerkovna ordninga z znotrajjezikovnim prevodom v sodobni slovenski knjižni jezik. Hg. Kozma Ahačič. Ljubljana 2014, p. 222.

allen Zeitmeinungen ausgesetzt gewesen. Seine conclusio wirkt wie eine Begründung der Sichtweise Trubars: „darum ist's sicher: wo nicht die Sprachen bleiben, da muß zuletzt das Evangelium untergehen."[2]

An den Anfang soll die These gestellt werden, dass der slowenische Reformator sich im Problem der Volkssprache als dem direkten Mittler der christlichen Botschaft am deutschen Reformator orientiert. Er stellt sich sozusagen in eine „Ahnenreihe": Er sammelt die Krainer, Untersteierer, Kärntner und Slowenen in einem „Wir", das ausgerichtet ist auf die Botschaft des Apostels Paulus im 1. Korintherbrief, Kap. 1. Hier ist von der Predigt des Evangeliums „nicht mit klugen Worten" die Rede, eingebettet in die philosophische Umkehrung griechischer Weisheit: „und was schwach ist vor der Welt, das hat Gott erwählt [...] und das Unedle vor der Welt und das Verachtete hat Gott erwählt [...]" (1. Kor. 27, 28). Trubar nimmt in der Widmung zum NT von 1582 deutlich auf den Korintherbrief und Luther „in einer Vorred ſeiner Kirchen Poſtil" Bezug mit dem fast wörtlichen Zitat:

> „Gott dancken vnd preisen / für die Gnad / die er v n s gegeben hat in Christo Jesu / daß w i r durch jn / in allen stucken reich / in allerley Lehr vnd Erkandtnuß worden seind / wie dann die Predigt von Christo in v n s krefftig ist worden / also daß w i r keinen mangel an jrgend einer Gaben haben / vnd warten nun auff die Offenbarung vnd Erscheinung / der Herrligkeit des grossen Gottes vnsers Herrn vnd Seligmachers Jesu Christi. [Hervorhebung G. G.][3] – Ich danke Gott allezeit eurethalben für die Gnade Gottes, die e u c h gegeben ist in Christus Jesus, daß i h r seid durch ihn in allen Stücken reich gemacht, an aller Lehre und in aller Erkenntnis. Denn die Predigt von Christus ist in e u c h kräftig geworden, so daß i h r keinen Mangel habt an irgendeiner Gabe und nur wartet auf die Offenbarung unsers Herrn Jesus Christus." (1. Kor. 1, 4–7).

Trubar hat das „Ich" des Paulus durch das „Wir" der Slowenen ersetzt, die Wendung an die Gemeinde zu Korinth wird bei ihm demonstrierte Gemeinsamkeit mit den Landsleuten; er hat dadurch recht kühn die Schriftstelle auf die slowenische Situation bezogen. Solche Gleichsetzungen und Herleitungen: Paulus – Korinther, Luther – Deutsche, Trubar – Slowenen[4], tauchen bei dem Slowenen häufiger auf und markieren eindeutig die theologische Zu- und Unterordnung der Sprachbedeutung. Die Wichtigkeit dieser Verbindung unterstreicht Trubar zudem mit dem Hinweis auf den „barbarischen" slowenischen Sprachzustand und das fehlende Schrifttum. Beides wird aus der besonderen Drangsalierung durch Türken und Papst begründet, die nunmehr durch Gottes Gnade vertrieben seien,

---

2 „An die Ratsherren" (1524), a. a. O., p. 3124.

3 *Biblia slavica*, Vorrede zum NT 1582 (Evangelien), p. 306.

4 Wir wollen „mit gleichen Worten / wie der heilig Paulus / 1.Cor. 1. für die Corinthiern / vnnd D. Luther in einer Vorred seiner Kirchen Postil / an statt der Teutschen / Gott dancken vnd preisen / für die Gnad" (*Biblia slavica*, a. a. O., pp. 305 f.).

sodass die Übersetzungen der Bibel und der wichtigen reformierten Schriften verbreitet werden konnten. Trubar gibt dann noch seine Kommentar-Quellen bekannt; er habe „genommen, gestohlen, übertragen und zusammengestellt [...] aus vielen alten und neuen Schriftstellern [...], insbesondere aus Luther, Brenz, Melanchthon, Urbanus Regius [etc.]."[5]

Hier wird – geschickt aufgebaut – eine fast wundersam anmutende Kurzgeschichte slowenischer kultureller Geburt präsentiert. Da haben sich natürlich einige Floskeln eingeschlichen, so etwa die Kombination von „Türke und Papst", die überall in der deutschen Reformation, insbesondere bei Luther als Feindbild benutzt wird. Natürlich war Trubar der Türkengefahr räumlich viel stärker ausgesetzt als Luther. Es geht jedoch in der Verbindung „Türke und Papst" nicht so sehr um die Realia, sondern um die das Seelenheil betreffende Gefahr antichristlicher Mächte,[6] so wie es Luther auch in seinem Lied „Erhalt uns Herr" in der Verbindung Türke, Papst als den teuflischen Mächten zum Ausdruck gebracht hatte und von Trubar nachgedichtet worden war „Nedaj ozha naſh lubi Bug. / De bi od nas ſe vsel zvoj vuk, / Sateri Turka Papesha, / Kir saſhpotujo Iesuſa. // Ti Iesus Criſtus naſh Goſpud, / Ti vejsh de ta Vrag je nam hud...".[7] Die Einbettung verdeutlicht nicht nur an dieser Stelle, dass Trubar wie Luther die Begriffe als Synonyme für geistliche Bedrohung wählt. Insofern ist die Schlussfolgerung von Andrej Saje, die Luthers und Trubars Einstellung divergieren lässt, nicht zielführend: „Za Luthra so bili turški vpadi politično vprašanje, ki ga mora rešiti cesar. Največjo nevarnost je zanj predstavljal papež. Za razliko od Luthra je Trubar doživljal turško nevarnost od blizu in jo čutil bolj kot nevarnost".[8] Die liturgische Verwendung führt den formelhaften Gebrauch zu einer theologischen Deutung und Einordnung.

5 A. a. O., p. 306.

6 Beides verbindet Trubar in seiner Dedikation an Maximilian zum Römerbrief 1560, wo er seine Besorgnis und Absicht mitteilt: „darumb / das jre liebe Jugent / vnd die einfältigen / wölche kein andere Spraach dann die Windiſche können / darauf grundtlich erlernen / die nöttigſten vnd ſeligmachenden Stuck des alten / waren / Chriſtlichen Glaubens / vnd wie ſich / wann ſie von Türcken gefangen vnd weggefürt / das nicht auß verzweifelung Mamelucken werden / erhalten vnd trösten ſolle." (*Biblia slavica*, a. a. O., pp. 102 f.)

7 [Gib, unser Vater, lieber Gott, dass uns nicht die Lehre genommen wird, wegen Türke und Papst, die Jesus verspotten. Du, Jesus Christus, unser Gott, du weißt, dass der Feind uns böse ist ...] In: *Ta celi Catehismus, eni psalmi, inu teh vekshih Godov, stare inu Nove Kerſzhanſke Pejſni*, Wittenberg 1584, pp. 168 f.

8 [Für Luther waren die türkischen Einfälle eine politische Frage, die der Kaiser lösen muss. Die größere Gefahr stellte für ihn der Papst dar. Im Unterschied zu Luther hat Trubar die türkische Gefahr unmittelbar erlebt und fühlte sie stärker als Gefahr.] Saje, Andrej, „Trubarjev odnos do papeža". In: *Primož Trubar. Simpoziji v Rimu*. Celje 2009, pp. 67 f.

Gleiches gilt für die Übersetzung des AT, die „Krainer, Steierer und Kärntner Theologen durchgesehen und verbessert“ hätten. Auch die Aufzählung der Gelehrten und Bücher, aus denen Trubar geschöpft habe, ist gelehrter Brauch.

Das Problem mit Trubar wird an den philosophischen Interpretationen der Sprachnutzung deutlich. Der Versuch, aus neuzeitlicher Sicht rückwirkend zu deuten, ist insofern problematisch, als Begriffe eingeführt werden, die sich auf eine individualpsychologische Betrachtung berufen unter der Voraussetzung einer „Befreiung“ des Menschen aus mittelalterlichen Zuordnungen. Der Begriff der Subjektivität wird eingeführt, der Lehre Luthers im Hinblick auf die Förderung der Volkssprache implizit unterstellt und dann auf Trubar übertragen.[9] Dieser Betrachtungsweise liegt eine nicht-theologische Schlussfolgerung zugrunde. Luther geht es bei der Befreiung des Menschen aus Vermittlungszwängen nicht um eine Selbstaufwertung, sondern um die Möglichkeit einer direkten Gott-Mensch-Beziehung, die vor allem über die Kenntnis muttersprachlicher Texte hergestellt werden soll. Anders ist die Forderung des „sola scriptura“ und „sola fide“ nicht zu erfüllen. Für Luther ist immer der Inhalt das Maßgebende, die Sprache ein Gefäß, in dem etwas aufbewahrt wird, welche aber im theologischen Sinne für sich nicht selbstständige Funktion besitzt.

Die meisten Diskutanten, die Trubars Schriftsprachenleistung mit der Befreiung des Einzelnen aus mittelalterlichen (kirchlichen) Zwängen verbinden, übersehen die schwierige und auf ganz andere Werte zielende Diskussion, wie sie Luther gegenüber Erasmus von Rotterdam und an vielen anderen Stellen geführt hat. Luther spricht in Anlehnung an Paulus von der zweifachen Natur eines Christenmenschen, der leiblichen und geistlichen.[10] Die Ambivalenz ist nicht einerseits irdisches Handeln („Fleisch“ nach Paulus) und innerliche Erneuerung („Geist“), sondern abhängig vom Gnadenstand des Menschen: Leib, Seele, Vernunft macht den ganzen „fleischlichen“ Menschen aus, „der ohne (den Besitz der) Gnade von hohen geistlichen Sachen viel erdichtet, lehret und schwätzet“.[11] Erasmus Lehre vom freien Willen (Entscheidung für „Körper“ oder „Seele“) lehnt Luther ab: Der Wille des sündigen Menschen ist notwendig unfrei; die Befreiung ereignet sich nur im Gnadengeschehen, das „nicht eine akzidentielle Veränderung am Menschen, sondern ein Neuwerden der Person selbst in mortificatio und vivificatio [ist]“.[12] Die o. a. Subjektivität, Hinweise

9 Vgl. Kos, Janko, „Trubers Begründung des slowenischen Schrifttums und die metaphysische Wende in der Theologie Luthers“. In: Kluge (Hg.): *Ein Leben zwischen Laibach und Tübingen …*, a. a. O., pp. 258–267, hier p. 266.

10 „Von der Freiheit eines Christenmenschen“ (1520). In: *Luther Deutsch*, pp. 1490 f.

11 „Vorrede zum Brief des Paulus an die Römer“ (1522), a. a. O., p. 3069.

12 Ebeling, Gerhard, „Martin Luther. Theologie“. In: *RGG*^{3}, Bd. 4, pp. 495–520, hier p. 501.

auf Individualität als humanistische Errungenschaft gehen an dem angedeuteten Lutherverständnis vorbei. Diese Form von Freiheit entspricht nicht seiner Theologie und es ist irreführend, wenn in diesem Zusammenhang vom Glauben als einem „psychischen Akt der eigenen Subjektivität" gesprochen wird.[13] Luther lehrt, dass alles der freien Verfügung Gottes überlassen ist, der Mensch keine „Eigenständigkeit" besitzt, keinen Anspruch gegenüber Gott. Insofern ist es richtig, ihn als Nominalisten zu bezeichnen; der deutsche Reformator sieht die absolute Überlegenheit Gottes gegenüber allem kreatürlichen Wesen. Das kommt im Streit mit Erasmus über den „freien Willen", aber auch in der Auseinandersetzung mit Melanchthon über die Funktion der menschlichen Vernunft zum Ausdruck. Avguštin Lah versucht im Beitrag „Trubarjevo pojmovanje Boga Stvarnika" Trubar eine Zweiteilung seines Verständnisses der Schöpfungsgeschichte zu unterstellen und einmal mit Zwinglis „pantheistischen Ideen" von „Gott als dem Wesen aller Dinge" in Zusammenhang zu bringen und zum anderen Luther anzunähern und mit dem Hinweis auf nominalistische Einstellungen nachzuvollziehen, dass die Erkenntnis Gottes durch den Menschen aufgrund seines „verderbten Verstandes" nur aus dem Glauben heraus geschehen kann: „da človek zaradi pokvarjenosti razuma [...], ideje Boga Stvarnika ne more spoznati drugače kot po veri iz Svetiga pisma".[14] Das sind kühne Konstruktionen mit großen theologisch-philosophischen Begriffen, die allerdings ohne Fundament bleiben. Viel später, im deutschen Vorwort zur Ausgabe des NT, Tübingen 1582, äußert sich Trubar noch einmal zur Auseinandersetzung über Funktion und Wirkung der menschlichen Vernunft. Mit missionarischem Eifer steht er auf der Seite Luthers und bestätigt indirekt dessen Entgegnung auf die Diatribe des Erasmus, dass der Mensch nicht in der Lage ist, aus eigener Kraft in vernünftigem Handeln zu seiner Erlösung beizutragen. Trubar bezeugt gegen die „Papisten" und auf der Grundlage der Schrift, dass der aller menschlichen Vernunft verborgene und der Weisheit unerkannte Gott

> „auß lautter Gnad / vmb ſonſt / allein vmb Chriſti willen / ſo ferr wir an jn glauben / vnd von keines wercks wegen / vns arme Sünder zu ſich in ſein Reich annimpt. Sonder ſie wöllen / vermeinen / vnd beſchlieſſen / wie alle Heiden / Türcken / vnnd jetzigen Juden / nach jhrer närrischer Vernunfft vnd Verſtand / daß man mit eigner Frümbkeit erdichten / oder des Gesetz guten Wercken vnnd Gottesdienſten / den Himmel vnnd das ewig leben

13 Kos, „Trubers Begründung ...", a. a. O., p. 264.

14 [dass der Mensch wegen der Verderbtheit des Verstandes ... die Idee von Gott als Schöpfer nicht anders erkennen kann als mittels des Glaubens nach der Hl. Schrift.] Avguštin Lah, „Trubarjevo pojmovanje Boga Stvarnika". In: *Primož Trubar. Simpoziji v Rimu*, a. a. O., Celje 2009, pp. 77–88, hier: p. 79.

> verdienen müg vnnd ſoll / wie der gelehrt Philoſophus Plato auß Vernunfft geſagt / wilt du Gott wolgefallen / ſo ſey fromb."[15]

Luthers sinngemäße Vorgabe findet sich in der Nikodemus-Predigt mit dem Gedanken, dass weder Vernunft, freier Wille noch menschliche Kräfte an der Wiedergeburt beteiligt sind,[16] ebenso in den Schmalkaldischen Artikeln von 1537. Auch hier stehen – wie es dann bei Trubar ausgeführt wird – der „Papst und sein Reich" in der Gegnerschaft; der Anlass ist die Ablehnung jeglicher Mitwirkung des Menschen an seinem Heil. Luther wendet sich gegen die Vernunftgründe dieser „Schultheologen": „Daß nach dem Erbfall Adams die natürlichen Kräfte des Menschen ganz und unverderbt geblieben sind, und der Mensch von Natur eine rechte Vernunft und guten Willen habe, wie die Philosophen das lehren."[17]

Trubar folgt der lutherischen Schriftauslegung zum Römerbrief; die Übernahme ist gleichsam eine theologisch-dogmatische Absicherung der Begriffe Gesetz, Sünde, Gnade, Glaube, Gerechtigkeit, Fleisch, Geist.[18] Ihm geht es nicht um eine äußerliche Befreiung, auch nicht um ein nationales Anliegen der sprachlichen Einigung Sloweniens, sondern um das seelsorgerliche Anliegen des Trostes der drangsalierten Bevölkerung durch das geistliche Wort. „sie erbarmen mich auch von des wegen / das sie wenig oder gar nichts wissen / werden auch nicht recht gelernet noch vnterwisen / von den nötigsten vnnd tröstlichsten Stücken vnsers waren Christlichen Glaubens".[19] Die Schrift ist die wichtigste Quelle zum Heil: „Dann durch das fleissig gehör des Göttlichen worts / vnd durch das empsig lesen der heiligen Schrifft / kommen die außerwöleten Menschen gemeinlich vnd ordenlicher weiß / auß krafft vnd würckung des heiligen Geists / zum rechten Glauben".[20] Das Bedauern, dass die Slowenen „die gantze Biblische Schrifft nicht haben / in jrer Sprach / wie es die Teutschen vnd andere Völcker haben",[21] steht

---

15 *Biblia slavica*, a. a. O., pp. 307 f.

16 „Die Predigten. Sonntag Trinitatis". In: *Luther Deutsch*, a. a. O., p. 5537.

17 „Die Schmalkaldischen Artikel". In: *Luther Deutsch*, pp. 2299 f. Die Ausführungen finden sich unter der Überschrift „Von der Sünde". Luther meint mit den Philosophen Plato und Aristoteles. Er stimmt mit Melanchthon überein, der festhält: „die Philosophie [irrt] mit der Meinung, die Vernunft habe aus sich selbst zureichende Kräfte gegen die Sünden." (Philipp Melanchthon, Glaube und Bildung. Texte zum christlichen Humanismus. Stuttgart 2010, p. 59).

18 Giesemann, „Die slovenischen Vorreden ...". In: *Biblia slavica*, Kommentare, pp. 30 f.

19 Sakrausky, *Primus Truber. Deutsche Vorreden* ..., a. a. O., p. 91 (Deutsche Vorrede zum ersten Halbteil des Slowenischen Neuen Testamentes, Tübingen 1557).

20 A. a. O., p. 92.

21 A. a. O.

unmittelbar in dieser theologischen Begründung. Ein „nationaler" Impetus lässt sich hier nicht herauslesen.

2. Volkssprache

Hinsichtlich des Begriffes „Volkssprache" wird gern auf die Allgemeinverständlichkeit, die Einfachheit, die Rücksichtnahme auf den ungebildeten Menschen rekurriert. Hierzu lässt sich eine ganze Reihe von Belegstellen aus Trubars Vorworten zitieren. Allerdings muss bei Trubars Erläuterungen in Betracht gezogen werden, dass es sich um reformatorische Topoi handeln kann, die im Kontext mit Übersetzungsfragen und Sprachproblemen immer wieder auftauchen. „Vnd ich hab mich beflissen in disem dolmetschen, mit den Worten vnd stylo, auff das ein jeglicher Windischer [...] müge leicht versteen."[22] „Ich hab mich des beim Übersetzen beflissen, daß ich reines und klares Deutsch geben möchte."[23] Die eigene Sprache wird mit Epitheta der Einfachheit charakterisiert (preprost in siromašen),[24] (crainske preproste bessede), das Wort soll auch in der „Windischen [...] Spraach / so klar / lauter vnd verstendig / als in der Lateinischen / Teutschen / Wälschen / vn Böheimischen"[25] gepredigt werden. Janez Rotar hat darauf hingewiesen, dass Trubar in seinen Vorworten zum NT (1557) und zu den Paulusbriefen (1560) auf Unterschiede zwischen dem Slowenischen und Kroatischen hingewiesen hat, während er wenig später behauptet, dass sich beide Sprachen „fast vergleichen".[26] Es ist

22 *Ta prvi dejl tiga Noviga Testamenta* (1557), zitiert nach Raecke, Jochen, „‚Windisches' in der ‚Windischen Sprach' der Truberschen ‚Hishna Postilla'". In: Kluge (Hg.), *Ein Leben zwischen Laibach und Tübingen...,* a. a. O., p. 382: „er sich des schwären Wercks / nämlich die Haußpostill D. Martini Lutheri / in die Windische Sprach zu vbersetzen vnderfangen".

23 „Ein Sendbrief vom Dolmetschen" (1530). In: *Luther Deutsch*, p. 3145. Raecke bringt eine Reihe weiterer Parallelen solchen Sprachgebrauchs und fügt hinzu, „daß sich in Trubars ‚Beschreibung seiner Sprache' bis ins Wort hineingehender reformatorischer Topos und Wirklichkeit so sehr durchdringen, daß es aus dem historischen Abstand heraus praktisch unmöglich ist, zu entscheiden, wo das eine anfängt und das andere aufhört." (Raecke, a. a. O., p. 383).

24 Zitiert nach Rupel: *Slovenski protestantski pisci*, a. a. O., p. 81 (Vorrede zum 1. Teil des NT, 1557).

25 *Ta drugi deil tiga noviga testamenta* (Deutsche Vorrede), Tübingen 1560. In: *Biblia slavica*, p. 103.

26 Rotar, Janez, „Das Wirken Primus Trubers für den kroatischen und kyrillischen Druck". In: *Slovenci v evropski reformaciji šestnajstega stoletja*. Ljubljana 1986, pp. 173–202, hier p. 183.

weniger agitatorischer Eifer, sondern floskelhafte Nutzung von vorformulierten Aussagen, die als Gebrauchsmuster eingesetzt werden.

Trubar ging es bei der Sprachbewältigung nicht um ein humanistisches Prinzip der Reinheit und Genauigkeit der Sprache; er hält allerdings wie Luther in seinen Ausführungen zur „Deutschen Messe"[27] die Jugend in der slowenischen Kirchenordnung an, sich neben der eigenen auch fremden Sprachen zu widmen. Im Prinzip sucht Trubar eine einfache, ungekünstelte Sprache, die der Umgangssprachlichkeit sowohl der städtischen wie der ländlichen Bevölkerung gerecht wird. Das ist in gewisser Weise ein Spagat: Einbezug von Germanismen, wo slowenische Ausdrücke parat wären, große Bildlichkeit, die der ländlichen Ausdrucksweise entgegenkommt, Eindringlichkeit der Rede, die ihren persuasiven Charakter der überzeugenden Predigt nicht verhehlen kann. Trubar ging es dabei, wie Anton Janko meint, „(ähnlich wie Luther) weniger um die Reinheit der Sprache, als vielmehr um größere Verständlichkeit der neuen religiösen Lehre bei breitesten Volksschichten."[28] Die Befriedigung von Bedürfnissen, ganz allein aus theologisch-seelsorgerlicher Sicht führt Trubar zu angemessenen Übersetzungen mit „krainske preproſte beſſede":

> „mi ne ſmo vletimu nashimu obrazhanu, oli Tolmazheuanu lepih, glatkih, viſſokih, kunſtnih, nouih oli neſnanih beſſed iskali, Temuzh te gmainske Crainske preproſte beſſede, kateri uſaki dobri preproſti sloueniz lahku more ſaſtopiti."[29]

Luther weist immer wieder im Zusammenhang mit „Volkssprache" und Dolmetschen auf die Verständlichkeit, die Einfachheit, die „einfältige Art der Sprache" hin, mit einer Begründung, die eben die paulinische Forderung nicht nur unterstreicht, sondern adelt; Luther wendet sich gegen sophistische Klügeleien:

> „Siehe, so hätte die einfältige Art der Sprache leicht unterweisen können, die durch ihre spitze und gesuchte Schärfe der Vernunft sich selbst und andern so viel unnütze Mühe und Arbeit machen. Und du [Karlstadt] sollst sehen: weil sie auf der Bahn gehen, daß sie Gottes Wort nicht mit dem Glauben ehren oder nach einfältiger Weise der Sprache annehmen, sondern mit der sophistischen Vernunft und spitzen Subtilität messen

27 „Deutsche Messe und Ordnung des Gottesdiensts" (1536). In: *Luther Deutsch*, pp. 3859 ff.

28 Janko, Anton, „Deutsche Lehnwörter zur Bezeichnung des Begriffskomplexes ‚Christliche ethische Werte und menschliche Sünden' in Trubars ‚Cerkovna Ordninga'". In: *Slovenci v evropski reformaciji...*, a. a. O., p. 88.

29 [Wir haben in unserer Verdolmetschung keine schönen, glatten, künstlichen, hohen, neuen oder unbekannten Wörter gesucht, sondern des gemeinen Krainer Dialekts einfältige Wörter, die jeder gute, einfältige Slowene verstehen kann.] *Ta evangeli svetiga Matevsha.* In: *Biblia slavica*, a. a. O., p. 7.

> und meistern wollen, werden sie gar fein dahin kommen, daß sie auch leugnen werden, Christus sei Gott."[30]

Das wird natürlich von Trubar übernommen, auch wenn er nicht direkt auf den Deutschen, sondern auf die beiden gemeinsamen Quellen hinweist, Paulus. Luther beruft sich auf den Korintherbrief 1, 17 in seiner Vorrede zur Theologia Deutsch: „Und er selbst [Paulus] rühmt von sich, daß seine Rede nicht mit geschmückten und kunstvollen Worten geziert, doch voller Reichtum aller Kunst der Weisheit erfunden worden sei."[31] Trubar folgt dem in der Fortsetzung des obigen Zitats: „Sakai ta muzh ſuetiga Euangelia inu nashe Isuelizhane, ne ſtoy vlepih, ofertnih beſſedah, Temuzh vtim duhei, vti riſnici, vti praui veri inu venim ſuetim krshanskim lebnu."[32] Das entspricht wiederum der lutherischen Forderung nach dem sprachlichen Umgang mit der Heiligen Schrift. Er gibt, wie dann auch Trubar, ganz eindeutig dem Sinn, dem Inhalt (Evangelium) den Vorrang vor der Sprache. Sie ist die Scheide, in der „dies Messer des Geistes" steckt, der „Schrein, darinnen man dies Kleinod trägt", das „Gefäß, darinnen man diesen Trank fasset"[33].

> „Denn wir haben (uns an) die Regel gehalten: Wo es die Worte erlaubt haben und ein besseres Verständnis ergeben, da haben wir uns nicht durch die von den Rabbinen gemachte Grammatik zur schlechteren oder anderen Bedeutung zwingen lassen. Wie denn alle Schulmeister lehren: daß nicht der Sinn den Worten, sondern die Worte dem Sinn dienen und folgen sollen."[34]

Was Luther hier über das Dolmetschen aus dem Griechischen und Hebräischen sagt, spielt auf die Eigenstruktur jeder Sprache an und ihre jeweilige Fähigkeit, Ausdrucksbasis auch für die Texte der Reformation zu sein. Auslöser ist der Missionsbefehl, also die Pflicht zur inhaltlichen Weitergabe des Evangeliums, das Pfingstwunder mit der Predigt in allen Sprachen. Die Verkündigung ist das Anliegen, nicht irgendein nationalstaatliches Prinzip in Deutschland oder Slowenien. Trubar wendet sich an alles Slowenische, indem er in diesem Zusammenhang darauf hinweist, dass Gott heute Menschen ausgewählt habe, die in der einen oder anderen Sprache mit Übersetzung und Auslegung der Hl. Schrift der Kirche

30 „Wider die himmlischen Propheten, von den Bildern und Sakrament" (1525). In: *Luther Deutsch*, pp. 2656 f. Die Schrift ist eine Auseinandersetzung mit Karlstadt, dem Luther Bilderstürmerei und eine zwinglianische Abendmahlsauslegung vorwarf.

31 „Vorrede zur Theologia Deutsch" (1518). In: *Luther Deutsch*, p. 996.

32 [Daher besteht die Kraft des heiligen Evangeliums und unsere Erlösung nicht aus schönen, anbieterischen Worten, sondern im Geist, in der Wahrheit, im wahren Glauben und in einem heiligen christlichen Leben.] *Biblia slavica*, p. 7.

33 „An die Ratsherren ..." (1524). In: *Luther Deutsch*, p. 3123.

34 „Summarien über die Psalmen und Ursachen des Dolmetschens" (1533). In: *Luther Deutsch*, p. 3324.

dienen können.[35] Trubars sprachschöpferische Tätigkeit ist nicht Selbstzweck, sondern das Mittel, seinen Landsleuten die Theologie verständlich zu machen. Es kann also nicht die Rede davon sein, dass Trubar „seine Landsleute immer als Slowenen im Sinne eines nationalen Kollektivs anspricht."[36] Zunächst sei „das Licht des Evangeliums" bei den Deutschen angezündet worden,

> „Vsemogočni je dal, da je ta luč svetila ne le na Nemškem, temveč da je poslala svit tudi v sosednja kraljestva, knežine in dežele ter tako prišla – Vsemogočnemu bodi slava, čast in hvala! – naposled tudi k nam Hrvatom in Slovencem."[37]

Bezeichnenderweise ist hier grundsätzlich von der Botschaft (luč evangelija) die Rede; die Sprache ist als Botschaftsüberträger Mittel zum Zweck und die Adressaten sind diejenigen, die die von Trubar übersetzten Botschaften verstehen können (Slowenen in verschiedenen Herrschaftsgebieten, mal mit, mal ohne Kroaten). Die Absicht ist passiv: Die Trubar mögliche missionarische Sprachverbreitung bestreicht Gebiete mit ähnlichem Sprachverständnis, schafft ihnen aber keine gemeinsame Sprache. Trubar wollte sich mit seinem Anliegen verständlich machen.

3. Die Rolle von Erasmus

In den Bereich der Diskussion über die sprachschöpferische Tätigkeit Trubars im Zusammenhang mit theologischen oder aber „nationalen" Zielsetzungen gehört die Auseinandersetzung Luthers mit Erasmus und – soweit wir es kennen – das Verhältnis Trubars zu diesem Gelehrten. Der Slowene hat wohl im Kreis von Bonomo auch zu der Forderung von Erasmus nach Übersetzung der Hl. Schrift in die Volkssprachen Kenntnis genommen.

---

35 Wenn sich auch heute nicht mehr das Pfingstwunder ereigne, so erwecke Gott dennoch Menschen, die zur Verbreitung des Evangeliums beitragen: „zbuja nekatere, da more ta v tem, drug v drugem jeziku božjega občestva koristno služiti njegovi Cerkvi s prevajanjem in razlago svetega pisma." [erweckt welche, dass der eine in der, der andere in einer anderen Sprache der Gottesgemeinschaft seiner Kirche nützlich dienen kann mit Übersetzung und Auslegung der Heiligen Schrift.] (*Glagolski artikuli* 1562. In: Rupel, *Slovenski protestantski pisci*, p. 155).

36 Sturm-Schnabl, a. a. O.

37 [Der Allmächtige hat es gegeben, dass das Licht nicht nur bei den Deutschen leuchtete, sondern er hat es auch in die benachbarten Königreiche, Fürstentümer und Länder gesandt und so kam es – dem Allmächtigen sei Ruhm, Ehre und Dank! – schließlich zu uns Kroaten und Slowenen.] *Glagolski artikuli* 1562, a. a. O., p. 155.

„Ganz entschieden weiche ich von denen ab, die nicht wollen, daß die Heilige Schrift von Laien in der Volkssprache gelesen werden. [...] Möchte[n] sie in alle Sprachen übersetzt sein."[38]

Und im Vorwort zur Übersetzung des Matthäusevangeliums bringt Trubar den helfenden Humanisten Erasmus ins Spiel:

„ta praui ſtudeniz tiga Nouiga Teſtamenta kir ie Gershki piſſan, rauen tiga ſmo mi tudi gledati na tu preurazhene tih nouih inu ſtarih vuzhenikou, kateri ſi ta nou Teſtament is tiga Gerskiga Ieſika, vta Latinski, Nemshki inu vlashki preobernili, Ner vezh pag na Eraſimou Roterodamou nou Teſtament, htimu ſo nom nega annotationes ſylnu pomagale."[39]

Trubar kommt noch einmal, im Vorwort zum 1. Teil des NT (1557) auf diese Angelegenheit zurück: Auf den Vorhalt der Übersetzungsgegner, „der gemein / einfältig Man vnd der Lay / soll die H. Schrifft nicht wissen noch lesen", führt er Belege für die Verbreitung der Bibel in der Volkssprache an:

„Leset die neundte Predigt des H. Johan. Crysostomi / über die Epistel zum Colosser / vnd Paraclesim Erasmi Roterodami / da werdet jr finden / wie diese heilige vnd gelerte Männer Gottes / beide nach jnhalt des göttlichen Worts vnd der Heiligen Schrifft / trwlich vnnd fleissig leren vnnd ermanen / das jederman / er sey Weltlich oder ein Lay / Edel / Vnedel / Burger / Bawr / Handtwercksman / ein Bott oder ein Hirt auf dem Veld / soll die H. Schrift on vnterlaß lesen."[40]

Erasmus als Anregung für Trubars Übersetzung bleibt trotzdem eine Vermutung. Die Übertragung der Schrift in die Volkssprache ist allgemeines reformatorisches Anliegen und natürlich von Luther bereits 1521/22 praktiziert. Möglicherweise hat Trubar, was Sprache betrifft, sich in anderer Hinsicht zunächst an Erasmus orientiert. In der Ausgabe von 1557 heißt es im deutschen Vorwort zum 1. Teil des NT, gleich nach Trubars Berufung auf den Dialekt von Raščica,[41]

„würd es an etlichen orten dunckel geredt vnd verdolmetscht / das muß man nicht mir oder den anderen Dolmetschern die schuld geben / sondern den Euanglisten / den Aposteln / vnd den Propheten / die also nach art vnnd eigenschaft der Hebreischen sprach offt dunckel reden vnd schreiben / vnd etlich wörter außgelassen haben."[42]

38 Zitiert nach: Kos, a. a. O., p. 260.

39 [Die eigentliche Quelle des Neuen Testaments ist griechisch geschrieben, deswegen müssen wir auch auf die Übersetzung der neuen und alten Gelehrten schauen, die das Neue Testament aus der griechischen Sprache in die lateinische, deutsche und italienische übertragen haben. Vor allem aber auf das Neue Testament von Erasmus von Rotterdam, bei dem uns seine Annotationes sehr geholfen haben.] *Biblia slavica*, pp. 7 f.

40 *Ta pervi deil tiga noviga testamenta* (deutsches Vorwort). Tübingen 1557. Zitiert nach Sakrausky, a. a. O., p. 107.

41 Vgl. dazu die Bemerkungen von Raecke, a. a. O., pp. 386 f.

42 Sakrausky, a. a. O., p. 105.

Trubar benutzt die Argumentation von Erasmus, allerdings ohne genau zu wissen, wovon er redet. Luther wirft Erasmus Spitzfindigkeit vor, wenn er von dunklen Stellen spricht, da doch die Heilszusage das klarste Licht auf die christliche Botschaft werfe und die Bibelexegese durch Vergleich auch unverständliche Stellen erläutern hilft: „Töricht [...] ist es [...] und gottlos, zu wissen, daß der ganze Inhalt der Schrift im klarsten Licht liegt, und wegen einiger dunkler Worte die Tatsachen für dunkel zu erklären."[43] Luther hat sich im Zusammenhang mit seinen Erläuterungen zum Dolmetschen mit den Besonderheiten des Hebräischen und seiner Bildhaftigkeit auseinandergesetzt, auch als Begründung für sinngemäßes Übersetzen.[44]

Erst später schwenkt Trubar auf Luthers Linie ein, indem er die „dunklen Stellen" theologisch deutet.[45] Sicher hat seine Kenntnis von der rigorosen Auseinandersetzung Luthers mit Erasmus im Disput „Vom unfreien Willen" (1525) dazu beigetragen. Dunkle und verworrene Stellen in der Schrift seien „nicht um der Hoheit der Dinge sondern um unserer Unkenntnis der Worte und der Grammatik willen" gegeben.[46] Trubar orientiert sich an dieser Mahnung über die Klarheit der Schrift, wenn er in der Vorrede zum NT von 1582 die „dunklen Stellen" in stark abgeschwächter Argumentation auf das AT beschränkt und dem NT das Zeugnis einer klaren Verkündigung ausstellt:

> „letstlih aber im newen Testament / durch seinen Sohn Christum / vnd seine Apostel gantz lautter / mit verstendigen Worten offentlich / in der weitten Welt / allen Menschen / in allen Sprachen mündtlich vnnd schrifftlich ist offenbart vnd verkündigt worden / wie in nachfolgenden Sprüchen vnnd Zeugnussen der heiligen Schrifft / sonderlich im newen Testament ist zusehen."[47]

---

43 „Vom unfreien Willen" (1525). In: *Luther Deutsch*, p. 1970.

44 Er erläutert es u. a. am Beispiel von Psalm 63, 6: „da wir vorher den Worten nach so übersetzt haben: „»Laß meine Seele voll werden, wie mit Schmalz und Fett [...]«, haben wir die hebräischen Worte fahren lassen, weil das kein Deutscher versteht". „Daß wir [...] zuweilen von den Grammatikern und Rabbinen abweichen, soll sich niemand wundern. [...] Wo es die Worte erlaubt haben und ein besseres Verständnis ergeben, da haben wir uns nicht durch die von den Rabbinen gemachte Grammatik zur schlechteren oder anderen Bedeutung zwingen lassen." („Summarien über die Psalmen und Ursachen des Dolmetschens" (1533). In: *Luther Deutsch*, p. 3322, pp. 3323 f.)

45 Vgl. *Ta celi novi testament* (deutsches Vorwort). Tübingen 1582. In: *Biblia slavica*, p. 308; vgl. dazu die Erläuterungen bei G. Giesemann, „Die slovenischen Vorreden Primus Trubers zu seinen Übersetzungen der Heiligen Schrift". In: *Biblia slavica. Kommentare*. pp. 23–39, hier: p. 38.

46 „Vom unfreien Willen" (1525). In: *Luther Deutsch*, p. 1969.

47 *Ta celi novi testament*. In: *Biblia slavica*, p. 308.

Luther hat in der akademischen Erörterung des Erasmus „De libero arbitrio diatribe sive collatio" die leidenschaftslose Stellungnahme gereizt, wo es für ihn doch um Grundfragen des Glaubens ging. Das „sowohl – als auch" von Erasmus in Fragen des freien Willens ist von Luther in den Gegensatz „entweder – oder" zurückgewiesen worden. Der Sicherung einer moralischen Frömmigkeit, die gegen einen unfreien Willen sprach, stellt Luther seine radikale reformatorische These der Rechenschaftslehre entgegen, weil sonst die Erlangung des Heils in die Hand des Menschen gegeben wäre. Es ist insgesamt also eine Diskussion, die die Fundamente des Glaubens berührte. Da konnte Trubar nicht abseitsstehen, musste sich entscheiden, zumal in dieser Auseinandersetzung die Verkündigung, damit das Wort und damit die Sprache eine Rolle spielten. Luthers Vorwurf an Erasmus war die vorbehaltene Entscheidung für die Verkündigungsadressaten, was bei Erasmus natürlich einem humanistisch-aufgeklärten Denken entsprach. „Und wer hat Dir denn die Macht oder das Recht dazu gegeben, die christliche Lehre an bestimmte Orte, Personen, Zeiten und Umstände zu binden, während doch Christus will, daß sie völlig frei in der Welt öffentlich verkündigt werde und herrsche?" Luther schließt diese Philippika ab mit dem Bibelzitat, dass es kein Ansehen der Person vor Gott gebe, und dem scharfen protestantischen „sola scriptura" gegen die „katholische" Position von Erasmus: „Du siehst wieder, wie unbesonnen Du gegen Gottes Wort vorgehst, gleichsam als ob Dir Deine eigenen Gedanken und Erwägungen jenem bei weitem vorzögest."[48]

4. Luther – Trubar

Nebenbei ist das ein Plädoyer Luthers für die Volkssprache, für eine Zusage an jedermann, die Evangelien zu hören und in seiner Sprache zu verstehen. Er begründet es mit dem Pfingstwunder, dem „Zungenreden"; durch das römische Regiment habe sich die griechische und lateinische Sprache verbreitet und damit dem Evangelium eine Plattform gegeben. So sei es auch in seiner Zeit: „Niemand hat gewußt, warum Gott die Sprachen(kenntnis) hervorkommen ließ, bis daß man jetzt erst sieht, daß es um des Evangeliums willen geschehen ist."[49] Trubar hat sich bei seinem Einsatz für die slowenische Sprache wie Luther auf Paulus berufen und dabei deutlich gemacht, dass es ihm um Verständlichkeit und Sinn geht. Die bei Paulus getroffene Unterscheidung zwischen Zungenreden („sich

48 „Vom unfreien Willen" (1525). In: *Luther Deutsch*, p. 2009.
49 „An die Ratsherren ..." (1524), a. a. O., p. 3122.

selbst erbauen") und Weissagen / Auslegen („mit dem Sinn oder Verstand reden",[50] „die Gemeinde erbauen" 1. Kor. 14, 4) ist, abhängig von Paulus, für Trubar und Luther ein wesentliches Merkmal zur Unterscheidung des protestantischen Anliegens. „So auch ihr, wenn ihr in Zungen redet und nicht mit deutlichen Worten, wie kann man wissen, was geredet ist?" (1. Kor., 14, 9). Trubar schließt ebenso wie Luther von der Zeit des Apostels Paulus auf die Zeit der Reformation. So wie die alten Christen in ihrer „Volkssprache" unterwiesen worden sind, so sollen alle Lande in ihrer Sprache unterrichtet werden,

> „koker tu s. [...] Paul zastopnu inu ostru zapoveda, de vse riči v cerkvi, pridige, molitve inu pejtje, se ima v tim gmajn zastopnim jeziku vsake dežele dopernesti, de ti ludje [...], kedar v nih cerkov prido, zastopijo, kaj ti verni v cerkvi delajo, vuče, govore inu molijo."[51]

Für Trubar ein ganz klarer Missionsauftrag zur Verkündigung, die im Mittelpunkt steht. Trubar argumentiert in Übereinstimmung mit Luther, dass durch die „edle feine Gabe Gottes" der dem einfachen Volk verständlichen Sprache die Menschen wissend geworden sind und des „Teufels Reich ein Loch bekommen hat"[52] durch die verständliche Verkündigung des Evangeliums. Der Inhalt ist entscheidend, die Sprache ist das Mittel und damit sekundäre Notwendigkeit.

> „Darum, liebe Deutschen, laßt uns hier die Augen auftun, Gott für das edle Kleinod danken und fest darüber wachen, daß es uns nicht wieder entrissen werde. [...] Obwohl das Evangelium allein durch den heiligen Geist gekommen ist und täglich kommt, so ists doch durch das Mittel der Sprachen gekommen."[53]

Das greift Trubar auf, wobei er in der Einführung zum 1. Kor. 14 auf die Notwendigkeit hinweist, bei der Zusammenkunft der Gläubigen in einer ihnen verständlichen Sprache zu singen, zu lesen, zu predigen, weil sonst das Evangelium dem Volk nicht vermittelt werden kann.[54] Trubars Ergänzung, dass das die Papstanhänger nicht tun und die Menschen nicht mit dem Herzen dabei sind, „wenn sie nicht verstehen, was der Priester murmelt oder schreit",[55] ist wiederum ganz

---

50 „Von der Ordnung des Gottesdiensts in der Gemeinde" (1523). In: *Luther Deutsch*, p. 3849.

51 [Wie dies der Hl. Paulus verständlich und streng befiehlt, dass alle Dinge in der Kirche, Predigten, Gebete und Gesang in die allgemein verständliche Sprache jedes Landes übertragen werden soll, damit die Menschen, wenn sie in ihre Kirche kommen, verstehen, was die Gläubigen in der Kirche tun, lehren, reden und beten.] *Katehismus z dvejma izlagama* (1575). In: Rupel: *Slovenski protestantski pisci*, p. 224.

52 „An die Ratsherren ..." (1524). In: *Luther Deutsch*, p. 3121.

53 A. a. O.

54 *Svetiga Pavla ta dva listy htim Corintariem*, Tübingen 1561 (Einleitung zum 14. Kap.). In: *Biblia slavica*, p. 173; ganz ähnlich argumentiert Trubar, wie oben gezeigt, in *Katehismus z dvejma izlagama*, a. a. O., pp. 224 f.

55 A. a. O.

in der Theologie Luthers verwurzelt. Der verurteilt das „äußerliche Murmeln und Plappern mit dem Munde ohne alle Aufmerksamkeit" als heuchlerisch.[56] Das wird in volksnahen derben Ausdrücken noch verstärkt:

> „Denn gottesfürchtige Herzen kommen nicht in der Kirche zusammen, um zu blöken und zu murmeln [...]. Wollten sie brummen und murren, so sollten sie unter die Kühe und Schweine gehen."[57]

Die hier angeführten Beispiele für Sprach- und Übersetzungsauffassungen zeigen eine deutliche Übereinstimmung zwischen Trubar und Luther. Man kann ohne Weiteres sagen, dass alle von Luther bedachten Phänomene bei Trubar reflektiert werden. Selbst Überlegungen zur Sprachgrundlage und zur Zusammensetzung der zu findenden Übersetzungslinie ahmen – bewusst oder unbewusst – die lutherische Sprachfindung nach, auch wenn die Bedingungen unterschiedlich sind. Luthers Sprache war das Ostmitteldeutsche, allerdings gemischt mit weiteren Zentren des reformatorischen Umschlags, nämlich dem oberdeutschen Raum. Der deutsche Reformator achtete auf Annäherung an die gesprochene Sprache, um dieser an alle Schichten gerichteten Sprache die humanistische Steifheit etwa der lateinischen Vulgata zu nehmen. Und nicht nur das: Mit der Muttersprache wird Emotionalität geweckt und damit das rationale Verständigungsprinzip zugunsten des seelsorgerlichen Erklärungsbedürfnisses ersetzt.[58] Luther ging es nicht um ein Verständnis der einzelnen Worte, sondern um das des eigentlichen Sinnes; er kommentiert diese Absicht in den „Summarien über die Psalmen und Ursachen des Dolmetschens." Mithilfe vieler Beispiele erläutert er für die, die „der Sprache kundig und doch des Übersetzens ungeübt sind", warum es aufgrund unterschiedlichen Kulturverständnisses notwendig sein kann, an „vielen Orten [...] frei von den Buchstaben" abzugehen und „zuweilen auch anderm Verständnis" zu folgen.[59] Bis zuletzt hat Luther eine regelrecht antihumanistische Position eingenommen, um seinen Willen nach „unverfälschter", lebendiger Wiedergabe des „Wortes" zu dokumentieren: „tradere scripturam simplici sensu, denn literalis sensus, der tuts, da ist Leben, Trost, Kraft, Lehre und Kunst innen; das andere ist Narrenwerk, obwohl es hoch gleißt."[60]

---

56 „Deutsche Auslegung des Vaterunsers für die einfältigen Laien" (1519). In: *Luther Deutsch*, p. 3386.

57 „Tischreden" (Kirche und Gemeinde), 392. In: *Luther Deutsch*, p. 6499.

58 Vgl. dazu die Ausführungen von Janko Kos, a. a. O., p. 264.

59 „Summarien über die Psalmen und Ursachen des Dolmetschens" (1533). In: *Luther Deutsch*, p. 3320.

60 „Tischreden" (Kirche und Gemeinde) 367. In: *Luther Deutsch*, p. 6470.

Trubars Anliegen, dass die Verkündigung von Gottes Wort jeder Slowene verstehen sollte, erforderte eine allgemein verständliche Übereinkunft aus den verschiedenen Dialekten, die Trubar selbst durch seine Aufenthalte in Laibach, Krain, Triest, wo er jeweils slowenisch predigte, gehört hatte. Der einfache Mann (preprosti Slovenec) war das Zielobjekt, ob er nun selber imstande war zu lesen oder als Hörer aufnahm: „Dann durch das fleissig gehör des Göttlichen worts / vnd durch das empsig lesen der heiligen Schrifft / kommen die [...] Menschen [...] zum rechten Glauben".[61] Bei seiner Untersuchung zu Entstehungsfragen der slowenischen Schriftsprache Trubars bestreitet Jochen Raecke zu Recht ein nationalsprachliches Prinzip.

> „Es ging nämlich dem schreibenden Reformator erklärtermaßen nicht darum, daß sein geschriebenes Slowenisch in Zukunft von allen Slowenen bei allen Gelegenheiten auch so gesprochen würde, wie er es in Buchstaben gefaßt hatte. [...] Er wollte verstanden werden und nicht eine Sprache schaffen, die für alle verbindlich zu sein hatte."[62]

Zu dieser Sprache gehörten auch Germanismen, da sie von den Bauern verstanden wurden. Sie erleichterten Trubar ganz wesentlich die theologische Translation von reformatorischer Begriffsbildung und Begriffsdeutung, etwa in den Paulusbriefen („dieweil die Episteln vil schwärer / dann die Euangelia zuuerdolmetschen sind"[63]), in denen er sich eng an Luther anlehnte, was den Gebrauch von verständlichen Germanismen erhöhte. Die Begründung lieferte der Slowene selbst. Dem Vorwurf von Pavel Skalič, zu viele Germanismen zu verwenden, begegnete er geschickt mit dem Hinweis, „die wörter, welche er verwirft werden auch von dem gemainen man, der nicht teutsch khan, im oberen und unterm Crein, umb Cili, Windisch Grätz gepraucht vnd verstanden."[64] Trubar weist nach, dass er wohl slowenische Begriffe hätte einsetzen können, für „erbszhina dedina, fur lon plazhia, fur shtyma glas etc.", aber er habe bei der gemeinen krainischen Sprache bleiben wollen.[65] Wenn Trubar sich nicht nur in den Übersetzungen, sondern auch seinen Predigten zunehmend um das Slowenische bemüht, so verfolgt er damit das Ziel, seine „liebe[n] Landtsleut mit allem fleiß / auffs einfaltigest / mit lauteren verstendigen worten / vnd genügsamen außführungen" zu lehren."[66] Wiederum ist

61 *Ta pervi deil tiga noviga testamenta* (deutsche Vorrede), Tübingen 1557, zitiert nach Sakrausky, a. a. O., p. 92.
62 Raecke, a. a. O., p. 391.
63 Sakrausky, a. a. O., p. 100; vgl. dazu auch Giesemann, „Die slovenischen Vorreden ...". In: *Biblia slavica, Kommentare*, pp. 27 ff.
64 Sakrausky, a. a. O., pp. 111 f.
65 A. a. O., p. 112.
66 *Ta pervi deil tiga noviga testamenta* (deutsche Vorrede), zitiert nach Sakrausky, a. a. O., p. 100.

es die Verkündigung und die Sorge um das Seelenheil, das ihn treibt, und nicht irgendwelche nationalsprachlichen Prinzipien.

Noch einmal muss Luther bemüht werden, um Trubars entscheidende Aussage zur Übersetzungsabsicht und Übersetzungsqualität im Vorwort zur NT-Ausgabe von 1557 richtig einzuordnen. Der deutsche Reformator hat in der „Vorrede zur Theologia Deutsch" (1518), also zu seinem entscheidenden reformatorischen Anfang geschrieben:

> „Ich danke Gott, daß ich in deutscher Sprache meinen Gott so höre und finde, wie ich, und sie mit mir, (ihn) bisher nicht gefunden haben, weder in lateinischer, griechischer noch hebräischer Sprache."[67]

Ebenfalls am Beginn seiner Verschriftlichungen und Übersetzungen ins Slowenische kommt Trubar zu ähnlichen Dolmetscherüberlegungen. In seiner Dedikation zum 1. Teil des Neuen Testaments von 1557 lässt sich der slowenische Reformator über die Muttersprache, das umfassende Sprachverständnis und schließlich auch den Dank an Gott für diese Gelegenheit der Bereicherung seiner Landsleute mit dem „Wort" aus:

> „Pri tem prevajanju sem se potrudil glede besed in sloga, da bi ga utegnil z lahkoto razumeti vsak Slovenec, bodisi Kranjec, Spodnještajerec, Korošec, Kraševec, Istran, Dolenjec ali Bezjak. Zaradi tega sem ostal kar pri kmečkem slovenskem jeziku."[68]

67 „Vorrede zur Theologia Deutsch" (1518). In: *Luther Deutsch*, p. 997.

68 [Bei der Übersetzung habe ich mich bemüht, auf die Wörter und den Stil zu schauen, damit jeder Slowene sie mit Leichtigkeit verstehen kann, sei er ein Krainer, Untersteierer, Kärntner, Karstbewohner, Istrier, Unterkrainer oder Bezjake. Deswegen bin ich gleich bei der bäuerlichen slowenischen Sprache geblieben.] Zitiert nach Rupel, *Slovenski protestantski pisci*, a.a.O., p. 80. Der bekannte Zusatz „kakor se govori na Raščici, kjer sem se rodil" [wie in Raščica gesprochen wird, wo ich geboren bin] lässt sich durchaus anders verstehen als Raecke, a.a.O., p. 386, annimmt, nämlich vergleichend und nicht als verbindlicher Hinweis. Hier ist, um die Diskussion zu vervollständigen, eine Erwähnung von Jacob Rigler angebracht, der in seiner Untersuchung, *Začetki slovenskega knjižnega jezika* (SAZU, Razred za filološke in literarne vede, dela 22. Inšt. za slovenski jezik 10, Ljubljana 1968), die Theorien zur Sprachgrundlage Trubars intensiv analysiert hat. Er gibt dem Laibacher Dialekt den Vorrang. Er versucht einerseits, Absichten Trubars zu deuten: „Pisati je hotel v ljubljanščini in vanjo vnesti elemente svojega narečja le toliko, da bi jo – vsaj po njegovem mnenju – obogatil." [Schreiben wollte er im Ljubljaner Dialekt und Elemente seiner Mundart nur so viel hineinbringen, um sie – jedenfalls seiner Meinung nach – zu bereichern.] Andererseits führt Rigler eine gesellschaftliche Begründung an; Hauptursache sei das Bestreben, eine Sprache zu übernehmen, die eine höhere soziale Ebene repräsentiere und sich auf Bürgertum und Adel stütze wie in Ljubljana. (A.a.O., p. 234) Diese Theorien ändern allerdings nichts an der Sinnfälligkeit der oben gemachten Feststellung, sondern bekräftigen sie in besonderer Weise.

Das Wort Gottes unter den Landsleuten zu verbreiten, war für Trubar von größter Wichtigkeit, da in der allgegenwärtigen türkisch-heidnischen Bedrohung („in den Windischen Landen / die an den Türckischen Gräntzen ligen / vnnd täglich vom Türcken vnnd Bapst greulich geplagt werden“[69]) allein die Kenntnis der christlichen Grundlagen dem Seelenheil dienen konnte. Den Seelsorger Trubar erbarmt das Schicksal der Unwissenden, die die „nötigsten und tröstlichsten Stücke“ noch nicht kennen und deshalb in ihrer eigenen Sprache unterrichtet werden müssen. Das ist umso dringlicher, als sie

> „an der Türckischen Gräntzen sitzen vnd wohnen müssen / vnd niergent anderstwo [...] zu fliehen wissen. [...] Vnd das auß jnen schier täglich / vnd jr vil werden von Türcken vnd Martholosen nidergehawen / erwürget / gefangen / mit Weib vnd Kind weggefürt / von einander verkaufft / in ewige / vnd ja mehr dann vihische dienstbarkeit vnnd zum schandtlichen vnd vnnatürlichen gebrauch.“[70]

Der missionarische und seelsorgerliche Impuls ist deutlicher Antrieb seines Tuns; die Rettung des Seelenheils seiner Landsleute ist gleichzeitig Ausgangspunkt und Rechtfertigung von Trubars Schriftverbreitung und noch dazu der Nachweis seines rechtgläubigen Unternehmens.

Nun folgen die Artikel des lutherischen Katechismus,

> „vom vnderscheid des Gesetzes vnd Euangelij / Was die Erbsünd vnnd Rechtfertigung des Glaubens sey / Wie man Gott recht anruffen / und jme dienen soll / Wie die heiligen Sacrament recht vnd nutzlich zu gebrauchen [...]“.[71]

Luthers Dank, Gottes Wort in der Volkssprache eindringlicher gefunden zu haben als in den klassischen humanistischen Sprachen, ist ähnlich greifbar in Trubars rhetorischem Wunsch, den er mit „Seufzen und Schreien“ wie ein Psalmgebet äußert:

> „Bog ve, da sem se v tistem času, ko sem pri vas pridigal v slovenskem jeziku iz latinskih in nemških knjig, često vzdihnil in vzkliknil k Bogu, naj se zaradi posvečenja svojega imena in razširitve svojega kraljestva milostno ozre tudi na naše ubogo, preprosto, dobrosrčno slovensko ljudstvo, naj mu prizanese in ga obdari z veliko milostjo in darom, da bi se tudi njegov jezik pisal in bral kakor jezik drugih narodov.“[72]

---

69 *Ta celi novi testament*, Tübingen 1582. In: *Biblia slavica*, p. 311.

70 *Ta pervi deil tiga noviga testamenta*, Tübingen 1557; zitiert nach Sakrausky, a. a. O., p. 91.

71 A. a. O.; zitiert nach Sakrausky, p. 92.

72 [Gott weiß, dass ich bei euch gepredigt habe in slowenischer Sprache aus lateinischen und deutschen Büchern, häufig seufzte und zu Gott schrie, er möge um seines heiligen Namens willen und der Ausbreitung seines Königreiches gnädig auch auf unser armes, einfältiges, gutherziges slowenisches Volk schauen, möge es verschonen und beschenken mit großer Güte und Gaben, damit man auch seine Sprache schreibe und lese wie die Sprachen anderer Völker.] A. a. O.; zitiert nach Rupel: *Slovenski protestantski pisci*, pp. 71 f.

Am Anfang seiner Übersetzungstätigkeit war Trubar unsicher, wohl weniger wegen sprachlicher Leistungen, als vielmehr der Sorge um „rechte“ Wiedergabe des „wahren“ Glaubens wegen. Zunächst versuchte er, es den „Evangelisten, Aposteln und Propheten“ anzulasten, sie hätten sich, der Eigenart des hebräischen Textes entsprechend, „dunkel“ ausgedrückt;[73] eigene Fehler, „ungenaue Wortübersetzung“ wegen eines eingeschränkten oder ihm nicht vollständig bekannten oder nicht eingefallenen slowenischen Wortschatzes bittet er zu entschuldigen. Er erwartet die Anerkennung seines guten Willens, seinen Wunsch, alles richtig zu machen und die Anerkennung seines Werkes. Er bittet um baldmöglichste Mängel- und Fehleranzeige, um diese in Zukunft bei Übersetzungen vermeiden zu können.[74] Dass es Trubar um eine angemessene theologische Wiedergabe geht, um als Slowene und mit dem Nachweis der Kompetenz des Slowenischen als Bibelsprache im protestantischen „Spinnennetz“ zu bestehen, unterstreicht seinen theologisch bestimmten und davon geprägten Sprachzugang. Das wird Jahrzehnte später noch einmal bekräftigt im Vorwort zum NT von 1582. Trubar ist seiner Sache sicher; er habe beim erneuten Durchlesen des Testaments nichts Unrechtes gefunden: „[Ich] hab […] diß Testament bey erster meiner Dolmetschung bleiben lassen / denn ich darinn in disem anderen durchlesen / nichts vnrechts ersehen“.[75] Der Zusatz, man habe ihn in den vergangenen Jahrzehnten auch nicht einer falschen Lehre bezichtigt („von niemand einigerley falsitet beschuldigt worden“), spricht für sich. Es ist seine in Sprache gekleidete Theologie (Luthers Evangelium im Gefäß!), auf die es ihm ankommt, nicht aber auf eine für die Slowenen geschaffene „Nationalsprache“.

5. Resümee

Die Untersuchung hat sich darauf konzentriert, Trubars Wirken von seiner Glaubensüberzeugung her zu würdigen. Damit ist u. E. ein Untersuchungsstandpunkt eingenommen, der eine ganzheitliche Betrachtung seiner Leistung ermöglicht, da sie letztlich von der theologisch-seelsorgerlichen Einstellung des Slowenen her abgerufen werden muss. Es geht nicht um neue Erkenntnisse, sondern um die Abtragung von Firnis in manchen Darstellungen und Beurteilungen, was – so ist

73 Vgl. Luthers Auslassungen zur bildhaften Formulierung im hebräischen Text und zu seiner Übersetzung. („Summarien über die Psalmen und Ursachen des Dolmetschens“. In: *Luther Deutsch*, p. 3324; „Deutsche Auslegung des Vaterunsers für die einfältigen Laien“ (1519), a. a. O., pp. 3451 f.).

74 *Ta pervi deil tiga noviga testamenta*, Tübingen 1557; zitiert nach Rupel, a. a. O., p. 81.

75 *Ta celi novi testament* (Evangelien), Tübingen 1582. In: *Biblia slavica*, p. 311.

zu hoffen – zu einer neuen Perzeption beiträgt. Der Firnis von nationaler Größe oder anders, von einer geistigen Nationenbildung bei politischer Abstinenz verstellt den Blick auf die sozial-christlichen Beweggründe. Sie sind nicht staatenbildend. Ähnliches gilt für Begriffe und Behauptungen, die auf Aufbruch in die Moderne abzielen und ein Menschenbild zeichnen wollen, das einem aufgeklärten humanistischen Ideal von Selbstständigkeit, Selbstbewusstsein oder sogar Individualität entsprechen soll. Die theologische Verknüpfung der trubarschen Denk- und Handlungsweise macht auf die fehlende Relevanz solcher Begriffszuordnungen aufmerksam. Der slowenische Prostestant vertritt nicht die Freiheit der Willensentscheidung wie Erasmus, sondern ist der lutherischen „Freiheit eines Christenmenschen" verpflichtet. Sein Ziel ist kein Denken in staatlichen Strukturen, sondern gerichtet auf die Propagierung des biblischen Heilsweges, für dessen Verfolgung er natürlich im sozialen, politischen und gesellschaftlichen Bereich alle Wege zu ebnen versucht, sie aber gleichzeitig als zweckdienlich untergeordnet sieht. Trubar lehrt seine Theologie auf der Grundlage der epochalen Ereignisse der deutschen Reformation. Seine Methoden sind der Situation in seiner Heimat angepasst, er erfüllt Voraussetzungen, deren Notwendigkeit und Zweck an den historisch-geistigen Ereignissen des reformatorischen Geschehens abzusehen waren; mit der Schaffung einer Sprache, deren Grundbedingung gemäß Trubar war, dass sie von allen Slowenen verstanden werden konnte, mit der Übersetzung der notwendigen kirchlich-dogmatischen Schriften, um im „rechten Glauben" der von ihm vertretenen reformatorischen Richtung lehren zu können, prägt er eine Etappe in der Entwicklung slowenischer Kultur. Von einer Epoche oder epochalen Kennzeichen kann jedoch nicht gesprochen werden; dafür fehlen die typischen Veränderungen in den politischen, sozialen und institutionellen Gegebenheiten, die eine elementare Neubestimmung in kirchlichen und politischen Zuordnungen, gesellschaftlichen Einsichten, institutionellen Leitlinien bedingen. Slowenien innerhalb der katholischen Monarchie war zu einer solchen grundlegenden Umkehrung des Weltbildes nicht in der Lage. Trubar hat seine sprachschöpferische Tätigkeit ganz bewusst – weil häufig – wie Luther in den biblischen Zusammenhang gestellt. Daraus ergibt sich für ihn die Formel: Paulus – Korinther, Luther – Deutsche, Trubar – Slowenen. Es wird ganz deutlich, dass landsmannschaftliche oder gar nationale Beweggründe nicht bzw. auf einem theologischen Hintergrund missionarischer Einbindung angesprochen sind.

Trubars Einordnung der Sprachfunktion und des Schrifttums im reformatorischen Prozess zeigt ganz auffällige methodologische Affinität zum Vorgehen Luthers. Das ist nicht weiter verwunderlich, da sich der Slowene dem Glaubensverständnis des Deutschen weitgehend angenähert hat. Da die Untersuchung sich zuvörderst auf Fragen des Schriftsprachenkomplexes beschränkt hat, sind

Aussagen zum Dolmetschen, zu Übersetzungsstrategien berührt, zu theologischen Begriffsklärungen, zum Vorrang des Inhalts. Und all das steht unter der theologisch-seelsorgerlichen und biblischen Begründung der Hinwendung zur Landessprache – auf Paulus bezogen – sozusagen ein fast anderthalb Jahrtausende altes Projekt.

III.
Das theologische Umfeld

1. Vorbemerkungen

Richtige Erkenntnisse werden getroffen, die damit verbundenen Forderungen nach logischen Schlussfolgerungen aber häufig übersehen. So banal dieser Satz klingen mag: er sei zu Anfang dieses Kapitels über Trubars theologisches Umfeld angeführt, weil vieles, was darüber gesagt und geschrieben worden ist, einer Logik folgt, die wohl der Sache verpflichtet ist, sie jedoch einer nationalen Zweckbindung unterordnet oder ihr zumindest dienlich ist. Seit der wissenschaftlichen Beschäftigung mit dem großen Slowenen sind Instrumentalisierungsvorgänge zu beobachten, die für „kleine Literaturen" und so auch die slowenische Kultur typisch sind und damit Perspektiven entwickeln, die das Ereignis in den gewünschten nationalen Rahmen rücken. Versucht man auf diese Weise Trubars Namen, seinem Werk, seiner historischen und religionsgeschichtlichen Bedeutung gerecht zu werden, wird sein Wirken geschmälert; man stellt ihn in einen Rahmen, der nicht auf ihn zugeschnitten ist und das Bild ungewollt verzerrt.

Es ist zudem ein Trugschluss, das um sich selbst aufgebaute gelehrte, auf kirchlicher und weltlicher Tradition beruhende Gebäude von Hinweisen, Zitierungen etc. als selbst angeeignetes Wissen zu behandeln; zur Beglaubigung benutzte Namen und Werke sind häufig Absicherungen, aus Zweitquellen übernommene Hinweise, die in der theologischen und philosophischen Materie Autoritätenstatus haben und deshalb zum Rüstzeug der Meinungsdarbietung gehören, wie etwa die sanktionierten Kirchenväter Hieronymus, Augustinus, Ambrosius, die Ordensgründer und Kirchenlehrer Bernhard von Clairvaux, Thomas von Aquin, die das Mittelalter prägenden Philosophen, wie Aristoteles usw. Bezeichnend ist, dass Trubar Quellenangaben fast ausschließlich auf die deutschsprachigen Dedikationen beschränkt, wo den Adressaten der Nachweis rechtmäßiger theologischer Orientierung gegeben werden soll.[1]

1 Beispiel dafür ist etwa die Berufung auf die Kirchenväter hinsichtlich der rechtmäßigen Durchführung des Abendmahls: „geben Chriſto ſeine Ehr / daß er warhafftig vnd Allmechtig ſey / vnderwerffen jre Vernunfft dem Allmechtigen warhafftigen Wort Gottes [...] nach der Lehr Auguſtini / da er alſo ſchreibt / [...] de viſitatione infirmorum, Sacramentis diuinis nō eſt adhibenda verborum argumentatio, ſed fides, vnnd Chryſoſtomus ſagt: Oportet Dei dictis credere, & non curiose inquirere, etiamſi rationem eorum ignoremus. Vnd Thomas Aquinas in ſua proſa & hymno, de corpore Chriſti ſic canit. Quod non

Wenn Trubar Quellen wirklich benutzt, sind damit Absicherungsmaßnahmen verbunden, die sich in oft wörtlichen Zitatanlehnungen offenbaren. Anhand der deutschen Vorrede zum zweiten Teil des NT von 1577 lässt sich das demonstrieren. Es heißt da: „Vor der Offenbarung Johannis / hab ich die lange Vorred D. M. Lutheri gestelt."[2] Das hat seinen Grund. Luther hat in seiner ersten Vorrede von 1522 ablehnend reagiert: „Mir mangelt an diesem Buch verschiedenes, so daß ich's weder für apostolisch noch für prophetisch halte. [...] mein Geist kann sich in das Buch nicht schicken."[3] In der zweiten, wesentlich längeren Vorrede von 1530 versucht Luther die Zukunftsoffenbarung im Ablauf der Kirchengeschichte wieder zu finden, was ihm gute Gelegenheit gibt, die Engel, Tiere und Dinge der Offenbarung auf das Papsttum, den Islam, die weltlichen Fürsten und Einzelpersonen als Gegner der Reformation zu deuten. Das ist eine wichtige Voraussetzung für Trubars Anlehnung an den deutschen Reformator, sozusagen die Beglaubigung seiner Ansichten. Trotzdem bleiben bei Luther Bedenken, die sich auf die Verfasserschaft beziehen. Luthers Meinung, dass die Weissagungen verborgen bleiben, solange die Bildsprache nicht gedeutet werden könne, nimmt Trubar auf:

> „vnnd wiewol derselbe verborgne Weißsagung / durch die Ketzer / Mahomet / Bäpst / veruolger der rechten Kirchen Gottes / außerhalb deß Jungsten tags / nunmehr volbracht / darumb sie desto leichter / vnd grundtlicher / [...] zu uerstehn."[4]

Der deutliche Bezug auf Luthers zweite, positivere Vorrede ist für Trubar (der sie die „lange Vorred D. M. Lutheri" nennt) auch eine Absicherung der eigenen Einschätzung. In der Randglosse zu dieser Textstelle zeigt sich noch deutlicher, wie Trubar dem Prinzip Luthers folgt, die Deutung aus der Geschichte zu versuchen. Luthers zeitgeschichtliche Zuordnungen sind für Trubar Schlüssel und

---

ſapis, animoſa firmat fideſ, praeter rerum ordinem. Item, Verbum caro, panem verum, verbo carnem efficit, fitque ſanguis Chriſti merum, etſi ſenſus deficit, ad firmandum cor ſyncerum". (*Ta celi novi testament* ..., Tübingen 1582. In: *Biblia slavica*, p. 312). Trubar schließt die Übersetzung ins Deutsche an. Ähnlich unpräzise ist auch die Berufung auf die reformatorischen Zeitgenossen: „Denn ich hab / von der gnaden Gottes / auß vilen alten vnd newen Scribenten / ſonderlich auß D. Luheri / Herrn Brentij / Melanthonis / Vrbani Regij, des Herrn Georgi Fürſten von Anhalt vnd jres gleichen Commentarijs, vber den Propheten vnd Apoſtel Geſchrifften / Catechiſmum / vnd ex eorum locis Theologicis, das beſt verſtendigiſt genommen vnnd geſtolen / verdolmetſcht / vnd in die obgemelte Windiſche Bücher eingeſetzt". (A. a. O., p. 306).

2 *Der letzte Teil des Neuen Testaments* (Deutsche Vorrede), Tübingen 1577. In: Sakrausky, a. a. O., p. 405.

3 „Vorrede zur Offenbarung Johannes (1522)". In: *Luther Deutsch*, p. 3102, p. 3103.

4 Sakrausky, a. a. O., pp. 405 f.

Klartext: „Weißsagungen in der Offenbarung seind erfult / darumb desto verstendiger."[5] Bei Luther heißt es:

> „Und solange solche Weissagung ungedeutet bleibt und keine sichere Auslegung kriegt, ists eine verborgene, stumme Weissagung und noch nicht zu ihrem Nutzen und Frucht gekommen, den sie der Christenheit geben soll, wie es denn auch diesem Buch bisher ergangen ist. [...] dieweil es eine Offenbarung künftiger Geschichte und insbesondere künftiger Trübsale und Unglücks der Christenheit sein soll, erachten wir, daß es der nächste und gewisseste Weg, die Auslegung zu finden sein sollte, wenn man die vergangene Geschichte und die in der Christenheit bisher vorgekommenen Unglücke aus den Historien nähme und dieselben mit diesen Bildern zusammenhielte und so auf die Worte hin vergliche. Wo sichs alsdann fein miteinander reimen und übereintreffen würde, so könnte man darauf fußen als auf einer sicheren oder zum wenigsten als auf einer unverwerflichen Auslegung. Nach dieser Auslegung können wir dies Buch uns zunutz machen und es gut brauchen."[6]

2. Orientierungs- und Berührungsebenen

Bevor die Analyse von Trubars theologischen Inhalten, ihrem Stellenwert, den Vermittlungsstrategien und Zielsetzungen zugänglich werden kann, muss auf bestimmende reformatorische Berührungspunkte im theologischen Umfeld des Slowenen eingegangen werden. Das ist insofern wichtig, als sich hieraus ein Bild ergeben kann für Zwänge oder freie Entscheidungen, für Anlehnungen oder zweckbestimmte Transmissionen, für historische Einbindungen oder freie Entwicklungen. Die Problematisierung geht noch weiter: Was hat Trubar an Lehrmeinung und Dogmen wie übernommen und eingearbeitet, wie präzise sind seine diesbezüglichen Hinweise, wie charakteristisch sind Aussagen, dass man sie als slowenisch-reformierte Basis bezeichnen könnte. Und ein wichtiger Punkt: Wie konkret befasst er sich mit dem geistigen Gut der Reformation im Wirrwarr der theologischen Auseinandersetzung, die seine gesamte Schaffenszeit hindurch anhielt.

Diese Fragestellungen münden ein in den Versuch, eine Zielsetzung Trubars in seiner seelsorgerlichen, missionarischen Tätigkeit zu finden, die darauf ausgerichtet ist, sprachlich und kognitiv eine verständliche, in bildhafte Formen gegossene Transmission zur Kenntnisnahme seiner Landsleute zu schaffen. Die Erkenntnisweitergabe ist das zentrale Anliegen, für deren Klarheit alles andere dienlich zu sein hat. Trubar sucht überall und entlehnt an allen Orten, was ihm griffig erscheint für die Unterrichtung und das Verständnis seiner Landsleute.

5 A. a. O., p. 405.
6 „Vorrede zur Offenbarung Johannes". In: *Luther Deutsch*, pp. 3109 f.

Das Denken der einzelnen Reformatoren wird nicht ganzheitlich gesehen und einem Für oder Wider unterworfen – allerdings mit einer Einschränkung, die sich auf den deutschen Reformator Martin Luther bezieht. Trubar benutzt sie gerne als hilfreiche Materialunterstützung, lobt die Kommentare von Bullinger und Pellicanus[7], denen er viel verdanke, rühmt sich, aus Matthias Flacius' Schrift „De voce et fidei" „collegiert" zu haben usw.[8] Aus diesem Materialfundus kehrt Trubar immer wieder zur lutherischen Richtung der Reformation zurück, lenkt sozusagen wieder ein.[9]

Daraus folgt die Notwendigkeit einer perspektivischen Wertung seiner Aussagen, abhängig von der Textsorte, vom Adressaten, von der weltlichen und geistlichen Umgebung und von historisch-gesellschaftlichen Anlässen. So ist Trubar zunächst an süddeutsche protestantische Einflüsse gebunden, in Anlehnung an Heinrich Bullinger, zu dem er aber sehr bald eine kritische Beziehung aufbaut.[10] Johannes Brenz, der im süddeutschen Raum und dann als Probst im Herzogtum Württemberg wesentlich an der Einführung der lutherischen Konfession mitgewirkt hat, ist für Trubar der Vermittler des Katechismus. Damit kommt er dem lutherischen Einfluss sehr nahe. Die Entwicklung nimmt, wie noch zu zeigen sein wird, auch hier eine für Trubar typische Wendung im Hinblick auf die Übersetzung und Erweiterung des z. T. an Brenz orientierten Katechismus in mehreren, fortgeschriebenen Auflagen: Weniger theologische Linien, als vielmehr die Problematik alteingesessenen Brauchtums, des Aberglaubens wird angesprochen. Es sind Bemühungen des Seelsorgers Trubar, schädliche Einflüsse bei seinen Landsleuten auszumerzen, sozusagen die Ergänzung der Lehre vom rechten Glauben (Luther) durch eine auf slowenische Lebensformen zugeschnittene Belehrung des wohlmeinenden Priesters.

Wie im 1. Kapitel dargestellt, war die Bemühung um die slowenische Schriftsprache ein sekundärer Effekt, ein notwendiges Vehikel, um die eigentliche Zielsetzung, seinem Volk den christlichen Glauben in Unmittelbarkeit und Reinheit

---

7 Vgl. Brief an Bullinger vom 13. September 1555. In: Rajhman, *Pisma Trubarja*, a. a. O., p. 23.

8 Vgl. die Beilage zum Brief an Maximilian vom 2. Januar 1560: „Register in sumarični seznam vseh slovenskih knjig". In: Rajhman, *Pisma Trubarja*, a. a. O., p. 45. Unter der Registernummer 19 findet sich der Hinweis „Am letzsten ist ain ganntze predig von dem wortt glauben vnd von glaubens aigenschafft vnd wurckhungen, colligiert auß Jlliricj [Flacius Illyricus] buechlin de voce § re fidej." Vgl. dazu die Behandlung dieser „Predigt" unter Kap. VI, 6 ds. Arbeit.

9 Vgl. Brief an den Grafen Georg Thurn vom 1. Dezember 1563. In: Rajhman, *Pisma Trubarja*, a. a. O., p. 167.

10 Vgl. ausführlicher unter den Kap. IV („Theologischer Einstieg") und Kap. V („theologische Fortbildung") ds. Arbeit.

zu vermitteln, erreichen zu können.[11] Der allgemeine reformatorische Gedanke, den Menschen in die Heilsbotschaft eigenverantwortlich einzubeziehen, hat bei Luther konkrete Gestalt angenommen und dieses Vorbild machte sich Trubar zu eigen. Trotzdem geht er eigene Wege, zwar in der theologisch-dogmatischen Erörterung nicht eigenständig, aber in der mentalen Vermittlung des Glaubens ein unverwechselbarer Charakter. Trubar hat häufig darauf hingewiesen, dass er kein Theoretiker sei; er hat es zu Recht vermieden, mit den Gelehrten der Reformation in einen wissenschaftlichen Disput zu treten, weil ihm dazu humanistische Voraussetzungen fehlten. Aber auch die historische Situation der reformatorischen Grabenkämpfe um Begriffsdeutungen hat Trubar veranlasst, sich in diesem dogmatischen Streit zurückzuhalten.

Die Verhaltensweise des Slowenen, soweit wir sie aus seinen schriftlichen Äußerungen erkennen können, ist mit der unerbittlichen Auseinandersetzung des deutschen Reformators mit dem Papsttum, in den Streitschriften zu theologischen Grundsatzfragen, in erbitterter Gegnerschaft zu abweichenden Wortauslegungen nicht zu vergleichen. Trubar sucht nicht die öffentliche Plattform, veranstaltet keine Universitätsdispute oder begibt sich in weithin beachtete publizitäre Diskussionen. Man kann nicht davon ausgehen, dass Trubar der Initiator und Anführer einer besonderen reformatorischen Richtung ist; dafür fehlt ein Eigenprofil in dem Sinne, dass abweichende dogmatische Auslegungen begründet werden und damit eine eigenständige Glaubensgemeinschaft ihren Weg und ihre Anhänger sucht. Wenn er nach außen tritt, etwa in Schreiben an seine Vorgesetzten, die Landstände, an die Landesherren, dann ist es begründet mit der Abwehr falscher Anklagen, dem Nachweis seines rechten Glaubens, der seelsorgerlichen Bemühung um das christliche Heil seiner Landsleute im weitesten Sinne. In Berufung auf

11 Gerhard Neweklowsky, *Die südslawischen Standardsprachen*, Wien: OAW, 2010, p. 43, hat das sehr deutlich formuliert: „Wir müssen immer davon ausgehen, dass es Trubar primär nicht um die Schaffung einer slowenischen Schriftsprache ging. Sein Anliegen war die Verbreitung des rechten Glaubens". Ähnlich argumentiert auch Maksimilijan Matjaž, „Načela Trubarjevega prevajanja svetega pisma". In: *Primož Trubar. Simpoziji v Rimu*. Roma, Ljubljana 2009, p.341, der sich dabei auf F. Rozman, „Kako je Trubar prevajal Sveto pismo". In: Bogoslovni vestnik 46 (1986), pp. 227–240, stützt: „Ob prebiranju celotnega Trubarjevega opusa postane očitno, da Trubar ni prevajal Svetega pisma iz posebne prevajalske vneme, tudi ne toliko iz kulturnojezikovnega motiva, da bi razvijal slovenski jezik, ampak v prvi vrsti zato, da bi širil med Slovenci pravo vero, ki mora temeljiti na Svetem pismu." [Bei der Lektüre des Gesamtwerkes von Trubar wird offensichtlich, dass Trubar die Heilige Schrift nicht aus persönlichem Übersetzereifer übersetzt hat, auch nicht so sehr aus dem kultursprachlichen Motiv heraus, die slowenische Sprache zu entwickeln, sondern in erster Linie deshalb, um unter den Slowenen den rechten Glauben zu verbreiten, der in der Heiligen Schrift begründet sein muss.]

das Wort steht er wie sein deutsches Vorbild fest und unerschütterlich, „stati in obstati", wie er es selbst formuliert hat.

Trubar liegt nichts ferner, als vom „wahren Glauben" auch nur um ein Jota abzuweichen. Er sieht im verkündeten Wort das Geschenk Gottes – ein immer wiederholter lutherischer Gedanke – und für sich selbst Anlass zu tröstender und zuwendender Ermahnung:

> „Inu gledaite, de vi tak Dar Boshy hualeshnu gori vſamete inu nuzate prou, Bogu na zhast inu hdobrimu uaſhim dusho de skuſi tak vuk inu piſmu, pridete htimu prauimu ſposnanu tiga prauiga ſtanu Boshyga, inu te nega ſuete dobre Vole, kir on ima pruti vſem ludem ſa uolo Ieſuſa Criſtuſa, vkaterim ſtoy ta vezhni leben."[12]

Es ist nicht nur der gefürchtete Vorwurf, der Ketzerei bezichtigt zu werden, den Trubar in seinen Briefen und vor allem den deutschen Vorworten immer wieder zurückweisen muss; es ist die mangelnde Sicherheit in der theologisch-dogmatischen Diskussion, die der slowenische Reformator aufgrund der gewaltigen historischen Auseinandersetzungen im deutschsprachigen Raum als existenzielle Problematik erfährt. Er ist biographisch betroffen, ohne am Diskurs beteiligt zu sein, geschweige denn mitreden zu können. Das Zentrum der Diskussionen befindet sich außerhalb seiner Einflusssphähre. Das Interesse des Slowenen ist nach einer Konsolidierungsphase auf eine verlässliche theologische Leitlinie gerichtet, die er in den Kernthesen Luthers findet. Das macht sich bemerkbar in Trubars Ausführungen zu reformatorischen Grundsätzen der Glaubenslehre, auf die später einzugehen ist.

Trubar ist trotzdem kein slowenischer Luther; sein Verkündigungspotenzial ist beschränkt auf territorial abgegrenzte Räume und zielgerichtet auf überschaubare soziokulturelle Systeme. Seine Sorge gilt den Mitchristen seiner Sprache, die er folgerichtig auch in die ständige Korrespondenz einbezieht und als „Mvi lvbi Slovenci inv bratie" („Meine lieben Slowenen und Brüder") anredet.[13]

Trubar widmet sich in erster Linie pädagogischen und seelsorgerlichen Interessen. Er ist als Geistlicher in hohem Maße von der Sorge um das Seelenheil seiner christlichen „Herde" erfasst und kleidet sein Denken, die komplizierte Materie christlicher Heilsverkündigung, in eine Sprache, die sich um Eingängigkeit bemüht durch wiederholende Verfahren und eine auf einfache Zuhörer

---

12 [Und schaut, dass ihr das Geschenk Gottes dankbar annehmt und recht nutzt, Gott zur Ehre und zum Heil für eure Seele, dass ihr durch eine solche Lehre und die Schrift zur rechten Erkenntnis des wahren Gottseins kommt und seines heiligen guten Willens, den er gegenüber allen Menschen hat um Jesu Christi willen, in dem das ewige Leben besteht.] Trubar, *Ena dolga predguvor k novemu testamentu,* Reprint. Ljubljana 1986, p. [4].

13 A. a. O., p. [1] u. ö.

abgestellte Plausibilität der Argumentation. Seine Vermittlung ist bildhaft, aus der Vorstellungswelt der ländlichen Bevölkerung geschöpft. Seine Auslegungen sind die Summe aller Erkenntnisse und allen Trostes[14] – die Behutsamkeit des Seelsorgers wird deutlich, ein Zugang zum Gläubigen wird hier gesucht, der die Psyche von Straf- und Zornesandrohungen freizuhalten sucht. Sein Prinzip ist auf der Antinomie von Böse und Gut aufgebaut; dabei achtet Trubar auf ein heimatverbundenes Vokabular: „Der falsche Glaube ist nicht auf Christus gegründet, sondern von Menschen und alten Frauen erdacht", die in Gottesdiensten „auf den Bergen, in den Tälern, in Wäldern Vergebung, Gnade und Barmherzigkeit suchen."[15] Diesem Bezug zu wohlbekannten heidnischen Zeremonien stellt der Slowene die von ihm verfassten Artikel, Beispiele, Gleichnisse und Worte gegenüber, die der Heiligen Schrift entstammen, den „alten und neuen Lehrern"; hier ist wiederum die eingängige Lexik bemerkenswert, die durch freundliche Gestaltung mehr Überredung als etwa strenge Vorschrift signalisiert:

> „Inu ſem sboshyo pomozhio ta iſti ſtakimi ſaſtopnimi beſſedami, perpuuidami, Exempli inu Perglihami, is S. Piſma inu is tih Starih inu Novih prauih Vuzhenikou taku islushil, de en vſaki dobri preproſti zhlouik, kir is ſerza po praui Veri inu ceſti vnebeſſa vprasha, aku on bode leto Predguuor zheſtu inu sfliſſom prebral, more leta Articul, koku Vmilost Boshyo pridemo, Prauizhni pred nim ratamo, inu te druge Articule vſe, kir slishio knashi Veri, htimu Isuelizhanu nashih Dush [...] lahku ſe nauuzhiti inu ſaſtopiti."[16]

Trubar reduziert die komplizierte reformatorische Theologie auf verständliche Grundaussagen, die dem Fragebedürfnis nach dem ewigen Seelenheil nachkommen. Die Sorge um seine Landsleute in Zeiten der ständigen Gefährdung durch Türkeneinfälle lässt ihn einen Missionierungsgedanken aufnehmen, der im reformatorischen Denken durchaus verbreitet war. Trubar hat Kaiser Maximilian einen Vorschlag unterbreitet, den er auch schon vorher in der Dedikation zur Ausgabe des NT 1557 und zum Römerbrief 1560 angesprochen hatte. Der Kaiser wird im Brief vom 15. Juli 1560 um Unterstützung für den windischen und kroatischen

14 Nach diesem Prinzip habe er sein „Predguvor" aufgebaut: „Vtim vi imate to ſummo vſeh Nauukou inu Troshtou, kir ſo vti Predguuor ſapiſſani, inu kei imate vi te iſte iskati inu naiti." [Darin habt ihr die Summe aller Lehren und allen Trostes, die im Vorwort niedergeschrieben sind, und was ihr suchen und finden sollt.] (A. a. O., p. [4]).

15 A. a. O., p. [3].

16 [Und ich habe das mit Gottes Hilfe durch solche verständigen Worte, Verbote, Beispiele und Gleichnisse aus der Heiligen Schrift und aus den alten und neuen rechten Lehrern so ausgelegt, dass ein jeder gutwillige, einfache Mensch, der von Herzen nach dem wahren Glauben und dem Weg in den Himmel fragt, wenn er das Vorwort oft und fleißig lesen wird, die Artikel, wie wir Gottes Gnade erlangen, vor ihm gerechtfertigt werden, und alle anderen Artikel, die zu unserem Glauben gehören, zur Erlösung unserer Seelen, leicht lernen und verstehen kann.] A. a. O., p. [3].

Druck gebeten, da diese Sprachen auch die „Türken, ihre Nachbarn“ gebrauchen und mehr Friede denn „Spieße und Büchsen“ herrschen werde.[17] Für die Verschleppten soll seine Übersetzung Hilfe sein, dass sie ihren christlichen Glauben, „wann sie von Türcken gefangen und weg gefürt / das nicht auß verzweifelung Mamalucken werden / erhalten und trösten sollē.“[18] Es war, wie gesagt, kein Einfall Trubars, diese Vorstellung von der Befriedung mit den Mitteln des Wortes und der Forderung nach Wappnung der Grenzbevölkerung. Luther argumentiert in dieser Angelegenheit ähnlich. Er war fest davon überzeugt, dass man gegen die Türken nichts ausrichten könne, wenn man nicht „Allah, das ist seinen Gott, den Teufel, [mit Wort und Gebet] schlagen“ würde.[19] Es ist grundsätzliches Gedankengut dieser gefährdeten Reformationszeit.

3. Ausgangspunkt Rechtfertigungslehre

Trubar spricht zu Beginn seines „Predguvor“ mit der Rechtfertigung gleich eines der schwierigsten Probleme an, das für Luther Auslöser seiner reformatorischen Theologie war. Im Text, dem „langen Vorwort“, das mitunter auch als theologisches Vermächtnis Trubars gewertet wird, werden alle komplizierten Fragen der Doppelexistenz des Menschen (coram Deo – coram mundo), die Gleichzeitigkeit von sündig und gerecht im Glauben[20] nur versteckt berührt. Stattdessen wird der Weg der Andeutung und Verallgemeinerung gewählt. Als höchste Lehre, größte Kunst, nützliche Weisheit „unseres alten rechten christlichen Glaubens“[21] wird die „iustificatio hominis coram Deo“ eingeführt, um dann nicht theologisch, sondern seelsorgerlich umschrieben zu werden: „wie, womit, wodurch ein sündiger

17 Rajhman, *Pisma Trubarja*, a. a. O., p. 68. Das Mittel des Wortes ist auch für Luther in seinem Artikel „Vom Krieg wider die Türken (1529) maßgebend, allerdings zur Stärkung der christlichen Gemeinde in der Anfechtung und weniger in der Überzeugung der „Ungläubigen“ (vgl. *Luther Deutsch*, a. a. O., p. 4515 ff.). Trubar sah die direkten Nachbarn unter türkischer Herrschaft, Luther die fremde Bedrohung als Ausdruck des Zornes Gottes.

18 Das fügt sich ganz in Luthers Denken ein: „Was aus den Christen in die Türkei gefangen oder sonst hineinkommt, fällt alles dahin und wird in allen Dingen türkisch […]. Denn sie ermangeln des lebendigen Brotes der Seelen“. (A. a. O., pp. 4515 f.).

19 A. a. O., p. 4516.

20 Vgl. Gerhard Ebeling, „Martin Luther. Theologe“. In: *RGG*³, Bd. 4, pp. 495–520, verweist im Kapitel „Die Genesis von Luthers Theologie“ auf den vor Luther in dieser Intensität nicht nachweisbaren „umfassenden Dualismus“ hin, der als „Alternative des Daseinsverständnis“ nicht als Gegensatz zu verstehen sei und das zugleich (vor Mensch und vor Gott) markiere“. (p. 500).

21 Trubar, *Ena dolga predguvor*, a. a. O., p. [1].

Mensch wieder fromm und gerecht werden kann vor Gott". Trubar begründet gleichsam sein Vorgehen:

> „Letiga Articula [iustificatio] praui ſaſtop, obeſſeli inu potroshta vſa shaloſt na ſerza, vſe preſtrashene viſti, kir ſe boie tiga Boshyga ſerda inu tiga Pekla."[22]

Er paraphrasiert seine Sätze noch durch Anhäufung christlichen Vokabulars als eine Art Erwartungserweckung, ohne weiter in die Materie einzusteigen:

> „De ta zhlouik prou ſna [...], koku inu kei on ima tu Odpuszhane vſeh Grehou, to Gnado, Miloſt Boshyo inu ta vezhni leben iskati inu naiti."[23]

Die Kernworte des Slowenen bewegen sich im Begriffsfeld Luthers, und zwar in Abhandlungen, die nicht in erster Linie auf die theologische Disputation ausgerichtet sind. An dieser Stelle muss darauf näher eingegangen werden, nicht um die Rechtfertigungslehre Luthers und die Widerspiegelung bei Trubar auszuloten, was später erfolgt, sondern die jeweiligen Vermittlungsstrategien einer schwierigen Materie anzusprechen. Zunächst sieht es aus, als wolle Trubar der Werkgerechtigkeit das Wort reden:

> „On [Articul] ſam ſturi, de tih vernih dobra della Almoshne, Poſti, Cerkouni hodi, nih Boshye Slushbe, nih ſtan inu poshtenu rounane, dopado inu ſo pryetna Bogu. [...] Kateri zhlouik leta ſami Articul oli shtuk te nashe praue kerszhanske vere prou ſna inu ſaſtopi, Ta iſti vei inu more is eniga velikiga Greshnika en nebeski ſuetnik, is Hudiga Brumen, is eniga Boshyga ſouurashnika, en Boshy Periatel ratati."[24]

Das ist eingängig, aber scheinbar ein Widerspruch zu Luthers Lehre:

> „Einer, der Werke aufzuweisen hat, mag heilig, mag klug, mag gerecht sein, er mag sein, was er will: wenn ihm der Glaube fehlt, bleibt er unter dem Zorn und wird verdammt."[25]

---

22 [Das rechte Verständnis dieses Artikels: er macht fröhlich und tröstet alles Herzeleid, alle erschrockenen Gewissen, die sich fürchten vor dem Zorn Gottes und der Hölle.] A. a. O., p. [2].

23 [Damit der Mensch wirklich weiß, wie er die Vergebung aller Sünden, die Gnade, Gottes Barmherzigkeit und das ewige Leben suchen und finden muss.] A. a. O., p. [1].

24 [Er (der Artikel) bewirkt, dass die guten Taten der Gläubigen, Almosen, Fasten, Kirchgang, ihre Gottesdienste, ihr Stand und Rechtschaffenheit gefallen und Gott angenehm sind. Derjenige Mensch, der diese Artikel oder Stücke unseres wahren christlichen Glaubens recht kennt und versteht, der muss aus einem großen Sünder ein himmlischer Heiliger, aus einem Bösen ein Frommer, aus einem Gottesfeind ein Gottesfreund werden.] A. a, O., p. [2]. So hätte das Luther nicht unterschrieben, da dem eigenen Willen eine zu starke Mitwirkung zugeschrieben wird. Es ist Trubars Überzeugungstheologie, die den einfachen Menschen ansprechen soll, nicht den Dogmatiker, sozusagen der Mittelweg zwischen strenger geistlicher Auslegung und Zugangssuche zur Seele seiner Gemeindeglieder.

25 „Die Thesen für Promotionsdisputationen". In: *Luther Deutsch*, a. a. O., p. 2873.

Und im Weiteren bezeichnet er die Rechtfertigung als eine Wiedergeburt zur Erneuerung.[26] Diese theologische Überzeugung, dass allein durch den Glauben (sola fide) Rechtfertigung geschieht, ohne „Zutun des Gesetzes oder Hilfe unsrer Werke“[27], formuliert Luther schon sehr früh als Tatbestand:

> „Werke des Glaubens [...] nennt er [Paulus] solche, die aus dem Geist der Freiheit, allein aus Liebe zu Gott geschehen. Und diese können nur von denen vollbracht werden, die durch den Glauben gerechtfertigt sind; zu dieser Rechtfertigung aber tragen des Gesetzes Werke nichts bei, ja sie sind sogar außerordentlich hinderlich, weil sie nicht zulassen, daß der Mensch sich selbst für ungerecht und der Rechtfertigung bedürftig hält.“[28]

Das wird von Trubar in unpräziser, aber nicht missverständlicher Formulierung wiedergegeben. Der obige Text nennt die Voraussetzung: „Der Gläubige“, „der den Glauben recht kennt und bekennt“, kann gerechtfertigt werden; bei Trubar ist die Doppelheit der Existenz („totus homo: peccator in re, iustus in spe“)[29] im Übergang gekennzeichnet: „aus einem Sünder ein Heiliger, aus einem Bösen ein Frommer, aus einem Gotteshasser ein Gottesfreund“.[30] Das Gerechtfertigt-Werden durch Gott, sola fide, steckt darin, ebenfalls unterstrichen durch Trubars Fortsetzung. In antithetischer Schlussfolgerung bezeichnet er die Werke der Menschen – „ob sie gleich klug und fromm“ erscheinen[31] – als nutzlos, der Ungnade verfallen und ohne Vergebung, wenn sie die Sakramente nicht kennen, Christus und die christliche Lehre nicht anerkennen.

> „On ie ſo vſem nega dianem inu rounanem, ſo vſemi nega dobrimi delli inu Sboshymi slushbami podueršhen timu Hudizhu. Inu aku on hprauimu ſaſtopu letiga Articula dotle ie vtim shiuotu ne preide, inu po nim ne veruie, taku on hpuslednimu na tei ſmerti inu vdrugih teshkih nadlugah mora zagati na miloſti inu na vſei pomuzhi Boshy, inu bode vekoma ferdamnan.“[32]

---

26 A. a. O., These 65.

27 „Vorlesung über den Römerbrief“ (1515/1516). In: *Luther Deutsch*, a. a. O., p. 524; „Zweite Vorlesung über die Psalmen“ (1518/1521), a. a. O., p. 1023; „Vorrede zur Apostelgeschichte“ (1533), a. a. O., p. 3053.

28 „Vorlesung über den Römerbrief“, a. a. O., p. 517.

29 Vgl. Ebeling, a. a. O. In: *RGG*[3], a. a. O., p. 501.

30 *Ena dolga predguvor*, a. a. O., p. [2].

31 Luther weist auf die Scheinheiligkeit solchen Verhaltens hin; „Darum sind das Scheinheilige und Heuchler, d. h. nach außen den Gerechten ähnlich, im Inneren aber nicht wirklich gerecht.“ In: „Vorlesung über den Römerbrief“, a. a. O., p. 555.

32 [Er ist mit allem seinem Tun und Handeln, mit allen seinen guten Werken und Gottesdiensten dem Teufel unterworfen. Und wie er bis dahin nicht zum rechten Verständnis des Artikels in diesem Leben kommt und ihm gemäß nicht glaubt, so muss er zuletzt im Tod und in anderen schweren Nöten auf die Gnade und alle Hilfe Gottes verzichten und wird ewig verdammt sein.] *Ena dolga predguvor*, p. [2].

Luthers Einlassungen zur Notwendigkeit guter Werke als Erfordernis der Rechtfertigung werden hier nur insoweit erörtert, als sie den Hintergrund der Entweder-oder-Entscheidung Trubars theologisch untermauern. Luther unterscheidet in der Vorlesung über den Römerbrief 1515/1516 zwischen Werken des Gesetzes und Werken des Glaubens. Das spiegelt sich in der trubarschen Lösung des guten und des bösen Weges wider. Luther formuliert, dass der Apostel Paulus unterscheide zwischen Gesetz und Glauben [und] zwischen ihren Werken.

> „Werke des Gesetzes nennt er [Paulus] solche, die ohne Glauben und Gnade und auf Grund des Gesetzes, das durch Furcht zwingt, oder durch das Versprechen irdischer Vorteile verlockt, geschehen. Werke des Glaubens aber nennt er solche, die aus dem Geist der Freiheit, allein aus Liebe zu Gott geschehen. Und diese können nur von denen vollbracht werden, die durch den Glauben gerechtfertigt sind."[33]

Trubar vereinfacht das Verhältnis Gesetz – Evangelium, Werke des Gesetzes – Werke des Glaubens, weil das komplizierte Gerüst der Gleichzeitigkeit von gerechtem Menschen im Glauben und Sünder im Gesetzeswerk so nicht vermittelbar erscheint. Allerdings weicht er nicht von der lutherischen Einschätzung ab, dass gute Werke notwendig und Folge des Glaubens sind, aber nicht rechtfertigen.[34] Zu einem gleichen Urteil kommt Heinrich Bullinger in seiner Kommentierung des Johannesevangeliums: „Redimus itaque ad opera bona, quae niſi ex deo per fidem naſcantur, non poſſunt appelari bona", ergänzt durch die Randglosse „Bona opera fiant ſecundum regulam uerbi dei, non confingantur ex nobis ipſis".[35]

Bei genauer Analyse kann festgestellt werden, dass Trubar seine Vorbemerkungen zum „Predguvor" ganz auf Thesen der *Confessio Augustana* abstellt; allerdings sucht er, um komplizierte Bedingungskonstruktionen zu vermeiden, einen für seine Landsleute verständlichen Zugang des „Einerseits" – „Andererseits".

Für die Vergebung der Sünden und die Gerechtigkeit vor Gott ist nach *Confessio Augustana* die Gnade Gottes um Christi willen unabdingbar, erlangt durch den Glauben an die Opfertat Christi. Nur so kann Gerechtigkeit und ewiges Leben geschenkt werden. Bei Trubar heißt das, „ta zhlouik prou ſna inu ſaſtopi, koku inu kei on ima tu Odpuszhane vſeh Grehou, to Gnado, Miloſt Boshyo inu ta vezhni leben iskati inu naiti."[36] Er verweist auf die Erläuterungen in den Artikeln, dass der

---

33 „Vorlesung über den Römerbrief", a. a. O., p. 517.

34 A. a. O., p. 519.

35 Heinrich Bullinger, *In divinum Iesu Christi domini nostri evangelium secundum Ioannem, commentariorum libri X.* Tiguri 1543, p. [24]. Das Beispiel macht deutlich, dass viele Übereinstimmungen mit Trubars theologischen Anschauungen verbreitete reformatorische Vorstellungen sind, die auf ihre Quellen und Tradierung genau überprüft werden müssen, ehe Zuordnungen geschehen können.

36 *Predguvor*, a. a. O., p. [1].

Mensch durch Gottes Willen gerecht werde, dass der Schlüssel die Heilige Schrift sei, das Evangelium, der Glaube an die Menschwerdung Christi, seine Opfertat.[37] Luther bezeichnet das Evangelium als ein „Wort des Trostes", als „den wahren Schatz"[38]: „Gott hat uns aus großer Güte [...] das reine Evangelium gegeben, den edlen, teuren Schatz unseres Heils."[39] Für Trubar ist es „der himmlische Schatz", den Menschen gegeben zur wahren Erkenntnis des Gottessohnes mit Hinweisen auf die positiven bzw. negativen Folgen bei Beachtung bzw. Nichtbeachtung des Bekenntnisses. Im Augsburger Bekenntnis heißt es im Artikel „Vom Predigtamt", der sich dem Artikel 4 „Von der Rechtfertigung" anschließt und das Problem Werkgerechtigkeit bereits aufgreift,

> „quod Deus non propter nostra merita, sed propter Christum iustificet nos, qui credunt se propter Christum in gratiam recipi. Damnant Anabaptistas et alios, qui sentiunt Spiritum Sanctum contingere sine Verbo externo hominibus per ipsorum praeparationes et opera."[40] „Item docent, quod fides illa debeat bonos fructuos parere, et quod oporteat bona opera mandata a Deo facere propter voluntatem Dei, non ut confidamus per ea opera iustificationem coram Deo mereri. Nam remissio peccatorum et iustificatio fide apprehenditur, sicut testatur et vox Christi."[41]

Trubar relativiert das Gerechtfertigt-Sein durch gute Werke unter Betonung des Gerechtfertigt-Werdens ganz im Sinne der *Confessio Augustana* und Luther: Gute Werke sind notwendig, aber sie erwerben nicht Gottes Gnade, sondern allein der Glaube, „praui ſaſtop [...] obeſſeli inu potroshta vſa shaloſtna ſerza";[42] in gleiche Richtung weist die Aussage in Art. 20 (Vom Glauben und guten Werken): „et quia per fidem accipitur spiritus sanctus, iam corda renevantur et induunt novos affectus, ut parere bona opera possint."[43] Um zu verdeutlichen, malt der Slowene die Absage an die Werkgerechtigkeit drastisch aus, wie er überhaupt alle christlichen Anforderungen bei Nichtbeachtung mit der Bestrafungsandrohung versieht. Damit folgt er der Tradition des Augsburger Bekenntnisses, in dem die einzelnen

---

37 A. a. O.

38 „Die Ablaßthesen...", 62. These. In: *Luther Deutsch*, a. a. O., p. 1180: „Der wahre Schatz der Kirche ist das allerheiligste Evangelium" (Verus thesaurus ecclesiae est sacrosanctum euangelium gloriae et gratiae dei).

39 „Wider die himmlischen Propheten vom Sakrament" 1525. In: *Luther Deutsch*, a. a. O., p. 2614.

40 *Confessio Augustana. Das Augsburgische Bekenntnis (1530)*. Lateinischer Text. In: *Bekenntnisschriften evangelisch-lutherischen Kirche (1930)*. Göttingen, pp. 52–139, hier: Art. V, p. [4].

41 A. a. O., Art. VI (Vom neuen Gehorsam), p. [4].

42 *Predguvor*, a. a. O., p. [2].

43 *Confessio Augustana,* a. a. O., Art. XX, p. [13].

Artikel mit dem antithetischen Konzept der „Gegenlehre" versehen sind. Es dient dazu, die Landsleute „aufs einfältigste, mit lauteren, verständigen Worten" zu überzeugen,[44] wie es auch Luther sieht:

> „Aber dieweil [...] man schier nicht mehr weiß, was Evangelium und Gesetz, Neues und Altes Testament bedeute, fordert die Notdurft einen Hinweis und Vorrede, damit der einfältige Mann [...] auf die rechte Bahn geführet und unterrichtet werde."[45]

Die oben aufgezählten guten Werke werden also unter diesen Umständen wirkungslos, dienen nicht dem Heil, wie es die Reformation lehrt. Der Mensch, der den reformatorischen Rechtfertigungsgedanken nicht nachvollzieht und nicht daran glaubt, befindet sich auf falschem Weg und muss die schlimmen Folgen bis hin zu ewiger Verdammnis auf sich nehmen.

Abschließend bringt Trubar die Artikel als unentbehrliche Glaubensgrundlage und die Ausführungen in seiner Vorrede auf die gleiche Ebene. Damit betont er die Gültigkeit seiner Interpretation und bezeugt die reformatorisch-lutherische Richtung seiner Ausführungen. Der Bezug auf die „alten und neuen Lehrer" (is tih Starih inu Nouih Vuzhenikou)[46] hat als Formel beglaubigenden und vergewissernden Charakter. In *Confessio Augustana* sind es in den Artikeln „Vom neuen Gehorsam" und „Vom Glauben und guten Werken" die Kirchenväter Ambrosius und Augustinus; Luther nutzt solche Berufungen vor allem auf die Kirchenväter ebenfalls.

Der Fokus der Untersuchung hat sich nicht zufällig auf die Einleitung zur „Langen Vorrede" Trubars von 1557 gerichtet. Sie ist, theologisch gesehen, die erste wichtige Quelle, durch die nachgewiesen werden kann, dass der slowenische Reformator in Kenntnis wesentlicher Verlautbarungen einer gefestigten protestantischen Übereinkunft die Grundlagen des neuen Glaubens in seiner Perspektive übernimmt. Wichtig ist, dass in dieser Basis der schweizerische Einfluss, vor allem Zwingli, zurückgedrängt ist bzw. die oberdeutschen Städte ausgeschlossen blieben. Die Änderungen, die 1540 in der „Confessio augustana variata" durch Melanchthon zum versuchten Ausgleich mit allen Reformierten unternommen wurden, berühren vor allem das Sakrament des Abendmahls und nur teilweise die Einschätzung der „guten Werke".[47] Es ist nicht anzunehmen, dass der Slowene die komplizierten, theologisch, aber auch machtpolitisch gesteuerten Auseinander-

---

44 *Predguvor*, a. a. O., p. [2].

45 „Vorrede zum Neuen Testament" 1522. In: *Luther Deutsch*, a. a. O., p. 3042.

46 *Predguvor*, a. a. O., p. [3].

47 Zu eventuellem Einwirken der *Confessio Augustana variata* wird auf die Untersuchung der dogmatischen Einheiten bei Trubar im Zusammenhang mit Luthers Vorstellungen verwiesen.

setzungen über ein gemeinsames reformatorisches Bekenntnis und die bewusste Abgrenzung der Lehre gegenüber dem Katholizismus im einzelnen verfolgt hat oder verfolgen konnte.

4. Die Augsburger Konfession und ihre theologische Anregung

Die Einlassungen Trubars beziehen sich auf das Augsburger Bekenntnis, die *Confessio Augustana*. Sie hat eine komplizierte Entstehungsgeschichte. Ursprünglich als eine Verteidigungsschrift der evangelischen Lehre gedacht, ließ Kurfürst Johann von Sachsen eine „Apologie" durch die Wittenberger Theologen ausarbeiten, die die neue Lehre auf dem durch Kaiser Karl V. einberufenen Augsburger Reichstag 1530 vorstellen sollten. Um Ausgleich in Glaubensfragen bemüht, hatte der Kaiser die evangelischen Reichsstände dazu eingeladen. Mit Luthers inhaltlicher Billigung – er selbst konnte wegen der Reichsacht nicht teilnehmen – vertrat Philipp Melanchthon die Grundsätze von Luthers reformatorischer Lehre. Die *Confessio Augustana* war aus einer Verteidigungsschrift zu einer Bekenntnisschrift geworden, im Wesentlichen fußend auf der Grundlage der von Luther verfassten Schwabacher Artikel, Luthers Bekenntnis am Schluss seiner Schrift „Vom Abendmahl Christi" (gegen Ulrich Zwingli gerichtet) und der Marburger und Torgauer Artikel.[48] Die Bekenntnisschrift, von Melanchthon zusammengestellt, atmet eindeutig den reformatorischen Geist Luthers und wurde so auch von den lutherischen Reichsständen und einigen freien Reichsstädten angenommen. Ausgeschlossen waren die oberdeutschen Städte, die Zwinglis Abendmahlslehre anhingen. Hier war eine Trennung vollzogen worden.[49]

Es erwies sich als notwendig, diese Apologie zu erweitern, um Angriffen seitens der katholischen Kirche zu begegnen. Wiederum auf der Grundlage von Lutherschriften entstand durch Melanchthon ein umfassendes evangelisches Bekenntnis. 1540 wurde die C. A. von Melanchthon umgearbeitet zur deutlicheren Abgrenzung von der römisch-katholischen Kirche, gleichzeitig auch der Versuch unternommen, weitere Protestanten durch geringfügig veränderte Formeln (ohne dogmatisch abzuweichen) zu gewinnen. Beispiel dafür ist Art. 10 (Abendmahl); statt der Aussage der C. A. 1530: „vere adsint et distribuantur", Christi Leib und

48 Lexutt, a. a. O., p. 158, bezeichnet die C. A. als ein Dokument, „das in der Folgezeit zu dem Identifikationsdokument protestantischer Konfession lutherischer Prägung geworden ist".

49 Vgl. *Evangelisches Kirchenlexikon*. Internationale theologische Enzyklopädie (EKL). Erster Band A–F, 3. Aufl. (Neufassung),1986, pp. 319 ff.

Blut „wirklich zugegen sind und […] ausgeteilt werden" heißt es nun (C. A. variata) „[…] exhibeantur" (dargeboten werden).[50]

Zentrum des reformatorischen Anliegens und der C. A. ist die Rechtfertigungslehre im Zusammenhang mit der Frage der Werkgerechtigkeit. Davon handeln die Artikel 4 (Von der Rechtfertigung – De iustitia fidei coram deo) und Artikel 20 (Vom Glauben und guten Werken – De Bonis Operibus); inhaltlich gehören die Artikel 5 (Vom Predigtamt – De Ministerio Ecclesiastico) und Artikel 6 (Vom neuen Gehorsam – De Nova Obedientia) hinzu. Die Verbindung zu Trubars religiöser Grundlage, seiner Einschätzung des reformatorischen Geschehens liegt auf der Hand. Er bekennt sich ausdrücklich und ohne Vorbehalt zu den Artikeln der C. A.[51]

Trubar offenbarte in seiner Widmung der „Articuli" seine persönliche Überzeugung von der Wichtigkeit der C. A. zur Erhaltung der reinen lutherischen Lehre. Die Warnung vor falschen Lehrern und Predigern und der Schutz seiner Landsleute vor falscher Lehre sind zugleich Motivation und Beglaubigung seiner „Übertragung":

> „Derhalben ſolches der obgemelten vermeinten Geiſtlichen falſch vnn Heuchleriſch außgeben vnd außſchreien von der rainen Lehr des H.Euangelij / vnd die vnwiſſenheit vnn einfalt in Glaubens Sachen / des armen Windiſchen vnd Crobatiſchen gemeinen Volcks / haben mich verurſacht vnd dahin gezwungen / das ich jetzund in der eil neben anderen meinen Geſchäfften / dolmetſchen vnd Predigen / auch die Augſpurgiſche Confeſſion in die Windiſche Sprach hab gebracht."[52]

Für Trubar sind „wahrer Glaube" und Luthertum ein und dasselbe. Er will seinen Landsleuten die Sicherheit vermitteln, dem „wahren" Glauben anzugehören, der bei den Deutschen und in vielen anderen Ländern, die sich zum Luthertum bekennen („wölche man die Lutheriſchen nennt"[53]), herrscht. Luther ist, so muss man sagen, für Trubar der Held der Reformation; deshalb unterrichtet er auch seine Landsleute über die Taten des „Man Gottes Doctor Martin Luther ſeligen".[54]

Das Unternehmen, sie zu übersetzen oder, wie Trubar es selbst charakterisiert, sie zu verdolmetschen, ist bemerkenswert. Es fällt in das Jahr 1562; von diesem

50 Vgl. dazu *Theologische Realenzyklopädie*. Hg. Gerhard Müller. Berlin-New York 2000, Stichwort „Kryptocalvinisten", p. 128.

51 Die *Apologie* von 1531, die Melanchthon aufgrund der Kenntnis der katholischen *Confutatio* (vgl. EKL, a. a. O., 1, 323) verfasst hatte, ändert nichts Wesentliches an der C. A., insbesondere nicht zum Artikel der Rechtfertigung.

52 *Articuli oli deili te prave stare vere kerszhanske*, is S. Pysme poredu poſtauleni …, Tübingen 1562, Vorrede, p. [13].

53 A. a. O., p. [14].

54 A. a. O.

Zeitpunkt an setzt sich der slowenische Reformator sehr nachhaltig für den lutherischen Glauben ein. Trubar will mit seiner Übersetzung seinen Slowenen zeigen, woher ihr Glaube kommt, wie weit er verbreitet ist, welches die wichtigsten Inhalte sind; deshalb hat er

> „lete Buquice, kir ſe imenuio AVGVSTANA CONFESSIO [...] Is Latinskiga inu Nembsshkiga Ieſyka, vta nash Crainski ſueiſtu preobernil inu Iſtomazhil. Inu kadar ſo ty eni Articuli, Nauuki inu beſſede vletih Buquizah vti Bukouſzhini Nembszhini, kratku inu zhaſi temnu iſrezheni inu poſtauleni, De ty preproſti inu kir neſo vtim S. Piſmu vuzheni, teshku oli cilu nishter neſaſtopio. Obtu ſem te iſte Articule inu beſſede, ſdrugimi inu ſobilneshimi beſſedami Exempli inu Perglihami, Iſtolmazhil, iſgouuril inu islushil, Katere beſſede inu Exemple ſem vſel is zhiſtiga ſaſtopniga S. Pysma. Inu is letih buquiz Apologiae oli Sagouariane, Inu is tih dueyu Buquic, Vkaterih ty Saxoniski inu Vvirtemberski Pridigarij nih Vero inu Vuk ſpoſnaio, Katero ſo oni pred Deſſet Leiti pred ta Concilium Vtrienti polushili [...] vupam Bogu, Sledni dobri Crainski inu Slouenski zhlouik, bo is grunta popolnoma, tu kar ſe vletih Buquizah pishe inu vuzhi, reſoumel inu ſaſtopil."[55]

Die pädagogischen Bemühungen Trubars werden deutlich,[56] ebenfalls seine Absicherung durch die Quellen und die Beteuerung der nicht abweichenden, genauen Wiedergabe. Die „Articuli oli deili te prave stare vere krszhanske" sind

55 [Diese Bücher, die Augustana Confessio heißen, habe ich aus der lateinischen und deutschen Sprache in unsere krainische getreulich übertragen und verdolmetscht. Und wenn diese Artikel, Dogmen und Wörter in den Büchern in deutschen Buchsammlungen kurz und bisweilen dunkel erläutert und vorgestellt sind, dass die einfachen Leute und die, die nicht in der hl. Schrift bewandert sind, sie schwer oder überhaupt nicht verstehen – dann habe ich diese Artikel und Wörter mit anderen und ähnlichen Wörtern, Exempeln und Vergleichen verdolmetscht, ausgedrückt und ausgelegt. Diese Wörter und Exempel habe ich der klar verständlichen Hl. Schrift entnommen. Und aus den Büchern *Apologia* oder *Verteidigung* und aus den zwei Büchern, in denen die sächsischen und württembergischen Prediger ihren Glauben und ihre Lehre bekennen, die sie vor zehn Jahren vor dem Trienter Konzil hinterlegten, wird – so hoffe ich zu Gott – jeder guter Krainer und Slowene von Grund auf das, was in diesen Büchern geschrieben und gelehrt wird, verstehen.] „Predguvor zhes Articule", pp. Gii–Giii. In: *Articuli oli deili, te prave stare vere ...*, Tübingen 1562.

56 Das ist schon in der Dedikation an Herzog Christoph zu Württemberg zu spüren. Neben der üblichen und dringlichen Missionierungsaufgabe, der Verdammung aller Kirchenfeinde und Abweichler, der Beteuerung des rechten Glaubens und Rechtfertigung des eigenen Vorhabens findet sich der Hinweis auf notwendige erzieherische Maßnahmen, um liebgewonnenen scheinreligiösen Bräuchen im Volk aufklärerisch zu begegnen: „Gleich wol vnder jnen noch vil ſchwach vnd einfeltige Chriſten ſind / die ſich zur obgemelten rechten Religion / ſo bald nicht ſchicken künden / fürnämlich darumb / dieweil dieſelbig dem Beuelch Gottes nach / vnd jnnhalt der H. Bibliſchen Geſchrifft / alle Mißbreuch in der Kirchen / wie alt / vnnd dem Volck ſie angenem ſind / als nämlich die Päbſtiſche Meß / der Heiligen anruffen / Walfarten / der newen Kirchen Gebew vnn das vertrawen in eigne Werck / tadelt / vernicht vnd gar abthut / auch die heiligen Sacrament on Saltz /

eine Paraphrasierung oder besser Erläuterung mithilfe zahlreicher Ergänzungen, Beispiele, Bibelzitate und, wie der Titel anmerkt, zusammengezogen bzw. jeweils ergänzt und verdeutlicht aus „drei christlichen Konfessionen, der Augsburgischen, Württembergischen und Sächsischen". Trubar beschreitet insofern keine neuen Wege, als er zwar in der ihm eigenen Manier sehr breit, absichernd und um Verständlichkeit bemüht, aber ohne theologische „Seitensprünge" in der Nutzung sicherer „luthertreuer" Quellen sein Vorhaben angeht. Im Vordergrund steht das Augsburger Bekenntnis:

> „Vnd nach dem in der Augſpurgiſchen Confeſſion der Titel / ettlich Sententz vnd Artickel / mit wenig vnd kurtzen lateiniſchen vnnd teutſchen Worten / werden angezeigt vnd außgeſprochen / die ich alſo mit derogleichen vnd wenig Worten / das es die einfeltigen in der H. Geſchrifft vnbeleßnen Windiſchen vnnd Crobaten gründtlich verſteen möchten / nicht hab mögen verdolmetſchen. Derhalben hab ich den Titel / ettlich Artickel vnd Sententz in der obgemelten Augſpurgiſchen Confeſſion / mit anderen vnnd mehreren Worten / Sprüchen / Zeugnuſſen vnnd Exempel / auß jrer Apologia [C. A.] / auß E. F. G. vnnd der Sächſiſchen Theologen Confeſſionen / Paraphraſiert / außgefürt vnd außgelegt."[57]

Dann folgt die Beteuerung der theologischen Texttreue trotz der Verdolmetschung für die „gutherzigen Slowenen und Kroaten": „Ich hab aber damit keinen Artickel oder Sententz was benommen / auch dieſelbigen in jren meinungen vnd verſtandt nicht verendert."[58] Das kompilatorische Verhalten und die erweiterte Wiedergabe werden nachvollziehbar begründet mit dem Hinweis auf die Zuhörer- und Leserschaft. Die Landsleute sollen ein „rechtes Fundament" des Glaubens geboten bekommen, das die gesamte christliche Lehre „einfeltig", „verstendig" und „verstehbar" wiedergibt. Das ist Grundzug aller missionarischen Übersetzungstätigkeit Trubars, nämlich zu umschreiben, zu bebildern, zu exemplifizieren und zu überzeugen und damit eine paraphrasierend erweiterte Grundlage zu schaffen, die den Text „bearbeitet", aber nicht inhaltlich-theologisch verändert. Er ist ein Mann der Praxis,[59] d. h. er sieht in seiner Arbeit keine andere Zielsetzung als die ureigenste reformatorische Absicht Luthers, seinen Landsleuten das Evangelium verständlich zu machen und nahe zu bringen.

Rath / Speichel / öll / Kertzen / Glocken vnd Meßgewandt zuraichen vnd aufzutheilen lehret. Das dunckt ſie frembd / ſeltzam / new vnn vnrecht." („Vorrede", a. a. O., p. [12]).

57 A. a. O., p. [15].

58 A. a. O.

59 Das hat schon Rajhman mit einem Zitat Trubars bekräftigt: „Sam ni hotel in ne mogel, posebej v naših razmerah, razviti svojega nauka in utemeljiti ‹trubarianizma›. Kolikor je bil praktičen teolog" [Er selbst wollte und konnte nicht, besonders bei unseren Verhältnissen, eine eigene Lehre entwickeln und einen Trubarianismus begründen. Insofern war er ein Theologe der Praxis.] (Rajhman, *Pisma Trubarja*, a. a. O., p. 9).

Die Analyse einiger der dogmatisch ausgerichteten Artikel aus Trubars „Verdolmetschung" der C. A. kann seine Aussage beglaubigen.[60] Der 1. Artikel „Von Gott" (De Deo) wird, wie der Vergleich zeigt, von Trubar inhaltlich in allen wesentlichen Bestandteilen übertragen, wenn auch mit ergänzenden Erklärungsversuchen:

C. A.:

„Erstlich wird einträchtig gelehrt und gehalten, laut des Beschlusses des nicaenischen Konzils, daß ein einziges göttliches Wesen sei, welches genannt wird und wahrhaftig ist Gott, und sind doch drei Personen in demselben einen göttlichen Wesen, gleich gewaltig, gleich ewig, ungeteilt, ohne Ende, von unermeßlicher Macht, Weisheit und Güte, ein Schöpfer und Erhalter aller sichtbaren und unsichtbaren Dinge. Und durch das Wort Persona wird nicht verstanden ein Stück, nicht eine Eigenschaft in einem anderen, sondern es besteht selbst, wie denn die Väter in dieser Sache dies Wort gebraucht haben."[61]

Trubar:

„Sa Naperuu, vtih nashih Cerquah, od vſeh glih, venim ſaſtopu, ſe vuzhi, Veruie inu dershi, ta Odlozhik tiga Niceniskiga Concilia, Od tiga eniga, ſamiga, diniga Boshyga Stanu, kateri Stan, prou inu riſnizhnu bo imenonan, inu ie, Bug. Ta iſti Bug, ie vezhni, pres teleſſa, ſe nedili naraſen ie Vſigamogozh, ie ta cela Modroſt, ta cela dobruta, Stuarnik inu Ohranenik vſeh rizhi, Videzhih inu Nevidezhih. Oli vtim iſtim dinim Boshym Stanuui, ſo Try Perſone oli Imena, ene zheſti, ene mozhi, ene oblaſti od vezhnuſti, Ozha, Syn, S. Duh. Inu per tim Imenu, Perſona oli Ime, ſe nema ſaſtopiti, en deil, enkos oli ena shega venim drugim, Temuzh ſaeno rezh, kir ſama od ſebe obſtoy. Koker ſo to beſſedo Perſono inu Ime, ty Stari praui Vuzheniki, vnih Pyſmih od S. Troyce, iemali inu nuzali."[62]

---

60 In den späteren Artikeln, die sich mit Fragen der Gottesdienstgestaltung und kirchlichen Ordnung befassen, wird Trubar aufgrund seiner Erfahrungen und Vorstellungen für die slowenische Gemeinde in praktischen Fragen ausführlicher.

61 *Confessio Augustana*. Das Augsburgische Bekenntnis (1530), a. a. O., pp. 52 ff.
Der lateinische Text zu Art. I wird zum Vergleich wiedergegeben, da er ebenfalls Grundlage für Trubars Verdolmetschung gewesen sein kann: „Ecclesiae magno consensu apud nos docent, decretum Nicaenae synodi de unitate essentiae divinae et de tribus personis verum et sine ulla dubitatione credendum esse, videlicet, quod sit una essentia divina, quae et appellatur et est Deus, aeternus, incorporeus, impartibilis, immensa potentia, sapientia, bonitate, creator et conservator omnium rerum, visibilium et invisibilium; et tamen tres sint personae eiusdem assentiae et potentiae, et coaeternae, pater, filius et spiritus sanctus. Et nomine personae utuntur ea significatione, qua usi sunt in hac causa scriptores ecclesiastici, ut significet non partem aut qualitatem in alio, sed quod proprie subsistit." (Ebd.).

62 [Zum ersten: In unseren Kirchen wird in allen gleich und in einerlei Vertretung gelehrt, geglaubt und festgehalten der Beschluss des Konzils von Nizäa von dem einen, einzigen, einigen Wesen Gottes, dessen Wesen zu Recht genannt wird und fürwahr Gott ist. Dieser Gott ist ewig, körperlos, er ist ungeteilt allmächtig, die vollständige Weisheit, die vollständige Güte, Schöpfer und Bewahrer aller Dinge, der sichtbaren und unsichtbaren. Und in diesem einen göttlichen Wesen sind drei Personen oder Namen, einer Ehre, einer Macht, einer Herrschaft von Ewigkeit an, Vater, Sohn, Hl. Geist. Und bei diesem Namen, ist die

Trubar strukturiert seine Artikel dreiteilig gegenüber der Zweiteiligkeit (Dogma und Irrlehren) des Originals. Trubars 1. und 3. Abschnitt passen sich inhaltlich der Lehre und Gegenlehre an. Der Zwischenteil (jeweils eingeleitet mit der Phrase „Obtu inu natu mi veruiemo inu Spoſnamo ...“ [Deshalb und darum glauben und erkennen wir ...]) stellt eine Paraphrasierung bzw. nähere Erläuterung der im 1. Abschnitt gedanklich eingeschlossenen Erkenntnisse dar. So wird etwa die Inkarnation speziell erläutert sowie die zwei Naturen Christi. Trubar beruft sich dabei auf die drei Glaubensbekenntnisse und die Konzile von Nicäa (325) und Konstantinopel (381).

Besondere Aufmerksamkeit verdient Trubars Wiedergabe des 2. Artikels (Von der Erbsünde – De Peccato Originis). Hier zunächst wieder der Wortlaut im Vergleich:

Confessio Augustana (1. Abschnitt: Lehre)

„Weiter wird bei uns gelehrt, daß nach Adams Fall alle Menschen, die natürlich geboren werden, in Sünden empfangen und geboren werden, das ist, daß sie alle von Mutterleibe an voll böser Lust und Neigung sind und von Natur aus keine wahre Gottesfurcht und keinen wahren Glauben an Gott haben können: daß auch dieselbe angeborene Seuche und Erbsünde wahrhaftig Sünde sei, und alle die unter den ewigen Zorn Gottes verdamme, die nicht durch die Taufe und den heiligen Geist neu geboren werden.“[63]

Trubar:

„Vezh ſe vuzhi, Veruie inu ſa Riſnizo dershi, vtih nashih Cerquah, De ſa tim Adamouim Patzom inu Grehom, Vſi ludie, kir ſo po naturski shegi royeni, ſo Vgrehih pozheti inu royani. De ſo vſi od Materniga teleſſa, polni vſeh hudih, shelij inu lushtou, De ſo perkloneni inu volni kuuſimu hudimu, Inu de vnih nei obeniga prauiga Boshyga ſpoſnane, ne Vere, ne straha, ne lubeſni pruti Bogu, inu pruti ludem. Inu ty Stari Vuzheniki imenuio leta Greh, ta Porodni inu Erboui Greh, Kateri Greh vſe ludi, Otroke vtim Maternim teleſſu, ſturi dolshne, kriue, inu poduershe, timu Boshymu ſerdu, tei vezhni ſmerti inu timu vezhnimu Ferdamnanu. *Sakai tak tadel inu taku pomankane na tim zhloueku, kir ie pres te praue luzhi, pres Boshyga Spoſnane, pres brume, pres prauice, pres ſtraha, pres pokorſzhine, pres zhiſte cele lubeſni pruti Bogu inu pruti blishnimu, Inu kir ie poln hudih neſpodobnih sheli, Ie ta*

Person oder der Name nicht zu verstehen als ein Stück, nicht eine Eigenschaft in einem andern, sondern für eine Sache, die von sich aus Bestand hat. So haben die alten rechten Lehrer das Wort Person und Lehrer in ihren Schriften von der hl. Trinität genommen und benutzt.] *Articuli oli deili* ..., a. a. O., pp. [72 f.].

63 *Confessio Augustana*, a. a. O., p. 52 ff.

Der lateinische Text zu Art. II, De Peccato Originis: „Item docent, quod post lapsum Adae omnes homines, secundum naturam propagate, nascantur cum peccato, hoc est, sine metu Dei, sine fiducia erga Deum et cum concupiscentia, quodque hic morbus seu vitium originis vere sit peccatum, damnans et afferens nunc quoque aeternam mortem his, qui non renascuntur per baptismum et Spiritum Sanctum.“ (Ebd.).

> *praui veliki Smertni Ferdamnaski Greh, kir timu Zhloueku pernesſe inu naloshi to vezhno Smert, inu tu vezhnu pogublene.* Inu tak Erboui Greh nei inu ne bo obenimu Zhloueku odpuſzhen, Samuzh on bo skuſi ta Kerſt, skuſi S. Duha, skuſi ta Euangeli inu skuſi to Vero Vieſuſa, druguzh royen."[64]

Alle theologisch relevanten Begriffe aus dem Artikel der C. A. werden von Trubar erwähnt. Seine Ergänzungen (vgl. kursiver Druck) sind eindringliche Mahnungen des Seelsorgers, der um das Heil seiner Gemeinde besorgt ist. Das wird u. a. deutlich in der Wiederholung, im Verfahren der Reihung („pres prauice, pres ſtraha, pres pokorſzhine ..."), der Formelhaftigkeit („vezhna Smert inu vezhnu pogublene"), der Häufung („skuſi S. Duha, skuſi ta Euangeli, skuſi to Vero Vieſuſa"). Die Eindringlichkeit verstärkt Trubar ebenfalls durch Anführung von Bibelstellen, die zum Thema passen.

Auch der 3. Abschnitt (Gegenlehre) entspricht der Vorlage der C. A., wiederum mit einer erläuternden Ergänzung zu den „Abweichlern".

Der Zwischentext im 2. Abschnitt besteht in der Ausmalung des paradiesischen Zustandes, um die Folgen des Sündenfalles für die gesamte Menschheit drastisch dagegen abheben zu können, sozusagen eine Umkreisung der theologischen Bestandsaufnahme.[65]

Bemerkenswert sind die vielfältigen Bekenntnisse zur lutherischen Lehre und die Anerkennung des geistlichen Vorbildes.[66] Im Vorwort verteidigt er sich gegen die Häresievorwürfe seiner Feinde. Er beschimpft die scheinheiligen Geistlichen,

---

64 [Weiter wird in unseren Kirchen gelehrt, geglaubt und für Wahrheit gehalten, dass nach dem Fall und der Sünde Adams alle Menschen, die nach natürlichem Brauch geboren werden, in Sünde empfangen und geboren sind. Dass alle von Mutterleib an voll von allen bösen Wünschen und Gelüsten sind, dass sie vollständig zu allem Bösen neigen und dass in ihnen keine wahre Gotteserkenntnis ist, kein Glaube, keine Furcht, keine Liebe zu Gott und zu den Menschen. Und die alten Lehrer nennen diese Sünde Geburts- und Erbsünde. Diese Sünde macht alle Menschen und Kinder im Mutterleibe schuldig, voller Irrtum und unterwirft sie dem Zorn Gottes, dem ewigen Tod und der ewigen Verdammnis. *Weshalb solch ein Tadel und solch eine Not auf dem Menschen liegt, der ohne das wahre Licht, ohne Gotteserkenntnis, ohne Frömmigkeit, ohne Recht, ohne Furcht, ohne Gehorsam, ohne völlig reine Liebe zu Gott und zum Nächsten ist, und der voller böser unanständiger Wünsche ist, das ist die wirklich große verdammende Todsünde, die dem Menschen den ewigen Tod und ewiges Verderben bringt und auferlegt.* Und so wird die Erbsünde keinem Menschen vergeben werden, es sei denn, durch die Taufe, durch den hl. Geist, durch das Evangelium und durch den Glauben an Jesus wird er anders – neu – geboren.] *Articuli oli deili ...*, a. a. O., pp. [74 f.].

65 Trubar hat diesen Gedanken in *Ena dolga predguvor* zu einer dramatischen Szene ausgearbeitet.

66 Darüber hinaus bekräftigt Trubar in seinen Briefen, in den Dedikationen und Vorworten seiner Übersetzungen immer aufs Neue seine unverbrüchliche Treue gegenüber der C. A.

die von den Kanzeln und im Wirtshaus herumschreien, „der abtrinnige Truber mit ſeinen Geſellen / wöllen mit jren Lutheriſchen Predigen vnn Büchern / in den Windiſchen vnn Crobatiſchen Ländern / ein andern / newen / falſchen / verfüriſchen Glauben [...] auffbringen vnd anrichten“[67] – ein indirektes Bekenntnis zum lutherischen Glauben.

Trotz der klaren Aussagen Trubars zum Stellenwert seiner „Verdolmetschung“ der C. A. werden Trubars Bemühungen in reformatorische Zusammenhänge gebracht, die mit seinem theologischen Verständnis nichts zu schaffen haben. Es wird von einer bewussten Handlung ausgegangen, mit der sich Trubar anheischig mache, das reformatorische Geschehen zumindest zu beeinflussen. Dass ausgerechnet er, der sich zu allen Zeiten, sei es im Briefwechsel oder in Dedikationen, ängstlich darum bemüht, sich nicht dem Vorwurf der Abweichung vom rechten Glauben auszusetzen und ständig Gewährsleute für seine Glaubensaussagen sucht, einen so kühnen Schritt unternehmen sollte, ist wenig wahrscheinlich. Eine Nutzung der C. A., der anderen genannten Bekenntnisse zu einem Gemenge, wie es hinsichtlich Trubar beschrieben wird, wäre die Zerschlagung des gordischen Knotens reformatorischer Auseinandersetzungen gewesen. Solches Vorpreschen entspricht nicht der in theologisch-dogmatischen Fragen sensiblen und vorsichtigen Taktik von Trubar, der sich zum Ziel gesetzt hat, dem „armen slowenischen Volk“ den rechten Glauben nahe zu bringen. Dem Slowenen ging es um Umsetzung, Verständlichkeit; dazu diente ihm das vorliegende Erklärungspotenzial der verschiedenen Bekenntnisse. Seine Zielsetzung ist die seelsorgerliche, nicht die theologische Komponente. Insofern ist Rupels Aussage: „Gotovo je, da si noben nemški teolog ne bi bil upal, po svoje združiti treh veroizpovedi kakor je storil praktični Trubar“[68] ein Missverständnis. Es läuft auf eine Gleichsetzung der trubarschen Leistung mit den anderen europäischen Reformatoren hinaus, sozusagen eine nationale Heraushebung des Slowenen – eine ganz und gar verkennende Wertung seiner Absichten.

Trubar selbst hat sich in seiner Vorrede um Entschärfung bemüht, wie es seine Art war, wenn er betont, dass seine Gedanken, seine Arbeit und sein Eifer allein darauf ausgerichtet waren, dass die gutherzigen Slowenen und Kroaten eine verständliche Grundlage und das rechte Gerüst des christlichen Glaubens hätten.[69] Der Slowene sichert sich mehrfach ab, verständlich in dieser schwierigen theo-

67 A. a. O., pp. [13 f.].

68 [Gewiss ist, dass kein deutscher Theologe gewagt hätte, von sich aus drei Glaubensbekenntnisse zu vereinigen, wie es der praktische Trubar getan hat.] Rupel, *Primož Trubar*, a. a. O., p. 140.

69 *Articuli*, a. a. O., Vorrede, p. [15].

logischen Aufbruchzeit, und führt noch den Herausgeber der „Articuli“, Baron Ungnad, als Gewährsmann an; man könne versichert sein, dass nichts, „das der Augſpurgiſchen Confeſſion zuwider / oder was zänckiſch vnd vnnöttig zutrucken geſtatte / vnnd ich ſampt meinen Gehülffen / ſolches nicht dolmetſchen / noch anderen / souil an vns ligt / zulaſſen wöllen.“

Trubar stellt in dieser Ausführlichkeit Luther zum ersten Mal seinen Landsleuten vor. Er folgt wohl, wie auch Rupel vermerkt,[70] in der Darstellung der Ereignisse zeitgenössischen Historiographien, allen voran dem vielbändigen Werk von Johannes Sleidan „De statu religionis et rei publicae Carolo V. Caesare commentarii“. Es erschien 1555, ständig vermehrt, 1785/86 dann vollständig herausgegeben. Trubar hatte also vermutlich nur den oder die entscheidenden Anfangsbände – wenn überhaupt – in Händen.[71] Möglicherweise hat der Slowene die Scholien benutzt, um die einzelnen Etappen darstellen zu können. Sie fassen kurz die Ereignisse zusammen: „Lutherus docet contra indulgentias“ – „Luther scribit archiepiscopo Moguntino“ – „Lutherus scribit Episcopo Brandeburguo et Leoni Pontifici“ usw.[72] Trotzdem bleibt die direkte Benutzung von Sleidanus wenig wahrscheinlich, da zu aufwendig, in der Konzeption für die Zwecke Trubars völlig ungeeignet in seiner persuasiv angelegten populistisch-rühmenden, fast schon propagandistischen Vorstellung Luthers.[73]

> „Erat tum Vuirtembergae, quod est ad Albim, oppidum Saxoniae, Martinus Lutherus, theologus, Augustinianus [...] pridie calendas Neuembris ad archiepiscopum Moguntinum, Albertum Brandeburgicum, datis literis, quid illi doceant, exponit [...].“

So lautet der Einleitungssatz von Sleidanus zu Luther, in den Fakten, nicht aber in der Konzeption ähnlich bei Trubar:

> „V tim iſtim zhaſu ie bil en brumen, Bogaboiezh Vuzhen Menih inu Doctor S. Augustina Ordna, timu ie Martinus Luter bilu ime, na veliki Shuli vtim Meiſtu V vittembergi. [...] Inu ie nerpopre timu Mencishkimu Shcoffu, potle timu Magdeburskimu, [...] hpuslednimu

---

70 Rupel, *Primož Trubar*, a. a. O., pp. 140 f.

71 Der Hinweis durch Trubar selbst befindet sich als Randglosse im slowenischen Vorwort der *Articuli* unter dem Abschnitt „Kadai, kei, od oli skusi koga, ſo lete Buquice ſturiene ...“ [Wann, was, von oder durch wen sind die Bücher geschaffen worden ...]: „Tu ie tiga Vuzheniga brumniga Mosha Martina Luteria permoralu / ſubper nee piſſani. Berite tiga / Sleidana.“ [man sah sich bemüßigt, gegen diesen gelehrten frommen Mann Martin Luther zu schreiben. Lest den Sleidan.] (*Articuli*, a. a. O., p. 17 b).

72 Johannes Sleidanus, *De statu religionis et rei publicae Carolo V. Caesare commentarii*, Argentorati 1561, liber 1, p. 1.

73 Man könnte auch an die zahlreichen Flugschriften, Aufklärungsbroschüren oder plakatierten Texte aus der Zeit der Reformation als Quelle denken.

ſamimu Papeshu piſſal, Inu nee vſe proſſil pohleunu inu opominal, De bi oni, [...] to Pokuro inu ta Euangeli pridigali [...]."[74]

Entgegen dem sachlich-neutralen Ton des Historiographen Sleidanus schreibt Trubar als begeisterter Anhänger Luthers. Sein Ziel ist die Unterrichtung der Landsleute von den Taten eines Mannes, durch den der Weg zum wahren Glauben wiederhergestellt worden ist. Die Eindringlichkeit suggestiver Einflussnahme ist offensichtlich. Keiner von den Gelehrten und Heiligen, wie Bernhard von Clairvaux, Johannes Hus, Hieronymus Savonarola, Francesco Petrarca habe so die Verfehlungen des Papsttums den Menschen zur Kenntnis gegeben wie Martin Luther: „kriui vuk / Malykouane / lotryo / hudubo / neposhtene / golufyo, Hynauszhino".[75] Der seelsorgerliche Impetus ist die unabdingbare Entscheidung für das Gute, personifiziert in Luther: Gott habe durch Luther die Menschen vom falschen päpstlichen Irrglauben zum wahren Glauben bekehrt. Trubar führt in seiner Reformationsreminiszenz bis zur *Confessio Augustana* keine theologische Diskussion; im Vordergrund steht neben den mitunter drastisch geschilderten Ereignissen der Wille, seinen Landsleuten die Unabdingbarkeit dieses in der *Confessio* niedergelegten „wahren" Glaubens einzuprägen. Trubar bleibt – ohne auf Inhalte einzugehen – bei der bekräftigenden Einstellung; die Schrift, die Väter, die Gelehrten und gottesfürchtigen Menschen sind Zeugen für die unaufhörlich fortschreitende Ausbreitung des „wahren" Glaubens.[76]

---

74 [In dieser Zeit war ein frommer, gottesfürchtiger, gelehrter Mönch und Doktor des hl. Augustiner-Ordens, der den Namen Martin Luther trug, auf der Hochschule in der Stadt Wittenberg ... Und zuerst schrieb er dem Mönchbischof danach dem Magdeburger ..., zuletzt dem Papst selbst und bat sie alle sanft und mahnte sie, sie sollten ... die Buße und das Evangelium predigen.] *Articuli*, a. a. O., p. 18.

75 [falsche Lehre, Götzendienst, Hurerei, Bosheit, Unredlichkeit, Betrug, Heuchelei]. A. a. O.

76 „S. Troyzo, S. Pyſmom, ſo vſemi Preroki, Iogri, Martyrniki, Suetniki inu ſto diuizo Maryo ſpryzhali ſadoſti, De ta nasha Vera, Katero mi ſdai vtih Pridigah inu Buquih ozhitu vuzhimo, Inu koker ie vletih Buquizah, so vſemi Articuli, lipu kratku inu ſaſtopnu [...] ſapiſſana, Nei ena Noua, kriua [...] kezarshka Vera, Temuzh ta Stara Kerſzhanska Vera, Katera ie od S. Troyce [...], od samiga Boshyga Synu, od vſeh Iogrou, Prerokou, prauih Martyrnikou, Suetnikou inu Vuzhenikou, Pridigana, sapissana vto S. Biblio". [Durch die Hl. Dreifaltigkeit, die Hl. Schrift, mit allen Propheten, Jüngern, Märtyrern, Heiligen und der Jungfrau Maria haben sie genug Zeugnis abgelegt, dass unser Glaube, den wir hier in Predigten und Büchern offen lehren und wie er in den Büchern, mit allen Artikeln, schön kurz und verständlich ... geschrieben steht, kein neuer, falscher ... ketzerischer Glaube ist, sondern der alte christliche Glaube, der von der Hl. Dreifaltigkeit, von Gottes Sohn selbst, von allen Jüngern, Propheten, rechten Märtyrern, Heiligen und Lehrern gepredigt und beschrieben wird in der Hl. Bibel.] (Articuli, a. a. O., p. 17 b–18). Bemerkenswert ist die mnemonische Konstruktion dieser Grundaussage.

Fraglos übernimmt Trubar ein für ihn selbst ehernes Gesetz,[77] da es von den lutherischen Theologen als einheitliches Credo der evangelischen Fraktion in landesherrlichen Bekenntnissen niedergelegt ist. Es ist für ihn die feste, unangreifbare Basis, um seinen Landsleuten von Grund auf die Sicherheit des rechten Glaubens zu geben.

Seine Anleihen aus verschiedenen Bekenntnissen dienen der Klarheit, Verständlichkeit; es fehlt die theologische Diskussion über die Inhalte, Trubar gibt dazu keine Erläuterungen, nimmt sie als Dogmen hin. Eine Diskussion mutet er seinen Landsleuten nicht zu, um sie nicht zu verunsichern, da er selbst diese Verunsicherungsformen in dem komplizierten Geflecht theologisch-dogmatischer Fallstricke kennt. Verständliche Missionierung, sozusagen „dem Volk aufs Maul schauen“, um Luther zu bemühen, ist die Devise, gestützt dabei auf anerkannte Grundlagen des „wahren“ Glaubens, wie Trubar es stets formulierte, und dabei auf die bereitstehenden Quellen rekapitulieren, aus denen er die seiner Meinung nach klarsten Formulierungen schöpft. Es geht also nicht um den Aufbau einer eigenständigen reformatorischen Linie. Komplizierte Strukturen mussten einem naiven Publikum verständlich übertragen werden.

Dieses Phänomen trubarscher Theologie taucht in seinen Vorworten immer wieder auf, wohl auch deshalb, weil sie Zeugnisse seiner Lehrabsichten waren, seine Übersetzungen liturgischer Quellen beglaubigen mussten, die missionarische Aufgabe zu begründen hatten und schließlich Rechtfertigungscharakter annahmen im rückhaltlosen Bekenntnis zur lutherischen Lehre. Unter vielen Beispielen ist dieses Vorgehen in der Widmung zu den „Glagolski edni kratki razumni nauci 1562“ deutlich zu verfolgen, gerichtet an den „christlichen Fürsten und Herrn August, den Herzog von Sachsen […]“. Luther wird als Lehrer und Vorbild gepriesen, der den Kathechismus als komprimierte christliche Lehre den weltlichen Fürsten und Bischöfen vorgestellt habe und bekräftigte, dass das apostolische Glaubensbekenntnis alles menschliche Wissen übersteige und die zehn Gebote über allen Wissenschaften und Gesetzen aller Philosophen und Juristen stehen,[78]

77 Trubars Randbemerkung in der Vorrede zum Begriff „Augustana confessio“ macht das sehr deutlich: „Letei Veri inu Articulom / kir ſo vletih Bukvizah ſapiſſani / doſehmal ie nih malu ozhitu ſubper gouurilu oli piſſalu. Inu vſi ty / kir ſo letei / Veri ſubper / bili / ſo vſromoti oſtali / inu hud konez vſeli. Timu ie taku.“ [Über den Glauben und die Artikel, die in den Büchern beschrieben worden sind, ist bisher wenig klar geredet und geschrieben worden. Und alle, die diesem Glauben entgegenstanden, sind in Schande geblieben und haben ein böses Ende genommen.] (a. a. O., p. 21 b–22).

78 Vgl. dazu die Auseinandersetzung mit Erasmus und Melanchthon über die Zuordnung der Vernunft, Kap. V, 4 u. ö. ds. Arbeit

das Vaterunser höher als alle Gebete sei.[79] Alles Wissen, alle Tugenden, alle theologischen Lehren sind schädlich und gotteswidrig, wenn sie nicht mit dem Katechismus übereinstimmen. Trubar arbeitet mit solchen Gegensätzen, um die unbedingte Gültigkeit der katechetischen Lehre zu unterstreichen, die auf Luther zurückgeht.[80] Darin eingeschlossen sind die rechte Verkündigung von Gottes Wort und der rechte Gebrauch der Sakramente, wozu der Katechismus den Weg weise. Seine Luthertreue beschließt er mit dem Bekenntnis, dass er stets in seinen Predigten sich an den Katechismus gehalten habe und seit Kurzem begonnen habe, das Glaubensbekenntnis in der Form zu übernehmen, wie es die ehrwürdigen, heiligen, von Gott erleuchteten neuen und alten Lehrer der christlichen Kirche nach der Heiligen Schrift und dem Augsburger Bekenntnis predigten.[81] Trubar führt in diesem Zusammenhang die „Loci theologici" Melanchthons an, sozusagen als Ergänzung der lutherischen Katechismusgrundlage, und bekräftigt sein Bekenntnis zum rechten Glauben gegenüber dem angesprochenen Würdenträger, indem er wieder zu Luther als Hauptquelle zurückkehrt und die *Confessio* und Melanchthons „Loci" daran hängt:

> „Zato z rajnkim Lutrom mirne in čiste vesti lahko dvignemo roke in oči k Bogu, našemu nebeškemu očetu, se mu zahvalimo, ga slavimo ter rečemo, da nismo doslej nikoli nič novega, krivoverskega, sanjarskega ali pohujšljivega, dvomljivega ali močno prepirljuvega učili, pridigali ali pisali, temveč se zmeraj in povsod držali samo bibljiskega besedila v pravem, resničnem katoliškem pomenu, katekizma, Melanchthonovih Loci theologici in augsburške veroizpovedi […]."[82]

Luther ist der Gewährsmann für die Nähe zu Gott und damit den „rechten" Glauben („z Lutrom dvignemo roke in oči k Bogu") und der Zeuge für die strenge Einhaltung seiner Lehre („nismo doslej nikoli nič novega, krivoverskega […] učili"). Es ist kein nüchternes Bekenntnis – Trubar zeigt mit dem „dvignemo roke in

79 Vgl. den Text bei Rupel, *Slovenski protestantski pisci*, a. a. O., p. 151.

80 Die adjektivische Häufung fördert die eindringliche Aufforderung zur Umkehr zum rechten Glauben und verbindet ihn so mit seinen Ansprechpartnern und Zielpersonen: „Ako hočemo ubogo, preprosto, praznoverno in zapeljano ljudstvo […] poučiti v pravi zveličani veri" [Wenn wir die arme, einfache, abergläubische und irregeführte Bevölkerung … lehren wollen im wahren seligen Glauben]. (A. a. O.).

81 A. a. O., p. 152.

82 [Deshalb bewegen wir mit dem seligen Luther mit friedlichem und reinem Gewissen unsere Hände und Augen zu Gott, unserem himmlischen Vater; ihm danken wir, ihn preisen wir und sagen, dass wir bisher nichts neues, ketzerisches, schwärmerisches oder anstößiges, zweifelhaftes oder streitsüchtiges gelehrt, gepredigt oder geschrieben haben, sondern stets und überall das biblische Wort selbst in der wahren, wahrhaften katholischen Bedeutung gehalten haben, den Kathechismus, die „Loci theologici" von Melanchthon und die Augsburger Bekenntnisse.] A. a. O., pp. 152 f.

oči k Bogu“ seine bildhafte Ansprache, eine auf das Wesentliche reduzierte, fast kindlich einprägsame Suggestion, die den Prediger immer wieder auszeichnet.

5. Melanchthon als Katalysator für Trubar

Zur Klärung tatsächlicher Verbindungen zwischen Trubars Schriften und dem Werk Philipp Melanchthons muss näher auf Erwähnungen des Deutschen in Trubars Briefen und Vorworten eingegangen werden. Zudem ist der Versuch zu unternehmen, Qualifizierungsmerkmale der Textkenntnis Trubars herauszuarbeiten. Verwirrend in der Forschung ist die Vielzahl der Zeugnisse und Vermutungen über Gemeinsamkeiten, Ähnlichkeiten, Übernahmen im Schrifttum, verwirrend deshalb, weil Widersprüche vorliegen und Pauschalisierungen der historischen Quellensituation nicht immer stichhaltige Ergebnisse zutage fördern. Die Klärungsversuche sind insofern wichtig, als infolge der engen Zusammenarbeit zwischen den beiden deutschen Reformatoren vor allem auch im Vergleich der *Confessio Augustana* mit späteren Änderungen, die nicht die lutherischen Dogmen, sondern mehr Formulierungsmilderungen betreffen, eine zwingende Rückführung nicht möglich ist. Die Texte gehen teilweise über Melanchthon zu Luther, sind Texte Melanchthons auf lutherischer Basis; wenige Abweichungen betreffen Einzelheiten philosophischer Natur, die man im Hinblick auf die Theologie Trubars ruhig als Adiaphora bezeichnen kann.[83] Insbesondere nach dem Interim 1548 ergaben sich Auseinandersetzungen der „echten“ Lutheraner (Gnesiolutheraner) mit den Anhängern des Philippismus. Es ist im Grunde ein Streit über Formvermittlungen, d. h. auf der einen Seite eine strenge Bindung an die „Autorität der biblischen Botschaft“,[84] die den Melanchthon-Anhängern eine zu nachgiebige Haltung vorwarfen. In Bereichen wie der Zwei-Reiche-Lehre (Reichweite und Gewalt der Obrigkeit), der Philosophie der Vernunft, der Melanchthon als von Gott gegeben ein Gewicht gibt, drängt Luther dagegen diese Anschauung als menschlich-weltlich in den Hintergrund gegenüber dem Glauben, dem die Vernunft unterworfen sei. Im Grunde liegt dem Reformator Trubar die verbindliche und vielleicht auch volksnähere Theologie von Melanchthon näher. Sie ist für die Vermittlung griffiger. Das ist jedoch keine theologische Richtungsänderung in Dogmenfragen, sondern mehr die Lösung eines Verständnisproblems.[85]

83 Etwa Luthers strenge Nichtbeachtung geistlicher Erfahrungen im weltlichen Bereich (vgl. die Diskussion über die Aufgaben der Philosophie).

84 Vgl. das Stichwort: „Gnesiolutheraner“. In: *EKL*, a. a. O., Sp. 239.

85 So ähnlich äußert sich Rupel, *Primož Trubar*, a. a. O., p. 139, über Trubars „Bearbeitung“ der C. A.: „Nauki v augsburški veroizpovedi so se mu po pravici zdeli preskopo in prevec

Trubar teilt in einem Nebensatz im Brief an Bullinger vom 13. März 1557[86] mit, dass er Melanchthons Buch „Commentarii super epistolam ad Romanos"[87] hat einbinden lassen. Melanchthon spielt für Trubar eine gewisse Rolle im Brief vom 4. September 1562 an Baron Ungnad, wenn auch wiederum mehr am Rande. Die im Druck befindliche glagolitische und kyrillische Postille von 1562/63, unterschrieben von Trubar, Dalmatin, Štefan Konzul, soll mit einem deutschen Vorwort versehen werden durch „doctor hern Jacoben Schmidlein".[88] Ungnad wird gebeten, darin vermerken zu lassen, dass sie von Melanchthon stammen: „Souer die postillen gedruckht, e.g. mügen durch doctor hern Jacoben Schmidlein die teütschen vorreden stellen vnd darin vermelden, das sie aus des Philippi Melanchtonis postil sei genumen."[89] Das klingt mehr nach einer Absicherung als einer theologischen Anlehnung, wenn man zudem die Hinweise im slowenischen Vorwort kennt. Das „Posvetilo" von 1562 zeigt die Sorge um seine kroatischen Landsleute; es ist, fußend auf 1. Kor. 12,12, ein seelsorgerlich-missionarischer Aufruf, an die schwächsten Glieder zu denken und ihnen Barmherzigkeit zukommen zu lassen. Die Dedikation am Schluss an den Herzog von Württemberg, klärt die Funktion Melanchthons an dieser Stelle. Es handelt sich um eine Wiedergabe, besser: um Auszüge aus der *Confessio Augustana*, deren wichtigste „Mitarbeiter" genannt werden:

> „a da bi Vaši knežji milosti naše hvaležno srce pred vsem svetom pokazali ter jo tudi pri potomcih proslavili, smo ji hoteli ponižno posvetiti to naše neznatno, toda zvesto delo, krščanso postilo, sestavljeno iz dr. Martina Lutra, Philipa Melanchthona in Johana Brenza razlage na osnovi krščanske augsburške izpovedi, izdati jo pod njenim imenom v hrvatskem jeziku ter natisniti z glagolskimi črkami."[90]

strnjeno povedani, da bi jih mogli preprosti Slovenci in Hrvati prav razumeti." [Die Lehren im Augsburger Bekenntnis erschienen ihm mit Recht überaus karg und allzu komprimiert ausgedrückt, als dass sie die einfachen Slowenen und Kroaten hätten richtig verstehen können.]

86 Vgl. Rajhman, *Pisma Trubarja*, a. a. O., p. 25.

87 *Comentarii in Epistolam Pauli ad Romanos*, waren 1529 erschienen und erlebten mehrere Auflagen.

88 Jakob Schmiedlein (auch Schmiedjakob, Vulcanus, Faber Fibricius) ist eine Namensvariante von Jakob Andreae (1528–1590). Andreae war Professor der Theologie, Kanzler der Universität und Probst in Tübingen, arbeitete zusammen mit Johannes Brenz, trat für die konfessionelle Identität des Luthertums ein und war um Einigungsversuche mit Calvin bemüht; später arbeitete er wesentlich mit am Zustandekommen der *Formula Concordiae* (Vgl. *Deutsche Digitale Biographie*; *EKL*, a. a. O., Reg.-Band, Stichwort: „Andreae", Sp.18 f.).

89 Rajhman, *Pisma Trubarja*, a. a. O., p. 125.

90 [damit wir euer fürstlichen Gnaden unser dankbares Herz vor aller Welt zeigten und auch bei den Nachfahren rühmten, wollten wir euch demütig unser geringes, jedoch treues Werk widmen, die christliche Postille, zusammengestellt aus Dr. Martin Luthers, Philipp

Das zweite slowenische Vorwort betrifft die kyrillische Ausgabe. Hier symbolisiert Trubar mithilfe der Lichtmetapher die erleuchtende Wirkung des Evangeliums, das nach der Verdunkelung durch Koran und Papst dank des „wackeren Helden und Gottesmannes Dr. Martin Luther" („vrli junak in božji mož dr. Martinus Luter") sich über die ganze Welt ausgebreitet habe: „po vsej Nemčiji, Francoski, Angleški, Škotski, Danski, Norveški, Švedski, Poljski, Španski in Italiji, [...] celo po Turški."[91] Wiederum weist Trubar verallgemeinernd auf Quellen für das „Posvetilo" hin: das Neue Testament, die Augsburger Konfession, die *Loci communes*, zusammengestellt aus den Auslegungen Luthers, Melanchthons und von Brenz.

Der Hinweis, dass die Postille „aus des Philippi Melanchthonis postil genumen" sei, bleibt ungenau und damit wenig aussagekräftig. Trubar handelt nach den Prinzipien seiner Zeit: Die Lehre muss durch Autoritäten abgesichert sein, das war in diesem Fall die Augsburger Konfession als Richtschnur für den „wahren" Glauben und deren Initiatoren, allen voran Luther und Melanchthon. Die persönlich-emotionale Aussage Trubars gegenüber dem Deutschen lässt erkennen, dass der Slowene in dem auf sich selbst gestellten Kämpfer gegen eine kirchliche Übermacht (Papsttum) und eine feindliche Bedrohung (Türken) eine verwandte Seele entdeckt hat.

6. Die Problematik des Abendmahls

Es gibt weitere Stellen, die offenbaren, dass Melanchthon nur indirekt und ohne Diskussion von Trubar angeführt wird. 1564 sieht sich der slowenische Reformator im Brief an die Krainer Landstände wieder einmal veranlasst, sich gegen Vorwürfe der Dogmenverletzung zur Wehr zu setzen. Sein Aufenthalt in den oberdeutschen Städten Rottenburg an der Tauber, Kempten, Aurach, Reutlingen lässt den Verdacht aufkeimen, er huldige, insbesondere im Abendmahlsverständnis, dem Zwinglianismus. Trubar legt umständlich dar, dass ihm kein Vorwurf entstehen könne, da er in seinen Katechismen, seinen Predigten, seinen Gottes-

Melanchthons und Johannes Brenz' Auslegung auf der Grundlage des christlichen Augsburger Bekenntnisses und es unter seinem Namen herausgeben in kroatischer Sprache und mit glagolitischen Schriftzeichen drucken.] Rupel, *Slovenski protestantski pisci* ..., a. a. O., „Glagolska postila" 1562, p. 162.

91 [durch ganz Deutschland, Frankreich, England, Schottland, Dänemark, Norwegen, Schweden, Polen, Spanien und Italien ... bis hin zur Türkei.] Rupel, a. a. O., „Cirilska postila" 1563, pp. 164–165.

diensten genau nach den Vorstellungen der leibhaftigen Gegenwart Christi in Brot und Wein schreibe und handle. Er beruft sich dabei auf „schribenten, die der augspurgischen confession anhengig“ sind.[92] Missdeutungen aus Formulierungen zur Abendmahlsfrage sind häufig genug zu Äußerungen Trubars möglich. Gerade weil er dies wusste, versucht er immer wieder, dieses Dilemma zu vermeiden. Die Vielfalt seiner (aber in der Zielsetzung eindeutigen) Definitionen bezeugt das. Noch 1582, im deutschen Vorwort zur Ausgabe des NT, Tübingen 1582, beteuert er seine lutherische Sakramentensicht, auch wenn er abermals eine Definitionsvariante einbringt; es ist wieder die Verteidigungsposition, die er einnehmen muss zum Nachweis der „Rechtgläubigkeit“:

> „Vom Nachtmal des Herrn / halten vnd glauben ſie einfeltig den Worten Chriſti / wie vor vnſeren zeitten alle Gottſelige Chriſten / Lehrer vnnd Märterer geglaubt / gelehrt vnd geschriben haben / geben Chriſto ſeine Ehr / daß er warhafftig vnd Allmechtig ſey / vnderwerffen jre Vernunfft dem Allmechtigen warhafftigen Wort Gottes / diſputieren nicht vil daruon / nach der Lehr Auguſtini / da er alſo ſchreibt / [...] Sacramentis diuinis non eſt adhibenda verborum argumentatio, ſed fides, vnnd Chryſoſtomus sagt: Oportet

92 Rajhman, *Pisma Trubarja*, a. a. O., p. 180. Es ist eigentlich eine nicht zu rechtfertigende Behauptung, wenn Trubar immer mal wieder unterstellt wird, öffentlich gegen seine Überzeugungen zu handeln. Andrej Šegula, „Trubarjeva odvisnost od Luthra, Kalvina in Zwinglija“. In: *Primož Trubar. Simpoziji v Rimu*, a. a. O., p. 233, tradiert die sich durch die Trubar-Literatur ziehende Meinung von France Kidrič, dass der Slowene eigentlich ein Zwinglianer sei: „France Kidrič je Zwinglijev vpliv na Trubarja jasno označil, ko pravi, da je ›resna opasnost (nevarnost) nadaljevanja Trubarjevega dela zrasla pod konec 1559 iz očitka cvinglijanstva, torej smeri, ki je Trubar v notranjosti ni povsem odklanjal, a se ji je v lastnih spisih iz praktičnih razlogov izogibal‹“. [France Kidrič hat den Einfluss Zwinglis auf Trubar klar bestimmt, wenn er sagt, dass ›eine ernsthafte Gefahr für die Fortsetzung der Arbeit Trubars Ende 1559 aus dem Vorwurf des Zwinglianismus erwuchs, also der Richtung, die Trubar innerlich nicht vollkommen abgelehnt hat, ihr aber in seinen eigenen Schriften aus praktischen Gründen auswich‹.] Trubar wird in eine theologische Position gesetzt, die seinem Wollen und Vermögen widerspricht, einem vagen Urteil unterworfen, das dem Bestreben einiger Forscher, den Lutherischen Einfluss zurückzudrängen, zur Geltung verhelfen soll. Kerševan, „Trubarjeva reformacija“, in: *Vera in Hotenja*, a. a. O., p. 204, Anm. 25, geht auf eine Vorstellung von Siegfried Raeder, „Primus Trubers Lehre vom Abendmahl“, ein, bei der Zwinglianisches und Lutherisches vermengt wird zu einer Trubar zugesprochenen Vermittlerfunktion zwischen lutherischen und zwinglianischen Positionen. Das überfordert wiederum den Slowenen bzw. legt eine falsche Spur: Ziel von Trubar ist es, dogmatischen Festlegungen auszuweichen, um nicht in eine Angriffssituation von welcher Seite auch immer zu geraten. Er bleibt außerhalb des gelehrten Disputes. Kerševan kommt zu einem bemerkenswerten Ergebnis: „Trubar ni pisal kot teolog za teologe, kot je to počel Vlačić, razmišljal in pisal je kot pridigar za svoje vernike.“ [Trubar hat nicht als Theologe für Theologen geschrieben, wie das Vlačić begonnen hatte, er überlegte und schrieb wie ein Prediger für seine Gläubigen.] (a. a. O., p. 219).

Dei dictis credere, & non curiose inquirere, etiamſi rationem eorum ignoremus, Vnd Thomas Aquinas in ſua proſa & hymno, de corpore Chriſti ſic canit. Quod non ſapis, quod non vides, animoſa firmat fides, praeter rerum ordinem. Item, Verbum caro, panem verum, verbo carnem efficit, fitque ſanguis Chriſti merum, etſi ſenſus deficit, ad firmandum cor ſyncerum, ſola fides ſufficit, darnach ſagt er: Praeſtet fides ſupplementum ſenſuum defectui, vnn zuuor ſagt er: Cibum turbae duodenae, ſe dat ſuis manibus. Dise Wort mag man alſo verteutſchen. Von den Göttlichen Sacramenten / ſoll man nicht mit vilen Worten diſputieren / ſondern denſelbigen einfeltigen glauben / vnd Chryſoſtomus ſchreibt: Man muß dem Wort Gottes glauben / vnnd nicht fürwitziger weiß erforſchen / wenn wir gleich nicht verſtehn / wie es zugeht. Vnnd Thomas Aquinas lehret / Daß du nicht koſteſt / daß du nicht ſieheſt / das beſtettigt der freudig vnnd hertzhafft Glaube / daß es geſchehe vber den gemeinen Lauff der Natur. Vnn abermals / Das Wort / welches iſt Fleiſch worden / das hat das warhafftig Brot / durch ſein Wort zum Fleiſch gemacht / wie auch der Wein das Blut Chriſti würdt / ob wir gleich ſolches mit vnſeren Sinnen nicht begreiffen / ſo iſt doch genug am Glauben / dardurch ein rein Hertz geſterckt würdt. Vnnd bald darnach / Der Glaub ſoll erſtatten / was bey diſem Geheimnuß vnſeren Sinnen abgehet vnd mangelt. Vnd zuuor ſagt er / Er gibt ſich ſelbſt mit ſeinen Henden zur Speiß den zwelff verſambleten Apoſteln / etc. Bey diſen Worten / Lehr vnnd Glauben / bleiben ſie beſtendig."[93]

Damit ist Melanchthon mit dem von ihm zusammengestellten 1. Teil der C. A. erwähnt. Interessanter ist jedoch die Anlehnung an den nicht erwähnten Luther im Zusammenhang mit Trubars Formulierung:

„das man den wortten Christi beim nachtsmal schlecht und einfeltig, wie es der herr Christus geredt hat, fest glauben soll und die vernunfft dem glauben unterwerffen; und welcher christ das thut, der besteet in allen disputationen, anfechtungen, in thodes nötten und am jüngsten gericht dorumb, das er den wortten Christi die ehr gebe, das sie almechtig und wahrhafftig seindt;"[94]

Vor allem gegenüber der deutschen Herrschaft beteuert Trubar immer wieder in seinen Erläuterungen und Vorreden, nur den rechten Glauben zu verkündigen. Von Zeit zu Zeit summieren sie sich in Form eines Glaubensbekenntnisses.[95]

93 *Ta celi novi testament*, Tübingen 1582. In: *Biblia slavica*, a. a. O., p. 312.

94 Brief an die Krainer Landstände vom 13. Januar 1564. In: Rajhman, *Pisma Trubarja*, p. 180.

95 In der deutschen Vorrede zum 1. Teil des NT, Tübingen 1582, dediziert an Ludwig Herzog von Württemberg, versichert Trubar die Glaubenstreue seiner Landsleute, bekräftigt sie durch das Bekenntnis des Heilsweges vom AT zum NT und schließt mit der Zusammenfassung ab: „In Summa / die von Gott außerwelten / Creiner / Steirer / Kerner vnd Windiſchen hohen vnnd nideren Standts / Grauen / Herren / Ritter / Edel / Burger / vnnd das gemein Baurenvolck / haben wie andere / durch die Gnad vnnd Würckung des heiligen Geiſtes / auß den Windiſchen vnnd Teutſchen Predigten vnnd Büchern erlehrnet vnnd begriffen / den rechten Glauben" (*Biblia slavica*, a. a. O., pp. 309 f.).

Luther gebraucht im Zusammenhang mit dem Abendmahl ständig die Formulierung „schlicht und einfältig“: „Wir bleiben schlicht und einfältig bei seinen Worten ›Das ist mein Leib; das ist mein Blut‹ […].“[96]

Neben Formulierungsähnlichkeiten sind theologische Aspekte anzuführen, die mit Luther in Verbindung zu bringen sind. Die „Vernunft dem Glauben unterwerfen“ als Grundhaltung des Christen, um in allen Auseinandersetzungen im Leben wie im Jüngsten Gericht zu bestehen, ist eine rigorose lutherische Forderung, die zwischen dem deutschen Reformator und Melanchthon äußerst strittig war. Zwar hat Melanchthon dieser Formel in Bezug auf das Abendmahl zugestimmt, denn die Vernunft kann nicht über die christliche Lehre urteilen und „Gottes Wille nach ihrem Urteil einschätzen.“[97] Trotzdem – und er beruft sich dabei auf die gleiche Paulusstelle, wie Luther (Rö. 1)[98] – haben die Menschen „also von Gott her die Fähigkeit, in Fragen des menschlichen Zusammenlebens wahr und zuverlässig zu urteilen.“[99] Er gibt ein überzeugendes Beispiel: „Nihil agricultura ad religionis cognitionem opus est, neque tamen propterea impietatis res agenda est.“[100] Luther gewichtet anders, trennt weniger zwischen weltlicher Vernunft und dem Evangelium, sondern beurteilt das eine aus dem anderen und kommt damit zu negativen Schlüssen:

> „Natürlich stimmt es, dass das natürliche Gesetz allen bekannt ist und dass die Vernunft für das Beste eintritt. Aber für welches? Nicht im Sinne Gottes, sondern in unserem Sinne, d. h. schlecht, tritt sie für das Gute ein. Denn sie sucht in allen Dingen sich und das Ihre, nicht aber Gott, solches tut allein ein Glaube, der die Liebe hat.“[101]

---

96 Brief an die Städte Zürich, Bern, Basel usw. vom 1. Dezember 1537. In: WA. Abt. 4, Bd. 8, p. 150–153, Nr. 3191; vgl. auch in der Abhandlung „Sermon von dem Sakrament des Leibes und Blutes Christi …“, 1526: Luther zitiert die Einsetzungsworte und fährt dann fort: „Das sind die Worte, darauf wir pochen; die sind so einfältig und klar geredet, daß auch sie, die Widersacher bekennen müssen, es koste Mühe, daß man sie anderswohin ziehe“ (*Luther Deutsch*, a. a. O., p. 2689); oder vom 16. Mai 1522 an Paul Speratus: „[…] sondern schlicht und einfältig glaubte, es sei da in dem Sakrament des Altars wahrhaftig der Leib und das Blut Christi gegenwärtig“ (*Luther Deutsch*, a. a. O., p. 7280).

97 „Quare errant, qui ex ratione aut philosophia iudicant de doctrina Christiana. Immo saepe magna consolation est piorum, quod non ex rationis nostrae iudicio aestimanda est voluntas Dei.“ („Scholia in Epistolam Pauli ad Colossenses“ (1527). In: Philipp Melanchthon, *Glaube und Bildung. Texte zum christlichen Humanismus*. Stuttgart 1989, p. 58).

98 A. a. O., p. 40.

99 A. a. O., p. 34.

100 A. a. O., p. 38.

101 „Vorlesung über den Römerbrief“ (1515/1516). In: *Luther Deutsch*, a. a. O., p. 592.

Er hat es in der Auslegung des 8. Kapitels des Römerbriefes noch drastischer ausgedrückt, in Abwehr einer falschen Auffassung von der Erbsünde: „Darum stinkt unser Atem nach Philosophie, als ob Vernunft immer für das Beste einträte und wir faseln viel vom „natürlichen Gesetz".[102] Luther will durch diesen Rigorismus jeden Versuch, von der Gnade Gottes als alleiniger Erlösungskraft abzulenken, unterbinden. Hier ist der oben angeführte Zusammenhang mit Trubar zu finden.

Ein dritter Punkt ist anzusprechen, der eine Verbindung mit den Gedankengängen Luthers herstellt. Luther vertieft in der Vorlesung über den Hebräerbrief die alleinige Gnadenerlangung durch den Glauben.

> „Denn es gilt jener allbekannte und allseits anerkannte Satz: ‹Nicht das Sakrament, sondern der Glaube an das Sakrament macht gerecht›, ebenso dazu jenes Wort des Augustinus: ‹Es (das Sakrament) macht gerecht, nicht weil es vollzogen wird, sondern weil es geglaubt wird.› [Tractatus in Joh. 80, 3]"[103]

Den Hinweis auf die alleinige Kraft des Glaubens und nicht der Vernunft bzw. der eigenen Anstrengung (des eigenen Verdienstes), den Luther hier im Zusammenhang mit dem Abendmahl und immer wieder in Verbindung mit dem Problem der Rechtfertigung herausstellt, verbindet Trubar ebenfalls mit dem Ausspruch Augustinus: „Und als offt ich mit iemandt von diesem heyligen sacrament rede, als offt füre ich ein den spruch Augustini. Quod sacramentis non est adhibenda verborum argumentatio, sed fides."[104]

Bereits im Brief an Bullinger vom 13. März 1557 hat Trubar in seiner damals noch vorsichtigen Stellungnahme zum Abendmahl das Zitat von Augustinus verwendet und mit dem Hinweis „ergänzt":

> „Christus hab das prot jn seinem abendmal, wo man recht haltet, consecrirt zu seinem leib vnd den wein zu seinem bluet, seinen worten wollen wir ainfaltiglich glauben vnd dauon nicht weiter disputiren. Es ist ein mysterium."[105]

Das ist Luthers Formel von der Realpräsenz Christi im Abendmahl gegen die praesentia in mente Zwinglis.

---

102 A. a. O., p. 591.

103 „Vorlesung über den Hebräerbrief" (1517/1518). In: *Luther Deutsch*, a. a. O., p. 821.

104 Brief vom 13. Januar 1564 an den Krainer Landesausschuss. In: Rajhman, *Pisma Trubarja*, a. a. O., p. 180; Trubar verweist zum Nachweis seiner lutherischen Abendmahlstreue auf ein „windisches Lied", das er zur Sakramentsausteilung singen lässt und das ebenso wie der Kleine Katechismus von Reutlingen eindeutig bekundet, „das man den wortten Christi beim nachtsmal schlecht und einfeltig, wie es der herr Christus geredt hat, fest glauben soll und die vernunfft dem glauben unterwerffen; und welcher christ das thut, der besteet in allen disputationen".

105 Rajhman, *Pisma Trubarja*, a. a. O., p. 26.

7. Die Wirkung des Konkordienbuches

Der letzte Akt protestantischer Bekenntnisschriften, der für Trubar Wirkung entfaltete, ist das Konkordienbuch, eine Sammlung von Dogmen und Schriften. Es besteht aus den drei Altkirchlichen Symbolen, der C. A., der Apologie, den Schmalkaldischen Artikeln, dem Tractatus de potestate et primatu Papae, dem Kleinen und Großen Katechismus von Martin Luther und der umfangreichen Konkordienformel *(Formula Concordiae)*. Sie enstand 1577 und wurde 1580 in das Konkordienbuch aufgenommen. Sie will

> „durch die gründliche, allgemeine, lautere, richtige und endliche Wiederholung und Erklärung etlicher Artikel Augsburgischer Konfession [die] vornehmsten Artikel unserer christlichen Religion, durch Doktor Luther wieder aus Gottes Wort erläutert und gereinigt,"[106]

befestigen. Es ist in Affirmation (wir glauben und lehren) sowie Negation (wir verdammen) eine deutliche Trennung von „Aufweichungen", Kompromissen und gleichzeitig ein klares Bekenntnis gegen Synergismus[107] und die Überfunktion der guten Werke, gegen Flacianismus (Erbsünde), Majoristischen Streit,[108] Realpräsenz und Ubiquität Christi im Abendmahl sowie eine Rückkehr zur strengen lutherischen Abendmahlsauffassung.

Es handelt sich um das Ende, besser: die durch theologische Definitionen erfolgte Beendigung protestantischer Auseinandersetzung durch Berufung auf lutherische Interpretationen und diplomatische Lösungen durch Philipp Melanchthon. Die diffizilen Auseinandersetzungen konnten von den Zeitgenossen im Einzelnen kaum wahrgenommen oder nachvollzogen werden, sofern sie nicht am Ort des Geschehens oder in die Ausarbeitung von Formulierungen direkt eingebunden waren. Schon aus diesem Grund ist nicht anzuraten, dem slowenischen Reformator eine bestimmte, auf Selbstständigkeit in theologisch-dogmatischen Fragen zugeschnittene Parteigängerschaft zuzuordnen. Sein Verhalten bewegt sich im Dreieck zwischen Autoritätensuche, Abwehr von Häresievorwürfen und seelsorgerlichen Bemühungen um eine verständliche Umsetzung der Heilsbotschaft in den Horizont seiner Landsleute.

Trubar hatte in einem Brief vom 20. Dezember 1579 darauf reagiert, sodass klar ersichtlich ist, wie er diese Einigung aufgenommen, diskutiert und letztlich gutgeheißen hat.

---

106 Vorwort zur F. C., zitiert nach *EKL*, a. a. O., Sp. 1395, Stichwort: „Konkordienformel".

107 Bezeichnet hier die Mitwirkung des menschlichen Willens bei Bekehrung und Gnadenerwerb. (Vgl. *EKL*, a. a. O., Sp. 1395, Stichwort: „Konkordienformel").

108 Benannt nach der Auffassung des Wittenberger Theologen Georg Major (1502–1574), dass gute Werke für das Seelenheil notwendig seien.

Gegen Ende seiner Lebenszeit ist Trubar vollständig im Einklang mit der theologischen Einheitserklärung des „Corpus Doctrinae", ganz auf der Linie der Lutheraner, die die Augsburger Konfession in der Konkordienformel bekräftigt sehen. Es stellt sich dar als ein wichtiges „Glaubensbekenntnis" Trubars, das er im o. a. Schreiben abgelegt hat und in dem er seine entschiedene Stellungnahme zu beiden Bekenntnissen gegenüber dem Landesherren, Kurator und den Krainern Ständemitgliedern bekräftigt. Trubar machte diesen Brief zu einem öffentlichen Bekenntnis mit amtlichem Charakter, was die Präsentation seines reformatorischen Lebensweges in der Nachschrift zu seiner Unterschrift zumindest andeutet:

> „Primus Truber, Gewesner, ordentlich berueffen, praesentiert vnd coinfirmirt thumbherr zu Labach, pfarrher zu Lagk bei Ratschacht, zu Tyfür vnd in S. Bartolmes Veld, prediger vnd caplan S. Maximiliani zu Cilli, windischer prediger zu Triest vnd nach der ersten veruolgung prediger zu Rottenburg an der Tauber, pfarrher zu Kempten vnd zu Aurach, nachmals prediger der ersamen landtschafft in Crain vnd in der grauenschafft Gertz zu Rubia, vnd nach der andern veruolgung pfarrher zu Lauffen, vnd ietzundt zu Derendingen bei Tübingen."[109]

Trubar rollt die Geschichte der theologischen Auseinandersetzung und „häretischer" Abweichungen seit der Augsburger Konfession auf, in einer für ihn typischen, weil immer wieder gebrauchten Argumentationshaltung. Das Negative (Abtrünnige) wird an die positiven Inhalte (Dogmen) gekoppelt und dadurch eindringlich vorgestellt; die Abweichler sind dadurch eindeutig ins Abseits gestellt:

> „E. g. vnd herrschafften ist an zvueiuel wol wissundt, wie etlich unrüige, aigensünige scribenten vnd prediger, die auch gleichwol der **augspurgerischen confession** wollten sein, von etlichen artickel vnsers glaubens, als von der **erbsünde**, **rechtfertigung**, von **baiden naturen Christi**, von h. **sacramenten**, **gueten werckhen** [Hervorhebung G. G.], ceremonien etc., auß mißuerstandt der h. geschrifft oder vil mehr auß stoltz vnd hochmuet mit anderen worten vnd verstand, als die propheten, apostel vnd die alten vnd jetzigen gottseligen theologen geredt vnd geschriben vnd in der augspurgerischen confession begriffen, angefangen offendlich vnd trutzlich zueschreiben, zu drucken vnd zu predigen."[110]

Trubar zählt die lutherischen Dogmen auf und kritisiert zugleich die Aufweichungen, die in der *Formula Concordiae* als Negativa der Lehre entgegengesetzt sind. Die Begründung der irrigen Lehre ist bei Trubar eine stets für solche Kritikpunkte angewandte „unverdächtige" formelhafte Wendung: „[...] als die propheten, apostel vnd die alten vnd jetzigen gottseligen theologen geredt vnd geschriben [...].[111]

109 Rajhman, *Pisma Trubarja*, p. 254.
110 A. a. O., p. 250.
111 A. a. O.

Das Bekenntnis zum lutherischen Glauben ist für Trubar die reformatorische Fortsetzung des „rechten, alten, allein seligmachenden glauben“[112] (auch das eine gern genutzte Formel in der Reformationszeit), die der Slowene seinen Landsleuten als wohlbegründete Rechtgläubigkeit vermittelt. Trubar hat seinen Widerspruch gegen die missverstandene Hl. Schrift der Konkordienformel entnommen, wo es am Schluss in ähnlicher Wendung heißt:

> „Dies ist die kurze und einfältige Erklärung der streitigen Artikel, so eine Zeitlang von den Theologen Augsburgischer Confession widerwärtig disputirt und gelehret worden. Daraus ein jeder einfältiger Christ nach Anleitung Gottes Worts und seines einfältigen Katechismi vernehmen kann, was recht oder unrecht sei, do nicht allein die reine Lehre gesetzt, sondern auch derselbigen widerwärtige irrige Lehre ausgesetzt, verworfen, und also die eingefallene ärgerlichen Spaltungen gründlich entscheiden seind.“[113]

Bemerkenswert ist das Bekenntnis zu den Artikeln der C. A. als Artikel „unseres Glaubens“, d. h. des lutherischen Glaubens, von Trubar noch bekräftigt als „die Lehre der Propheten und Apostel“.[114]

Diese Formulierung ist lutherisch[115] und wird ebenfalls einleitend im Konkordienbuch von 1577 gebraucht, um zu bezeugen, dass nach der Schrift gehandelt wird: „Wir gläuben, lehren und bekennen, daß die einige Regel und Richtschnur, nach welcher zugleich alle Lehren und Lehrer gerichtet und geurtheilet werden sollen, seind allein die prophetischen und apostolischen Schriften altes und neues Testament“.[116]

Auffällig großen Wert legt Trubar auf die Übereinstimmung der augsburgischen Konfession mit der Konkordienformel. Ein halbes Dutzend Mal unter-

112 A. a. O.

113 *Bekenntnisschriften der evangelisch-lutherischen Kirche*, herausgegeben im Gedenkjahr der Augsburgischen Konfession 1930, 13. Aufl., Göttingen 2010: „Konkordienformel“, pp. 739 ff.

114 Unter Bezugnahme auf das Augsburger Bekenntnis heißt es in der Konkordienformel, dass sie durch die „gründliche, allgemeine, lautere, richtige und endliche Wiederholung und Erklärung etlicher Artikel Augsburgischer Konfession […] die vornehmsten Artikel unserer christlichen Religion, durch Doktor Martin Luther wieder aus Gottes Wort erläutert und gereinigt“, herausstreichen will. (*EKL*, a. a. O., Sp. 1395).

115 Unter Berufung auf Epheser 2, 19 ff. schreibt Luther in der Vorlesung zum Hebräerbrief 1517/1518, es sei „allerdings wahr, daß der Glaube der Apostel und Propheten jenes Fundament ist, auf das wir nach dem Zeugnis des Apostels […] erkannt sind.“ Die fast wortgleiche Wiederholung am Lebensende Luthers in der Streitschrift „Wider das Papsttum zu Rom“, 1545, eine Streitschrift in der religiösen Auseinandersetzung der protestantischen Stände mit dem Papst auf dem Reichstag in Speyer, unterstreicht den formelhaften Gebrauch solcher Schriftabsicherungen.

116 *Bekenntnisschriften*, a. a. O.

streicht er diesen Zusammenhang in seinem Brief; fast beschwörend fordert er die „Schulmeister" und „Kirchendiener" auf, die „formula" durchzulesen „vnd wo sie dieselbige in allen Stukhen der augspurgerischen confession gleichförmig befinden, subscribirn". Es geht Trubar um seine Glaubensstütze, den lutherischen Grund, auf den er seine Theologie aufgebaut hat und die er bezeugt haben will, „daß sie bißher vnd hinfür in solichen verstandt der artickel der augspurgerischen confession von hertzen geglaubt, treulich gelehret vnd hinfür wöllen etc."[117] Er identifiziert sich mit der lutherischen Richtung: „wir luterischen".[118] Die Intensität seines Bekenntnisses wird erhöht durch den direkten Bezug auf das eigene, slowenische Land:

> „damit auch der vnseren landen prediger vnd schulmeister namen vnd mänung, daß sie es warhafftig, beständig vnd von hertzen mit der augspurgerischen confession bißher gehalten vnd hinfür [...] halten vnd nach inhalt derselben glauben vnd predigen vnd saliglich sterben wöllen"[119]

Wieder argumentiert Trubar aus dem Negativen, um die positiven Folgen gebührend herauszustreichen, wobei er den historischen Weg von der *Confessio Augustana* zur *Formula Concordiae* äußerlich als einen endlich behobenen Streit beschreibt, nicht aber theologisch Stellung nimmt, d. h. er hält sich mit einer eigenen Meinungsbildung geflissentlich heraus, erkennt aber das Ergebnis als sein eigenes Bekenntnis an:

> „Nu/n/ disem teufflischen angriff zubegegnen, die vainigkhaitt zwischen den euangelischen predigern vnd zuehörer abzulegen vnd den verdacht, daß die rechten, beständigen luterischen der augspurgerischen confession verwandten sind jres glaubens in allen artickel vngewiß, vnainig, abzulänen, haben sie die [...] churfursten [...], die gottseligsten, gelertesten theologen zusamen berueffŧ [...] Auff soliches haben sie die alte, erste getrukhte augspurgerische confession (dan hernach im anderen druck sind etlich wörter verändert)[120] für die hand genumen, in derselben alle artickel, sententz vnd wörter, darauß der strait erstanden, vleißig erwegen vnd darüber, wo etwan khurtz, finster oder zweyuelhafftig geredt, ein außfürliche declaration auß lauteren, verständigen sprüchen der h. geschrifft gestelt, vnd also alle jrrige opinionen, außlegungen, geschrifften vnnd disputationen widerlegt."[121]

Trubar liegt an der protestantischen Einheit sehr viel, da er sich davon eine Stärkung der slowenischen Gemeinden in Krain, der Steiermark und Kärnten erhofft, wie seine Klage gegenüber Jakob Andreae zum Ausdruck bringt. Der Tübinger Probst und Kanzler der Universität, mit dem Trubar eng zusammenarbeitete,

117 Rajhman, *Pisma Trubarja*, a. a. O., p. 253.
118 A. a. O., p. 250.
119 A. a. O., p. 252.
120 Das spielt auf die *Variata* von Melanchthon an, den Trubar nicht namentlich erwähnt.
121 Rajhman, *Pisma Trubarja*, a. a. O., p. 251.

hatte versucht, eine Lösung in wichtigen, aber strittigen Fragen (Rechtfertigung, Abendmahl, gute Werke, freier Wille) zu finden, war aber an den unerbittlichen Gnesiolutheranern und auch den Philippisten gescheitert. Jakob Andreae, der maßgeblich am Zustandekommen des Konkordienbuches mitgewirkt hatte, hat dann 1573 Einigungserfolg erzielt in seinen

> „Sechs christlichen Predigten von den Spaltungen, so sich zwischen den Theologen Augspurgischer Konfession von Anno 1548 biss auf das Jahr 1573 nach und nach erhaben, wie sich ein einfältiger Pfarrherr und gemeiner christlicher Laye, so dadurch möchte verärgert seyn worden, aus seinem Katechissmo darein schicken soll."[122]

Es ist die Besinnung auf das lutherische Verständnis der Rechtfertigung, der guten Werke, der Erbsünde, der Lehre von Gesetz und Evangelium, der Person Christi. Der lange Titel weist auf das Diskussionspotenzial hin und zeigt, wie intensiv Trubar allein durch die Nähe zu Andreae mit diesen reformatorisch-historischen Auseinandersetzungen bekannt wurde, allerdings, ohne sich theologisch einzumischen. Trubar nutzt in seinem Brief die Aufzählung der lutherischen Zentraldogmen, mit denen sich ja Andreae im Besonderen beschäftigt hat, um damit unbezweifelbar seine Glaubenstreue zu beteuern. Aus solchen Beweggründen äußert er sich auch in ungewohnt scharfer Form gegen „etliche halstärige, stoltze caluinisten vnd flaccianer", „die nicht subscribieren wollen."[123]

Der slowenische Reformator ist also gut informiert über Anlass und Zustandekommen der *Formula Concordiae*, kennt somit auch die Schlussformulierung vor Eintritt in die einzelnen Glaubensbegriffe, die den reformatorischen Impetus bei Luther, den Katechismen, der Bibelübersetzung, besonders betonen:

> „Und weil solche Sachen auch den gemeinen Laien und derselben Seelen Seligkeit betreffen, bekennen wir uns auch zu dem kleinen und großen Katechismus Dr. Luthers, wie solche beide Katechismi in den tomis Lutheri verfaßet, als zu der Laienbibel, darin alles begriffen, was in heiliger Schrift weitläufig gehandelt, und einem Christenmenschen zu seiner Seligkeit zuwißen vonnöthen ist."[124]

Das ist ein Bekenntnis, das Trubar aus dem Herzen spricht – oder, anders gesagt, eine doppelte Sicherung seiner theologischen und seelsorgerlichen Überzeugung wiedergibt. Luthers liturgisch-katechetische Texte und die „Volksbibel" sind Garanten des rechten Glaubens, eingebettet in die für den Slowenen so wichtige soziale Komponente der Zuwendung zu seinen auf Stärkung und Erlösung hoffenden

122 Christian Gotthold Neudecker: *Lehrbuch der christlichen Dogmengeschichte von der Reformationszeit bis auf unsere Tage*, Cassel 1838, Bd. 2, Ausg. 2, p. 41.

123 Rajhman, *Pisma Trubarja*, a. a. O., p. 251.

124 *Formula concordiae*, 1577, 1. Teil. Glaubensstimme.de/doku.php?ld=bekenntnisse:concordienformel (aufgesucht 22. 08. 2015).

Landsleuten. Es ist der Grund und die Grundlage für Trubars reformatorisches Wollen. Deutlich damit auch, dass Trubar die *Formula Concordiae* so hoch einschätzt als Vollendung der Reformation.

Die *Formula Concordiae* ist für Trubar die von allen Widersprüchen, Fehlauslegungen und Missverständnissen gereinigte Augsburger Konfession und somit die auf Luther aufbauende und sein reformatorisches Vermächtnis wiedergebende reine Lehre. Was durch die Einwirkung Melanchthons gemildert, im Gewicht verschoben wurde, betraf nicht bleibend dogmatische Positionen. Bemerkenswert ist aber, und darauf wird im Folgenden einzugehen sein, dass Trubar in seinen theologischen Stellungnahmen auf diese „Adiaphora" weniger oder in unklarer Weise eingegangen ist. So kann der Slowene befriedigt im Brief an den Landesherren feststellen, dass die theologischen Gelehrten

> „die alte, erste getrukhte augspurgerische confession [...] für die hand genumen, in derselben alle artickel, sententz vnd wörter, darauß der strait erstanden, vleißig erwegen vnd darüber [...] ein außfürliche declaration [...] gestelt. [...] Vnd diese declaration haben sie in ein buech eingeschriben vnd formulam concordiae genandt."[125]

8. Trubars individuelle Integration

Trubars Briefzeugnis ist eine Art Vermächtnis, fast am Ende seines Lebens und gleichzeitig am Ende der Auseinandersetzungen, der Dispute und gegenseitigen Häresievorwürfe der jungen protestantischen Richtungen. Der slowenische Reformator erlebte in der *Formula Concordiae* die Einigung auf der Grundlage der lutherischen Glaubensrichtung; die süddeutschen Sonderwege der Zwinglianer und Calvinisten waren für ihn Geschichte. Sein gesamtes Leben ist begleitet von den Geburtswehen der protestantischen Kirche. Er konnte, bereits im Priesteramt, die Folgen der Wittenberger Ereignisse in den weltlichen und geistlichen Auseinandersetzungen bis hin zur „Augsburger Konfession" als Beobachter miterleben. Die Problematisierung dieser Übereinkunft, die Gegenwehr zur „Confutatio" durch Melanchthon, die Versuche, in der „Variata" größere Verbindlichkeit zu erlangen bis endlich zu den 70er Jahren, an deren Übereinkünften sein naher lutherischer Kollege, Probst der Stiftskirche in Tübingen, Universitätskanzler und zusammen mit Johannes Brenz Begründer des württembergischen Kirchenwesens, Jakob Andreae, beteiligt war und die er in weiteren reformierten Territorien erfolgreich verbreitete. Der slowenische Reformator vertrat zwar eine

125 Brief vom 20. Dezember 1579. In: Rajhman, *Pisma Trubarja*, a. a. O., pp. 250 ff., hier p. 251.

kaum bemerkte Gemeinschaft im großen Umbruch des europäischen 16. Jahrhunderts, war aber gleichzeitig mit dem geistigen Zentrum der Zeit verwoben. Er hat die Bewegungen aufmerksam registriert, wie seine Einlassungen zur C. A., wie oben dargestellt, beweisen.

Die Auswirkungen auf seine Lebensumstände waren beträchtlich; es blieb dabei natürlich nicht aus, dass Trubars theologische Einstellung davon geprägt wurde. Missionarischer Eifer, seelsorgerlicher Antrieb und das durch eigene Erfahrung geschärfte Mitempfinden mit der historischen Notlage seiner Umgebung bestimmen seine theologische Auffassung. Hinzu kommt eine weitere Motivation für sein Handeln. Der Untertan des katholischen Habsburgerreiches, der dann in Süddeutschland unter dem Generalverdacht zwinglianischer Sakramentsauffassung oder flacianischer Vorstellungen sowie weiteren, kaum nachvollziehbaren Häresievorwürfen stand, befand sich ausgesprochen im Zentrum solcher Kämpfe der Reformation. Das war schon erschreckend für ihn: Obwohl er sich aus theologischen Disputen weitgehend heraushielt, geriet er an der Basis immer wieder in diese reformatorischen Fallen. Seine Briefe und Vorworte sind voll von Klagen über die Anschuldigungen seiner Gegner.

Sie haben Trubar sehr zugesetzt, wie aus dem Tenor der Schreiben, den Dedikationen und Vorworten hervorgeht. Vor allem in den 60er Jahren, in seiner Kemptener Zeit und im Anschluss daran, häufen sich die Angriffe gegen ihn, z. T. anonym, aber auch direkt von kirchlichen und weltlichen Würdenträgen. Trubar wendet sich in Beteuerung seiner Glaubenstreue und mit der Bitte um Hilfe und Unterstützung an die Landstände, seinen Landesherrn in Württemberg und auch Kaiser Maximilian. Es sind zunächst die Schwierigkeiten, die Trubar durch die katholischen Kirchenfunktionäre bereitet werden. Er versucht in einem Schreiben Christoph von Württemberg zu überzeugen, dass er der Richtige sei, das Christentum in Krain zu verbreiten, das Evangelium zu predigen und „die heiligen Sakramente recht und öffentlich auszuteilen“,[126] denn er sei vom Bischof zu Laibach, Peter Seebach, beschuldigt worden, lutherisch zu predigen, mit Gefängnis bedroht und schließlich exkommuniziert worden. An Seebach selbst schreibt er am 8. Juli 1561, dass er beauftragt sei, für sein Vaterland das Wort Gottes zu predigen. Sein höchstes Bestreben sei deshalb,

> „allain dj ehr gottes zubefüdern, die pueß vnd den rechten lebendigen glauben an den herrn Christum zuuerkhündten vnd mich aller ding der aldten waren chatolischen püechern

126 Brief vom 13. Juli 1560 aus Stuttgart. In: Rajhman, *Pisma Trubarja*, a. a. O., p. 63.; er verteidigt sich ebenfalls gegen Verleumdungen (wegen seiner Predigten) in Schreiben an Graf Georg von Thurn und die Görzer Landesversammlung vom 1. Dezember 1563 aus Laibach, sowie an Graf Thurn selbst in gleicher Angelegenheit (a. a. O., pp. 167, 169).

vnd der augspurgischen confession gleichmessig zuhaldten […], alle ferfierische neue lehr, alle sekten, rotten vnd schbermereien, so dem laudterm wort gottes zuwider, gentzlich vermeiden."[127]

In einem Schreiben an „König" Maximilian vom 15. Juli 1560, zu der Zeit noch Erzherzog von Österreich, erinnert er an den Vorfall der drohenden Gefangennahme auf Befehl seiner kaiserlichen Majestät: „vnnd die beuelch, so sie vor 13 jarrn vber mich, das jch gefangelich einzogen solt worden sein, außgepracht, sein noch nicht cassiert".[128] Er bittet gleichzeitig, ihn in seiner Missionsaufgabe in Krain zu unterstützen und zu schützen. Trubar weist wie im Brief an Christoph von Württemberg auf die Fundamente der Lehrvermittlung hin, nämlich die Predigt des Evangeliums und die „rechte Administration der heiligen Sakramente". Von einem solchen Zeugnis geht die Überprüfung der rechten Lehre aus. Das ist Trubar bewusst; er hatte schon am 2. Januar 1560 gegenüber Maximilian entschieden eine Anzeige gegen ihn dementiert, die ihm falsche Auslegungen, Schwärmereien, „zwinglische Opinionen" und ähnliches unterstellte. Zur Predigt des Evangeliums, den Sakramenten kommt noch die Rechtfertigungslehre und im gleichen Brief die Treueerklärung zum Katechismus, alles Hauptpunkte der lutherischen Reformation und damit der Augsburger Konfession. Gerade deswegen, so seine Klage, ist er (als Lutheraner) verfolgt worden:

„Vnnd als jch auff ditzen meinen pfarhen [Laski und St. Bartolomä im Feld, 1532] vnd pfrunden das euangelium jn rechtem verstandt vnd den cathechißmum angefangen zupredigen, bin jch offtermaln jn großer gefahr vnd verfolgungen von der ertzpriestern, barfusser munchen [Franziskaner], auch vom herrn Niclaussen Jurisichtz, landtshauptman in Crain, gestanden vnd letzstlich von herren Vrbano Textoris, bischouen zu Labach etc., aller meiner guetter, buecher vnd pfrunden beraubt vnd auß dem vatterlandt jns eelendt veriagt."[129]

Trubar befand sich sozusagen zwischen den Fronten des Zwinglianismus und des Luthertums. Sein Aufenthalt in Süddeutschland, seine wenn auch kurze Verbindung zu dem Zwingli-Anhänger Heinrich Bullinger ließen genügend Verdachtsgründe zu, die allerdings ungerechtfertigt waren, wenn auch manche Äußerungen, so in seinem Brief an Bullinger vom 13. März 1557, recht vage ausfielen: Er lässt sich auf die Diskussion über das Sakrament des Abendmahls nicht ein, sondern verweist auf das einfache Volk, dass „spitzfindige" lateinische Diskussionen nicht verstehe. Das, was seine Gegner ihm vorwarfen, war die fehlende Festlegung zu dieser Zeit, die in der reformatorischen Auseinandersetzung kategorisch verlangt wurde:

127 A. a. O., p. 87.
128 Brief an König Maximilian vom 15. Juli 1560 aus Stuttgart, a. a. O., p. 67.
129 Brief an Maximilian vom 2. Januar 1560, a. a. O., p. 39.

> „Auff dise meinung hab ich, wo ich geprediget hab, jn 27 jaren gered, vnd Gott lob, man hat an meinen predigen vom sacrament noch anderen articulen kein zbinglischer noch lutherischer, alls vil ich hab verstanden, kein mißfallen gehabt oder vneins mit mir worden."[130]

Das ist natürlich eine politische Äußerung; sie steht im Widerspruch zu seinen späteren Klagen für diese Zeit, in denen er immer wieder darauf verweist, dass er seines „lutherischen Verhaltens" wegen in seinen Predigten angegriffen worden sei. Immer wieder muss Trubar die Verdächtigungen des Schwärmertums, des Zwinglianismus (Sakramentierens), ausräumen und Zeugen in Kempten dafür aufbieten:

> „wie ich mich mit meinen predigten zu Rottenburg an der Tauber, zu Kempten und letztlich zu Aurach gehalten, und das mich in gemelten stedten kein mensch einiches zwinglianisirn nie verdacht, und wie ich auch zuvor vor obgedachten meinem gnedigsten fursten und herrn fur einen zwinglianer haimblich und ungründtlich bin angeben worden."[131]

Der Vorwurf, gegen die Augsburger Artikel verstoßen zu haben, war für Trubar, den eindeutigen Bekenner dieser Grundlage der lutherischen Reformation, besonders schmerzhaft. Immer wieder beteuert er, weder Aufrührer noch Sektierer zu sein, sondern in den Predigten und der Darreichung des Sakramentes „der h. geschrifft gemeß vnd nach jnhalt der augspurgerischer confeßion" zu handeln.[132] Trubar fordert Unterstützung durch die Landstände an, denn die Missionierung, d. h. die Evangelienverbreitung im „Vaterland und in Kroatien", sei durch Druckverbot seiner Bücher in Gefahr. Er erbittet zum Wohle des krainerischen, windischen und kroatischen Volkes in dem „jetzt angefangenen Krieg" Hilfe und Beistand in Form einer

> „Vrkundt vnnd kundtschafft, der warhait nach, das in meinen gedruckten windischen buecher kain falsch, betriglich dolmetschen vnnd schwärmerey sey, sonder das sey guett verstendig vnnd nuczlich dem armen windischen volckh sind vnnd das darjnn alle christliche artickell der augspurgischen confession gemäß vnnd jrer verstand nach werden trewlich gelerent vnnd außgefuert etc."[133]

Trubar verbindet mit seinem Hilfeersuchen eine autorisierte Bestätigung seiner Tätigkeit. Er will eine Beglaubigung für die Richtigkeit seiner „Lehre" durch die hochgelehrten Theologen; eine Garantie, die zur Unantastbarkeit seines Wirkens, aber auch seiner theologischen Einstellung dienen sollte. Trubar versuchte, auf

---

130 Brief an Bullinger vom 13. März 1557 aus Kempten, a. a. O., p. 26.

131 Brief an die Krainer Landstände vom 13. Januar 1564, a. a. O., p. 179; vgl. auch Brief an Maximilian vom 2. Januar 1560, a. a. O., p. 39.

132 Brief an Baron Ungnad vom 4. September 1562, a. a. O., p. 124.

133 Brief an den Landeshauptmann Jakob Lamberg und andere vom 12. Januar 1560 aus Kempten, a. a. O., p. 53.

diese Weise Unsicherheiten in seinem theoretischen Wissen durch Verlagerung der Verantwortung auf andere Schultern zu beseitigen.[134]

Kampfansagen an Rom treffen durchaus den lutherischen Stil. Dem Laibacher Kirchenausschuss empfiehlt Trubar 1561, die Reden und Handlungen des Kaisers, der Fürsten und der Papstlegaten unter den Menschen zu verbreiten, „auff das sie wißen, das noch leüt auff erden, die dem Antichrist zu Rom die füeß nicht wöllen küßen vnd verdamen".[135] Schließlich nimmt er fast die Märtyrerrolle an, wenn er sich mit Luther und seinem riskanten Kampf gegen die kaiserliche und päpstliche Macht vergleicht. Aus Laibach bittet er für den Fall seiner Gefangennahme um Schutz und Fürbitte bei den Kurfürsten und seiner kaiserlichen Majestät, da alles andere nichts nütze:

> „den ich werde jm gschloß alhie nicht lang behallten, sonnder gen Rom geschickht, alda werd jch ein walische suppen [lasko juho] mit gifft vermacht außtrinckhen müessen, den mein nam jst zu Rom schier woll als Lutheri saligen bekhanndt vnd verhast."[136]

In seinen Vorworten zum ersten Teil des Neuen Testaments (1557), zur Übersetzung der C. A. (1562), zum Katechismus (1575), zum gesamten Neuen Testament (1582), also in den entscheidenden Jahren seiner Druckerscheinungen nimmt Trubar immer wieder zu Vorwürfen der Häresie, der Verbreitung eines falschen Glaubens Stellung. Wie notwendig solche Beteuerungen waren, zeigt schon das „Posvetilo" zum 1. Teil des NT von 1557. Er versichert, sein deutsches Vorwort sei zu dem Zweck geschrieben, Vorgesetzte und die Zensurbehörde, „die die slowenische Sprache nicht verstehen", von seinem lauteren rechten Glauben zu überzeugen:

> „nismo ne zdaj ne prej in tudi v prihodnje ne bomo dali ali hoteli tiskati lahkomiselnih, nekoristnih stvari ali kaj sanjarskega, puntarskega, schwenckfeldskega,[137] prekrščevals-

134 Brief an Christoph von Württemberg vom 13. Juli 1560 aus Stuttgart, a. a. O., pp. 63 f. Hier der Wortlaut: „Derhalben ist an e. f. g. jm namen vnnd von wegen der obgemelten herrn vnnd der ganczen creinerischen kirchen mein vnderthänigist durch gott pitten, welle derselben hochgelerten erfarnen theologen vnnd die hochuerstendigen christlichen räth woll erwegen vnnd vrthailen lassen, ob obgemelter mein beruf, daß jch widerumb jm landt Crein wider willen vnd verpott der ro. kay. mt. etc. daß euangelium predigen, die hailige sacrament recht vnnd offentlich außtailen solt, recht vnnd ordentlich beschicht vnnd ob ich demselben zugehorsammen von wegen der ehr gottes, erweiterung der christlichen khirchen vnd meinem lieben vatterlandt zu gutt, jn allerlay gfar zubegeben schuldig, vnnd daß sie mir auch rathen, waß für ain kirchenordnu[n]g daselbst in Crain vnder dem pabstumb sol anrichten."

135 Brief an den Laibacher Kirchenausschuss vom 19. März 1561 aus Urach, a. a. O., p. 83.

136 Brief an Baron Ungnad vom 5. Oktober 1563 aus Laibach, a. a. O., pp. 162 f.

137 Trotz anfänglicher Annäherung an die Schweizer im Kreis des Triester Bischofs Bonomo distanzierte sich Trubar deutlich von dem Mystiker und Schwärmer Kaspar Schwenck-

> kega, upornega ali sramotilnega, marveč le to, kar rabi in koristi božjemu spoznanju in časti, širjenju prave krščanske cerkve in najvišji tolažbi ustrahovanega, žalostnega, ubogega slovenskega in hrvatskega ljudstva."[138]

Trubar hat hier seine Theologie zusammengepackt: Unverbrüchliche Reinheit der (lutherisch begründeten) Lehre ohne alle aufrührerischen Gedanken, allein auf das Wort gegründet, in missionarischer Absicht und sozialem Verständnis der Lage seines geplagten und trostbedürftigen Volkes.

Fast schon automatisch führt Trubar in jeder Übertragung – hier Auszüge aus dem slowenischen Vorwort zur Wiedergabe der C. A. – den Vorwurf von katholischer Seite an: „Mi hozhmo eno Nouo kriuo Vero Vslouenski Desheli narediti".[139] Der slowenische Reformator dreht diesmal den Spieß um, mithilfe Luthers, dessen Kampf gegen das Papsttum er in diesem Vorwort ausführlich aufzeigt. Trubar baut seine Argumentation mithilfe der lutherischen Reformationshistorie wiederum

feld (1490–1561), der durch Luther zur Reformation gekommen war, dann aber eine Form von Spiritualismus entwickelte, die zum Bruch mit den protestantisch-lutherischen Theologen führte. Schwenckfeld propagierte eine vergeistigte, an Zwingli angelehnte Abendmahlslehre, die sich gegen die von Luther vertretene Realpräsenz stellte, lehnte seine Christologie und Rechtfertigungslehre ab. Luther bezeichnete ihn sowie Zwingli und Ökolampad als Sakramentierer; das waren für ihn Abweichler, die versuchten, durch „Vernunft die Paradoxie der von Gott gewählten Offenbarung zu umgehen." (Heinrich Bornkamm, „Martin Luther. Leben und Schriften". In: *RGG*[3], Bd. 4, p. 490). Gegen sie nahm er entschieden Stellung in der Schrift „Bekenntnis der Artikel des Glaubens wider die Feinde des Evangeliums und allerlei Ketzereien (Vom Abendmahl Christi, Bekenntnis)" 1528. Luthers trinitarisches Schlussbekenntnis in dieser Abhandlung ist eine Besiegelung – „Das ist mein Glaube; [...] Alle frommen Herzen, bitte ich, wollten mir Zeugen sein und für mich bitten, daß ich in solchem Glauben fest bestehen und mein Ende beschließen möge" (*Luther Deutsch*, a. a. O., p. 2935) – wie sie auch Trubar in seiner Abendmahlsdiskussion mit Bullinger vornimmt: „Es sind nicht nuda signa, sonder es wird jm nachtmal warhafftig der leib Christi vnd ein pluet den Christen ausgetailt. Dabei soll mans vnd wir wöllens auch belaiben lassen" (Brief an Bullinger vom 13. März 1557. In: Rajhman, *Pisma Trubarja*, a. a. O., p. 26): und im nächsten Schreiben vom 10. Juli 1557 heißt es apodiktisch: „Jch will bei den 3 symbolis bleiben vnd sterben." (a. a. O., p. 30). Eine Absage an die Schwenckfeldianer ist an dieser Stelle inbegriffen.

138 [Wir werden weder jetzt, noch haben wir es früher und auch nicht in Zukunft leichtsinnige, unnütze Dinge herausgeben oder drucken wollen, oder etwas Schwärmerisches, Aufrührerisches, Schwenckfeldianisches, Wiedertäuferisches, Widersetzliches oder Schändliches, sondern nur das, was dient und nützt der Gotteserkenntnis und der Ehre, der Ausbreitung der wahren christlichen Kirche und dem höchsten Trost der unterworfenen, betrübten, armen slowenischen und kroatischen Bevölkerung.] Rupel, *Slovenski protestantski pisci*, a. a. O., pp. 77 f.

139 [Wir wollen einen neuen falschen Glauben im slowenischen Land einrichten.] *Articuli oli deili*, a. a. O., Tübingen 1562, *Predgovor*, p. 17 b.

aus dem Negativen auf. Der alte Glaube, gegen den er verstoßen haben soll, sei von den „ungebildeten, heuchlerischen Antichristen, den Papstanhängern, den Bischöfen, Pfarrern, Mönchen" verkehrt worden. Luther habe aus dem Bösen, dem falschen Glauben die Menschen zum wahren Glauben geführt: „Obtu bi potreba bilu, de bi ſe ta Kerſzhanska Cerkou reformirala inu poprauila. Inu Luter prou gouori inu pyshe."[140] Nicht nur der feste Schulterschluss mit Luthers Tat ist bemerkenswert, ebenso die für seine Landsleute bewusst naiv gehaltene Schwarz-Weiß-Darstellung der Ereignisse.[141]

Das Fazit bei der Drucklegung der gesamten Übersetzung des NT 1582 klingt wie ein Sieg nach langem Kampf nicht nur der slowenischen Kirche, sondern auch seiner Person: Seine Verkündigung in Bedrohung durch die Türken und den Papst geschieht „klar und verständig nach der Hl. Schrift, dem Katechismus und dem Augsburger Bekenntnis". In diesem Sinne

> „würdt lautter verstendig gepredigt vnd geglaubt / wie ſich dann auch alle jhre Predicanten / mit Aydes Pflichten / der Augſpurgiſchen Confeſſion vnnd der Formulae Concordiae gemeß / zuglauben / zulehren / vnnd zupredigen verſprochen / vnnd ſich vnderſchriben."[142]

Trubar vermittelt den Eindruck einer einheitlichen slowenischen protestantischen Kirche, die im Gegensatz zum deutschen Protestantismus keinerlei Sektenbildung, kein Zerwürfnis, keinerlei Calvinismus oder Flacianismus oder etwas Derartiges aufweise. Der Grund – und das ist wiederum ein Lutherbekenntnis – liege in der „rechten" Abendmahlsfeier. Hier wird wieder, wie bereits oben in anderem Zusammenhang angeführt, auf Augustinus verwiesen, der bereits bei Luther in dieser Verbindung genutzt wurde.

Die Schwierigkeit einer Zuordnung der reformatorischen Einsichten Trubars beruhen auf der Tatsache, dass er an verschiedenen Brennpunkten reformatorischer Diskussion in seiner Priesterausbildung und den ersten Jahren seiner Pfarr-

---

140 [Deshalb wäre es notwendig, dass sich die christliche Kirche reformierte und besserte. Und Luther sagt und schreibt das zu Recht.] A. a. O., p. 19.

141 Diese einfache, aber einprägsame antithetische Konstruktion verwendet Trubar immer wieder. Volkstümlich gehalten ist auch die Einführung in den „Kathechismus z dvejma izlagama" von 1575, wo er sich wiederum gegen den Ketzer- und Verführervorwurf wehrt. Er führt nunmehr das Kollektiv an „Mi, kir bomo ti lutrski inu te nove vere imenovali" [Wir, die wir die Lutherischen sind und mit dem neuen Glauben bezeichnet werden], sozusagen aus einer gesicherten Position heraus. Trubar vergleicht seine Gegner mit dem Wolf, der nach der bekannten Fabel von Aesop (Der Wolf und das Lamm) das Lamm (= die slowenischen Christen) bezichtigt, ihm das Wasser zu trüben. Die gesuchte, falsche Begründung des Mächtigen ist jedermann einsichtig und damit argumentativ wirksam. (Zitiert nach: Rupel, *Slovenski protestantski pisci*, a. a. O., p. 212).

142 *Ta celi novi Testament* (deutsche Vorrede), Tübingen 1582. In: *Biblia slavica*, a. a. O., p. 311.

amtstätigkeit anwesend war und ihm das mehr Unsicherheit für seine Bekenntnissituation einbrachte als die selbstverständliche Sicherheit seiner inneren Glaubensüberzeugung. Der italienisch-reformatorische Einfluss in der Ära Bonomo lieferte ihm erste Details, vor allem durch die Lektüre von Erasmus und die Erkenntnis einer volksnahen Bibelübersetzung.[143] Wie intensiv sein Wissen über das Werk des Humanisten war oder wurde, lässt sich nicht mehr bestimmen, Anregungen in diesem Kreis waren wohl vorhanden, wenn auch unwägbar. So erwähnt Trubar die „nützliche" Übersetzung des NT von Bernardo Ochino[144] ins Italienische. Die Bemerkung im Brief an Bullinger bleibt aber vage und am Ende eine zweifelhafte Begründung: „translatio Jtalica [...] me multum iuuat in versione Schlauica; eam peroptime sicuti Germanicam vel Latinam intelligo."[145] Matteo Gribaldi, Lelio Sozzini gehörten ebenfalls dem Kreis um Vergerius an; sie waren Gegner der lutherisch-protestantischen Richtung, Antitrinitarier und wurden später wegen ihrer radikalen Ideen verfolgt.[146] Der Einfluss der Vertreter der italienischen Reformation auf Trubar ist darüber hinaus Spekulation, insbesondere was die wörtliche, gedankliche oder sonstige Übernahme in seine „Theologie" der „langen Vorrede" betrifft. Trubar hat sich auf seiner weiteren Station in Laibach als Prediger in der Domkirche und später Domherr mit italienischen, slowenischen und deutschen Strömungen vertraut machen können, die den Keim einer protestantischen Haltung gegen Formen römischer Religionsbestimmung enthielten. Nach seiner Flucht bzw. Vertreibung war Kempten das erste Ziel; hier geriet Trubar im protestantischen Süden erneut in den Einflussbereich der Schweizer Reformatoren, insbesondere der zwinglianischen Richtung. Der jahrzehntelange Aufenthalt in Derendingen wurde zur fruchtbarsten Zeit seines Schaffens. Hier war der strenge lutherische Glaube zu Hause, durch die Obrigkeit und auch die kirchlichen Würdenträger, u. a. Jakob Andreae, der für den Aufbau der protestantischen Kirchenverwaltung in Württemberg verantwortlich war, unnachgiebig vertreten. Andreae trat entschieden für die konfessionelle Grundlage des Luthertums in den Sakramenten und der Christologie ein und versuchte hier die Konkordie mit dem Calvinismus herzustellen. Für Trubar stellte der Tübinger Professor der Theologie und Superintendent eine wesentliche Stütze seiner gefundenen theologischen Ausrichtung an Luthers konfessionelle Überzeugungen dar.

143 Vgl. dazu Sergio Bonazza, „Primož Trubar in italijanska reformacija". In: *III. Trubarjev zbornik*, Ljubljana 1996, pp. 22–33.

144 Bonazza, a. a. O., pp. 26 ff.; Brief an Bullinger vom 20. Dezember 1557. In: Rajhman, *Pisma Trubarja*, a. a. O., pp. 33, 329.

145 Brief an Bullinger vom 13. März 1557. In: Rajhman, *Pisma Trubarja*, a. a. O., p. 27.

146 Bonazza, a. a. O., p. 26.

In der Zeit der reformatorischen Auseinandersetzungen über die Einigungsversuche der *Confessio Augustana* (1530) bis hin zur *Formula Concordiae* (1577), die Zerwürfnisse innerhalb der lutherischen Kirche auszuräumen suchten, waren die vielen Einflüsse auf Trubar keine guten Voraussetzungen für eine klare und unangreifbare Vertretung des neuen Glaubens. Durch Luther wurde die Ablehnung der römischen Kirche, die Gleichsetzung von Papst, Türken, Antichrist ausgelöst; die Konsolidierung nach der Trennung vom süddeutschen Einfluss (Zwingli und andere), die Absage an „Abweichler" (Schwenckfeld, Flacius u. a.) wegen der Verletzung von nicht verzichtbaren Dogmen waren Begleitstationen für Trubar. Der stets gegenwärtige Verdacht der „falschen" Lehre, mitunter in den Häresie-Vorwurf mündend, die notwendige Stellungnahme und Entscheidung in der Auseinandersetzung um Glaubensdogmen (Erbsünde, Sakrament, gute Werke u. a.) – das alles berührt Trubar und muss von ihm bewältigt werden.

9. Resümee

Trubar ist ohne Einblick in das theologische Umfeld der Reformation nicht zu verstehen. Die unterschiedlichsten Interpretationen, kämpferischen Dispute wirken auf ihn ein, der nicht eine eigene Theologie aufbauen will, sondern den Verkündigungsweg für sein Volk sucht. Seine Taktik ist die Anlehnung an das ihn Überzeugende. Was Trubar den „wahren Glauben" nennt, ist die Reformation Luthers, der ihm die Folie für seine Volksmission liefert. Trubar ist kein Systematiker; er übernimmt den Gedanken der Bereitstellung von Schriftgut zur christlichen Unterrichtung. Er schafft eine umfangreiche Textgrundlage aus den Vorbildern biblischer, katechetischer, liturgischer und kirchenpolitischer Art. Er ergänzt dieses Werk durch jeweilige Vorreden, in die er das zur Verfügung stehende Quellenmaterial in wörtlicher Übertragung, in paraphrasierender Darstellung, in pädagogischer Ausarbeitung bereitstellt. Dazu greift er auf verschiedenste Texte Luthers zurück, im Mittelpunkt stehen solche, die das christologische und neue kirchliche Verständnis des deutschen Reformators demonstrieren. Nicht immer sind die Quellen eindeutig zu belegen, da die Texte sich in zahlreichen Dokumentationen der Reformatoren vervielfältigen und bei Trubars paraphrasierender Wiedergabe nur mehr inhaltliche Gemeinsamkeiten aufweisen. Unabhängig davon ist Trubars Grundlinie eine deutliche Kopie lutherischen Gedankengutes. Eine intensive Beschäftigung mit weiteren Quellen, die Trubar summarisch angibt, fehlt.

Es gehört zu Trubars Selbstschutz, sich an Vorbilder bzw. Gewährsleute zu halten und gerade weil er ständig mit dem Häresievorwurf zu kämpfen hatte, war er darauf bedacht, nicht in den Geruch der Ketzerei zu geraten. Der slowenische Reformator beruft sich in seiner Verteidigung und Zurückweisung von Anwürfen immer auf „unanfechtbare" Quellen der „reinen" Lehre, denn er fühlt sich gegenüber dem Lager humanistisch gebildeter Theologen nicht stark genug, in quellengerechter Exegese und daraus ableitbaren dogmatischen Einsichten den Disput auf der Grundlage einer selbstständigen Analyse zu führen. Seine Überzeugungen sind praxisorientiert und basieren auf der Erkenntnis des göttlichen Heilsweges zum Wohle der Menschen. Diese Komponente ist für den Slowenen wichtig, denn sie begründet seine missionierende Tätigkeit für sein bedrängtes Volk.

IV.
Der theologische Einstieg

1. Trubars erster Katechismus

Für die Verbreitung und Verinnerlichung reformatorischer Glaubensinhalte waren die Katechismen unverzichtbar. Sie dienten der Kinder- und Jugenderziehung im christlichen Glauben und waren dementsprechend betitelt. Martin Luther, der – auf mittelalterlicher Tradition fußend – dem Katechismus die missionarische und pädagogische Aufgabe übertrug, die Menschen mit den unabdingbaren Grundlagen des christlichen Glaubens (Dekalog, Vaterunser, Glaubensbekenntnis) vertraut zu machen, ist Vorbild für die erste Generation der Reformatoren gewesen: „Die zehn Gebote, das Glaubensbekenntnis und das Vaterunser. In diesen dreien Stücken steht schlicht und kurz fast alles, was einem Christen zu wissen not ist."[1] Und er spricht an gleicher Stelle auch über die Art der Vermittlung, nämlich „daß man sie Stück für Stück abfrage und sie antworten lasse, was ein jegliches bedeute und wie sie es verstehen." Luthers Ansprechpartner sind die Kinder, die Jugend, die soll man nämlich fragen: „Was betest du?" Antwort: „Das Vaterunser". „Was ists denn, wenn du sagst: Vater unser im Himmel?" Antwort: „Daß Gott nicht ein irdischer, sondern ein himmlischer Vater ist, der uns im Himmel reich und selig machen will."[2]

Johannes Brenz verfasste seinen Catechismus minor als „Fragstück für die jungen Kinder" 1528,[3] die Ausgabe von 1535 ist mit „Fragstück des Christlichen glaubens für die Jugendt" betitelt.[4] In Martin Luthers Einleitung ist ein anderer Gedanke mit tragend, der auch in Trubars missionarischer Tätigkeit immer wieder eine Rolle spielt. Es ist der Appell an die „treuen, frommen Pfarrherrn und Prediger", die christliche Lehre in „einfältiger Form" zu verbreiten. Ihn habe

> „die klägliche, elende Not, die ich neulich erfahren habe, da ich auch ein Visitator war [gezwungen]. Hilf, lieber Gott, wie manchen Jammer habe ich gesehen, daß der einfache Mann doch von der christlichen Lehre so gar nichts weiß."[5]

1 „Deutsche Messe und Ordnung des Gottesdienstes" (1526). In: *Luther Deutsch*, a. a. O., p. 3863.

2 A. a. O., p. 3864.

3 Chr. Weismann: *Die Katechismen des Johannes Brenz.* 1, Die Entstehungs-, Text- und Wirkungsgeschichte, Berlin 1990. (= Spätmittelalter und Reformation. Texte und Untersuchungen. Bd. 21). Anhang: Text 1, Fragstücke 1528, p. 663.

4 A. a. O., Text 2, p. 685.

5 „Der kleine Katechismus" (1529). In: *Luther Deutsch*, a. a. O., p. 3957.

Die Verpflichtung hat der Hausvater seinem Gesinde, der Schulmeister seinen Schülern gegenüber, der Herr gegenüber seinem Knecht, so lautet bei Brenz die Formel,[6] die Luther ebenfalls seinen Katechismen zugrunde legt. Trubar appelliert in diesem Sinne an die Schulmeister und alle, die lesen und schreiben können, diese Funktion zu übernehmen.

Dem entspricht auch die Einschätzung von Jože Rajhman, der sicherlich mit seiner Bemerkung recht hat, dass der Katechismus in einer Zeit entstanden sei, die einer „grundlegenden Anweisung für den Gottesdienst" bedurfte, d. h. den slowenischen Gottesdienst, aber auch für die geordnete christliche Unterweisung.[7]

Katechismen hatten die Grundlagen des Glaubens zu vermitteln; insofern war Trubar mit seinen schriftlichen, damit verbindlichen und überprüfbaren theologischen Einstellungen auf dem richtigen Wege und gleichzeitig im Visier reformatorischer Visitation. Trubars Einstieg kennzeichnet nicht nur sein theologisches Engagement, sondern auch die damit verbundenen Probleme. Seine Verkündigungsvorstellungen, sein Bezug auf Vorbilder, der Kompilationscharakter seines Werkes, die Machart seiner theologischen Entscheidungen und schließlich die erklärten Zielvorstellungen, die sich in den ersten Katechismen offenbaren, sind für die Positionierung in der reformatorischen Theologie auch für die folgenden Veröffentlichungen von maßgebender Bedeutung, sodass es gerechtfertigt ist, auf die Struktur der trubarschen Katechismen näher einzugehen.

Die Katechismen des 16. Jahrhunderts stellen eine große und nur schwer überschaubare Menge dar.[8] Am weitesten verbreitet war das „Enchiridion. Der kleine Catechismen für die gemeine Pfarher und Prediger" (1529) von Martin Luther und der aus dem „Catechismus minor" von 1528 verändert und verbessert hervorgegangene Katechismus von 1535 von Johannes Brenz aus Schwäbisch-Hall.[9] Brenz und Luther sind sich in ihrer theologischen Auffassung sehr nahe; das zeigt

6 Angaben nach Weismann, a. a. O., p. 58.

7 Rajhman, *Trubarjeva ena dolga predguvor*, Ljubljana 1986, Kapitel: „Trubarjeve teološke ideje", p. 73.

8 Weismann, a. a. O., führt in die Materie ein und verfolgt die Filiationen in den einzelnen Herrschaftsgebieten.

9 Johannes Brenz (1499–1570) ist ein lutherischer Theologe und gilt als Reformator Schwabens. Er war nach einer persönlichen Begegnung mit Luther (Heidelberger Disputation 1518 und Marburger Religionsgespräch 1529) sein begeisterter Anhänger. Er stand in vielen theologischen Fragen auf der Seite Luthers, vertrat seine Rechtfertigungslehre, war ein Anhänger seiner Abendmahlstheologie und vertrat entschieden die Lehre von den zwei Naturen Christi. Seit 1529 beriet er Herzog Ulrich in der Einführung der Reformation und war seit den 50er Jahren der führende Reformator im Herzogtum Württemberg. (Vgl. *Evangelisches Kirchenlexikon*, Register, Bd. 5, Stichwort: „Brenz").

sich in den Katechismen, wenn sie auch typische Unterschiede aufweisen, auf die einzugehen ist. Charakteristisch ist die Frage-Antwort-Form, die auf die „Kinderfragen“ der böhmischen Brüder zurückgeht.[10] Die pädagogische Ausrichtung entspricht der Zielsetzung, der Vermittlung christlicher Grundwahrheiten durch Lehrende an Unwissende und Lernende.

Um die katechetische Verbindung der Reformatoren zu wahren, wird zunächst auf Trubars Katechismen von 1550 (kleiner Katechismus) und 1555 eingegangen.

Katechismen sind eine Sammlung von fünf oder sechs Hauptstücken des Glaubens, zum Teil mit Einleitungen und Anhängen (Gebete, Lieder) versehen. Die Hauptstücke sind häufig mit kurzen Überleitungen untereinander verbunden. Die Anordnung der Katechismen ist nicht beliebig, sondern zeugt von bestimmten theologischen Vorstellungen der Reformatoren. Wir können uns hier auf die Betrachtung der beiden Katechismen von Brenz und Luther konzentrieren, da sie die Vorlagen für Trubars Werk von 1550, den sog. Kleinen Katechismus, gewesen sind. Die Theologie der Anordnung ist bei Luther wie Brenz auf die reformatorische Lehre von Gesetz und Evangelium gegründet.

Luther (Kleiner Katechismus, 1529)	Brenz (Katechismus 1535)
Dekalog	Taufe
Glaubensbekenntnis	Glaubensbekenntnis
Vaterunser	Vaterunser
Taufe	Dekalog
Abendmahl	Abendmahl

Weismann weist auf die theologischen Zusammenhänge hin: Luther beginnt mit dem Gesetz, der göttlichen Forderung, an der der Mensch scheitert, dem der Verweis auf das freimachende Evangelium (Glaubensbekenntnis, Vaterunser, Taufe) folgt. Brenz dagegen beginnt mit dem Signum der Taufe, die bereits den Christen befreit hat, gefolgt vom Evangelium im Credo, das den Christen für den Gehorsam zu Gottes Geboten (Erfüllung des Gesetzes) mutig macht.[11] Die Zentren sind für beide gleich, die Blickrichtung unterschiedlich.[12] Es ist nicht nachweisbar, dass solche Überlegungen für Trubar irgendeine Rolle gespielt haben. Bei seinem Eintritt in die reformatorische Theologie war die gesicherte und anerkannte Grundlage wichtiger. Sowohl Luthers Katechismus als auch der von Brenz sind kind- und jugendgerecht gestaltet, d. h. einfach in Frage-Antwort-Form in verständlichen Worten und Ausdrücken konstruiert und in der

10 *Evangelisches Kirchenlexikon*, a. a. O., Bd. Ka–Ku, Stichwort: „Katechismus“, Sp. 981.

11 Weismann, a. a. O., p. 87.

12 A. a. O.

Formulierung kurz gehalten, um dem Anspruch des Auswendiglernens gerecht zu werden.[13]

Trubars Katechismus von 1550 erscheint anonym, was infolge der politischen Ereignisse (Interim), seiner persönlichen Lage (Exilant) und theologischen Unsicherheit nachvollziehbar ist. Der „Freund aller Slowenen",[14] wie er sich einleitend benennt, wendet sich im Titelblatt und im Vorwort an die „jungen und einfachen" (mladi in preprosti) Slowenen, eine Eingangsform, die traditionell für die Katechismen gebräuchlich ist. Das gilt ebenso für den Zusatz, dass sie „sehr leicht [mit diesem Büchlein] in kurzer Zeit lesen lernen können".[15] Im Vorwort zu Luthers Kleinem Katechismus geht es ebenfalls um das „junge und einfältige Volk", das die Hauptstücke auswendig lernen soll, Wort für Wort.[16] Widerhall findet das „Auswendiglernen" bei Trubar in der Formulierung „lepu kratku tar ſaſtopnu vuzhiti".[17] Lutherische Gedanken zeigt auch die Fortsetzung bei Trubar, dass „der verständige Mensch, der in den Himmel kommen will, seinen Glauben danach ausrichten soll.[18] Ohne den Glauben aber „gefällt Gott nichts". Luther hat der positiven Erfüllung ebenfalls die Gegenposition zugeordnet: „Welche es aber nicht lernen wollen, daß man denselben sage, wie sie Christus verleugnen und keine Christen sind."[19] Er formuliert weiterhin sehr scharf:

---

13 Wie wichtig ein solches pädagogisches Konzept war, sieht man an den Begründungen von Brenz für die Umarbeitung seines Katechismus von 1528: „yetz seien sie dem jungen leerschüler zu lang, yetz zu ungeschickt. Darumb hab ich mit radt und verwilligung unsers pfarhers und anderer Kirchendienern diesen gegenwürtigen catechismum [Ausgabe 1535] uff das kürtzest und klarist, so mir immer müglich gewesen, gestellt. Den bevellen wir euch, von wort zu wort außwenndig zu lernen und nit alleyn darfür zu halten, das er die haubtstück des christlichen glaubens uff das kürtzist begreiffe, sonder auch das er euch den rechten weg zur seligkeyt uff das getreülichst anzeyge." (Zitiert nach Weismann, a. a. O., p. 239).

14 Rupels Versuch „k animu starimu" auf die Presbyter-Funktion zurückzuführen und Trubar damit selbsternannt als geistlichen Führer herauszustellen, ist Spekulation, schon deshalb, weil der Verfasser ja anonym bleiben will. (Vgl. Rupel, *Primož Trubar*, a. a. O., pp. 80 f.).

15 *Abecedarium vnd der klein Catechiſmus in der Windiſchen Sprach.* [1550], p. 2–3; vgl. ebenfalls: *Abecednik* (1550), Textausgabe, Slovenj Gradec 2008, Hg. Kozma Ahačič (= Abecedarium vnd der klein Catechiſmus In der Windiſchen Sprach); einige der Hinweise, u. a. auf die Quelle, sind bereits bei Ahačič, a. a. O., pp. 39 ff. zu finden.

16 Luther versucht damit, in den zentralen Glaubenstexten eine ferner nicht zu diskutierende Übereinstimmung zu erlangen.

17 [schön kurz und verständlich lehren] *Abecedarium*, a. a. O., p. 8.

18 Bei Luther ist der „verständige Mensch" in Anlehnung an Röm. 3, 10–11 derjenige, der nach Gott fragt, ihm im Glauben zugewandt ist.

19 „Der kleine Katechismus" (1529). In: *Luther Deutsch*, a. a. O., p. 3959.

> „Sie sollen auch nicht zum Sakrament zugelassen werden, kein Kind aus der Taufe heben, auch kein Stück der christlichen Freiheit gebrauchen […], dazu an den Teufel selbst gewiesen sein."[20]

Der zu überwindenden Lernunwilligkeit (Pädagogik) stellt Trubar die „Verderbtheit von Jugend auf" (Erbsünde) entgegen, also einen Menschen, „der von Jugend an unvernünftig, einfältig, voller Bosheit, stets zum Bösen geneigt ist und gerne nur nach seinem bösen Willen handelt" und nur durch die Worte der Hl. Schrift gerettet werden kann.[21]

In der Reihenfolge der Hauptstücke folgt Trubar dem 1535 erschienenen Katechismus von Brenz. Der Frage-Antwort-Katalog ist bei beiden deutschen Reformatoren vorhanden, von Brenz übernimmt Trubar aber die Vater-Sohn-Befragung, statt der Hausvater-Gesinde-Form (d. h. alle zum Anwesen Gehörende, einschließlich der Kinder) bei Luther. Ebenfalls stimmt die Zentrierung des Katechismus auf die Glaubenstexte mit nur wenigen und kurzen Auslegungen bei Trubar und Brenz im Großen und Ganzen überein.[22] Daraus kann gefolgert werden, dass Trubar sich einen (gesicherten) Text ausgesucht hat, der seinen pädagogischen Absichten besser entsprach hinsichtlich der Vater-Sohn-Beziehung, der einfachen Befragungsform, die das Auswendiglernen erleichterte. Für den Slowenen stehen zu Beginn seiner schriftlichen Tätigkeit mehr pädagogische als theologische Aspekte im Vordergrund. Die geistliche Absicherung – so wird es auch Trubar bemerkt haben – besteht zudem darin, dass der brenzsche Katechismus zu Teilen (vor allem in den Anhängen) dem früher erschienenen und weit verbreiteten Kleinen Katechismus von Luther entspricht.

Am deutlichsten ist der Wechsel von Brenz zu Luther im Hauptstück „Taufe". Die Gegenüberstellung macht es deutlich:

Trubar	Luther	Brenz
Ta kerſt / nei ana ſama ſleht uoda / ſamuzh ye ana taka uoda/ kir ye ſto ſapuuido boſhyo opaſana inu poſtaulena / inu ye perdruſhena hti beſedi boſhy /. (Abecedarium, p. 9)	Wasser tuts freilich nicht, sondern das Wort Gottes, so mit und bei dem Wasser ist […]. Denn ohne Gottes Wort ist das Wasser schlecht [schlicht] Wasser und keine Taufe. (Kl. Kat., a. a. O., p. 3978).	[--------------------]

20 A. a. O.

21 *Abecedarium*, a. a. O., p. 2–3.

22 Das zeichnet gerade den Katechismus-Text 1535 vor dem Catechismus minor von 1528 aus, der umständlicher und umfangreicher formuliert war und deshalb von Brenz umgeschrieben wurde.

Obtu ta kerſt ye an Sacramēt oli ana Suetyna / inu ſkaterim ozha nebeſki / ſa uolo ſuiga ſynu Jeſuſa Chriſtusa ſred ſuetim / duhum oblubi inu ſe ſeueſe / [...] (Abecedarium, pp. 9 f.)[23]	Die Tauf ist ein Sakrament und göttlich Wortzeichen, [------------------]	damit sich Gott der Vater, durch seinen Sohn Jesum Christum samt dem Heiligen Geist verspricht [...] (Kat. 1535)[24]

Unterschiedliche Ergänzungen zeigen, dass Trubar beide Katechismen vorgelegen haben. Im 2. Hauptstück (Vom christlichen Glauben) weicht Trubar von Brenz in dogmatischen Begriffen ab und übernimmt Luthers Formulierungen. Der Text des Glaubensbekenntnisses lautet bei Luther: „niedergefahren zur Hölle" – bei Trubar ebenso: „Doli ye ſhall htim peklom" – bei Brenz aber: „Hinabgestiegen in das Reich des Todes". Solche Textvermischungen finden sich ebenso am Ende des Credo.

Trubar: „Vstanene tiga *ſhiuota*.[25] Inu *an* vezhni leben" (Abecedarium, p. 12)
Luther: „Auferstehung des *Fleisches* und *ein* ewiges Leben" (Kl. Kat., p. 3971)
Brenz: „Auferstehung der *Toten* und *das* ewige Leben" (Kat. 1535).

Die eingehende Textanalyse ist notwendig und berechtigt aus dem Versuch heraus, Trubars Einstieg in die Theologie und die hieraus resultierenden Festlegungen zu durchleuchten. Er kennt die strittigen Probleme und weiß zudem aus den zahlreichen entstehenden Kirchenordnungen, dass Kombinationen und Versatzstücke aus vielerlei Bekenntnissen üblich sind und der möglichst klaren Wiedergabe der eigenen geistlichen Anschauungen dienen.

Im Hauptstück „Von den zehn Geboten" distanziert sich Trubar vorsichtig von Brenz in der Erklärung zum Nutzen der Gebote. Zum einen, so heißt es in der Antwort bei Brenz, seien die Gebote notwendig zur Erkenntnis unserer Sünden vor Gott, und zum anderen, „dass wir daraus lernen gute Werk tun und ein göttliches Leben führen".[26] Hier ändert Trubar den Text wohl im Wissen um Luthers Diskussion um die Werkgerechtigkeit: „Hdruſimu de my po tih

23 [Die Taufe ist nicht allein schlichtes Wasser, sondern sie ist ein solches Wasser, das mit dem Gebot Gottes erkannt und eingesetzt und zu Gottes Wort zugesellt worden ist. Deshalb ist die Taufe ein Sakrament oder ein Zeichen, durch das der himmlische Vater um seines Sohnes Jesu Christi willen samt dem Hl. Geist verspricht und sich verbindet].

24 Johannes Brenz, Katechismus 1535. In: www.glaubensstimme.de/doku.php?id=autoren:b:brenz:katechismus_nach_b

25 život = Leib; Ahačič, a. a. O., p. 21, übersetzt ins neuslowenische richtig mit *meso* = *Fleisch*.

26 Johannes Brenz, a. a. O.

ſluſhiti imamo bogu tar naſhimu bliſhnimu Inu naſh ſtan tar leben pelati po tei uoli boſhy“.[27] Folgerichtig funktioniert Trubar gegenüber Brenz im nächsten Frage-Antwort-Komplex die „guten Werke“ zu „Werken und Taten“ um, sodass gar nicht der Eindruck entstehen kann, dass eine Rechtfertigung darin liegen könnte. Erst die Antwort kann die „guten Werke“ zulassen, da sie darin als tragfähig abgelehnt werden. Trubar scheint der „Kompromiss“ von Brenz – „nit ganz vollkommen gut“ zu gefallen bzw. ein Ausweg aus den Gegensätzen (Zulässigkeit oder Nicht-Zulässigkeit der guten Werke) zu sein, denen er sich nicht ausliefern will:

Brenz	Trubar
Nein, denn unsere guten Werk sind von wegen der Sünd, darin wir gefangen und geboren sind, nit ganz vollkommen gut, (Hervorhebungen: G. G.) (Katechismus 1535)	Nekar / sakai nasha dobra della sa uolo tiga greha vkaterim smo pozheti inu royeni / nei sopred bugom cillu dobra inu popolnoma sturyena (Abecedarium, p. 16)[28]

Trubars Zugang zur Diskussion der „guten Werke“ über Luther hinaus kann auf einem sehr direkten Wege vermutet werden. Von Veit Dietrich waren im Jahre 1545 in Nürnberg die „Summaria über die ganze Bibel“[29] erschienen, die bei den Zeitgenossen wegen ihrer einprägsamen und leicht begreifbaren Erläuterung zentraler Bibelaussagen äußerst beliebt waren.[30] Trubar war dem Lutheraner, der für seinen Predigeraufenthalt in Rothenburg ob der Tauber gesorgt hatte, sehr zugetan und kannte sicherlich seine aktuellen Schriften. Den „Summaria“ war eine Schrift Philipp Melanchthons, „Fürneme Unterſchid zwiſchen reyner Chriſtlicher lere des Evangelij und der Abgöttiſchen Papiſten lere“, beigefügt. Melanchthon lässt sich darin über die „guten Werke“ aus. Auch auf diesem Wege ist eine Kenntnisnahme Trubars und damit auch Übernahme der Gedankengänge zu erwägen. Melanchthon durchschlägt den gordischen Knoten, indem er die „guten Werke“

27 [Zum zweiten, dass wir Gott danach dienen sollen und unserem Nächsten und unseren Stand und unser Leben nach Gottes Willen führen.] *Abecedarium*, a. a. O., p. 16.

28 [Ja nicht, weil unsere guten Werke wegen der Sünde in der wir angefangen haben und geboren sind, vor Gott nie vollkommen gut und vollständig zustande gebracht werden.]

29 Veit Dietrich, *Summaria uber die gantze Bibel / das alte vnd newe Teſtament* ..., Nürnberg 1545.

30 Seine Summaria über das neue Testament leitet Veit Dietrich mit einem Hinweis ein, der das bestätigt: „Wiewol ich aber hernach von vilen drumbb angeſucht / vnd gebeten bin worden / der gleichen kurtze anleytunge / auch vber das new Teſtament zuſtelen [...]. Vnnd dennoch / weil man mir nicht hat wöllen ruhe laſſen / vnd jr vil es dafür gehalten haben [...] Habe ichs letzlich mich vnterſtanden / vnd diſe Summaria geſtaltet.“ (Vorrede zu Summaria vber das New Teſtament, Nürnberg 1545, p. 364).

unter die Obhut Gottes stellt und seinen Gefallen daran trotz ihrer Unvollkommenheit betont:

> „Das Evangelium leret / das diſes allein gutte werck vnnd Gottesdienſt ſind / die Gott geboten hat. Als Got förchten / an jn glauben / jn lieben / jn bekennen / predigen / anrüffen / dancken / ſein lere fürdern / fleiſſig ſein in aller Regierung vnd dienſten / zu Gottes lob ic. laut der zehen Gebot."[31]

Den „guten Werken" ist damit jeglicher menschlicher Selbstständigkeits- oder Eigenverdienstbezug genommen.

> „Das Evangelium leret / wie gute werck Gott gefallen / ſo ſie doch vnuolkomen ſind / vnd ſünde in heiligen in disem leben bleibet. Doch gefalle der angefangen gehorſam in den glaubigen / ſo wir vnſer ſchwacheit erkennen / vnd widerſtehen / vnd glauben / das ſolcher dienſt Gott wolgefalle / vmb Chriſti willen/der mittler ist / durch den wir vnſern dienſt opffern."[32]

Kleinere Abweichungen Trubars von Brenz ergeben sich in stilistischer Hinsicht; sie offenbaren schon in der ersten Schrift des Slowenen die Zugewandtheit zu seinem Leserpublikum mit Formen der Eindringlichkeit (Wiederholung) und Verständlichkeit (Erläuterung).

Beispiele für Eindringlichkeit am Schluss der 10 Gebote:

> „nash *Gospud inu ozha nebeski* [...] kani lastini *shenkal inu dall*" [unser *Gott und himmlischer Vater* ... hat sich uns zu eigen *geschenkt und gegeben*] (Hervorhebung G. G.) (Abecedarium, p. 16) –„unser HERR Gott [...] zum Eigentum geschenkt". (Katechismus 1935)
> „sapuuidi *dershall popelnoma inu dopernesall*" [die Gebote *vollständig gehalten und ausgehalten*] (Hervorhebung G. G.) (Abecedarium, p. 17) –„alle Gebot Gottes vollkommenlich erfüllt hat" (Katechismus 1535)

Beispiele für Verständlichkeit:

Trubar exemplifiziert dogmatische Themen, die er für schwierig hält, durch umschreibende Wiederholung. Brenz gibt als Antwort auf die Frage nach den guten Werken den Hinweis, dass sie nicht erlösen können, sondern allein Christus, durch gute Werke aber der Glaube bezeugt und der Dank für die „Guttaten" Gottes ausgedrückt werde. Das verdeutlicht Trubar mit wiederholender Umschreibung: „to prauo vero ſpryzhati inu ſtemi ſe iſkaſati hualeſhni Bogu ſa uolo tih velikih dobrut / katere ſmo pryeli od Gospudi Boga."[33] Der Verständigung dient ebenfalls

---

31 Philipp Melanchthon, „Fürneme vnterſchid zwiſchen reyner / Chriſtlicher lere des Euangelij / vnd der Abgöttiſchen Papiſtenlere". III. Von guten wercken. In: Veit Dietrich, *Summaria* ..., a. a. O., p. 676.

32 A. a. O., p. 676.

33 [den rechten Glauben bezeugen und sich damit dankbar erweisen gegenüber Gott, wegen der großen Wohltaten, die wir von Gott dem Herrn empfangen haben.] *Abecedarium*, pp. 19 f.

die „Übersetzung" von „večerja" (Abendmahl) durch das beigefügte „oli prava maša" (oder die rechte Messe).

Trubar hat neben den Quellen weitere Bausteine in Form von Bibelauszügen angegliedert. Das war zum einen ein verlässlicher Text, zum anderen eine Verdeutlichung der vorliegenden Materie. Im Zusatzteil zum Katechismus („Von den Schlüsseln des Himmelreichs"), der kein dogmatisches Zentrum betraf, war eine solche „eigenmächtige" Veränderung kein brisanter Eingriff. Trubar übernimmt wiederum den Brenz-Text, ebenfalls die zitierten Bibelstellen Luk. 10, 16 und Matth. 16, 9; statt Joh. 20, 23 f. schließt Trubar den Textteil mit einem Zitat aus Luk. 24, 46 f. ab. Beide Bibelstellen sprechen von Buße und Sündenvergebung, eine Richtungsänderung gegenüber Brenz ist also bei Trubar nicht vorhanden.

Abschließend zur Untersuchung des trubarschen Katechismus muss auf die Anhänge eingegangen werden. Es sind Anleitungen zum Gebet vor und nach dem Essen sowie für das Morgen- und Abendgebet. Trubar lehnt sich hier Wort für Wort an Luthers Text an (mit kurzen Ergänzungen); der entsprechende Abschnitt bei Brenz ist ebenfalls eine wortgleiche Entsprechung zu Luther. Da der Anhang zum Katechismus von Brenz erst um 1550 in Nürnberg erschienen ist, scheint hier eine Übernahme unwahrscheinlich. Trubar geht also auf den Luther-Text zurück; selbst wenn der Slowene Brenz benutzt haben sollte, musste ihm bewusst sein, dass er einen Text aus Luthers „Kleinem Katechismus" vor sich hatte.

Zum Vergleich das Gebet vor dem Essen:

Luther	Trubar
Aller Augen warten auf dich, Herr, und du gibst ihnen ihre Speise zu seiner Zeit. Du tust deine Hand auf und sättigest alles, was lebet, mit Wohlgefallen. [Ps. 144 bzw. 145] (Kleiner Katechismus, p. 3988)	Vſeh ozhi zhakaio na te Goſpud / inu ti daſh nim nih ſpyſho per prauim zhaſu / ti odpreſh tuyo roko / inu ti nepitaſh vſe kar ye shiuu ſueſelem *inu ſtem ſhegnom* Kirieleiſon Christeleiſon / (Abecedarium, p. 22) (Hervorhebung = Ergänzung Trubars: *und mit dem Segen*) Ozha naſh kir ſi vnebeſih etc.
Danach das Vaterunser und dies folgende Gebet: Herr Gott, himmlischer Vater, segne uns und diese deine Gaben, die wir von deiner milden Güte zu uns nehmen, durch Jesum Christum, unsern Herrn, Amen. (Kleiner Katechismus, p. 3988)	O Goſpud Bug ozha nebeſki / ſhegnai naſ /inu lete daruue/katere my od tuye miloſti inu dobrute k nam vſamemo / ſkuſi Jeſuſa Chriſtuſa / Amen. (Abecedarium, p. 22)

Die gleiche Textsituation ergibt sich im Anhang der Morgen- und Abendgebete. Auch hier finden sich kleinere Ergänzungen bei Trubar durch Schlussfloskeln (etwa am Ende des Morgengebetes: „tiga vſiga mui Bog inu ozha vſliſhi ti mene ſa uolo tuiga ſynu Jeſuſa Chriſtuſa / Amen."[34] oder im Abendgebet eine für Trubar typische ausmalende Erläuterung. Hier wird zudem die Kombinationsabsicht deutlich, die streng darauf achtet, Hinzufügungen erläuternd, aber nicht eingreifend einzugeben:

Luther	Trubar
Ich danke dir, mein himmlischer Vater,	Jeſt tebe ſahualim mui lubi ozha nebeſki
durch Jesus Christus, deinen lieben Sohn,	ſkuſi Jeſuſa Chriſtuſa tuiga lubiga Synu /
daß du mich diesen Tag gnädiglich behü-	de ſi ti ta dan miloſtiuu obaroual / Inu
tet hast; und bitte dich, du wollest mir ver-	te proſſim de ti hozhes meni odpuſtiti
geben alle meine Sünden,	vſe muye grehe /
wo ich Unrecht getan habe,	inu kar ſem danaſ hudiga ſubper tuyo
	uolo inu ſapuuid miſlil gouuril oli ſturill /[35]
und mich diese Nacht *gnädiglich* behüten.	Inu de ti mene leto nuzh obaruieſh Satu
Denn ich befehle mich, meinen Leib und	ieſt tebi porozhim muyo duſho muye tellu
Seele und alles in deine Hände. Dein heili-	inu vſe kar imam Tui ſveti Angel bodi
ger Engel sei mit mir, daß der böse	to nuzh inu vſelei per meni / da ta hudi
Feind keine Macht an mir finde.	ſouuraſhnik meni niſhter ne ſkodie/
	Tiga vſiga vſliſhi ti mene mui ozha nebeſki/
Amen	ſa uolo Jeſuſa Chriſtuſa / Amen.[36]
(Kleiner Katechismus, p. 3988)	(Abecedarium, p. 16)[37]

2. Resümee

Trubars Katechismus-Übersetzung ist ein Gebrauchswerk zur Unterrichtung seiner Gemeinde. Die bei Luther und Brenz festgehaltenen Bedingungen und einführenden pädagogischen Hinweise sind auch Gegenstand seines kurzen Vorwortes.

Vorbild ist der Katechismus von Johannes Brenz, der mit seiner Frage-Antwort-Strategie zwischen Vater und Sohn die einzelnen Glaubensartikel verständlich, einprägsam und für das Auswendiglernen geeignet präsentiert. Luther ist stärker theologisch erläuternd, umfangreicher und damit für Trubar ein Ratgeber, an den er sich hält und bei dem er sich absichert in manchen theologisch-dogmatischen Formulierungen; der verbreitete Gebrauch des Katechismus von Luther und Brenz

34 [um dieses alles erhöre du mich, mein Gott und Vater, um deines Sohnes Jesu Christi willen.] A. a. O., p. 15.

35 [Und was ich heute Böses wider deinen Willen und das Gesetz gedacht, gesprochen und getan habe.]

36 [Um das alles erhöre du mich, mein himmlischer Vater, um Jesu Christi willen. Amen]

37 Die Hervorhebungen und Einrückungen zeigen Zusätze bei Trubar oder Luther bzw. Umstellungen. Der Text bei Brenz ist mit Luther identisch.

gibt dem slowenischen Reformator die nötige Sicherheit in reformatorischen Angelegenheiten.

Trubar hat seinen ersten Schritt ohne größeres Wagnis getan, damit freilich auch zu diesem frühen Zeitpunkt signalisiert, dass er keine eigene Theologie anstrebt, wohl aber eine eigene Vermittlung von theologischen Einsichten. Das zeigt sich in nuce bereits in seinen typischen erweiternden Darstellungsformen.

V.
Die theologische Fortbildung

1. Von der formalen Anlehnung zur paraphrasierenden Gestaltung

Trubar ist mit seinem zweiten Katechismus von 1555 in theologische Fragestellungen eingestiegen. Unter der Anleitung von Luther (Brenz), vielleicht auch in Kenntnis von Melanchthon zeigt Trubar im Wesentlichen, dass ihm das Diskussionsrepertoire der Reformatoren vertraut geworden ist. Schwierige theoretische Begriffe und theologische Dogmen (Gesetz und Evangelium, Rechtfertigung, Werkgerechtigkeit, Erbsünde, Abendmahlspräsenz u. a.) versucht Trubar in einer verständlich-umschreibenden Ausdrucksweise seinem Publikum nahezubringen. Dabei geht mitunter die Präzision verloren; allerdings ist nicht immer auszumachen, ob Trubar nicht auch eine Umschreibung einer Festlegung vorzieht.

Es ist wiederholt darauf hingewiesen worden, dass Trubars Katechismus-Veröffentlichung von 1555 keine Neuauflage der ersten darstellt. Ohne Zweifel ist das richtig. Wesentlich erscheint jedoch etwas anderes: Mit seinem Katechismus von 1550, der als frühes slowenischsprachiges Buch per se von historischer Bedeutung ist und Trubars Anlehnung an die lutherisch bestimmte wittenbergische Reformation dokumentiert, ist die *formale* theologische Orientierung gelungen und in weiten Strecken als Übersetzung vollzogen worden. Die enge und sichernde Bindung an Luther und Brenz, die nichts anderes als Bausteine für eine Kompilation darstellen, lässt noch keine theologischen Ambitionen erkennen. Das ändert sich 1555, wie im Einzelnen darzustellen sein wird.

Deutlich wird wiederum die grundsätzliche Bindung an die Vorbilder.[1] Im Vorwort spricht Trubar über den Nutzen des altehrwürdigen Katechismus: „Is tiga Catehiſma pag mogo vſi shlaht ludie, ſe prou nauuzhiti te potrebne shtuke

1 Eine eingehende Beschäftigung mit dem „Catechismus Vslouenskim Ieſiku ſano kratko ſastopno Islago" 1555, ist nicht feststellbar. Zwar gibt es Hinweise auf veränderte Strukturen in diesem (zweiten) Katechismus, ohne dies aber unter Beweis zu stellen. Allgemein gilt auch hier wiederum der Vermerk, Luther, Brenz, Melanchthon und Rhegius hätten Pate gestanden. Dankenswerterweise existiert eine CD des gesamten Textes mit einem Nachwort von Mihael Glavan. Allerdings bleiben die Informationen spärlich und mehr auf die gesamte „nationalkulturelle" Erscheinung Trubars bezogen. Leider können pauschale Urteile auf eine falsche Fährte führen, etwa wenn Glavan Trubar unterstellt, dass er „bewusst nicht den in dieser Zeit […] stark wirksamen Kleinen Katechismus von Luther vollständig abbilden wollte [und] deshalb auf den Großen Katechismus von Brenz und die Schriften von Melanchthon und Regius zurückgegriffen hat." (CD, Nachwort). Die hier unterstellte

te Vere kerszanske, katere malu ludi, Bogu ſe ſmili, Vſlouenski desheli, sdai prou snaio“[2], wie es auch Luther in der Einleitung zum Großen Katechismus von 1529 betont: „Katechismus, das ist eine Kinderlehre, die ein jeglicher Christ notwendig wissen soll.“[3] Beide unterstreichen, dass die „Einfältigen“ (Trubar: „shlaht ludi“) von denen, in deren Obhut sie stehen, besonders anzusprechen sind.

> „Na tu uas Shulmoſtre, Pridigarie inu Gospodarie, proſſimo inu opominamo na Boshim meiſtu, de vi, vuashih Shulah, Cerquah inu Vhishah, lete shtuke te kerszhanske Vere, vſe shlaht ludi, ſuſte mlade inu preproſte, ſteim naprei prauiozh, berozh, pridiguiozh inu vprashaiozh, [...] ſueiſtu vuzhite.“[4]

Luther regt ständig diesen Bezug zwischen „Predigern und Menschen, Schulmeistern und Knaben, Eltern und Kindern“ an[5] und geht vor allem auf den niedrigen Bildungsstand in christlichen Fragen ein:

> „Diesen Katechismus oder christliche Lehre in solcher [...] Form aufzustellen hat mich gezwungen und gedrungen die klägliche, elende Not [...]. Hilf, lieber Gott, [...] daß der einfache Mann doch von der christlichen Lehre so gar nichts weiß, besonders auf den Dörfern.“[6]

Das Argument wird von Trubar sehr deutlich übernommen, wenn er in seinem Vorwort schreibt, dass in den slowenischen Landen zum Gotterbarmen nur wenige Menschen die Hauptstücke des christlichen Glaubens wirklich kennen.[7]

Die Einleitung Trubars stimmt also schon auf Vorgaben der lutherischen Ansichten zum Katechismus ein. Der Aufbau selbst folgt in den Hauptstücken dem Katalog von 1550 und damit Brenz mit Taufe – Glaubensbekenntnis – Vaterunser – Dekalog – Abendmahl. Das Gerüst bleibt, gegenüber 1550 ergänzt Trubar an

---

Selbstständigkeit des Auswählens und Regulierens ist so nicht vorhanden, wie der Analyse leicht entnommen werden kann. Das Nachwort zeigt eine allzu propagandistische Note.

2 [Aus diesem Katechismus können alle einfachen Leute die notwendigen Stücke des christlichen Glaubens recht erlernen, die nur wenig Menschen – Gott erbarme sich – im slowenischen Lande derzeit richtig kennen.] *Catechismus* 1555, p. A 3; Luther betont das ebenso: „aufs erste ist [...] ein leichtverständlicher, schlichter, einfältiger, guter Katechismus vonnöten. [...] Die zehn Gebote, das Glaubensbekenntnis und das Vaterunser. In diesen dreien Stücken steht schlicht und kurz fast alles, was einem Christen zu wissen not ist.“ („Deutsche Messe und Ordnung des Gottesdienstes“ (1526). In: *Luther Deutsch*, a. a. O., pp. 3862 f.).

3 „Der große Katechismus“ (1529), Vorrede. In: *Luther Deutsch*, a. a. O., p. 1719.

4 [Deshalb bitten und ermahnen wir euch an Gottes statt, Schulmeister, Prediger und Hausväter, dass ihr in euern Schulen, Kirchen und Häusern, diese Stücke des christlichen Glaubens allen gewöhnlichen Leuten treu lehrt, auch den Jungen und Einfältigen, die ihr zuvörderst redend, lesend, predigend und Fragen stellend lehren sollt.] *Catechismus* 1555, p. A 3 a.

5 „Eine Predigt, daß man Kinder zur Schule halten solle“ (1530). In: *Luther Deutsch*, p. 4816.

6 „Kleiner Katechismus“ (1529). In: *Luther Deutsch*, p. 3957.

7 *Catechismus*, a. a. O., p. A 3.

vielen Stellen, nutzt aber auch die Ausführungen und Zusätze Luthers intensiver, wie im Einzelnen darzustellen sein wird.

2. Die Analyse der Hauptstücke – theologische Einsichten und ihre selbstständige missionarische Auswertung

Der gesamte Inhalt der Tauffragen und -antworten von 1550 wird wiedergegeben. Allerdings hat Trubar das Taufgespräch von der Frage „Kai tedai da oli nuza ta kerſt?“ an weitergeführt und damit Neuland beschritten. Es ist für Trubar in theologischer Hinsicht ein großer Schritt, aus der Sicherheit der Übersetzungsanlehnung zur freieren Gestaltung bzw. Exemplifizierung von vorgegebenen Inhalten zu kommen, zumal es sich um liturgisch-dogmatische Texte handelt. Der slowenische Reformator löst sich von Luthers „Kleinem Katechismus“ und der brenzschen Ausführung von 1535 und nimmt Luthers Großen Katechismus von 1529 mit in das Quellenmaterial auf. Luthers neuer Ansatz:

> „weil wir nun wissen, was die Taufe ist und wie sie zu halten sei, müssen wir auch lernen, warum und wozu sie eingesetzt sei, das ist, was sie nütze, gebe und schaffe“[8]

wird in der Vater-Frage „Kai tedai da oli nuza ta kerſt?“ [Was nun gibt oder nützt die Taufe?] aufgenommen; die Antwort entspricht der Intention Luthers zum Nutzen der Taufe:

> „Tu, kar ſmo poprei slishali, V tim kerſtu nom bode ty grehi odpuszeni, bomo odresheni od te ſmerti inu od tiga pekla, bomo notra vtim duhu druguzh royeni, inu ſturieni brumni tar ſueti pred Bugom, inu bode dan ta vezhni leben.“[9]

Luther formuliert im „Großen Katechismus“ zum Einsatz der Taufe, dass „sie selig mache, […] Selig werden aber […] bedeutet, als von Sünden, Tod, Teufel erlöset in Christi Reich kommen und mit ihm ewig leben.“[10] Die Parallelen in Trubars zweitem Teil des Taufgesprächs von 1555 und Luthers „Großem Katechismus“ häufen sich in entscheidenden dogmatischen Begriffen. Luther weist auf das Wasser als Zeichen hin und die Wirkung von Gottes Wort („Denn bloßes Wasser könnte solches nicht tun. Aber das Wort tuts“);[11] das wird von Trubar wörtlich übernom-

8 „Der große Katechismus“ (1529), p. 1890.

9 [In der Taufe, was wir vorher gehört haben, werden uns die Sünden erlassen, wir werden vom Tod und von der Hölle erlöst, wir werden innen im Geist neu geboren und fromm gemacht und heilig vor Gott, und das ewige Leben wird uns gegeben.] *Catechismus*, a. a. O., p. A 7.

10 „Der große Katechismus“ (1529), p.1891.

11 A. a. O.

men: „Ta uoda guishnu tiga nekar ne ſturi, temuzh ta beſſeda Boshya".[12] Trubar übernimmt von Luther die Bedeutungsdifferenzierung von Wasser und Taufe auch im fortlaufenden Text, einschließlich der zitierten Bibelstelle (Titus 3, 5).[13] Gleiches gilt für die Frage nach der Wirkung der „guten Werke", eine für die Reformatoren wichtige Entscheidung im Zusammenhang mit den Sakramenten und der Rechtfertigungslehre. Trubar bezieht sich ebenso wie Luther im Kleinen wie im Großen Katechismus auf Titus 3, 5. Am Ende dieses Hauptstückes des christlichen Glaubens übernimmt Trubar wörtlich die Formulierungen Luthers aus dem „Kleinen Katechismus" in den Abschnitten „Was bedeutet denn solch Wassertaufen" („Kai pomeni ta kerſt?"), sowie „Wo steht das geschrieben?" („Kei tu ſtoi piſſanu?"), jeweils in Frage und Antwort.[14] Trubars erstes Hauptstück, das Sakrament der Taufe, nutzt nicht nur die Quellen, die auch im Katechismus von 1550 maßgeblich waren; der Slowene erweitert seine Ausführungen in Ausrichtung an der Agenda des „Großen Katechismus" von Luther.

Das zweite Hauptstück behandelt das Glaubensbekenntnis. Bereits die Einleitung weist auf die Vorgabe Luthers im „Großen Katechismus" hin, zur besseren Unterrichtung der Kinder den „ganzen Glauben in Kürze in drei Hauptartikel [zu] fassen nach den drei Personen der Gottheit". Dem folgt Trubar, ebenfalls in Zuordnung prägender Eigenschaften:

1. Artikel: Gott-Vater-Schöpfer	Ta perui, ie od Buga Ozheta ſtuarnika.
2. Artikel: Sohn – Erlöser	Ta drugi ie od Ieſuſa [...] nashiga odreshenika.
3. Artikel: Hl. Geist – Heiligung	Ta trety, ie od ſuetiga Duha, kir nas poſuezhuie.
(Großer Katechismus, p. 1827)	(Catechismus, A 10)

Auch in der Folge, d. h. in der Antwort auf den ersten Satz des Glaubensbekenntnisses, benutzt Trubar den übereinstimmenden Erklärungstext von Luther und Brenz fast wörtlich. An kleinen Einschüben ist wiederum festzustellen, dass dem Slowenen bei der Abfassung auch der „Große Katechismus" gewärtig war, etwa in der Erwähnung der Gebote, die im „Kleinen Katechismus" und bei Brenz an dieser Stelle nicht auftauchen:

> „Sa tiga uolo, ſem ieſt dolshan nega veden hualiti, pridigati pouſod od nega dobrute, inu ſe d e r s h a t i p o n e g a ſ a p u u i d i i n u u o l i, inu slushiti nemu uolnu do ſmerti."[15] (Hervorhebung G. G.)

12 *Catechismus*, p. A 7.

13 A. a. O., p. A 8; „Der große Katechismus", p. 1891.

14 „Der kleine Katechismus", p. 3979; *Catechismus*, p. A 9.

15 [Deshalb muss ich ihn stets loben, überall von seiner Güte predigen und mich a n s e i n e G e b o t e u n d s e i n e n W i l l e n h a l t e n und ihm bereitwillig dienen bis zum Tode.] A. a. O., p. A 11.

Bei Luther heißt es:

> „So sind wir wahrlich schuldig, ihn darum ohn Unterlaß zu lieben, zu loben und zu danken und kurz ihm ganz und gar damit zu dienen, wie er durch die Zehn Gebote fordert und befohlen hat."[16]

Beschlossen wird die Antwort mit dem lutherischen „Das ist gewißlich wahr" („Timu ie guishnu inu sisnizhnu taku.").

Die Auslegungen des zweiten („von der Erlösung" – „ta drugi deil od tiga odreshena") und des dritten Artikels („von der Heiligung" – „ta treti deil te Vere od tiga Poſuizhena") sind ebenfalls aus dem „Kleinen Katechismus" im vollen Wortlaut übertragen worden.[17] Trubar versucht an einigen Stellen, insbesondere bei abstrakten Begriffen, durch Verdoppelung und erläuternde Einschübe, die keine theologischen Abweichungen oder Änderungen darstellen, den Text zu untermauern. Sicher ist das ein Entgegenkommen an seine Leserschaft. So wird „die ganze Christenheit auf Erden" ergänzt mit dem Zusatz „die einfachen Menschen, die Christen sind".[18] Luthers Phrase, „welcher Christenheit er mir und allen Gläubigen täglich alle Sünden vergibt", konkretisiert Trubar in dreifacher Form:

> „on tudi vti Cerqui kerszhanski vſag dan daie, *skuſi to pridigo inu te ſacramente meni inu vſem kir timu Euangeliu prou Verio, inu te ſacramente vſameio*, odpuſtig vſeh grehou."[19] (Kursiv G. G.)

Eigenständigere Wege geht Trubar in der Beantwortung der Schlussfrage dieses Artikels: „Welchen Nutzen oder welche Wohltat hast du vom Glauben?" Auf der einen Seite wird der Schutz durch den dreieinigen Gott hervorgehoben, der mit den Eigenschaften des Gerechten, Lebendigen, Ewigen, Guten und Allmächtigen ausgestattet ist. Dem werden Türken, Juden, Heiden gegenübergestellt, die trotz monotheistischer Religion Ungläubige sind. Der Glaube steht für den Antwortenden im Mittelpunkt, die Rechtfertigung durch Gott, Erlösung durch Christus und den geläuterten Sinn durch den Heiligen Geist, sodass der Mensch nunmehr einen barmherzigen Gott findet und nicht mehr einem zornigen Richter ausgeliefert ist. Zwar sind solche Gedanken am Schluss von Luthers Ausführungen zum Glaubensbekenntnis im „Großen Katechismus" wiedergegeben, trotzdem sind die Formulierungen Trubars von Bedeutung, weil sie erstmals theologische Einsichten

---

16 „Der große Katechismus", p. 1830.

17 Trubar hatte im Katechismus von 1550 den „Kleinen Katechismus" bzw. den Katechismus von Brenz von 1535 nur jeweils verkürzt wiedergegeben.

18 *Catechismus*, B 6.

19 [Er gibt auch *durch die Predigt und die Sakramente* tagtäglich in der christlichen Kirche *mir und allen, die dem Evangelium recht glauben und die Sakramente empfangen*, die Vergebung aller Sünden.] A. a. O.

offenbaren, die den reformatorischen Gedanken Luthers nahestehen. Es sind die Alternative der Heilserwartung gegenüber der Verdammnis, das „sola fide", die davon berührte Rechtfertigungslehre, die Formulierung „iustus ex gratia",[20] die Trubar in seinen folgenden Schriften immer stärker und tiefer beschäftigen werden und hier erstmals anklingen. Zur Verdeutlichung die Gegenüberstellung der Texte:

Luther

Darum scheiden und sondern diese Artikel des Glaubens uns Christen von allen andern Menschen auf Erden. Denn, was außerhalb der Christenheit ist, es seien Heiden, Türken, Juden oder falsche Christen und Heuchler, ob sie gleich nur einen wahrhaftigen Gott glauben und anbeten, so wissen sie doch nicht, wie er gegen sie gesinnet ist, können sich auch keiner Liebe noch Guten zu ihm versehen, darum sie in ewigem Zorn und Verdammnis bleiben. Denn sie haben den HERRN Christus nicht, sind dazu mit keinen Gaben durch den heiligen Geist erleuchtet und begnadet.
(Gr. Katech., p. 1845)
den Glauben aber kann keine menschliche Klugheit begreifen, und er muß allein vom Heiligen Geist gelehret werden. [...] denn es bleibt noch immer Gottes Zorn und Ungnade über uns, weil wirs nicht halten können, was Gott von uns fodert. Aber diese [Lehre vom Glauben] bringet eitel Gnade, machet uns fromm und Gott angenehm. Denn durch diese Erkenntnis kriegen wir Lust und Liebe zu allen Geboten Gottes.
(Gr. Katech., pp. 1845 f.)

Trubar

Obtu ty Turki, ſadashni Iudi, inu ty Aydie, kir vletiga Boga inu nega beſſedi ne veruio bodo prou Neuerniki Boshy imenouani, ſakai rauen letiga nei obeniga Boga. Inu ieſt bom skuſi to Vero, ſa uolo Ieſuſa Criſtuſa, pred Bogom inu nega praudo, ſa brumniga prauizhniga inu ſuetiga dershan inu shazan. Meni bode tudi dan ta ſueti Duh, ta iſti sdaici muie ſerce na dobru premeni, de ieſt vshe naprei vſelei Gospudi Boga, ſa muiga lubiga miloſtiuiga ozheta, inu nekar vezh ſa eniga oſtriga tar ſerditiga Ritharie [!] dershim, inu ſe ſeuupam pruti nemu vſiga dobriga [...]Inu ta S. Duh meni tudi ueden is notra vtim ſercei opomina inu pomaga, [...] timu grehu ſubper ſtati, Inu de mui ſtan tar leben dershim inu pelam po Boshy uoli inu nega ſapuuidah, slushim Bogu ſuolnim inu ſueſelim ſerzom[21]
(Catechismus, pp. B 7–8)

20 „Vorlesung über den Römerbrief" (1515/1516). In: *Luther Deutsch*, a. a. O., p. 518.

21 [Darum werden die Türken, die Juden und Heiden, die nicht an Gott und seine Worte glauben, zu Recht Gott-Ungläubige genannt, weil neben ihm kein Gott ist. Und ich werde durch den Glauben um Jesu Christi willen vor Gott und seinem Gericht für einen treuen Gerechten und Heiligen gehalten und geschätzt. Ich habe auch den Hl. Geist, der mein Herz sofort zum Guten wendet, dass ich Gott den Herrn ganz und gar für einen lieben gnädigen Vater und nicht mehr für einen strengen und zornigen Richter halten und ihm auf alles Gute hin vertrauen werde ... Und der Hl. Geist wird mich ebenfalls von innen her im Herzen ermahnen und helfen ... der Sünde zu widerstehen und dass ich meinen Stand und mein Leben nach Gottes Willen halte und führe und Gott in seinen Geboten bereitwillig und mit fröhlichem Herzen diene.]

Auch im dritten Artikel, dem „Vaterunser", hält sich Trubar teilweise an den „Kleinen Katechismus", seiner Übereinstimmung mit Brenz und den „Großen Katechismus" und übernimmt die Gliederung in sieben Bitten. Die Auslegungen weisen allerdings eine stark verselbstständigte Texterweiterung auf.

Trubar leitet die Erläuterungen mit dem Luther- bzw. Brenztext ein; die weiteren Ausführungen haben ermahnenden, tröstenden, stärkenden Charakter. Die Absicht des Slowenen ist erkennbar, seinen Landsleuten eine auf ihre Situation bezogene Hilfestellung im Verständnis der Heilslehre zu geben. Die Zuwendung des himmlischen Vaters zu seinen Kindern steht im Beginn des „Vaterunsers" im Vordergrund („ie uolan, nashe proshne vslishati inu dati nom vſe tu, kar ie nom potreba, inu nuznu" [Es ist sein Wille, unsere Bitten zu hören und uns alles das zu geben, was wir nötig haben und von Nutzen ist] – C1), verknüpft mit den dafür notwendigen Bedingungen: Bruderliebe („kadar ie on nash vſeh Ozha, de mi Verni imamo vmeiſebo prauo bratouſzhino dershati" [denn er ist unser aller Vater, dass wir Gläubigen untereinander rechte Bruderschaft halten]), Aufhebung aller Feindschaft untereinander („eden timu druſimu giati dobru, obeniga nida inu souurashtua imeti vmei sebo" [einer dem anderen Gutes zu tun, keinen Neid und keine Feindschaft untereinander zu haben]).

Luthers Interpretation der ersten Bitte geht auf die „Heiligung" ein, „wo das Wort Gottes lauter und rein gelehrt wird und wir auch heilig, als die Kinder Gottes, danach leben."[22] („Tu ie, de bi ſe pouſod prou tar ſaſtopnu ta beſſeda Boſhya pridigala, [...] inu ta stan tar leben pelali");[23] Trubar erläutert das „lauter und rein" Luthers mit Bezug auf die Menschen, „dass die Menschen diese Worte fest glauben, danach beten, Gott dienen" und geht ausführlicher auf die „Heiligung des Namens" ein: „Der Name Gottes ist seine Ehre, Weisheit, Gerechtigkeit, Wahrheit, Gnade, Güte, Macht und Willen".[24]

Trubar hat die zweite Bitte, „Dein Reich komme", in der Auslegung zunächst an Luthers „Kleinem Katechismus orientiert und ergänzt diese Aussage durch eine Passage aus der Schrift „Von den guten Werken" (1520).[25] Der Text lautet:

22 „Der kleine Katechismus" (Vaterunser), p. 3972.

23 [Das ist, dass überall recht und verständig das Wort Gottes gepredigt ... und Stand und Leben ebenso geführt werde]. *Catechismus*, p. C 2.

24 Vgl. dazu die Auflistung bei Luther in der „Deutschen Auslegung des Vaterunsers": heiligen bedeute, „daß in uns kein Gebrauch sei als des göttlichen Namens, das ist Gütigkeit, Wahrheit, Gerechtigkeit usw." („Deutsche Auslegung des Vaterunsers für die einfältigen Laien" (1519). In: *Luther Deutsch*, p. 3403).

25 Eine Kenntnis und damit auch der Gebrauch dieses Textes sind bei Trubar vorauszusetzen, denn die Dispute über die Wirkung und Gültigkeit der „guten Werke" bestimmt die

Trubar	Luther
Tu Kraleuſtuu Boshye pride dobru ſamu od ſebe pres nashe proshne, Oli mi tukai proſſimo, de tu iſtu knom pride,	Gottes Reich kommt wohl ohne unser Gebet von selbst; aber wir bitten in diesem Gebet, daß (es) auch zu uns komme. (Kleiner Katechismus, p. 147 f.)
Tu ie, De Bug ſuiem ſuetim Duhum notri vnas regira inu goſpoduie (Catechismus, p. C 3)	daß allein Gottes Werk in uns sei und Gott so in uns als in seinem eigenen Reich regiere (Von den guten Werken 1520, p. 1316)

Luther definiert das Kommen des Reiches in zweierlei Weise, einmal als Wiederkunft Christi (Offenbarung), zum anderen „zeitlich durch das Wort und den Glauben". Letzteres wird von Trubar aufgegriffen; es klingt wie eine Verheißung, die der Seelsorger seinen Landsleuten an dieser Stelle mit auf den Weg gibt. Das Reich wird durch den Glauben kommen, wenn bestimmte Bedingungen erfüllt sind: Der Hl. Geist muss die Herzen regieren, die Menschen müssen fest an die Predigt des Evangeliums glauben, die heiligen Sakramente würdig empfangen, sich in ihren Taten als würdig erweisen. Diese Hoffnungssaat als anthropozentrische Zuwendung geht einher mit der Abwehr des zeitlichen und ewigen Bösen, das das Gottesreich zu zerstören droht:

> „Per tim mi tudi proſſimo, de Bug tiga hudiga Duha is tih ludi ishene shnega grehi, slashami, raſboiem, ſgolufyo, ſouuraſtuom, nezhiſtoſtio, inu ſo vſo shlaht hudobo tar lotryo, De resdei inu ſatare tu Sludieuu Kraleuſtuu shnega Capelami inu Cerquami, shnega Falsh pridigo inu Malikouimi slushbami."[26]

Die Verheißung des wirkenden Wortes wie die Bitte um Vernichtung des Bösen sind Stichworte, die Luther im „Großen Katechismus" für die zweite Bitte erörtert. Die Eindringlichkeit der Darstellung ist der persuasiven Fähigkeit des Seelsorgers zuzuschreiben.[27] Die Bitte „Dein Wille geschehe..." ist für Luther der Bezug

reformatorischen Auseinandersetzungen von Anfang an. Mit der Funktion „guter Werke" im Hinblick auf die Rechtfertigungslehre hat sich Trubar mehrfach auseinandergesetzt.

26 [Zudem bitten wir auch, dass Gott diesen bösen Geist aus den Menschen heraustreibt mit ihren Sünden, Lügen, Räubereien, Betrug, Feindschaft, Unkeuschheit und mit allem Bösen und Hurerei, damit er zerstöre das Reich des Bösen mit seinen Kapellen und Kirchen, mit seiner falschen Predigt und Götzendiensten.] *Catechismus*, p. C 3.

27 Luther, der bekanntlich sehr intensiv und unerbittlich fordernd auftreten konnte, pflegt eine ähnlich emphatische Ausdrucksweise, eine Parallelität, die der Situation der weltlichen wie geistlichen Auseinandersetzung, der Aufgabenstellung, dem persönlichen Eifer für die Sache geschuldet ist, nicht aber auf Abhängigkeiten rekurriert. In der Erläuterung der dritten Bitte des Vaterunsers formuliert Luther: „Wehre aber denen, die von ihrem Wüten, Toben, Hassen, Drohen und bösen Willen, Schaden zu tun, nicht ablassen wollen,

auf den Menschen; der Wille Gottes, der sich außerhalb unserer Sphäre ständig verwirklicht, wird auf die menschliche Kreatur selbst bezogen:

> „Denn es gilt allein uns, was wir bitten, nämlich so, wie gesagt, daß auch in uns geschehe, was sonst außerhalb unser geschehen muß. Denn wie auch ohne unser Bitten sein Name geheiligt werden und sein Reich kommen muß, so muß auch sein Wille geschehen und durchdringen."[28]

Trubar hat diese abstrakten Formulierungen zu Gottes Willenskundgabe außerhalb und innerhalb der menschlichen Existenz in konkrete Formen gegossen, mit Namen und Begriffen ausgefüllt, die seinen Gemeinden, seinen slowenischen Landsleuten eine Verdeutlichung des Gemeinten ermöglichte. Außenwelt und soziale Beziehungen erfahren eine bildliche Ausgestaltung:

> „Ty Angeli inu vſi nebeski duhuue, Tu Sonce, luna, ſueiſde inu vſe nebeske ſtuare, katere slushio, deio, gredo inu opraiuio volnu tar ſueiſtu Bogu, po nega Voli inu ſapuuidi, De bi tudi tukai na ſemli vſi shlaht ludie, mali inu ueliki, krali, Viudi, vſi viſſhi, uſa Goſpoſzhina deſhelska tar Duhouska, Altmani oli Capitani. [...] Vizdomi, Rihtary, Pridigary, Farmoshtry, Goſpodary, Goſpodine, Otroci, hlapci, dekle inu delouci, bili is ſerza pokorni Bogu, radi tar volnu giali inu tudi ſterpeli vſe tu, kar nim Bug ſapouei tar naloshi."[29]

Die vierte Bitte ist eine Mischung aus wörtlichem Luthertext, der an markanten Stellen (Frageeinschübe) unterbrochen wird von Einschüben, die das geistliche Anliegen des Slowenen unterstreichen, seiner Gemeinde Zuversicht und Behütung zu vermitteln. Sie steht nicht auf der „falschen" Seite derer, die alles aus eigener Kraft zu bewerkstelligen glauben, sondern weiß, „daß alle guten Dinge, die sie auf dieser Welt haben, von Gott kommen."[30] Die anschließend wieder aufgenommene Erläuterung Luthers („Was heißt denn täglich Brot?")[31] wird noch einmal ergänzt durch die Erweiterung der Bitte auf alle Lebensumstände. Trost und Schutzzusage bestimmen hier die Seelsorge Trubars:

---

und mache ihren Rat, böse Anschläge und Praktiken zunichte und zu Schanden". („Eine einfältige Weise zu beten" (1535). In: *Luther Deutsch*, a. a. O., p. 4101).

28 „Der große Kartechismus" (1529), Vater unser (Dritte Bitte), p. 1867.

29 [Wie die Engel und alle himmlischen Geister, Sonne, Mond, Sterne und alle himmlischen Dinge, die Gott freiwillig und treu dienen, tätig sind, ihren Lauf gehen und vollenden nach seinem Willen und Gebot, dass auch hier auf Erden alle Menschen, kleine und große, Könige, Juden, alle Oberen, die ganze Landesherrschaft und die geistlichen Herren, Altmänner und Kapitane, [...] Statthalter (Vicedominus), Richter, Prediger, Pfarrherren, Hausväter, Hausmütter, Kinder, Knechte, Mägde und Arbeiter von ganzem Herzen Gott gehorsam sind, gern und freiwillig tun und auch erdulden all das, was Gott ihnen gebietet und auferlegt.] *Catechismus*, p. C 6.

30 A. a. O., p. C 7.

31 „Der kleine Katechismus" (1529), Vater unser (Vierte Bitte), p. 3974.

„Vti proshni tudi proſſimo ſa Myr, ſa sdrauie, ſa dobro rodouito leitino, Inu de nas obaruie pred voisko, pred Dragino, [...], pred vſo neſrezho na shiuotu inu na blagu, Inu kir prauimo, Nash, tu ie, de nom da to nasho potrebo pres shkode vſeh ludi. Inu ta beſſeda, vſagdani, nas opomina de imamo na tim kar potrubuiemo vtim shiuotu imeiti ſadosti."[32]

In der Auslegung der sechsten Bitte, „und führe uns nicht in Versuchung" („Inu nas ne vpelai vto Iskushno"), kombiniert Trubar wieder den Kleinen und Großen Katechismus, ersteren in wörtlicher Übertragung, letzteren in Nutzung der Gliederung und Kernsätze Luthers:

„Die Versuchung aber ist dreierlei: des Fleisches, der Welt und des Teufels" („Nashi veliki ſouurashniki ſo pag leti Try" [Unsere großen Feinde sind diese Drei]).[33]

Luther	Trubar
1. Das Fleisch regt sich und reizt zur Unzucht, Faulheit, Fressen und Saufen, den Nächsten zu betrügen, allerlei böse Lüste, die uns von Natur ankleben (Gr. Katech., Vaterunser (Sechste Bitte), a. a. O., p. 1878)	Ta perui. Ie nashe laſtnu hudu greshnu meſſu. kir ie pelnu hudih gerdih sheli inu nespodobnih lushtou tu nas naga-ne de bi po tim shli [...] kar en zhas timu shiuotu dobru dei, tar nei ſi ie tu iſtu Bug prepouedal,[...] inu ie tudi ſubper nashiga blishniga (Catechismus, p. D 3–4)
2. Danach ist die Welt, die uns zu Zorn und Ungeduld treibet. Summa, da ist nichts als Haß und Neid, Feindschaft, Gewalt und Unrecht ... (Gr. Katech., Vaterunser (Sechste Bitte), p. 1878 f.)	Ta drugi nash Souurashnik ie ta Sueit, Kateri le vtim hudim ſtoy inu tyzhi. Ta vegshi deil ludi na tim ſueitu, druſiga ne mislio, ne gouore inu ne deio, temuzh le hudu, subper Boga ... (Catechismus, p. D 4)
3. Dazu kommt nun der Teufel, hetzet und bläset auch allenthalben zu ... (a. a. O.)	Ta treti Souurashnik ie ta Hudizh ...[34] (a. a. O.)

32 [Unter dieser Bitte bitten wir auch für Frieden, Gesundheit, eine gute fruchtbare Ernte und dass er uns bewahre vor Krieg, Teuerung, [...], vor allem Unglück an Leib und Gut; und wenn wir sagen – unser – das ist, dass er uns gibt, was wir brauchen ohne Schaden für alle Menschen. Und das Wort ermahnt uns täglich, dass wir genug haben von dem, was wir für den Leib brauchen.] *Catechismus*, p. C 8.

33 „Der große Katechismus" (1529), Vaterunser (Sechste Bitte), p. 1878; *Catechismus*, p. D 3.

34 [Der erste [Feind] ist unser eigenes böses, sündiges Fleisch, das voller böser, hässlicher Wünsche und unanständiger Lüste ist und uns treibt, dass wir ihm nachgäben ... Was eine Zeit lang dem Leib gut tut, genau das hat Gott verboten ... und es ist auch wider unseren Nächsten. Das zweite. Unser Feind ist die Welt, die nur böse ist und uns bedrängt. Der größere Teil der Menschen auf dieser Welt denkt nicht an den Anderen, spricht und tut nichts außer nur Böses gegen Gott ... Der dritte Feind ist der Teufel ...]

Luther warnt in Erläuterung der dritten Versuchung vor der teuflischen Absicht, „Gottes Wort und Werk in den Wind zu schlagen"; Trubar wählt ein anderes Bild, den brüllenden und verschlingenden Löwen, dem der Mensch widerstehen muss (1. Petrus 5, 8).

In der letzten Bitte formuliert Trubar eigene Gedanken, die seinen Landsleuten eine Art Schutzwall gegen alle Unbill des irdischen Lebens und der seelischen Gefahren aufbaut: Erlösung und Bewahrung vor Unglück und Schaden, vor Sünden, vor Gottes Zorn, vor Unglauben, vor ewigem Tod, vor dem Teufel, der Hölle, der ewigen Verdammnis. Die Zusammenfassung dieses Erlösungskataloges nähert sich dann wieder dem lutherischen Text; im Grunde stellen die Zusätze Trubars, wie häufig zu beobachten, eine Paraphrasierung biblischer Grundwahrheiten und religiöser Dogmen dar, die in ihrer Eigenschaft als Paraphrasierung nicht die (durch Luther) vorgegebene theologische Richtung in der Kommentierung verlässt. Trubar ist in der parallelisierten Darstellung ausschmückender und wortreicher, wie die folgende Gegenüberstellung bestätigt:

Luther	Trubar
[...] daß uns der Vater im Himmel von allerlei Übel an Leib und Seele, Guts und Ehre erlöse	[...] de nas tudi Bug obaruie pred vſem teim, kar on vei de nom ima shkodi priti na dushi inu na teleſſu.
Und zuletzt, wenn unser Stündlein kommt, Ein seliges Ende beschere und mit Gnaden Von diesem Jammertal zu sich nehme in den Himmel. (Kl. Katechismus, Vaterunser (Siebente Bitte), p. 3976)	Inu ſuſeb, tedai kadar bomo merli, de nas ne ſapuſti, de nom da eno ſrezhno vuro, de ſe lozhimo is tiga ſuita vpraui Veri, inu de bomo tedai naideni vpokuri inu vkerszhanskim ſtanu, de gremo is tiga hudiga neſueiſtiga ſuita inu slega, vta nebeski pokoi.[35] (Catechismus, p. D5)

Trubars Bemerkungen zum Beschluss des Vaterunsers zeigen deutlich das Eingehen auf seine Zuhörer, seine Landsleute, die geplagten Menschen, von denen der Seelsorger weiß. Er verkündet in konzentrierter Häufung Trost und Hoffnung auf das Himmelreich, die Gemeinschaft mit Gott, dem wahren Vater, „per nega lubim Synom Iesuſu Criſtuſu nashim Goſpudi inu Ohraneniku, Inu per vſeh

35 [dass uns auch Gott bewahre vor all dem, was er weiß, dass es uns Schaden bringt an Leib und Seele. Und dann, wenn wir nun sterben werden, dass er uns nicht verlässt, dass er uns eine glückliche Stunde gibt, dass wir uns verabschieden aus dieser Welt im wahren Glauben, und dass wir dann bußfertig gefunden werden und im christlichen Stand, dass wir aus dieser bösen, treulosen Welt in die himmlische Ruhe eingehen.]

Boshyh Angelih inu Suetnikih Immer tar vſelei."[36] Ehre, Würde und Herrschaft Gottes und seines Reiches dauern nicht nur „ein, zehn, zwanzig oder sechzig Jahre, sondern immer und ewig." Mit dieser pädagogischen Bemühung um Verständnis der Dimensionen ist Trubar in seinem Element der seelsorgerlichen Zuwendung an seine Landsleute.[37]

3. Die zehn Gebote, Rechtfertigung, gute Werke: die theologische Reifung Trubars

Die Abhandlungen zu den zehn Geboten stellen innerhalb des Katechismus von 1555 die bis dahin reifsten theologischen Einsichten Trubars vor. Wir können hier die im Katechismus üblichen und bisher nachgewiesenen Anlehnungen, wörtlichen Übernahmen aus dem Kleinen Katechismus bzw. dem Katechismus von Brenz 1535 und dem Großen Katechismus übergehen. Ebenso lassen sich die typischen Ergänzungen des Slowenen konstatieren.[38]

36 [durch seinen lieben Sohn Jesus Christus, unseren Herrn und Erhalter, und alle Engel Gottes und die Heiligen immer und ewig.] *Catechismus*, a. a. O., p. D 6.

37 Das setzt sich im nächsten Hauptstück fort; hier sei anhand des 4. Gebotes Trubars eindringliche Vorstellung und Ermahnung an seine Landsleute wiedergegeben: Die Eltern werden ermahnt, „de ſui ſtan prou pelaio, de imaio eno prauu ozhinu ſerce pruti ſuim Mlaſhim inu pruti tim kir ſo pod nih oblaſtio, de nim ſyle inu kriuine, Aufruhr oder Krieg ne deio." [dass sie ihren Stand recht führen, dass sie ein wahres väterliches Herz haben gegenüber seinen Kindern und gegenüber denen, die unter seiner Herrschaft sind, dass man ihnen keine Gewalt und kein Unrecht, Aufruhr oder Krieg antut.] (*Catechismus*, p. E 7) Gleichermaßen ermahnt er die Jungen, „Bug [...] oſtru prepoueda tim Mlashim, ſtarishe oli Viſshe, reſerditi, ſepuſtiti, nim kraſti, odmermrouati, shpotati, puſtiti kai potratiti, vſtaieti ſubper nee, pund oli kreg ſa zhenati." [Gott verbietet streng den Jungen, die Eltern oder Oberen zu erzürnen, zu verlassen, sie zu bestehlen, über sie zu murren, zu spotten, sie zurückzulassen und verschwenderisch zu sein, gegen sie sich zu erheben, Aufruhr oder Krieg anzuzetteln.] (A. a. O.) Ergänzend zu Luthers Aufruf, die Eltern zu ehren, da sie „von Gott gegeben" sind (Gr. Katechismus (Viertes Gebot), p. 1757) und der Androhung von Strafen (a. a. O., pp. 1770 f.), fordert Trubar, nichts ohne ihren Willen zu tun, insbesondere nicht ohne Einverständnis zu heiraten, alles willig zu ertragen, wenn sie schlechter Laune sind, zornig, Gewalt anwenden. Er erweitert das in Einklang mit Luther (a. a. O., p. 1769) über die Eltern hinaus auf die Landesherren, die Prediger, Pfarrer, die Herrschaft. (*Catechismus*, pp. E 6, E 8; Gr. Katechismus, pp. 1766 f.).

38 Trubar übt sich im Lobpreis des kindlichen Gehorsams gegenüber den Eltern wie auch bei der Warnung vor Ungehorsam in Steigerungen, deren Endpunkt die Verdammnis ist, und führt gleichzeitig Schicksalsschläge an, die für seine Situation typisch sind: „Ta iſti ne bode dolgu shiu, obene ſrezhe inu dobrute imel na tim ſueitu, *bode pregnan is ſuie deshele* (Hervorhebungen G. G.), hud konez vſame, inu aku pokure ne dei, bode tudi Ferdamnan."

Die Analyse dieses Hauptstückes beschäftigt sich mit einigen Thesen, die Kernstücke der reformatorischen Überzeugung und vor allem der lutherischen Lehre sind. Bedeutsam ist dabei, dass Trubar parallel, aber in eigener Argumentation Luthers Deutung des biblischen Wortes vollzieht.

Trubar diskutiert das Problem der „guten Werke", ihren Nutzen und ihre Wirkung. Im Zusammenhang mit dem 1. Gebot wird alles verneint und als falsche Lehre bezeichnet, was nicht von Gott selbst geboten ist. („Vſe Boshye slushbe kir ne ſo od Buga poſtaulene oli ſapovuedane." [Alle Gottesdienste, die nicht von Gott eingesetzt oder geboten worden sind.] – Catechismus, p. E 2). Zur „falschen" Lehre gehören für Trubar, sich auf fromme, gute Werke, auf Klugheit, Wissen, Schönheit und Besitz zu verlassen. Alles nützt nichts, außer der Gnade Gottes. Die Aussage ist eindeutig und noch ohne Nachfrage nach dem Sinn von „guten Werken". Die von Trubar gegebenen Impulse erinnern an Luthers Einstellung in seiner Abhandlung „Von den guten Werken" (1520), die der slowenische Reformator sicher gekannt hat. Die Grundaussage stimmt mit Trubars Formulierung überein: „Zum ersten ist zu wissen, daß es keine guten Werke gibt, außer denen allein, die Gott geboten hat."[39]

In Luthers argumentativer Fortsetzung des Verhältnisses von Gottes Geboten zu den Rechtfertigungsanstrengungen des Menschen ergibt sich eine Parallele zu Trubars Hinweis auf eitle Unterfangen, aus sich selbst heraus wirken zu können.

> „Demnach müssen wir die Unterscheidung der guten Werke aus den Geboten Gottes lernen und nicht aus dem Schein, der Größe oder Menge der Werke selber, auch nicht aus dem […] menschlichen Gesetz oder Weise, wie wir sehen, daß es durch unsere Blindheit unter großer Verachtung göttlicher Gebote geschehen ist."[40]

Für beide mündet dieser theologische Ansatz im „sola fide", d. h. im Vertrauen auf Gottes Gnade, wie es bei Trubar heißt. Die Grenzen werden sehr klar gezogen zwischen dem vergeblichen menschlichen Streben nach Gerechtigkeit außerhalb des Glaubens und den aus der Glaubensgewissheit entstehenden guten Werken. „Siehe da", schreibt Luther, „alle diese Werke geschehen außerhalb des Glaubens, darum sind sie nichts und ganz tot.[41] Roman Globokar

---

[Der wird nicht lange leben, kein Glück und keine Wohltaten auf dieser Welt haben, *er wird aus seinem Land verjagt werden*, ein schlimmes Ende nehmen und, wenn er nicht Buße tut, wird er auch verdammt werden.] (*Catechismus*, p. E 7).

39 „Von den guten Werken" (1520). In: *Luther Deutsch*, a. a. O., p. 1222.

40 A. a. O.

41 Trubar fasst am Ende seiner Ausführungen im 4. Abschnitt der „Langen Vorrede" das Verhältnis Glauben – gute Werke so zusammen, dass gute Werke nicht vom Glauben getrennt werden können, der sonst ein „toter Glaube" sei, kein gutes Werk aber für sich vor

hat sich in seinem Aufsatz „Trubarjeva etika“[42] unter dem Abschnitt „Luthers Auffassung von den guten Werken“ auf Luthers angeführtes Traktat bezogen. In der Zusammenfassung von Luthers Ethik[43] wird dargelegt, dass die „guten Werke“ aus der Zuversicht des Glaubens heraus geschehen, d. h. eine Folge sind und nicht etwas erzwingen können – der Handlungsimpuls geht von Gott aus, nicht vom Menschen. Insofern ist der Satz von Globokar irreführend: „Posameznik kot individuum je sam pred Bogom in je suveren pri svoji odločitvi (pomen osebne vesti).“

> „Denn wie ihr Gewissen gegen Gott stehet und glaubet, so sind die Werke auch, die daraus entstehen“,

heißt es bei Luther, und weiter:

> „[...] ist da kein Glaube, kein gutes Gewissen Gott gegenüber. Darum ist den Werken der Kopf ab und all ihr Leben und Guttun nichts. Daher kommts: wenn ich den Glauben so sehr betone und solche ungläubigen Werke verwerfe, beschuldigen sie mich, ich verbiete gute Werke, obwohl ich doch gerne rechte gute Werke des Glaubens lehren wollte.“[44]

Trubar vermittelt in seiner Zusammenfassung zu diesem Hauptstück des Katechismus, dass der Mensch weiß, was „Gott gefällt und ihm dient“ und deshalb

---

Gott gerecht macht: „od vſiga dobriga diane, kar ty kerszheniki, rauen inu poleg te Vere, ſture inu imaio, koker taka dobra della, ſe od te praue Vere, koker malu luzhinu vrozhuſt od Sonza, ne lozhio, inu ta Vera pres dobriga diane, pres dobrih del, pres pokorszhine pruti Bogu inu pres lubesni, ie ena mertua inu Hudizheua Vera. Oli vſai obenu nashe dellu, obena druga rezh, nas ne ſturi brumne pred Bugom, inu ne dobi tiga Odpuſzhane tih Grehou, ni tiga vezhniga lebna.“ [Von allen guten Taten, die die Christen mit und neben dem Glauben tun und haben, wie die guten Werke, die kann man nicht trennen vom rechten Glauben, wie einen kleinen Strahl von der Sonnenhitze, und Glaube ohne gute Taten, ohne gute Werke, ohne Gehorsam gegenüber Gott und ohne Liebe ist ein toter und teuflischer Glaube. Keines unserer Werke, keine andere Sache macht uns fromm vor Gott und erlangt nicht die Vergebung der Sünden und nicht das ewige Leben.] (Trubar, *Ena dolga predguvor*, Reprint, Ljubljana 1986, p. 141).

42 Roman Globokar, „Trubarjeva etika“. In: *Primož Trubar. Simpoziji v Rimu*, a. a. O., pp. 218 f.

43 Der Begriff scheint uns in diesem Zusammenhang fehl am Platz, auch wenn er auf Heinrich Bornkamm zurückgeht, der die Schrift Luthers über die guten Werke so auszeichnet (vgl. dazu p. 135, Anm. 69 ds. Arbeit). Ethik ist ein philosophischer und kein theologischer Begriff; ethische Einstellungen beziehen sich auf menschliches Verhalten untereinander; Luther geht aber von der Wirkmächtigkeit Gottes aus und der menschlichen Passivität (dem Geschehen-Lassen). Die „guten Werke“ sind keine bewirkende „Tat“, sondern sie ergeben sich aus der Gnade und dem vermittelten Glauben: „fides est creatrix divinitatis, non in persona, sed in nobis“: Christus wirkt im Gerechtfertigten gute Werke (Gerhard Ebeling, „Martin Luther. Theologe“. In: *RGG*[3] 4, p. 515).

44 „Von den guten Werken“ (1520). In: *Luther Deutsch*, a. a. O., pp. 1222 f.

alle Werke außerhalb des Glaubens an Gott nichts nütze sind, und seien sie noch so groß und schön.[45]

Die Ausführlichkeit, mit der Trubar diesen Gedanken der vergeblichen Suche nach Gerechtigkeit aus eigener Kraft und demgegenüber der passiven Deutung von „iustitia Dei", dem empfangenden Gläubigen, nachgeht,[46] zeugt davon, welches Gewicht er diesem reformatorischen Anliegen – ähnlich wie Luther – gibt. Die Ablehnung der „Menschensatzung", der „Menschengebote" verdeutlicht der Slowene mit dem Bibeltext Matth. 15, 8 f., wo den Schriftgelehrten vorgeworfen wird, dass sie vergeblich dienen, weil ihre Lehren „nichts als Menschengebote sind" („ſa uolo kir oni le te vukuue inu ſapuuidi vuzhe, kir ſo od ludi poſtauleni.")[47] Das „Geschenk" des Glaubens, die passive Deutung von „iustitia Dei", führt Trubar ebenfalls an dieser Stelle an:

> „Kadar mi gouorimo, koker ie riſniza, de mi le ſa volo ſame Ieſuſeue Martre, aku veruiemo, bomo ohraneni. Taku mi per tim te poſtaue inu te praue slushbe, ne ſauershemo tu Odreshituu, skuſi nega kry, tu odpushane tih grehou."[48]

In der Auseinandersetzung mit Erasmus („Vom unfreien Willen" 1525) betont Luther, dass der freie Wille (= gute Werke) aus eigener Kraft „nichts Gutes wollen [kann] und mit Zwangsnotwendigkeit der Sünde [diene]."[49] Der Mensch hat nach dem Sündenfall die Freiheit, nicht zu sündigen, verloren. Das Tun des Guten wird erst durch die Gnade Christi ermöglicht, d. h. im Glauben.[50] Der Mensch kann nichts an Eigenqualitäten zur Rechtfertigung beisteuern; er ist der passiven Gerechtigkeit (iuistitia Dei passiva) unterworfen. Diese Erkenntnis ist bei Trubar eingebracht im Frage- und Antwortsystem zwischen Vater und Sohn. Auf die Frage, wozu gute Werke notwendig sind, wenn ohne unser Handeln und Verdienst, umsonst, das ewige Leben durch Christi Gnade erlangt wird, antwortet der Sohn mit dem „sola fide" („durch das Opfer Christi werden wir, wenn wir glauben, bewahrt."[51]) Hier spiegelt sich der lutherische Ansatz von der fehlenden menschlichen Handlungsfreiheit und vom Geschenk der passiv empfangenen

45 *Catechismus*, p. H 3.

46 *Catechismus*, pp. H 3–H 4.

47 [weil sie die Lehren und Gebote lehren, die von Menschen aufgestellt worden sind] A. a. O., p. H 4.

48 [Wenn wir reden, wie Wahrheit ist, [dann], dass wir nur um Jesu Marter selbst willen, wenn wir glauben, behütet werden. Wenn wir die Gesetze und den rechten Gottesdienst nicht verwerfen, erlangen wir die Erlösung durch sein Blut, die Vergebung der Sünden.] *Catechismus*, pp. H 5–H 5 a; und wiederholt im folgenden Abschnitt.

49 „Vom unfreien Willen" (1525). In: *Luther Deutsch*, a. a. O., p. 21.

50 *EKL*, a. a. O., Bd. P–R, Stichwort: „Rechtfertigung", Sp. 1461.

51 *Catechismus*, p. H 5.

Rechtfertigung wider.[52] Da Gemeinsamkeiten auch mit Brenz (Katechismus 1535) vorhanden sind, sollen die Texte gegenübergestellt werden.

Brenz	Trubar
Frage: Mögen wir auch die Gebote Gottes vollkommen mit unsern guten Werken erfüllen? Antw.: Nein, denn unsere guten Werke sind von wegen der Sünde, darin wir empfangen und geboren sind, nicht ganz vollkommen gut.	O. Aku i pag dershish popelnoma te Boshye sapuuidi? S. Ieſt inu oben zhlouik na tim ſueitu tih popelnoma ne dershi. Sakai naſſhe meſſu, ta vola, inu miſſal ta ta naſha natura inu shega, tu ie vſe iskashenu skuſi ta greh, ie le na hudu naklonenu[53] (Catechismus, p. G).

Trubar füllt den Text zwischen obiger negativer Erkenntnis und der positiven Gnadenlösung mit bekräftigenden Bibelzitaten.

Aber unser HERR Gott hat uns seinen Sohn [...] der nie kein Sünde hat getan und der alle Gebote Gottes vollkommen erfüllt hat, zum Eigentum geschenkt. So wir nun an denselben glauben, hält uns Gott aus Gnad und Barmherzigkeit von wegen Jesu Christi dafür, als hätten wir selber alle seine Gebote erfüllt.	Obtu ie Bug ozha nebeski, meni inu vſem ludem dal inu shenkal ſuiga lubiga Synu Ieſuſa Criſtuſa, ta nei obeniga greha nigdar ſmislil oli ſturil, Ta iſti ie ſam na meiſtu vſeh Vernih tim Boshym poſtauom inu ſapuuidom ten ſturil ſadoſti, te popelnoma dopelnil [...] on dobil, de Vſaketeri, kir v nega veruie, ima odpuſtig vſeh grehou.[54]
(Weismann, a.a.O. Katech. 1535, pp. 691 f.)	(Catechismus, p. G a)

52 Auch hier finden sich Übereinstimmungen zwischen Luther und Trubar. Das Verhältnis von „Glaube" und „guten Werken" ist bei beiden eindeutig festgelegt: „Per tim vuzimo inu opominamo vſe kerſzhenike, de to nih prauo vero ſpryzhaio inu iskasho ſo vſeimi dobrimi delli, ſa enem brumnim poshtenim lebnom." [Damit lehren und ermahnen wir alle Christen, dass sie ihren wahren Glauben bezeugen und suchen mit allen guten Werken, in einem frommen, rechtschaffenen Leben.] (*Catechismus*, p. I 3 a); Luther schreibt dazu in der Vorlesung über den Galaterbrief (1516/17), dass der Glaube an Christus wohl genüge, auch ohne gute oder böse Werke, „aber keiner hat einen so starken Glauben, daß er nicht noch stärker werden könnte oder müßte. Um ihn wachsen zu lassen, muß man daher gute Werke vollbringen und böse meiden." (*Luther Deutsch*, a. a. O., pp. 745 f.).

53 [Vater: Wie hältst du die Gebote Gottes vollkommen? Sohn: Es gibt keinen Menschen auf dieser Welt, der sie vollkommen hält, weil unser Fleisch, Wille und Gedanke, unsere Natur und Wesen, alles verdorben ist durch die Sünde und zum Bösen neigt.]

54 [Aber Gott der himmlische Vater hat mir und allen Menschen seinen lieben Sohn Jesus Christus gegeben und geschenkt, der niemals irgendeine Sünde gedacht oder getan hat. Der hat selbst an Stelle aller Gläubigen den Gesetzen und Geboten Gottes genüge getan, sie vollkommen erfüllt. ... Er hat erworben, dass jeder, der an ihn glaubt, die Vergebung aller Sünden erhält.]

Brenz bestimmt die Unvollkommenheit der „guten Werke" nicht ganz so radikal, wie es Trubar in Abhängigkeit von Luther tut. Für Brenz dienen die „guten Werke" dazu, den Glauben zu bezeugen; sie sind sozusagen ein Ausweis der richtigen Einstellung.[55] Trubar dagegen betont die Unmöglichkeit, die Gebote Gottes einzuhalten, trotz aller guten Taten und guten Werke nichts bis zum Tod hin auszurichten.[56] Er liegt damit auf der Linie Luthers, dessen Einsicht in die Vergeblichkeit solcher Anstrengungen aufgeht in dem „allein aus Jesus Christus, umsonst versprochen und gegeben."[57] Das Gesetz ist damit für Luther überwunden, der Glaubende ist „supra legem". Trubar argumentiert ähnlich in der Zusammenfassung des Dekalog-Hauptstückes:

> „Inu leta vuſſ vuk mi imamo od tih prerokou, Criſtuſa, Iogrou, tar ner vezh od S. Paula, Ta vſeh nega liſteh vuzhi, de to miloſt Boshyo, odpuſtig, prauizo, kir pred Bugom vela inu obſtoy, inu ta vezhni leben, Imamo le skuſi to vero Vieſuſa Criſtuſa inu nekar skuſi oli ſa volo dershane tih Sapuuid, oli nashih dobrih dellou."[58]

Luthers Katechismus-Anordnung vom AT zum NT, vom Dekalog über das Glaubensbekenntnis zum Vaterunser ist theologisch so gewollt. Es symbolisiert die Aufhebung des zur Rechtfertigung untauglichen Gesetzes, das den Menschen nicht aus der Sünde befreien kann (peccator coram deo), durch das Evangelium, d. h. den Glauben an Christus. Trubar hat, in Anlehnung an Brenz, diese Reihenfolge nicht übernommen, teilt aber in seinen Ausführungen zum Dekalog die theologischen

55 Allerdings übernimmt Trubar einige Seiten später die Argumentation von Brenz fast wörtlich, bringt sie jedoch in einen anderen Zusammenhang. Brenz beantwortet die Frage, wozu „gute Werke" nützlich seien, mit dem Hinweis, dass sie nichts zur Erlösung von den Sünden beitragen, wohl aber Zeugnis für den Glauben sind. Trubar benutzt das Psalmwort (Ps. 143, 2), um darauf hinzuweisen, dass alle guten Werke in Demut geschehen sollen, weil „oben zhlouik ne bode naiden prauizhin." [kein Mensch als gerecht erfunden wird] (*Catechismus*, p. I 4). In gewisser Weise ist zu erkennen, welche Schwierigkeiten die Diskussion um die „guten Werke" dem Verständnis der Reformatoren bereiten, vor allem aber großer Erklärungsanstrengungen bei der Vermittlung an die christliche Gemeinde bedürfen.

56 *Catechismus*, p. G 6; ähnlich auch a. a. O., p. I 3: „Nach Gottes Willen leben, gutes Gewissen bewahren, Gott und dem Nächsten dienen; wir haben nichts zu hoffen, auf diese Weise das ewige Leben zu erlangen. „Ta imamo is miloſti Boshye ſabſton, ſa volo Ieſuſeuiga ſaslushena." [Das haben wir aus Gottes Gnade umsonst, durch Jesus erworben] (*Catechismus*, p. I 3).

57 „Von guten Werken", (1520). In: *Luther Deutsch*, p. 1247.

58 [Und die gesamte Lehre haben wir von den Propheten, von Christus, den Jüngern und vor allem vom Hl. Paulus. Er lehrt in allen seinen Briefen, dass Gottes Gnade verlässlich ist, ein Anspruch, der vor Gott gilt und besteht; und das ewige Leben haben wir nur durch den Glauben an Jesus Christus und keinesfalls durch das Einhalten der Gebote oder unsere guten Werke.] *Catechismus*, pp. I 4–I 4 a.

Anschauungen Luthers. „Erst durch das Gesetz kommt Erkenntnis der Sünde"[59] – mit dieser Vorstellung übernimmt Trubar aus der ihm bekannten Schrift gegen Erasmus Gedanken Luthers (Paulus), der durch diese Erkenntnis den Weg zum Heil (NT) geebnet sieht.[60] Den Weg dorthin gibt er im „Großen Katechismus" mit dem Hinweis an, „daß kein Mensch [...] eines von den zehn Geboten halte, [...] sondern daß noch beide, das Glaubensbekenntnis und das Vaterunser, zu Hilfe kommen müssen."[61] Da das Gesetz zum Erreichen dieses Ziels unabdingbar ist, ist es nach Luther als Wort Gottes anzusprechen, ein „Zuchtmeister auf Christus hin und auf den Glauben an ihn" (Gal.3, 24).[62] Trubar beruft sich ebenfalls auf den Galaterbrief; für ihn ist Paulus der „Pädagoge und Schulmeister", „Sakai te Sapuuidi nas vodio le HCriſtuſu, per katerim ſamim ſto Vero naidemo to prauo prauizo, kir nom bode tukai od Ieſuſa shenkana."[63] Alle Elemente sind vorhanden, der Weg vom Dekalog zum Evangelium (Christus), vom unerfüllbaren Gesetz zur geschenkten Gnade. Trubar wiederholt diese Formulierung wenig später mit den erläuternden und für seine Landsleute verständlichen Beispielen:

> „Te Sapuuidi nas le vodio, napelauaio inu vishaio Hcriſtuſu, koker te bolnike na dushi inu na teleſſu, htimu paruimu Arzhatu, te lakotne, htimu prauimu kruhu, te sheine htimu prauimu ſtudenzhu, kir vtem mi ſtoimo, hti praui luzhi, kir ſmo ſeshli, nata praui pot."[64]

Es gibt weitere Parallelen zwischen der theologischen Aussage Luthers und den Ausführungen Trubars, die nicht unbedingt eine systematische Nutzung des deutschen Vorbildes aufweisen, sondern Luthers Texte als Anregung und Bestätigung eigener Festlegungen verwenden. Das ist insbesondere dort der Fall, wo der Ausgangspunkt der Betrachtung Texte des NT sind, deren spezielle Deutung die angesprochene Situation berührt.

59 *Catechismus*, p. G 5.

60 „Vom unfreien Willen" (1525). In: *Luther Deutsch*, a. a. O., p. 2204.

61 „Der große Katechismus" (1529), a. a. O., p. 1819.

62 „Ein Urteil Luthers über die Klostergelübde" (1521), a. a. O. p. 1610; vgl. die gleiche Nutzung der Bibelstelle bei Trubar, *Catechismus*, a. a. O., p. G 8.

63 [weil die Gebote uns zu Christus führen, durch den selbst wir den Glauben finden, das wahre Recht, das uns hier von Jesus geschenkt wird.] *Catechismus*, pp. G 8–G 8 a.

64 [Die Gebote leiten uns nur, sie bringen und erhöhen uns zu Christus, wie die an Seele und Körper Erkrankten zum nächstbesten Arzt, die Hungrigen zum rechten Brot, die Durstigen zur rechten Quelle, wir, die da stehen, zum rechten Licht, wir, die wir unterwegs sind, auf den rechten Weg.] *Catechismus*, a. a. O., p. H 2; die Parallelen in der Beweisführung, dass der Verheißungsweg von Abraham zu Christus führt, finden sich bei Trubar a. a. O., pp. H 8–H 8 a, und bei Luther „Von der babylonischen Gefangenschaft der Kirche" (1520). In: *Luther Deutsch*, a. a . O., pp. 1374–1376.

Luther hat darauf verwiesen, dass ohne die Gebote der Mensch nicht in der Lage sei, die Übertretungen zu erkennen und damit „kein Raum noch Hoffnung auf ein Heilmittel [sei]".[65] Diese in der Diskussion mit Erasmus vorgetragene Sichtweise, die sich an den Galaterbrief (Gal.3, 19) anlehnt und gegen die von dem Humanisten behauptete Freiheit der Entscheidung wandte,[66] spiegelt sich bei Trubar in den zusammenfassenden Erläuterungen zum Nutzen der zehn Gebote wider. Ebenfalls Bezug nehmend auf den Galaterbrief bestätigt Trubar, dass der Weg vom Gesetz Gottes zu Christus führt und durch ihn, weniger durch das Gesetz, der Mensch gerechtfertigt wird, um vor Gott am Jüngsten Tag zu bestehen.[67] Angeprangert werden die Pharisäer und Heuchler, die äußerlich nach dem Gesetz leben, es aus eigener Kraft halten wollen und sich anmaßen, mit ihren guten Taten Vergebung der Sünden zu erlangen.[68] Die Kritik Luthers an solchem Verhalten durchzieht seine frühen reformatorischen Schriften und ist natürlich konzentriert in der Abhandlung „Von den guten Werken" (1520), die als „erste evangelische Ethik" gilt.[69] Der Sermon steht im Zusammenhang mit den Gebotsauslegungen[70]; die Verbindung mit Trubars Katechismus, die an anderer Stelle ebenfalls schon nachgewiesen wurde, ist daher nicht verwunderlich. Die Schärfe des Urteils lässt sich bereits bei Luther nachlesen:

> „Es ist lauter Gleißen, Scheinen, Fälschen und nichts dahinter. Das sind alle, die durch viele gute Werke (wie sie sagen) sich Gott wohlgefällig machen und Gott seine Huld abkaufen wollen, gleich als wäre er ein Trödler."[71]

Trubar hat den von Luther herausgearbeiteten biblischen Zusammenhang von AT und NT auf der Grundlage entsprechender Passagen im biblischen Text nachvollzogen und damit den (Heils-)Weg vom Sündenfall über das Gesetz Mose zum Evangelium, der für den deutschen Reformator mit allen damit verbundenen Problemen (Rechtfertigung, gute Werke, sola fide) zentrale Aussage war, übernommen. Die einzelnen theologischen Schritte Luthers finden sich in ihren Blockaussagen bei Trubar wieder:

65 „Vom unfreien Willen" (1525). In: *Luther Deutsch*, a. a. O., p. 2204.

66 Nach Luther war die alleinige „Auslieferung" an die Gnade Christi der Rettungsweg, der eine freie Willensentscheidung als kontraproduktiv ansehen musste.

67 *Catechismus*, a. a. O., pp. G 8–G 8 a.

68 *Catechismus*, a. a. O., p. H 1.

69 Heinrich Bornkamm: „Martin Luther. Leben und Schriften". In: *RGG*³ Bd. 4, 485. Luther habe in diesem Sermon „den Glauben als Wurzel aller wahren guten Werke" aufgewiesen. (A. a. O.).

70 „Von den guten Werken" (1520). In: *Luther Deutsch*, a. a. O., p. 1222.

71 A. a. O., p. 1234; ähnliche Ausführungen vgl. „Der Große Katechismus" (1529). In: *Luther Deutsch*, a. a. O., p. 1782.

Luther	Trubar
So hat er dem Adam […] diese Verheißung gegeben und zur Schlange gesagt: „Ich will Feindschaft setzen zwischen dir und dem Weibe, und zwischen deinem Samen und ihrem Samen. Derselbe soll dir den Kopf zertreten, und du wirst ihn in die Ferse stechen“ (1. Mose 3, 15).	Bug ie […] pred Adamom inu Euo htimu Hudizu, hti kazhi, taku gouuril, Tu Shensku Seime, ima tuio Glauo ſtreti.
Danach hat er Abraham versprochen, daß „alle Geschlechter auf Erden in seinem Samen sollen gesegnet sein“ (1. Mose, 12,3).	Potle htimu Abraamu, Skuſi tuie Seime bodo shegnani vſi ludie,
Danach hat er Mose und den Kindern Israel, besonders David, eine ganz deutliche Verheißung von Christus gegeben.	Tu Seime po islagi tih Prerokou inu S. Paula, Ieſus Criſtus praui Bug inu praui zhlouik,
So ist es schließlich zu der allervollkommensten Verheißung, zu der des neuen Testaments, gekommen, in welcher mit klaren Worten das Leben und Seligkeit sonst verheißen und denen geschenkt werden, die der Verheißung glauben. (Von der babyl. Gef., pp. 1374–1376)	Letu ie nom ſam Ieſus ſuio Martro dobil inu ie nom tu iſtu ſabſton dal tar shenkal, inu tako shenkingo mi skuſi to vero vnega, na ſe perprauimo.[72] (Catechismus, p. H 8–I)

Trubar hat die „Spur“ reformatorischen Denkens aufgenommen, in die er nun auch das Problem der guten und bösen Werke einordnen kann. Gute oder böse Taten sind kein Eigenwert, sondern einbezogen in die Gnadenlehre Christi. Gute Taten können nicht gegen böse (die Trubar als Verstöße gegen die Gebote, gegen christliche Werte ausführlich aufzählt) aufgewogen werden; gute Werke, gute Taten verdienen nichts, auch wenn die Menschen getauft sind und

> „veliku od Criſtuſa inu te Vere gouore, do tle vtih grehih ſtoye, ne deio praue pokure, ne imaio obeniga deila per Criſtuſu, nemaio S. Duha, nih Vera nei prou, nishter nei vredna, Inu vnebeſſa ne prido.“[73]

72 [Gott hat vor Adam und Eva zum Teufel, der Schlange, gesagt, der Same des Weibes wird deinen Kopf zertreten. Danach zu Abraham: durch deinen Samen werden alle Menschen gesegnet. Der Same ist nach Auslegung der Propheten und des Hl. Paulus Jesus Christus, wahrer Gott und wahrer Mensch; so hat Jesus selbst durch seine Marter das erreicht und uns das umsonst gegeben und geschenkt, und so das Geschenk durch den Glauben an ihn bereitet.]

73 [weit von Christus weg und dem Glaubensgespräch stehen sie bis zum Grund in Sünden, tun keine echte Buße, haben keinen Anteil an Christus, haben nicht den Hl. Geist, keinen

Die Verbindung AT – NT, der Weg vom Gesetz zum Evangelium, von der iustitia activa zur iustitia passiva ist hier wiederum angesprochen. Luther erläutert in seiner Vorrede zum AT (1523) diese Beziehungen, dass nämlich die Hilfe nicht durch Gesetz noch eigene Werke, sondern durch Christus verheißen ist, „der Glaube von Anfang der Schrift durch und durch gepriesen werde über alle Werke, Gesetz und Verdienst."[74]

Trubars Interpretationen zu den zehn Geboten folgen nur noch äußerlich der Frage- und Antwortanordnung (ähnlich wie Luther im „Kleinen Katechismus"). Die theologische Intensität der Argumentation übersteigt die vorgeführte Vater-Sohn-Beziehung und stellt die Diskussion über wesentliche Glaubensfragen in den Mittelpunkt.

Wie gezeigt werden konnte, stellt dieser zweite Katechismus einen entscheidenden Schritt in der reformatorischen Entwicklung Trubars dar; der Katechismus ist der Einstieg in die Interpretation der komplizierten theologischen Zusammenhänge, mit denen sich die Reformatoren beschäftigten. Luthers Dogmen, das darf nun schon behauptet werden, sind dabei für den Slowenen richtungsweisend gewesen.

4. Melanchthons Rolle

Es ist angebracht, an dieser Stelle einen Blick auf den Katechismus von Melanchthon zu werfen. Der genaue Titel der 1545 in Wittenberg und 1549 in Leipzig erschienenen umfangreichen Schrift lautet „Catechesis puerilis, recognita a Philippo Melanchthone".

Die Frage, ob und inwieweit Trubars Gedankengänge an Philipp Melanchthon anknüpfen, lässt sich in Bezug auf diese Quelle nicht eindeutig beantworten. Trubar hatte bereits in seiner Triester Zeit Schriften Melanchthons kennengelernt, ebenso in Ljubljana, und es ist vorauszusetzen, dass er sich für den Weggefährten Luthers, der die Reformation entscheidend mitgeprägt hatte, weiterhin interessierte. Es ist zudem anzunehmen, dass dem Slowenen das 1545 in Wittenberg erschienene umfangreiche lateinische Werk „Catechesis puerilis" bekannt war. Es ist eine ausführliche Dekalog-Auslegung, nur noch rudimentär gegliedert in die Frage- und Antwortform. Im Anhang werden grundsätzliche Themen der Reformation kurz zusammenfassend behandelt; diese Einschränkung fällt gegenüber der intensiven Befassung mit den Geboten auf: Gesetz – Evangelium (De

---

Glauben, nichts wahres, nichts nützliches, und kommen nicht in den Himmel.] *Catechismus*, a. a. O., p. I 2.

74 „Vorrede zum Alten Testament" (1523). In: *Luther Deutsch*, a. a. O., p. 2990; vgl. auch die deutliche Aussage in „Die Summe christlichen Lebens" (1532), a. a. O., p. 4076.

Evangelio. Quid differt lex ab Evangelio), Rechtfertigung (De iustificatione), gute Werke (De bonis operibus), Sakramente (De Sacramentis).

Die Einteilung Melanchthons entspricht nicht der von Brenz, Luther und Trubar. Der Dekalog wird in der Besprechung der Gebote in einzelne Abschnitte aufgeteilt, die das Verhalten des Menschen zu den Vorschriften aus moraltheologischer Sicht erörtern, wie die Überschriften zu einzelnen Abschnitten des 1. und 2. Gebotes zeigen:

Was sagt das 1. Gebot aus (Quid praecipit primum praeceptum); halten die Menschen das Gebot ein (Satisfaciunt ne homines huic praecepto); welches sind die Sünden gegen das 1. Gebot (Quae sunt peccata contra primum praeceptum); welches ist die Strafe bei Verletzung des 1. Gebotes (Quae est poena violati primi praecepti); welches Versprechen ist mit dem 1. Gebot verbunden (Quae est promissio addita primo praecepto). Sünden gegen das 2. Gebot (Peccata contra secundum praeceptum); ist es Christen erlaubt zu schwören (An liceat iurare Christianis); welche Drohung ist dem Gebot beigegeben (Quae est comminatio addita huic praecepto); muss die Obrigkeit nicht den Meineid bestrafen (Debunt ne Magistratus punire periuria).[75]

Natürlich sind allgemeine reformatorische Erkenntnisse zur Deutung der Gebote, die Verbindung zu den Evangelien und das Problem der Rechtfertigung hier angesprochen, wie bei Luther und dann auch Trubar, etwa im Abschnitt „De Evangelio“, in dem sich Melanchthon einleitend ausführlich über die Rechtfertigung („De iustificatione“) auslässt:

> „IUSTUS in his Pauli disputationibus significat idem quod acceptus seu placens Deo. Et IUSTIFICATIO est remiſſio peccatorum et acceptatio coram deo, cum qua coniuncta donatio spiritus sancti.“[76]

Daraus lässt sich jedoch keine direkte Anlehnung oder gar Übernahme konstruieren, wie sie bei Trubar durchaus in Verbindung mit Luther und seinen Texten sowie dem Katechismus von Brenz gegeben ist. Die Parallelität des Katechismusaufbaus, die bei Trubar – Luther – Brenz vorhanden ist und Vergleiche ermöglicht, fehlt in der umfänglichen Schrift Melanchthons.

Die christologische Wandlung vom Gesetz Mose zum Evangelium wird von Melanchthon in Übereinstimmung mit Luther gesehen: „Evangelium interpretatur legem, docet enim de cruce, uidelicet in hac uita pios affligi, tamen post hanc vitam habituros esse praemia.“[77] Das Gesetz bringt die Erkenntnis der Sünde, allein

75 Philipp Melanchthon, *Catechesis puerilis*, Wittenberg 1545, digitalisierte Ausgabe.

76 A. a. O., p. 121.

77 A. a. O., p. 19; Melanchthon geht in seiner Aussage auf die Situation des Menschen ein, die eine Zugewandtheit signalisiert, wie sie bei Luther eher nicht vorkommt.

die Barmherzigkeit Christi macht gerecht, „id est, accepti ſumus, non propter noſtras uirtutes [...] non propter noſtram dignitatem, ſed propter Chriſtum."[78] Die Frage nach der Wirkung der guten Werke ist bereits eingeschlossen.

Melanchthon legt großen Wert auf die abgrenzende Unterscheidung von Evangelium und Moralphilosophie;[79] Ersteres ist die Verheißung Gottes ohne Zutun des Menschen, da dieser aus eigener Kraft die Beziehung zu Gott nicht wiederherstellen kann (Rechtfertigungsgedanke), Letztere überträgt dem Menschen Erkenntnisse durch die Vernunft. Er warnt vor einer Vermischung und liegt damit auf der Linie Luthers:

> „Et in hoc quidem loco, cum prorsus christiana doctrina a philosophia et humana ratione dissentiat, tamen sensim irrepsit philosophia in christianismum, et receptum est impium de libero arbitrio dogma et obscurata Christi beneficentia per profanam illam et animalem rationis nostrae sapientiam."[80]

Melanchthon und Luther legen allerdings die Schwerpunkte in der Interpretation der Paulusstelle (1. Kol. 2, 8) unterschiedlich fest. Luther ordnet den Faktor Mensch (menschliche Gerechtigkeit) völlig der göttlichen Gerechtigkeit unter. Sein Urteil geht dahin, die „Klugheit des Fleisches" als Vergiftung zu bezeichnen, vor der Paulus warnt und fügt die extreme Schlussfolgerung an: „Wahrhaftig, wenn der Apostel gewollt hätte, daß irgendeine Philosophie als nützlich und gut angesehen werden sollte, er hätte sie sicher nicht völlig verdammt."[81] Diesem „einseitigen" Verständnis stellt Melanchthon die „Aufwertung" menschlicher Fähigkeiten gegenüber, die er ebenfalls Paulus entnimmt (Röm. 2, 15):

> „Habent ergo homines verum et certum iudicium a Deo de civilibus moribus, item habent de rebus naturalibus, de numerando, de mensuris, de aedificando, de remediis morborum."[82]

Melanchthon erkennt die Lehren der Philosophie an, wenn sie sich „auf die Gegenstände dieser Welt" beziehen. „Sed fac non omnium artium usum esse in enarratione scripturae, non propterea nullae earum utilitates sunt."[83] Es ist keine theologische Differenz, die die beiden Reformatoren so unterschiedlich urteilen lässt; vielmehr ist es die Einstellung gegenüber menschlichem Verhalten, das Lu-

---

78 A. a. O., p. 122.

79 Philipp Melanchthon, *Glaube und Bildung. Texte zum christlichen Humanismus*, Hg. Günter R. Schmidt, Stuttgart 1989, p. 19 (Einleitung).

80 Philipp Melanchthon, *Loci Communes* 1521, Hg. Horst Georg Pöhlmann, 2. durchges. und korrig. Aufl., Gütersloh 1997, p. 26.

81 „Vorlesung über den Römerbrief" (1515/1516). In: *Luther Deutsch*, a. a. O., p. 601.

82 Melanchthon, „Scholia in Epistolam Pauli ad Colossenses" (1527). In: Ders., *Glaube und Bildung*, a. a. O., p. 34.

83 A. a. O., p. 38.

ther aus dogmatischer Sicht pessimistisch beurteilt, Melanchthon aber in der von Gott gegebenen Vernunft zur Regelung irdischer Angelegenheiten positiv einschätzt. Luthers Argumente beruhen auf der Behauptung einer „naturhaften Sündhaftigkeit" (Erbsünde), die nicht durch eigenes „Wollen oder Vollbringen" eine Gebotserfüllung und Sündenbefreiung bewirken kann, weil sonst der Opfertod Christi vergeblich wäre. In der Philosophie, der Vernunft sieht er die Gefahr der Ablenkung, auch wenn „die Vernunft für das Beste eintritt", aber „nicht im Sinne Gottes, sondern in unserem Sinne, d.h. schlecht".[84] Luther und Melanchthon treffen sich wieder in der Erkenntnis, dass die menschliche Vernunft dann irrt, wenn sie aus ihrer menschlichen Beschränkung herauszutreten versucht und sich anmaßt, „über den Willen Gottes urteilen" zu wollen.[85] Aus dieser Übereinstimmung ergibt sich die gleiche Einstellung gegenüber der Bedeutung und Wirkung der „guten Werke", die „allein durch den Glauben [sola fide] gut sind."[86] Damit ist auch die Frage, ob gute Taten Sinn machen, wenn doch der „Glaube an Christus und seine Gerechtigkeit genügt",[87] beantwortet; Luther unterstreicht, dass sie allein um Christi willen geschehen, nicht um für sich etwas zu erstreben. Melanchthon überträgt solche abstrakte Formulierungen in Handlungseinheiten, die schrittweise verständlich informieren: „Iam et hoc sciendum est, cum fide eriguntur perterrefactae mentes, simul datur Spiritus sanctus, qui excitat novos motus in corde congruentes Legi Dei."[88]

Das liegt ganz auf der Linie Trubars und wird so von ihm im Katechismus von 1555 in Übereinstimmung mit Luther (und damit Melanchthon) vertreten. Die Diskussion über die zwei Reiche (Gesetz und Evangelium) dagegen hat Trubars reformatorische Erkenntnis noch nicht erreicht.

5. Abendmahlsvorstellungen

Der 5. Teil des Katechismus ist dem Abendmahl gewidmet. Trubar hält sich an die Struktur in den Katechismen von Luther und Brenz, zeigt aber typische Ergänzungen, Erläuterungen und Ausweitungen, die jedoch von der theologischen Linie nicht abweichen. Im Gegenteil: Der slowenische Reformator bemüht sich, die von Luther verlangte Form und Austeilung des Abendmahls genau und begründet festzuschreiben. Trubar geht es um äußere und innere Aspekte der

84 „Vorlesung über den Römerbrief", a.a.O., pp. 591 f.
85 Melanchthon, „Scholia in Epistolam", a.a.O., p. 52.
86 Gerhard Ebeling, „Martin Luther. Theologie", a.a.O., p. 507.
87 „Vorlesung über den Galaterbrief" (1516/1517). In: *Luther Deutsch*, a.a.O., p. 745.
88 Melanchthon, „Loci Praecipui theologici" (1559), a.a.O., p.114.

Abendmahlsfeier. Die äußere Handlungsauflistung dient ihm zur Sicherstellung des liturgischen Vorgangs und damit der theologischen Absicherung der neuen Lehre, der Beglaubigung der Präsenz von Christus. Ein weiteres wesentliches Merkmal stellt die göttliche Einsetzung des Sakraments dar; für Luther eine notwendige Abgrenzung von Sektenbildungen. Im Zusammenhang damit steht die Frage der Würdigkeit, d. h. der Befähigung für das Abendmahl. Luther fasst das in der Einleitung „Von dem Sakrament des Altars" im „Großen Katechismus" in der Formel zusammen: „was es sei, was es nütze, und wer es empfangen soll."[89] In der Deutung der Einsetzungsworte übernimmt Trubar die von Luther bewusst gemachte Auffassung, dass das „Abendmahl" nur durch das „Wort", d. h. den Einsatz durch Christus zum Sakrament wird:[90]

> „leto Vezherio inu leta Sacrament, nei en Angel, oli Ioger, oli en ſuetnik oli en zhlouik gori poſtauil, Temuzh ta ſam praui dini Vſigamogozhi lubi Syn Boshy Ieſus Criſtus, nash Goſpud inu Ohranenik. Sakai te Sacramente vti Cerqui gori narediti inu poſtauiti, ne slishio obeni ſtuari inu obenimu zhloueku, Temuzh le ſamimu Bogu."[91]

Die lutherische Interpretationsübernahme bei Trubar ist offensichtlich, nämlich,

> „daß das vornehmste Stück [des Sakramentes] Gottes Wort und Ordnung oder Befehl sei. Denn es ist von keinem Menschen erdacht noch aufgebracht, sondern ohne jemandes Rat und Überlegung von Christus eingesetzt. [...] es ist nicht auf Menschen Heiligkeit, sondern auf Gottes Wort gegründet. Und wie kein Heiliger auf Erden, ja kein Engel im Himmel das Brot und Wein zu Christi Leib und Blut machen kann, so kanns auch niemand ändern noch wandeln."[92]

Für Luther war die Unantastbarkeit des Wortes Gottes eine an vielen Stellen seiner Schriften hervorgehobene Selbstverständlichkeit.[93] Luther weist alle „Lästerer

89 „Der große Katechismus", a. a. O., p. 1906.

90 Luther beruft sich dabei auf Augustinus. „Das Wort [...] ist das, was dies Sakrament machet und unterscheidet, daß es nicht bloßes Brot und Wein, sondern Christi Leib und Blut ist und heißet. Denn es heißet: accedat verbum ad elementum et fit sacramentum. «Wenn das Wort zum äußerlichen Dinge kommt, so wirds ein Sakrament». Dieser Spruch des Augustinus ist so treffend und gut geredet [...]. („Der große Katechismus", a. a. O., p. 1908).

91 [Das Abendmahl und Sakrament hat nicht ein Engel oder ein Jünger oder ein Heiliger oder ein Mensch von oben eingerichtet, sondern der liebe Sohn des Allmächtigen selbst, Jesus Christus, unser Herr und Erhalter. Weil die Sakramente in der Kirche von oben gemacht und eingerichtet sind, lassen sie sich von keinem Geschöpf und keinem Menschen etwas sagen, sondern nur von Gott selbst.] *Catechismus*, a. a. O., pp. I 8–I 8 a.

92 „Der große Katechismus" (1529), a. a. O., pp. 1907, 1909.

93 Vgl. „Von der babylonischen Gefangenschaft der Kirche" (1520), a. a. O., p. 1364: „den göttlichen Worten darf keine Gewalt angetan werden, weder durch einen Menschen noch durch einen Engel"; „Der große Katechismus" (1529), p. 1887: „darum ob es gleich durch des Menschen Hand geschieht [die Taufe], so ist es doch wahrhaftig Gottes eigenes Werk.

und Schänder“ des Sakraments, d. h. alle, die an Gottes Ordnung etwas verändern wollen, zurück, „denn sie sehen die Sakramente außerhalb Gottes Wort als ein Ding an, das wir tun.“[94] Gleiches tut Trubar in der Deutung der Einsetzungsworte: „Obtu ty Sacramenti, kir ne ſo od Ieſuſa poſtauleni, ne ſo Sacramenti, temuzh ene zhloueske poſtaue, per katerih nei obene oblube, inu miloſti Boshye.“[95] Die Ergänzung, die Trubar an dieser Stelle einbringt, ist keine theologische Deutung, sondern eine die Sensibilität seiner Zuhörer und Leser ansprechende Hinwendung, die seinem anthropozentrischen Denken entspricht. Er erinnert daran, dass die Einsetzung des Abendmahls vor Christi Kreuzestod stattgefunden hat; damit ist er den Menschen näher und vertrauter, „Sakai vſe Tu, kar nashi periatili glih pred nih ſmertio deio oli gouore, tu ſa veliku dershimo, nom bul gſerci gre. Inu tim kir taku na ſmerti gouore, tu nim tudi is ſerza gre.“[96] Trubar will sichergehen in der Erfüllung der lutherischen Deutung vom Wesen des Sakraments, „denn auf den Worten stehet all unser Grund, Schutz und Wehre wider alle Irrtümer und Verführung“,[97] und interpretiert deshalb seiner Gemeinde die Einsetzungsworte in einer verständlich-eindringlichen Sprache: „Lete beſſede nom ozhitu inu ſaſtopnu daio naſnane, Vkakoui vishi, koku, ſzhim inu per zhem, skakouo Ceremonio, ie Ieſus to ſuio Vezherio […] imel, dershal, peil inu obhaial.“[98] Kein Weihrauch, kein Messgewand, keine Bekreuzigung, da dies von Christus auch nicht überliefert ist, so lautet die Fortsetzung, mit der Trubar sich vom „irrigen“ Weg bisheriger Abendmahlszeremonie absetzt und damit gleichzeitig Zustimmung zur Reformierung signalisiert, ohne direkt Stellung zu beziehen.[99]

Die Frage der Würdigkeit, am Sakrament teilzunehmen, wird von Luther anders bzw. umfassender beantwortet als von Trubar. Die beiden Reformatoren

Daraus kann ein jeglicher selbst leicht schließen, daß es viel höher ist als irgendein Werk, von einem Menschen oder Heiligen getan.“; „Vermahnung zum Sakrament des Leibes und Blutes unsers Herrn“ (1530), p. 3905.

94 „Der große Katechismus“, a. a. O., p. 1907.

95 [Also sind die Sakramente, die nicht von Jesus eingerichtet sind, keine Sakramente, sondern eine menschliche Einrichtung, durch die es keine Zusage und keine göttliche Gnade gibt.] *Catechismus*, a. a. O., p. K.

96 [Denn alles das, was unsere Freunde direkt vor ihrem Tod tun oder sagen, das halten wir für bedeutend und es geht uns sehr zu Herzen. Und so, was sie auf dem Sterbebett sagen, das kommt ihnen ebenfalls aus dem Herzen.] A. a. O.

97 „Der große Katechismus“, a. a. O., p. 1910.

98 [Die Worte geben uns offensichtlich und verständlich die Erkenntnis, auf welche Weise, wie, mit wem und wodurch, mit welcher Zeremonie Jesus sein Abendmahl gemacht, gehalten, gesungen und gefeiert hat.] *Catechismus*, a. a. O., p. K 2.

99 Trubar bekennt jedoch wenig später, dass alle, die das Abendmahl richtig feiern, wirklich Christi Blut aus dem Kelch trinken. (A. a. O., p. K 4).

zeigen ein unterschiedliches Bild in der Beurteilung des menschlichen Verhaltens. Luther argumentiert mit dem Rechtfertigungsgedanken: Die Würdigkeit ist keine Voraussetzung für den Empfang des Sakraments; der Mensch kommt zu Beichte und Sakrament nicht, „als seien wir rein und ohne Sünde, sondern im Gegenteil als arme, elende Menschen und eben deshalb, weil wir unwürdig sind", heißt es im Großen Katechismus,[100] der als biblischen Beweis Matth. 9, 12 anführt. Das ist Ausdruck der Ohnmacht des Menschen, des Angewiesenseins auf Gnade, aber auch des Vertrauens („sola fide"). Trubar zeigt eine anthroposophisch positive Haltung. „Koku ſe pag ima zhlouik iskusiti, [...] de vrednu prime tu Tellu Criſtuſeuu inu to nega kry" [wie hat sich der Mensch zu prüfen, dass er den Leib Christi und sein Blut würdig empfängt], ist bei Trubar die Fragestellung des Vaters, auf die der Sohn antwortet,

> „Ima prauo greuingo zhes ſuie grehe, misli inu cilu is ſerza naprei vſame, tih grehou ſe varouati, ſui ſtan inu leben pelati po Boshy ſapuuidi, hozhe, slushiti ſuimu blishnimu, uolnu preterpeti kar nemu Bug naloshi, perpraui Veri oſtati do konza, Inu to iſto tudi pred ludmi ozhitu [...] ſpoſnati."[101]

Diese Einzelanweisungen aus Anforderungen des NT und der Gebote stellen Bedingungen für die Rettungseinleitung dar. Trubar setzt voraus, was Luther als Ergebnis sakramentaler Handlung beschreibt. Trubar erklärt seinen Landsleuten die einzelnen Vorbereitungsschritte, die dann durch den Sakramentempfang verwirklicht werden. Die Frage, wie das eine ohne das andere erreicht werden kann, lässt er außen vor. Es ist weniger Werkgerechtigkeit oder „Verdienst" der Würdigkeit als Voraussetzung, sondern – hier trifft sich der Gedankengang mit Luther – Verdeutlichung der absoluten Fügung in Gottes Willen.

Das 6. Hauptstück (Von den Schlüsseln des Himmelreichs) kann hier übergangen werden; es ist eine Zusammenstellung von Bibelstellen, die im Wesentlichen mit Luther und Brenz übereinstimmen. Der Anhang mit Morgen- und Abendgebeten entspricht dem Katechismus von 1550, wenn auch in der Reihenfolge umgestellt.[102]

---

100 „Der große Katechismus", a. a. O., pp. 1922 f.

101 [Er muss Reue empfinden über seine Sünden, solche Gedanken völlig aus dem Herzen verbannen, sich vor Sünden hüten, seinen Stand und sein Leben nach Gottes Geboten führen, seinem Nächsten dienen wollen, willig dulden, was Gott ihm auferlegt, im rechten Glauben bis zum Ende bleiben und das auch offen vor den Menschen bekennen.] *Catechismus*, a. a. O., pp. K 6–K 6 a.

102 Ergänzungen Trubars sind seelsorgerliche Zuwendungen an die Menschen, wie etwa das folgende Beispiel zeigt. Nach dem Abendgebet folgt der persönliche Bezug zur Dreifaltigkeit: „Na tu ſe slezhem, Inu kadar vpoſtelo grem taku prauim, Nu tu bodi vtim Imeni tiga Boga Ozheta, tiga Boga Synu, tiga Boga ſuetiga Duha. Amen. Sa teim dobru inu veſſelu

Zum Abschluss fügt Trubar Luthers christliche Haustafel zu Teilen an, „potrebni inu nuzni Nauuki Vſeti iz zhiſtiga S. Piſma".[103] Es sind belehrende Worte, durch Bibeltexte untermauert, die an verschiedene geistliche und weltliche Stände sowie die Hausgemeinschaft gerichtet sind. Natürlich bieten sich für Trubar Ergänzungen an, die z. T. Wiederholung und damit Vertiefung durch weitere Bibelzitate bieten,[104] ohne Gefahr zu laufen, die Richtungsimpulse des lutherischen Vorbildes zu verlassen.

6. Resümee

Trubars Katechismus von 1555 fußt in Anordnung, Struktur und theologischer Substanz im Wesentlichen auf den Vorgaben von Luther und Brenz. Bemerkenswert jedoch sind die zahlreichen zusätzlichen Ausführungen und Erläuterungen zur Sache, die bezeugen, dass der Slowene bereits eine feste Vorstellung von reformatorischen Thesen gewonnen hat und sich bemüht, sie in seine theologischen Ansichten einzugliedern. Verständlichkeit ist die oberste Zielsetzung, das bedeutet Umschreibung, Erläuterung, Beispielgebung und auch Redundanzen. Trubar verlässt die Ebene der mechanisch-formalen Übertragung; von der linearen steigt er zu einer parallelen Gestaltungsebene in diesem Katechismus auf, immer aber auf Sicherung durch die Quellen bedacht.

Es ist ebenfalls ein Kennzeichen dieses Katechismus, dass Trubar versucht, einem theologischen Disput nicht stattzugeben. Er ist, wie auch bei den zahlreichen eigenen Ausführungen nachgewiesen werden kann, dem theologischen Denken Luthers in den Grundzügen verpflichtet und beweist damit sein tiefes Eindringen in die Glaubensüberzeugungen des Wittenbergers.

ſpym." [Danach legen wir uns nieder und wenn wir ins Bett gehen, sprechen wir, es sei im Namen von Gott dem Vater, von Gott dem Sohn, von Gott dem Hl. Geist. Amen. Damit schlafen wir gut und fröhlich.] *Catechismus*, a. a. O., p. L 3.

103 [notwendige und nützliche Lehren aus der unverfälschten Hl. Schrift zu nehmen] *Catechismus*, a. a. O., L. 6.

104 Es gibt wenige Stellen, an denen Trubar eigene theologische Überlegungen durchblicken lässt; so wird in der Belehrung der Bischöfe und Pfarrherrn an Luthers Satz, „ein Bischoff soll unsträflich sein [...], der seine Kinder im Gehorsam halte mit aller Ehrbarkeit" („Kleiner Katechismus", a. a. O., p. 3989), geistlich angeknüpft: „En Shcof oli en Pastyr ima biti de nega po prauici nishce tadlati ne more [...], kateriga otroci ſo ſposhtenem pokorni tei beſſedi". [Ein Bischof oder Pastor hat sich so zu verhalten, dass an seiner Rechtschaffenheit nichts getadelt werden kann ... und die Kinder mit Ehrerbietung dem Wort gehorsam sind.] (Hervorhebung G. G.; *Catechismus*, a. a. O., p. L 7).

Dieser zweite Katechismus stellt einen entscheidenden Schritt in der reformatorischen Entwicklung Trubars dar; der Katechismus ist der Einstieg in die Interpretation der komplizierten theologischen Zusammenhänge, mit denen sich die Reformatoren beschäftigten. Luthers Dogmen, das darf nun schon behauptet werden, sind dabei für den slowenischen Reformator richtungsweisend gewesen.

VI. Trubars Orientierung im theologischen Umfeld

1. Gattungs-, Forschungs- und Quellenprobleme

In den slowenischen Untersuchungen und Bemerkungen zum ersten gedruckten Buch in slowenischer Sprache werden Vorlagen für dieses Werk genannt. Mirko Rupel gibt in seiner Untersuchung allgemeine und von ihm nicht weiter verfolgte Hinweise, dass Trubar verschiedenste Quellen benutzt habe:

> „Med njimi so zlasti mali katekizem Johanna Brenza, brandenbursko-nürnberški cerkveni red in Dietrichove Obredne bukvice. Hišna tabla je iz Lutrovega katekizma, pridiga o veri iz Vlačičeve objave De vocabulo fidei (1549).“[1]

Diese Quellenlage ist natürlich offensichtlich, wenn auch z. T. falsch dargestellt; trotzdem klingt das imposant, es vereinigt mit den Namen Johannes Brenz, Veit Dietrich und Matthias Flacius Reformatoren, die in enger Beziehung zu Luther standen und seine Lehre streng befolgten.[2] Die folgende Analyse dieser 1550 veröffentlichten Schrift Trubars stützt sich auf die digitale Textgrundlage vom Jahre 2000.[3]

---

1 [Unter ihnen sind insbesondere der Kleine Katechismus von Johannes Brenz, die Brandenburgisch-Nürnbergische Kirchenordnung und Dietrichs Zeremonien-Büchlein. Die Haustafel ist aus Luthers Katechismus, die Predigt über den Glauben aus Flacius Veröffentlichung De vocabulo fidei]. Mirko Rupel, *Primož Trubar. Življenje in delo*, Ljubljana 1962, p. 79.

2 Matthias Flacius Illyricus (1520–1575) lehrte in Wittenberg, stand Luther nahe und verteidigte gegenüber Melanchthon als Gnesiolutheraner jede Abweichung vom lutherischen Bekenntnis. Das betraf insbesondere den adiaphoristischen Streit mit den Philippisten über zentrale Glaubensartikel, die majoristische Auseinandersetzung über die Wirkung der guten Werke, im Grunde eine strikte Forderung der Unantastbarkeit von Luthers Rechtfertigungslehre, und den synergistischen Streit, der die irgendwie geartete Mitwirkung des menschlichen Willens in der Heilserwerbung ablehnte (vgl. *EKL*, a. a. O., Bd. 5, Register, Sp. 175 f.); Veit Dietrich (1506–1549) war Mitarbeiter Luthers in Wittenberg, Herausgeber seiner Werke seit 1530 (*EKL*, Bd. 5, Register, Sp.139).

3 *Catechiſmus In der Windiſchenn Sprach* / ſambt einer kürtzen Außlegung in geſang weiß. Item die Litanai vnd ein predig vom rechten Glauben / geſtelt / durch Philopatridum Illiricum, [1550]. Faksimile nach der Ausgabe der Österreichischen Nationalbibliothek, Ljubljana 2000. Einleitung: Janko Kos.

Eine eingehende Betrachtung von Werk und Entstehungszeit, in der neueste Erkenntnisse zur endgültigen Klärung der Drucklegung verarbeitet sind, wurde von Kozma Ahačič und Karin Almasy, „Neue Entdeckungen und Erkenntnisse zum slowenischen Protestantismus“. In:

Zum „ersten slowenischen Buch" hat Jože Rajhman eine umfangreiche Untersuchung geliefert, die als seine Habilitationsschrift 1977 in Ljubljana erschienen ist.[4] Rajhmans intensiv recherchierte Arbeit wird bei der Behandlung dieses Katechismus immer wieder Gegenstand einer gründlichen und kritischen Analyse sein.

Trubars „Catechiſmus In der Windiſchenn Sprach", sein erstes Buch-Zeugnis, ist bewusst nicht an den Anfang der Katechismen-Untersuchung gestellt worden. Es ist kein Katechismus, der sich an die seit Luther gebräuchlichen dogmatischen Inhaltsvorgaben hält, mehr eine polysemische Sammlung von Glaubensinhalten, die weniger einen dogmatischen als vielmehr einen Transfer evangelischer Erkenntnisse an eine im christlichen Glauben noch ungeübte Landsmannschaft signalisiert.[5] Er ist gleichzeitig ein „Trostbuch" der Verheißung und eine pädagogische Anleitung für „jeden verständigen Menschen, der in den Himmel kommen will."[6]

Es muss hier auf eine theologische Konstruktion von Rajhman aufmerksam gemacht werden, die zum Ziel hat, die Schweizer, d.h. Zwingli und Calvin, im Zusammenhang mit Trubars Katechismus ins Spiel zu bringen. Trubars Betonung der „Trostfunktion" des christlichen Glaubens lässt Rajhman auf den Heidelberger Katechismus (1563) verweisen, dessen Vorläufer die Zürcher und Genfer Katechismen sind, wo die erste Frage und Antwort sich auf Trost und Erlösung bezieht. Rajhman sieht im Stichwort Trost und seiner Dominanz die Verbindung zu Trubar.[7] Er betont zudem, dass „für die evangelische Kirche die Erlösung der

---

Zeitschrift für Slawistik, Bd. 59, H. 3 (2014), pp. 385–398, veröffentlicht. Die Verf. schaffen Klarheit über Entstehungszeit und Entstehungsort des „ersten slowenischen Buches". Es geht dabei nicht nur um die Datierung eines wichtigen Einschnittes in der slowenischen Kulturgeschichte, sondern auch um Ergänzungen hinsichtlich Trubars Wirkung in der slowenischen reformatorischen Bewegung.

4 Jože Rajhman, *Prva slovenska knjiga v luči teoloških, literarno-zgodovinskih, jezikovnih in zgodovinskih raziskav*, Ljubljana 1977.

5 Rajhman verklausuliert das mit dem Hinweis, dass dieser „erste Katechismus wohl eine gewisse Besonderheit zeigt, die wir in den folgenden Katechismen nicht verfolgen können". (A.a.O., p. 34).

6 Catechiſmus 1550, a.a.O., p. A iii; auch das unterstreicht Rajhman, wenn er schreibt: „Prvotni namen ni učenje verskih resnic, ampak spoznanje, tolažba, pomoč na poti skozi življenje." [Die primäre Absicht ist nicht die Lehre von Glaubenswahrheiten, sondern die Erkenntnis, der Trost, die Hilfe auf dem Weg durch das Leben.] (Rajhman, *Prva slovenska knjiga*, a.a.O., p. 35). Es ist allerdings problematisch und nicht nachvollziehbar, daraus zu folgern, dass hierin die Absicht Trubars bestanden hätte – der slowenische Reformator sammelt aus ihm zugänglichen Quellen Material für die Katechismuseinheiten zur Unterrichtung und gleichzeitig zur tröstenden Stärkung seiner Landsleute.

7 Es gibt einen weiteren Versuch, eine Verbindung zwischen Calvin und Trubar herzustellen. Die Deutung der Inkarnation, die Errettung der Menschen von den Schrecken der Sünde nimmt Rajhman zum Anlass, eine humanistische Einstellung zu konstruieren.

Hauptgesichtspunkt sein müsse, bei dem der Sündenfall des Menschen in der Perspektive der Erlösung zu sehen ist." Deshalb müsse „mehr über die Gnade und weniger über die Sünde geredet werden, der Sündenfall nicht der letzte Akt des menschlichen Dramas sein, sondern nur ein Antrieb zur Erlösung".[8] Diese Argumentationsform ist untheologisch und mit statistischen Mitteln, wie sie der slowenische Wissenschaftler anführt, nicht haltbar: Im Heidelberger Katechismus seien 74 Fragen und Antworten der Erlösung gewidmet und nur 9 Fragen bezögen sich auf das „menschliche Unglück" (gemeint ist „Sünde"). Rajhman lässt hier alle Erkenntnisse zur Christologie, zur Folge Gesetz – Evangelium, außer Acht. Auslöser für die Erlösung ist die Erbsünde, die „Verderbtheit der Natur", wie Luther, Melanchthon, Trubar es nennen. Auch der Heidelberger Katechismus bekennt sich dazu, wenn er mit der Überschrift „Von des Menschen Elend" beginnt und an den Trost die Erkenntnis der Sünde unabdingbar gekoppelt ist.

Trost und Verheißung als Zielsetzung des Glaubens ist natürlich auch das „Credo" von Luthers Theologie.[9] Trubars Trostgedanke ist allgemein evangelisch und bei ihm immer an die Tatsache geknüpft, dass der Mensch nicht aus eigener Kraft, sondern nur durch die Gnade von der Sünde erlöst werden kann.

Der „Katechismus" ist ein nach den Erkenntnissen der Zeit hergestelltes Kompilat, das Trubar aus ihm zugänglichen Materialien zusammengeschrieben und für das einfache slowenischsprachige Publikum verdolmetscht hat. Der Versuch jedoch, das in eine selbstständige Struktur und ein eigenes Konzept umzumünzen, das sozusagen ebenbürtig neben den großen Werken der Reformation stünde, ist

---

Die Theologie wird in die Alltäglichkeit des menschlichen Schicksals verlagert und nimmt damit Züge einer sozialen Hilfestellung an. Mit dieser Kombination nähert Rajhman den slowenischen Reformator der „anthropologischen Ausrichtung" eines calvinistischen Protestantismus an: „Tako moremo tudi v tej razpravi ponoviti tezo o njegovi antropološki usmerjenosti, ki je značilna za kalvinistično smer v protestantizmu." [So müssen wir auch in dieser Abhandlung die These über seine anthropologische Ausrichtung erneuern, die charakteristisch ist für die Calvinistische Richtung im Protestantismus.] (Rajhman, *Trubarjeva Ena dolga predguvor*, a. a. O., p. 23); was dabei völlig unbeachtet bleibt, ist die grundsätzliche Trennung zwischen Calvins Lehre von einem christlichen Staat, dem seine kirchlichen Ordnungen unterworfen sind und Luthers Zwei-Reiche-Lehre. Eine solche politische Dimension ist nicht prägend für Trubar.

8 Rajhman, a. a. O., p. 36.

9 Er ist besonders in seinem Sermon „Von der babylonischen Gefangenschaft der Kirche" (1520). In: *Luther Deutsch*, a. a. O., p. 1423, darauf eingegangen: „die Wahrheit der Verheißung [ist] die Ursache für den Trost"; das freie Evangelium als der einzige Trost unserer Seelen („Vermahnung an die Geistlichen, versammelt auf dem Reichstag zu Augsburg" (1530), a. a. O., p. 1644), die Verheißung als mächtiger Trost; Trost und Zuversicht aus dem Evangelium („Großer Katechismus" (1529), a. a. O., pp. 1735, 1875); solche ständigen Bekräftigungen Luthers zeigen seine Trostauffassung des Evangeliums.

untauglich. Das würde eine Überforderung des ersten slowenischen Buches darstellen. Rajhmans Behauptung ist nur im zweiten Teil richtig: „čeprav moramo reči, da je tudi strukturna zamisel lastna le Trubarju in je v tej obliki ni mogel najti niti pri Lutru, Brenzu, niti pri Kalvinu oziroma züriškem katekizmu."[10] Wenn Trubar verschiedenste Teile in seinem Katechismus miteinander kombiniert, also neben den Katechismus-Einheiten weiterhin Abhandlungen über den Glauben, Litanei, Lieder, Kirchenordnung usw. behandelt, kann natürlich nicht von *einer* Quelle die Rede sein.[11] Ebenso kann u. E. nicht vertreten werden, dass die in der Natur der Sache liegende Abweichung einer Kompilation von den gängigen Katechismus-Schemata zum Anlass genommen wird, Trubar eine bewusste neue dogmatische Grundlegung zuzusprechen.[12]

Die slowenischen Trubar-Experten sind bemüht, eine Form von Eigenständigkeit in der Theologie Trubars festzustellen, die ihn einerseits von Luther absetzt und zum anderen einen originären Ansatz bescheinigt. Stanko Gerjolj formuliert es sehr drastisch:

> „[Trubar] oblikoval pedagoško zanimivo in didaktično kreativno delo s prefinjenim čutom za slovenskega človeka, pri tem pa se je naslanjal na intuitivno znanje pedagoške in psihološke kommunikativne dinamike."[13]

10 [wenngleich wir sagen müssen, dass auch der Gedanke der Strukturierung nur Trubar zu eigen ist und in dieser Form weder bei Luther, Brenz noch bei Calvin bzw. dem Züricher Katechismus zu finden ist.] Rajhman, a. a. O., p. 37.

11 Rajhman weist entsprechend die Vorstellung von Theodor Elze zurück, ausschließlich Luthers „Kleinen Katechismus" als Quelle anzunehmen. (Vgl. Rajhman, *Prva slovenska knjiga*, a. a. O., p.14).

12 Auch hier ist der Versuch von Rajhman, im Katechismus von Trubar eine besondere humanistische Einstellung herauszufiltern, mehr ein zeitgenössisches Wunschdenken: „Trubar se je torej držal sheme, toda dodal je tedaj veljavnim shemam neznani nauk o stvarjenju človeka. Vsekakor je moral čutiti drugače kot Luter. Bil je pod vplivom antropološkega gledanja humanizma in švicarskih reformatorjev, ki so podobno začenjali svoj katekizemski pouk pri človeku" [Trubar hielt sich damit an ein Schema, fügte jedoch den damals gültigen Schemata eine unbekannte Lehre über die Erschaffung des Menschen hinzu. Jedenfalls musste er anders fühlen als Luther. Er war unter dem Einfluss der anthropologischen Sicht des Humanismus und der schweizerischen Reformatoren, die ihre katechetische Lehre über den Menschen ähnlich begonnen haben.] (Rajhman, a. a. O., p. 38).

13 [Trubar formte ein pädagogisch interessantes und didaktisch kreatives Werk mit hochfeinem Gefühl für den slowenischen Menschen, bei dem er sich aber auf eine intuitive Kenntnis pädagogischer und psychologischer kommunikativer Dynamik stützte.] Stanko Gerjolj, „Pedagoška razsežnost Trubarjevih katekizmov". In: *Primož Trubar. Simpoziji v Rimu*. Roma, Ljubljana 2009, p. 267.

Trubars seelsorgerliche Zuwendung und sein Sinn für praktische Notwendigkeiten werden hier hochstilisiert zu einem nationalen Ereignis. Es handelt sich um Vermittlungsstrategien, weniger um theologische Akzentsetzungen. Trubar strebt sichtlich eine „besondere Beziehung" zu seinen Landsleuten an; daraus lässt sich jedoch weder eine individuelle Aufwertung noch die Beziehung zu einer kulturellen Gemeinschaft festmachen; solche Festlegungen entspringen einer Beurteilung aus moderner Sicht, was weder dem Missionsgedanken noch dem seelsorgerlichen Verständnis von Trubar entspricht. Noch weniger entsprechen die Unterstellungen, Trubar wollte „das kulturelle Niveau des slowenischen Menschen" heben, habe sich humanistischen Zielsetzungen verpflichtet, sei andererseits ein Anhänger des Nominalismus gewesen und habe sich damit von „einem demokratischen Blick auf die Menschheit" entfernt,[14] dem Sinn seiner geistlichen Tätigkeit.

Trubar ist kein Humanist wie Erasmus, der die durch den Buchdruck ermöglichte geistliche Förderung der Menschheit in die Tat umsetzen wollte. Der Slowene nutzt die Schriftlichkeit zur Erreichung der Gemeinschaft der Christen, um sie in einem einfach formulierten Bekenntnis des Glaubens mit der christlichen Botschaft in Kenntnis zu setzen um ihres Seelenheils willen. Die Christen sind sein „Volk", das Evangelium seine „Kultur", die Verschriftlichung der Sprache die Basis, sich seinen Landsleuten verständlich zu machen, sie zu erreichen.[15] Das ist ein völlig anderer Zugang, der nicht mit der Verschiebung übereinstimmt, die immer wieder an die „Leistung" Trubars geknüpft wird. Zeugnis dafür legen eigentlich schon die einleitenden Worte des Slowenen in seinem ersten slowenischen Buch ab. Der Segenswunsch „Vſem Slouenzom / Gnado / Myr / Mylhoſt inu prauu Spoſnane boſhye / ſkuſi Jeſuſa Chriſtuſa" [allen Slowenen Gnade, Friede, Huld und rechte Erkenntnis Gottes durch Jesus Christus] ist zwar an die Slowenen gerichtet, aber nicht als Volkseinheit, sondern – wie bei Paulus im Brief an die Römer (1,7), an die Korinther (1. Kor. 1, 3; 2. Kor. 1, 2), an die Galater (1, 3) – als apostolischer Segen an die christliche Gemeinde der Slowenen, die eine besondere, d. h. nach religiösen Gesichtspunkten geformte Einheit bildet. So fährt Trubar auch fort, sich an die von ihm gemeinten Adressaten zu wenden:

14 So Jože Pogačnik, zitiert nach Rajhman, *Prva slovenska knjiga*, a. a. O., p. 12.

15 Luther betont in der Einleitung zur „Deutschen Messe" (1526). In: *Luther Deutsch*, a. a. O., p. 3863, die Notwendigkeit einer schlichten, volksnahen Verkündigungs- und Lehrbasis: „Wohlan, in Gottes Namen! Aufs erste ist im deutschen Gottesdienst ein leichtverständlicher, schlichter, einfältiger, guter Katechismus vonnöten."

„Lubi kerszheniki / Jeſt ſem / le te ſtuke is ſuetiga piſma [...] katere vſaki ſastopni zhlouik [...] ima veiditi inu derſhati [...] puſtill prepiſati vnaſh ieſig [...] hdobrumu vſem mladim tar preproſtim ludem naſhe deſhele. Sakai is tih / ſe vſaki lahku nauuzhi / to prauo ſtaro Vero."[16]

Der Bezug zu säkularen Bereichen, gesellschaftlichen Bindungen oder individuellen Ausprägungen entfällt im Folgenden gänzlich: Es geht um die Vermittlung heilsgeschichtlicher Wahrheiten, die Bekehrte wie nicht Bekehrte überzeugen und retten sollen. Die geistliche Dimension überhöht alle landsmannschaftlichen Bindungen.

2. Affinität zwischen Trubar und Veit Dietrich

Trubars Einleitung erinnert stark an Veit Dietrichs „Summaria über das Alte und Neue Testament", die fünf Jahre zuvor bei Trubars erstem Exilaufenthalt, in Nürnberg, erschienen waren. Schon der Titel zeigt Parallelen auf:

„Summaria [...], darin auffs kürtzſte angezeygt wirde, was am nötigſten vnnd nützſten iſt / dem jungen Volck vnnd gemeynen Man / aus allen Capiteln / zu wiſſen und zu lernen / Darnach ſie ihr leben richten / vnnd ſolcher feyner Lehre / zu ihrer Seelen ſeligkeyt brauchen können."[17]

Aber auch unabhängig von wörtlichen Parallelen oder strukturellen Anklängen lässt sich die Kenntnis von Veit Dietrichs monumentalem Werk nachweisen. Der Duktus der Vermittlung komplizierter theoretischer Zusammenhänge als „verständliche Unterrichtung", den der deutsche Lutheraner sich zum Ziel setzt, ist bei Trubar gleichermaßen vorhanden und – so könnte man vermuten – durch die Schriften von Veit Dietrich ausgelöst und beeinflusst worden. Die theologische Nähe Veit Dietrichs zu Luther lässt natürlich auch Überschneidungen zu, zumal bestimmte Textformeln wiederholt werden. Das gilt etwa für die Deklaration der Erziehungsabsicht des Katechismus. Hier finden wir Formulierungen, die sowohl bei Luther, bei Veit Dietrich und Trubar vorhanden sind:

16 [Liebe Christen: Ich habe die Stücke aus der Hl. Schrift, die jeder verständige Mensch wissen und halten soll, in unsere Sprache übersetzen lassen zum Besten aller jungen und einfachen Menschen in unserem Land. Denn daraus kann jeder leicht den wahren alten Glauben lernen.] *Catechiſmus* 1550, a. a. O., pp. A iii–A iiii

17 Dietrich, *Summaria vber die gantze Bibel*, Nürnberg 1545, a. a. O., p. [6] (Digitale Version).

Trubar:

„Natu vas ſueiſte brumme / Farmoſhtre / Pridigarye / Shulmaſtre / inu Stariſhe / inu vſe te kir ſnayo brati / per ſodnim dneui opominam tar proſſim / de vy Vcerqui / Vſhuli / Doma inu kir vkupe prydete / te preproſte vuzhite / lete ſtuke naſhe praue kerszhanske vere."[18]

Luther:

„Darum bitte ich um Gottes Willen euch alle, meine lieben Herrn und Brüder, die Pfarrherrn oder Prediger sind, wollt euch eures Amtes von Herzen annehmen, euch über euer Volk, das euch befohlen ist, erbarmen und uns helfen, den Katechismus in die Menschen, besonders in das junge Volk zu bringen und die, welche es nicht besser vermögen."[19]

Veit Dietrich verdeutlicht im Vorwort zu den „Summaria", die zur Verbreitung der christlichen Lehre gegen die „Heuchelei" des Trienter Konzils verfasst worden sind, die Zielsetzung:

„ſo vns müglich / getrewlich vnd fleyſſig anhalten / vnd vnſere rechte Chriſtenliche lehr / auff alle weyſe zu pflantzen / vnd erweytern verſuchen. Sonderlich aber ſollen wir auff das junge volck ſehen / das es inn zeyt zu Gottes wort gehalten / vnnd trewlich damit vnterrichtet werde."[20]

Das gilt auch für die Umkehrung, nämlich die Warnung der Unbotmäßigen vor Verdammnis; bei Trubar heißt es in abgemilderter Form:

„Vas mlade, pag inu preproste tudi sueistu opominom / spomislite / kam zhlouik vkratkim zhasi pryde / more skorai vmreti / potle gospudi Bogu […] dati raitingo / od vsiga / kar ye vtim shiuoti myslil gouuril inu sturill."[21]

Veit Dietrich ist in Konfrontation mit der verderblichen Lehre der Papisten schärfer:

„ſolches iſt eine ſünde / die nicht allein hie auff erden mit allerley plagen / ſonder in yener welt / mit dem hellischen ewigen fewer / muß geſtraffet werden."[22]

---

18 [Dann, euch treue fromme Pfarrherren, Prediger, Schulmeister und Eltern und alle, die lesen können, ermahnen wir zu den Gerichtstagen und bitten, dass ihr in der Kirche, der Schule, zu Hause und wo ihr zusammenkommt, die einfachen Leute diese Stücke unseres rechten christlichen Glaubens lehrt.] *Catechiſmus* 1550, a. a. O., p. A iiii.

19 „Der kleine Katechismus" (1529), a. a. O., p. 3958.

20 Veit Dietrich, „Summaria Chriſtlicher lehr / für das junge volck / Was auß eim yeden Sontags Euangelio zu mercken ſey /Sampt angeheckten Gebeten", Nürnberg 1548, p. [9] (Digitale Version).

21 [Euch junge, wie auch die einfachen Leute ermahne ich treu, bedenkt, wohin der Mensch in kurzer Zeit kommt, bald sterben muss, dann Gott dem Herrn Rechenschaft geben muss von allem, was er in diesem Leben gedacht, gesagt und getan hat.] *Catechiſmus* 1550, a. a. O., pp. A iiii–A v.

22 „Summaria Chriſtlicher lehr", a. a. O., p. [8].

Luthers Warnung fällt pragmatisch und derb aus:

> „Welche es aber nicht lernen wollen, daß man denselben sage, wie sie Christus verleugnen und keine Christen sind. [...] Sie sollen [...] an den Papst und seine Offiziale, dazu an den Teufel selbst gewiesen sein. Dazu sollen ihnen die Eltern [...] Essen und Trinken versagen [...] und ihnen anzeigen, daß solche rohen Leute der Fürst aus dem Lande jagen wolle."[23]

Im Vorwort verspricht Veit Dietrich – wenn man es etwa mit Einleitungen Luthers vergleicht –, einen einfachen Vermittlungsweg der Glaubenslehre zu finden. Seine Hinwendung an den „christlichen Leser" bemüht sich um „verständliche und einfältige" Darstellung, die „der eigentlichen Deutung der Schrift gemäß sei". Sein Anliegen ist, dass „durch kurzen und einfältigen Unterricht auch die Ungelehrten [...] zur heiligen Schrift recht geleitet werden.[24] Er habe deshalb die „scharfen und subtilen Auslegungen" gemieden. Für seine Art der Glaubensvermittlung genüge es, auf die „vornehmsten Punkte" zu sehen, „so am verständlichsten und zur Besserung am meisten dienlich."

Das ist eine Einstellung, die Trubars Vermittlungsanliegen sehr nahe kommt. Bereits in seiner ersten Schrift betont er die Absicht des lehrenden Zugangs, der Verständlichkeit; seine Darlegungen bezeugen, dass er Wort und Sakrament den einfachen Menschen ohne theologische Spitzfindigkeiten darlegen möchte. Er hat ebenfalls bereits in der Einleitung seine Landsleute auf die „vornehmsten Punkte" der Hl. Schrift als unabdingbare Lehreinheiten hingewiesen:

> „vſem mladim tar preproſtim ludem[...] Sakai is tih [ſuetiga piſma] ſe vſaki lahku nauuzhi to **prauo ſtaro Vero** / de ſpoſna [...] Boga, [...] bo veidel, kai ye ta **Greh** / kai ye ta **Sapuuid** / inu **Obluba boſhya** / sakai ye **Jeſuſ ſyn boſhy zhlouik poſtall** [...] koku my ſkuſi to vero Vieſuſa Chriſtuſa **odpuſhzane vſeh grehou** / gnado boſhyo / **nebeſhki erb** / inu ta **vezhni leben** dobodemo."[25] (Hervorhebungen G. G.)

Es ist die Verbindung AT – NT, die Skizzierung des Heilsweges, das Trostvokabular. Trubar ergänzt die „Verheißungen" ebenso wie Veit Dietrich mit Hinweisen auf die „satanischen Verführer":

---

23 „Der kleine Katechismus" (1529), a. a. O., p. 3959.

24 Dietrich, *Summaria vber die gantze Bibel,* a. a. O., Nürnberg 1545, p. [7].

25 [allen jungen und einfachen Leuten ... wie jeder leicht aus der hl. Schrift den wahren alten Glauben erlernt, dass er Gott erkennt, er wissen wird, was die Sünde, was das Gebot ist und das Versprechen Gottes, warum Jesus, der Sohn Gottes, Mensch wurde, wie wir durch den Glauben an Jesus Christus die Vergebung aller Sünden, die Gnade Gottes, das himmlische Erbe und das ewige Leben erlangen werden.] *Catechiſmus* 1550, a. a. O., p. A iiii.

> „Potle tudi lahku ſpoſna tiga Antichriſta / kir ſdai pouſod po ſueidtu hodi [...] inu hozhe ſzhloueſkim poſtauami ſfalſh pridigo inu ſoblubami tar pryteſhom te ludi odpelati od ſuetiga Euangelia / od te ſhiue zhiſte riſnizhne beſede boſhye."[26]

Veit Dietrich warnt vor den Verderbern des Wortes,

> „die Gottes wort geringer achten, denn des Bapſt geifer und menſchenſatzung. [...] Der ewige barmhertzige Gott [...] wölle mit gnaden vns dabey [bei seinem Wort] erhalten / [...] vnd dem Sathan [...] mit ernſt wehren / vmb ſeines lieben ſons / vnd unſers Herrn Chriſti Jeſu willen."[27]

Die Affinität zwischen Trubar und Veit Dietrich ist groß; es ist eine verwandte Art der Glaubensvermittlung zu spüren und in den Texten nachweisbar. Der deutsche Reformator hat in vielen seiner Schriften, den Summaria zum AT, zum NT, zur ganzen Bibel, in den Summaria der Christlichen Lehre, immer wieder diesen Weg der „Verdolmetschung" beschritten, der auch für den slowenischen Reformator eine typische Grundhaltung der Glaubensvermittlung gegenüber seinen Landsleuten von Anfang an – wie der Einstieg im Katechismus von 1550 zeigt – gewesen ist. Nicht aus der kompilierenden Zusammenstellung, sondern aus der Struktur der darin erkennbaren Seelsorge ist dieses Erstlingswerk bedeutsam. Nicht der gelehrte Theologe auf dem Höhepunkt der zeitgenössischen Diskussionen, sondern der den Glaubensweg mittelnde Dolmetscher der Hl. Schrift steht am Anfang von Trubars theologischem Eintritt in die neuzeitliche Kulturepoche.

Veit Dietrich hat in seiner Dedikation an den Fürsten Albrecht sehr deutlich den Vorrang des einen vor dem anderen betont und damit einen sehr wichtigen Anreiz und Anstoß für den slowenischen Reformator gegeben:

> „Es köndte auch wol geſchehen / das man von etlichen Sprüchen vnnd Hiſtorien ſcherpffer vnd ſubtiler diſputirn möchte / denn ich in disen Summarien hab wöllen thun. Ich hab aber mich durch vnd durch des befliſſen / das ich allenthalben dem jungen vnd einfeltigen volck zu gut / die gemeine vnd richtige meynung anzeygte / die jnen fein verſtendtlich vnd nutzlich were. Denn ſubtil diſputiren / zu dem / das es für den gemeynen Man nicht taug / kans auch wol in etliche weg ſchedlich sein."[28]

Die Nähe zu Veit Dietrich ist in vielen Bereichen des Katechismus zu bemerken; Rajhman hat auf die fast wörtliche Übernahme von Veit Dietrichs „Adhortatio

---

26 [Dann erkennt er auch leicht den Antichristen, der jetzt überall auf der Welt umhergeht ... und in menschlicher Gestalt durch falsche Predigt und Versprechungen und Zeugnis die Leute vom Evangelium wegführen will, vom lebendigen, reinen wahrhaftigen Wort Gottes.] A. a. O.

27 Dietrich, *Summaria vber die gantze Bibel*, a. a. O., p. [7].

28 A. a. O., p. [9].

ad piam Coenae Dominicae celebrationem“ durch Trubar hingewiesen. Sie ist Teil der Gottesdienstordnung. Der von Trubar gewählte Titel, „Kadar an Farmoſhter oli pridigar to prauo ſtaro Maſho koker ye to iſto Jeſus Chriſtus poſtauill hozhe derſhati ta ima pred Maſho pruti ludem taku gouoriti“ [Wenn ein Pfarrherr oder Prediger die wahre alte Messe, wie sie Jesus Christus einsetzte, halten will und vor der Messe zu den Leuten so sprechen soll], weist auf den Hintergrund, der stets bei Veit Dietrich zu beachten ist. Die Anregungen stammen von Luther. Er hat in der „Deutschen Messe und Ordnung des Gottesdienstes“ (1526)[29] beides zusammengeführt, Katechismus und Zelebration der Gottesdiensthandlung. „Luther ist in den Fragen der Gottesdienstgestaltung konservativ gewesen“, urteilt Kurt Aland in seinen editorischen Anmerkungen.[30] Der Reformator war bei Neuerungen, die nicht theologische Grundfragen, sondern das Brauchtum und gewohnte Abläufe betrafen, gegenüber den „Laien“ sehr behutsam. Er wollte sie nicht über Gebühr strapazieren, sondern allmählich heranführen, so seine pädagogische Einlassung. Luthers Bemerkungen zeigen deutlich, dass er die christliche Lehre in den Zusammenhang des Gottesdienstes stellen wollte:

> „Aufs erste ist im deutschen Gottesdienst ein leichtverständlicher, schlichter, einfältiger, guter Katechismus vonnöten. Katechismus aber bedeutet einen Unterricht, mit dem man […] unterweist, was sie glauben, tun, lasen und wissen sollen. […] Dieser Unterricht muß nun so geschehen […], daß er auf der Kanzel […] vorgepredigt werde.“[31]

Luthers konservative Einstellung zeigt sich u. a. darin, dass er zweierlei Gottesdienste anbietet, für den Laien und für die, „die mehr begehren“. Die Veranstaltung für die Laien legt er ganz ausführlich fest:

> „Zum Anfang aber singen wir ein geistliches Lied oder einen deutschen Psalm.[32] […] Darauf Kyrie eleison, […] Danach liest der Priester ein Kollektengebet, […] Danach die Epistel, […] Nach dem Evangelium singt die ganze Kirche das Glaubensbekenntnis auf deutsch, […] Danach findet die Predigt über das Evangelium des Sonntags […] statt. […] Nach der Predigt soll eine öffentliche Paraphrase des Vaterunsers und Vermahnung an die folgen, welche zum Sakrament (des Abendmahls) gehen wollen.“

29 Rajhman, *Prva slovenska knjiga*, a. a. O., p. 83, hat auf diesen Sachverhalt hingewiesen: „Dietrichov «opomin» je zelo podoben «opominom» v obrednih knjigah za mašo, vse pa se zgledujejo po Lutrovi „Deutsche Messe““ [Dietrichs „Ermahnung“ ist den „Ermahnungen“ in den Agenden für die Messe sehr ähnlich, alles aber nimmt sich ein Beispiel an Luthers „Deutscher Messe“.]

30 „Deutsche Messe und Ordnung des Gottesdienstes“ (1526) – Editorische Anmerkungen. In: *Luther Deutsch*, a. a. O., p. 3883.

31 A. a. O., pp. 3862 f.

32 A. a. O., p. 3872.

Hier folgt bei Luther die „Adhortatio", die sich ebenfalls bei Trubar findet,[33] allerdings in Nutzung der Quelle von Veit Dietrich.[34]

3. Freie Gestaltungen und dogmatische Übernahmen; Quellen für die christologische Einbindung der Schöpfungsverheißung

Trubars Zusammenstellungen sind insofern durchdacht, als er durchaus prüfte, zu welchen Einheiten seines Katechismus eine freie Textgestaltung möglich war, zum Beispiel bei freien Gebeten oder in Paraphrasierungen von Bibelzitaten, bei Predigtteilen, Liedern und Ähnlichem. Bei den dogmatisch bestimmten Katechismusteilen hält sich der slowenische Reformator an Texte, für die er sich seine Quellen sucht, die er kombiniert, ohne eine eigene Theologie zu entwickeln. Man muss ihm unterstellen, dass er die Filiationen kennt und somit die reformatorischen Grundtendenzen aus ihrem lutherischen Ursprung zu verfolgen in der Lage ist. Das gilt für alle Einheiten, die im strengen Sinn Katechismusbestandteile sind.

Der Katechismus ist keine Angleichung an die Vorbilder Luther und Brenz, wie die bereits analysierten, fast zeitgleichen Werke Trubars. Als Aufgabe dieses Erstlingswerks sah der slowenische Reformator den Einstieg in die aktuelle Lehrmeinung und Belehrung der Gläubigen, denen aus den verschiedensten Quellen und vor allem Darbietungsweisen das Rüstzeug für einen soliden Glaubensgrund geliefert werden sollte. Es ist eine Verpackung, die nur bedingt Konturen zeigt. Eine theologisch-systematische Grundlegung ist nicht zu erkennen, war wohl nicht Absicht und kann auch nicht erwartet werden.[35]

---

33 Vgl. *Catechiſmus* 1550, a. a. O., p. f ii.

34 Rajhman hat auf die wörtliche Übersetzung von Dietrich hingewiesen und eine (unvollständige) Synopse hergestellt. Er geht auf Zusätze und Eliminierungen ein. Allerdings hätte die Weglassung der „charakteristischen Stelle" (Rajhman, a. a. O., p. 85), „denn wir alle sind ein brod unnd ein leibe" (Text Dietrich / Rajhman, a. a. O., p. 85) einiger Hinweise bedurft. Hier kann keine Absicht Trubars vorgelegen haben, da es sich um eine Bibelstelle handelt, 1. Kor. 10, 17: „Denn ein Brot ist's, so sind wir viele ein Leib, dieweil wir alle eines Brotes teilhaftig sind." Es ist eine bedeutende Stelle, die Luther schon in seinen „Ablaßthesen und die Resolutionen" (1517–1518) zur Beglaubigung seiner 37. These erwähnt, dass nämlich jeder wahre Christ an allen Gütern Christi teilhabe. (Vgl. *Luther Deutsch*, a. a. O., pp. 1150 f.) Trubar hat diese paulinische Erkenntnis sicher nicht absichtlich weggelassen, sondern sie entweder nicht als Bibelzitat erkannt oder die folgende Textstelle bei Veit Dietrich als Doppelung der Aussage gesehen.

35 Das Urteil von Janko Kos in seiner kurzen Stellungnahme zum Nachdruck im Jahre 2000 zeigt die Problematik der Einschätzung dieses Erstlingswerkes von Trubar: „delo ni preprost prevod, ampak svobodna priredba iz več katekizmov M. Luthra, J. Brenza in drugih

Der Katechismus dient Trubar als eine Art Predigt zur Befestigung im Glauben, zum Trost in Anfechtungen, zur Gewissheit im Leiden. Dafür sucht er sich Vorbilder, die er vor allem in Veit Dietrichs monumentalen Werken gefunden hat.[36]

Trubar kreist im gesamten Katechismus um das Thema der Erlösung durch den Glauben als seelsorgerlichen Trost. Dieses heilsgeschichtliche Anliegen bedingt die „neue" Anordnung des Katechismus, beginnend mit der Schöpfungsgeschichte. Der Beginn der Bibel ist der Anfang des Heilsweges mit dem Sündenfall und der Verheißung der Erlösung, auf die Trubar in Gemeinsamkeit mit Luther und Dietrich deutlich verweist (1. Mose 3, 15). Das eine ist ohne das andere nicht zu haben; insofern ist es folgerichtig – auch abgesehen von der Vorbildfunktion der Schriften Dietrichs –, mit der Schöpfungsgeschichte zu beginnen. Der Dekalog ist die Folge, die Bewusstmachung der eigenen unaufhebbaren Sünde. Es ist eine theologische, der Christologie Luthers geschuldete Anordnung, gleichzeitig aber auch ein Verständigungsversuch mit den Landsleuten, denen der komplizierte Vorgang des Heilsweges durch die Bibel*geschichte* vom Paradies an begreifbar erklärt wird.[37] Diese Kombination von Luther und Melanchthon (s. u.), die AT-Kommentare von Veit Dietrich, weisen einprägsam auf den Ursprung der christlichen Lehre hin und sind somit in dieser Anordnung für Trubar wesentlich für eine Unterrichtung seiner Landsleute. Diesem pädagogisch-sozialen Ansatz ist alles untergeordnet – die Sprachverwendung, die theologische Vermittlung, der landsmannschaftliche Anspruch, die welt- und zeitgeschichtliche Einbettung.

Der Titel, „Catechiſmus […] ſambt einer kürtzen Außlegung in geſang weiß", macht auf einen Zusammenhang aufmerksam, der bisher wenig beachtet wurde.[38] Die aufgenommenen Liedtexte „spiegeln" den „Katechismus" wider. Der Text-

protestantskih piscev". [die Arbeit ist nicht einfach eine Übersetzung, sondern eine freie Fassung aus mehreren Katechismen M. Luthers, J. Brenz' und anderen protestantischen Schriften.] (Janko Kos, „Prva slovenska knjiga". In: *Catechiſmus* 1550, a. a. O., Anhang, p. [1]).

36 Rajhman, a. a. O., p. 13, bezeichnet Veit Dietrich als „Lehrer der theologischen Praxis" Trubars. Hinzuzufügen wäre, dass es bei Trubar stets und nur um die theologische Praxis geht. Seine Quellen schöpft er zu diesem Zweck aus bzw. arbeitet sie um.

37 Insofern ist das von Vekoslav Grmič, „Prinzipien von Trubars theologischem Denken". In: *Primus Truber und seine Zeit*, a. a. O., p. 253, hervorgehobene „anthropologische Prinzip" als Gegensatz zu Luthers Katechismusbeginn mit den zehn Geboten nicht stichhaltig. Der Mensch steht in beiden Versionen im Mittelpunkt, allerdings in seiner Passivität der Aktivität Gottes unterworfen.

38 Rajhman weist auf die Parallelität hin, ohne dem theologischen Interpretationsgehalt – so besonders im Schöpfungslied – vertieft nachzugehen: „V drugem delu „Expositiones" (razlage) so kratke, toda ponavlja tematiko prvega dela v pesmi, nanašajo se na ves katekizem." [In der anderen Arbeit sind die „Expositiones" (Auslegungen) kurz, jedoch wird

interpretation in der Reihenfolge – Schöpfung, Dekalog, Glaubensbekenntnis, Vaterunser, Taufe, Abendmahl – entspricht die jeweilige Liedauswahl. Das Beispiel für die Schöpfung trägt den Titel: „Ana peiſen / is ſtariga ſuetiga piſma / kakoui ye ta zhlouik od Buga peruizh ſtuarien / koku ye potle iſkaſhen inu ſpet ponoulen" mit dem Liedtext: „Nu puite puite vſi ludye".[39]

Die Analyse des 17-strophigen Liedtextes stützt die Verbindung zum Katechismusteil „De creatione". Die dort zusammengestellten Bibelauszüge aus 1. Mose 1: 26–28; 2: 7, 18, 21–25; 2: 15–17; 3: 1–15, geben die Erschaffung des Menschen (Adam), seiner Gehilfin (Eva) wieder, ihre Zusammengehörigkeit und Nacktheit ohne Scham. Es folgt der Paradiesaufenthalt mit Gottes Gebot, die Versuchung durch die Schlange, der Sündenfall und die Ankündigung der Aufhebung / Verheißung. Trubar „ordnet" die Schöpfungsgeschichte, d. h. er bringt sie in eine logische Folge. Die Liedstrophen besingen diese Etappen bis hin zur Verdammung der Schlange und der Verheißung. Es werden Ereignisse aus der Schöpfungsgeschichte herausgearbeitet, die für die christologische Auffassung der Heilsgeschichte notwendig waren. Der Bezug auf Christus (Inkarnation, Sündenvergebung, Aufhebung der Erbsünde) ist der aus der Verheißung entspringende Verweis auf das NT, die Erlösungstheologie zum Trost der Gläubigen. Trubar legt großen Wert darauf, die christologische Theologie Luthers und Melanchthons sowohl im Schöpfungsabschnitt als auch in den abschließenden Liedstrophen unterzubringen. So wird 1. Mose 3, 14–15 (Verfluchung der Schlange und Verheißung ihrer Vernichtung) mit einem christologischen Zwischentext versehen:

> „Bug oblubi zhlouekom Jeſuſa Chriſtuſa. Tu ſhensku Seime / ye Syn Boſhy potle royen od diuize Marie / Adam inu Eua ſta ſkuſi to Vero Vieſuſa ſpet mylhoſt boſhyo priſhla."[40]

Im Liedtext (Vers 15) wird das aufgenommen:

> „Letu Ludye vſi merkaite
> Inu prou ſaſtopite
> Boga ſebe prou ſpoſnaite
> Tiga ſe vy vuzhite
> Koku ye zhlouik vgreh pryſhall

---

die Thematik der ersten Arbeit im Lied erneuert, sie werden in Beziehung gesetzt zum gesamten Katechismus. (Rajhman, *Prva slovenska knjiga*, a. a. O., p. 29).

39 [Ein Lied aus der alten Hl. Schrift, wie der Mensch von Gott zuerst geschaffen wurde, wie er danach verwiesen und wieder erneuert wurde … Nun singt, singt, alle Menschen]. *Catechiſmus* 1550, a. a. O., p. [146].

40 [Gott verspricht den Menschen Jesus Christus. Der Same des Weibes ist Gottes Sohn, später geboren von der Jungfrau Maria, Adam und Eva haben durch den Glauben an Jesus die Gnade Gottes wieder erlangt.] A. a. O., p. A VIII a.

Jeſus gay e ſpet odreſhell
Tu Euangeli kaſhe."[41]

Nicht nur Luther hat in seiner Einführung in das AT auf die Verbindung hingewiesen: „Und was ist das Neue Testament anders als eine öffentliche Predigt und Verkündigung der Sprüche, im Alten Testament gegeben und durch Christus erfüllet?",[42] es ist eine Grunderkenntnis der Reformatoren, die sich auch bei Melanchthon wiederfindet, dessen Sermon über den „Unterschied des Alten und Neuen Testaments" sich in Veit Dietrichs „Summaria" zum AT findet und damit Trubar zugänglich war. Die bei Trubar stark betonte Verheißung, dass die Schlange durch den Samen eines Weibes besiegt werden wird und – wie Trubar kommentiert – damit Christus, Marias Sohn gemeint sei,[43] hat er im oben angeführten Schöpfungslied weiter ausgebaut. Verheißung ist das Stichwort, das für Melanchthon AT und NT miteinander verbindet, wie zahlreiche Wiederholungen in seinem Sermon bestätigen:

> „So hat diß Buch durch auß zweyerley fürnemer ſtück / Geſetz / vnd die Verheyſſung der gnaden / umb des Mittlers willen / der von Abrahams ſamen hat ſollen geboren werden. [...] Darumb iſt von anfang die Verheyſſung vom Mittler Jeſu Chriſſto gegeben worden / vnd für vnd für wider erholet vnd erkleret / biß der Herr Chriſtus kommen iſt / vnd ſein Opffer außgericht hat / vnd iſt vom todt wider auffgeſtanden."[44]

Die Zielrichtung vom AT auf Christus hin, auf die Verheißung der Gnade und Vergebung um Christi willen und im Glauben an diese Verheißung [...], wie es Melanchthon ausdrückt, fasst Trubar in den letzten Strophen seines Schöpfungsliedes zusammen:

„Skuſi Adamou greh ſmo vſi
Hudi greſhni poſtali
Kir pag bodo per Jeſuſi

41 [Ihr Menschen, merkt euch alle / und versteht es recht, / dass ihr Gott richtig erkennt, / lernt das, / wie der Mensch in die Sünde fiel, / Jesus ihn wieder erlöste / und das Evangelium zeigt.] A. a. O., p. [151]. Die Melodie ist von Luther übernommen aus seinem Lied „Nun freut euch lieben Christen g'mein" von 1523. Die 1. Strophe ist Luther nachempfunden; Luthers Stichworte Erbsünde, Verdammnis, Inkarnation, Opfer, Sündenbefreiung klingen auch bei Trubar an, sind aber in den Ausgangspunkt Schöpfung eingebunden.

42 „Vorrede zum Alten Testament" (1523). In: *Luther Deutsch*, a. a. O., p. 2988.

43 Ebenso eindeutig und wiederholt bei Luther, in: „Sermon über die zweifache Gerechtigkeit" (1518), „Vorrede zum Alten Testament (1523), „Eine Unterrichtung, wie sich die Christen in Mose schicken sollen" (1525). In: *Luther Deutsch*, a. a. O., p. 945, p. 2990, p. 3188.

44 Philipp Melanchthon, „Vnterſchid des Alten vnd Newen Teſtaments". In: *Summaria vber die gantze Bibel*, a. a. O., Nürnberg 1545, pp. [12–23], hier: pp. [12], [13].

Suero gnade iskali
Tim ſo grehi odpuſhzheni
[............................]
Obtu ozha te proſſimo
Suetim duhum de bodemo
[............................]
Vtuiga Synu verouali."[45]

Veit Dietrich hat gleichfalls auf die Verbindung AT – NT, d.h. Sündenfall – Erlösung durch Christus eindringlich hingewiesen. Trubar hat von ihm möglicherweise die Darstellungsform der Schöpfungsgeschichte übernommen, nämlich eine Mischung aus biblischem Textabschnitt und kurzer Erläuterung. An die Erzählung des Sündenfalls knüpft er den „Trost" mit Hinweis auf Christus:

> „Dagegen ſol man auch den troſt mercken / welchen hie Got Adam vnnd Eua gibt / Das des weibes ſame Chriſtus der Schlangen den Kopff zertretten / Das iſt / dem Teufel ſein macht nemen vnnd durch ſein leiden / vnns auß dem Tod vnd Sünd zur gerechtigkeyt vnnd ewigem leben helffen ſol."[46]

Deutlich wird die Parallele ebenfalls im Sermon „Christlicher und kurzer Unterricht von Vergebung der Sünden und Seligkeit", in der Philipp Melanchthon in Frage und Antwort (die Grundform der Katechismus-Abfragung) Grundsätze des christlichen Glaubens anspricht.

Auch hier wird diese Verbindung in den Vordergrund gestellt, wie sie Trubar und Melanchthon unter dem Stichwort der zwei Predigten formuliert haben:

> „Als Adam vnd Heua durch den Teuffel betrogen / den jemerlichen fall gethan / von Got gewichen / vnd nun nicht anders haben dencken können / denn das ſie von Gott ewigklich müßten verworffen ſein / Vnd were alſo geweſen / ſo Got nicht gnad erzeiget hette / vnd diſen vnergründtlichen Rath beſchloſſen / ſeinen Sun zuſenden / vnd jn zur verſönung zu machen / Da hatt Gott noch im Paradiß zwo Predig angefangen / nemlich / Die sünd angezeigt / vnd geſtrafft / Vnd dabey einen troſt gegeben / vnd zugeſagt von künfftigen Samen / der des Teuffels werck / sünd vnd tod vertilgen / vnnd widerumb gerechtigkeit vnd ewiges leben anrichten wurde."[47]

Die gesamte Textdeutung spricht die für Trubar wichtige soziale Einstellung an, die er Melanchthon und Veit Dietrich abgenommen hat: die Aussichtslosigkeit

---

45 [Durch Adams Sünde sind wir alle / böse Sünder geworden / sie werden aber mit dem Glauben / an Jesus Gnade suchen / dadurch sind die Sünden vergeben / ... / Daher bitten wir dich, Vater / dass wir mit dem Hl. Geist / ... / an deinen Sohn glauben werden.] *Catechiſmus* (1550), a.a.O., pp. [151 f.].

46 *Summaria vber die gantze Bibel*, a.a.O., pp. [24 f.]

47 Philipp Melanchthon, „Chriſtlicher vnd kurtzer vnterricht / von vergebung der ſünden vnd ſeligkeit". In: *Summaria vber die gantze Bibel*, a.a.O., p. CLIX [682].

des Sündenfalls, die Gnadenzusage Christi, gedeutet als Trost für den Gläubigen. Diesen Dreischritt, Sünde – Trost – Gnadenverheißung, lässt Trubar im Lied (Str. 4 und 5) deutlich anklingen.

Das Einlassen auf die Erlösungshoffnung seit Anbeginn gibt Trubar die Möglichkeit, die seit Luther herausgestellte christologische Verweisung aufzunehmen und den Katechismus folgerichtig damit zu beginnen.[48]

Zum Abschluss der Übersetzung des Neuen Testamentes 1582 bringt Trubar eine prägnante Zusammenfassung von Luthers Christologie in „Ta Summa, en kratig navuk, od vſiga S. Piſma" [Summa, eine kurze Lehre von der ganzen Hl. Schrift] – es erinnert vom Titel her an Dietrichs „Summaria". Die Darstellung des mit der Schöpfung verbundenen Sündenfalls, die Weissagung der Hilfe durch Christus, die Hoffnung der Väter, das Gesetz als Erkenntnisquelle und schließlich die Errettung durch die Gnade Christi werden in 14 Punkten aufgenommen. Die Vorlage Luthers ist in der Kurzform der „Heilsetappen" bei Trubar spürbar: „leta Bug ie ta zhloueka ſtuaril [...] inu ie nyu poſtauil zhes vſe ſtuari na ſemli. Oli tyu ie ta Sludi ſgolufio vta Greh perprauil" [Gott hat den Menschen geschaffen und stellte ihn über alle Geschöpfe auf Erden. Und der Teufel hat ihn durch Betrug in die Sünde gebracht] – „wie alle Kreaturen geschaffen sind", heißt es bei Luther, „wo die Sünde und der Tod hergekommen seien, nämlich durch Adams Fall, aus des Teufels Bosheit."

Die nächste Etappe stellt die Verheißung in den Mittelpunkt:

> „Aber bald darauf [lehrt Mose], woher die Hilfe wieder kommen sollte, Sünde und Tod zu vertreiben, [...] durch des Weibes Samen, Christus, dem Adam und Abraham verheißen, auf daß so der Glaube von Anfang der Schrift durch und durch gepriesen werde."
> „De Bug Ozha, ie Adamu tu shensku Seime, tu ie Synu Ieſuſa Criſtuſa Goſpudi inu Odreshenika nashiga, poslati oblubil, De ta iſti ſpet vſe, kir taki oblubi inu Vnega Synu Veruio, od Greha inu Sludieue oblaſti ima odreſhiti." [Dass Gott Vater dem Adam des Weibes Samen, das ist, unseren Herrn und Erlöser Jesus Christus, seinen Sohn, versprochen hat zu schicken, dass der wieder alle, denen er das verspricht und die an seinen Sohn glauben, von der Sünde und der Macht des Bösen erlöst.]

48 Es ist noch auf einen besonderen Umstand hinzuweisen, der Trubar ebenfalls bestimmt haben könnte, Schöpfung und Dekalog in dieser Reihenfolge zu behandeln. Wiederum ist Luther das Vorbild. Das 9. und 10. Gebot des Dekalogs ist in seiner Deutung die Erinnerung an die Schöpfungszusage und die Warnung vor ihrer Mißachtung, wie Luther sie im „Kleinen Katechismus" definiert. Da heißt es „Von der Schöpfung": „Ich glaube, daß mich Gott geschaffen hat samt allen Kreaturen [...] dazu Kleider und Schuh, Essen und Trinken, Haus und Hof, Weib und Kind, Acker, Vieh und alle Güter" („Der kleine Katechismus", a. a. O., p. 3969) und in der Auslegung der letzten Gebote: „Du sollst nicht begehren deines Nächsten Haus [...] Weib, Knecht, Magd, Vieh oder alles was sein ist." (A. a. O., p. 3967).

Der nächste Schritt ist die Einsicht in die Notwendigkeit des Gesetzes und die Erhebung des Evangeliums über das Gesetz:

> „da man schier nicht mehr wußte, was Sünde war oder wo der Tod hergekommen sei, bringt Gott Mose hervor mit dem Gesetz [...], um die Welt [...] wieder zu erleuchten und durchs Gesetz die Sünde wieder kundzumachen."
>
> „ta zhloueska Natura taku iskashena, huda inu offertna de ne hozhe tih ſuih Grehou, [...] misli inu shele v ſebi, de potrebuie Gnade Boshye, odpuſzane tih Grehou [...] prou ſpoſnati, Sa tiga volo ie Bug dal skuſi Moiſeſa to Poſtauo, [...], de skuſi te, bi imeili nih grehe inu hudubo nih ſerza ſpoſnati." [die menschliche Natur ist so verdorben und schlecht, dass sie ihre Sünden, Gedanken und Wünsche in sich nicht bedenken will und dass sie Gottes Gnade und die Vergebung der Sünden benötigt, um sie recht zu erkennen. Darum hat Gott durch Mose das Gesetz gegeben, dass sie dadurch ihre Sünden und das Böse in ihren Herzen erkennen würden.]

Die Erlösung durch die Gnade Christi ist der Ausblick der Verheißungslehre: der Mensch wird genötigt, durch das Gesetz etwas Weiteres zu suchen,

> „nämlich Gottes Gnade, im zukünftigen Christus verheißen. [...] Darum, wo nun Christus kommt, da höret das Gesetz auf [...] Denn durch Christus ist die Sünde vergeben, Gott versöhnet und das Herz hat angefangen, dem Gesetz hold zu sein, daß es des Mose Amt nicht mehr strafen und zu Sünden machen kann [...] denn wir haben nun die Klarheit im Angesicht Christi. Das ist das Amt der Gnade, dadurch wir Christus erkennen, mit dessen Gerechtigkeit, Leben und Stärke wir das Gesetz erfüllen."

Das Gesetz bringt die Erkenntnis der Sünden,

> „inu teim vezh sheleti po Criſtuſeuim prihodu inu odreshituu od nih grehou, kateriga odreshitua, ne ſapuuidi, ne ty nih offri neſo mogli dopernеſti, Sakai oni ſo bili le ene ſence, figure, enu naprei malane inu pomenene tiga prauiga Criſtuſeuiga Offra na tim Cryshu, kateri offar ſam vſe grehe od tih Vernih vſame prozh inu iſpere."[49] [Und deshalb mehr nach der Natur Christi und der Erlösung von Sünden zu verlangen, diese Erlösung, nicht das Gebot, nicht ihre Opfer konnten das bringen. Denn sie waren nur ein Schatten, eine Figur, eine Kleinigkeit in der Bedeutung dieses wirklichen Opfers Christi am Kreuz, der sich selbst opferte und alle Sünden von den Gläubigen wegnimmt und abwäscht.]

Gerade die Tatsache, dass Trubar zu unterschiedlichen Zeiten und über verschiedene Quellen die Christologie Luthers vertritt, zeigt seine enge und unverbrüchliche Bindung an den deutschen Reformator.

Rajhman stellt eine Verbindung zwischen der von Trubar wiedergegebenen Schöpfungsgeschichte und dem Prolog des Johannesevangeliums her. Als Parallelen werden die Einführung in das AT bzw. das NT (Evangelium) dargestellt, spezifiziert in der Beziehung Gott – Mensch – Verheißung (Schöp-

49 „Vorrede zum Alten Testament" (1523), p. 2990, p. 3002; *Biblia Slavica*, a. a. O., pp. 480 f.

fungsgeschichte) bzw. Gott – Christus – Verheißung (Prolog). Es bekräftigt im Grunde theologisch den Schöpfungsbeginn des Katechismus: Es ist der Beginn der Heilsgeschichte, der Verheißung, die dann im NT erfüllt wird. Das ist die reformatorische Erkenntnis Luthers, die tradiert wird durch Melanchthon, Veit Dietrich, Bullinger, also von Reformatoren, mit denen Trubar in Verbindung gekommen ist. Allerdings gibt es bei Trubar keinen Hinweis auf diese AT (Genesis)-NT (Johannesevangelium)-Verbindungslinie; sie steht bei Rajhman auch nur als Behauptung ohne Nachweis: „Trubarjevo uvodno poglavje je podobno prologu Janezovega evangelija."[50]

Allerdings finden sich Argumente für den Zusammenhang der beiden Textstellen später im slowenischen Vorwort zum „Pentateuch" von Dalmatin (1578). Er vertritt die lutherische Christologie; der Schöpfungsbeginn wird mit den Grundlagen des christlichen Glaubens verbunden:

> „Vſazhetki ie Elohim, tu ie Boguui, ali Bug ſtuaril Nebu inu Semlo, ſteim on nas vſe vuzhi, de ie guishnu inu riſnizhnu, kakor my vſak dan vnashi kerſzhanski veri ſposnamo, le en ſam edini praui, vezhni, modri, dobrutliui inu vſigamogozhi Bug, kateri ie ta Sueta Troyza, Bug Ozha, Bug Syn inu Bug Sueti Duh." [Am Anfang ist Elohim, das ist das Göttliche, und Gott schuf Himmel und Erde, damit lehrt er uns alles, dass es gewiss und wahr ist, wie wir jeden Tag in unserem christlichen Glauben erkennen: es ist nur ein einzig wahrer, ewiger, kluger, gütiger und allmächtiger Gott, der die Hl. Dreifaltigkeit ist, Gott Vater, Gott Sohn und Gott Hl. Geist.]

Die Welterschaffung wird mit der Dreieinigkeit verbunden und steht damit in Beziehung zum Anfang des Johannesevangeliums, das Dalmatin so deutet:

> „Inu nam poleg tiga tudi na snaine daie, [...] de ga ie taiſti nash praui edini Bug, Bug ozha skusi ſuoio Beſſedo, tu ie, kakor S. Iansh Euangeliſt islaga, skusi ſuoiga glih vezhniga Synu, nashiga Gospuda Iesuſſa Criſtuſa, sred S. Duhom [...] ſtuaril."[51] [Und er gibt uns daneben auch zur Kenntnis, dass er ihn, dieser unser einziger Gott, Gott Vater, durch sein Wort, das ist, wie der Evangelist Johannes auslegt, durch seinen gleichermaßen ewigen Sohn, unseren Herrn Jesus Christus, mit dem Hl. Geist geschaffen hat.]

Zur Bewertung des Zusammenhangs zwischen Genesis 1, 1 ff. und Joh. 1, 1 ff. wird ein kurzer Textauszug vorgestellt:

---

50 [Trubars Einleitungskapitel ist dem Prolog des Johannesevangeliums ähnlich.] Rajhman, *Prva slovenska knjiga*, a. a. O., p. 41.

51 *Biblia Slavica*, a. a. O., p. 821.

AT	NT
Ἐν ἀρχῇ ἐποίησεν ὁ θεὸς τὸν οὐρανὸν καὶ τὴν γῆν. ἡ δὲ γῆ ἦν ἀόρατος καὶ ἀκατασκεύαστος, καὶ σκότος ἐπάνω τῆς ἀβύσσου, καὶ πνεῦμα θεοῦ ἐπεφέρετο ἐπάνω τοῦ ὕδατος. καὶ εἶπεν ὁ θεός Γενηθήτω φῶς. καὶ ἐγένετο φῶς. καὶ εἶδεν ὁ θεὸς τὸ φῶς ὅτι καλόν. καὶ διεχώρισεν ὁ θεὸς ἀνὰ μέσον τοῦ φωτὸς καὶ ἀνὰ μέσον τοῦ σκότους. καὶ ἐκάλεσεν ὁ θεὸς τὸ φῶς ἡμέραν καὶ τὸ σκότος ἐκάλεσεν νύκτα. (Septuaginta, Stuttgart 1979, p.1)	Ἐν ἀρχῇ ἦν ὁ λόγος, καὶ ὁ λόγος ἦν πρὸς τὸν θεόν, καὶ θεὸς ἦν ὁ λόγος. οὗτος ἦν ἐν ἀρχῇ πρὸς τὸν θεόν. πάντα δι' αὐτοῦ ἐγένετο, καὶ χωρὶς αὐτοῦ ἐγένετο οὐδὲ ἕν ὃ γέγονεν (Novum testamentum graece. 27. revid. Aufl., Stuttgart 1993, p. 247)

Die Parallelität ist bereits durch den „Anfang“ gegeben, einmal Gott und sein Schöpfungsakt mit der Menschbezogenheit und dem Eintritt des Sündenfalls samt der Verheißung. Zum anderen wird der „Anfang“ bei Johannes im „logos“ gesehen, der identisch mit „Gott“ ist. Gleichzeitig ist „logos“ Christus („Und das Wort ward Fleisch“), d. h. die Verheißung der Erlösung durch Christus; hier wird wiederum parallelisiert zum Schöpfungsbericht, der auf „des Weibes Samen“ verweist, ebenfalls die Verheißung Christi. Der Heilsweg ist in diesem Rückbezug des NT auf das AT vom Schöpfungsakt zur Inkarnation vom Willen Gottes gekennzeichnet. Bezeichnend für beide Textstellen sind dualistische Kategorien: Licht und Finsternis, im Schöpfungsbericht realistisch in den Tag-Nacht-Gegensatz einmündend. Bei Johannes ist im Prolog die „mythische Sprache der Gnosis“[52] ebenfalls in dualistischen Strukturen von himmlisch – irdisch erkennbar. „Der himmlische Offenbarer, in dessen Botschaft das ewige Leben Gegenwart wird, ist niemand anders als der im Tode am Kreuz verherrlichte irdische Jesus.“[53]

Die Propagierung des Heilsweges, die Luther und nach ihm vor allem Veit Dietrich immer wieder aus 1. Mose, Kap. 3, Vers 15 abgeleitet haben, ist die von Trubar übernommene Verheißung auf Christus hin. Das ist allenthalben bei dem Slowenen nachzulesen. Die Kombination mit dem Prolog des Johannesevangeliums gehört allerdings nicht zu dieser Argumentationskette, weil sie für das Verständnis seiner Adressaten nicht dienlich gewesen wäre. Trubar geht an späterer Stelle eine andere Beziehung ein, die allerdings mit dem Beginn des Johannesevangeliums im Zusammenhang steht. Das Zeugnis Johannes des Täufers nach dem Prolog verbindet noch einmal AT und NT: „Denn das Gesetz ist durch Mose ge-

52 *EKL*, a. a. O., Stichwort: „Johannesevangelium“, Sp. 842.

53 A. a. O., Sp. 842.

geben; die Gnade und Wahrheit ist durch Jesum Christum geworden" (Joh. 1, 17): Nach der Erörterung der „zwei Predigten" (Moses und Evangelium = Christus) zitiert Trubar diese Bibelstelle und übernimmt die lutherische Christologie:

> „Inu leta reslotik vmei to Moiſeſeuo inu vmei Criſtuſeuo Pridigo, ie Ioannes sdaici vtim ſazhetku nega Euangelia Ioha. 1. poſtauil, kir taku piſſhe, Ta Poſtaua ie skuſi Moiſeſa dana, Ampag ta Gnada inu Riſniza ie skuſi Ieſuſa Criſtuſa ſturiena."[54]

Da dieses Erstlingswerk eine Art Probierstadium nicht überschreitet, eher reformatorische Erkenntnisse präsentiert, fühlt sich Trubar hier auch nicht an strenge katechetische Vorlagen gebunden. Es gibt bei dem Slowenen auch keine Hinweise oder gar eine Diskussion über diese Form der Katechismusanlage, die er sicher geführt hätte, wenn er eine theologische Notwendigkeit gesehen oder die Proklamierung einer eigenständigen reformatorischen Erkenntnis beabsichtigt hätte. Von Trubar wird die Struktur seines ersten slowenischen Buches in diesem Sinne nicht reflektiert. Natürlich kannte Trubar aufgrund seiner Herkunft, seiner Ausbildung und seiner Lebenszeit die verschiedenen Strömungen des europäischen Protestantismus, hörte etwas von Erasmus, ihm wurde einiges von Zwingli vermittelt durch Bonomo und Bullinger. Was aber in der Forschung reflektiert wird, ist meist den Hinweisen Trubars entnommen, aus denen sich dann zahlreiche Spekulationen ergeben. Ideologisierte Vorstellungen führen zu Konstruktionen, die letztlich durch falsche Etikettierung auf Trubars Bedeutung einen unverdienten Schatten werfen. Aus der Begeisterung, seinem Erstlingswerk historische Aufmerksamkeit zu widmen, ergeben sich ungerechtfertigte Epitheta, die ihn als Humanisten und damit Erasmusschüler, als Interpretator des Sündenbegriffes in Richtung Flacius, als Wegweiser zwischen Zwingli und Luther in der Abendmahlsfrage, als Vertreter einer pantheistischen Gottesvorstellung in der Schöpfungsdeutung prägen sollen.[55] Die Feststellungen einerseits eines allseits informierten und belesenen Gelehrten und andererseits eines Seelsorgers geraten zu widersprüchlichen Ergebnissen.[56] Verständlich, aber nicht zielführend ist dieses

---

54 [Und der Deutende versteht das Mosaische und versteht die Predigt von Christus, die Johannes im Anfang seines Evangeliums, Joh. 1 [V. 17], vorgestellt hat, wo er schreibt: das Gesetz ist durch Mose gegeben, aber die Gnade und Wahrheit ist durch Jesus Christus geworden.] Trubar, *Ena dolga predguvor*, a. a. O., p. [16].

55 Vgl. dazu die Zusammenfassung Rajhmans zu den theologischen Vorstellungen von Trubar in seinem ersten Katechismus, in: Ders., *Prva slovenska knjiga*, a. a. O., pp. 78 f.

56 Rajhman ist beharrlich in seinen antizipierten Vorstellungen von Trubars Bedeutung hinsichtlich einer eigenen Theologie im Erstlingswerk. „Sklepamo tudi, da je moral poznati domala vse glavne tokove tedanje dobe, bil načitan in razgledan, živel je v dobi pisanja prvega katekizma v razgibanih protestantskih krajih, se srečeval s teologi in se z njimi dopisoval in tako izoblikoval svojo slovensko smer v protestantizmu, ki se na svoj način

Bemühen um Trubar. Die Last, die dem Slowenen in der Interpretation seiner ersten Schrift aufgebürdet wird, kann so nicht geschultert werden. Der Slowene war zu dieser Zeit noch nicht in der Lage, eine selbstständige theoretisch-theologische Linie aufzubauen, was er auch nicht wollte.

4. Katechismusbestandteile und ihre Verarbeitung in Nutzung der Quellen (Gebote, Glaubensbekenntnis, Vaterunser, Taufe, Abendmahl)

Zu den Grundbestandteilen des Katechismus gehören die 10 Gebote, die von Trubar nach dem Bibeltext 2. Mose, 20, 2 ff. genau zitiert werden.[57] Von Interesse für seine theologische Einstellung bzw. Anlehnung ist die Einführung „De usu decalogi", eine Erläuterung, Gewichtung und Auswirkung auf den Gläubigen.

---

kaže v prvem katekizmu." [Sehen wir auch, dass er fast alle Hauptströmungen der damaligen Zeit kennen musste, er war belesen und orientiert, lebte in der Zeit der Verschriftlichung des ersten Katechismus an den in die Bewegung einbezogenen protestantischen Orten, traf sich mit Theologen und schrieb sich mit ihnen und formte so seine slowenische Richtung im Protestantismus, die sich auf seine Art und Weise im ersten Katechismus zeigt.] (A. a. O., p. 77) Und andererseits: „Videti v Trubarjevem teološkem delu navezanost na konkretna vsakdanja vprašanja, ki so bila aktualna v tedanjam slovenskem prostoru, se pravi, realno oceniti tudi njega samega kot teologa, ki mu cilj ni teologija, ampak človek, ki ga rešuje s svojo teologijo." [In der theologischen Arbeit Trubars muss man die Bindung an die konkreten alltäglichen Fragen sehen, die im damaligen slowenischen Raum aktuell waren, das heißt, auch ihn selbst als Theologen real einschätzen, dessen Ziel nicht die Theologie, sondern der Mensch war, den er mit seiner Theologie befreit.] (A. a. O., p. 79) Etwas verklausuliert formuliert und richtigerweise zu reduzieren: Trubar schöpft aus den Quellen das für seine Kirche Passende, versucht in der Vielfalt eine Linie durchzuhalten, die sich an Luther und seinen Mitstreitern, hier insbesondere Melanchthon und Veit Dietrich, orientiert.

57 Trubar hat in wörtlicher Übersetzung den gesamten Text wiedergegeben, der das 1. Gebot begleitet. Daraus kann nicht geschlossen werden, wie es Rajhman, a. a. O., p. 43, tut, dass es sich um eine Anlehnung an den „Schweizer" Dekalog handele. Luther verkürzt bereits den Zusatz „der ich dich aus Ägyptenland, aus dem Diensthause, geführt habe" (1525) und begründet das als Weglassung eines auf die jüdische Gemeinde bezogenen Satzteiles: „denn er hat uns ja nicht aus Ägypten geführt, sondern allein die Juden" (Hervorhebung G. G.) („Eine Unterrichtung, wie sich die Christen in Mose schicken sollen" (1525). In: *Luther Deutsch*, a. a. O., p. 3180). Im Übrigen hat der spätere Heidelberger Katalog ebenfalls nicht die gesamte von Trubar zitierte Stelle wiedergegeben. Der Slowene hat einfach den gesamten Bibeltext übernommen, ohne damit ein Zugehörigkeitsbekenntnis ablegen zu wollen.

Trubar paraphrasiert dazu Abschnitte aus Melanchthons „Unterschied des Alten und Neuen Testaments", wiederum aus Veit Dietrichs „Summaria". Melanchthon spricht im Zusammenhang des Spannungsbogens Gesetz – Verheißung von der Bedeutung der 10 Gebote. Sein Ausgangspunkt, wie auch der Luthers, ist die „Einpflanzung des Gesetzes in die menschliche Natur":

> „Und bindet das selbige Gesetz [...] alle Menschen auf Erden von Anfang bis zum Ende. Denn Gott hat Erkenntnis des selbigen Gesetzes allen Menschen eingepflanzt, dass sie wissen, dass ein ewiger allmächtiger Gott ist."[58]

Trubar vermittelt solche theologischen Erkenntnisse mit pädagogischer Einfühlung. Er führt im Konjunktiv die Möglichkeiten vor, die es ohne die Erbsünde gegeben hätte, wozu der Mensch von Gott eigentlich geschaffen war; er hätte Gott gedient, „ſueſelim tar ſuolnim ſerzom".[59] Die Gesetze, durch die ja erst die Sünde zum Vorschein kommt, wie Luther ausführt, bezeugen das: „Te Deſed ſapuuidi nas na poprei vuzhe / kakoue ſhege bi ta zhlouik bill".[60] Trubar kehrt also die Sachlage um: Ohne Sündenfall wäre das Gesetz nicht notwendig gewesen – das Gesetz erinnert an den Sündenfall.

Trubar hat einen zweiten Punkt übernommen: „Tu drugu / is ſnih ſpoſnamo ta Greh inu to naſho hudo iſkaſheno naturo / de ſmo le hudimu od mladtu perkloneni."[61] Für Luther ist die Natur des Menschen durch „das Übel der Erbsünde" verderbt. Er wendet sich vehement gegen alle Behauptungen, „dass die Natur nach dem Sündenfall bei den Menschen [...] unangetastet geblieben wäre."[62] Das Gesetz zeigt das Gegenteil: „Aber das vornehmste Amt oder Kraft des Gesetzes ist, daß es die Erbsünde mit den Früchten und allem offenbare und dem Menschen zeige, wie seine Natur so ganz tief gefallen und bodenlos verderbt ist".[63] Dieser Eindeutigkeit schließt sich Melanchthon im angegebenen Sermon über

58 Philipp Melanchthon, „Vnterſchid des Alten vnd Newen Teſtaments". In: *Summaria vber die gantze Bibel*, a. a. O., p. IIII [= 12]; bei Luther, a. a. O., p. 3185, heißt es: „Denn was Gott den Juden durch Mose vom Himmel gegeben hat, das hat er auch in aller Menschen Herzen geschrieben [...] So halte ich nun die Gebote, die Mose gegeben hat, nicht deshalb, weil sie Mose geboten hat, sondern weil sie mir von Natur eingepflanzt sind".

59 [mit frohem und freiem Herzen] *Catechiſmus* (1550), a. a. O., p. B ii.

60 [Die zehn Gebote lehren uns zuvörderst, welches sittliche Verhalten der Mensch gehabt hätte.] A. a. O.

61 [Zum zweiten erkennen wir aus ihnen die Sünde und unsere böse verderbte Natur, dass wir von Kindheit an nur dem Bösen zuneigen.] *Catechiſmus* (1550), a. a. O., p. B iii.

62 „Die Thesen Luthers für fünf Promotionsdisputationen" (1535–1537). In: *Luther Deutsch*, a. a. O., p. 2893.

63 „Die Schmalkaldischen Artikel" (1537). In: *Luther Deutsch*, a. a. O., p. 2302.

den Unterschied zwischen AT und NT an. Obwohl das Gesetz dem Menschen eingepflanzt ist, „ſo iſt doch das hertz in der verderbten Natur vngehorſam vnd abgewand von Gott“.[64]

Trubar schließt als weitere Forderung des Gesetzes die Erkenntnis der Sünden an, die der Mensch herzlich bereuen soll, um den Zorn und die Strafe Gottes zu ertragen und seine Gnade zu erbitten: „nam gſerzu gre ſerd boſhy / inu ta ſtraiffinga na ta greh / Na tu pag imamo Boga ſa gnado proſiti“.[65] Die Vorlage dafür hat ebenfalls Melanchthon geliefert, für den Erkenntnis, Reue, Zorn Gottes, Gnade und Vergebung die Grundlagen der Gesetzeslehre sind, dass

> „das Geſetze [...] fürnemlich ein vrteil ſey / wider die ſünde / zweyfel vnd finſternus von Gott in menſchlicher natur. Vnd ſol derhalben alle Menſchen zur erkentnuß der ſünd vnd ſchrecken für Gottes zorn treyben / das ſie vergebung vnd gnade / vmb des verheiſſen Mittlers willen / vnd die erlöſung von ſünden ſuchen.“[66]

Das Glaubensbekenntnis, ein weiterer wichtiger Teil jedes Katechismus, gibt Trubar im kommentierten Text als „Symbolum Apostolorum“ wieder. Das ist insofern bemerkenswert, als er im dazugehörigen Lied, einer Paraphrase des Bekenntnisses, sich an das Nicänische Glaubensbekenntnis hält: „Jeſt veryo veniga boga / Vtiga vſigamogozhiga / Kir ye ſtuarill ſemlo nebu / Vſe dobru nuznu tar lepu / Vſe kar ſozhima vidimo / Inu kar my ne vidimo.“[67] Möglicherweise kommt dies durch das Liedvorbild von Sebald Heiden, „Ich glaub an den allmächtgen Gott“, nach dem sich Trubar gerichtet haben soll,[68] zustande.

Aufschlussreicher sind Trubars Einlassungen zum „Vaterunser“, d. h. seine grundsätzlichen Bemerkungen zum Gebet: „Kai ye ta Molytua / [...] koku ſe ima Molyti.“[69] Trubar folgt hier den Anweisungen von Veit Dietrich und Philipp Melanchthon, die mit den Auffassungen Luthers zum Beten übereinstimmen. Für alle steht am Anfang die Forderung, nicht „zu plappern wie die Heiden“,[70] bei Trubar übernommen in der Formulierung „de nekar koker nekateri deyo /

64 Melanchthon, „Vnterſchid“, a. a. O., p. IIII a [= 13].

65 [Uns geht der Zorn Gottes zu Herzen und die Strafe für die Sünde, deshalb müssen wir Gott um Gnade bitten.] *Catechiſmus* (1550), a. a. O., p. B iii.

66 Melanchthon, a. a. O., p. V a [= 15].

67 [Ich glaube an einen Gott, den Allmächtigen, der Himmel und Erde gemacht hat, alles Gute, Nützliche und Schöne, alles, was wir mit den Augen sehen und was wir nicht sehen.] *Catechiſmus* (1550), a. a. O., p. [158].

68 Vgl. Marijan Smolik, *Odmev verskih resnic v slovenski cerkveni pesmi od začetkov do konca 18. stoletja*, Ljubljana 1963 (Inaugural-Dissertation), p. 283, Anm.28.

69 [Was ist das Gebet ... wie soll man beten] *Catechiſmus* (1550), a. a. O., p. C.

70 *Summaria vber die gantze Bibel*, a. a. O., p. XII a [= 385].

kir pred Altar oli an Pyld poklegneyo“[71], sondern das Herz sprechen zu lassen: „Ta Molytua ye an rifnizhin ferzhan inu prietliu fguuor Sbugom […] proffimo is ferza de nam pomaga“;[72] so ähnlich hat es Veit Dietrich in den Summaria zum NT formuliert, für den das Herz im Gebet „viele nötige Stücke“ betrachten soll.[73] Es geht dabei um die Ernsthaftigkeit des Gebets,[74] um die Gewissheit der Anhörung Gottes, um die Ausschaltung von Zweifeln. Luther hat das streng ermahnend formuliert:

> „Man soll beten, nicht, wie es die Gewohnheit ist, viele Blätter (des Gebetbuchs) oder Körnlein (des Rosenkranzes) zählen, sondern sich etliche anliegende Not vornehmen, dieselbe mit ganzem Ernst begehren und darin den Glauben und die Zuversicht zu Gott zu üben, daß wir nicht daran zweifeln, wir würden erhöret.“[75]

In gleicher Weise lässt sich Melanchthon auf dieses Thema ein: „Das Euangelium leret / Man foll Gott anrüffen mit glauben / vnd nicht zweiffeln / Er wölle vnfer Gebet vmb feines Suns Chrifti Jefu willen annemen.“[76] Trubar nimmt diesen Gedanken auf, versucht, ihn aber in einer weniger strengen, sondern pädagogisch einfühlsamen Art zu vermitteln. Der Beter solle sich an den Psalmgebeten und anderen Gebetsbeispielen der Hl. Schrift orientieren, „wenn er Zweifel hegt, ob Gott seine Bitte gefällt, ob er sie annimmt oder nicht“.[77]

Veit Dietrich und Melanchthon haben die „Anrufung“ Gottes in Regeln gefasst, die Trubar übernommen hat. Es sind die Stichworte Gebot – Verheißung – Glauben – eigenes Anliegen. „Vnd damit du dich zum gebett anreitzen / vnnd recht fchicken mögeft / Solt du allezeit vier stück mercken / Gebott / Verheiffung / Glauben / vnd das anligen / oder die not / darinne man hülffe bedarff.“[78]

---

71 [dass wir nicht so wie einige tun, die vor dem Altar oder einem Bild niederknien] *Catechifmus* (1550), a. a. O., p. C ii.

72 [Das Gebet ist ein aufrichtiges, herzliches und freundliches Gespräch mit Gott … bitten wir von Herzen, dass er uns hilft.] A. a. O., p. C.

73 *Summaria*, a. a. O., p. XIII [= 386].

74 Es handelt sich hier bei den Reformatoren um eine deutliche Stellungnahme gegen die „Papisten“, die „nichts vom glauben [sagen] / ja leren dawider / man fol zweiffeln / ob man hab vergebung“, so Melanchthon, „Fürneme vnterfchid zwifchen reiner Chriftlicher lehre des Euangelij vnnd der abgöttifchen Papiften lere“. In: *Summaria vber die gantze Bibel*, a. a. O., Nürnberg 1550, p. [666].

75 „Von den guten Werken“ (1520). In: *Luther Deutsch*, a. a. O., p. 1280; ähnlich: a. a. O., p. 1287; „Der große Katechismus“ (1529), a. a. O., p. 1852, pp. 1883 f.

76 Melanchthon, „Fürneme vnterfchid“. In: *Summaria vber die gantze Bibel*, a. a. O., p. CLIX.

77 *Catechifmus* (1550), a. a. O., p. Cii f.

78 Melanchthon, „Chriftlicher vnd kurtzer vnterricht / von vergebung der fünden vnd feligkeit“. In: *Summaria vber die gantze Bibel*, a. a. O., Nürnberg 1545, p. CLXII [= 688].

In der ersten Regel weist Melanchthon auf die Notwendigkeit des Gebets hin:

> „Das erſte / iſt das Gebot / Das wir Ja wiſſen ſollen / das es ein groſſer ernſt iſt / das Gott vns zum gebett treybet / welches er nicht thette / ſo es in vergeblich ding ſein ſolt.“[79]

Bei Trubar lautet es entsprechend:

> „Na poprei na Sapuuid boſhyo Goſpud Bug ſapoueda molyti […] kadar tedai Bug ſapouei molyti / taku nemu tudi molytou guiſhnu dopade.“[80]

In der zweiten Regel führt Melanchthon die Verheißung an,

> „darinn Gott zuſagt / vnſer gebett anzunemen / vnd vns zu erhören / vnnd zu helffen.“[81]

Die Formel Trubars basiert darauf:

> „Druſimu ſpomiſli na oblubo boſhyo / Goſpud Bug ye oblubill vſem […] / de naſhe proſhne hozhe vſliſhati.“[82]

„Das dritte / iſt der glaube / Etliche reden die wort vnnd dencken nicht wen ſie anreden.“[83] Bei Trubar sind „Etliche“ konkretisiert als „Sünder“: „Tretimu tudi ſpomiſli na to Vero / ſakai tu ye riſniza / de bug greſhnikou ne vſhliſhi.“[84]

Schließlich bleibt der Bezug auf die persönliche Lage, die als Gebetsteil ebenfalls zur Regel gehört. Hier stimmen Melanchthon und Veit Dietrich mit Trubar in der Ernsthaftigkeit des Anliegens und der notwendigen inneren Einstellung überein:

> „die notturfft / welchen man für Got bringen ſoll. Denn gebet ſoll nicht ein unnutz Battologia ſein / wie die Pfaffen […] geleſen haben / Sonder ein ernſtliche bitte von rechter notturfft / geiſtlich oder leiblich.“[85]

Trubar formuliert diesen „persönlichen“ Gebetsanteil so:

> „ſa vſe tu kar htimu lebnu ſliſhi / imamo tudi vpokuri inu vueri proſſiti“[86]

---

79 A. a. O.

80 [Zuvor im göttlichen Gesetz gebietet Gott der Herr zu beten … so wie damals Gott geboten hat zu beten, so gefällt ihm gleichermaßen auch das Gebet.] *Catechiſmus* (1550), a. a. O., p. Ciii.

81 Melanchthon, a. a. O., p. CLXII a [= 689].

82 [Zum zweiten erinnern sie an Gottes Zusage, Gott der Herr hat allen versprochen … dass er unsere Bitten erhören will.] *Catechiſmus*, a. a. O., p. C ii a.

83 Melanchthon, a. a. O., p. CLXII a [= 689].

84 [Zum dritten erinnerten sie an den Glauben, wieso das die Wahrheit sei, dass Gott die Sünder nicht erhört.] Jeweils: A. a. O.

85 Melanchthon, a. a. O., p. CLXIII a [= 689].

86 [Für alles das, was zum Leben gehört, sollen wir auch in der Beichte und im Glauben bitten.] *Catechiſmus* (1550), a. a. O., p. C iiii; Trubar ist in *Ena dolga predguvor*, a. a. O., p. ee 1

Der eindeutigen Quellenzuordnung dieses Vorspanns zum „Vaterunser" stehen die Artikel „Taufe" und „Abendmahl" gegenüber, deren Einordnung schwieriger fällt. Für Luther hat die Taufe eine allumfassende „Funktion für die Konstitution der christlichen Identität und des christlichen Lebensvollzuges".[87] Taufe ist der Bezug auf die gesamte Bibel vom Sündenfall über die Verheißung des „weiblichen Samens" (Christus) bis hin zur ewigen Seligkeit.

Im „Kleinen Katechismus" hat Luther die Frage nach der Nützlichkeit der Taufe mit dem Hinweis auf die Verheißung Gottes beantwortet, auf die der Glaubende „von Herzen" vertraut und die im Wort verkündet wird: Vergebung der Sünden, Erlösung von Tod und Teufel, ewige Seligkeit.[88] Er beschreibt im „Großen Katechismus" den allumspannenden Bogen des Heilsweges, der mit der Taufe vollzogen und ihre wirkende Kraft ist: die Tötung des Alten Adam, die Auferstehung des neuen Menschen und die tägliche Wiedergeburt;[89] das wird weiter tradiert,

---

[= 176], noch einmal auf das Gebet eingegangen unter Hinweis auf seine Ausführungen in den Katechismen. Anlass sind Erkenntnisse durch eine „schöne, nützliche und tröstliche Lehre", aus der Hl. Schrift entnommen. Trubar bezieht sich auf Ps. 50, 15: „Rufe mich an in der Not, so will ich dich erretten, und du sollst mich preisen." und Philipper 4, 6: „Sorget nichts, sondern in allen Dingen lasset eure Bitten im Gebet und Flehen mit Danksagung vor Gott kund werden", und formuliert: „Molitua, prauio te iſte Buque [...] tu Klizane na Buga oli to Proshno inu tu Sahualene." [Das Gebet, sagen die Bücher, ist die Anrufung Gottes oder das Bitten und das Loben.] (*Ena dolga predguvor*, p. ee 1 [= 176]). Trubars neuerliche Einlassung auf die Gebetsmächtigkeit ist von der Sorge begleitet, seine Landsleute könnten an der Wirkung zweifeln. „Sakai dotle tu ſerce misli, Muie klizane inu Molene ie ſabſton, taku tukai ne more obena praua Molitou biti." [Denn solang das Herz denkt, mein Rufen und Beten sei umsonst, kann es kein richtiges Gebet geben.] (A. a. O., p. ee 2 [= 177]). Zweifel an der Erhörung Gottes ist für Trubar eine Folge der Erbsünde und daher als verwerfliche Eigenschaft unbedingt auszurotten: „Sakai po tim Adamouim Padzu, ie prishluzhes vſe ludi, koker ſmo slishali, de zbiulaio, aku Bug na nas gleda, aku on nashe Proshne gori vſame inu vslishi: Ty pag, kir taku zbiulaio, oli zaguio na Boshy dobruti, ty iſti ne mogo nishter moliti." [Denn nach Adams Fall, passiert es allen Menschen, wie wir gehört haben, dass sie zweifeln oder an Gottes Güte verzagen, ob Gott auf uns schaut, ob er unsere Bitten annimmt und erhört: Die, die so zweifeln oder an Gottes Güte verzagen, können nicht beten.] (A. a. O., p. ee 2 [= 177]). Das Nicht-Zweifeln ist für die Reformatoren ein wichtiger Bestandteil des Gebets.

87 Friederike Nüssel, *Allein aus Glauben. Zur Entwicklung der Rechtfertigungslehre in der konkordistischen und frühen nachkonkordistischen Theologie*, Göttingen 2000, p. 167. (Digitale Ausgabe).

88 „Der kleine Katechismus" (1529). In: *Luther Deutsch*, a. a. O., pp. 3978 f.

89 „Der große Katechismus" (1529), a. a. O., pp. 1901 f.; nach Auffassung der lutherischen Reformatoren ist die tägliche Wiedergeburt Bedingung, weil eine vollkommene Realisierung des Taufanliegens durch die Sündenbedrohung im irdischen Leben nicht garantiert ist. (Vgl. Nüssel, a. a. O., p. 162).

etwa bei Flacius: „significat quoque Baptismus & Baptizare, ortificationem veteris hominis & suscitationem novi".[90] Diese Einstellung findet sich auch in Melanchthons „Loci", der diesen Vorgang ununterbrochen auf das Leben eines Christen bezieht: „Sic tota vita christiana est mortificatio carnis et renovatio spiritus etres, quam significat baptismus, geritus tantisper, dum prorsus a mortuis resurgamus."[91]

Trubar steht in seinem Katechismus vor einer schwierigen Situation. Die Stellungnahme zu Taufe und Abendmahl lässt sich in einem solchen „Lehr"-Werk nicht umgehen; gleichzeitig aber ist ihm bewusst, dass kein theologisch-dogmatisches Thema bei den Reformatoren so umstritten ist, wie die Definition der Sakramente. Lutheraner, Gnesiolutheraner, Philippinen, Flacianer, die Schweizer Reformatoren, Schwarmgeister und viele andere markieren unerbittlich ihre Vorstellungen, unerbittlich deshalb, weil es um essenzielle Glaubensaussagen geht, sozusagen die Konstitution der christlichen Existenz. Der slowenische Reformator fährt eine doppelte Strategie. Einerseits vermeidet er definitorische Festlegungen, sodass es auch schwierig ist, Trubar auf die eine oder andere Quelle festzulegen. Zum anderen aber ist deutlich, dass er sich auf die allumfassende Bedeutung der Taufe innerhalb der Heilslehre einlässt.[92]

Kennzeichnend für Trubars Bezug zur Taufe ist zunächst die Überschrift des Sermons: De Ministerii Verbi Dei & Baptiſmi Vitilitate". Luther hat größten Wert auf die Zusammengehörigkeit von Taufvorgang und Wort gelegt: „ein Wasser in Gottes Wort und Gebot gefasset und dadurch geheiligt, so daß es nichts anders als ein Gottes-Wasser ist." Die Heiligung als Sakrament wird durch die Autorität von Augustinus bekräftigt, den Luther mit den Worten zitiert, „accedat verbum ad elementum et fit sacramentum, das ist: ‚Wenn das Wort zum Element oder natürlichen Wesen kommt, so wird ein Sakrament daraus'".[93] Trubar liegt ganz auf dieser Linie Luthers, zitiert ebenfalls Augustinus und spricht vom sichtbaren Zeichen, dem Wasser („tu ye / iste ſemleſke rizhi" – das ist das irdische Ding), und dem unsichtbaren („himmlischen") Wirken: „ta videzha inu ſemleſka rezh / ye ta uoda / ta neuedizha pag inu nebeſka rezh / ye ta gnada / beseda / inu obluba

90 Matthias Flacius Illyricus, *Clavis scripturae s. seu de Sermone Sacrarum literarum, Pars prima*, Basel 1567, p. 69 (zitiert nach Nüssel, a. a. O., p.163).

91 Philipp Melanchthon, *Loci communes* 1521. Lateinisch – Deutsch, 2. durchges. u. korr. Aufl., Gütersloh 1997, p. 334.

92 Das zeigt sich auch daran, dass er die Taufe unter zwei Abschnitten erläutert, „De Ministerii Verbi Dei & Baptiſmi Vtilitate" (*Catechiſmus*, a. a. O., pp. Cv ff.), sowie „Quid sunt sacramenta", wobei die Taufe wesentlich ausführlicher behandelt wird als das Abendmahl („Od te Vezherye hozhmo potle Vezh gouoriti") [Vom Abendmahl wollen wir später mehr reden] (*Catechiſmus*, a. a. O., pp. [42–66]).

93 „Der große Katechismus" (1529), a. a. O., p. 1889.

boſhya". – [Die sichtbare und irdische Sache ist das Wasser, das unsichtbare und die himmlische Sache ist die Gnade, das Wort und die Zusage Gottes.][94] Er wiederholt das noch einmal im Abschnitt „Quid sunt Sacramenta", diesmal auf Taufe und Abendmahl bezogen, was zugleich auch eine theologische Stellungnahme zum Sakrament im lutherischen Verständnis ist:

> „Inu nekar ſamuzh le to uodo per tim kerſtu inu ta kruh tar Vinu per tei boſhy myſi / imamo gledati / Temuzh na te beſede boſhye / kat Bug per tih gouori / kai nam oblubi / inu kai ſmo vtih pryeli / ſmiſliti imamo."[95]

Das ist genau die immer wieder beschworene Zusammengehörigkeit von Wasser und Wort in der Verheißung bei Luther. Der deutsche Reformator artikuliert die Verbindung von äußerem Zeichen (bei Trubar „irdisch" bzw. sichtbarer Vorgang) und Sakrament (bei Trubar „himmlisch" oder unsichtbar) unmissverständlich zu beiden Sakramenten:

> „was für religiöse Bedenken können wir haben und wozu dient es, den Laien (den Genuß des Abendmahls in) beiderlei Gestalt, d. h. das sichtbare Zeichen, zu verwehren? Dabei gestehen ihnen doch alle das Sakrament als solches zu – allerdings ohne das Zeichen. Gestehen sie ihnen nun das Sakrament als solches zu, was ja das Wesentliche ist, warum nicht auch das Zeichen, das von geringerer Bedeutung ist? Denn in jedem Sakrament ist das Zeichen, soweit es nur ein Zeichen ist, von unvergleichlich geringerer Bedeutung als das Sakrament selbst."[96]

Und zur Taufe:

> „Was für eine Torheit wäre es, wenn du zwar zugäbest, daß dem Täufling der Glaube der Taufe gegeben wird, wollest ihm aber verwehren, daß ihm auch das Zeichen dieses Glaubens, nämlich das Wasser, gegeben würde."[97]

Im Sermon „Über die babylonische Gefangenschaft" fordert Luther unter dem Titel „Über das Sakrament des Brotes" dazu auf, dem Laien das sichtbare Zeichen in „beiderlei Gestalt (Brot und Wein) nicht zu verwehren. Das Siegel oder Zeichen ist die Bestätigung der Verheißung Gottes in der Hl. Schrift, wie Melanchthon ausführt:

---

94 *Catechismus* (1550), p. 42.

95 [Und wir sollen nicht nur das Wasser in der Taufe und Brot und Wein in der Messe sehen, sondern auf das Wort Gottes hören, das Gott durch diese spricht, was er uns verspricht und was wir darin in Gedanken empfangen sollen.] A. a. O., p. 61.

96 „Von der babylonischen Gefangenschaft der Kirche" (1529). In: *Luther Deutsch*, a. a. O., pp. 1355 f.

97 A. a. O., p. 1356.

„Adduntur enim in scripturis seu sigilli vice signa promissionibus, quae cum admoneant promissionum, tum certa testimonia divinae voluntatis sint erga nos testanturque certo accepturos, quod pollicitus est deus.“[98]

Ähnliches, d. h. die Zeichen als Zeugnisse der Verheißung, sagt die Formulierung in Artikel 13 der „Confessio Augustana“.[99] Melanchthon bleibt auch in späteren Umarbeitungen der „Loci“ bei dieser Aussage, die sich auf die Sakramente Abendmahl und Taufe beziehen und „Zeichen“ sowie das „Eigentliche“ trennen; unter der Überschrift „De significationibus“ bestätigt er mehrfach:

„Dixi [...], in Sacramentis multa eſſe ſignificationes, ſed unam praecipuam, uidelicet gratiae, anteferendam eſſe caeterim. [...] Sed altera ſignificatio longe anteferenda eſt, quae nos de promiſſione & de gratia admonet, & requirit fidem.“[100]

So auch bei Trubar:

„koker od tiga to pergliho imamo vtim kerſtu / ta videzha inu ſemleſka rezh / ye ta uoda / ta neuedizha pag inu nebeſka rezh / ye ta gnada / beſeda / inu obluba boſhya. [...] Glih taku per tei Vezhery Chriſtuſeui / ta videzha inu ſemleſka rezh ye ta kruh inu tu vinu / ta neuidezha pag inu nebeſka rezh / ye tu tellu inu ta kry Jeſuſa Chriſtuſa goſpudi naſhiga.“[101]

Die zentrale Stellung, die die Taufe bei Luther einnimmt, wird durch die überschwängliche Schilderung verdeutlicht: „Denn das ist der Kern in dem Wasser [Taufe]: Gottes Wort oder Gebot und Gottes Namen, welcher Schatz größer und edler ist als Himmel und Erde.“[102] Diese Hochschätzung übernimmt Trubar, gleichfalls im Bild des „Schatzes“: „Obtu imamo [...] to ſuetino tiga kerſta my vſi

98 Melanchthon, *Loci communes*, a. a. O., p. 322.

99 De usu Sacramentorum: De usu sacramentorum docent, quod sacramenta institute sint, non modo ut sint notae professionis inter homines, sed magis ut sint signa et testimonia voluntatis Dei ergo nos, ad excitandam et confirmandam fidem in his, qui utuntur, proposita. Itaque utendum est sacramentis ita, ut fides accedat, quae credit promissionibus, quae per sacramenta exhibentur et ostenduntur. Damnant igitur illos, qui docent, quod sacramenta ex opera operato iustificent, nec docent fidem require in usu sacramentorum, quae credit remitti peccata.“ (*Confessio Augustana* 1530, 13. Artikel. In: *Bekenntnisschriften der evangelisch-lutherischen Kirche (1930)*, Göttingen, p. 7.

100 Melanchthon, *Loci praecipui theologici*, Lipsiae 1556, p. 442; ebenfalls p. 428, p. 471.

101 [Wie wir das so auch in der Taufe haben, die sichtbare oder irdische Sache ist das Wasser, die unsichtbare und himmlische Sache ist die Gnade, das Wort und die Zusage Gottes.] [Ebenso im Abendmahl Christi ist die sichtbare und irdische Sache Brot und Wein, die unsichtbare und himmlische Sache der Leib und das Blut Jesu Christi, unseres Herrn.] *Catechiſmus* (1550), a. a. O., p. 61.

102 „Der große Katechismus“ (1529), a. a. O., p. 1888; wiederholt: A. a. O., p. 1894.

veſelu gori vſeti od Goſpud Boga ſkuſi te pridigarye / vtih rizheh ſe nam vſi nebeſki ſhazi odpro / ponuyeio / inu naprei neſſo."[103]

Trubar schlägt ebenfalls den Bogen von der Erbsünde („Ta zhlouik ſkuſi ta Greh (vkaterim ye pozhed inu royen) ye iſkaſhen na Duſhi inu na Teleſu") bis hin zur Aufhebung der Sünde durch Inkarnation und den Opfertod Christi („Sa tiga uolo Goſpud Bug ozha nebenſki is ſhnega uelike gnade inu mylhoſti htimu ye oglozhill ſuiga lubiga ſynu [...] na nega ye Bug tudi poluſhill vſeh ludi grehe.").[104] Der Slowene hat – wie so oft – diese Erzählung ausgebaut mit der Erörterung der Gegensätzlichkeit von Gott (gut) und Mensch (verderbt), um so die Überbrückung der Gegensätze durch die Inkarnation verständlich zu machen. Ebenfalls greift Trubar in seinem Katechismus den Begriff der Verheißung von Adam über Moses, die Propheten bis Jesus auf, um so die Verbindung AT – NT bis zum Taufbefehl hin abzuleiten.

> „De tu ſhenſku ſeime ima kazhi to glauo ſtreti / ye Adam verouall / inu ſkuſi to Vero ye ſpet priſhall vmilhoſt boſhyo [...] Potle ye Goſpud Bug timu Abrahamu [...] tudi dall naſnane inu ye nemu oblubill [...]"[105],

dann die Verheißung über Moses, David und die Propheten bis zum Taufbefehl Christi. Trubar bezieht sich darauf mit den Worten „Na lete Jeſuſeue beſede / inu poſtauo te Pridige/ inu tiga Kerſta / imamo my vſi dobru merkati / Is tih ſe nauuizhimo kai nam ta kerſt inu pridiga nuza."[106] Luthers Ausführungen zu dieser Bibelstelle stehen auf der gleichen Argumentationsebene: „Bei diesen Worten [Taufbefehl] sollst Du zum ersten merken, daß hier Gottes Gebot und Einsetzung stehet."[107] Die angesprochene Verheißung konnte Trubar deutlich bei Melanchthon vorformuliert finden in seiner Vergleichung von AT und NT. Dort heißt es:

---

103 [Deshalb sollen wir alle die Weihe dieser Taufe fröhlich aufnehmen von Gott dem Herrn durch die Predigt; in diesen Dingen eröffnen sich uns alle himmlischen Schätze, erneuern sich und tragen uns vorwärts.] *Catechiſmus*, a. a. O., p. D ii.

104 [Der Mensch ist durch die Sünde (in der er geboren ist) verderbt an Seele und Körper.] [Daher hat Gott der Herr, unser himmlischer Vater, aus seiner großen Gnade und Güte, seinen lieben Sohn geopfert, auf den Gott alle Sünden der Menschen legte.] A. a. O., pp. C v-C vi.

105 [Dass der Same des Weibes den Kopf der Schlange zertreten soll, hat Adam geglaubt und durch diesen Glauben ist er wieder in die Gnade Gottes gekommen. Danach hat Gott der Herr dem Abraham die Erkenntnis gegeben und ihm verheißen ...]. *Catechiſmus*, a. a. O., pp. [30 f.]

106 [Auf Jesu Wort und das Gesetz der Predigt und die Taufe sollen wir alle gut merken; daraus lernen wir, was uns die Taufe und die Predigt nutzt.] *Catechiſmus*, p. 34.

107 „Der große Katechismus", a. a. O., p. 1886.

„Alſo ſind Adam / Heua / Abel / Noha / Abraham / Moyſes / Dauuid / ſelig worden / das ſie geglaubt haben / das jnen Gott jre ſünde vergeben habe / vnd ſie ſelig mache / vmb des verheyſſen Heylands willen."[108]

Die Verheißung Gottes auf Hilfe, Rettung von Sünde, Tod und Teufel klingt ebenfalls bei Trubar an: „on hozhe byti naſh Bug / tu ye / praui pomozhnig [...] de nam vernim kerſzhenikom ne ima ta greh / ta smert / ta hudizh / inu pekall niſhter ſhkoditi."[109]

Obwohl Trubars Sermon über die Taufe mehr eine Erinnerung an die Verheißung Gottes auf Erlösung ist und er damit eine reformatorische Diskussion um die Taufe umgeht, zeigt es dennoch an, dass Luthers These von der Verbindung von Wasser (Taufhandlung) und Wort auch seine Grundlage ist. Das Sakrament (äußeres Zeichen und innerer Bezug) öffnet die Befreiung aus der Erbsünde mit dem Versprechen Gottes auf das ewige Heil, damit ganz den Weg der Bibel nachvollziehend. Im Mittelpunkt steht dabei die Voraussetzung des Glaubens für die Wirkung des Sakraments nach Röm. 1, 17, zu dem Luther drastisch ergänzt: „Scriptura sic dicet [...] «Iustus ex fide sua vivet», non dicit «Iustus ex sacramentis vivet»."[110] Viele Übereinstimmungen mit Melanchthon,[111] Flacius, Luther zeigen Trubars Kenntnis und Anerkennung dieser Schriften.

Allen gemeinsam ist die zentrale Verortung des Sakraments der Taufe im christlichen Glauben. Luthers Betonung der Wirkung des „Wortes" („Aber das Wort tuts und daß [...] Gottes Namen darinnen ist.")[112] findet Berücksichtigung bei Trubar, indem er die Taufmission in das biblische Wort stellt: „Koku ye Jeſus Chriſtus naſh Goſpud inu Ohranenik Pridigo inu ta Kerſt poſtauill to piſheio ſueti Math. Cap. XXVIII [19] Marc. 16 [15 f.] Lu. 24[46 f.] Joh. 20".[113]

108 Melanchthon, „Vnterſchid des Alten vnd Newen Teſtaments". In: *Summaria vber die gantze Bibel*, a. a. O., p. V [= 14].

109 [Er will unser Gott sein, das heißt, der wahre Helfer, damit uns treuen Christen nicht Sünde, Tod, Teufel und Hölle schaden sollen.] *Catechiſmus*, a. a. O., p. D ii.

110 Luther, WA Abt. I, Bd. 7, p. 101; zitiert auch bei Melanchthon, *Loci communes*, a. a. O., p. 324, Anm.1033.

111 Der Gebrauch des Begriffs „Zeichen" steht auch bei Melanchthon in der Lutherischen Tradition. Die Vorgänger, Augustinus, Thomas von Aquin, Petrus Lombardus, setzen in der scholastischen Lehre vom „signum" das Zeichen als Realität; es bezeichnet nach Petrus Lombardus das „Heilige und ist zugleich das bezeichnete Heilige." – „sacrum signans et sacrum signatum". Zitiert nach Melanchthon, *Loci communes*, a. a. O., p. 322, Anm. 1029.

112 „Der große Katechismus" (1529), a. a. O., p. 1890.

113 [Wie Jesus Christus, unser Herr und Bewahrer die Predigt und die Taufe eingesetzt hat, das schreiben die Heiligen Matthäus, Markus, Lukas und Johannes.] *Catechiſmus* (1550), a. a. O., p. D iiii.

Trubar will seinen Landsleuten in der irdischen Not, der sie ausgesetzt sind, die Sicherheit des Glaubens geben. Er bekräftigt den Verheißungsgedanken Luthers, Melanchthons und Veit Dietrichs, die das Versprechen Gottes von Adam an über Mose und die Propheten des AT bis hin zu Christus immer wieder artikulieren, in aller Eindringlichkeit ebenfalls in der Schilderung von Gottes Versprechen an Adam („ſa uolo tiga ſhenſkiga Semena" – wegen des Weibes Samen), an Noah („ne hozhe vezh vſiga ſueidta potopiti" – er wird die Welt nicht mehr untersinken lassen), an Abrahams Nachkommen („de hozhe nega inu nega vnukou dober Bug [...] byti" – er wird ihm und seinen Enkeln ein guter Gott sein) und die Einlösung durch Christus („Tu Seime Jeſus Chriſtus / ſkuſi kateru vſi ludye bodo ſhegnani" – der Same Jesus, durch den alle Menschen gesegnet sein werden).[114] Die Sakramente sind für Trubar Vergewisserung für die Menschen und Zeichen der Einlösung der Liebe Gottes, „die uns zusichern, daß wir gewiß empfangen werden was Gott versprochen hat", wie es Melanchthon formuliert.[115] Trubar fokussiert seine pädagogischen Bemühungen in einem fast naiven Bezug auf die Lebenserfahrung des einzelnen Slowenen; was aus dem biblischen Geschehen mitgenommen wird, ist die immerwährende Gnade eines guten Gottes gegenüber der ständigen Bosheit des sündigen Menschen. „Ja ieſt veim de ye Bug dober [...] inu mylhoſtiu" – „Jeſt ſem an greſhnik an ſhleht ſauerſhen zhlouik".[116] Trubar führt vor, dass die Angst des Menschen, deshalb von Gott gehasst zu werden, durch das Versprechen Gottes, das er in den Sakramenten gibt, aufgehoben sei:

> „Sa take naſhe Neuere uolo / ta Mylhoſtiui dobri Goſpud Bug ozha nebeſki / kir hozhe de bi ga vſi ludye prou ſpoſnali / vnega uerouali [...] ye te Sacramente oli te ſkriune Suetyne inu ſnamina vti ſuy Cerqui ſhegnall inu poſtauill / ſkuſi te Bug hozhe zhloueka ſaguiſhati / de kar Bug gouori inu zhloueku oblubi."[117]

Im Grunde ist die Seelsorge Trubars darauf ausgelegt, den Menschen gedanklich immer mehr in eine Situation zu führen, aus der er keinen anderen Ausweg findet als den Glauben an Gottes Verheißung, die er in den Sakramenten gibt. Er formuliert es drastisch durch die gegenteilige Gewissheit, dass ohne Glaube

114 A. a. O., p. E iii.

115 Melanchthon, *Loci communes*, a. a. O., p. 323.

116 [Ich weiß, dass Gott gut ist und gnädig. Ich bin ein Sünder, ein schlechter, verwerflicher Mensch.] *Catechiſmus* (1550), a. a. O., p. E.

117 [Um unseres Unglaubens willen hat der gnädige gute Gott der Herr, der himmlische Vater, der will, dass alle Menschen recht einsehen sollten, an ihn zu glauben, die Sakramente oder die verborgenen Geheimnisse und Zeichen in seiner Kirche gesegnet und eingesetzt; dadurch will Gott den Menschen vergewissern über das, was er sagt und was er dem Menschen verspricht.] A. a. O., p. E ii.

an Gottes Versprechen das Sakrament nichts nutzt, sondern nur mehr schadet.[118] Dem Sakrament eine Wirkung nur in Verbindung mit Glauben zuzusprechen, ist grundlegende Erkenntnis Luthers, auf die mehrmals hingewiesen wurde, ebenfalls bei Melanchthon in den Loci; sie wissen sich einig mit ihren Vorläufern Thomas von Aquin und Petrus Lombardus, der vom Wort im Sakrament sagt: „es wirkt, ‹nicht weil es gesagt, sondern weil es geglaubt wird›" („non quia dicitur, sed quia creditur").[119] Hier trifft er sich wieder mit Luther im Frage- und Antwort-Teil des „Kleinen Katechismus":

> „Wer empfängt denn solch Sakrament würdiglich? – der ist recht würdig und wohl geschickt, wer den Glauben hat an [die] Worte [des Sakraments]. Wer aber diesen Worten nicht glaubt oder zweifelt, der ist unwürdig und ungeschickt; denn das Wort [...] fordert eitel gläubige Herzen."[120]

Die Betonung von Versprechen und Gewissheit der Erfüllung ist die trostvolle Rettungsanweisung, die Trubar seinen Landsleuten vor allem als Zielsetzung seiner Theologie auf den Weg geben will. Die Begriffe „Verheißung", „Gnade", „Gewissheit" sind christliche Zusicherungen, die Allgemeingut der Reformation sind. Die Verheißungen sind mit Siegeln versehen in der Hl. Schrift, „certa testimonia divinae voluntatis sint erga nos testanturque certo accepturos, quod pollicitus est deus."[121] Aus der abstrakten Formulierung steigt Trubar mit seiner Trost-Theologie hinab und versucht, einen christlichen Sicherheitsnachweis in den Gedankengängen seiner Landsleute zu implantieren.

Das setzt sich in Trubars Zusammenstellung von Bibeltexten fort, „Testimonia, quod ſimus omnes peccatores", anhand derer er 14 Mal Zeugnisse für die Sündhaftigkeit der Menschen und die Gegenmaßnahmen anführt. Diesen Beispielen von Unglauben und Verderbtheit („My ſmo ſpryzhali ſadoſti / de vſi ludye mladi tar ſtari ſo greſhniki inu [...] souuraſhniki boſhy")[122] schließt Trubar Belege der Umkehrung und Versöhnung an („ſkuſi to Vero Vieſuſa Chriſtuſa [...] Jeſus ſam [...] naſhe grehe platill / inu ye nas ſpet ſbugom ſmirill".)[123] Mahnung und Rettung sind auch hier das Anliegen. Zum Abschluss der Zeugenreihe fasst Trubar die in den Briefen des Apostel Paulus konzentrierten Lehrinhalte in den wichtigsten

118 A. a. O., p. [45].

119 Melanchthon, Loci communes, a. a. O., p. 325, Anm. 1033.

120 „Der kleine Katechismus" (1529), a. a. O., p. 3986.

121 Melanchthon, a. a. O., p. 322; vgl. den Hinweis auf gleichlautende Übernahme in der *Confessio Augustana* (Melanchthon, a. a. O., p. 322, Anm. 1032).

122 [Wir haben hinlänglich bezeugt, dass alle Menschen, jung und alt, Sünder sind und Gotteshasser.] Catechiſmus (1550), a. a. O., p. G.

123 [durch den Glauben an Jesus Christus ... hat Jesus selbst unsere Sünden bezahlt und uns wieder mit Gott versöhnt.] A. a. O., p. G ii.

Stichworten zusammen: Glauben, Rechtfertigung, Sündenvergebung, Gesetz und Evangelium, sola fide, Gnade. Dieses Konzentrat findet sich bei Veit Dietrich in der Einleitung zu den Paulusbriefen:

> „Diſe Epiſtel iſt ein Lere in der Schrifft / in welcher Sant Paulus die fürnembſten ſtuck Chriſtlicher lere nach ein ander handlet / was das Euangelium ſey / vnnd lere / Wie man allein durch den glauben an Jeſum Chriſtum / vnd nicht durch die werck ſelig werde / Was ſünde ſey / Was gnade ſey / Wo zu das Geſetz gegeben sey / vnd geleret werde."[124]

Trubar schreibt:

> „Sueti Paul pouſod vnega pridigah inu liſteih ſueiſtu vuzhi le to Vero Vieſuſa Chriſtuſa [...] de ſa uolo te Vere bomo [...] prauizhni ſturyeni [...] odpuſhzhane tih grehou [...] ſkuſi to Sapuuid tiga Moiſeſa nei ſte mogli prauizhni [...] bodo prauizhni ſturryeni ſabſton / ſkuſi nega gnado [...]."[125]

5. Die Seelsorge – Einordnung der guten Werke (Luther, Bullinger, Melanchthon und andere)

Im Anschluss befasst sich Trubar mit den schon bei Veit Dietrich angedeuteten „Guten Werken": „Questiones de bonis operibus. Vpraſhane od tih dobrih dell". Für die Reformatoren, insbesondere Luther und Melanchthon, aber auch Flacius und Bullinger, ist die Stellungnahme zur Frage einer „Eigenleistung" des Menschen für sein Heil eine unumgehbare Verpflichtung. Sie war dringend, weil es Klärungsbedarf gegenüber der katholischen Lehre – es sei an den Ablasshandel erinnert – gegeben hat. Vor allem Melanchthon hat die Gegensätze in allgemeinverständliche Formeln gekleidet, indem er die wesentlichsten Unterschiede zwischen der „reinen christlichen Lehre und der abgöttischen Papisten Lehre" in überschaubaren Abschnitten vorstellte.[126] Die Grundsatzposition geht von Luthers „Sermon von den guten Werken" (1520) aus, in dem er „den Glauben als Wurzel aller wahren

124 „Summaria vber die Epistel Sant Pauli an die Römer". In: Dietrich, *Summaria vber die gantze Bibel*, a. a. O., p. XCVII [= 554].

125 [Der Heilige Paulus lehrt überall in seinen Predigten und Schriften treu den Glauben an Jesus Christus ... dass wir um des Glaubens willen gerecht gemacht werden ... die Vergebung aller Sünden [erlangen] ... Durch das Gesetz Mose konntet ihr nicht gerecht werden ... Sie werden umsonst gerecht gemacht durch seine Gnade.] *Catechiſmus* (1550), a. a. O., p. H iii.

126 Melanchthon, „Fürneme vnterſchid zwiſchen reyner Chriſtlicher lere des Euangelij vnd der Abgöttiſchen Papiſten lere". In: *Summaria vber die gantze Bibel*, a. a. O., pp. CLVIII ff. [= 675 ff.]

guten Werke aufwies."[127] Die Ausgabe hat noch 1520 und danach eine Vielzahl von Auflagen erlebt – ein Hinweis auf das dringende Aufklärungsbedürfnis über die Funktion der „guten Werke".[128] Bei Luther werden die rhetorischen Fragen artikuliert, die Melanchthon aufgreift und von Trubar übernommen werden. Man spürt an diesen Fragestellungen, wie verunsichert die gläubigen Christen über Wert und Unwert der „guten Werke" gewesen sind. Das gilt in ganz besonderem Maße für das „christliche Lehrbuch" Trubars, seiner ersten Veröffentlichung, mit der er seinen Landsleuten Sicherheit in der richtigen Ausübung ihres Glaubens vermitteln will und sich durch Ausräumung von Widersprüchen um klärendes Verständnis bemüht.

Luther geht von den 10 Geboten aus; sie sind einzig und allein die Quelle für „gute Werke":

> „Zum ersten ist zu wissen, daß es keine guten Werke gibt, außer denen allein, die Gott geboten hat [...] Darum: wer gute Werke wissen und tun will, der braucht nichts anderes als Gottes Gebot zu kennen."[129]

Er exemplifiziert das in seinem Sermon durch zahlreiche Beispiele alltäglicher Herausforderung auf der Grundlage der Gebote und fasst zugespitzt zusammen: „Nun siehe, wieviel der Mensch zu schaffen hat, wenn er gute Werke tun will, die ihm allezeit in großen Haufen zur Hand liegen und von denen er allenthalben umringt ist."[130] Die zweite Grundbedingung ist der Glaube, ohne den „die Werke niemand vor [...] Gott rechtfertigen [können]."[131] Die Werke, so seine weitere Feststellung, sind nicht aus sich selbst heraus wertig, sondern durch den Glauben, dass sie Gott wohl gefallen:

> „Geschehen diese Dinge mit solchem Glauben, daß wir überzeugt sind, es gefalle Gott alles wohl, so sind sie löblich, nicht um ihrer Tugend, sondern um solchen Glaubens willen, dem alle Werke gleich gelten."[132]

Die Dringlichkeit einer Aufklärung ist spürbar anhand der häufig gestellten Frage, ob gute Werke überhaupt notwendig seien, wenn Christus „sola fide" erlöst. Für Luther ist diese Frage falsch gestellt, da die Werke,

---

127 Heinrich Bornkamm, „Martin Luther. Leben und Schriften". In: *RGG*^{3}, Bd. 4, p. 485.

128 Vgl. dazu die editorischen Bemerkungen zu „Sermon von den guten Werken" (1520). In: *Luther Deutsch*, a. a. O., p. 1318.

129 „Sermon von den guten Werken" (1520), a. a. O., p. 1222.

130 A. a. O., p. 1260.

131 A. a. O., p. 1236.

132 A. a. O., p. 1237.

> „sie seien groß, klein, kurz, lang, viel oder wenig [...] nicht von ihretwegen, sondern von des Glaubens wegen angenehm, welcher gleichmäßig und ohne Unterschied in allen und jeglichen Werken ist, wirkt und lebet, wie viele und verschieden sie immer sind."[133]

Ein Christ bedarf nach Luther nicht eines Lehrers guter Werke, sondern er folgt seinem Gewissen; das hebt sämtliche Überlegungen hinsichtlich Größe, Zulässigkeit, Notwendigkeit auf.

Die angeführten Grundsatzüberlegungen Luthers finden bei Trubar Widerhall; er hat sich mit diesem wichtigen und gut verbreiteten Sermon beschäftigt und die Ausführungen als überzeugend und vermittelbar für seinen Katechismus verarbeitet.

Nach Trubars eigenen Briefzeugnissen kennt er das Vorwort Heinrich Bullingers zum Johannesevangelium; er vermerkt das im Brief vom 20. Dezember 1557 an Bullinger in der ihm eigenen überschwänglichen Form, die inhaltlich nicht der Realität entspricht. Trubar schreibt, er habe die 4 Evangelisten und die Apostelgeschichte vollendet,

> „quibus adieci longissimam prefationem jn qua praecipuos et necessarios locos theologicos tracto, inter quos est etiam tua illa eruditissima et pijssima prefatio jn Johannem integra de verbo ad verbum traducta."[134]

Bullinger kannte sehr genau die Schriften Luthers, dessen Ansichten vom Sinn, Potenzial und Nutzen der „guten Werke" er durchaus teilte. Das wird in seiner Schrift „In divinum Iesu Christi domini nostri Evangelium secundum Ioannem Commentariorum" deutlich, die Tiguri (übliche Ortsangabe bei Drucken des Christoph Froschauer) 1543 erschienen war. Insbesondere die Praefatio „De uera

133 A. a. O., p. 1227.

134 Rajhman, *Pisma Trubarja*, a. a. O. p. 32; die Aussage hält einer Überprüfung nicht stand, wie in der Forschung bereits festgestellt wurde. Trotzdem wird damit immer wieder jongliert. (Vgl. Rajhman, „Trubarjev stik z Bullingerjem v Eni dolgi predguvori". In: *Teologija Primoža Trubarja*, Ljubljana 2008, p.78: „Trubar je pisal Bullingerju, da je prevedel njegov predgovor «de verbo ad verbum». Čeprav v Eni dolgi predguvori ni sledu o dobesednem prevodu, je vendar dejansko uporabil predgovor k Janezovemu evangeliju v svoji razpravi." [Trubar hat Bullinger geschrieben, dass er sein Vorwort „de verbo ad verbum" übersetzt habe. Obwohl im „Langen Vorwort" keine Spur der wortgetreuen Übersetzung zu finden ist, hat er faktisch doch das Vorwort zum Johannesevangelium in seiner Abhandlung benutzt.]

Der unbedingte Wille zum Nachweis bestimmter Einwirkungen vernachlässigt den Blick auf andere Quellen. Dass die „guten Werke" aus dem Glauben erwachsen und vom Gläubigen nach Gottes Willen getan werden, ist die mehrfach angesprochene Erkenntnis Luthers, die auch Bullinger übernimmt. Rajhmans Behauptung, „Trubar je bil pod močnim Bullingerjevim vplivom." [Trubar stand unter dem mächtigen Einfluss Bullingers], a. a. O., p. 78, muss relativiert werden.

hominis Chriſtiani iuſtificatione, uera item & iuſta bonorum operum ratione" zeigt weitgehende Übereinstimmungen. Bullinger geht wie Luther von der Unerfüllbarkeit des Gesetzes durch das „Fleisch" aus und damit das Angewiesensein des Menschen auf die Gnade Gottes. Ebenso wie Luther schließt er eigene Aktivitäten zur Erlangung des Heils aus. Voraussetzung ist der Glaube.[135] Luther bezieht sich auf Gal. 3, 22: „Denn die Werke sind nicht von ihretwegen, sondern von des Glaubens wegen angenehm".[136] Er bekräftigt die Instanz des Glaubens, der Voraussetzung ist für gerechte und gute Werke:

> „und der Glaube ist das, weshalb er vor Gott als gerecht geachtet wird. Besteht denn die Gerechtigkeit im Glauben, so ists klar, daß er allein alle Gebote erfüllet und alle ihre Werke gerecht macht, sintemal niemand gerecht ist, er tue denn alle Gebote Gottes. Umgekehrt können die Werke niemand vor Gott ohne den Glauben rechtfertigen."[137]

In der Argumentation von Bullinger ist diese Reihenfolge gleichfalls gegeben; er betont dabei – wiederum die Ansichten Luthers bestätigend – die Nicht-Übereinstimmung zwischen Werken der irdischen Gerechtigkeit, die nicht zum Seelenheil beitragen und den Werken der göttlichen Gnade:

> „Locus ergo hic manifeſtiſſime fidei iuſtificationem tribuit, operibus adimit.[138] Neminem iuſtificari per opera. Demonſtraui ex ingenio fidei iuſtificatis fidem ſolam iuſtificare, demonſtrabo opera hominum non iuſtificare, ideque exeorum ingenio. Opera itaque hominis omnia uel Naturae ingenio ſunt nata, uel dicuntur Legis opera, uel fidei ac diuinae gratiae ſunt opera."[139]

Der Glaube verschafft das ruhige Gewissen, aus dem die guten Werke enstehen;[140] diese Zielrichtung ist, umgekehrt gesehen, d. h. den Werken ohne Glauben, bei Bullinger so ausgedrückt: „Fides tranquillam reddit conſcientiam, non opera."[141]

---

135 Rajhman bestätigt das mit dem auf Bullinger gemünzten Satz, „da se more človek zveličati le po veri. Vera je božji dar, ne sad dobrih del." [dass der Mensch nur durch den Glauben selig werden kann. Der Glaube ist ein Geschenk Gottes, nicht eine Frucht guter Werke.] (Rajhman, „Zgodovinski okvir nastanka Trubarjevega katekizma iz leta 1550". In: *Teologija Primoža Trubarja*, Ljubljana 2008, p. 38). Die Erkenntnis, dass der Glaube „Gottes Geschenk" sei, unterstreicht die von Luther vertretene passive Position des Menschen. Das steht im Widerspruch zu Rajhmans Konstruktion einer Mitwirkung des Menschen durch die Einschaltung des Glaubens in der Diskussion der Rechtfertigung.

136 „Sermon von den guten Werken" (1520). In: *Luther Deutsch*, a. a. O., p. 1227.

137 A. a. O., pp. 1235 f.

138 Heinrich Bullinger. *In divinvm Iesv Christi Domini noſtri Euangelium ſecundum Ioannem*, Commentariorum libri X, Tigvri apvd Frosch 1543, Praefatio, p. [14].

139 A. a. O., pp. [15 f.]

140 „Sermon von den guten Werken", a. a. O., p. 1223.

141 Bullinger, a. a. O., p. [10], Randglosse.

„Anstelle des Gesetzes hat Christus vom Gewissen Besitz ergriffen und wirkt im Gerechtfertigten gute Werke ohne Zutun des Gesetzes.[142] Passivität, die Folge: Glaube – gute Werke, übernimmt Bullinger von Luther.

Trubar fügt die Problematik an, ob gute Werke nötig seien, wenn doch der Glaube allein erlöse. Die Antwort ist ebenso richtungsweisend wie bei Luther: Die Gebote sind Gottes Wort, „inu, kir te popelnoma derſhi pryde vnebeſa“[143] – bei Luther heißt es, niemand ist gerecht, „er tue denn alle Gebote Gottes“,[144] was Bullinger in einen Absolutheitsanspruch umformuliert: „Decalogus ergo certiſſima & abſolutiſſima bonorum operum formula est“.[145] Die Schlussfolgerung ist eindeutig: niemand ist in der Lage, die Gebote Gottes vollständig zu erfüllen; „sola fide“ klingt an, wenn Trubar ausführt,

> „Satu ſnaſhimi ſluſhbami / ſnaſho brumo / inu dobrim gianem / ne premoremo ſaſluſhiti gnade inu odpuſhzhane tih grehou inu tiga vezhniga lebna“, „my ſkuſi to Vero Vieſuſa boſhyo mylhoſt ſpet dobodemo“,[146]

und die zuversichtliche Erwartung der Liebe und Gnade Gottes. Der Glaube ist die Voraussetzung, bei Trubar heißt es, er (der Glaube) sei keine vergebliche Sache und führe zum Guten, zu guten Werken aus dem Herzen heraus („taku ana taka Vera nei ana praſna myſel / temuzh ye ana rezh ſkuſi to ſueti Duh zhloueka ſdai premeni hdobrumu / vtim ſerzei vuſhke ano luzh“).[147] Der Glaube bedingt bei Luther automatisch gute Werke. Die Verpflichtung dazu, kombiniert mit der Zuordnung auf Gott, nicht auf den Schein vor den Menschen, spricht er in der Vorlesung über den Römerbrief aus: „Also sollen wir keine guten Werke tun? Das sei ferne. Aber wir sollen sie in Demut tun, dann weist Gott sie auch nicht

142 Zitiert nach Gerhard Ebeling, Martin Luther. Theologie. In: *RGG³*, Bd. 4, 515. Luthers „Disputatio quarta contra Antinomos“ (1538) beschreibt das ausführlicher in den Thesen 35 bis 39: „Sed vero fides in Christi iustificat, sola implet legem, sola facit opera bona sine lege. Sola enim accipit remissionem peccatorum et sponte facit opera bona per charitatem“ etc. (WA, Abt. I, Band 39/I, p. 354).

143 [und der, der sie vollständig hält, kommt in den Himmel.] *Catechiſmus* (1550), a. a. O., p. [108].

144 „Sermon von den guten Werken“ (1520), a. a. O., p. 1236.

145 Bullinger, *In divinvm Iesv Christi*, a. a. O., p. [25].

146 [Daher können wir nicht mit unseren Ämtern, mit unserer Frömmigkeit und mit guten Taten Gnade erwerben, noch Vergebung der Sünden oder das ewige Leben. Wir erwerben durch den Glauben an Jesus wieder die göttliche Barmherzigkeit.] *Catechiſmus* (1550), a. a. O., p. [109].

147 [So ist ein solcher Glaube kein vergeblicher Gedanke, sondern eine Sache, durch die der Hl. Geist den Menschen nun zum Guten wendet und im Herzen ein Licht anzündet.] A. a. O., p. [109].

zurück."[148] Hier ist ebenfalls Bullinger anzuführen, der in seiner „Praefatio" mit der Zusammenführung Mose – Gesetz – Glaube diese Verbindung unterstreicht: „ab omnibus a quibus nom potuiſtis per legem Moſis iuſtificari, per hunc omnis qui credit iuſtificatur."[149] Und deutlicher noch wird die Unmöglichkeit der eigenen Aktivität in der Rechtfertigungsfrage formuliert: „Coram deo non iuſtificatur ulla caro", „propterea quod ex operibus legis non iuſtificabitur ulla caro in conſpectu eius."[150] Mit der Frage, welche Werke Gott gefallen, übernimmt Trubar in der Antwort die scharfe Auseinandersetzung Luthers und auch Melanchthons mit der „papistischen" äußerlichen Werkfrömmigkeit, die Gott nicht wohlgefällt.

> „Die Papisten machen eigene gute werck / vnnd eigene Gottesdienſt / [...] Als Möncherey / vnterſcheid der ſpeiſe / kleider [...] vnnd ſetzen ſolche werck vber Gottes gebot [...] achten ſie höher / denn das predigampt."[151]

Es ist Luthers Ablehnung, „Menschensatzungen" über Gottes Gebot zu stellen (vgl. Matth. 15, 6), was die Diskussion über die „guten Werke" ausmacht und die von Trubar aufgenommen wird:

> „Letu ima an vſaki veiditi / de oben zhlouik bodi papeſh ſcoff oli dur bodi ne ima od ſam ſebe po ſuy ſaſtopnoſti boſhyh ſluſhbi poſtaulati / ſakai bug tih ne hozhe [...] Satu my imamo le po boſhy beſedi koker vtih beſed ſapuuidih ſtoy."[152]

Trubar betont ebenfalls den lutherischen Kernsatz, dass der Glaube Voraussetzung für Gottes Gefallen an den Werken ist, nicht die Werke selbst. „Nicht weil sie richtig oder vollkommen wären", heißt es bei Trubar,

> „Temuzh ſa tiga uolo / kir ſmo od Buga gori vſeti ſa Chriſtuſouo uolo ſkuſi to Vero [...] Inu kadar my naſho ſhibkoſt inu nezhiſtoſt bogu toſhimo / inu ſazhnemo derſhati te ſapuuidi boſhye / Taku imamo veiditi de taka mahina pokorſzhina / kir is tiga verniga ſerza gre Bogi dobru dopade."[153]

---

148 „Vorlesung über den Römerbrief" (1515/1516). In: *Luther Deutsch*, a. a. O., p. 649.

149 Bullinger, *In divinvm Iesv Christi*, a. a. O., p. [9].

150 A. a. O., p. [10] und Randglosse.

151 Melanchthon, „Fürneme Vnterſchid". In: *Summaria vber die gantze Bibel*, a. a. O., p. CLIX [= 676].

152 [Das muss jeder wissen, dass kein Mensch, ob Papst, Bischoff oder wer er sei, nicht von sich selbst aus, nach eigenem Verständnis Gottesdienste einrichten kann, weil Gott die nicht will ... Deshalb handeln wir nur nach Gottes Wort, wie es in den Geboten steht.] *Catechiſmus* (1550), a. a. O., p. [111].

153 [Sondern wir sind von Gott erhoben worden um Christi willen durch den Glauben ... Und wenn wir unsern Fehler und unsere Unkeuschheit Gott klagen und beginnen, die Gebote Gottes zu halten, so müssen wir wissen, dass ein solcher intensiver Gehorsam, der aus einem treuen Herzen kommt, Gott wohlgefällig ist.] A. a. O., p. J ii.

Solche Formulierungen sind bei Luther vorgeprägt.[154] Über die Wirksamkeit des Glaubens, der die „guten Früchte" bestimmt und damit „gute Werke" zu erzeugen vermag, spricht ganz ausdrücklich auch Melanchthon in den „Loci" unter dem Kapitel „Die Rechtfertigung und der Glaube".

> „Effundit ergo [cor] se in proximos quosque, illis inservit, illis se praebet utendum, illorum nevessitatem pro sua ducit, omnia cum omnibus candide, sinceriter, nihil ambitiose, nihil maligne agit. Haec efficacia fidei est, ut ex his fructibus facile appareat, in quorum cordibus vera fides sit."[155]

Die Verbindung der „guten Werke" mit den Geboten, die Unvollkommenheit der menschlichen Werke, die nicht „vergebung der ſünden verdienen / Denn diſe ehre gehört allein dem eingebornen Sun Gottes Chriſto",[156] die Notwendigkeit des Glaubens, damit diese Werke zum Trost der Menschen von Gott gnädig angenommen werden, verbinden ebenfalls Melanchthons Gedankengänge mit Trubar, der die Betonung der Trostwirkung bei Melanchthon gerne aufnimmt. Trubar sieht in dieser komplizierten theologischen Materie wiederum den Menschen vor sich, den er überzeugen will und versucht deshalb diese Vorgänge schrittweise zu erläutern:

> „Jesus, kateri ye beſednik inu ta praui Scoff per bugi / on ſam naſhe proſſne naſha dobra deilla / inu naſhe terplene Bogu offruye inu pred nega pernaſha inu on tudi nam naſhe grehe ſhibkuſt inu nezhiſtoſt mylhoſtiuu odpuſhzhe / Tu ye gar an lep velik troſht."[157]

Es ist wiederholt betont worden, dass Trubar versucht, Missverständnisse in der Deutung der christlichen Lehre bei seinen Landsleuten auszuräumen. Anhand der Fragestellungen im Katechismus sieht es so aus, dass Trubar auf Glaubensprobleme seiner Umgebung eingeht, d. h. vorhandene Unstimmigkeiten klären will. Eine solche Frage bezieht sich auf die „Heiligen" in der Schrift, aber auch der Kirchengeschichte bzw. der Volksüberlieferung. Die reformatorische Lehre lässt keine Hierarchie innerhalb der Menschen zu, also muss geklärt werden, warum – so die Frage – einige Christen, die ebenfalls Sünde in sich tragen, „Heilige" genannt werden und wodurch sich „diese Gläubigen von anderen Sündern unterscheiden".

---

154 „Sermon von den guten Werken", a. a. O., p. 1225: „Denn findet er sein Herz in der Zuversicht, daß es Gott gefalle, so ist das Werk gut, wenn es auch so gering wäre".

155 Melanchthon, *Loci Communes*, a. a. O., p. 260.

156 Melanchthon, „Chriſtlicher vnd kurtzer vnterricht". In: *Summaria vber die gantze Bibel*, a. a. O., p. CLX [= 684].

157 [Jesus, der Fürsprecher und wahrer Bischoff Gottes ist, er selbst trägt unsere Bitten, unsere guten Werke und unser Leiden Gott vor und überträgt sie auf ihn und er vergibt uns auch gnädig unsere Sünden, Fehler und Unkeuschheit; das ist ein sehr schöner großer Trost.] *Catechiſmus* (1550), a. a. O., p. J iii.

Trubar kann diese Frage im Katechismus stellen, weil er die Antwort bei Luther vorformuliert findet, sich also nicht auf unbekanntes theologisches Terrain begeben muss. Luthers Ausgangspunkt setzt beim Glauben ein. „Wo jedermann den [Glauben] hätte, bedürften wir keines Gesetzes mehr“.[158] Er unterscheidet „viererlei Menschen“, je nach ihrer Verhaltensweise. Bei Trubar heißt es: „So ſtyri ſtanuui tih greſhnikou“.[159] Eine Gegenüberstellung zeigt die weitgehende Übereinstimmung dieser Zuordnungen:

Luther	Trubar
Die ersten [...] die keines Gesetzes bedürfen. [...] solche tun freiwillig, was sie wissen und können, und sehen allein in fester Zuversicht darauf, daß Gottes Gefallen und Huld in allen Dingen über ihnen schwebt.	vſi ſuerniki inu kerſzheniki [...] te grehe nih ſhibkuſt inu nih hudo ſhego tar perklonene ſpoſnaio / to iſto bogu proſſio inu prauo odpuſti nam naſhe dolge. Inu ſnaio Boga nega uolo Vieſuſa veryameio
Die zweiten wollen solche Freiheit mißbrauchen, sich fälschlich darauf verlassen und faul werden. Die Freiheit des Glaubens gibt nicht Erlaubnis zu Sünden, wird sie auch nicht decken. [...] Diese muß man mit dem Gesetz antreiben und mit Lehren und Vermahnung bewahren.	Drugi greſhniki ſo / katerim obena hudobo nei premahina / nuzh tar dan lotruio / ne veryameio de bi po tim lebni an drugi bill / tim tudi bug pomagai.
Die dritten sind böse Menschen, zu Sünden allezeit bereit. Die muß man mit geistlichen und weltlichen Gesetzen wie die wilden Pferde und Hunde zwingen, und wo das nicht helfen will, sie durchs weltliche Schwert ums Leben bringen	Ani ſo / kir nehote byti greſhniki /koker ſo ty Fariſei / Samoprauizhari /nekateri Fary/ inu menihi [...]Ty ſo ti pridigi ſuetiga Euangelia od te Vere ſouuraſh /ſo pelni hudiga nyda [...] taki greſhniki aku ſe ne preoberneio [...] vnebu ne prydo / ſakai ony [...] ſpot delaio

158 „Sermon von den guten Werken“ (1520), a. a. O., p. 1241.

159 [Es sind vier Arten von Sündern.] *Catechiſmus* (1550), a. a. O., p. [122].

160 [Die Gläubigen und Getauften erkennen ihre Sünden und Fehler und schlechten Angewohnheiten und Neigungen; das erbitten sie von Gott, er möge uns unsere Schuld erlassen. Und sie kennen Gott, an den sie um Jesu willen glauben. Die anderen Sünder sind die, denen keine Schlechtigkeit zu groß ist, Tag und Nacht sind sie faul, glauben nicht, dass nach diesem Leben ein zweites wäre. Denen helfe Gott auch. Einige sind, die keine Sünder sein wollen, wie die Pharisäer, die Selbstgerechten, etliche Pfarrer und Mönche ... Die Predigten des heiligen Evangeliums vom Glauben sind ihnen verhasst, sie sind voll bösen Neides ... Solche Sünder werden, wenn sie nicht umkehren, nicht in den Himmel kommen, weil sie spotten. Die dritten, die in große Sünden gefallen sind, die ihnen aber leid tun, von denen sie lassen wollen, bitten Gott um Gnade und glauben an Jesus. Solchen Sündern ist Jesus ein Freund.]

Die vierten, die noch Anfänger im Verständnis solchen Glaubens und geistlichen Lebens sind, die muß man [...] locken [...] solange, bis sie auch den Glauben erkennen lernen (Sermon, p. 1241 f.)	Trety / kir ſo vuelike grehe pali / oli nim ye tih ſhal / puſte od nih / boga proſſe ſa gnado/ Vieſuſa veryameio takim greſhnikom ye Jeſus pryatel.[160] (Katechiſmus, p. 122 f.)

Die Übernahme durch Trubar gehorcht manifesten sozialen und theologischen Einsichten. Sowohl die Bibel schildert solche Sünder-Unterschiede; sie kommt auch in der „Rangordnung“ von Sünden in der Diskussion der Reformatoren selbst zur Geltung wie auch in der Ahndung durch geistliche wie weltliche Gesetze.

Der moralische Impetus verstärkt sich noch in der „Haustafel“, die dem biblisch-evangelischen Vorbild folgt. Trubar unterstreicht die Ausführungen Luthers deutlich mit der Absicht der Belehrung seiner Landsleute.

Insgesamt stellt sich die Quellenabhängigkeit Trubars hinsichtlich der „Rechtfertigung“ und der „guten Werke“ doch vielfältiger dar, als in der slowenischen Forschung behauptet wird. Die Ausrichtung auf den südlichen, schweizerischen Einfluss ist zu einseitig und gehört hinsichtlich Bullinger noch in seinen theologischen Gleichklang mit Luther. Die Ergebnisse bei Trubar sind ein Spiegel des gesamten Katechismus; der Slowene hat Luther, Melanchthon, Veit Dietrich und Bullinger genutzt, wobei die theologische Federführung Luther gehört.

6. Trubars Schrift über den Glauben und sein Verhältnis zu Flacius Illyricus

Eine besondere Berücksichtigung verdient die umfangreiche und zugleich den Katechismus abschließende Schrift „Sermo de vocabulo fidei & de motibus ſeu affectibus, quos uera Fides excitat in homine, ſuper haec Chriſti Verba, O Mulier magna eſt Fides tua“.[161]

Natürlich ist eine Beziehung zu der frühen Schrift von Matthias Flacius Illyricus, „De vocabulo fidei et aliis quibusdam vocabulis, explicatio uera & utilis, sumta ex fontibus Ebraicis“ festgestellt worden, schon allein aufgrund der Titelähnlichkeit.[162] Die Angaben bleiben aber vage und wenig hilfreich. Schon allein der

161 *Catechiſmus* (1530), a. a. O., pp. [202–244].

162 Stellvertretend nur zwei Hinweise bei Rupel, *Primož Trubar, Življenje in delo*, a. a. O., p. 79, und Marko Kerševan, „Trubarjeva reformacija...“, in: *Vera in hotenja*, a. a. O., p. 198; Rupels Behauptung wird zwar auf eine nicht wörtliche Übernahme eingeschränkt, bleibt aber trotzdem irreführend: „pridiga o veri [je] iz Vlačićeve objave De vocabulo fidei (1549). Vendar ne smemo misliti, da je Trubar dobesedno prevajal, temveč je iz predlog

Umfang von Flacius' Schrift hätte darauf aufmerksam machen können, dass deren „übersetzter" Einbezug nicht gut möglich war. Es scheint, als wäre die Titelübereinstimmung ohne Kenntnis des Textes Grundlage genug für die Behauptungen gewesen. Auch Rajhman führt kaum weiter: Seine These, Trubar habe die eigene Verfasserschaft aus religionspolitischen Motiven hinter dem Namen von Flacius verbergen wollen, scheint ebenso gewagt und unbewiesen, wie die zur Stütze der ersteren hinzugezogene Behauptung, dass der Slowene mit den Namen von Melanchthon und Bullinger bezüglich seiner „Langen Vorrede" auch manipuliert habe.[163] Trubar wird damit eine gewisse Raffinesse unterstellt, eine Strategie, die mit reformatorischen Grundeinstellungen verschiedener Parteien jongliere. Eine dafür notwendige Feldherrenübersicht ist für Trubar nicht angemessen. Er schöpft aus den Quellen, wie sie ihm zur Verfügung stehen und für sein Vorhaben nützlich sind; das ist durchaus Verfahrensweise seiner Zeit.

Eine Nähe zu Flacius ist bereits Anfang der 50er Jahre ein nicht ungefährliches Unternehmen; wegen dessen rigorosen Auffassungen (Erbsünde, Rechtfertigung) war eine distanzierte Haltung angebracht.[164] Bei Flacius Werk „De vocabulo" handelt es sich um eine wissenschaftliche Abhandlung; der von Trubar benutzte Begriff „sermo", eigentlich ein „gelehrtes, kunstmäßiges Gespräch",[165] wird sogleich als das deklariert, was es seiner Wirkung nach sein soll, eine seelsorgerliche Anweisung, d. h. eine Predigt an seine Gemeinde über den Text „O Weib, dein Glaube hat dir geholfen" (Matth. 15, 28).[166] Das Persönliche der Zuwendung

---

zajemal po svoje in kakor se mu je zdelo, da bo najbolj prav za njegove preproste bralce." [Die Predigt über den Glauben entstammt der Veröffentlichung von Flacius „De vocabulo fidei". Wir dürfen dennoch nicht denken, dass Trubar Wort für Wort übersetzte, sondern er hat aus dem Vorwort nach Gutdünken geschöpft und wie ihm schien, dass es am besten für seine einfachen Leser sei.] Krševan ist noch weniger differenziert: „Vlačićevo predavanje o veri je celo vključil v svoj prvi katekizem" [Den Flacius-Vortrag über den Glauben hat er völlig in seinen ersten Katechismus übernommen.]

163 Vgl. Rajhman, *Prva slovenska knjiga*, a. a. O., p. 8.

164 Zum Verhältnis Trubar – Flacius vgl. V. I. Deutsch, „Flacijanci v slovenski reformaciji". In: *Trubarjev zbornik*. Ljubljana 1996, pp. 34–38; insbesondere sei auf den Brief Trubars an Kaiser Maximilian vom 21. Januar 1560 und das Schreiben von Ungnad an die Landstände vom 12. September 1552 verwiesen.

165 Langenscheidts Großwörterbuch Lateinisch. Unter Berücksichtigung der Etymologie von Hermann Menge. Berlin etc., 23. Aufl. 1988, Stichwort: „sermo".

166 Die Hinweise von Stanko Gerjolj, „Pedagoška razsežnost Trubarjevih Katekizmov". In: *Primož Trubar. Simpoziji v Rimu*. Celje 2009, p. 267, weisen auf die pädagogische Grundhaltung des Slowenen hin, sind aber doch für das Erstlingswerk mit seinen vielen Quellenanleihen zu euphorisch demonstriert. Gerjolj spricht – und stellt dies Luther entgegen – von ausgesprochen pastoraler Verkündigung, „von einer pädagogisch interessanten und didaktisch kreativen Arbeit mit überfeinem Gefühl für den slowenischen Menschen".

leitet Trubars Darstellung, im Gegensatz zum Sachlichen der wissenschaftlichen Abhandlung.

Die Predigt verknüpft Trubar mit seinem Namen und stellt ihre grundlegende Bedeutung in den Raum: „Leta pridiga ye od primoſa trubarie zheſtu pridigouana / na to iſto / te druge nega pridige vſe kaſheio / gredo inu ſe glihaio."[167] Sicherlich hat diese Predigt eine besondere Aufmerksamkeit verdient, da sie einen hohen Grad an Eigenverarbeitung und Verständlichmachung hinsichtlich der Relation zwischen Glauben, Rechtfertigung und Verheißung im Wort Gottes strukturiert. Insofern ist Jože Koruza zuzustimmen, der bezüglich einer Entsprechung zwischen Trubars „Sermo" und der Abhandlung von Flacius von einer „unbewiesenen Annahme" spricht.[168]

Das Werk von Flacius ist 1549 in Wittenberg erschienen. Die weiteren Auflagen sind hier nicht heranzuziehen, da sie erst nach Trubars Katechismus an die Öffentlichkeit gelangt sind. Der genaue Titel der Erstauflage lautet: „De Vocabulo fidei et aliis quibusdam vocabulis, explicatio uera & utilis, ex fontibus Ebraicis, Scripta à Matthia Flacio Illyrico. Cum praefatione Phil. Mel. Vitebergae 1549". Es schließt sich in dieser Ausgabe die 14-seitige Widmung Melanchthons an: „Reverendissimo Domino Thomae Archepiſcopo Canatuarienſi Philippus Melanthon S. D.". Dann folgt die 10-seitige Praefatio „In librum de voce et re fidei" von Flacius, sowie die drei Teile: „Prima pars de verbo fidei, & cognatis vocibus"; „secunda pars de re fidei"; tertia pars, quod sola fides iuſtificet", gefolgt vom Abschluss: „vt vacvam chyartam expleremus, regulam hanc appoſuimus". Die letzte Seite enthält den Vermerk „Impressum Vitebergae apud Vitum Creucer. Anno M. D. XLIX."[169]

Trubar so eine ausgefeilte Vermittlung gleich in seinem *Erstlingswerk* aufzubürden, das sich an der Vielzahl reformatorischer Einflüsse orientieren muss und daher einen mehr kompilatorischen Charakter aufweist, ist nach unserem Ermessen eine unangemessene Beschwerung.

167 [Diese Predigt ist von Primož Trubar wiederholt gehalten worden, auf diese und seine anderen Predigten zeigen alle hin und sie gleichen sich.] *Catechiſmus* (1550), a. a. O., p. D v [= 202].

168 Jože Koruza, „Die literarischen Formen der Predigten Primus Trubers". In: *Ein Leben zwischen Laibach und Tübingen. Primus Truber und seine Zeit*, München 1995, p. 274. Allerdings fällt auch hier auf, dass formelhafte Wendungen, wie etwa die Gegensatzkonstruktionen am Ende der „Predigt" und die übliche, abschließende Doxologie als „kunstfertiger Abschluß" herausgehoben wird. Trubar nutzt solche Konstruktionen als persuasive Möglichkeit an vielen Stellen.

169 Die ausführlichen Titel- und Abschnittsformulierungen sind notwendig, um Klarheit darüber zu schaffen, auf welche Quelle von Flacius sich Trubar bei seiner Abhandlung eventuell beziehen konnte. Es geschieht im Hinblick darauf, dass die Ausführungen von Rajhman zum Quellenbezug Trubars verwirrend erscheinen, da er zum Nachweis

Der Glaube als den Menschen verändernder „motus"[170] ist die grundlegende Argumentation seiner Schrift, die am Ende die steigernde Häufung und Parallelisierung bedingt: „is noriga moder – is grefhniga fuetniga – is pekla vta nebefa".[171] Trubar hat mit der Formulierung „de motibus" sicherlich bewusst eine Vokabel von Flacius übernommen, der im 2. Teil seiner Abhandlung das Wesen des Glaubens in sechs seelische Bewegungen einteilt, die er als „primus motus fidei", „secundus motus" etc. bezeichnet.[172] Gleichzeitig deutet er mit der Gleichsetzung „de motibus feu affectibus, quos uera Fides excitat in homine" eine Verbindung zu Melanchthons Affektenlehre an. Die geistlichen Affekte (spirituales affectus – nach Luther der Glaube) sind für Melanchthon die durch den Hl. Geist hervorgerufenen Regungen der Seele und ihr eigentlicher Antrieb.[173] Eine weitere Parallele zeigt sich in der Verwendung eines auf den Text bezogenen Mottos; in den Werken von Flacius, Veit Dietrich, Melanchthon ist das eine übliche Verfahrensweise, um nur einige Trubar geistig nahestehende Personen zu benennen. Es sei hier angegeben, weil es auf die Zielrichtung der Untersuchungen hinweist und gleichzeitig Unterschiede in der Behandlung des Gegenstandes bei Flacius und Trubar aufzeigt. Trubar stellt seine „Predigt" „fuper haec Chrifti Verba, O Mulier magna eft Fides tua" (Matth. 15, 28); das Motto suggeriert Nähe und Konkretheit – eine nicht ungewöhnliche Haltung des Seelsorgers Trubar. Bei Flacius liegt der Schwerpunkt auf dem Nachweis der Rechtfertigung durch das Instrument des Glaubens, vorgestellt in dem Motto: „Iuftuf fide fua uiuet" (Habakuk 2, 4), eine eher abstrakte Hypothese.

Das Ereignis, um das es im Matthäus-Evangelium geht, hat missionarischen Charakter. Christus wendet sich mit Verzögerung der hartnäckig bittenden Frau zu, die nicht zum Hause Israel gehört. Das Gleichnis von den Brosamen, die vom Tisch ihrer Herren für die Hunde abfallen, ist die Auslösung des Missionsgedankens. Die Zuwendung trotz Abseitsstehen, trotz Nicht-Zugehörigkeit in dieser Beispielgeschichte stellt für Trubar eine Art Slowenisierung dar: Der Glaube erweckt die benötigte Hilfe, die Trubar seinem Volk angedeihen lassen will. Die

---

des Glaubensbegriffes ebenso Texte aus späteren Ausgaben von Flacius heranzieht. (Vgl. dazu Rajhman, *Prva slovenska knjiga*, a. a. O., pp. 16 f.).

170 Jože Koruza hat falsch zitiert: die Titelüberschrift lautet: „Sermo ... de motibus", vgl. Ders., „Die literarischen Formen der Predigten Primus Trubers", a. a. O., p. 274.

171 [aus dem Narren einen Klugen, aus dem Sünder einen Heiligen, aus der Hölle in den Himmel]. *Catechifmus* (1550), a. a. O., p. G i [= 243].

172 Vgl. Matthias Flacius Illyricus, *De vocabulo fidei*, a. a. O., Secunda pars, pp. 51 ff. [= 88 ff.] (Digitale Ausgabe).

173 Vgl. dazu Melanchthon, *Loci communes*, a. a. O., p. 44 und Anm. 83 sowie im Folgenden.

gewählte Predigtstelle signalisiert also von Anfang an die von Trubar beabsichtigte theologische Zuordnung.

Es muss noch einmal betont werden, dass Trubars Abhandlung über den Glauben durch die Titelanspielungen und damit den „Einbezug" des monumentalen Werkes von Flacius Interesse zu gewinnen sucht. Das ist zulässig und üblich und dient dem Nachweis, dass man auf der Höhe der Diskussion ist, sich im gelehrten Milieu auskennt. Der, allerdings korrigierte, Irrtum in der neueren Forschung, es mit Anlehnung oder gar Übersetzung zu tun zu haben, ist ein modernes Missverständnis. Anregung ist die bessere Bezeichnung.

Flacius teilt seine Abhandlung in drei Abschnitte:

> „Diſtribuemus autem iſtam noſtram commentationem in tres partes potiſſimum. In quarum prima diſſeram de praecipuo vocabulo fidei Hebraeo ac Graeco, idque ita, ut prius quidem de uerbo, posterius uero de nomine dicam, quanquam obiter & uicinas his principalibus vocabulis voces explicabimus."[174]

Die Untersuchung des ersten Teils bezieht sich auf Herkunft und Verwendung von „Glauben" in den Urtexten von AT und NT, Ableitungen aus der altgriechischen Philosophie und Ähnliches. Es ist eine Exegese des biblischen Glaubensbegriffes.[175] Das stand weder im Interesse von Trubar, noch entsprach es seiner Vorbildung.[176] Das eine hat mit dem anderen nichts zu tun.

Im zweiten Abschnitt geht es um das Wesen des Glaubens:

> „In secunda uero de reipſa fidei ita commentabimur, ut aliquo modo exactius fidei partes enumeremus eaſque ſingulas ſeorſim diligenter excutiamus."[177] „Nunc etiam de re fidei

174 Flacius, *De vocabulo fidei*, a. a. O., „In librum de voce etre fidei, praefatio", pp. 8 f. [= 29 f.].

175 Vgl. Friederike Nüssel, *Allein aus Glauben. Zur Entwicklung der Rechtfertigungslehre in der konkordistischen und frühen nachkonkordistischen Theologie.* (= Forschungen zur systematischen und ökumenischen Theologie. Bd. 95), Göttingen 2000, p. 83.

176 Jože Rajhman, *Prva slovenska knjiga*, a. a. O., p. 17, versucht eine Ebenbürtigkeit Trubars zu konstruieren, wenn er die jeweiligen Glaubensbestimmungen in Relation zueinander setzt: „Pojem vere izlušči Vlačić iz hebrejske in grške besede. Trubar pa izhaja iz naravnih definicij vere (splošna definicija in razlike med krščansko, pogansko ali turško vero)" [Den Begriff Glaube entnimmt Flacius dem hebräischen und griechischen Wort. Trubar aber geht von natürlichen Definitionen des Glaubens aus (allgemeine Definition und Differenzierungen zwischen christlichem, heidnischem oder türkischem Glaubensbegriff)]; die Ebenen des Ansatzes in der „Predigt" und im Diskurs sind völlig voneinander unterschieden: Flacius gelehrte Abhandlung enthält die Exegese des Begriffs, das Wesen des „Glaubens in Auseinandersetzung mit dem tridentinischen Glaubensbegriff" und schließlich den Nachweis des „sola fide" als Rechtfertigung. (Vgl. dazu Nüssel, a. a. O., p. 83).

177 Flacius, a. a. O., Praefatio, p. 9 [= 30].

> aliquid dicamus, [...] quo non ſolum uocis declaratio aliquam lucem rei adferat, ſed ex rei cognitio uocis explicationem reddat dilucidiorem."[178]

Der dritte Teil ist der „strittigen Frage" der Rechtfertigung gewidmet:

> „Nunc uero locus poſtulat, ut dicamus aliquid de nunc controuerſis quaeſtionibus, utrum per ſolum Chriſtum ſola fide apprehenſum iuſtificemur, et ſaluemur, an uero per opera. Et, ſi per ſolum Chriſtum fide apprehenſum, quid opera ad rem faciant."[179]

Flacius hat unter den Reformatoren die Rechtfertigungslehre am weitesten entwickelt. Er beginnt damit in dieser Schrift „De vocabulo" von 1549; in seinem Hauptwerk „Clavis Scripturae Sacrae" von 1567 entwickelt er systematisch seine Imputationstheorie, die er, von Luther und Melanchthon angeregt, wie es Friederike Nüssel in der Übersetzung formuliert, „unter Rückgriff auf die aristotelische Distinktion der Ursachen in Material-, Formal-, Wirk- und Zielursache die Ursachen der Rechtfertigung bestimmt."[180] Nüssel bezeichnet Flacius als den Begründer der modernen Hermeneutik und „brilliantesten Kopf der sogenannten Gnesiolutheraner".[181]

Glaube in Verbindung mit Rechtfertigung ist der gemeinsame Ausgangspunkt der drei Reformatoren Luther, Melanchthon und Flacius, die Quellen bzw. theologische Anreger für Trubars „Predigt" gewesen sind. Luthers theologische Einstellung ist vor allem in der Schrift „Von der Freiheit eines Christenmenschen" (1520) und seiner Vorlesung über den Hebräerbrief (1517/18) zu finden; „De iustificatione et fide" („Die Rechtfertigung und der Glaube") steht bei Melanchthon in den „Loci communes" von 1521; und 1549 ist die Schrift „De vocabulo fidei" von Flacius in Wittenberg erschienen. Es waren sozusagen Standardschriften zu diesem wichtigen Thema, mit dem sich Trubar in seinem Katechismus als Predigt befasste.

Trubar führt in die Materie aus einer persönlich-geografischen Sicht ein, indem er allgemein Glauben als Gottesdienst („vſe tu / ſzhim ſe Bogu ſluſhi" – alles das, was Gott dient)[182] vorstellt im christlichen, heidnischen und türkischen Glauben. Durch dieses Vorgehen kann er den christlichen Glauben in seinen Kernpunkten von den anderen Gottesbezeugungen absetzen:

1) Glauben ist Erkenntnis Gottes, Wissen um und Glauben an seine Schöpfungsallmacht;
2) Glaube ist Nächstenliebe;

178 Flacius, a. a. O., Secunda pars, p. 50 [= 87].
179 Flacius, a. a. O., Tertia pars, p. 104 [=141].
180 Friederike Nüssel, a. a. O., p. [71] und Anm. 6 (Zitatquelle Flacius)
181 Nüssel, a. a. O., p. [71].
182 *Catechiſmus* (1550), a. a. O., p. D vi [= 203].

3) Glaube ist Voraussetzung für Vergebung der Sünden und damit Rechtfertigung vor Gott („ſkuſi katero ta zhlouik dobi tu odpuſhzhane tih grehou / inu ſkuſi to bode brumen inu prauizhin ſturien pred Bugom“).[183]

Flacius bezeichnet die Erkenntnis Gottes als erste Gemütsbewegung (motus) des Glaubens: „Primum igitur eſt in fide legalis cognitio Dei, ac eius uoluntatis, noſtraeque naturae corruptiſsimae“.[184] Die Wirkung des Glaubens zur Sündenvergebung und Rechtfertigung gehört bei Flacius ebenfalls zu den „Bewegungen“, allerdings mit dem die Sünden exemplifizierenden Zusatz der Verdammnis, den Trubar (abmildernd) weglässt: „Gratia autem Domino Deo patri Domini noſtri Ieſu Chriſti, qui nos his poſtremis temporibus ab illis infernalibus labyrinthis liberauit.“[185] Trubars Argumentation richtet sich nach dem 11. Kapitel des Hebräerbriefes, dem Hinweis auf den Glaubensweg und die Glaubenszeugen im AT. Das steht natürlich der ausführlichen Kommentierung in Melanchthons „Loci“ sehr nahe, wie aus der Kombination von Vertrauen, Zusage / Verheißung und Erlösung ersichtlich wird. Melanchthon definiert den Begriff nach Hebräer 11, 1: „Fides est sperandarum rerum hypostasis“ und kommentiert, „id est, expectatio, certitudo non apparentium.“[186] Trubar greift das auf, ebenfalls in Anlehnung an den Hebräerbrief: „Ta Vera ye ana podpurna oli an terden grunt / tih rizhi / na katere ſe my ſeuupamo / Inu anu ſaſtopnu tar guiſhnu iſkaſane / tih rizhi / katerih my ne vidimo“[187] und betont in eindringlicher Weise durch mehrere Parallelen die Gewissheit der Zusage, der nun auch das aufgehobene Negative – die Erlösung vom Bösen – angehängt wird:

> „oblubi / de ne imamo nihdar vmreti / temuzh imeiti ta vezhni leben [–] Nam oblubi / de nas hozhe obuditi od te ſmerti [–] de imamo ſdai tiga greha inu ſerda boſhyga byti proſti [–] Bug nam oblubi / de my Verni nihdar obeniga pomankana imamo“.[188]

---

183 [durch den der Mensch Vergebung der Sünden erlangt und durch den er fromm wird und gerecht gemacht vor Gott.] A. a. O., p. D vii [= 204].

184 Flacius, a. a. O., Secunda pars, p. 51 [= 88].

185 A. a. O., pp. 54 f. [= 91 f.].

186 Melanchthon, *Loci communes*, a. a. O., p. 230.

187 [Der Glaube ist eine Stütze oder ein fester Grund der Dinge, auf die wir hoffen und ein verständlicher und gewisser Erweis der Dinge, die wir nicht sehen.] *Catechiſmus*, a. a. O., p. D viii [= 205]

188 [Er verspricht, dass wir niemals sterben müssen, sondern das ewige Leben haben ... Uns verspricht er, dass er uns vom Tode erwecken will ... dass wir von der Sünde und dem Zorn Gottes befreit sein sollen ... Gott verspricht uns, dass wir Gläubigen niemals irgendwelchen Mangel haben werden.] A. a. O., pp. D viii f. [= 205 f.].

Trubars konzentrierter Bezug auf den Hebräerbrief zeigt dessen Wertschätzung. Luther hat sich gegen Paulus als Verfasser entschieden, was den Slowenen in einen gewissen Zwiespalt brachte. Seine spätere Verteidigung der Autorschaft des Paulus versucht, den hohen Rang des Briefes zu erhalten; das sind allerdings nur äußerliche Gesichtspunkte, die den Lehrinhalt des Hebräerbriefes nicht tangieren. Für Luther steht die unverfälschte christliche Botschaft fest; seine Begründungen adeln den Brief in der Reihe der paulinischen Schriften:

> „Wie dem allen sein mag, so ists doch ein ausbündig gelehrter Brief, der vom Priestertum Christi meisterlich und gründlich aus der Schrift redet, dazu das Alte Testament fein und reichlich ausleget, so daß es offenbar ist, er stamme von einem trefflichen, gelehrten Manne, der ein Jünger der Apostel gewesen, viel von ihnen gelernet hat und gründlich in der Schrift geübt ist."[189]

Luthers Anerkennung hilft Trubar einerseits zum Kompromiss, bietet aber auch die Möglichkeit, die inhaltliche Qualität in den Rang der Apostelaussage zu erheben. Das führt bei Trubar zu keinen theologischen Widersprüchen:

> „Betreffendt die Epistel zun Hebreern / nach dem sie auß dem rechten Apostolischen Geist ist geschriben / vnd gewaltiglich vnnd klar mit der Prophetischen Schrifft zeuget /[190] von beiden naturen Christi / von seinem Opffer am Creutz / was er vns darmit erworben vnnd zuwegen gebracht / was die Mosaischen Ceremonien bedeutten / außlegt / laß ich sie mit andern Gelerten / den heiligen Apostel Paulum jhren Authorem sein vnd bleiben."[191]

Trubars vermittelte Gewissheit über das Versprechen Gottes liegt ganz auf der Linie Melanchthons, der das Negative (Zorn Gottes über den Sünder) in der Verheißung der Barmherzigkeit und Zuwendung aufhebt:

> „Non est igitur fides credere minis tantum, immo hoc potius timorem vocat scriptura, sed et promissionibus credere, hoc est fidere misericordia et bonitate dei adversus iniuriam mundi, peccati, mortis adeoque portarum inferi."[192]

Trubar verlegt ebenso wie Melanchthon in seiner Affektenlehre den Sitz des Glaubens in das menschliche Herz; die Kraft des Hl. Geistes „wandelt unser Herz zum Guten", das Wort Gottes gibt Sicherheit, „na to beſedo boſhyo naſlonimo / koker na eno terdno ſteno oli podpurno / oli koker na eden dober ſtanouiten

189 „Vorrede zum Hebräerbrief" (1522). In: *Luther Deutsch*, a. a. O., p. 3090.

190 Das umschreibt Luthers Position: Es sei eine „Lehre, die [der Verf. des Hebräerbriefes] so beständig aus und in der Schrift gründet, welche ein rechtes, feines Verständnis wie Verfahren, die Schrift zu lesen und zu behandeln, zeigt." (A. a. O., p. 3090).

191 Noviga Testamenta pusledni deil, Tübingen 1577, p. 405 (zitiert nach Oskar Sakrausky, *Primus Truber*. Deutsche Vorreden, a. a. O.

192 Melanchthon, *Loci communes*, p. 230.

grunt."[193] Der Glaube lässt das Herz zu Gottes Wort streben, das Trost und Verheißung bringt.[194] Melanchthon formuliert die Gewissheit des Glaubens mit dem Vertrauen des Herzens auf die Größe der Güte und Gnade Gottes: „Non est oblitus tui deus, tanta eius misericordia est, ut, si tu ei credas, servet, tueatur, salvet, confide igitur."[195] Ähnlich hat Luther die Funktion des Glaubens als eine Erhöhung des menschlichen Herzens bezeichnet, d. h. dass es fähig wird, „die göttliche Gerechtigkeit in eine Gerechtigkeit des Herzens" zu wandeln.[196]

Der Grundgedanke ist die permanente Verheißung vom Anbeginn der Welt; die Beweisführung durch Zeugnisse im AT und dann in der Fortsetzung durch Christus im NT ist die Botschaft des Hebräerbriefes im 11. Kapitel; die Verbindung Glaube – Hoffnung, die Rajhman bei Flacer und Trubar als Gemeinsamkeit feststellt,[197] ist dort im 1. Vers begründet, stellt aber insofern keinen Nachweis einer besonderen Übereinstimmung dar, weil es allgemeine theologische Überzeugung ist. Mit der berühmten Definition des Glaubens im Hebräerbrief, „Es ist aber der Glaube eine gewisse Zuversicht des, das man hofft, und ein Nichtzweifeln an dem, das man nicht sieht" (Hebr. 11, 1), wird das Wesen des Glaubens im „Zeugnis der Alten" (Hebr.11, 2) festgemacht, das sich durch das AT zieht und im NT seine Fortsetzung findet. An diese durchgehende Verbindung erinnert Luther in seiner Auslegung des Hebräerbriefes, sie ist bei Melanchthon Beispielgeber für das „Vertrauen der Väter", taucht ebenfalls in der Glaubenslehre von Flacius auf. Letzterer leitet das, wie der Hebräerbrief, mit der besonderen Rolle von Abel ein, dessen Glauben ihn (gegenüber Kain) bevorzugt: „[...] quod etiam ſcriptura indicat, cum inquit, Abelem per fidem maius ſacrificium Deo obtuliſſe, quam Cainum."[198] Trubars Übernahme der Beweisführung des Hebräerbriefes geschieht natürlich auf der Grundlage und Kenntnis der angeführten Schriften.

Die Behandlung der Heilsgeschichte ist zielgerichtet auf mehrere Aspekte der christlichen Lehre, sie zeigt

a) die Wirkung des Glaubens, d. h. der Zuversicht, des Vertrauens;
   sie bezeugt
b) die Erlösung vom Bösen, die Erkenntnis der Schuld, des verdienten Zornes (Reue);
   sie vermittelt

---

193 [Auf Gottes Wort stützen wir uns wie auf eine feste Wand oder Stütze oder wie auf einen guten beständigen Grund.] *Catechiſmus*, a. a. O., p. E [= 210].

194 A. a. O., p. E ii [= 212].

195 Melanchthon, *Loci communes*, a. a. O., p. 236.

196 „Vorlesung über den Hebräerbrief" (1517/1518). In: *Luther Deutsch*, a. a. O., p. 829.

197 Rajhman, *Prva slovenska knjiga*, a. a. O., p. 17.

198 Flacius, a. a. O., Praefatio, p. 1 [= 22].

c) die Einsicht in die alleinige Kraft des Glaubens (sola fide), d. h. die Zuwendung Gottes mit dem Geschenk der Gnade und die damit verbundene richtige Einordnung der „guten Werke".

Zu a) Melanchthon schildert ausführlich die Zuversicht, die Standhaftigkeit der Glaubenden des AT:

> „et ante legem promulgatam cognoscebant patres in iis, quae cum Abraham, Isaac, Iacob gesserat, quare deum Abraham etc. vocant. […] Sic Abel, sic alii sancti credidere, quamquam horum fidem quoque excitavit promissio de capite serpentis conterendo per semen Hevae. […] Fide potiorem hostiam Abel quam Cain obtulit […] Hac fide vincebat Abel, per hanc fidem consecutus est testimonium, quod esset iustus […] adnotavit auctor epistolae, ut admoneret fidem esse, quae pro iustitia reputaretur, non hostiam, non ullus opus.[199] Fide et Sara vim accepit ad concipiendum retinendumque semen.[200] Nec dubitarunt Mosi parentes, quin redituri essent in Palaestinam, quod in causa fuit, cur occuluerint infantem."[201]

Trubar verbindet ebenfalls das Vertrauen der Zeugen des AT mit der Erlösungszusage durch Christus. Er drückt sich volkstümlich aus: Die Gesundung der Seele durch Vergebung der Sünden haben die Gläubigen von Anbeginn der Welt gesucht:

> „Tiga ſdrauie duſhe / oli odpuſzhane tih grehou / inu te milosti boſhye / ſo vſi Verni / od ſazhetka tiga ſueidta / le per Jeſuſu Chriſtuſu iſkali[202] […] Taku ye Adam tar Eua / kir ſta vti Seime kir ima byti roienu od ane ſheue / verouala / ſta ſpet vto Miloſt boſhyo priſhla / Taku nega Syn Abel / inu nega brumni otroci tar vnuki / Taku Abraham / Ozhaki / Preroki / Jogri inu vſi Suetniki."[203]

Zu b) Gesetzestext und Evangelium, d. h. unerfüllbare Forderungen und Verheißungen sind nicht so sehr Gegensätze, sondern die Voraussetzung des einen für das andere.[204] Melanchthon bringt es auf die Formel, dass nicht nur den Dro-

---

199 Melanchthon, *Loci communes*, p. 234.

200 A. a. O., p. 240.

201 A. a. O., p. 242.

202 [Die Gesundheit der Seele oder die Vergebung der Sünden und die Gnade Gottes haben alle Gläubigen von Anbeginn der Welt nur in Jesus Christus gesucht.]

203 [So sind Adam und Eva, die an den Nachkommen [Samen], der von einem Weibe geboren wird, geglaubt haben, wieder zur Gnade Gottes gekommen; so sein Sohn Abel und seine frommen Kinder und Enkel, so Abraham, die Väter, Propheten, Jünger und alle Heiligen.]

204 Melanchthon, a. a. O., p. 286, schreibt in seiner Zusammenfassung von „Rechtfertigung und Glaube": „Promissiones veteris testamenti indicia sunt venturi Christi". Flacius beschreibt die Unterschiede aus dem Blickwinkel der Gerechtigkeit des Gesetzes einerseits und der Glaubensforderung andererseits: „Plane neceſſe eſt diſtinguere legem et Euangelium, Lex perfecte obedienti pollicetur iustitiam et uitam, ſed Euangelium tantum

hungen (Gesetz im AT), sondern auch den Verheißungen, auf die Barmherzigkeit Gottes zu vertrauen, geglaubt werden soll.[205] Die Unkenntnis Gottes macht das Handeln des Menschen böse, bringt Verachtung und Hass. Seine Werke sind – gleich welchen „schönen Schein" sie zeigen – nutzlos.

„Ubi non est sensus misericordiae dei, est aut contemptus dei aut odium. […] Iam magna hominum pars cum contemptu dei vivit, ita operatura, ita victura, etiamsi displiceat deo. Eiusmodi sunt opera, quae sine fide fiunt, hoc est, quae cum odio dei aut cum contemptu dei fiunt."[206]

Trubar verdeutlicht in seiner Abhandlung die Erkenntnisfrage aus dem Begriff der Erbsünde. Die Reaktion ist die Furcht vor dem Zorn Gottes:

„veryame […], de on [Verni] ſdai ſazhne / is prauiga ſerza inu riſnizhnu ſe bati boſhyga ſerda / ſakai ta Verni prou ſpoſna is te beſſede boſhye / kai inu kakoue ſhege / ye ta zhlouik po ti naturi / de ye hud / vſimu hudimu nagnen / an greſhnik / kar kuli tihta / miſli / gouori oli dei / tu mei dobru pred bugom / inu de vtim ſhiuoti / ne premore od ſam ſebe boſhy ſapuuidi /inu nega uoli / ſturiti ſadoſti."[207]

Hinsichtlich dieser Argumentation ist vielleicht am ehesten Flacius heranzuziehen, der im zweiten Teil seiner Untersuchung (Secunda pars: De re fidei) sich auf die Formen des Glaubens konzentriert und ihn aus verschiedenen „seelischen Bewegungen" heraus erklärt.[208] Es sind vor allem die ersten beiden „Bewegungen", die Trubar in die Nähe von Flacius bringen, aber auch, wie gezeigt worden ist, bei Melanchthon und Luther Gegenstand der Glaubensgenese sind. Die erste Bewegung (primus motus fidei) kennzeichnet „die durch das Gesetz vermittelte Erkenntnis Gottes, seines Willens und der Korruption der menschlichen Natur": „PRIMVM igitur eſt in fide legalis cognitio Dei, ac eius uoluntatis, noſtraeque naturae corruptißimae".[209]

Die Beispiele des AT dienen Trubar dazu, die Folgen der Sünde aufzuzeigen, die Erkenntnis des eigenen Verlorenseins: „ſa uolo tiga greha ſtrafala / Tiga Adama

flagitat, ut credamus Dominum Iesum pro nobis paſſum eſſe et reſurrexiſſe". (Flacius, a. a. O., Tertia pars, p. 137 [= 174]).

205 Melanchthon, a. a. O., p. 231.

206 Melanchthon, *Loci*, a. a. O., p. 218.

207 [Sie glauben …, dass er [der Gläubige] jetzt beginnt, aus rechtem Herzen sich wahrlich vor dem Zorn Gottes zu fürchten, weil der Gläubige aus dem Wort Gottes recht erkennt, was und wie der Mensch nach seiner Natur ist, dass er böse ist, allem Bösen zugeneigt, ein Sünder, was immer er denkt, sagt oder tut, ob es gut sei vor Gott, und im Leben [fleischlich] nicht von sich aus die Gebote Gottes erfüllen und seinem Willen Genüge tun kann.] *Catechiſmus* (1550), a. a. O., p. E iiii a [= 217].

208 Hier und im Folgenden nach Nüssel, pp. 83 f.

209 Flacius, a. a. O., Secunda pars, p. 51 [= 88].

inu Euo ſto teleſno ſmertio“[210] mit Wirkung bis auf die Gegenwart durch die Erbsünde. Die weiteren Beispiele von Gottes Zorn und Strafe werden aufgezählt: Sintflut, Sodom und Gomorrha, der Untergang der Ägypter im Roten Meer, die Bestrafung der Juden „ſognem ſmezhom“ [mit Feuer und Schwert][211] bis hin in die eigene Existenz. Bei Luther ist das Gesetz ebenfalls die Quelle zur Erkenntnis der Sünde und bezieht daraus seine Funktion.[212] Die konträre Beziehung ist auch Gegenstand der Erörterung bei Flacius, der in seinem Kapitel „De vocabulo fidei“, aber auch später („Sola fides iustificet“) ähnlich wie Luther die Erkenntnis der Sünde (Reue) als erstes Ordnungsprinzip Gottes benennt, das durch Konfrontation mit der Verdammnis, durch Reue die Verheißung des Evangeliums hervorruft:

> „Primum igitur Deus ostensa homini ingratitudine peccati, irae suae & aeternae damnationis, efficit in eo veram contritionem, aut de se suisque viribus desperationem, confringens eum malleo legis cominuentis petras & efficaci operatione sua.“[213]

Die konträre Reihung mündet bei Trubar – im Unterschied bzw. in Weiterführung seiner Vorbilder – in einem zeitbezogenen Kontext.

> „Glih taku ſhe ſdai / ſuio Cerkou kerſzhenike ſtrafa / ſmogetero rizho / koker Sturki / ſdragino / ſhliſami / ſzhudnimi boleſanmi / ſhudo goſpoſzhino / druſhino inu ſoſeſzhino / ſhudimi Scoſi / fari / Menihi inu ſdrugo neſrezho / Tu vſe Bug dopuſti pryti / zhes te ludi / ſa uolo tiga greha.“[214]

---

210 [Aufgrund der Sünde wurden Adam und Eva mit dem leiblichen Tod bestraft.] *Catechiſmus* (1550), a. a. O., pp. E iiii a–E v [= 217 f.].

211 A. a. O., p. E v [= 218].

212 „Die Schmalkaldischen Artikel“ (1537), II. Vom Gesetz. In: *Luther Deutsch*, a. a. O., p. 2302.

213 Flacius, *De iustificatione*, p. 136 ; zitiert nach Nüssel, a. a. O., p. 80, Anm. 37. Zur genauen Bibliografie vgl. Nüssel, a. a. O., p. 71, Anm.4.

214 [Ebenso straft er noch heute die Christen seiner Kirche mit mancherlei Dingen, wie mit den Türken, mit Teuerung, mit eigentümlichen Krankheiten, böser Herrschaft, Hausgesinde und Nachbarschaft, mit bösen Bischöfen, Pfarrern, Mönchen und mit anderem Unglück. Das alles lässt Gott zu, dass es kommt um der Leute und ihrer Sünde willen.] *Catechiſmus* (1550), a. a. O., p. E v a [= 219]; Trubar nimmt häufig Bibelgeschehen oder Bibeltexte zum Anlass für Parallelisierungen; so auch im Vorwort zum Galaterbrief, wo Trubar den von Paulus gerügten Abfall der Galater von der Heilsbotschaft in Zusammenhang mit ihrem späteren Schicksal unter der Türkenherrschaft bringt und das mit Warnungen vor der Strafe Gottes und Ermahnungen an die eigenen Zeitgenossen verbindet: „Na tih Galataryh ſe imamo uuzhiti, aku mi ne hozhmo pod Turka pryti, taku imamo ta S. Euangeli ſa lubu imeiti, nemu Verouati, nasho Vero, to slushbo Boshyo, nash ſtan inu leben po nim pelati inu dershati do konza. Aku tiga ne deimo, taku nas bo Bug ſteimi Turki oli ſdrugimi Tyranni inu Anticriſtouimi hlapci groſſouitu ſtraifal.“ [Von den Galatern sollen wir lernen, wenn wir nicht unter die Türken fallen wollen, dann sollen

„Das geht den Gläubigen zu Herzen", fährt Trubar fort. Die Erkenntnis führt zur Umkehr – ein Gedanke, der bei Luther und Melanchthon allenthalben vorhanden ist. Aus Angst wird Reue,

> „pryde potle za praua pokura de ta Verni ſdai ſazhne imeiti to prauo greuingo zhes ſuie grehe/ [...] inu ſi cillu vſame naprei / ſui ſtan inu leben pelati inu derſhati po boſhy uoli."[215]

Hier ist wiederum ein Zusammenhang mit Flacius in der „zweiten seelischen Bewegung" des Glaubens zu finden. „Dieses durch das Gesetz erschlossene Bewußtsein der Sünde [führt] unter dem Eindruck des göttlichen Zorns und der Sorge vor ewiger Verdammnis zu seelischer Zerknirschung und Reue"[216]: „DEINDE ea cognitio, ſi uera ac uiua eſt, generat horribiles pauores in corde ex aſpectu irae Dei contra nos ob noſtra peccata iuſtißimae."[217]

Wenn Melanchthon, Flacius, Luther von Erkenntnis und Umkehr sprechen, löst Trubar das in eine schrittweise erklärende Erzählung auf und schafft so durch pädagogische Sensibilität die Möglichkeit zu einer Umsetzung seines theologischen Konzeptes. Er will nicht so sehr die dogmatischen Grundlagen erarbeiten und überbringen – hier überlässt er die Führerschaft seinen Quellen –, sondern sich verständlich machen, seiner Gemeinde, seinen Landsleuten, mit persuasiven Mitteln der eindringlichen Belehrung, der Mahnung, der Tröstung und Belohnung, um so die Kontrastivität von Gesetz und Evangelium ins Herz zu pflanzen.

Der erste Schritt ist die Erkenntnis:

> „kadar [Verni] ye ſpoſnal inu preraital / de ye Bug timu grehu taku ſilnu ſouuraſh" – [wenn der Gläubige erkennt, dass Gott der Sünde total feindlich gesinnt ist],

dem als zweiter Schritt das Bewusst-Werden der schlimmen Konsequenzen folgt:

> „ſa uolo tiga greha ſtrafa ſteim vezhnim pogublenem" – [wegen dieser Sünde straft er mit ewigem Verderben];

als dritter Schritt steht die Überlegung, wie das Heil zu erlangen ist:

> „koku inu ſzhim bi on mogel / take hude rizhi / tiga greha inu ſerda boſhyga / byti ledig inu pruſt / inu ſpet priti vto miloſt boſhyo" – [wie und womit er von so bösen Dingen,

---

wir das Evangelium wie eine Geliebte halten, ihm glauben, unseren Glauben, den Gottesdienst, unseren Stand und unser Leben nach ihm führen und halten bis zum Ende. Wenn wir das nicht tun, dann wird uns Gott mit den Türken oder mit anderen Tyrannen und antichristlichen Knechten grässlich strafen.] (*Biblia Slavica*, a. a. O., p. 199).

215 [Er kommt dann zur wahren Buße, dass die Gläubigen anfangen, ihre Sünden recht zu bereuen ... und sich vornehmen, ihren Stand und ihr Leben nach Gottes Willen zu führen und zu halten.] *Catechiſmus*, a. a. O., p. E v a [= 219].

216 Nüssel, a. a. O., p. 84.

217 Flacius, *De vocabulo fidei*, a. a. O., Secunda pars, p. 51 [= 88].

nämlich der Sünde und dem Zorn Gottes, frei und ledig sein könnte und wieder zur Gnade Gottes kommen];

es folgt ein retardierendes Element: die Lösung ist nicht der falsche Gottesdienst oder der Aufenthalt im Kloster, sondern – nächster Schritt – dass der Gläubige sich an Gottes Wort hält:

„ſe lete zhiſte riſnizhne beſede boſhye / tiga ſuetiga Euangelia derſhi /“ – [sich an die reinen wahren göttlichen Worte des heiligen Evangeliums hält].[218]

Der letzte Schritt ist die durch die Hl. Schrift gegebene Gewissheit, sich im Schutz Gottes zu befinden. Trubar gibt das durch ein Bild wieder:

„vto Biblio ſepiſana / ta iſta to prauo / dobro / mozhno / inu guiſhno Arznyo / inu an dober Turjak [...] ſkaterim my premoremo ta Strup ta greh inu ſerd boſhy.“[219] – [in der Bibel ist bezeugt, dass dies die wahre, gute, mächtige und wirksame Arznei ist und ein starker Turm ... mit dem wir das Gift, die Sünde und den Zorn Gottes überwinden können].

Die Arznei ist von Gott:

„To iſto Arznyo ye ſam Goſpud Bug / preden ye ta ſueidt bill ſtuarill“ – [Diese Arznei hat der Herr Gott selbst geschaffen, bevor die Welt gewesen ist].

Bei Luther taucht dieses Bild ebenfalls auf und zwar an herausragender Stelle, im Vorwort zum „Großen Katechismus“. Gegen das „stetige und wütige Stürmen“ des Teufels bewahrt Gott „wie mit gutem Harnisch wider ihre feurigen Pfeile und mit guter Arznei wider ihre giftige, böse Ansteckung und Vergiftung.“[220] Die Verbindung mit Luther an dieser Stelle ist kaum zu übersehen; sie liegt nicht nur in der Gleichsetzung von Christus und Arznei („Taka Arznya pag ye Jeſus Chriſtus“,[221] – „So ist Christus die beste, gewisse, einzige Arznei wider den Tod“[222]), sondern, und das ist wesentlich bezeichnender, in der Verbindung Arznei – Christus – Sakrament. Trubar schließt die Verheißungszusage mit der Sicherheitsmetapher ab, die durch die Einverleibung Christi ihre Krönung erfährt. Der Slowene schafft es, diesen Höhepunkt der Sündenbefreiung mit dem Abendmahl zu verbinden. Das ist eine Ansicht, die Luther sehr deutlich in seinem Hauptwerk der frühen reformatorischen Bewegung „Von der babylonischen Gefangenschaft der Kirche“ (De captivitate Babylonica ecclesiae, 1520) in den Vordergrund gestellt hat. Der

218 *Catechiſmus*, a. a. O., p. E vi [= 220].

219 A. a. O., p. E vi a [=221].

220 „Der große Katechismus“ (1529). In: *Luther Deutsch*, a. a. O., p. 1716. Quelle ist der Epheserbrief 6, 11 und 16.

221 *Catechismus*, a. a. O.

222 „Tischreden“ (Der neue Glaube, Nr. 146: Christus ist der einzige Arzt wider den Tod). In: *Luther Deutsch*, a. a. O., p. 6214: Eine häufig gebrauchte Formulierung bei Luther.

deutsche Reformator betont für das Abendmahl die Vorrangstellung von Glauben und Verheißung im Wort, also die Problematik, die Trubar behandelt. Bei Luther findet sich daher die o. a. Gleichsetzung in den Sätzen:

> „Denn weil das Wort der göttlichen Verheißung dieses Sakraments die Sündenvergebung anbietet, so tritt getrost der hinzu, der von seinen Sünden geängstigt wird, sei es durch die Reue über begangene, sei es durch die Versuchung zu künftigen. Denn dieses Testament Christi ist die einzige Arznei für vergangene und zukünftige Sünden."[223]

Trubar trifft sich mit Luther nicht nur im Gedankengang, sondern auch in der Darbietungsgeste:

> „inu ſſpouedal vſem ludem od te ieiſti / kir bode to iſto Arznyo oli Turiak ieidel / timu iſtimu nebode ta ſtrup tiga greha / niſhter ſkode / Taka Arznya pag ye Jeſus Chriſtus Syn boſhy /".[224]

Zu c) Die Auseinandersetzung über die Existenz und die Wirkung der „guten Werke" begleitet die reformatorische Bewegung von Anfang an. Luther schreibt, wie wiederholt angeführt, in seinem „Sermon von den guten Werken", dass allein der Glaube die Wurzel aller guten Werke sei, mit der rigorosen Formulierung, dass es „keine guten Werke gibt außer denen, die Gott geboten hat".[225] Alles andere sind menschliche Anstrengungen, die ohne Qualifikation bleiben und einen Schein-Wert besitzen. Sie sind, wie es Melanchthon später formuliert, alle Früchte eines verdammten Baumes,

> „Ea omnia maledictae arboris maledicti fructus sunt. Et ut pulcherrimarum virtutum exempla sint, [...] tamen nihil nisi fucus et mendacium sunt, quod ex impuro corde prificiscantur."[226]

Luther wiederholt immer wieder, vor allem in seinem Sermon von den guten Werken und der Schrift „Von der Freiheit eines Christenmenschen", dass der Glaube das menschliche Herz erhöht;[227] auf der Grundlage der Lehre von der doppelten Natur des Menschen sind Glaube und gute Werke dem geistlichen (neuen, innerlichen) bzw. dem leiblichen (alten, äußerlichen) Menschen zugeordnet und daher nicht gleichwertig.[228] Sein Urteil ist eine entschiedene Zurückdrängung der Bedeutung der guten Werke: „kein gutes Werk hänget (so) an dem göttlichen

---

223 „Von der babylonischen Gefangenschaft der Kirche" (1520), a. a. O., p. 1395.

224 [Und er teilte allen Leuten mit, sie sollten essen; wer diese Arznei oder Trank essen wird, dem wird das Gift der Sünde niemals schaden; diese Arznei aber ist Jesus Christus, der Sohn Gottes.] *Catechiſmus* (1550), a. a. O., pp. E vi a–E vii [= pp. 221 f.].

225 „Sermon von den guten Werken" (1520), a. a. O., p. 1222.

226 Melanchthon, *Loci communes*, a. a. O., p. 248.

227 „Vorlesung über den Hebräerbrief (1517/1518), a. a. O., p. 829.

228 „Von der Freiheit eines Christenmenschen" (1520), a. a. O., pp. 1490 f.

Wort wie der Glaube, kann auch nicht in der Seele sein; sondern allein das Wort und der Glaube regieren in der Seele."[229]

Flacius trat entschieden gegen die Mitwirkung des Menschen an seinem Heil ein, was einer Verurteilung des Synergismus gleich kam, weil „der natürliche Mensch für alles Göttliche tot sei und ein steinernes Herz habe."[230] Den dritten Teil seiner Untersuchung über den Glauben, Tertia pars: „Quod sola fides iuſtificet", leitet Flacius mit der Frage ein, ob die Rechtfertigung allein durch den Glauben an Christus oder auch durch die Werke geschieht, und fügt hinzu: „Et, ſi per ſolum Chriſtum fide apprehenſum, quid opera ad rem faciant."[231] Wie Luther und Melanchthon ausführen, so ist der Glaube an Gottes Verheißung auch bei Trubar Grundbedingung für die Erlösung des Menschen. Er ist nicht erworben, sondern ein Geschenk:

> „Oli ana taka Vera / ne pride od nas/ inu ona nekar ne iſraſte is naſhiga meſſa / temuzh is nebes bode vnas vlita / Ta praua Vera / ye ana ſhenkiga / oli an dar boſhy; er erhebt das Herz: Vera [...] gori iemle / ſkuſi to muzh ſuetiga duha / ta premeni naſha ſerza hdobrumu."[232]

Der Gleichklang setzt sich fort in der Einschätzung der „guten Werke" und in der Erkenntnis, dass der Mensch nicht imstande ist, die Gesetze zu halten, seine Werke nur Schein und Heuchelei sind, allein der Glaube rechtfertigt:

> „On neka ne ſluſhi bogu de bi on hotel / ſuiemi dobrimi giani / nebeſa ſaſluſhiti [...] de tu vſe ima ſabſton od Buga ſa uolo Chriſtuſa [...] my vtim ſhiuoti / ne premoremo popelnoma tih ſapuuid boſhyh derſhati / koker ty Samoprauizheri inu hipocrite menio inu ſe hualio ſhnih dobrimi deilli."[233]

Das von Trubar benutzte Wort „hypocrita" (Heuchler, Mime), das er als feststehenden Begriff in lateinischer Form übernimmt, ist in diesem Zusammenhang auf Melanchthon zurückzuführen, der damit in seiner Untersuchung „De

229 A. a. O., p. 1497.

230 Zitiert nach Nüssel, a. a. O., p. 92. (Flacius hat das Weimarer Konfutationsbuch von 1559 als Glaubensbekenntnis gegen alle Abweichler von der lutherischen Lehre veranlasst).

231 Flacius, a. a. O., p. 104 [= 141].

232 [Ein solcher Glaube kommt nicht von uns und ist niemals aus unserem Fleisch erwachsen, sondern aus dem Himmel wird er in uns hineingegossen. Der wahre Glaube ist ein Geschenk oder eine Gabe Gottes ... Der Glaube erhebt durch die Macht des hl. Geistes; der wandelt unsere Herzen zum Guten.] *Catechiſmus* (1550), a. a. O., p. D viii, D viii a [= 209, 210].

233 [Er dient nicht Gott, wenn er mit seinen guten Taten sich den Himmel verdienen will ... er hat hier alles umsonst von Gott um Christi willen ... wir können es nicht erzwingen, in diesem Leben die Gebote Gottes vollständig zu halten, wie die Selbstgerechten und die Hypocriter meinen und sich brüsten mit ihren guten Werken.] A. a. O., pp. F viii a, G [= 241, 242].

iustificatione et fide" die Sophisten kennzeichnet; Melanchthon nutzt diesen Begriff in pejorativem Sinn, meint Klügler, die dem Glauben mit Besserwisserei entgegentreten. Er hat sie verschiedentlich gebrandmarkt: „sophistivca hypocrisa";[234] „Qui legem per vires naturae seu liberi arbitrii exprimere conantur, externa tantum opera simulant";[235] in Anspielung auf Matth. 25, 40 weist Melanchthon die Selbstgerechtigkeit ab: „Hypocritae non alunt, non potant Christum, sed se. Suae enim gloriae serviunt".[236] Natürlich befindet er sich hier im Gleichklang mit Luther, der ebenfalls die Gleisner und Heuchler als Scheinheilige anprangert:

> „Ebenso hilft es der Seele nichts, ob der Leib heilige Kleider anlegt, [...] auch nicht, ob er mit heiligen Dingen umgehe, auch nicht, ob er leiblich bete, faste, wallfahre und alle guten Werke tue, [...] Denn alle diese obengenannten Stücke, Werke und Weisen kann auch ein böser Mensch an sich haben und üben, ein Gleisner und Heuchler."[237]

Trubars Urteil ist pauschal: „menio / inu ſe hualio ſhnih dobrimi deilli [...] on ſe ſuio brumo oli dobrimi deilli / pred Bugom inu pred ludmi niſhter ne offertuie".[238] Er hat an dieser Stelle nicht differenziert, d. h. den lutherischen Gedanken der doppelten Natur nicht verwendet, der die „guten Werke" des Menschen als ergänzend betrachtet für den inwendigen Menschen, der durch den Glauben gerechtfertigt ist.[239]

Nach eingehender Analyse dieses Katechismusabschnittes kann der Ansicht von Rajhman nicht zugestimmt werden, der Flacius als „erste Quelle" Trubars ausgemacht haben will. Die Argumentation des slowenischen Forschers nimmt konstruierte Züge an, weil zu viele Bedingungen an eine Wesensverwandtschaft geknüpft werden. Zwar wird festgestellt, dass die verwendete Gattung unterschiedlich sei, die Definition des Glaubensbegriffes bei Flacius aus dem Hebräischen

---

234 Melanchthon, *Loci communes*, a. a. O., p. 242.

235 A. a. O., p. 282.

236 A. a. O., p. 258.

237 „Von der Freiheit eines Christenmenschen" (1520). In: *Luther Deutsch*, a. a. O., pp. 1491 f.

238 [Sie glauben und rühmen sich ihrer guten Werke; er erreicht nichts mit seiner Frömmigkeit oder seinen guten Werken vor Gott und vor den Menschen.] A. a. O., pp. G, G ii [= 242, 243].

239 „Obwohl der Mensch inwendig nach der Seele durch den Glauben genügend gerechtfertigt ist und alles hat, was er haben soll, außer daß dieser Glaube und dieses Genügen immer zunehmen muß bis in jenes Leben, so bleibt er doch noch in diesem leiblichen Leben auf Erden und muß seinen eigenen Leib regieren und mit Menschen umgehen. Da heben sich nun die Werke an. Hier darf er nicht müßig gehen, da muß fürwahr der Leib mit Fasten, Wachen, Arbeiten und mit aller mäßigen Zucht getrieben und geübt sein, daß er dem innerlichen Menschen und dem Glauben gehorsam und gleichförmig werde." („Von der Freiheit eines Christenmenschen" (1520). In: *Luther Deutsch*, a. a. O., pp. 1508 f.).

und Griechischen stamme, bei Truber „pa izhaja iz naravnih definicij vere (splošna definicija in razlike med krščansko, pogansko ali tursko vero)“, was in den wenig Erkenntnis bietenden Satz einmündet: „njim je lastno le eno: verovati, se pravi, Bogu služiti.“[240] Einerseits, so die Vermutung, habe Flacius Trubar davon überzeugt, dass er sich auf dem rechten Wege befinde, zum anderen scheint es, dass „Trubar [je] o veri pridigal že pred Vlačićem; je to pridiga, ki je vzorec za mnoge variante o tisti temi. In ta vzorec ni nujno Vlačićev. Lahko je ta nastal mnogo prej, še v dobi, ko se je Trubar ukvarjal z Bullingerjevimi in Pellicanovimi komentarji.“[241] Rajhman versucht immer wieder, Trubar auf solche Weise festzulegen; er wird in Konkurrenz zu den großen Vertretern der Reformation gestellt und als bewusst (aus)wählender Vertreter der evangelischen Sache hingestellt. Das lässt sich nicht durchhalten und mündet in Nachweisen von Richtungsimpulsen, die allgemeiner Natur sind, daher nicht typisch, und vielerlei Verwendung gefunden haben. Trubar steht nicht über den Dingen und verfolgt nicht eine bestimmte Spur. Es ist ein virulentes Wissen, das er sich angeeignet hat und zu seinem Zweck verwendet. Nachweise dafür sind an vielen Stellen zu finden, wodurch sie von der allgemeinen Verbreitung zeugen. Auch in seiner „Predigt“ verfährt Trubar wie im gesamten *Katechismus*: er schöpft aus dem zur Verfügung stehenden Fundus, achtet auf die theologischen Richtlinien und stellt seine Fähigkeiten in den Dienst einer volksnahen Vermittlung.

7. Resümee

Aus der Analyse von Trubars erstem slowenischen Buch ist deutlich geworden, dass der slowenische Reformator hier kein theologisches Neuland betritt, sondern eher eine für die Erstveröffentlichung notwendige kompilatorische Leistung vollbracht hat. Sein Verdienst ist es, mit der Vielzahl der aufgeführten und nachgewiesenen Quellen seine slowenischen Landsleute auf den Höhepunkt der reformatorischen Lehre geführt zu haben. Dabei wurden Auseinandersetzungen eingeebnet, tiefere theologische Diskussionen vermieden bzw. umgangen. Es war

240 [es geht aus der natürlichen Definition des Glaubens hervor (eine allgemeine Definition und die Unterscheidung zwischen dem christlichen, heidnischen oder türkischen Glauben) … ihnen ist nur eines eigen: glauben, das heißt, Gott dienen.] Rajhman, *Prva slovenska knjiga*, a. a. O., p. 17.

241 [Trubar hat schon vor Flacius über den Glauben gepredigt; es ist die Predigt, die Vorbild ist für viele Varianten über dieses Thema. Und dieses Vorbild ist nicht unbedingt Flacius. Das ist wohl viel früher entstanden, schon in einer Zeit, als sich Trubar mit Bullingers und Pellicans Kommentaren beschäftigt hat.] A. a. O., p. 19.

nicht Trubars Absicht im Hinblick auf den Zweck seines „Katechismus", seine Landsleute mit Lehrmeinungen zu konfrontieren, trotzdem aber war Trubar durchaus bestrebt, die Linie eines klaren Bekenntnisses zu verfolgen, sozusagen den Balanceakt in der lutherischen Nachfolge zu bestehen. Die von ihm benutzten zahlreichen Quellen, unter ihnen Flacius, Melanchthon, Veit Dietrich, stehen in der Luthernachfolge und zeigen keine Abweichungen im theologischen Sinne, sondern sind Rückgriffe auf unterschiedliche Betonungen oder Ausarbeitungen. Sein wesentlichster Antrieb aber war, wie ebenfalls aus dem Katechismus hervorgeht, das Glaubensbekenntnis zu stärken, die Heilsbotschaft als Gewissheit zu überbringen. Sein Ziel ist die Warnung des Gesetzes und die Verheißung des Evangeliums, Bestärkung der Gemeinde im Glauben durch die Verkündigung des Wortes, das keinen Zweifel zulässt; im Ganzen die eindringliche Mahnung, sich auf die Seite des rechten Glaubens zu stellen, um allen Fährnissen zu entgehen. Trubar versucht die „frohe Botschaft" in die Denkweise seiner Landsleute zu übersetzen und ihnen dafür Lebensanleitungen zu geben. Der Seelsorger Trubar sorgt regelrecht für eine Schutzhülle, indem er die Zusagen verdinglicht in eine familiäre Situation:

> „Dobrim oblubom inu troſhtom terdnu veryame / inu ne zbiuuala niſhter vſuim ſerzei / De bug ozha nebeſhki / ſa uolo ſuiga Synu Jeſuſa Chriſtuſa / ye nemu vſe nega grehe odpuſtil inu de gay e ſturill ſebi lubiga brumniga tar ſuetiga / inu de nemu hozhe dati ta vezhni leben / kratku de Bug hozhe byti naprei vſelei tiga Verniga an miloſtiui Bug inu ozha inu nega obarouati pred vſo neſrezho."[242]

Es ist eigentlich eine Beschwörungsformel, die gleich im Anschluss familiäre Geborgenheit suggeriert:

> „Bug nemu / ſa uolo Jeſuſa / vezh inu bule periatell / koker ye ta Verni ſam ſuim otrokom / oli nega teleſni ozha / nemu / Tako veliko lubeſan / ye ozha nebeſhki / pruti vſem ſhlaht ludem ozhitu iſkaſall / kir ye ner tu vegſhe / bulſhe / inu lubeſhniuiſhe ſuie blagu / ſuiga diniga Synu dall vto ſmert."[243]

---

242 [An die guten Zusagen und den Trost glauben wir fest und zweifeln nicht in unserem Herzen, dass Gott der himmlische Vater um seines Sohnes Jesu Christi willen ihm alle seine Sünden vergeben hat und dass er sich geschaffen hat einen lieben, frommen und heiligen und dass er ihm das ewige Leben geben will – kurz, dass Gott in Zukunft immer für den Gläubigen ein gnädiger Gott und Vater sein will und ihn bewahren will vor allem Unglück.] *Catechiſmus*, a. a. O., p. F v [= 234].

243 [Gott ist ihm um Christi willen mehr und mehr Freund, wie der Gläubige selbst seinen Kindern oder sein leiblicher Vater ihm gegenüber; so liebevoll hat es der himmlische Vater gegenüber allen einfachen Leuten ausgesagt, der mit noch viel größerer Liebe sein Gut, seinen einzigen Sohn in den Tod gegeben hat.] A. a. O., p. F vi [= 236].

VII.
Das „Bekenntnis“ des reformatorischen Theologen

1. Diskussion der Quellenlage

1557 hat Trubar in Tübingen seine „Lange Vorrede“ herausgebracht unter dem Titel „Ena dolga predguvor k novemu testamentu“.[1] Der deutsche Titel ist erhellender:

> „Ein lange Windische Vorred über das new Teſtament / darinn die nötigeſten vnd ſeligmachenden Hauptartickel des Chriſtlichen Glaubens / fürnemlich aber von der Rechtfertigung des Menſchens ſind eingefürt / vnd mit lauteren verſtendigen Sprüchen auß der heiligen Schrifft / auch mit Exempeln vnd Gleichnuſſen / dermaſſen außgelegt / vnd in ein ordnung gebracht / das alle / die ſie mit fleiß leſen / mügen durch hilff des heiligen Geiſts / zum rechten verſtand des Götlichen weſens vnd willens leichtlich kommen / Vnd darauß gründtlich erlernen / wie alle Menſchen vor Gott verdampte Sünder ſeind / vnd anderſt ſelig nicht mögen werden / dann durch den rechten Glauben an Herren Jeſum Chriſtum.“

Der Titel ist bereits eine Stichwortwiedergabe der reformatorischen Erkenntnisse über die Rechtfertigung, die Zuordnung von Gesetz und Evangelium, den Begriff „sola fide“. Es ist somit eine zentrale Stellungnahme des Slowenen, auf die interpretierend eingegangen und zur Quellenfrage theologischer An- und Einsichten intensiv recherchiert werden muss.

Trubar selbst hat auf Quellen zu seinem „Predguvor“ im Brief an Heinrich Bullinger hingewiesen, insbesondere natürlich auf die des Adressaten:

> „te fatio certiorem me absoluisse 4 evangelistas et acta apostolica exusisse typis, quibus adieci longissimam prefationem jn qua praecipuos et necessarios theologicos tracto, inter quos est etiam tua illa eruditissima et pijssima prefatio jn Johannem integra de verbo ad verbum traducta.“[2]

Trubars Angabe der wörtlichen Übersetzung des bei den Zeitgenossen beliebten und bekannten Kommentars hat Verwirrung gestiftet: Rajhman legt fest, dass Trubars „Ena dolga predguvor“ als theologisches Traktat „auf der Grundlage von Bullingers Vorwort zum Johannesevangelium stehe und von Melanchthons

---

1 Der Text ist als Reprint nach den Originalen in der National- und Universitätsbibliothek in Ljubljana (pp. 1–40) und der Bibliothek Edvard Kardelj in Celje (pp. 41–196) herausgegeben worden unter dem Titel: Primož Trubar, *Ena dolga predguvor k novemu testamentu*. Reprint. Ljubljana: Cankarjeva založba 1986. Das Original ist in Tübingen 1557 erschienen.

2 Brief vom 20. Dezember 1557. In: Rajhman, *Pisma Primoža Trubarja*, a. a. O. p. 32.

‚Loci praecipui theologici'" profitiere.[3] Die Stellungnahme von Rajhman zur Quellenfrage[4] ist angesichts der sehr fraglichen Behauptungen Trubars nicht von großer Präzision. Trubar ist für ihn Empfänger theologischer Ideen, ein fähiger Verarbeiter, Gestalter und Promotor der herausgefilterten geistigen Prozesse. Da es sich bei dem „langen Vorwort" hinsichtlich Bullinger um keine Übersetzung von dessen Vorwort zum Johannesevangelium handelt, wird die Sachlage im positiven Licht gesehen und auf eine gewahrte schöpferische Distanz hingewiesen:

> „Ta okvir je dopuščal Trubarju razmeroma precej svobode, ni ga utesnjeval, temveč, [...] so bile zunanje spodbude tiste oblikovalne sile njegovega pisateljskega ustvarjanja, ki so vplivale na njegovega duha, da je umel preliti tuje ideje v domačo posodo."[5]

Als Begründung wird Trubars Hinweis im Vorwort zum „Ta celi novi testament", 1582, angeführt.[6] Inwieweit hier Trubar Glauben geschenkt werden kann, lässt sich nicht klären. Zwar werden aus den beiden umfangreichen theologischen Exegesen einige Zitierungen vorgenommen, die allerdings einen Nachweis der direkten Einflussnahme schuldig bleiben. Es sind nicht mehr als assoziative Bezüge, die nur die allgemeine Übereinstimmung reformatorischer Erkenntnisse nachweisen, nicht aber eine spezielle Ausrichtung.[7]

Es gibt weitere Bedenken: Die Vermutung, dass Trubars Kapitelerläuterungen mit dem Sachverzeichnis Bullingers und dem Index Melanchthons in Verbindung

---

3 A. a. O., p. 330, Anm. 3 zum Brief v. 20. Dezember 1557.

4 Vgl. Rajhman, *Trubarjeva ena dolga predguvor*, Ljubljana 1986, p. 95; mehr Vermutungen und Schlussfolgerungen auf der Grundlage von Nachrichten Trubars können ebenfalls keine verlässlichen Angaben liefern, wie aus Rajhmans Sammelband *Teologija Primoža Trubarja* an entsprechender Stelle ersichtlich ist. (vgl. Rajhman, „Trubarjev stik z Bullingerjem v Eni dolgi predguvori". In: Ders., *Teologija Primoža Trubarja*, Ljubljana 2008, pp. 75–83).

5 [Diese Quelle ließ Trubar verhältnismäßig viel Freiheit, engte ihn nicht ein, sondern ... waren die äußere Anregung dieser formenden Kraft seines schriftstellerischen Schaffens, die einwirkten auf seinen Geist, dass er es verstand, fremde Ideen in ein heimisches Gefäß zu gießen.] Rajhman, *Trubarjeva ena dolga predguvor*, a. a. O., p. 95.

6 Vgl. a. a. O., p. 95, Anm. 5; verwiesen wird auf die immer wieder strapazierte Aussage Trubars, dass er aus verschiedenen Schriften der Reformatoren „gestolen" und „verdolmetscht" habe.

7 Rajhman hat in der Einleitung seiner Untersuchung noch einmal zu dem Vermerk Trubars Stellung bezogen (vgl. a. a. O., p. 7): „Vsekakor moramo resneje preučiti Trubarjevo trditev v pismu Bullingerju dne 20. 12. 1557 o «de verbo ad verbum»". [Jedenfalls müssen wir ernsthafter die Behauptung Trubars im Brief an Bullinger vom 20. 12. 1557 studieren über „de verbo ad verbum".] Das allein führt jedoch nicht weiter, es sei denn, die Bemerkung wird nicht für bare Münze genommen.

zu bringen seien, kann nicht als schlüssig angesehen werden, da Indices, Sachverzeichnisse, Zusammenfassungen im Schrifttum dieser Zeit nichts Ungewöhnliches waren und sich ebenso bei Luther finden lassen.[8]

Trubars summarische Erklärung, die er auch an anderen Stellen gerne verwendet, muss wohl aus den Gepflogenheiten der Entstehungszeit heraus und nicht nach heutigen Maßstäben gedeutet werden. Es ist eine Wertschätzung einer veröffentlichten, gedruckten Kommentierung in der theologischen Disputation, die man bewunderte und deren wissenschaftliche Grundlage durch entsprechende Erwähnung zum Nutzen der eigenen Darstellung dienen sollte. Rajhman konstatiert zwar eine inhaltliche und gedankliche Ähnlichkeit zwischen Bullingers „Vorwort“ und Trubars „Predgovor“, relativiert aber insofern wieder, als er „keine vollständige Übereinstimmung“ unterstellt.[9] Letztlich steht der Satz, „Videli bomo,

8 Rajhman und seine Nachfolger, hier besonders Bogdan Kolar, „Trubarjeva odvisnost od Bonoma, Vergerja in Bullingerja“. In: *Primož Trubar. Simpoziji v Rimu*, Celje 2009, pp. 243–259, nehmen den brieflichen Hinweis von Trubar auf die Kommentare Bullingers zum Joh.-Evangelium und die Behauptung der wörtlichen Übertragung auf. Obwohl das zu Recht in Zweifel zu ziehen ist, bleibt der ernsthafte Versuch, eine Parallel-Theologie Bullinger – Trubar zu konstruieren. Das geschieht durch Rajhman insbesondere unter dem Stichwort „Rechtfertigung“ (Rajhman, *Trubarjeva ena dolga predguvor*, a. a. O.). Das Verfahren ist problematisch: Es werden einige wenige „passende“ Zitate herausgesucht, nicht aber der Gesamttext verglichen. Auf diese Weise ergeben sich Parallelen, die gleichfalls Luther zugehörig sein könnten, da die Rechtfertigungstheologie viele Gemeinsamkeiten aufweist. Es entstehen Widersprüche, die unbefriedigend ausgeräumt werden. So schreibt Kolar: „V svojih delih jih [Bullingerjeve komentarje] je (občasno) navajal in se nanj skliceval, čeprav mu ni bila blizu stroga racionalistična misel, ki jo je Bullinger pri svojem delu dosledno uporabljal. Trubar je želel ostati blizu ljudstvu, tudi ko pisal o teoloških vprašanjih in utemeljeval svoj nauk. Nastopal je naprej kot pastoralni delavec in dušni pastir, zato mu niso stopale v ospredje globoke teološke razprave in utemeljevanja. Če je v njegovem najdaljšem teološkem delu *Ena dolga predguvor* čutiti odseve Bullingerje razprave v predgovoru k Janezovemu evangeliju, je vendarle podredil svojim bralcem ne le stil, temveč tudi teološko misel.“ [In seinen Werken hat er sie (die Kommentare Bullingers) regelmäßig zitiert und sich auf sie berufen, dennoch stand ihm das strenge rationalistische Denken nicht nahe, das Bullinger in seinem Werk konsequent benutzte. Trubar wollte nahe bei den Menschen bleiben, auch wenn er über theologische Fragen schrieb und seine Lehre begründete. Er trat als pastoraler Arbeiter und Seelenhirte hervor, deshalb standen bei ihm keine tiefen theologischen Erörterungen und Begründungen im Vordergrund. Wenn in seiner längsten theologischen Arbeit „Ein langes Vorwort“ der Widerhall von Bullingers Vorwort zum Johannesevangelium zu spüren ist, hat er gleichwohl bei seinen Lesern nicht nur den Stil, sondern auch den theologischen Gedanken untergeordnet.] (Kolar, a. a. O., p. 253).

9 Rajhman, *Trubarjeva ena dolga predguvor*, a. a. O., p. 14.

v podrobni teološki analizi Ene dolge predguvori, da je Trubarjevo razmišljanje blizu Bullingerjevemu."[10]

Grundsätzlich lässt sich feststellen, dass mit Übereinstimmungen in der komplizierten Materie reformatorischer Gedanken vorsichtig, in eingehender Analyse und präzisem definitorischem Zuschnitt umgegangen werden muss, sonst vermengen sich alle zur Rede stehenden Begriffe.[11] Es ist angeraten, erwünschte Vorstellungen nicht aus Trubar herauszulesen und damit eine theologische Struktur zu begründen, sondern verwendete Denkansätze und ihre Verarbeitung herauszufiltern; das mag den Anspruch einer selbstständigen Theologie mindern, trifft aber umso genauer die Originalität Trubars.

Trubars „langes Vorwort" ist eine komplizierte Angelegenheit, nicht so sehr im theologischen Sinne, sondern in der Art seiner Zusammenstellung. Wir finden hier keine Vertiefung in den Kernfragen reformatorischer Theologie, obwohl sie alle angesprochen und präsentiert werden; Trubar schafft seinen Landsleuten eine Basis und – das ist fast wesentlicher – schreibt sich selbst zur Klarheit seiner evangelischen Theologie durch. Er verfolgt nicht den Anspruch, seine Vorstellungen in eine Systematik zu kleiden; sein Anliegen ist es, die in den Katechismen übernommenen, paraphrasierten, angelehnten oder auch vorgegebenen Quellennutzungen, die gewissen dogmatischen Regulierungen unterworfen waren, in eine freiere Gestaltung zu überführen. Dazu wählt er die Gattung des „Vorwortes", die eine zeitgemäße Art der Definition, Analyse und Mitteilungsform darstellt. Trubar ist damit völlig frei in der Zusammenstellung, der Gewichtung und der Darstellung. Ein weiterer Unterschied zu den Katechismen sind fehlende Übersetzungen, direkte Anlehnungen an Vorbilder. Trubar hat die Materie aufgenommen,

10 [Wir werden in der eingehenden theologischen Analyse des Langen Vorwortes sehen, dass Trubars Überlegungen denen von Bullinger nahestehen.] A. a. O., p. 14.

11 Im Blick sind hier besonders Aufsätze, die in der Nachfolge von J. Rajhmans theologischen Untersuchungen geschrieben worden sind. Immer wieder wird der Eindruck verstärkt, dass die spärlichen Angaben etwa in den Briefen Trubars ein glaubwürdiger Quellenhinweis seien. Es fehlen in der Sekundärliteratur häufig tragfähige Nachweise, die ersetzt werden durch Konstruktionen oder gar Spekulationen. Bogdan Kolar übernimmt in seinem Aufsatz „Trubarjeva odvisnost od Bonoma, Vergerija in Bullingerja". In: *Primož Trubar. Simpoziji v Rimu*, a. a. O., pp. 253 f., Hinweise Trubars als Tatsache, ohne Nachweise zu führen und kompensiert das durch konstruierte Vermutungen: „P. Trubar je dobro poznal vsaj nekatera Bullingerjeva dela. Že v času prve duhovniške službe v Laškem po letu 1530, ko si je začel načrtno in po lastni izbiri poglabljati svojo teološko izobrazbo, si je oskrbel Bullingerjeve komentarje svetopisemskih knjig." [P. Trubar kannte wohl einige Werke Bullingers gut. Schon während seines ersten geistlichen Dienstes in Laško im Jahre 1530, als er anfing, planmäßig und nach eigener Auswahl seine theologische Bildung zu vertiefen, beschaffte er sich Bullingers Kommentare zu den Büchern der Hl. Schrift.]

für seine Zwecke verarbeitet, d. h. in eine erläuternde, mit Beispielen anschaulich gemachte und äußerst redundante Form gekleidet. Bei dieser Darstellungsweise werden präzise Nachweise von Übernahmewegen natürlich schwierig, vor allem dann, wenn ähnliche theologische Einschätzungen bei den Reformatoren vorliegen. Erläuterungen und Beschreibungen, wie sie Trubar vornimmt, führen mitunter zu abgeschliffenen Formulierungen, die auf Nuancen basierende Unterscheidungsmerkmale in dogmatischen Erkenntnissen verschleiern.

Es ist erstaunlich, dass in der Forschung der reformatorische Anfang durch die Schriften Luthers zunächst keine Berücksichtigung findet.[12] Es findet kein Quellenvergleich statt, wird nicht nach Übermittlungswegen gefragt und nicht berücksichtigt, inwieweit Luthers Erkenntnisse sich in Bullinger widerspiegeln. Der Trend, Trubar dem schweizerischen Einfluss zuzuordnen, negiert andere Vermittlungen. Edvard Kovač formt mit der Aufzählung gegensätzlicher Meinungsbildungen zu Trubar ein realistischeres Bild: Trubar als Gelehrter einerseits oder der Seelsorger seiner Landsleute; Trubar als Kenner reformatorischer Strömungen einerseits, der sich aber nicht mit der Übersetzung fremder Ideen begnügte, sondern eine eigene slowenische Theologie schuf.[13] Natürlich gehört das nicht auf eine Ebene, denn einerseits geht es um theologisch-dogmatische

12 Vgl. die Stellungnahme von Bogdan Kolar, „Trubarjeva odvisnost od Bonoma, Vergerija in Bullingerja", a. a. O., die auf den Untersuchungen von Rajhman beruht und kategorisch in Fragen der Rechtfertigung auf Bullinger verweist: „Gre torej za veliko idejno in vsebinsko podobnost obeh del (ta je posebno očitna že v tretjem delu *Ene dolge predguvori*, kjer je Trubar razpravljal o opravičenju po veri; ideje so bile odsev Bullingerjevega predgovora na temo ‚sola fide'). V četrtem delu iste razprave, ki je ključnega pomena za razumevanje Trubarjevega nauka o opravičenju, pa je spregovoril povsem v smislu idej švicarskega teologa, povzel je njegove glavne misli, jim dal lastno strukturo in tako dejansko ‚svobodno' prevedel Bullingerjevo misel" „Čeprav je razpravo na to temo M. Luther objavil že v letu 1535 [...], je vendarle bilo za Trubarja odločilno srečanje s švicarskim teologom". [Es geht dann um die große ideelle und inhaltliche Ähnlichkeit beider Teile (das ist besonders offensichtlich schon im 3. Teil von „Ein Langes Vorwort", wo Trubar über die Rechtfertigung durch den Glauben gehandelt hat; die Ideen waren ein Widerhall von Bullingers Vorwort zum Thema ‚sola fide'). Im vierten Teil dieser Abhandlung, die von grundlegender Bedeutung für das Verständnis von Trubars Lehre über die Rechtfertigung ist, die er ganz im Sinne der Ideen des Schweizer Theologen überlegt hat, übernahm er seine Hauptgedanken, gab ihnen eine eigene Struktur und „so übersetzte er tatsächlich ‚frei' Bullingers Gedanken" ... Auch wenn M. Luther eine Abhandlung über dieses Thema schon im Jahre 1535 veröffentlicht hatte, war dessen ungeachtet für Trubar die Begegnung mit dem Schweizer Theologen entscheidend.] (A. a. O., p. 255; dazu ebenfalls Rajhman, *Trubarjeva Ena dolga predguvor*, a. a. O., pp. 13, 95 ff.).

13 Vgl. Edvard Kovač, „Slovenska teologija Primoža Trubarja". In: *Vera in hotenja. Študije o Primožu Trubarju in njegovem času*. Ljubljana 2009, pp. 285–289, hier: p. 285.

Auseinandersetzungen und zum anderen um eine verständliche theologische Missionspraxis, die zwangsläufig verallgemeinert und dadurch Quellennachweise verwässert.

2. Iustitia dei – die Passivität der Rechtfertigungslehre

Entgegen diesen Meinungsbildungen zeigt sich bereits zu Beginn der Abhandlung („Ta kratka predguvor" und „Ta pervi deil" – „Ta I. Cap.") eine deutliche Bezugnahme zu Luther. Trubar rühmt die Erkenntnis der „Iustificatio hominis coram Deo" als höchste Weisheit und Hauptartikel des christlichen Glaubens mit der Erläuterung, „De ta zhlouik vei inu prou ſaſtopi, koku, ſzhim, skuſi kai en Greshni zhlouik more ſpet brumen inu Prauizhin ratati pred Bugom."[14] Das ist verständlich aus der Tatsache, dass diese Erkenntnis Luthers das reformatorische Geschehen ausgelöst hat:

> „Da erbarmte sich Gott meiner. [Ich] war in tiefe Gedanken versunken, bis ich endlich den Zusammenhang der Worte beachtete: „Die Gerechtigkeit Gottes wird in ihm (dem Evangelium) offenbart, wie geschrieben steht: Der Gerechte lebt aus dem Glauben." Da fing ich an, die Gerechtigkeit Gottes als eine solche zu verstehen, durch welche der Gerechte als durch Gottes Gnade lebt, nämlich aus dem Glauben. Ich fing an zu begreifen, daß dies der Sinn sei: durch das Evangelium wird die Gerechtigkeit Gottes offenbart, nämlich die passive, durch welche uns der barmherzige Gott durch den Glauben rechtfertigt."[15]

Trubar hat diesen theologischen Umbruch Luthers verstanden und gewürdigt.

Rajhman konstruiert hinsichtlich der „Rechtfertigung" einen doppelten, passiven und aktiven Aspekt, der sich zum einen auf die (lutherische) Erkenntnis der Rechtfertigung allein aus Gnade und zum anderen auf die Aussage des „sola fide" beruft. Seine Beweisführung sieht in der Tatsache, dass der Glaube eingeschaltet werden muss, eine „Mitwirkung" des Menschen: „lahko vidimo Trubarjevo misel o veri, ki ni zgolj pasivno receptivna, temveč se po njej človek subjektivno odrešuje, ko je objektivno odrešenje dano."[16] Zur Bekräftigung wird Trubar zitiert, der mit folgender Aussage mehr auf Aktivität statt Passivität des Menschen hinweise:

---

14 [Dass der Mensch weiß und recht versteht, wie, womit, durch was ein sündiger Mensch wieder fromm und rechtschaffen werden kann vor Gott.] Trubar, *Ena dolga predguvor*, a. a. O., p. f2 [= 1].

15 „Vorrede zu Band 1 der lateinischen Schriften" (1545). In: *Luther Deutsch*, a. a. O., pp. 1081 f.

16 [Leicht erkennen wir Trubars Gedanken über den Glauben, der nicht allein passiv-rezeptiv ist, sondern der Mensch subjektiv sich durch ihn erlöst, wenn objektiv die Erlösung gegeben ist.] Rajhman, *Trubarjeva Ena dolga predguvor*, a. a. O., p. 77.

„(vera) tulikain vela pred Bugom, de ona ſama inu ſice obena druga rezh oli ſtuar, nom dobi tu odpuſzhane vſeh nashih Grehou, nas Smyri Sbugom inu nas iſuelizha".[17]

Es ist schwierig, eine solche „Auslegung" in die Diskussion einzubeziehen. Der Glaube ist natürlich – nicht nur in der lutherischen Auffassung – von Gott (vom Hl. Geist) gegeben, insofern ein „Geschenk" an den Menschen und, wenn man so will, passiv empfangen. Nichts ist nach Luthers Auffassung vom „freien Willen" bestimmt, wie er in der Auseinandersetzung mit Erasmus scharf entgegnet. Die Befreiung („Subjektivierung") des Menschen ereignet sich nur im Gnadengeschehen, im Neuwerden der Person.[18] Der Mensch kann nichts aus eigener Kraft bewirken; diese Unfreiheit wird durch das „freimachende Wort" (sola scriptura), das sich im Glauben erschließt, aufgehoben.[19] Auch Trubar verweist ständig darauf, dass der Glaube durch den Hl. Geist bewirkt wird: „durch Gnade und Wirkung des heiligen Geistes haben die Windischen den rechten Glauben erlernt und begriffen."[20] Alle Aktivitäten (gute Werke) sind auf Äußerlichkeiten bezogen, die keinerlei Verdienst erwerben können; der Glaube wird allein durch Christus geschenkt:

„Aydi, Iudi, Turki inu umei kerszheniki neshlu inu ſe she sdai nadeio, kir iſuuna pod ludmi, en brumen, poshten inu prauizhin leben pelaio, oni ne kurbaio ne golufaio, daio veliku Bugaime, molyo. Oli oni ſa tu ne ſo prou inu brumni ſadoſti pred Bugom, Sa uolo kir vnadlugah inu na ſmerti zbiulaio na beſſedi inu oblubi Boshy, inu kir imaio vſebi hude misli inu shele, inu kir ne Veruio Vieſuſa Criſtuſa."[21]

Es folgt der Bezug auf Joh. 3, 18. Luthers Theologie beruht ebenfalls auf der Trennung von menschlicher und göttlicher Gerechtigkeit, die ohne Zutun, sola fide gegeben wird und die Passivität menschlichen Handelns unterstreicht. In seiner Vorlesung über den Hebräerbrief klärt Luther anhand Hebr. 2, 4 das Verhältnis von Wort und Wille Gottes und des Menschen in Richtung auf völlige Passivität des Menschen:

---

17 [Der Glaube gilt so viel vor Gott, dass er selbst und keine andere Sache oder Angelegenheit die Vergebung aller unserer Sünden erreicht, uns mit Gott versöhnt und uns selig macht.] A. a. O.; Trubar, *Ena dolga predguvor*, a. a. O., p. n2 [= 57]

18 Vgl. dazu Kapitel II, 1 ds. Arbeit: „Sprache als Komponente der Reformation".

19 Vgl. dazu Kapitel I, 2 ds. Arbeit: „Theologische Überlegungen".

20 *Ta celi novi testament*, a. a. O., Tübingen 1582, „Vorrede". In: *Biblia slavica*, a. a. O., p. 310.

21 [Heiden, Juden, Türken und selbst Christen finden sich auch jetzt noch, die draußen unter den Leuten ein frommes, ehrsames und wahrhaftiges Leben führen, keine Hurerei treiben, nicht betrügen, Gottes Namen ehren, beten. Aber sie sind nicht aufrichtig und fromm genug vor Gott, weil sie in Nöten und im Tode am Wort und der Zusage Gottes zweifeln und sie tragen in sich böse Gedanken und Wünsche, und glauben nicht an Jesus Christus.] Trubar, *Ena dolga predguvor*, a. a. O., p. n2 [= Kap. XXVIII, p. 57].

„Hier lehrt Christus scheinbar das Gegenteil, nämlich daß wir nach unserem Willen empfangen [...] Aber dieser (scheinbare) Widerspruch löst sich leicht, denn eben dieses Wollen und Bitten [...] ist ein Geschenk der zuvorkommenden Gnade, nicht das Ergebnis unseres Willens; [...] er teilt unsere Willensäußerungen nach seinem Willen ein, gemäß dem Wort Joh. 3, 27: ‚Ein Mensch kann nichts nehmen, es werde ihm denn gegeben, vom Himmel'."[22]

Trubar folgt bei diesen Diskussionen sehr eng solchen Auffassungen, wie aus den slowenischen Vorreden zu den Paulusbriefen ersichtlich ist.[23] Insbesondere ist auf den Zusammenhang zwischen Glaube und rechtfertigendem Handeln hinzuweisen: qua iustus dono Dei vivit, nempe ex fide [...] iustitiam Dei, sc. passivam, qua nos Deus misericors iustificat per fidem."[24] Es geht nicht um die Wahlfreiheit zwischen Glauben und Nicht-Glauben, eine scheinbare Aktivität der Entscheidung, sondern allein darum – nach Luther –, dass der Glaube eine göttliche Gabe ist, keine unabhängige Menschenentscheidung. Es ist allein das „den Glauben wirkende Handeln Gottes".[25]

Auch Melanchthon, auf den sich Rajhman beruft, geht von dieser lutherischen Grunderkenntnis nicht ab und kann somit nicht als Stütze für eine vermutete trubarsche Meinung genutzt werden. Melanchthon legt deutlich dar, dass menschliches Wirken nur auf Äußeres (gegenüber der Welt) gerichtet sein kann, nicht aber auf das „Geistliche".[26] In seiner Scheidung von Philosophie/Vernunft und Glauben stellt er ganz eindeutig das Unvermögen des Menschen dar, als Subjekt aktiv auf den Glauben einzuwirken: „Et admiscuerunt doctrinae Christianae philosophiam, qui eationi tribuerunt vim efficiendae in nobis fidei erga Deum sine Spiritu sancto."[27] Aus eigener Kraft kann der Mensch nur äußerlich Moralgesetze erfüllen (Paulus nennt es die fleischliche Gerechtigkeit), nicht aber in Glaubensdingen aktiv werden.[28] Der Heilige Geist richtet im Glauben auf, wirkt durch den Glauben; „cum fide eriguntur perterrefactae mentes, simul datur Spiritus sanctus,

22 „Vorlesung über den Hebräerbrief" (1517/1518). In: *Luther Deutsch*, a. a. O., pp. 796 f.

23 Vgl. dazu auch Gerhard Giesemann, „Die slovenischen Vorreden". In: *Kommentare zu Biblia slavica*, a. a. O., pp. 27 ff.

24 A. a. O., p. 33.

25 Gerhard Ebeling, „Martin Luther. Theologie". In: *RGG*³ Bd. 4, p. 500.

26 „In eo dissentiunt ratio et evangelium, quod evangelium negat civilem iustitiam satis esse coram Deo." (Melanchthon, „Scholia in Epistolam Pauli ad Colossenses" (1527). In: Ders., *Glaube und Bildung. Texte zum christlichen Humanismus*, Stuttgart, p. 58. (= Gütersloher Ausgabe, Hg. R. Stupperich, 1951 ff., Bd. IV, pp. 230–243).

27 A. a. O., p. 60.

28 A. a. O.: „Loci praecipui theologici" (1559), p. 94. (= Gütersloher Ausgabe, a. a. O., Bd. II, pp. 236–241).

qui excitat novos motus in corde congruentes Legi Dei.“[29] Die Definition des Glaubens ist ganz eindeutig als Geschenk Gottes bestimmt:

> „Et vera est haec definitio fidei: Fides est assentiri universo verbo Dei nobis proposito adeoque et promissioni gratuitae reconciliationis donatae propter Christum Mediatorem. Estque fiducia misericordiae Dei promissae Christum Mediatorem. Nam fiducia est motus in voluntate necessario respondens assensioni, seu quo voluntas in Christo acquiescit, quod cum fit, accenditur Spiritu sancto.“[30]

Zustimmung ist insofern kein aktiver Vorgang, sondern eine Einsicht in die Notwendigkeit, wie auch bei Luther im Rechtfertigungsgeschehen: Der Mensch muss zum Ankläger seiner selbst werden und Gott Recht geben.

In ihrer Untersuchung des Imputationsbegriffes im Zusammenhang mit der Rechtfertigungslehre von Matthias Flacius Illyricus weist Friederike Nüssel darauf hin, dass auch bei Flacius – zumindest in den frühen Arbeiten – Übereinstimmung mit Luther und Melanchthon in diesen Fragen besteht. Rechtfertigung ist als das Geschehen gedeutet, „in welchem Gott durch seine Gerechtigkeit dem Sünder das Verdienst Christi zurechnet“:[31]

> „Iustificatio peccatoris est actio Dei, qua ille quotidie, tanquam iudex pro tribunali sedens, Filii iusticiam ad credentes, seu fide thronom gratiae accedentes & misericordiam per & propter Christum quaerentes & implorantes.“[32]

Die Gerechtigkeit Christi wird dem Menschen zugeschrieben (imputare), „während Christus unsere Ungerechtigkeit zugeschrieben [wird], ein Tausch, der auf Luthers „fröhlichem Wechsel“ basiert.[33]

---

29 A. a. O.: „Loci praecipui theologici“ (1559), p. 114. (= Gütersloher Ausgabe, a. a. O., Bd. II/2, pp. 390).

30 A. a. O.: „Loci praecipui theologici“ (1559), p. 112. (= Gütersloher Ausgabe, a. a. O., pp. 360–363).

31 Friederike Nüssel, a. a. O., p. 73.

32 A. a. O., p. 78, Anm. 27.

33 A. a. O., pp. 78, 74; Luther argumentiert, dass für die Rechtfertigung nach der Schrift Glaube Voraussetzung ist, „was Christus hat, das ist der gläubigen Seele eigen, was die Seele hat, wird Christi eigen. Christus hat alle Güter und Seligkeit: die sind der Seele eigen; die Seele hat alle Untugend und Sünde, auf sich: die werden Christi eigen. Hier erhebt sich nun der fröhliche Wechsel“. („Von der Freiheit eines Christenmenschen“ (1520). In: *Luther Deutsch*, a. a. O., p. 1499).

3. Trubars Anlehnung an Luther

Wie wichtig Trubar die richtige Einstellung zur Rechtfertigung (opravičenje, iustificatio) war, zeigt er in der Übernahme der lutherschen Version von Rö. 1, 17: „Denn darin wird offenbart die **Gerechtigkeit, die vor Gott gilt**, welche kommt aus Glauben in Glauben; wie denn geschrieben steht“ (Hervorhebung G. G.). Trubar folgt in seiner wörtlichen Übersetzung der theologischen Auslegung Luthers; es ist also eine bewusste Anlehnung: „Sakai unim ſe reſodeua **ta Prauiza, kir pred Buga uela**, Is Vere na Vero, koker ie piſſanu“[34] (Hervorhebung G. G.), zumal das Bibelzitat von der Textstelle in der Vulgata abweicht: **„iustitia enim Dei** in eo revelatur ex fide ub fidem sicut scriptum est“.[35] Die Handschrift Luthers bei einer zentralen reformatorischen Erkenntnis, die Trubar auch als solche gewichtet, schärft den Blick für die weitere Argumentation Trubars. Eine Übereinstimmung gleich zu Beginn des „kurzen Vorwortes“ liegt in der Bezeichnung des Evangeliums als „Schatz“ vor, eine bei Luther gebräuchliche Metapher.[36] Trubars metaphorische Beschreibung des Begriffs „Evangelium“, über das er im 1. Kapitel berichtet, findet Rajhman in „ähnlicher Auslegung“ bei Bullinger. Die angeführten Belege aus „In sacrosanctum Jesu Christi Domini nostri Evangelium secundum Matthaeum“[37] sind umständlich in der Erklärung, wirken zusammengesucht und treffen nur weitschweifig die präzisen Definitionen des Evangeliums. Das gilt ebenfalls für das etwas martialische Bild, das Bullinger im Kommentar zum Johannesevangelium zeichnet.[38] Rajhman hat wohl selbst Zweifel an dem direkten Bezug: „Vsekakor je Trubar nazorneje prikazal pomen besede »evangelij« kot Bullinger, ki je ostal v mejah strokovnega pojasnjevanja“;[39] zu einfach erscheint die Lösung, „Trubar übertrage die Bedeutung des Wortes Evangelium auf Christus“[40],

---

34 [Weil sich in ihm die Gerechtigkeit, die vor Gott gilt, offenbart, aus Glauben in Glauben, wie es geschrieben ist.] *Biblia sacra,* a. a. O., p. 120.

35 *Biblia sacra,* iuxta vulgatam versionem, 4. Aufl., Stuttgart: Deutsche Bibelgesellschaft, 1994, p. 1750.

36 Vgl. etwa Luthers Vergleich in den Ablaßthesen, Nr. 62. In: *Luther Deutsch*, a. a. O., p. 1180, oder in der Auseinandersetzung mit Karlstadt („Wider die himmlischen Propheten“) die Betonung des „reinen Evangeliums“, den „edlen, teuren Schatz unsres Heils“. In: a. a. O., p. 2614. – Trubar, *Ena dolga predguvor*, a. a. O., p. f2, bezeichnet das Evangelium, d. h. die Predigten Christi als „himmlischen Schatz“.

37 Vgl. Rajhman, *Trubarjeva ena dolga predguvor*, a. a. O., pp. 112 f., Anm. 12.

38 Vgl. im Wortlaut Bullingers Kommentar zum Johannesevangelium, zitiert nach Rajhman, a. a. O., p. 113, Anm. 12.

39 [Jedenfalls hat Trubar die Bedeutung des Wortes „Evangelium“ anschaulicher dargestellt als Bullinger, der in den Grenzen der fachlichen Erklärung verblieben ist.] A. a. O., Anm. 13.

40 A. a. O., p. 113, Anm. 14.

was vor ihm Bullinger getan habe. Solche Beziehungsherstellungen lassen notwendige Betrachtungen außer Acht und zeugen von keinem tiefen Eindringen in historische und theologische Gegebenheiten. Luthers Evangelium-Verständnis ist – vor Bullinger – selbstverständlich eine auf Christus bezogene Deutung, was er bereits in seinen Psalmenvorlesungen von 1515, den Kommentierungen zum Römerbrief, betont hat als seine Glaubens-Grunderkenntnis („das Evangelium, welches die Wahrheit ist, nämlich Christus“.)[41]

Der Text Trubars ist dagegen eine direkte Übernahme von Luthers „Definition“ aus seiner 1522 erschienenen Vorrede zum Neuen Testament.

Luther	Trubar
Denn Evangelium ist ein griechisches Wort und heißt auf deutsch „gute Botschaft“, „gute Märe“, „gute Neuigkeit“, „gute Nachricht“, davon man singet, saget und fröhlich ist. (Vorrede zum Neuen Testament, p. 3043)	Ta besseda Euangelium, ie ena Gershka besseda, ta se more vto Slouenſzhino tolmazhiti, Ena dobru Selſtvu, oli, En dober Glas, oli, Eni dobri veſſeli Marini od katerih ty ludie bodo veſſeli.[42] (Ena dolga predguvor, p. g4a) [=Kap. 1 p. 14]

Die Parallelen gehen weiter; Trubar argumentiert zeitbezogen; er sieht die Heilswirkung in den Verhältnissen seines Landes, in der Rettung aller slawischen Stämme durch Vertreibung der Türken, dass keine Furcht mehr existiert; „bomo shiher inu Myr imeli pred vſemi nashimi ſouurashniki.“ Alles Negative verkehrt sich in sein Gegenteil.[43] Luther unterstreicht diese Entwicklung mit Hinweis auf biblische Vorgänge, Goliath wird durch David besiegt, „der rechte David [Christus], der Sünde, Tod und Teufel überwunden hat“ und dadurch „zum Frieden und

41 „Erste Vorlesungen über die Psalmen“ (1513/1515). In: *Luther Deutsch*, a. a. O., p. 341 (Psalm 45); die Behauptung Rajhmans, dass Trubar die Bedeutung des Wortes Evangelium auf Christus übertragen habe ist insofern richtig, als der Slowene das von Luther übernommen hat, der in seinen Abhandlungen immer wieder die Gottessohnschaft als Kern des Evangeliums herausgestellt hat, am deutlichsten schon in den Psalmenuntersuchungen, wo er Evangelium = Wahrheit = Christus nebeneinander setzt. (Vgl. *Luther Deutsch*, a. a. O., p. 341). Von Luther geht das auf Bullinger über. Die Bemerkung Rajhmans, „kar je pred njim [Trubar] storil Bullinger“ [wie es vor ihm Bullinger getan hat] (Rajhman, a. a. O., p.113, Anm.14) ist eine verkürzte Aussage, mit der eine nicht richtige Quellensituation bzw. Anlehnung vorgetäuscht wird.

42 [Das Wort Evangelium ist ein griechisches Wort, das man ins Slowenische übersetzen kann als eine gute Botschaft, oder eine gute Mär, oder eine gute fröhliche Nachricht, von der die Leute erfreut werden.]

43 [Wir werden sicher sein und Frieden haben vor allen unseren Feinden.] *Ena dolga predguvor*, a. a. O.

zu Gott wieder heimgebracht hat".[44] Auch die Fortsetzung der Gedankengänge im 2. Kapitel der „Vorrede" lehnt sich an die Evangeliumspredigt in Luthers Vorrede zum NT an, an die Gnadenzusage Christi im Evangelium:

> „vſa Verna preſtrashena inu shaloſtna ſerza, kir ſe boye Boshyga ſerda inu tiga ferdamnena ſa volo nih Grehou, ſpet obeſſele Inu prou potroshtaio. Obtu ie Bug takim Marinem, Pridigom inu S.Piſmom od nega Synu, neu prauu ſpodobnu Ime dal, Euangelium, tu ie, Eni dobri veſſeli Marini."[45]

Luther formuliert:

> „Nun kann ja der arme Mensch, in Sünden, Tod und zur Hölle verstrickt, nichts Tröstlicheres hören, als solch teure, liebliche Botschaft von Christus, und muß sein Herz von Grund auf lachen und fröhlich darüber werden."[46]

Diese Umkehrung, sozusagen der Wandel vom Gesetz zum Evangelium, ist reformatorisches Bewusstsein bei Luther.[47] Christus (im Evangelium) hat die Menschen

> „erlöset, gerechtfertigt, lebendig und selig gemacht, [...] darüber sie singen [...] und fröhlich sind ewiglich. [...] Solche Nachricht und tröstliche Märe oder evangelische und göttliche Neuigkeit nennt man auch ein neues Testament."[48]

Trubar geht im 3. Kapitel näher auf diesen Wandel ein. Er schildert die Unterschiede zwischen dem Gesetz Mose und Evangelium Christi in einer Weise, die die Zugewandtheit zu seiner einfachen Zuhörerschaft deutlich macht. Moses Gesetze sind von der Predigt des Evangeliums geschieden: Moses Gesetz zeigt den schrecklichen Zorn Gottes, erlöst nicht von den Sünden, sagt nichts von der Gnade und Güte Gottes. Sehr plakativ intensiviert Trubar diesen lutherischen Gedanken in

---

44 „Vorrede zum Neuen Testament" (1522). In: *Luther Deutsch*, a. a. O., p. 3043.

45 [Die treuen, ganz erschreckten und betrübten Herzen, die Gottes Zorn fürchten und die Verdammnis wegen ihrer Sünden, werden sich wieder freuen und recht trösten. Daher hat Gott solchen Nachrichten, Predigten und den heiligen Schriften von seinem Sohn, den rechten anständigen Namen gegeben, Evangelium, das heißt, eine gute frohe Botschaft.] *Ena dolga predguvor*, a. a. O., p. h [= 15].

46 „Vorrede zum Neuen Testament", a. a. O., p. 3044.

47 Diese Erkenntnis spielt natürlich auch bei Melanchthon eine große Rolle. Ausführlich hat er darüber in seiner Abhandlung „Unterschied des Alten und Neuen Testaments" gehandelt. Dass diese Schrift von Veit Dietrich in seine „Summaria des Alten Testaments" aufgenommen worden ist, zeugt von der Vitalität dieses Themas (*Summaria vber die gantze Bibel*, Nürnberg 1545, pp. IIII–IX [= 12–22], insbes. p. VI b [= 17]), was er in seiner Vorrede auch entsprechend formuliert. Heinrich Bornkamm bezeichnet in seiner Untersuchung „Martin Luther. Leben und Schriften" (*RGG*³, Bd. 4, 492), Gesetz und Evangelium als das „Lebensthema Luthers".

48 „Vorrede zum Neuen Testament" (1522). In: *Luther Deutsch*, a. a. O., pp. 3043 f.

Kapitel LII, wo er Dekalog und Evangelium in ihren unterschiedlichen Funktionen kennzeichnet, so wie Luther etwa in der „Vorrede zum Alten Testament":

> „en zhlouik ſna inu vei prou to Moiſeſeuo Poſtouno Pridigo, od te Criſtuſeue Euangeliske naraſen lozhiti, de vei inu ſaſtopi kakoua ie, inu kai pridiguie ta Poſtauna Pridiga, inu kakoua ie pag, inu kai gouori, ta Ieſuſeua Euangeliska. Drigazhi Pridiguie Moiſes, Drigazhi Criſtus."[49]

Luther hat sehr deutlich in seinen Vorreden zum AT und zum NT auf das Verhältnis Mose – Christus hingewiesen, die Einordnung der Gesetze des AT im Verhältnis zur Erlösertat NT, die Unmöglichkeit der Selbstbefreiung aus den Sünden in Beziehung zur geschenkten Rechtfertigung vor Gott:

> „So wisse nun, daß dies Buch [AT] ein Gesetzbuch ist, daß da lehret, [...] wie solche Gesetze gehalten oder übertreten sind, [...] gleichwie das Neue Testament ein Evangelium oder Gnadenbuch ist."[50]

Trubar unterscheidet zwei „Predigten", einmal vom Gesetz Mose, das die Sünde aufzeigt, die durch guten Willen nicht tilgbar ist, Verdammnis und Strafe nach sich zieht und zum anderen die Predigt von der Gnade durch Christus:

> „Bug [...] hotel [...] to Pridigo od ſuiga Synu, od te Pridige inu Poſtaue Moiſeſeue, naraſen lozhiti, inu [...] vuzhiti [...], de oni ty duei Pridigi, to Ieſuſeuo inu to Moiſeſeuo, imaio dalezh naraſen lozhiti. Sakai ta Moiſeſeua pridiga inu poſtaua nom oſnanuie leta veliki ſtrashni ſerd Boshy ſubper te nashe Grehe. Moiſes ſuio pridigo nom nishter ne praui od odpuſzhane tih grehou. [...] Ampag ta Euangelium nom praui inu pridiguie od tiga Miloſtiuiga Boshyga Synu [...] inu praui [...], Letu ie tu Iagne Boshye, kir noſſi vſiga Suita Greh, nom praui od odpuſzhane tih Grehou, od Gnade Boshye."[51]

---

49 [Ein Mensch kennt und versteht es richtig, Moses Gesetzespredigt von der Christuspredigt im Evangelium zu trennen; er weiß und versteht, wie und was die Gesetzespredigt ist und welcher Art sie ist und was sie sagt, die Evangeliumspredigt von Jesus. Einmal predigt Mose so, einmal Christus so.] *Ena dolga predguvor*, a. a. O., p. y 2 [= 128].

50 „Vorrede zum Alten Testament" (1523). In: *Luther Deutsch*, a. a. O., p. 2989; Rajhman verweist bei der Behandlung dieses Kapitels allgemein auf Gesetz und Gnade bei Bullinger und Melanchthon; das führt jedoch nicht weiter, da diese Begriffe allgemeines reformatorisches Gut sind und zur Klärung der theologischen Filiationen kaum beitragen. Er geht mit keinem Wort auf den lutherischen Ursprung ein und übersieht die deutliche Spur des deutschen Reformators in der Argumentation des Slowenen.

51 [Gott wollte die Predigt von seinem Sohn von der Predigt und dem Gesetz Mose sondern, und lehren, dass man die zwei Predigten, einmal von Jesus, einmal von Moses, trennen muss. Denn die Predigt von Moses und das Gesetz verkünden uns den großen schrecklichen Zorn Gottes über unsere Sünden. Moses sagt uns in seiner Predigt nichts von der Vergebung der Sünden. Aber das Evangelium sagt uns und predigt vom gnädigen Gottessohn und sagt, das ist das Lamm Gottes, das die Sünde der ganzen Welt trägt, erzählt uns

Er nimmt den Gedanken anschließend noch einmal auf mit den Stichworten
1. Predigt: AT – Gesetz – Nichterfüllung – Verdammnis;
2. Predigt: Evangelium – Christus, Vergebung der Sünden.

Das ist bis in den Wortlaut hinein Luthers Argumentation. Besonders deutlich lehnt sich Trubar an Luthers zweite Auslegung des Galaterbriefs von 1531 an. Das Gesetz als Anklage der Sünden, das keine Erlösung vermittelt, die allein durch die Gnade Christi gegeben wird:

> „Das Gesetz klagt ja das Gewissen an und schreckt wegen der Sünde. Sünde, die das Gewissen fühlt, kann nicht abgetan werden durch Wallfahrten, [...], und also durch keinerlei Werk. [...] Aufgehoben wird sie allein durch die Gnade und auf keine andere Weise."[52]

Der Gedanke der „zwei Predigten", den Trubar in der „Langen Vorrede" darlegt, ist lutherischen Ursprungs und im Wortlaut in der „Unterrichtung, wie sich die Christen in Mose schicken sollen" (1525) nachzuvollziehen:

> „Die erste Predigt und Lehre ist das Gesetz Gottes, die andere das Evangelium. Diese zwei Predigten kommen nicht überein, darum muß man ein gutes Verständnis davon haben, daß man sie wisse zu unterscheiden und wisse, was das Gesetz sei und was das Evangelium. Das Gesetz gebietet und fordert von uns, was wir tun sollen [...] Das Evangelium aber predigt nicht, was wir tun oder lassen sollen, fordert nichts von uns, sondern wendet es um, tut das Gegenteil."[53]
> „Das Evangelium ist eine Predigt von den Wohltaten Christi; Mose aber droht, schlägt und straft greulich."[54]

Trubar folgt diesem Umkehrschluss; im V. Kapitel, wo er über das NT reflektiert, rechnet Trubar der „Wohltat Christi" („Criſtuſeuu blagu") zu, dass die „Sünden aller Gläubigen bedeckt werden" und seine Heiligkeit und Wahrheit „uns fromm, heilig und gerecht macht vor Gott".[55] Der Mensch ist nicht in der Lage, das Gesetz zu erfüllen; in dieser Erkenntnis übernimmt Trubar eine weitere theologische Position, die Luther aus Rö. 3, 20, schöpft und ausbaut: Das Gesetz ist mit dem Evangelium verbunden, da nur durch das Gesetz der Mensch seine Sündhaftigkeit erkennt und weiß, dass sie allein durch die Gnade aufgehoben und der Mensch gerechtfertigt werden kann.

---

von der Vergebung der Sünden, von der Gnade Gottes.] *Ena dolga predguvor*, a. a. O., p. h [= 15].

52 *Luthers Epistel-Auslegung*. Bd. 4: *Der Galaterbrief.* Hg. Hermann Kleinknecht, 2. Aufl., Göttingen 1987, p. 36.

53 „Eine Unterrichtung, wie sich die Christen in Mose schicken sollen" (1525). In: *Luther Deutsch*, a. a. O., p. 3175.

54 „Vorrede zum Neuen Testament" (1522), a. a. O., pp. 3047, 3048.

55 *Ena dolga predguvor*, a. a. O., p. h 3 [= 18 f.]

Dieser Gedanke ist auch bei Melanchthon zu finden: „peccati cognitio lex esse“.[56] Luther hat diese Ansichten schon in den eigenen Katechismen verdeutlicht, die bei ihm – im Gegensatz zu den meisten zeitgenössischen Unterrichtungen – mit dem Dekalog beginnen und zum Evangelium (Vaterunser) führen. Er demonstriert damit die Zusammengehörigkeit: die Gerechtigkeit des Menschen „fällt“ durch die Gebote, erst dadurch kann die Gerechtigkeit Gottes wachsen.[57]

Trubar schließt seine Vorstellung des AT und NT mit einer Parallelisierung ab, die fast einer Gleichstellung entspricht. Er kann sich auch hier auf Luther in den Vorreden zum AT und NT beziehen. Luther stellt sich Meinungen entgegen, die das AT „gering achten“, indem er sich auf christologische Elemente im AT und auf Rückverweise im NT bezieht.[58] Der Gleichklang im Urteil beider Theologen ist durch Luther ausgelöst und bedingt. Trubar schreibt:

> „Sapuuidi inu poſtaue Boshye, katere ſo od S. Duha skuſi Moiſeſa inu skuſi te Preroke ſapiſſane, prauio inu imenuio ta Stari Teſtament, oli ta Stari ſakon. Te Pridige pag, ta piſma, beſſede inu vukuui Criſtuſeui inu nega Iogrou, kir ſo od tih Euangeliſtou inu Iogrou ſapiſſani, ſe imenuio ta Noui Teſtament oli Noui Sakon.“[59]

Luther hält fest:

> „gleichwie das Alte Testament ein Buch ist, darinnen Gottes Gesetz und Gebot, daneben die Geschichten sowohl derer, welche dieselben gehalten wie derer, die sie nicht gehalten haben, geschrieben sind, so ist das Neue Testament ein Buch, darinnen das Evangelium und Gottes Verheißung, daneben auch die Geschichte beider, derer die dran glauben und die nicht glauben, geschrieben sind.“[60]

Aus dem Gleichklang zwischen Luther und Trubar hinsichtlich der Einschätzung und „Vernetzung“ der Testamente folgen zwangsläufig parallele Auffassungen der christologischen Verheißung vom Beginn des AT an. Luther bezeichnet die Ver-

56 Melanchthon, *Loci communes*, a. a. O., p. 98; Gerhard Ebeling weist bei Luther auf die Durchdringung von Christologie und Rechtfertigungslehre hin: Die Gerechtigkeit, die vor Gott gilt („iustitia dei“) wird nur dem zuteil, der zum „accusator sui“ wird, d. h. Gott Recht gibt, (Ebeling, „Martin Luther. Theologie“. In: *RGG*³, Bd. 4, p. 500).

57 „Erste Vorlesungen über die Psalmen“ (1513/1515). In: *Luther Deutsch*, a. a. O., p. 302.

58 „Vorrede zum Alten Testament“ (1523), a. a. O., p. 2987.

59 [Die Gesetze und Gebote Gottes, die vom Hl. Geist durch Moses und durch die Propheten aufgeschrieben worden sind, sagen und benennen das Alte Testament oder das Alte Gesetz. Die Predigten, die Briefe, Worte und Lehren Christi und seiner Jünger, die von den Evangelisten und Jüngern aufgeschrieben worden sind, heißen das Neue Testament oder das Neue Gesetz.] *Ena dolga predguvor*, a. a. O., p. h 3 [= 19].

60 „Vorrede zum Neuen Testament“ (1522), a. a. O., pp. 3042 f.

fluchung der Schlange im 1. Kap. Mose als „das erste Evangelium und Verheißung von Christus."[61]

Der absolute Bezug auf Christus und das Angewiesensein auf seine Erlösertat ist für Luther ein Eckpfeiler seiner „Theologia crucis", die, wie oben dargestellt, von Trubar bedingungslos und vollständig übernommen wird. An solchen inneren Überzeugungen zeigt sich deutlicher als an manchen äußeren Übereinstimmungen, aber auch Irritationen, die theologische Harmonie zwischen den beiden Reformatoren.

Es ist überhaupt nicht zu leugnen, dass Trubar, der ja selbst bezeugt, sich mit Bullingers Kommentaren zum Johannesevangelium beschäftigt zu haben, die entsprechenden Textstellen zur Verbindung von Mose und Christus gekannt und geprüft hat. Wir werden sehen, dass die Unterscheidung zu Luther an diesen Stellen keine Gegensätzlichkeiten aufweist, wohl aber unterschiedliche Betonungen. Natürlich ist das Johannesevangelium für diese Diskussion prädestiniert mit dem Satz „Qia lex per Mosen data est, gratia & ueritas per Iesum Chriſtum exorta est" (Joh. 1, 17), über den Bullinger ausführlich diskutiert.[62] Trubar übersetzt wie Luther: „Ta Postaua ie skuſi Moiſeſa dana, Ampag ta Gnada inu Riſniza ie skuſi Ieſuſa Criſtuſa ſturiena."[63] Bullinger hebt die Gültigkeit des Gesetzes hervor, gleichzeitig seine Unerfüllbarkeit, was zur Verdammnis führt:

> „Lata quidem eſt lex diuinitus per Moſen, quae ſanctimoniam ueram, & officia uitae praeſcribit: uerum hac ipſa praeſcriptione omnes homines occidit: dum aperitiſſimis argumentis euincit neminem legi ſatisfacere, & proinde omnes irae, execrationi dei condemnationique obnoxios eſſe."[64]

Bei Luther wird immer das gegensätzliche Verhältnis von „lex per Mosen" und „lex Christi" herausgearbeitet: „lex non est necessaria ad iustificationem, sed inutilis et impossibilis." („lex est negatio Christi").[65] Auf dieser Linie argumentiert ebenfalls der Slowene, wenn er festhält, dass Gott durch Christus alle Sünden vergibt, „ſab-

61 „Eine Unterrichtung, wie sich die Christen …" (1525), a. a. O., p. 3188.

62 Heinrich Bullinger, *In divinvm Iesv Christi Domini Evangelivm…*, Commentariorum in evangelivm secvndvm Ioannem. Liber I, p. 13 a ff. [= 67 ff.]; *Biblia sacra vulgata*: „Qia lex per Mosen data est, gratia et veritas per Iesum Christum facta est"; Luther: „Denn das Gesetz ist durch Mose gegeben, die Gnade und Wahrheit ist durch Jesus Christus geworden." Die Textabweichung bei Bullinger ist bezeichnend; während Vulgata und Luther den Ursprung bei Christus sehen („gemacht"; Septuaginta: „ἐγένετο"), ist bei Bullinger „zum Vorschein kommen" eine gewisse Abschwächung, da an Christus gebunden, nicht durch ihn ausgelöst.

63 [Das Gesetz ist durch Moses gegeben, die Gnade aber und Wahrheit ist durch Christus gemacht.] *Ena dolga predguvor*, a. a. O., p. h [= 16].

64 Bullinger, a. a. O., p. 14 a [= 69].

65 Zitiert nach Ebeling, a. a. O., p. 514.

ſton, pres vſiga nashiga dobriga diane inu ſaslushene, inu aku glih cilu popolnoma ne dershimo tih Boshyh ſapuuid, vto ſuio Gnado gori iemle".[66] Trubar ist in seiner slowenischen Vorrede zum Galaterbrief 1561 auf die Problematik Gesetz – Evangelium wiederum eingegangen, weist dabei ausdrücklich auf die Behandlung des Gegenstandes im „Predguvor" hin. Die unterschiedliche Zuordnung, einmal das menschliche Handeln, zum andern die göttliche Wirkung, weist auf die Tradition:

> „ta Prauiza oli Bruma ie Duya. Ta ena Prauiza ie zhloueska oli Poſtauna, katero mi zhloueki ſami imamo, kir vtim nashim dianu, inu vtih nashih dellih ſtoy. Ta druga ie ta Boshya Prauiza, katero nekar mi, temuzh Bug skuſi to beſſedo, Sacramente, Vero inu S. Duha vnas della."[67]

Die unterschiedliche Funktion, d. h. die Trennung beider Begriffe in ihrer Wirkung wird im Sinne Luthers propagiert:

> „skuſi leta Nauuk to Poſtauo od Euangelia lozhimo. Ta Poſtauo nikomer nishter ſabſton oli is Gnada ne da, Temuzh hozhe le od nas celo pokorszhino vſeh Boshyh Sapuuidih imeiti. [...] Ta Euangeli pag vſem Ludem, to veliko, neisrezheno Gnado Miloſt inu dobruto Boshyo, odpuſzhane uſeh Grehou, S. Duha inu ta vezhni leben, naprei daie, ponuie, shenkuie, vely vſeti ſabſton, ſto vero od Ieſuſa."[68]

Das Gesetz lehrt das Tun und Lassen und vermittelt damit nur die Erkenntnis der Sünde; das Evangelium lehrt die Vergebung der Sünde und ist damit Erfüllung des Gesetzes durch Christus.[69] Einmal die Trennung und zum anderen die Aufeinanderfolge ist das Anliegen Luthers.[70]

---

66 [umsonst, ohne alle unsere guten Werke und Verdienst, und da wir Gottes Gebote nicht vollständig halten, nimmt er uns in seine Gnade auf.] *Ena dolga predguvor*, a. a. O., p. h [= 16].

67 [Die Gerechtigkeit und die Frömmigkeit ist zweifach. Die eine Gerechtigkeit ist die menschliche oder das Gesetz, das wir Menschen selbst haben, das in unserem Tun und unseren Werken Gültigkeit hat. Das zweite ist die Gerechtigkeit Gottes, die nicht wir, sondern Gott durch das Wort, die Sakramente, den Glauben und den Hl. Geist in uns wirkt.] „Svetiga Pavla ta dva listy htim Corintariem inv ta htim Galatariem". In: *Biblia slavica*, a. a. O., p. 200.

68 [Wir trennen Gesetz und Evangelium in der Lehre. Das Gesetz gibt nichts umsonst oder aus Gnade, sondern will von uns vollen Gehorsam zu allen Geboten Gottes haben. Das Evangelium aber gibt, erneuert, schenkt umsonst allen Menschen zuvörderst die große, unaussprechbare Gnade, Güte und Wohltat Gottes, die Vergebung aller Sünden, den Hl. Geist und das ewige Leben, den Glauben von Jesus.] A. a. O., p. 203.

69 Vgl. „Vorlesung über Galaterbrief" (1516/1517), a. a. O., p. 737; eine Grundformel bei Luther und damit ständige Aussage in seinen Vorlesungen zu den Psalmen, zum Römerbrief, Hebräerbrief, dem zweiten Galaterbrief.

70 Ähnlich auch in der Heidelberger Disputation (1518), wo er seine These, „Das Gesetz Gottes vermag, obgleich es die allerheilsamste Lehre zum Leben ist, den Menschen dennoch

Luther bringt deshalb AT und NT in eine enge Verbindung, worin ihm Trubar folgt. Bullinger parallelisiert die Gegensätze: „Per legem ira, indignatio & maledictum orbi innotuit: per Chriſtum gratia, fauor, benedictio & condonatio".[71] Allerdings weist Bullinger durch Zitierung von Rö. 8, 2 auf die von Luther betonte Beziehung lex per Mosen und lex Christi (lex spiritus) hin.

Gesetz und Evangelium werden auch von Melanchthon in einem ähnlichen konträren Zusammenhang gesehen wie von Luther; beide Begriffe sind Bestandteile der Hl. Schrift, des Alten wie des Neuen Testaments: „Duae in universum scripturae partes sunt, lex et evangelium",[72] d.h. die Verheißung der Gnade ist bereits Bestandteil des AT wie auch die Forderung der Gesetzeserfüllung zum NT gehört. Diesen Zusammenhang illustriert Trubar in Verfolgung der christologisch-theologischen Linie Luthers dann im weiteren Verlauf seiner Abhandlung.

Das Gesetz ist der Ankläger bzw. bringt den Menschen zur Anklage seiner selbst (accusator sui), aufgehoben durch das Evangelium (Gnadenerlass):

> „Sicut lex est, qua recta mandatur, qua peccatum ostenditur, ita evangelium est promissio gratiae seu misericordiae dei adeoque condonatio peccati et testimonium benevolentiae dei erga nos."[73]

Des Gesetzes Werke sind nach Luther „außerordentlich hinderlich für die Rechtfertigung, weil sie nicht zulassen, daß der Mensch sich selbst für ungerecht und der Rechtfertigung bedürftig hält."[74] Hier ergibt sich die Verbindung zur einleitenden Rechtfertigungstheorie Trubars („Ena dolga predguvor", III. Cap.). Allerdings wird der fehlende Erkenntnisvorgang, den Luther beschreibt, bei Trubar in ein passives Geschehen-Lassen umgewandelt: „poſtaua nom oſnanuie leta veliki ſerd Boshy [...]. Moiſes [...] nom nishter ne praui od odpuſzhane tih grehou."[75] Zu beachten ist ebenfalls, dass das Desiderat von Interpretationen oder Schlussfolgerungen gleichfalls darauf hinweist, dass Trubar sich eine Theologie aufbaut, die seinem und seiner Landsleute Bedürfnis entspricht, dabei aber keine Grundlinien verletzt. Dies kann wohl als eigenständiger „slowenischer" reformatorischer Gesichtspunkt gewertet werden im Rahmen lutherischer Theologie und der allgemeinen Übereinstimmung mit anderen Reformatoren.

---

nicht zur Gerechtigkeit zu bringen, sondern steht diesem Ziel eher entgegen", biblisch begründet.

71 Bullinger, a.a.O., p. 14 a [= 69].

72 Melanchthon, *Loci communes*, a.a.O., p. 158 und Anm. 461, wo auf die Übernahme von Erkenntnissen Luthers und Erasmus aus der Paulusexegese hingewiesen wird.

73 Melanchthon, *Loci Communes*, a.a.O., p. 162.

74 „Vorlesung über den Römerbrief" (1515/1516). In: *Luther Deutsch*, a.a.O., p. 517.

75 [Das Gesetz zeigt uns den großen Zorn Gottes. Moses sagt uns nichts von der Vergebung der Sünden.] *Ena dolga predguvor*, a.a.O., p. h [= 15].

4. Zusammenfassung und Folgerungen

Unter dem Blickpunkt des reformatorischen Wandels sind in Trubars Abhandlung einige Begrifflichkeiten, „Rechtfertigung“, „Gesetz“ und „Evangelium“, die Vernetzung von AT und NT einer theologischen Analyse unterzogen worden. Ausgangspunkt war Luther, der prägend auf Trubars Konzept eingewirkt hat. Es spielt dabei keine Rolle, inwieweit andere Reformatoren vermittelnd gewirkt haben. Vermittlung heißt hier, dass theologischer Gleichklang zwischen Luthers „Erstentdeckung“ und der Aufnahme in späteren Quellen auszumachen ist. Es ist unseres Erachtens deutlich geworden, dass der Grundansatz auf Luther beruht, er also die Richtschnur für die Theologie des Slowenen darstellt, wenn auch manche Erläuterungen, bildhafte Ausschmückungen oder andere Gewichtungen auf andere Grundlagenwerke der Reformation, wie Melanchthon oder Bullinger, verweisen könnten.

Einwände sind deshalb vor allem da einzubringen, wo Trubar eine konträre Abweichung von diesen Erkenntnissen unterstellt wird. Im Zusammenhang mit der „Rechtfertigung“ scheint das hinsichtlich der Definition des „Glaubens“ einzutreten. Trubars Bedeutung wird häufig weniger in seiner theologischen Leistung als vielmehr seiner humanistischen Einstellung gesehen, oder vielmehr seiner anthropologischen Grundhaltung. Die Zuwendung zum Menschen, die ohne Zweifel Kriterium seiner Theologie ist und ihn als Seelsorger für seine Slowenen auszeichnet, wird ideologisiert zu einem auf die Welt bezogenen Humanismus.[76]

Zwei Faktoren spielen dabei eine Rolle: die Anordnung des ersten trubarschen Katechismus mit dem Beginn der Schöpfung sowie die Mittelpunktstellung des Menschen und zum anderen die aktive Mitwirkung des Menschen an der Rechtfertigung. Die Konstruktionen, mit deren Hilfe diese Vorstellungen beglaubigt werden, stehen in diametralem Gegensatz zur Lehre und Einstellung Luthers. Luther lehnt jeden Synergismus ab, d. h. eine aktive Willensentscheidung für die eigene Seligkeit, somit auch eine aktive und passive Rolle des Menschen in der Rechtfertigungsproblematik.

Die Beweisführung gründet sich bei Rajhman auf eine Definition von „Glauben“, die eine scheinbare Entscheidungsfreiheit beinhaltet: „Le po veri postanemo deležni »taciga Kristuseviga opravila inu zaslužena«.“ Die weiteren Feststellungen, „Nasprotno pa tistim, ki ne verujejo, nic ne koristi »ta Jezuseva martra«“,[77] basie-

76 In der späteren Prägung der „Zwei-Reiche-Lehre“ Luthers durch Karl Barth läge also die Betonung auf der Augustinischen civitas terrena.

77 [Nur durch den Glauben werden wir teilhaftig „der Sache und des Verdienstes von Christus“. Im Gegensatz zu denen, die nicht glauben, für die „Jesu Marter“ keinen Nutzen bringt.] Rajhman, *Trubarjeva ena dolga predguvor*, a. a. O., p.76.

ren auf Joh. 3, 18: „Wer an ihn glaubt …" und sind Gegenstand der Pfingstpredigt Luthers; an sie lehnt sich Trubar sichtlich an, wie die von Rajhman angeführte Textstelle, dass der Glaube „kakor en mošna oli en žakel" sei, bekräftigt.[78] Die Formulierung lautet bei Luther,

> „daß allein der Glaube, das ist, die Zuversicht auf Gottes Gnade und Barmherzigkeit durch Christus, *der rechte Beutel oder Behälter* sei, den wir aufhalten und solche Gabe darein empfangen und fassen sollen."[79] [Hervorhebung G. G.]

Rajhmans Schlussfolgerung, dass Trubars Vorstellungen vom Glauben „nicht so sehr passiv-rezeptiv" seien, „temveč se po njej človek subjektivno odrešuje, ko je objektivno odrešenje dano",[80] sind hinsichtlich Trubars Vorstellungen unbegründete Spekulationen. Es wird außer Acht gelassen, dass Glaube eine Vermittlung erfährt, die nicht dem Wollen des Menschen unterliegt. So sieht es auch Trubar in seinen Erläuterungen etwa des IIII. Cap. (Ena dolga predguvor, p. 17) und besonders des XXXVII. und XXXVIII. Cap. (a. a. O., pp. 83, 87 f.) Trubar beruft sich in seinem Glaubensbegriff auf die Auslegung des Hebräerbriefes, Kap. 11: „Ta iſta Vera ſama tiga zhloueka Isuelizha inu sturi brumniga pred Bugom. To iſto beſſedo Vero S. Paul. Heb. 11. taku islaga." [Dieser Glaube selbst erlöst den Menschen und macht ihn fromm vor Gott. Dieses Wort legt der hl. Paulus Hebr. 11 so aus.] Der Hebräerbrief spricht vom Glauben in seiner Wirkmächtigkeit für und über den Menschen, nicht von einer Entscheidung des Menschen für den Glauben. Deshalb fährt Trubar fort:

> „Ta Vera kerszhanska ie ena taka rezh vtim ſercei tiga zhloueka, de Veruie, de ſo te rizhi bile, inu de ſo sdai, inu de bodo, inu ſe na te iſte cilu ſeneſſe."[81]

Glaube ist ein Geschenk der Gnade, nicht Ergebnis unseres Willens.[82] Luther weist in der Psalmenvorlesung und seinen Untersuchungen zum Römerbrief eindeutig auf die Passivität des Vorgangs hin:

---

78 Rajhman, a. a. O., p. 77.

79 „Predigten" (Zweiter Pfingsttag). In: *Luther Deutsch*, a. a. O., p. 5523.

80 [sondern der Mensch durch ihn subjektiv erlöst wird, wenn objektiv die Erlösung gegeben ist.] Rajhman, a. a. O., p. 77.

81 [Der christliche Glaube ist eine Sache im Herzen des Menschen, dass er glaubt, dass diese Dinge waren, jetzt sind und sein werden und sich ganz einbringen.] *Ena dolga predguvor*, a. a. O., p. 83.

82 Vgl. „Vorlesung über den Hebräerbrief" (1517/1518); „Erste Vorlesungen über die Psalmen" (1513/1515). In: *Luther Deutsch*, a. a. O., p. 797, p. 431.

> „Somit ist auch die Rechtfertigung Gottes aus seinen Worten vielmehr unsere eigene Rechtfertigung, und seine Verurteilung bzw. seine Verwerfung ist vielmehr die unsere gemäß jenem Wort Mark. 16, 16: »Wer aber nicht glaubet, der wird verdammt werden.«"[83]

Des Menschen Wille ist nach Luther dem Willen Gottes insofern unterworfen, „daß wir wollen, was Gott will."

5. Christologie – eine Lutherleitlinie

Ein weiterer theologischer Zentralpunkt, dem das Interesse Trubars gilt, ist die Christologie der Hl. Schrift, die Prophezeiung, die sich im Heilsweg verwirklicht. Das ist wiederum lutherische Grundlage, weitergegeben über Melanchthon in den „Loci" unter dem Stichwort „Evangelium" und von Veit Dietrich in den „Summaria über die gantze Bibel" ausführlich erörtert. Luther ist der Bezugspunkt, wie an Einzelheiten festgestellt werden kann. Trubar verdeutlicht seinen Landsleuten den christologischen Vorgang erzählend in der doppelten Perspektive des Ereignisses:

> „Inu ta Euangelium, ta nasha vera [...], te Nadluge, reue, reſdilene, ſmeshnaue inu souurashtuu ſa volo te Vere, ſe ne ſo ſtuprou ctim zhaſu, kadar ie Ieſus vtim zhloueſtuu na tim ſueitu hodil [...] Tu terplene inu souuraſtuu ſa te Vere, imaio nih ſazhetig od ſazhetka tiga ſuita. Lete rizhi ſo od ſamiga Boga vtim Paradishu, ſdaici koker ſta Adam inu Eua bila greshila, praulene, pridigane, prerokouane, poſtaulene inu gori naloshene."[84]

Diese Verbindung, auf die Luther in einer Vorrede zum Alten Testament und nicht nur dort immer wieder hingewiesen hat, da es zur Grundlage seiner Chris-

83 „Vorlesung über den Römerbrief" (1515/1516), a. a. O., p. 479 (ähnlich vgl. p. 486 und in der Psalmenvorlesung, a. a. O., p. 405); zu Missverständnissen gibt sicherlich die häufig bei Luther vorkommende „Verkehrung" Anlass: so heißt es zu diesem Problem in der Vorlesung zum Römerbrief (a. a. O., p. 479): „Also ist die Erfüllung seines Willens vielmehr die erflehte Erfüllung unseres Willens, nämlich daß wir wollen, was Gott will". In *EKL* wird unter dem Begriff „Rechtfertigung" die Entwicklung seit Augustinus bis hin zu Luther dargelegt und als absolut passiver Vorgang bezeichnet, in dem die „Aktivität der Freiheit ausgeschlossen ist." (A. a. O., Bd. Parusie – Ruth, Sp. 1462). Unter dem Stichwort „Glaube" (a. a. O., Gabun – Hellenismus, Sp. 196) wird Luthers Glaube als „umfassende Integration des Menschen in das Heilsgeschehen (sola fide – per Christum)" verstanden und der „eben deshalb [...] ohne unser Zutun allein von Gott und Christus bewirkt wurde."

84 [Und das Evangelium, unser Glaube ... Drangsal, Elend, Zerteilung, Spott und Feindschaft um unseres Glaubens willen gab es nicht allein in der Zeit, als Jesus bei den Menschen auf Erden weilte ... Leiden und Feindschaft wegen des Glaubens haben ihren Anfang vom Anfang der Welt an. Diese Dinge sind von Gott selbst im Paradies, als Adam und Eva gesündigt hatten, erzählt, gepredigt, prophezeit, errichtet und aufgebürdet worden.] *Ena dolga predguvor*, pp. h3 a f. [= 20 f.].

tologie gehört, führt Trubar im Einzelnen aus, ausgehend von der Bibelstelle 1. Mose 3, 15, die für beide der Ausgangspunkt ist. Luther legt sich in der Vorrede zum Alten Testament fest und lässt das Neue Testament durch das Alte Testament „mächtig begründen und beweisen und sich darauf berufen“[85] und folgert, in Anspielung auf die Verheißung Gottes, dass er Adam nach dem Sündenfall wieder aufrichten wollte mit der in Mose 3, 15 ausgesprochenen Verheißung. „Danach hat er Abraham versprochen [...]. Danach hat er Mose und den Kindern Israel, besonders dem David, eine ganz deutliche Verheißung von Christus gegeben.“[86] Weiterhin wird die Verheißung bei den „Alten“ (Propheten) angesprochen bis hin „zu der des neuen Testaments, [...] in welcher mit klaren Worten das Leben und die Seligkeit umsonst verheißen und denen geschenkt werden, die der Verheißung glauben.“[87]

Trubar führt in sinngemäßer Übernahme diese „Verheißungslinie“ vom AT zum NT ebenfalls an; seine Linie ist umständlicher, weil sie, abstrakte Formulierungen vermeidend, dem einfachen Leser mit bildhaften Darstellungen zu Hilfe kommt.[88] Trubar greift immer wieder auf diese Verbindung zurück, stellt fest, erläutert, umschreibt:

> „nasha ſtara praua Vera kerſzhanska, Tu terplene [...] imaio nih ſazhetig od ſazhetka tiga ſuita. Lete rizhi ſo od ſamiga Boga vtim Paradishu, ſdaici koker ſta Adam inu Eua bila greshila, praulene, pridigane, prerokouane, poſtaulene [...] Goſpud Bug vmei drugimi beſſedami tudi hti kazhi, tu ie, htimu Hudizhu letaku gouuril. Tu Shensku Seime bode ſterlu tebi tuio Glauo. Inu ti tu Seime vpeto vgriſnesh [...]. Letih beſſed ie malu inu ſo kratke. Oli vtih ie ta celi Euangelium, Inu prerokouane vſeh nadlug, kir ſo ſe godile od ſazhetka tiga Suita, Inu kir ſe bodo naprei godile do ſodniga dne, ſa te Vere volo.“[89]

---

85 „Vorrede zum Alten Testament“ (1523). In: *Luther Deutsch*, a. a. O., p. 2987.

86 „Von der babylonischen Gefangenschaft der Kirche“ (1520), a. a. O., p. 1375.

87 A. a. O., p. 1376.

88 Trubar erläutert die Bedeutung von „Shensko seime“ – „pres vſiga moshkiga ſemena“; [der Same des Weibes – ohne allen männlichen Samen;] das Haupt der Schlange = die Macht des Bösen; den Kopf zertreten = entgiften, der Herrschaft berauben. Die metaphorische Ausdrucksform wird „übersetzt“.

89 [Unser alter wahrer christlicher Glaube, das Leiden ... haben ihren Anfang im Anfang der Welt genommen. Diese Dinge sind von Gott selbst im Paradies, als Adam und Eva gesündigt hatten, erzählt, gepredigt, prophezeit, aufgerichtet worden ... Gott der Herr hat mit solchen Worten auch zur Schlange, das heißt, zum Teufel gesprochen. Der Same des Weibes wird dir den Kopf zertreten. Und du wirst diesem Samen in die Ferse stechen. Solche Worte gibt es wenig und sie sind kurz. Aber darin befinden sich das ganze Evangelium und die Prophezeiung aller Drangsale, die sich vom Anfang der Welt an ereignet haben und die sich in Zukunft ereignen werden bis zum Gerichtstag, um des Glaubens willen.] *Ena dolga predguvor*, a. a. O., p. h4 [= 21].

Es kann keinem Zweifel unterliegen, dass Trubar in der Rechtfertigungslehre seinem theologischen Vorbild Luther und damit der Linie von Augustinus her gefolgt ist. In den letzten Kapiteln des ersten Teils von Trubars „Predgovor“ geht es ihm um drei Dinge, die im Zusammenhang stehen. Es ist erstens die bereits aufgegriffene Verbindung von AT und NT in der Heilsgeschichte, d.h. die Verheißung auf Christus hin. Diese christologische Einstellung im Verständnis der Gesamtbibel muss Trubar als Anliegen aus Luthers Bibelverständnis herausgelesen haben, zumal Melanchthon, Veit Dietrich, aber auch Flacius dies in der Nachfolge Luthers eindringlich gepredigt haben. Melanchthon weist im Vorwort zu Veit Dietrichs „Summaria“ auf die Verbindung hin:

> „[...] iſt zu wiſſen / das vor Moſe beide ſtück geweſen vnd geoffenbaret ſind / Geſetz vnd Verheyſſung. [...] Darumb iſt von anfang die Verheyſſung vom Mittler Jeſu Chriſto gegeben worden / vnd für vnd file wider erholet vnd erkleret / biß der Herr Chriſtus kommen iſt.“[90]

Dietrich selbst erläutert die Verbindung in der Kommentierung der Schöpfungsgeschichte, wobei er Wert darauf legt, seinen Lesern zu versichern, dass Gottes Strafe der Vertreibung durch den Trost der Verheißung gemildert wird:

> „Dagegen ſol man auch den troſt mercken / welchen hie Got Adam vnnd Eua gibt / Das des weibes ſame Chriſtus der Schlangen den Kopff zutretten / Das iſt / dem Teuffel ſein macht nemen vnnd durch ſein leiden / vnns auß dem Tod vnd Sünd / zur gerechtigkeyt vnnd ewigem leben helffen ſol. [...] Auff das man ſehe wie die Leut vnnd das Geſchlecht / des frommen Seths ſey gewachſſen / da die verheiſſung von dem Herren Chriſto auff beruhete.“[91]

Noah, die Propheten sind Zeugen für solche Verheißungen.

Luther predigt in Berufung auf Paulus (ebenso wie Trubar) den Glauben als wirksame Voraussetzung für das Heil, wie am Beispiel Abraham[92] oder der Propheten gezeigt wird: Er verdeutlicht das in der „Vorrede zum Alten Testament“ mit dem Hinweis:

> „so sind auch im Alten Testament neben den Gesetzen etliche Verheißungen und Gnadensprüche, womit die heiligen Väter und Propheten unter dem Gesetz im Glauben Christi, wie wir, erhalten worden sind.“[93]

Das ist auch das Anliegen Trubars, von dem er im VIII. und IX. Cap. eindringlich spricht:

90 Melanchthon, „Vnterſchid des Alten vnd Newen Testaments“. In: Veit Dietrich, *Summaria über das Alte Testament*, a. a. O., p IIII [= 12, 13].

91 „Summaria vber das erſte Buch Moſe“, a. a. O., p. X [= 24 f.).

92 „Vorlesung über den Römerbrief“ (1515/1516), a. a. O., p. 553. Luther bezieht sich auf den Apostel Paulus als Zeugen.

93 „Vorrede zum Alten Testament“ (1523), p. 2989.

„Inu leta Euangeliska Pridiga nei ſdaici Adamouimu zhaſu poginila inu vſela konza." [Und die Evangelische Predigt wurde zu Adams Zeiten nicht vernichtet und hat kein Ende genommen.]

Trubar führt die Stationen der Weitergabe des Heils auf, Noah, Abraham, die Propheten und Väter, die Prophezeiung auf Christus hin:

„Glih taku ie Bug potle gouuril htimu Iſaacu inu Iacopu, inu ie ponoulal to oblubo od Shenskiga Semena. Od take oblube Boshye ie potle Iacop tim ſuim otrokom prauil, inu prerokoual, kadai ima Criſtus priti na ta Sueit."[94]

Luther hat in der „Vorrede" zum AT das Vorbild für diese Verheißung geliefert, nämlich das der „Sprüche, im Alten Testament gegeben und durch Christus erfüllt":[95]

„Aber bald darauf [nach Adams Fall], ehe denn Moses Gesetz kommt, lehret er, woher die Hilfe wieder kommen sollte, Sünde und Tod zu vertreiben, [...] durch des Weibes Samen, Christus, dem Adam und Abraham verheißen, auf daß so der Glaube von Anfang der Schrift durch und durch gepriesen werde."[96]

Im Übergang vom 1. zum 2. Teil seiner Abhandlung diskutiert Trubar die Frage der „Auserwähltheit", insbesondere das Problem der Glaubensherkunft.

„Turki inu ſadashni Iudi menio tudi, de nih Vera ie prou inu ner Starishi. Iudi ſe hualio de ſo Abraamoui Otroci. Ty Turki prauio de oni od te Sare te praue Abraamoue shene prido."[97]

In einer Zeit der kriegerischen Auseinandersetzung mit den Osmanen war das eine aktuelle Frage. Luther hat dazu ausführlich Stellung bezogen und bei Trubar, der noch näher am Geschehen war, auf verschiedene Weise Widerhall gefunden.

Luther hat zu mehreren Gelegenheiten darauf geantwortet, etwa in seiner „Vorrede zum Brief des Paulus an die Römer" hinsichtlich der Zugehörigkeit der Juden; Verwandtschaft allein genüge nicht („um des Blutes willen nicht Abrahams Erben"[98]), sondern das Erbe des (christlichen) Glaubens sei die Voraussetzung. Gleiches gelte für die Türken. In der „Heerpredigt wider die Türken" fasst Luther zusammen mit Verweis auf das Glaubensbekenntnis zu Christus:

94 [In gleicher Weise hat Gott danach zu Isaak und Jakob gesprochen, und hat sein Versprechen vom Samen des Weibes erneuert. Von diesem Versprechen Gottes hat Jakob später seinem Sohn erzählt und prophezeit, dass Christus auf diese Welt kommen soll.] *Ena dolga predguvor*, a. a. O., p. 11 [= 24].

95 „Vorrede zum Alten Testament" (1523), a. a. O., p. 2988.

96 A. a. O., p. 2990.

97 [Türken und Juden meinen auch, dass ihr Glaube der wahre sei und der ältere. Die Juden rühmen sich, Abrahams Kinder zu sein. Die Türken sagen, dass sie von Sarah, der richtigen Frau Abrahams abstammen.] *Ena dolga predguvor*, a. a. O., p. 33.

98 „Vorrede zum Brief des Paulus an die Römer" (1522), a. a. O., p. 3074.

> „unser Glaube [ist dadurch] von allen andern Glaubens(formen) auf Erden getrennt. Denn die Juden haben das nicht, die Türken und Sarazenen auch nicht, dazu kein Papist noch falscher Christ noch ein anderer Ungläubiger, sondern allein die rechten Christen.“[99]

Die Trennung durch das Bekenntnis des Glaubens an Christus, die alle menschlichen Verwandtschaftsverhältnisse ungültig macht, ist auch die Überzeugung Trubars: Die Türken wollen, weil sie von Sarah abstammen, Sarazenen genannt werden, „Oli tu nim htimu iſuelizhanu nishter ne pomaga, kadar oni te Abraamoue inu Sareue Vere V criſtuſa nemaio“.[100] Natürlich gründen beide Reformatoren sich auf das gleiche Bibelzitat bei Paulus, auf die Berufung als Kinder der „Verheißung“ und nicht als Kinder des „Fleisches“ (Röm. 9, 8). Es ist wieder die lutherische Trennung von „coram mundo“ und „coram Deo“. In diesem Gleichklang ist auch Trubars „Molitov super Turke, papeža smert inu sludja“ [Gebet wider die Türken, den Papst, Tod und Teufel] zu sehen, eine Nachdichtung von Luthers „Ein Lied von Kindern zu singen wider die zwei Erzfeinde Christi und seiner heiligen Kirche, den Papst und Türken“, die die Abgrenzungsproblematik aufnimmt:

Erhalt uns, Herr, bei deinem Wort und steur des Papsts und Türken Mord, die Jesum Christum, deinen Sohn, wollten stürzen von deinem Thron. (*Luther Deutsch*, a. a. O., p. 4246)	Nedaj ozha naſh lubi Bug, De bi od nas ſe vsel tvoj vuk, Sateri Turka Papesha, Kir saſhpotujo Iesuſa.[101] (Ta celi catehismvs, Wittemberg 1584, p.168)

6. Trubars Übersetzung des Erbsündebegriffs von Luther und Melanchthon

In den folgenden Kapiteln erläutert Trubar den Begriff „Erbsünde“ (rodni greh, erbovi greh), nicht um seiner selbst willen, sondern in Verbindung mit dem Opfergang Christi und der dadurch gegebenen Gnadenmöglichkeit der Rechtfertigung durch den Glauben. Der Slowene diskutiert also das theologische Gerüst der Reformation.

Die erzählerische Konstruktion von der Schöpfung bis zum Sündenfall ist von großem Interesse, weil sie von der eindringlichen Vermittlungsfähigkeit des

99 „Eine Heerpredigt wider die Türken“ (1530), a. a. O., p. 4585.

100 [Die Auserwähltheit nützt ihnen nichts, wenn sie, die von Abrahams und Sarahs Glauben sind, nicht Christus haben.] *Ena dolga predguvor*, a. a. O., p. k2 [= 33].

101 [Gib, unser Vater, lieber Gott, / dass man nicht von uns deine Lehre nimmt, / zertritt den Türken, den Papst, / die Christus verspotten.]

Slowenen zeugt. Trubar betont die Dreiheit von Anbeginn: „ta praui Bug, kir […] vtim Sazhetku ſtuaril, le Bug Ozha, Bug Syn, Bug S. Duh, ta Try Imena".[102] Er unterstreicht diese Dreiheit in der biblischen Geschichte mit 1. Mose 18, 3 (drei Engel bei Abraham), Psalm 33, 4 + 6 („Vtih Douidouih beſſedah imamo Try Boshye Imena oli Try Perſone, Beſſedo, Goſpudi, Duha."[103]), sowie zahlreichen Hinweisen auf die Trinität im NT. Dieser Vorspann dient dazu, den Heilsweg sichtbar zu machen im biblischen Nachweis, eine Verkündigung von Zuversicht, zur seelsorgerlichen Vorbereitung des Verlustes der göttlichen Zuwendung durch den Sündenfall.

Die paradiesischen Zustände reflektiert Trubar in der „Gestalt" Gottes: „Ie en Duh, Ena Vezhna-Shiua, Samoſtoyezha, Modra, Vſigamogozha, Neuidezha, Neisrezhena, Dobra, Prauizhna, Sueta, Riſnizhna, Suiauolna inu Zhiſta Miſſel."[104] Der „erste Mensch" wird in den Eigenschaften Gottes reflektiert als „Moder, ſaſtopen, kunshten, Suet, Brumen, Prauizin, Riſnizhin, Mozhan, Oblaſten, Serzhan, ſdrau, pres vſe Boleſni inu ſtaroſti".[105] Er sprach mit Gott ohne alle Furcht, tat nur das, was dem Willen Gottes gleich war.[106]

Am Schluss seiner paradiesischen Ausmalungen weist Trubar auf die Gesetzesübertretung von Adam und Eva hin, gibt aber die Schuld dem „Bösen", das sie und uns alle in die Sünde geführt habe, die „wir von Adam und Eva geerbt haben und an uns spüren".[107] Trubar geht also von der Erbsünde aus, die alles verkehrt hat, was bisher den Menschen auszeichnete: ewiges Leben, eine vom Hl. Geist regierte Seele, der das Herz zum Guten lenkte ohne verkehrtes Denken, Wünschen und Wollen, im Einvernehmen mit Gottes Willen.

Der gedanklich ausgeführte Gegensatz der Situation vor und nach dem Sündenfall ist ein Gedankengang, der bei Melanchthon sehr deutlich angelegt ist. Er setzt die Urgerechtigkeit (iustitia originalis) gegen die Ursünde (peccatum originis). Die „Parallelität" zu Gott ist gegeben:

102 [Der wahre Gott, der Schöpfer im Anfang, ist Gott Vater, Gott Sohn, Gott Heiliger Geist, diese drei Namen.] *Ena dolga predguvor*, a. a. O., p. k4 a [= 38].

103 [In den angeführten Worten sind drei Gottesnamen oder drei Personen, das Wort, der Herr, der Geist.] A. a. O.

104 [Er ist ein Geist, ein Ewig-lebendiger, Selbstherrlicher, Weiser, Allmächtiger, Unsichtbarer, Unaussprechlicher, Guter, Gerechter, Heiliger, Wahrhaftiger, Willensstarker und von reinem Sinn.] A. a. O., p. l [= 39].

105 [Weise, verständig, begabt, heilig, fromm, gerecht, wahrhaftig, mächtig, gewaltig, herzlich, gesund, gegen alle Krankheiten und das Alter.] A. a. O., p. l2 a [= 42].

106 A. a. O., p. m2 a [= 50].

107 A. a. O., p. l4 [= 45].

„Iustitita originalis fuit acceptatio humani generis coram Deo et in ipsa natura hominum lux in mente, qua firmiter assentiri verbo Dei poterat, et conversio voluntatis ad Deum et obedientia cordis congruens cum iudicio Legis Dei, quae menti insita erat.“[108]

Trubar malt die existenzielle Grundlage des Menschen vor dem Sündenfall aus als allwissend, als fähig zur Erkenntnis Gottes:

„Ta perua zhloueka, ta Adam inu Eua, [...] ona ſta skuſi Refuizhene tiga S. Duha, vidila inu ſnala popolnoma, de ie le en ſam vezhni, shiui, modri, ſueiti [...] Bug [...]“;

sie konnten Gut und Böse unterscheiden:

„Ona ſta vmeila, tuhudu [...] od dobriga [...] popolnoma lozhiti inu ſoditi.“[109]

Melanchthon fasst das so zusammen:

„Fuit autem ante peccatum talis imago [homini], ut potentiae omnes congruerent cum Deo.“[110]

Für Luther spielt weniger der Gegensatz vorher/nachher eine Rolle, obwohl er – etwa in der Vorlesung zum Römerbrief – nachvollziehbar ist; Geist und Seele, vorher frei, sind nach Luther durch die Erbsünde verblendet und gefesselt, sie ist bleibend bis zum Tode.[111] Böse Werke sind die Früchte der Sünde, die Natur des Menschen ist verderbt, er ist nicht in der Lage, die Gebote zu halten und Gott von sich aus zu lieben.[112] Bei Trubar klingt das dramatischer, verfolgt aber diese Linie:

108 Melanchthon, *Loci praecipui theologici*, II, 1, 257.

109 [Die ersten Menschen, Adam und Eva ... sie haben durch die Erleuchtung des Hl. Geistes gesehen und vollständig erkannt, dass es nur einen ewigen, lebendigen, weisen, heiligen Gott gibt. [...] Sie haben verstanden, das Böse vom Guten vollständig zu scheiden und zu urteilen.] *Ena dolga predguvor*, a. a. O., p. l2 a [= 42].

110 Melanchthon, *Liber de anima* (1553), III, 362; die weitgehende Übereinstimmung der Anschauung und Darstellung mit Melanchthon lässt sich in den *Loci communes* an vielen Stellen im 2. Kapitel, „De peccato“, nachweisen, wie etwa bereits der Einleitungssatz zur Frage, woher die Erbsünde kommt, aufzeigt: „Deus Optimus Maximus cum condidisset hominem sine peccato, aderat ei per spiritum suum, qui hominem ad recta inflammaret.“

111 „Vorlesung über den Römerbrief“ (1515/1516), a. a. O., p. 592; ähnlich die Gedanken bei Trubar: „Lete hude inu greshne rizhi, katere uſaki zhlouik ſebo is Materiniga teleſſa perneſſe, inu kir tizhe inu prebiuaio notri unas do ſmerti, ſe prauio ta Porodni oli Erboui Greh.“ [Böse und sündige Dinge, die jeder Mensch mit sich von Mutterleib an herumträgt, und die in uns bis zu unserem Tode stecken, werden Erbsünde genannt.] (*Ena dolga predguvor*, a. a. O., p. na [= 56]).

112 „Die Schmalkaldischen Artikel“ (1537), a. a. O., pp. 2299 f.; Trubar definiert konkreter: „Ta Greh ie enu Pomankane, inu enu Naklanene, inu enu Dellu, kateru shtritta inu ie ſubper tei Boshy poſtaui, Inu kir della teludi kriue inu dolshne tiga vezhniga Boshyga ſerda inu nee podmetuie timu vezhnimu terplenu“ [Die Sünde ist ein Mangel und eine Neigung und eine Tat, die gegen Gottes Gebote streitet und Falsches tut und sich schuldig

„Steim ſta onadua sdaici oskrunila nyu Dusho inu Tellu. Ona ſta ta Boshy Pild vſebi resderla, Inu tiga S. Duha ſo vſemi nega dobrimi darmi odagnala inu iſpodila is ſebe. Inu ſta taku skuſi ta Greh prishla inu obrupana ob vſe tu, kar ſta dobriga vti Dushi inu vtim Teleſſu od Buga imeila."[113]

Nach Melanchthon entzieht Gott dem Menschen seinen Geist:

„Ita fit, ut anima luce vitaque coelesti carens excaecetur et sese ardentissime amet, sua quaerat, non cupiat, non velit nisi carnalia, contemnens dei".[114]

Der Slowene führt diesen Gedanken als persönliche Betroffenheit der Seele aus, die unter dem Liebesentzug Gottes leidet:

„Ne ſta vezh te Veſſelia Vbugi, Serza […] koker poprei imeila. Nyu Natura, Shega, Serce, Miſſal, Vola, Inu vſe nyu diane ie bilu sdaici iſpazhenu preminenu inu preobernenu le na hudu. […] Ne ſta lubila vezh Boga."[115]

Für Melanchthon und Luther[116] spielt der Begriff „Affekt" in diesem Zusammenhang eine entscheidende Rolle. Sünde ist für Melanchthon ein „verkehrter Affekt und eine verkehrte (krumme) Bewegung des Herzens gegen Gottes Gesetz".[117] Trubar formuliert das in ähnlicher Weise:

„Sakai on [porodni greh] ie to zhlouesko uolo obernil od Buga, de ſe tu ſerce uezh ne gliha ſto uolo inu poſtauo Boshyo koker ſe ie poprei, preden ie ta zhlouik bil greshil, glihalu."[118]

macht des ewigen Zorns Gottes und ewige Qual heraufbeschwört] (*Ena dolga predguvor*, a. a. O., p. m3 a [= 52]).

113 [Damit befleckten die beiden ihre Seele und ihren Körper. Sie zerstörten das Gottesbild in sich, und den Hl. Geist haben sie mit allen seinen guten Gaben verjagt und verscheucht. Und sie sind dahin durch die Sünde gekommen und haben sich all dessen beraubt, was sie Gutes in der Seele und im Körper von Gott bekommen hatten.] *Ena dolga predguvor*, a. a. O., p m2 a [= 50].

114 Melanchthon, *Loci communes*, a. a. O., p. 50; Luther prägt diesen Gedanken schon in der Römerbriefvorlesung, wenn er von der Fesselung und Verblendung von Geist und Seele durch die Erbsünde spricht. Dadurch, dass der Mensch nach seiner Vernunft und nicht im Sinne Gottes handelt, ist er unfähig, sich auf Gottes Geist zurückzuführen. („Vorlesung über den Römerbrief", a. a. O., p. 592).

115 [Sie hatten nicht mehr diese in Gott fröhlichen Herzen, wie vorher. Ihre Natur, ihre Sitten, Herz, Denken, Wille und alle ihre Taten waren nun nur auf das Böse ausgerichtet und ihm verfallen. Sie haben Gott nicht mehr geliebt.] *Ena dolga predguvor*, a. a. O., pp. m2 a–m3 [= 50 f.].

116 Melanchthon, *Loci communes*, a. a. O., p. 44, Anm. 83: Horst Georg Pöhlmann weist nach, dass die Affektenlehre an Vorstellungen Luthers anknüpft.

117 Melanchthon, *Loci communes*, a. a. O., p. 49.

118 [Denn die Erbsünde hat den menschlichen Willen von Gott abgekehrt, dass das Herz nicht mehr zum Willen und Gesetz Gottes steht wie vorher, ehe der Mensch gesündigt hat.] *Ena dolga predguvor*, p. n a [= 56].

Daraus kann nach Melanchthon, Luther und Trubar nur die Liebe zu Gott und die Bindung an Gott (Glaube) befreien. Die Parallelen können weiter angeführt werden. „Ta Porodni oli Erbui Greh […] le ta Greh, kir ſmo ſebo na ta ſueit is Materniga teleiſa pernesli“;[119] es bedeutet für Trubar Unausweichlichkeit der Umkehrung, die erst und nur durch den Glauben an Christus wieder aufgehoben werden kann:

„Satu inu per tim ima vſaki zhlouik ſa guishnu veiditi dershati inu Verouati, De sledni zhlouik ſa volo letih Porodnih oli Erbouih Grehou bode ſgublen inu Ferdamnan. Aku on skuſi ta kerſt inu skuſi to Vero Vieſuſa Criſtuſa vede tiga odpuſzhane tih Grehou ne dobi inu ne pryme.“[120]

Melanchthon spricht von einer im „Menschen […] angeborene[n] Kraft zu sündigen.“[121] Ähnlich Luther, der den Gegensatz wie Melanchthon auf zwei Begriffe festlegt, „Erbsünde“ und „Gerechtigkeit“.

„Diese fremde Gerechtigkeit also, uns ohne unser Tun allein durch Gnade eingegossen, wenn uns nämlich der himmlische Vater innerlich zu Christus zieht, wird der Erbsünde entgegengesetzt. Auch sie ist uns fremd, uns ohne unser Tun, allein durch die Geburt angeboren […]. Und so vertreibt Christus Adam von Tag zu Tag mehr und mehr, in dem Maße, wie dieser Glaube und die Erkenntnis Christi zunehmen.“[122]

Trubar geht in seiner ausführlichen Ausmalung der gegensätzlichen Situation vor und nach dem Sündenfall und ihren theologischen Auswirkungen zudem in scharfer Form auf „irrtümliche Lehren“ ein („Letaki Vukuui ſo falsh, leshniui inu Hudizheui“).[123] Er lehnt entschieden eine Willensentscheidung aus eigener Kraft und eigenem Verstand ab:

„Obtu lety kriuu inu falsh vuzhe inu piſſheio, kir prauio, De ta zhlouik, is ſuie laſtne mozhi, vuma inu pameti, aku on le hozhe, dobru premore vſe Boshye Sapuuidi vtim shiuotu dershati. Inu de ta zhlouik, skuſi tu dershane tih Sapuuid, ſaslushi ta odpuſtik tih Grehou, inu ta vezhni leben, Inu de ta zhlouik ie brumen inu prauizhin pred Bugom, ſa volo tiga dershane inu ohranene te Boshye poſtaue.“[124]

119 [Die Erbsünde ist die Sünde, die wir in uns auf dieser Welt tragen und vom Mutterleib an mitbringen.] A. a. O., p. m4 [= 53].

120 [Deshalb und dadurch sollte jeder Mensch sicher wissen, halten und glauben, dass jeder Mensch wegen der Erbsünde verloren und verdammt sein wird, falls er nicht durch die Taufe und durch den Glauben an Jesus Christus die Vergebung der Sünden erreicht und erhält.] A. a. O., p. m4 a [= 54].

121 Melanchthon, *Loci communes*, a. a. O., p. 49.

122 „Sermon über die zweifache Gerechtigkeit“ (1518), a. a. O., p. 947.

123 [Diese Lehren sind falsch, lügnerisch und teuflisch] *Ena dolga predguvor*, a. a. O., p. m4 a [= 54].

124 [Daher sind es irrige und falsche Lehren und sie schreiben, was sie sagen, dass der Mensch aus eigener Kraft, Verstand und Vernunft, wenn er nur will, alle Gebote Gottes gut

Trubar scheint sich hier in die Gedankenwelt Luthers und Melanchthons hineinbegeben zu haben. Luther in erster Linie, weil dieser ganz konsequent in der Diskussion von 1. Kol. 2, 8 menschliche Vernunft und Philosophie als nicht heilswirksam in den Hintergrund stellt. Melanchthon vermittelt stärker, ohne die theologische Grundlage Luthers zu verlassen: Der Mensch ist fähig die „lex naturae" zu erkennen, niemals aber das Evangelium „sich selbst [zu] sagen".[125] Melanchthon unterscheidet zwischen Moralphilosophie und Glaube, wobei beide Bereiche aber unüberwindbar getrennt sind. Um keine Vermischung aufkommen zu lassen, drängt Luther die „Klugheit des Fleisches" als nicht relevant für das Seelenheil in den Hintergrund, um nicht Schwärmern und Vertretern des „freien Willens" das Wort zu reden.[126] Melanchthon stimmt dem zu, wenn er unterscheidet, „sed evangelium est doctrina vitae spiritualis et iustificationis coram Deo. Philosophia vero est doctrina vitae corporalis."[127] Zwar ist die Rigorosität Luthers nicht Melanchthons Sache, aber er ist vollkommen seiner Meinung, wenn er festhält, „Tertio fallitur philosophia, cum putat rationem satis habere virium ex sua natura contra vitia".[128]

Nach Klärung dieser Zuordnungen wird der Gegensatz, der sich in diesen theologischen Fragen zu Vorstellungen von Erasmus auch aufseiten des Slowenen ergibt, deutlich: Trubars Hinweis auf die „Irrlehre", dass „der Mensch aus seiner eigenen Kraft, seinem eigenem Verstand, wenn er nur will, Gottes Gesetze halten kann" und dadurch sich Vergebung der Sünden verdiene, hat Luthers scharfen Vorwurf gegen den Irrtum des Erasmus von Rotterdam zum Inhalt. In seiner Erwiderung gegen die Schrift „Vom freien Willen" („Vom unfreien Willen", 1525) lehnt Luther die Anschauung vom Handeln aus eigener Kraft rigoros ab:

> „Bei Erasmus [...] bewegt sich der freie Wille nicht nur aus eigener Kraft, sondern paßt sich auch noch dem an, was ewig [...] ist; [...] der menschliche Wille habe die Kraft, sich dem zuzuwenden, was zum ewigen Heil gehört."[129]

Luther zitiert Petrus Lombardus und Augustinus mit der Aussage, „daß der freie Wille – aus eigener Kraft – nur zu Fall kommen kann und zu nichts führt als zur

erfüllen und in diesem Leben halten kann. Und dass der Mensch durch das Halten der Gebote sich die Vergebung der Sünden und das ewige Leben verdient und dass der Mensch fromm und gerechtfertigt vor Gott ist, weil er Gottes Gebote hält und bewahrt.] A. a. O.

125 Melanchthon, *Glaube und Bildung. Texte zum christlichen Humanismus*. Hg. Günter R. Schmidt. Stuttgart 1989, p. 19.

126 „Vorlesung über den Römerbrief", a. a. O., hier Kap. 8, 3 + 19, p. 591und p. 601.

127 Melanchthon, „Scholia in Epistolam Pauli ad Colossenses" (1527), IV, 230–242; zitiert nach Melanchthon, *Glaube und Bildung*, a. a. O., p. 62.

128 A. a. O., p. 58.

129 „Vom unfreien Willen" (1525), a. a. O., pp. 2078 f.

Sünde.“[130] Wiederholt bekräftigt er gegenüber Erasmus, dass der Mensch sich aus eigener Kraft nicht bekehren kann, sondern der Gnade Gottes bedarf. Wenn man die beiden Zitatstellen zusammenführt, bleibt eigentlich nur die Schlussfolgerung, dass die Stellungnahmen Luthers und Trubars übereinstimmen. Dabei spielt nicht so sehr eine Rolle, ob Trubar sich an Luthers Anti-Erasmus orientiert hat; als wichtige Erkenntnis aber bleibt, dass Trubar ganz eindeutig die theologische Ausrichtung des Humanisten Erasmus nicht teilt, sondern sich entschieden seinem „Vernunftgedanken“ widersetzt.[131]

Die Übernahme des Begriffs „Erbsünde“ mit den lutherisch-melanchthonschen Folgerungen zeigt eigentlich schon diese Wende. Sie ist für Luther Voraussetzung für die Nicht-Wirksamkeit des „Freien Willens“, wie er Erasmus entgegenhält: „Also gerade die Erbsünde läßt den freien Willen überhaupt nichts können als sündigen und verdammt werden.“[132]

Trubar diskutiert zum Abschluss des 2. Teils seines „Vorwortes“ die Frage nach der Quelle der Erbsünde („Od kot ta Greh pride, du ie Vrshahar inu Sazhetik tiga Greha“). Trubars provozierende Behauptung:

> „Mnogoteri menio inu gouore, potehmal Bug ie Vſigamogozh, obena rezh ſe ne ſturi inu ſe ne more ſturiti pres Boshye Vole, taku ta Greh, gre inu ima ſui ſazhetig od Buga. Inu Bug ie na tim dolshan inu kriu, kir ſe Greshi“,

wird gleich wieder kassiert und in den Bereich der Lästerung verwiesen:

> „Takim neuernim inu Hudizheuim miſſeliom inu beſſedom, ima sledni Verni zhlouik ſubper ſtati, inu Boga ſueiſtu proſſiti de ga obaruie pred takimi hudimi miſſelmi. Sakai Goſpud Bug ie en ſazhetig, ſreda inu konez vſiga Dobriga.“[133]

Es geht hier – wie oft bei Trubar – nicht um eine eigene Stellungnahme oder theologisch selbstständige Erörterung; hinter dieser eigenartigen Mischung aus These

130 A. a. O., pp. 2079.

131 Vgl. dazu auch Janko Kos, „Trubars Begründung des slowenischen Schrifttums und die metaphysische Wende in der Theologie Luthers“. In: *Ein Leben zwischen Laibach und Tübingen*, a. a. O., bes. pp. 260–263.

132 „Vom unfreien Willen“ (1525), a. a. O., p. 2211.

133 [Viele meinen und sagen, da Gott doch allmächtig ist, wird kein Ding getan und kann nicht getan werden ohne Gottes Willen, so geht die Sünde von Gott aus und hat ihren Anfang in Gott. Und Gott ist schuld an dem, der sündigt ...Solchen ungläubigen und teuflischen Gedanken und Worten muss jeder gläubige Mensch entgegentreten und Gott getreulich bitten, dass er ihn bewahre vor solchen bösen Gedanken. Denn Gott der Herr ist Anfang, Mitte und Ende alles Guten.] *Ena dolga predguvor*, a. a. O., p. o 4 [= 68 f.]; vgl. dazu auch Rajhman, *Trubarjeva ena dolga predguvor*, a. a. O., pp. 79 f. und p. 122, Anm. 37.

und Antithese verbirgt sich eine Andeutung auf Auseinandersetzungen innerhalb reformatorischer Kräfte. Sie zeigt nicht nur, wie aktuell Trubar über solche Ereignisse informiert war, sondern auch seinen eindeutig festen Standpunkt innerhalb der lutherischen Lehrmeinung.

Die Auseinandersetzung um die Erbsünde betrifft die Gnadenlehre, die Wirksamkeit eines freien Willens und die Definition der Sünde. Luthers Einlassungen richten sich gegen die Lehre der Pelagianer.[134] Pelagius vertrat die Meinung, dass Gott mit der Schöpfung dem Menschen die Fähigkeit gegeben habe, nicht zu sündigen; er kann sich also für das Gute entscheiden. Nach dem Sündenfall bestehe die Freiheit des Willens fort, „das Tun der Sünde [sei aber] zu einer Gewohnheit geworden."[135] Die Möglichkeit der Sündlosigkeit aus eigener Kraft in der Erinnerung an die Schöpfungsgeschichte steht der Lehre Luthers diametral entgegen. Schon Augustinus hat die Möglichkeit der Sündlosigkeit entschieden abgelehnt. Der deutsche Reformator äußert sich polemisch-deutlich in der Vorlesung zum Römerbrief über die „Irrlehre" des Pelagianismus:

> „Der Irrtum hat seine ganze Existenz aber aus der Lehre des Pelagius. [...] Pelagianer sind z. B. jene, die meinen, wenn man nicht dem freien Willen die Fähigkeit zuschreibe, auch vor der Gnade das tun zu können, was an einem ist, dann sei es ja Gott, der einen zur Sünde zwinge und man sündige dann mit Notwendigkeit. Obwohl solche Gedanken ganz und gar gottlos sind, glauben sie doch fest und dreist, sie würden [...] Gottes Gnade unfehlbar und reichlich zugeteilt bekommen."[136]

Das ist die Bemerkung, die Trubar am Ende der Erörterung der „Erbsünde" eingebracht hatte, die er sogleich – wie Luther – als teuflisch (gottlos) verwarf. Die bei Trubar zitierte Stelle hat insofern noch mehr Brisanz, als sie über den Pelagianischen Streit zu Erasmus führt, der doch, wie er zumindest behauptete, für den frühen Trubar eine essenzielle Bedeutung hatte. Luthers Disput mit Erasmus über den freien Willen lässt die Ablehnung des Pelagianismus wieder aufleben. Der Mensch steht unter der Herrschaft der Sünde und ist nicht in der Lage, sich aus eigner Kraft für Gott zu entscheiden – ein eindeutiges Plädoyer gegen die Freiheit des Willens. Für Luther war Erasmus ein über die Pelagianer noch hinausgehender Verfechter des freien Willens:

> „Bei Erasmus aber bewegt sich der freie Wille nicht nur aus eigener Kraft, sondern paßt sich auch noch dem an, was ewig, d. h. ihm unfaßbar ist; Neuschöpfer einer nie gehörten

134 Pelagius wirkte im 5. Jahrhundert und war ein Zeitgenosse von Augustinus, der ihn heftig bekämpfte. Pelagius verkündete die Freiheit des menschlichen Willens, von sich aus das Gute zu tun.

135 *EKL*, a. a. O., Stichwort „Pelagianismus", Sp. 1111.

136 „Vorlesung über den Römerbrief" (1515/1516), a. a. O., p. 695.

> Definition des freien Willens, der die Philosophen, die Pelagianer, die Sophisten und alle anderen weit hinter sich läßt!“[137]

Mit Trubars deutlicher Absage an die Schuldverstrickung durch Gott („Bug ie en ſazhetig, ſreda inu konez vſiga Dobriga, Inu ie ſouurash timu Grehu“[138]), der Verneinung des freien Willens und der Anerkenntnis der Erbsünde als „Verderbtheit der menschlichen Natur“ folgt er Luther ebenfalls in der Ablehnung der Anschauungen von Erasmus.[139]

Die Diskussion um die Sündenvielfalt und ihre Wirkung auf das Seelenheil der Menschen ist im Grunde genommen keine Problemstellung der protestantischen Theologie. Übereinkunft herrscht in der Maßgabe, dass alle Sünde aus der Erbsünde folgt. Alles Tun des Menschen ist Sünde. Ebenso gilt die Folgerung, dass „unsere“ Natur verderbt ist. Trubar hat den Begriff von Melanchthon und Luther übernommen[140] im Katechismus von 1555 (p. G 4), in der Abhandlung über den Dekalog, und als „nashe iskashena natura“ bezeichnet. Zur Erkenntnis dieser immerwährenden Sünde, die „in uns wohnt“, tragen die Gebote bei. Nicht nur Melanchthon benennt Sünde als Verkrümmung und Abfall;[141] das ist die Grunddefinition auch bei Luther und anderen, die auf Augustinus zurückgeht.[142]

Aussagekräftiger ist die Ablehnung sophistischer „Sündenzersplitterung“ mit dem Hinweis, dass „die Schrift die Tatsünde wie die Erbsünde einfach Sünde nennt […] und David, was wir Erbsünde [nennen], bald als Krummheit, bald als Unebenheit bezeichnet.“[143] Daraus folgt die Absage an eine Sündenstufung: „Nec

137 „Vom unfreien Willen“ (1525), a. a. O., p. 2078.

138 [Gott ist Anfang, Mitte und Ende alles Guten, und er ist der Sünden Feind.] *Ena dolga predguvor*, a. a. O., p. o 4 [= 69].

139 Die Überzeugung vom freien Willen bei Erasmus ist für Luther Erbe des Pelagianismus und zieht die Minderung der totalen Herrschaft der Erbsünde, die nur durch die Gnade aufgehoben werden kann, nach sich: „Ebenso verdamme ich auch sowohl die neuen und alten Pelagianer, welche die Erbsünde nicht Sünde sein lassen wollen, sondern sie wolle ein Gebrechen oder Mangel sein.“ („Bekenntnis der Artikel des Glaubens wider die Feinde des Evangeliums und allerlei Ketzereien“ (1528), a. a. O., p. 2923).

140 Vgl. „Die Schmalkaldischen Artikel“ (1537), Abschnitt: „Von der Sünde“, a. a. O., pp. 2299, „Vom Gesetz“, p. 2302 u. ö.

141 Vgl. den Hinweis bei Rajhman, *Trubarjeva ena dolga predguvor*, a. a. O., p. 122, Anm. 46; Melanchthon bezeichnet in seinen *Loci* unter dem Abschnitt „De peccato“ die „impuritas, pravitas, nequitia“ des Herzens als Signum der Erbsünde. (*Loci communes*, a. a. O., p. 96 u. ö.).

142 Vgl. Melanchthon, *Loci communes*, a. a. O., p. 51 f., Anm. 109.

143 A. a. O., p. 49; Ebeling, „Martin Luther. Theologie“, a. a. O., *RGG*³, Bd. 4, 501, kennzeichnet in der Deutung Luthers als „Wesen der Erbsünde“, dass sie als „peccatum radicale die

est, quod hic de illis stultis relationibus in peccato disputemus" und die primäre Verwurzelung im Herzen: „Pravus affectus pravusque cordis motus est contra legem dei, peccatum."[144]

Die von Rajhman angeführte Belegstelle, „Zato smo «iznotra v ti duši, inu izvuna na tim telesu izkaženi, de mi tej nermanši zapuvidi božji ne premoremo biti popolnoma pokorni, ne sturiti zadosti»"[145], greift keine inneren und äußeren (nach Rang gegliederte) Sünden auf, sondern lehnt sich an Melanchthons Definition an. Für den deutschen Reformator ist das „Fleischliche" (Paulus) alles Menschliche, d.h. sein Inneres und Äußeres, Seele/Geist und Körper.[146] Luther lehnt in der Vorrede zum Brief an die Römer (1522) ebenfalls diese Trennung in „Fleisch" (das Äußere betreffend) und „Geist" (das „Innerliche im Herzen) ab, wenn er unter dem Begriff „Fleisch" alles, was „aus Fleisch geboren ist, den ganzen Menschen mit Leib und Seele, mit Vernunft und allen Sinnen" definiert.[147] Trubars Gedanken entspringen gleichfalls dieser Quelle; er sieht die menschliche Unzulänglichkeit auf die Körper-Geist-Einheit gerichtet: „Nu letaku hudo, iskasheno to nasho greshno shego inu naturo, de mi boſi ludie ſmo taku ſto dusho inu ſteleſſom oberneni le na hudu."[148] Der Slowene übernimmt diese von Luther geprägte Einstellung in der Vorlesung zum Römerbrief, denn auch für ihn ist die

---

Person auf sich selbst verkrümmt sein lässt und darum so lange besteht, wie der Mensch am Leben bleibt." Luther äußert sich detailliert in „Quinta disputatio contra Antinomos" von 1538 zu diesem Problem (vgl. WA, Abt. I, Bd. 39 I, p. 354).

144 Melanchthon, *Loci communes*, a.a.O., p. 48.

145 [Daher sind wir innerlich in der Seele und äußerlich am Körper verderbt, dass wir dem geringsten Gebot Gottes nicht vollkommen gehorsam sein und nicht Genüge leisten können.] *Ena dolga predguvor*, a.a.O., p. m3 b–c [= 53 f.] – vgl. Rajhman, a.a.O., p. 79.

146 Vgl. dazu die Ausführungen von Pöhlmann (Hg.) in *Loci communes*, a.a.O., p. 50, Anm. 106: Er weist auf den paulinischen Begriff hin, den Melanchthon übernommen hat, dass „Fleisch" der „ganze natürliche Mensch mit Verstand und Wille" sei.

147 „Vorrede zum Brief des Paulus an die Römer" (1522), a.a.O., p. 3069; ganz ähnlich argumentiert er in der „Vorlesung über den Römerbrief" (1515/1516), wenn er durch die Erbsünde „Geist und Seele verblendet und gefesselt" sieht. In der Folge sind für Luther alle Sünden gleichartig: „Wenn nicht der Glaube [Hl. Geist] ihn erleuchtet und die Liebe ihn frei macht, kann der Mensch das Gute also weder wollen noch haben oder tun, sondern nur das Böse, auch dann, wenn er Gutes tut." („Vorlesung über den Römerbrief", a.a.O., p. 592).

148 [Aber so böse, verderbt ist unsere sündige Angewohnheit und Natur, dass wir armen Leute mit der Seele und dem Körper nur zum Bösen hin uns wenden.] *Ena dolga predguvor*, a.a.O., p. n2 a [= 58].

> „Porodni Greh [...] ena temna, iskashena inu huda rezh utim zhloueskim ſercei [...] Sakai on ie to zhlouesko uolo obernil od Buga, de ſe tu ſerce uezh ne gliha ſto uolo inu poſtauo Boshyo koker ſe ie poprei [...] glihalu."[149]

Die gegenseitige Bedingung bzw. Gleichstellung von menschlichem Körper und Geist macht die Unterscheidung von inneren (nicht sichtbar, aus dem Herzen) und äußeren (sichtbar) Sünden gegenstandslos.[150] Es gibt für Melanchthon keine Klassifizierung der Sünde, insbesondere keinen personalen Bezug.[151] Für Melanchthon sind alle Arten/Ausformungen von Sünde Zeichen eines Egoismus, der lt. Augustinus an die Stelle der Gottesliebe getreten ist.[152]

Die Diskussion von Rajhman über „persönliche" Sünden mit verschiedenen Graden von der „lässlichen" bis zur Todsünde – auch in Berufung auf Melanchthon – ist für die Theologie Trubars nicht gerade erhellend. Für Melanchthon gilt das oben Gesagte.[153] Trubars verschiedene adjektivische Zuordnungen stellen mehr beschreibende Qualitäten in den Vordergrund, nicht jedoch eine Skala der Vergebungsprozedur; das ist zu katholisch gedacht. Die Berufung auf Röm. 7, 18 ff.[154] ist, wie bereits häufig hinsichtlich der Erbsündediskussion bei Luther und Melanchthon ausgeführt, ein Hinweis auf die „sündhafte", „verderbte" Natur des Menschen, nicht aber auf einen Sündengrad.

Es ist insofern notwendig, auf Trubars Vereinzelung der Sünden einzugehen, um klarzustellen, ob und wie er in dieser theologischen Anschauung beeinflusst worden ist. Er beschäftigt sich damit im XXIX. Kapitel. Er spricht hier von Hauptsünden sowie lässlichen und täglichen Sünden und beruft sich dabei auf „rechte" Lehrer. Als Hauptsünden werden die Aufzählungen von Paulus im Brief an die Römer 1, 24 ff. und die Galater 5, 19 ff., betrachtet, die zur Verdammnis führen:

> „De ty kir take rizhi delaio, tiga Boshyga kraleuſtua Erbizhi ne bodo. Obtu [...] ie vſakimu prauimu kerszheniku potreba, de on takim Smertnim inu Naglaunim Grehom, kir nom to vezhno ſmert [...] inu ta Pekal, zhes Glauo poſtauio, ſubper ſtoy."[155]

---

149 [Erbsünde, eine dunkle, verderbte und böse Sache im menschlichen Herzen ... Denn sie hat den menschlichen Willen gegen Gott gekehrt, dass das Herz nicht mehr so wie vorher sich dem Gebot Gottes angleichen will.] A. a. O., p. n1 a [= 56].

150 Melanchthon bezieht sich bei seiner Unterscheidung auf die verschiedenen Anschauungen und Zielsetzungen von Philosophie (menschliche Vernunft) und Hl. Schrift (Wirken des Hl. Geistes), d. h. einmal die Sicht auf die „äußere Maske des Menschen", zum anderen die Beobachtung der „innersten Affekte". (*Loci communes*, a. a. O., p.63).

151 Melanchthon, *Loci communes*, a. a. O., p. 55.

152 A. a, O., p. 50, Anm.104.

153 Vgl. zudem a. a. O., pp. 46–49 = 2.1–6.

154 Rajhman, *Trubarjeva ena dolga predguvor*, a. a. O., p. 81.

155 [Die, die solche Sachen tun, werden nicht Erben des Reiches Gottes sein. Deshalb muss jeder wahre Christ solchen Tod- und Hauptsünden, die uns den ewigen Tod und die

Die „alltäglichen Sünden“ (vſagdane grehe) sind, da sie bezogen werden auf die „verderbte Natur“ des Menschen, die wiederum eine Frucht der Erbsünde sei, lebenslange Begleitung.[156] Trubar gibt keine scharfe Trennung an; es entsteht der Eindruck, dass das Unterscheidungsmerkmal die Unvollkommenheit des Menschen ist:

> „Ty gredo inu prido ſemkai is tiga Porodniga Greha, Koker ſo lety, kir nemamo popolnome inu ſtonouite Vere, ne lubimo popolnoma Boga, kir nas obhaieio inu nom prido naprei zheſtu te hude misli, shele inu lushti [...].“[157]

Die Unschärfe der Trennung zeigt sich darin, dass gleiche Gründe für Hauptsünde und tägliche Sünden angegeben werden:

> „Oli ty praui Verni kerszheniki vſai ſe varuio po nozhi inu po dneui, de vte velike Smertne, oli koker eni imenuio, vte Naglaune Grehe ne padeio [...] Inu skuſi pomuzh tiga S. Duha ſe veden kregaio inu shtritaio shnih laſtnim meſſum, ſto iskasheno naturo, ſteimi hudimi miſſelmi, shelami inu lushti.“[158]

Luther bekämpft die täglichen oder lässlichen Sünden als eine Erfindung der Sophisten.[159] Er unterstellt Petrus Lombardus die Aussage, „daß man lässliche Sünden nicht unbedingt zu bekennen [...] brauche“,[160] fügt aber hinzu, dass sie die Seele unrein mache, „im Himmelreich keinen Bestand“ habe und „ebenfalls eine Todsünde“ sei.[161] Luther verneint rigoros die „lässlichen“ Sünden („Es gibt von Natur keine läßlichen Sünden“).[162] Die Kommentierung dieses Luthertextes durch Kurt Aland zeigt die Gründe für die Ablehnung Luthers auf:

> „In jedem Menschen sei die böse Neigung, sie [die tägliche, lässliche Sünde] sei als solche nicht Sünde, sondern werde es erst, wenn der Mensch ihr nachgebe und sie zu Taten werden lasse. Gegen diese katholische Lehre polemisiert Luther mit aller Schärfe: [...] Menschen,

---

Hölle über unser Haupt bringen, widerstehen.] *Ena dolga predguvor*, a. a. O., p. n3 a [= 60].

156 A. a. O., p. n4 [= 61].

157 [Sie gehen und kommen hierher aus der Erbsünde, es sind diese, die keinen vollkommenen und beständigen Glauben haben, Gott nicht vollkommen lieben, die uns feiern und uns oft die bösen Gedanken, Wünsche und Lüste bringen.] A. a. O.

158 [Oder die wahren treuen Christen, die sich stets hüten bei Nacht und Tag, dass sie nicht in die großen Todes-, oder wie die einen sagen, in die Hauptsünden fallen. Und durch die Hilfe des Hl. Geistes immerwährend Krieg führen und streiten mit ihrem eigenen Fleisch, mit der verderbten Natur, mit den bösen Gedanken, Wünschen und Lüsten.] A. a. O., p. n3 [= 59].

159 Gemeint sind die Scholastiker; Luther benutzt den Begriff in herabwürdigender Weise – vgl. „Die Schmalkaldischen Artikel“ (1537), a. a. O., pp. 2343 f., Anm. 45.

160 „Heidelberger Disputation“ (1518), a. a. O., pp. 972 f.

161 A. a. O., pp. 973 f.

162 „Die sieben Bußpsalmen“ (1525), a. a. O., p. 3309.

> welche zwischen läßlichen und Todsünden unterscheiden wollen, greifen in Gottes Amt ein und maßen sich sein Urteil an.“[163]

Auch eine Trennung zwischen äußerer und innerer Sünde kommt nicht infrage.

Trubars Auflistung ist eigentlich nur der Versuch, eine Entschuldigung für äußerliche Sünden (Tatsünden) den „inneren“ Sünden unterzuordnen und damit nicht gelten zu lassen. Sie entstehen im Herzen, d. h. sie sind Abwendung von Gott, Zweifel an seiner Gnade, Glaubensunfähigkeit.[164] Auf den Zusammenhang zwischen innen und außen weist Luther hin in der Weise, dass er fordert, hinter dem Äußeren stets die innere Verfassung zu suchen:

> „«Sünde» heißt in der Schrift nicht allein das äußerliche Werk des Leibes, sondern all das, was sich mit regt und bewegt, wenn das äußerliche Werk geschieht, nämlich des Herzens Grund mit allen Kräften [...] Denn es geschieht auch kein äußerliches Werk der Sünde, der Mensch sei denn ganz mit Leib und Seele beteiligt, und insbesondere siehet die Schrift ins Herz auf die Wurzel und den Hauptquell aller Sünde, welches der Unglaube im Grund des Herzens ist.“[165]

Luthers These beruht auf der Trennung von „Fleisch“ und „Geist“; nur das Geistliche zeigt Wirkung, d. h. das Wort Gottes, dessen sündhafte Leugnung den Menschen insgesamt von innen nach außen in Anspruch nimmt. Letztlich ist das – soweit nachvollziehbar – Trubars Aussage. Melanchthons Grundeinstellung in seiner ausführlichen Diskussion des Sündenbegriffes liegt auf gleicher Ebene:

> „omnia hominum quantumvis laudabilia in speciem opera plane vitiosa esse et morte digna peccata. [...] Siquidem peccatum est omnis motus et impulsus animi adversus legem.“[166]

Die bei Trubar nicht im Katechismus (!), sondern in der „Langen Vorrede“ nach Meinung von Jože Rajhman getroffene Trennung von Erbsünde und persönlicher, innerer und äußerer Sünde täuscht eine Gleichgewichtigkeit vor, die in der o. a. reformatorischen Lehre nicht existiert, weil sie dem Menschenverständnis widerspricht.

Trubar folgt der Diskussion seiner Zeit, auf die Melanchthon und Luther ebenfalls eingehen. Die Schärfe der Entgegnungen zeigt, wie wichtig es den Reformatoren war, Klarheit in dieser theologischen Frage zu schaffen. Es berührt bei beiden das von Paulus übernommene Menschenbild. Die Umformung des Gesetzes im Evangelium (durch das Gesetz getötet, durch die Gnade gerechtfertigt) bedeutet, dass das äußere Gebaren immer auf der inneren Einstellung beruht, d. h. ob die

---

163 A. a. O., pp. 3917 f.; ähnlich argumentiert Luther in der „Vorlesung über den Römerbrief“, a. a. O., p. 566.

164 *Ena dolga predguvor*, a. a. O., p. n a [= 56].

165 „Vorrede zum Brief des Paulus an die Römer“ (1522), a. a. O., p. 3064.

166 Melanchthon, *Loci communes*, a. a. O., p.72; Melanchthon wendet sich ebenfalls gegen die spitzfindigen Sündenunterscheidungen der „Sophisten“ (a. a. O.).

Öffnung im Herzen für den Glauben, ohne Zweifel an der Gnade und Gottes Wort vorhanden ist.[167] Trubar ringt sich zu dieser Linie durch. Zwar nennt er äußere, also sichtbare Sünden, wie Lügen, Stehlen, Betrügen, die ihren Ursprung in der Erbsünde haben; gleichzeitig aber greift er Luthers Begriff der „verderbten Natur" auf, die er – und das ist wichtig – auf den ganzen Menschen bezieht, auf das, was Luther „Fleisch" nennt und Körper wie Geist (also alles Menschliche) umfasst: „ſto dusho inu ſteleſſom oberneni le na hudu".[168] Das ist Ausdruck der inneren Situation, des Unglaubens im Herzen, der fehlenden Wirkung des Hl. Geistes. Fehlt diese Wirkung, dann sind äußere Werke umsonst. Diese Folgerung und damit die Anerkennung, dass nur der innere Mensch im geistlichen Wirkungskreis des Wortes steht, findet sich eben bei Trubar:

> „zhlouik, [...] kir vtih velikih Smertnih inu Naglaunih Grehih prebiua, [...] Inu kir ſo ſubper vſakiga veiſt. Ta iſti nema S. Duha vſebi, nema praue Vere, On ie V boshy Vnemiloſti, nega molytue inu proshne ne ſo nishter vredne pred Bugom."[169]

Noch einmal wiederholt der Slowene das deutlich am Ende des Kapitels:

> „Te prauio kakou kreg ty Verni ſami ſebo is notra vtim ſercei, ſteim Duhum ſto Vero, ſubper tu nih meſſu, nih neuero, ſubper to iskasheno naturo, kir le nahudu naklane, veden imaio."[170]

Umgekehrt können die „guten Werke", äußere Frömmigkeit und Wohlverhalten des „Fleisches", nicht Zeugnis des inneren, „geistlichen" Zustandes des Menschen sein. Sie heben den Unglauben, das fehlende Wirken des „Wortes" nicht auf und sind daher nutzlos.

> „mi [...] hozhmo biti brumni ſadoſti pred Bugom inu pred ludmi, Inu hozhmo ſami ſebi ſaslushiti ta nebeſſa ſnashim dobrimi delli. Sa tiga volo ie ſylnu potreba, de ſe tim ludem ta Porodni Greh, inu ty drugi Grehi, kir notri vnas ſe skriuaio inu prebiuaio, dobru reſodeio, inu pred ozhi poſtauio",[171]

argumentiert Trubar abschließend.

---

167 Melanchthon, a. a. O., p. 207.

168 [sich mit Geist und Körper nur dem Bösen zuwenden] *Ena dolga predguvor*, a. a. O., p. n2 a [= 58].

169 [Der Mensch, der sich in großen Todes- und Hauptsünden befindet ... und die, die gegen das Gewissen eines jeden stehen. Der hat nicht den Hl. Geist in sich, hat keinen rechten Glauben; er ist in Gottes Ungnade, seine Gebete und Bitten sind unnütz vor Gott.] A. a. O., p. n3 [= 59].

170 [Sie erzählen, was für einen Krieg die Gläubigen innen in ihrem Herzen mit dem Geist und dem Glauben gegen ihr Fleisch, ihren Unglauben, ihre verderbte Natur, die nur dem Bösen zugewandt ist, immerwährend führen.] A. a. O., p. n4 a [= 62].

171 [Wir wollen vor Gott und den Menschen wirklich fromm sein und wir wollen uns selbst den Himmel mit unseren guten Werken verdienen. Deshalb ist es dringend notwendig,

7. Trubars Anschauungsmodell: Die Theatralisierung der Schöpfungsgeschichte

An zentralen Stellen versucht Trubar die theologische Botschaft in einen anschaulichen Text zu kleiden.[172] Den Anstoß dafür gibt ihm der Mystiker und Kirchenvater Bernhard von Clairvaux, der führende Theologe des Mittelalters, dessen Predigten („Sermo in festo annuntiationis Beatae Mariae virginis“) als Quelle für Sinnsprüche, allegorische Darstellungen, Zitate gern von den Reformatoren in Anspruch genommen wurden. Luther hat immer wieder auf Bernhard zurückgegriffen und sich auf sein Urteil gestützt.

Trubar kennt durch seinen Lehrer Veit Dietrich die Möglichkeit der kommentierenden Ausschmückung, die in der Erläuterung der Hl. Schrift eine besondere Form der volkstümlichen Vorstellung gewesen ist. Beispiel dafür ist die „Summaria über die ganze Bibel“. Trubar geht es um die allegorische Darstellung des Sündenfalls mit der Bedrohung durch ewige Verdammnis, die Verheißung Gottes und seine Gnadenzusage mit der Inkarnation Christi, die zur Erlösung des Menschen führt. Diese Zusammenhänge werden in einer theatralischen Inszenierung im 34. Kapitel von Trubars „Vorwort“ mit den Figuren „Prauiza Boshya“ (Das göttliche Recht) „Risniza Boshya“ (Die göttliche Wahrheit), „Mylost Boshya“ (Die Gnade Gottes), „Myr Boshya“ (Der Friede Gottes), „Syn Boshy“ (Der Sohn Gottes) dramatisch abgehandelt. Trubar nennt es eine „schöne Erdichtung“, in der er einleitend die Ausgangslage vor Erschaffung der Welt schildert:

> „De Goſpud Bug vti nega Vezhnuſti, preden ie bil ta ſueit ſtuaril, katerimu ſo vſe rizhi, glih taku dobru te kir ſe imaio ſtuprou goditi, koker te kir ſe sdai gode, inu poprei ſe ſgudile, vprizho inu pred nega ozhima. Inu kadar ie vidil, de ta zhlouik, kateriga on bode ſtuaril po ſuim Pildu, ſe ima ad nega oberniti inu Greshiti […].“[173]

Die Verteilung des dramatischen Dialogs auf mehrere allegorische Figuren ist schon ein Deutungswagnis und Interpretationsversuch, den Trubar nicht von sich aus unternommen hat, sondern in Anlehnung an Bernhard. Gott wird sozusagen in seinen Eigenschaften personifiziert und tritt mit sich selbst in den Dialog. Das „göttliche Recht“ (pravica božija) tritt in der Gestalt des Cherub auf:

---

dass diesen Leuten die Erbsünde und die anderen Sünden, die sich in uns verbergen und wohnen, gut entlarvt und vor Augen gestellt werden.] A. a. O., p. o2 [= 65].

172 Vgl. dazu Kap. VII und Kap. VIII ds. Arbeit.

173 [Gott der Herrn in seiner Ewigkeit, bevor er die Welt erschaffen hat, dem sind alle Dinge gleich gut, die sich zuerst ereignet haben, wie auch die, die sich jetzt ereignen und später ereignen werden, vor seinem Angesicht, und als er sah, dass der Mensch, den er nach seinem Bilde schaffen wird, sich von ihm wendet und sündigen wird …] *Ena dolga predguvor*, a. a. O., p. p–pa [= 71 f.].

„ta Boshya Prauiza [...] pred ta Stol Boshy ſtopila. Inu en nag gorezh Mezh dershala vrokah" [das göttliche Recht trat vor Gottes Thron und hielt ein bloßes brennendes Schwert in seinen Händen] (1. Mose 3, 24: „[Gott] lagerte vor den Garten Eden die Cherubim mit dem bloßen, hauenden Schwert")

und formuliert seine Anklage gegen den undankbaren Menschen, der, zu Gottes Ebenbild geschaffen, Glaube, Gehorsam und Lob schuldig sei. Der Verstoß dagegen ist die entscheidende Abwendung von Gott: Gehorsam und Glauben sind biblisch (Röm. 1, 5; Hebr. 11, 8) unabdingbare Voraussetzungen. Das wird durch die Reformatoren immer wieder betont und etwa bei Luther in seinen wichtigsten reformatorischen Schriften als unverzichtbares Beziehungsverhältnis zu Gott ständig wiederholt.[174]

Das Urteil entspricht dem Abfall:

„Sakai letu ie ta praui nega ſaslushen lon, inu kir slishi po prauici na ta Greh."[175]

Die „göttliche Wahrheit" (Risniza Boshya) stellt die Übertretung fest, von der verbotenen Frucht gegessen zu haben und verlangt die Durchführung der angedrohten Strafe:

„Obtu puſti tedai koker ſi en krat gouuril tiga zhloueka vmreti, ſice ti ne moresh per tui beſſedi inu per Riſnici obſtati."[176]

Die dramatische Wende wird von der „göttlichen Gnade" (Mylost Boshya) eingeleitet, die eine doppelte Funktion ausübt: Sie erkennt Gott die Eigenschaften zu, aus denen heraus die Verurteilung erfolgt („ti ſi ia Prauizhin inu Risnizhin" – du bist ja gerecht und wahrhaftig), sozusagen das Gesetz, aber auch die komplementäre Wirkung („ti ſi tudi cilu Dober inu Mylostiu, Inu ti imash tu prauu lubesniuu ozhinu ſerce" – du bist auch gut und gnädig und du hast ein rechtes liebendes Vaterherz), sozusagen das Evangelium. Zum anderen tritt die „Gnade" in folkloristischer Ausmalung als demütige Bittstellerin auf:

„ta Miloſt Boshya Venim zhernim klagouim inu shalostnim guantu, poklekne doli, odpre ſuia vuſta, inu ſazhne cilu mylu, pohleunu, shalostnu, suelikim plazhom inu vſdihanem inu ſuelikimi ſelſami gououriti."

Ihr Wunsch: Gnade und Güte mögen das Recht besiegen; die Begründung wird der Hl. Schrift entnommen:

174 „Vorlesungen über die Psalmen", a. a. O., p. 320, p. 337; „Vorlesung über den Römerbrief", a. a. O., p. 520, p. 674; „Vorlesung über den Hebräerbrief", a. a. O., p. 849.

175 [Weil das sein rechter verdienter Lohn ist und der mit Recht zu dieser Sünde gehört.] *Ena dolga predguvor*, a. a. O., p. pa [= 72].

176 [Daher lässt er, wie er es einmal gesagt hat, diesen Menschen sterben, so du nicht dem Wort und der Wahrheit standhalten kannst.] A. a. O., p. 2 [= 73].

„Spomisli tudi na tuio beſſedo kir ſi gouuril, koker ſem ieſt shiu, Ieſt nezho te ſmerti tiga Greshnika, temuzh de ſe ſpet preoberne, inu de shiu bode.“[177] (Hesekiel 33, 11: „So sprich zu ihnen: So wahr als ich lebe, spricht der Herr Herr, ich habe keinen Gefallen am Tode des Gottlosen, sondern daß sich der Gottlose bekehre von seinem Wesen und lebe.“ Ebenso Hesekiel 18, 23).

Die Verbindung eines freien Textes mit Bibelzitaten ist eine typische Verfahrensweise für Trubar; die „passende“ Stelle gibt ihm die Sicherheit der richtigen Deutung.

Die Lösung ist aufschlussreich, letztlich aber auch im lutherischen Sinne erklärbar. Trubar nimmt die Schuld von Adam und Eva und überträgt sie auf das böse Prinzip, die Schlange. Das scheint der Sichtweise des deutschen Reformators diametral entgegenzustehen, der ja von der verderbten menschlichen Natur, ausgehend von der Erbsünde, spricht. Luther und nach ihm Melanchthon interpretieren, dass nach dem Sündenfall der Geist Gottes nicht mehr dem Menschen „als Führer“ dient. Die Seele erblindet, ist egozentrisch auf sich selbst ausgerichtet.[178] Luther zeigt eine ähnliche Einstellung, nämlich die Verdammnis von Adam und Eva durch den Sündenfall, der sich auch auf die Nachkommen auswirken würde, würde nicht Christus „aus solchem Schaden [helfen], daß ihr von Sünde und Tod frei geworden seid. [...] Dazu habe ich mein Wort gegeben: [...] so ist euch durch mich geholfen.“[179] Trubar fügt den Faktor der Buße hinzu und bezieht dadurch Adam und Eva ebenfalls in diesen Verheißungsvorgang ein. Die Bußfertigkeit, die letztlich Adam und Eva mit Christus verbindet, ist die reuige, demütige und jedes Eigenwertes beraubte Situation, eine Ausschmückung von 1. Mose, Kap. 3:

„Pogledai ti [Bug] pag sdai na to bogo reuno shaloſtno Boyezho Eue, Inu na tiga trepetliuiga preſtrasheniga Adama, kir ne ſmeita od srama inu od ſtraha vezh nyu ozhi gori htebi vsdigniti [...] Gledai koku ta Hudizh nyu sdai is notra vti veiſti inu vſerci martra.“[180]

177 [Die Gnade Gottes in einem schwarzen Klage- und Trauergewand, kniet nieder, öffnet ihren Mund und beginnt ganz lieb, sanft, betrübt, mit großem Weinen und Seufzen und mit vielen Tränen zu sprechen ... Gedenke auch an dein Wort, das du gesagt hast, solange ich lebe, will ich nicht den Tod des Sünders, sondern dass er sich bekehre und er lebendig sein wird.] A. a. O., p. p2 [= 73].

178 Melanchthon, *Loci communes*, a. a. O., p. 51 [= 2.8].

179 „Die Predigten“ (Achter Sonntag nach Trinitatis), a. a. O., pp. 5627 f.; Melanchthon schreibt ebenfalls von dieser Wende und erhärtet sie durch Bibelzitate, a. a. O., pp. 54–57 [= 2, 21 u. 22].

180 [Schau, Gott, auf die arme, elende, betrübte, furchtsame Eva und auf den zitternden und erschreckten Adam, die es vor Scham und Furcht nicht wagen, ihre Augen zu dir zu erheben. Schau, wie der Teufel sie jetzt von innen her im Gewissen und Herzen martert.] *Ena dolga predguvor*, a. a. O., p. p2–p2 a [= 73 f.].

Alle Zeichen einer bußfertigen Reue sind gegeben, d. h. die Bereitschaft, sich ganz der Gnade Gottes zu unterwerfen. Die Szene endet mit der liturgischen Anrufung „Smili ſe, Smili ſe, Smili ſe".

Melanchthon nennt den Vorgang, wie ihn Trubar beschreibt, die „Wirkung des Evangeliums". Bei ihm sind die Begriffe, die Trubar in dieser Szene anführt, ebenfalls Grundlage der Umkehrung: Reue, Erschrecken, Gewissen, gemartertes Herz, Verhüllung vor Gott, flehentliche Bitte um Bewahrung vor der Verdammnis als Zeichen der totalen Zerknirschung in Trubars Dramatik, schildert Melanchthon als Wirkmacht des verheißenen Evangeliums:

> „Quos ad eum modum terruit conscientia, ii haud dubie ad desperationem adigerentur, id quod in damnatis usu venit, nisi promissione gratiae ac misericordiae dei (quam evangelium dici constat) sublevarentur et eriferentur. Hic si credat afflicta censcientia promissioni gratiae in Christo, fide resuscitatur et vivificatur. [...]. Iacet convicta, iacet rea conscientia peccato ob oculos posito per vocem dei. Fugiunt, et causam fugae exponit Adam [...]: »Vocem tuam, domine, audivi in paradiso et timui, eo quod nudus essem.« Ecce confessionem καὶ ἐξομολόγησιν conscientiae. Interim Adam misere secum luctatur, donec audit promissionem misericordiae, [...]: »Semen eius conteret caput serpentis.»"[181]

Luther malt es nicht aus wie Trubar und Melanchthon, führt aber im Kern gleiches aus. Ihm kommt es in der christologischen Lehre auf die Auflösung der ausweglosen Situation nach dem Sündenfall an. In der Auslegung des Galaterbriefes von 1531 geht er auf diese „Wandlung" ein; man kann hier die Nähe der trubarschen Argumentation zu Luther erkennen. Ausgehend vom Friedensgruß des Apostel Paulus äußert sich Luther grundsätzlich zur Verheißung der Bibel:

> „Diese zwei Worte Gnade und Friede umfassen das ganze Christentum. Die Gnade vergibt die Sünde, der Friede beruhigt das Gewissen. Die zwei Teufel, die uns quälen, sind Sünde und Gewissen, die Kraft des Gesetzes und der Stachel der Sünde. Diese zwei Ungeheuer hat Christus besiegt. [...] Gnade schenkt Vergebung der Sünden, der Friede ein fröhliches und ruhiges Gewissen. Friede ist nur zu haben, wenn die Sünde vergeben ist."[182]

Durch Luther und Melanchthons Erörterungen wird nicht nur Trubars Choreografie deutlich, sondern auch die beabsichtigte christologische Wirkung, auf die Luther im Galaterbrief explizit eingeht mit der Feststellung, dass die wahre Theologie nicht mit Gott als unnahbarer Majestät anfängt, sondern mit dem Mittler und Hohepriester Christus.

> „Denn nichts ist gefährlicher, wenn wir gegen das Gesetz, die Sünde und den Tod mit Gott im Kampfe stehen, daß wir dann mit unseren Spekulationen im Himmel umherschweifen

181 Melanchthon, *Loci communes*, a. a. O., p. 192 ff. [= 4, 105–108].

182 Luther, Martin, *Epistel-Auslegung. 4. Der Galaterbrief. Vorlesung von 1531*. Hg. Hermann Kleinknecht. Göttingen, 2. Aufl. 1987, p. 36.

> und Gott selbst in seiner unerfaßbaren Macht [...] betrachten, wie er die Welt geschaffen hat [...]. Wenn du Gott so begreifst und ihn unter Ausschluß des Versöhners Christus versöhnen willst und dich mit deinen Werken [...] ins Mittel stellen willst, kann nichts anderes herauskommen, als daß du in schrecklicher Verzweiflung Gott und alles verlierst.“[183]

Wie durch den Textvergleich vorauszusehen ist, tritt nun bei Trubar der Friede Gottes auf (Myr Boshy), ebenfalls in fröhlicher, schöner Gestalt und einem Olivenzweig in der Hand.

Gott wird angerufen, mit „dem armen, reuigen Menschen“ Frieden zu schließen; Christus, der gnädige Sohn Gottes, wird angefleht, sich der armen Menschheit zu erbarmen, dass sie wieder die Gnade Gottes erlangt und vom Zorn und dem ewigen Tod errettet wird. Christus will menschliche Natur annehmen, alle Marter um der Sünden willen ertragen,

> „Ieſt hozho biti tebi ſo vſem ſueiſt, volan inu is ſerza pokoren. [...] nega [Sludia] premozhi inu nega oblaſt resdiati inu ſatreti.“[184]

Er will, wenn „Gerechtigkeit“ und „Wahrheit“ es fordern, Verspottung, Geisel, Kreuzigung und Tod stellvertretend auf sich nehmen für alle Menschen, die an ihn glauben und ihn bekennen. Die Schlussphrase Christi ist ein Füllhorn der Erlösung von aller Schuld:

> „De tim Iſtim nih Grehe odpuſtish inu de cilu doli po oshish tui ſerd pruti nim ſa uolo tiga Greha, Inu de ti nee Vshe naprei vſelei na tim ſueitu inu potle vnebeſih dershish inu imash, ſa brumne, ſa prauizhne, ſa Suete, inu ſa tuie otroke, kir ſo vredni tiga tuiga inu muiga kraleuſtua, Inu de nee ne ſapuſtish vobeni nadlugi, ne vſmerti ne Vpekli, Temuzh de bodo vſelei per meni inu ſmeno, inu de vshiuaio inu prebiuaio ſa volo tiga muiga ſaslushena vtim vezhnim lebnu, Amen.“[185]

Trubar vermittelt seinen Landsleuten eine totale Versicherung für das irdische und das himmlische Leben.

Der slowenische Reformator hat die christologische Deutung der Schöpfungsgeschichte und alles, was damit verbunden ist (Gesetz – Evangelium; Verdammnis –

183 A. a. O., pp. 36 f.

184 [Er will dir mit allem treu sein, willig und von Herzen gehorsam ... seine (des Teufels) Übermacht und seine Gewalt zerstören und zertreten.] *Ena dolga predguvor*, a. a. O., p. p3 [= 75].

185 [Dass du denen ihre Sünden vergibst und dass du deinen Zorn wegen ihrer Sünden sänftigst und sie in Zukunft immer auf dieser Welt und im Himmel bewahrst und als Fromme, Gerechte, Heilige und als deine Kinder annimmst, die von Nutzen sind für dein und mein Königreich, und dass du sie in keiner Notlage verlässt, weder im Tod noch in der Hölle, sondern dass sie immer durch mich und mit mir sein werden und dass sie leben und wohnen um meines Verdienstes willen im ewigen Leben. Amen.] A. a. O., p. p3 a [= 76].

Erlösung; Strafe – Gnade; AT – NT), in den Beginn der Schöpfungsgeschichte gelegt mit der Rahmengestaltung: Schaffung nach Gottes Bild – Bewahrung der Gottesbildlichkeit durch Christus. Trubar benennt diesen Rahmen in der Kapitelüberschrift seines 3. Teils: „koku ie ta Boshy Pild vtim zhloueku ſpet skuſi Criſtuſa ponoulen".[186]

Von Interesse ist die gedankliche Herkunft dieser Rahmenverbindung. Der Weg führt über Luther zu Augustinus zurück. Luther hat in der in Wittenberg 1516 gehaltenen „Disputation über des Menschen Vermögen und Willen ohne die Gnade" auf den Begriff der Ebenbildlichkeit angespielt und einen ähnlichen Rahmen vorgestellt, wie ihn Trubar später gebraucht hat. Die Ebenbildlichkeit, so Luther, ist nicht äußerlich zu verstehen, sondern „nach der Seele".[187] Luther bezieht sich auf Augustinus, den er so zitiert:

> „Wenn auch der menschliche Geist nicht von derselben Natur ist wie Gott, so muß man doch das Bild Gottes in ihm, welches das Wertvollste ist, dort (in uns) suchen und finden, denn unsere Natur besitzt nichts Besseres als den Geist."[188]

Die Seele aber ist allein zur Gnade fähig. Auch hier hält sich Luther an Augustinus:

> „Denn die Gnade Gottes durch unseren Herrn Jesus Christus ist nicht für Stein, Holz oder Vieh von Segen, sondern wer Gottes Ebenbild ist, der erwirbt diese Gnade, doch nicht so, daß sein freier Wille der Gnade vorhergehen könnte, damit er nicht etwa etwas zuvor gäbe, auf daß ihm wiedervergolten werden müßte."[189]

Daraus ist zu folgern, dass die durch die Schöpfung gegebene und trotz der Erbsünde wieder vorhandene Ebenbildlichkeit die Seele allein für den Erwerb der Gnade fähig macht. Augustinus versteht die Seele als „Ehre des Menschen", als „Bild und Gleichnis Gottes". Eigenmächtiges Handeln und Selbstliebe, wie in der Schöpfungsgeschichte, stürzt die Seele in animalische Tiefen, aus der Ehre, dem Gleichnis Gottes, in die Unehre, der Ähnlichkeit mit den Tieren:

> „die so beschwerte Seele stürzt gleichsam durch ihr eigenes Gewicht aus der Seligkeit heraus, und durch die Erfahrung ihrer selbst als Mitte lernt sie zu ihrer Strafe den Unterschied kennen, der zwischen dem verlassenen Guten und dem begangenen Bösen besteht, und kann, da ihre Kräfte verschwendet und verloren sind, nur durch die Gnade ihres Schöpfers, der zur Buße ruft und die Sünde vergibt, wieder umkehren."[190]

---

186 [wie das Bild Gottes im Menschen durch Christus wieder erneuert worden ist] A. a. O., p. 04 a [= 70].

187 „Disputation ..." (1516), Erste These, a. a. O., p. 894.

188 A. a. O., p. 913, Anm. 2: Augustinus, *De trinitate* 14, 8, 11; ML 42, 1044.

189 „Disputation ...", a. a. O., p. 894.

190 *Des heiligen Kirchenvaters Augustinus fünfzehn Bücher über die Dreieinigkeit* / aus dem Lateinischen übers. und mit Einl. versehen von Michael Schmaus. Kempten, München

Die von Trubar inszenierte Darstellung der Wiederherstellung der Ebenbildlichkeit des Menschen findet in Augustinus über Luther ihren Ursprung. Luther bekräftigt in der Analyse des Hebräerbriefes, dass alle, die gerettet werden, zum Bild (Vorbild, Urbild) Christi umgestaltet werden:

> „Denn Gott Vater hat Christus geschaffen, damit er das Wahrzeichen und Urbild sei, auf daß die, die ihm nachfolgen, durch den Glauben zu eben diesem Bilde umgewandelt [...] würden.“[191]

Die Erneuerung der Ebenbildlichkeit durch Christus kommentiert Augustinus ebenfalls aus der Gegensätzlichkeit heraus, aus dem Tod (der Erbsünde) zur Lebendigkeit in Christus, aus der Traurigkeit zum Heil, aus dem Sündenmeer zur überfließenden Gnade:

> „Sicut in Adam omnes [...] mortui sumus, ita et in Christo omnes vivificemur. Cum Christo ergo nascamur, et cum Christro [...] consepeliamur ei in mortem, ut cum ipso etiam resurgamus ad vitam. Necesse est enim nos perpeti utilem hanc et necessariam vicissitudinem: ut sicut ex bonis ad tristia devoluti sumus, ita ex tristibus ad meliora reparemur. Ubi enim abundavit peccatum, superabundavit gratia.“[192]

8. Gute Werke als Folge des Glaubens – der Glaube als Voraussetzung für gute Werke: Augustinus – Luther – Melanchthon – Trubar

Trubar nimmt in der „Langen Vorrede“ die Diskussion um die „guten Werke“ wieder auf. Das ist nicht verwunderlich, denn die Einstellung zu den „bona opera“ unterscheidet die Reformatoren von der Lehre der Papstkirche einerseits und von den Überzeugungen der Zwinglianer. Trubars Anschauungen haben sich nicht verändert; die über den Text verstreuten Hinweise bestätigen, wie wichtig dem Slowenen die Klarstellung der Funktion guter Werke ist, ihre Relation zu Glaube und Gnade, ihre Anerkennung und Wirkung. Völlig unstrittig zwischen Luther als Ausgangspunkt, Veit Dietrich, Bulllinger, Flacius und auch Melanchthon und schließlich Trubar ist die Auslegung von Römer 3, 28: „So halten wir nun dafür, daß der Mensch gerecht werde ohne des Gesetzes Werke, allein durch

---

1935 (elektronische Version), Zwölftes Buch, 11. Kapitel: „Durch die Sünde wird der Mensch den Tieren ähnlich“, p. 235.

191 „Vorlesung über den Hebräerbrief“ (1517/1518), a. a. O., p. 799.

192 *S. Aurelii Augustini hipponensis episcopi Contra Julianum*, Haeresis Pelagianae defensoram. Libri sex, liber primus, p. 649 [= 5] – digitale Version.

den Glauben." Für Luther, der sich auf den hl. Bernhard,[193] aber auch Melanchthon, der sich auf Thomas von Aquin stützt,[194] ist der Glaube absolute Voraussetzung zur Rechtfertigung, ohne Zutun der Werke, die erst durch den Glauben und damit die Gnadenzusage, überhaupt eine Wirkung entfalten können. Sie sind Folge und nicht Voraussetzung. Der deutsche Reformator hat verschiedentlich zu den „guten Werken" Stellung bezogen, konzentriert in den Vorlesungen über die paulinischen Briefe und den Abhandlungen „Von den guten Werken", „Von der babylonischen Gefangenschaft der Kirche", „Von der Freiheit eines Christenmenschen", allesamt 1520 erschienen.

Luthers rigorose Unterordnung der „guten Werke" unter den Glauben, d. h. ihre Klassifizierung als Selbstverständlichkeit für den Glaubenden, beruht auf der Trennung von Gottes- und Menschenwerk:

> „Aber der Mensch kann auf keine andere Weise mit Gott übereinkommen oder handeln als durch den Glauben. Das bedeutet, daß nicht der Mensch durch irgendwelche seiner Werke, sondern Gott durch seine Verheißung das Heil schafft."[195]
> „Daher sind auch alle Werke des Gläubigen lebendig und alle Werke des Ungläubigen tot"[196]

Dies weist wieder auf die richtige Reihenfolge hin. Der Zusammenhang mit Trubars Einteilung in „äußere" und „innere" Gerechtigkeit ist evident; die „Prauiza" erfährt eine menschliche und eine göttliche Zuordnung:

> „To eno Prauizo imenuio, To Poſtauno, Sapuuidno, zhlouesko, ſaſtopno vunano inu to nasho Brumo ali Prauizo. To drugo, Eno Boshyo, Euangelisko, kerszhansko, Verno, shenkano oli poſſoieno, noterno Prauizo."[197]

Es ist – und so fährt Trubar auch im 39. Kapitel seiner „Vorrede" fort – die lutherische Verbindung von Gesetz und Evangelium.[198] Trotz aller Frömmigkeit

193 „Bericht über die Verhandlungen in Augsburg mit Kardinal Cajetan" (1518), a. a. O., p. 1010.

194 Melanchthon, *Loci communes*, a. a. O., p. 82, Anm. 201.

195 „Von der babylonischen Gefangenschaft der Kirche" (1520), a. a. O., p. 1374.

196 „Bericht über die Verhandlungen in Augsburg", a. a. O., p. 1003.

197 [Das eine bezeichnet man als Recht, auf das Gesetz, das Gebot, auf den Menschen äußerlich bezogen, und als unsere Frömmigkeit oder unser Recht; das andere als ein göttliches, evangelisches, christliches, auf den Glauben bezogenes, geschenktes oder eingesetztes, inneres Recht.] *Ena dolga predguvor*, a. a. O., p. r2 a [= 90].

198 Gerhard Ebeling betont in der Untersuchung über das „Wort Gottes" bei Luther die Wirkung „coram Deo iustitia fidei als „iustitia aliena" im Unterschied zum Menschenwort „coram mundo iustitia operum als „iustitia propria" und vor allem: „coram Deo iniustitia". (Gerhard Ebeling, „Martin Luther. Theologie", in: *RGG*[3], a. a. O., Bd. 4, p. 506). Das Gesetz ist unfähig, den geforderten Glauben zu geben, lässt den Menschen die „impossibilis ad iustificationem" erkennen. (A. a. O.).

und „Gott-Wohlgefallen“ ist Trubar zufolge unsere menschliche Gerechtigkeit nicht vollkommen und damit nutzlos, wenn der Glaube fehlt.[199] Das Erlösungsangebot ohne menschliches Zutun findet sich im Evangelium:

> „Sa tiga uolo, vſakimu, kir hozhe pred to oſtro Praudo Boshyo na ſodni dan, oli ſice vti ſmerti inu vdrugih teshkih iskushnauah ſdobro veiſtio obſtati, timu ie potreba, ene druge obilneshe Brume inu Prauice. [...] Inu leta Prauiza oli Bruma, ſe praui ena Verna, Euangeliska, Boshya shenkana inu poſſoiena Prauiza, ſakai ona ne pride od nas, mi te ne ſturimo, Temuzh nom bode shenkana dana inu poſſoiena od Ieſuſa Criſtuſa.“[200]

Es ist Luthers befreiende Erkenntnis, dass „allein der Glaube ohne alle Werke fromm, frei und selig“ macht, ebenso die bei Trubar angesprochene Zweiteilung der „Gerechtigkeit“ mit ihrem unterschiedlichen Wirkungsgrad. Luther betont,

> „daß die ganze heilige Schrift in zweierlei Worte geteilet wird [...]: Gebote oder Gesetze Gottes und Verheißungen oder Zusagen. Die Gebote lehren und schreiben uns mancherlei gute Werke vor, aber damit sind sie noch nicht geschehen. Sie weisen wohl, sie helfen aber nicht, lehren, [...] geben aber keine Stärke dazu.“

Sie dienen dazu, dem Menschen sein Unvermögen zum Guten nachzuweisen, dass er „an sich selbst verzweifeln lerne.“[201]

Trubars zweiter, „erlösender“ Teil ist ebenfalls in Luthers Quelle zu finden:

> „Dann kommt das andere Wort, die göttliche Verheißung und Zusagung, und spricht: Willst du alle Gebot erfüllen, [...] deine Sünde los werden, wie die Gebote [...] fordern, [...] glaube an Christus, in welchem ich dir alle Gnade, Gerechtigkeit, Frieden und Freiheit zusage.“[202]

Trubar wird nicht müde, den Glauben als Voraussetzung für die göttliche Gnade anzumahnen, ohne den alle Werke nichts nützen, mit dem alle guten Werke von selbst gelingen: Die Ungläubigen, die heuchlerischen Christen, die mit ihren

199 Trubar benennt ebenso wie Luther das Herz als den Sitz des Glaubens: „is celiga, volniga zhistiga inu prauiga ſerza“ [aus vollem, willigem, reinem, und aufrichtigem Herzen] (*Ena dolga predguvor*, a. a. O., p. r3 [= 91]; Luther siedelt es im „Herzen durch den Glauben an Gott“ an („Von den guten Werken“, a. a. O., p. 1251).

200 [Deshalb ist jedem, der vor der strengen Wahrheit Gottes am Gerichtstag, oder im Tod und anderen schweren Versuchungen mit gutem Gewissen bestehen will, eine andere ergiebigere Frömmigkeit und Gerechtigkeit erforderlich. Und diese Gerechtigkeit oder Frömmigkeit ist ein glaubensbezogenes, evangelisches, von Gott geschenktes und eingesetztes Recht, denn es kommt nicht von uns, wir erschaffen das nicht, sondern es wird uns geschenkt und eingesetzt von Jesus Christus.] *Ena dolga predguvor*, a. a. O., p. r3 b [= 92].

201 „Von der Freiheit eines Christenmenschen“ (1520), a. a. O., p. 1495.

202 A. a. O., p. 1496.

eigenen guten Werken Vergebung verdienen wollen, verspotten Christus. Die Gläubigen aber preisen mit ihren guten Werken und ehrsamem Leben Gott.[203] Bei Luther heißt es in der Auslegung des Hebräerbriefes, dass gute Werke, die ohne Gnade getan werden, nutzlos sind und dass der, „der in Gottes Gnade steht, [nicht] etwas anderes als gute Werke tun kann."[204] Schon vorher hat er in der Galaterbrief-Vorlesung erkannt, dass die Werke zum Gesetz gehören und niemand außerhalb der Gnade durch das Gesetz gerecht wird (theologia crucis). Die Rechtfertigung durch die Gnade gehe allen Werken voraus.[205]

Dass Trubar auf dieser Linie liegt, geht aus seinen Ausführungen insbesondere im 56. Kapitel seiner „Vorrede" hervor. In für seine Landsleute verständlicher Umsetzung des schwierigen theologischen Zusammenhangs zwischen der Rechtfertigung aus Gnade und der Forderung nach guten Werken beginnt der Slowene mit der rhetorischen Frage:

> „Aku nas le ta ſama Vera pres vſiga nashiga dobriga diane Iſuelizha, taku nei potreba nom dershati tih Boshyh Sapuuid, ne brumnim biti, ne dobriga diati, ne slushiti Bogu."[206]

Er ergänzt noch mit dem Hinweis, dass alle guten Werke nicht helfen, das Gesetz zu erfüllen und daher zu nichts nütze seien, „ne ſo zhiſte, popolnoma inu ſadoſti".[207]

Im 53. Kapitel hatte er diese Frage gleichlautend angeführt, ergänzt durch weitere „falsche" Meinungen, die behaupten, allein durch gute Werke erlöst zu werden oder, wenn denn der Glaube erlöst, sich vor keiner Sünde hüten zu müssen. Trubar erörtert hier alle Kombinationen, die Luther und nach ihm Melanchthon, Veit Dietrich, Flacius und andere verworfen hatten. Der Slowene selbst steht in dieser Phalanx und verdammt alle Abweichler:

> „Vuzheneshi, Modreshi inu Brumnishi na tim ſueitu, tak praui Vuk od te Vere ſouurashio. Sakai ta vuk od te Vere, ie tei nashi iskasheni ſaſtopnoſti inu modruſti ſubper."[208]

---

203 *Ena dolga predguvor*, a. a. O., p. z4 a [= 142].

204 „Vorlesung über den Hebräerbrief" (1517/1518), a. a. O., p. 838 und p. 846.

205 „Vorlesung über den Galaterbrief" (1516/1517), a. a. O., pp. 741 f.

206 [Wenn nur der Glaube allein ohne alle unsere guten Taten uns erlöst, dann brauchen wir doch nicht die Gebote Gottes zu halten noch fromm zu sein, noch Gutes zu tun, noch Gott zu dienen.] *Ena dolga predguvor*, a. a. O., p. z4 a [= 142].

207 [sie sind nicht rein, vollkommen und nicht ausreichend] A. a. O., p. aa [= 143].

208 [Die Gelehrtesten, Klügsten und Frömmsten dieser Welt hassen die rechte Lehre vom Glauben. Denn die Lehre vom Glauben steht gegen unsere missgestaltete Denkart und Klügelei.] A. a. O., p. y3 [= 131].

Damit ist wie bei Luther das Gewicht verlagert auf die Wirkungslosigkeit der Werke ohne Glauben und umgekehrt ihre Motivierung infolge des Glaubens.[209] Bibelbeispiele von Abraham, Abel, über Isaak, Jakob, Samuel bis hin zu den Gleichnissen des NT sind bei allen genannten Reformatoren die Beweisführung der Wirkung des Glaubens. Bei Trubar wird das Kapitel abgeschlossen mit der Konklusion:

> „Glih taku ty Verni, ki is praue Vere slushio Bogu, deio dobru tim bolnim, [...] imamo mi [...] dobra della delati, lubiti nashiga blishniga, inu nekar de bi mi hoteli ſteim dobiti odpuſzhane vſeh Grehou [...]. Ta imamo is Gnade ſabſton, ſa volo te Vere Vieſuſa.“[210]

Bereits im Register des „Vorworts“ benennt Trubar die maßgeblichen Stichworte, die Luther im Studium des Römerbriefes als Grundlagen seiner reformatorischen Einsichten bezeichnet hat. Trubar konzentriert in der Registerzusammenfassung Rö. 1, 17; Rö. 3, 24 und Rö. 3, 28:

> „Is S. Paula lyſtou inu Pridig ner te ſaſtopishe Pryzhe, de ta nasha dobra della, ta bruma inu Prauiza nas ne ſture pred Bugom Prauizhne, inu ne iſuelizhaio, Temuzh ta ſama Prauiza Criſtuſeua, katera nom bo shenkana od Buga ſa uolo te Vere Vieſuſa.“[211]

Man kann Trubars Argumente gleichfalls auf Melanchthon zurückführen, der in der lutherischen Linie liegt und sich ausführlich mit dem Charakter und der Wirkung der „guten Werke“ beschäftigt hat. Glaube ist für ihn die Erkenntnis der Barmherzigkeit Gottes, durch die der Gläubige gerechtfertigt wird. „Est enim credere nullo ullorum operum nostrorum respectu fidere divina misericordia.“ Ein

209 Luther versteht das einprägsam zu vermitteln: „Gute, fromme Werke machen nimmermehr einen guten, frommen Mann, sondern ein guter, frommer Mann macht gute, fromme Werke und: Böse Werke machen nimmermehr einen bösen Mann, sondern ein böser Mann macht böse Werke.“ („Von der Freiheit eines Christenmenschen“ (1520), a. a. O., p. 1512).

210 [Ebenso die Gläubigen, die Gott in rechtem Glauben dienen, Gutes tun den Kranken ... Wir müssen gute Werke tun, unseren Nächsten lieben und nicht darum, dass wir dadurch die Vergebung aller Sünden erreichten ... Das haben wir umsonst aus Gnade wegen des Glaubens an Jesus.] *Ena dolga predguvor*, a. a. O., p. aa3 a [=148]. Gute Werke sind die Wirkung des Glaubens im Gerechtfertigten. (Ebeling, *RGG³*, a. a. O., p. 515); Luther unterscheidet – wie auch Trubar – in Auslegung von Rö. 2, 13, zwischen Werken des Gesetzes (irdische Furcht, irdischer Gehorsam) und des Glaubens und betont in der Auslegung der Briefstelle, dass diese aus dem Geist der Freiheit, „aus Liebe zu Gott“ geschehen und daher nur denen zu eigen sind, die „durch den Glauben gerechtfertigt sind“ – „Nisi a Iustificatis per fidem.“ In: „Vorlesung über den Römerbrief“, a. a. O., p. 517.

211 [Die Briefe des Hl. Paulus und die Predigten sind Zeugnisse, dass unsere guten Werke, die Frömmigkeit und die Gerechtigkeit uns nicht vor Gott gerecht machen und nicht erlösen, sondern die Gerechtigkeit Christi allein, die uns von Gott geschenkt worden ist wegen des Glaubens an Jesus.] *Ena dolga predguvor*, a. a. O., p. 10.

weiterer Gesichtspunkt Luthers wie auch Trubars ist die Forderung des „reinen Herzens", ohne das alle Werke (die der Rechtfertigung vorausgehen) „Schminke und Lüge" sind.[212]

Die Rechtfertigung ist allein ein Werk von Gottes Barmherzigkeit, „nullus nostro merito locus est."[213] Melanchthon steht nach Pöhlmann mit dieser Aussage der Lehre des Skotismus entgegen, der die katholische Kirche, aber auch der Zwinglianismus Folge leistet: Ein Teil der menschlichen Verdienste, das meritum condigni (Würdigkeitsverdienst) „ist das Verdienst, auf das der Mensch bei Gott durch seine Leistung einen Rechtsanspruch hat."[214] Auf das Verdienst des Verdienstes zu hoffen, ist für Melanchthon bereits eine Form der Gotteslästerung.[215]

Flacius nimmt in der Einordnung der „guten Werke" im Rahmen der Rechtfertigungslehre keine Sonderstellung ein. Er beruft sich wie die lutherische Richtung auf Paulus. Die Rechtfertigungsursachen werden deutlich bei dem Lutheraner Martin Chemnitz, der wie Flacer maßgebend an der Analyse des Imputationsbegriffes, der Frage, ob allein das Heilswerk Christi die Rechtfertigung bewirkt oder auch die im Menschen begonnene Erneuerung.[216] Wie bei Luther ist die Gerechtigkeit Christi Voraussetzung und das Objekt der glaubende Mensch. Ihm wird „Gerechtigkeit und Seligkeit zuteil" durch „die Barmherzigkeit Gottes, der die Gerechtigkeit ohne Werke zurechnet." „Fundamentum est justitia Christi: terminus est persona credens, cui fit imputatio ad justitiam et beatitudinem: relatio est misericordia Dei, imputans justitiam sine operibus."[217]

In Veit Dietrichs „Summaria zum Alten Testament" wird das Problem Glaube und gute Werke häufiger angesprochen. Die Unterscheidung von Altem und Neuem Testament, die Melanchthon diesem Werk vorausgehen lässt, ist für ihn Anlass, die Reihenfolge Glaube – gute Werke zu ordnen: Zunächst muss der „Grund im Herzen" gelegt sein, d. h. Gottesfurcht und Glaube an die Sündenvergebung, denn nur aus dieser Gewissheit entsteht das Bekenntnis zur Einhaltung der Gebote als „ſchöne / edle vbung des glaubens" und „ein heyliger, hoher gehorſam in der Regierung / Krieg / Eheſtand vnd allerley gemeiner notdurfft."[218] In dieser Argumentationskette zitiert Melanchthon den Hebräerbrief und verweist

212 Melanchthon, *Loci communes*, a. a. O., pp. 248 f.

213 A. a. O., p. 250.

214 A. a. O., p. 82, Anm. 200.

215 Vgl. dazu a. a. O., p. 83, zur Einstellung der Sophisten über eine angemessene Berücksichtigung von Verdiensten.

216 Vgl. Nüssel, a. a. O., p. 122.

217 Zitiert nach Nüssel, a. a. O., p. 123 und Anm. 51.

218 Melanchthon, „Unterschied des Alten und Neuen Testaments", In: *Summaria*, a. a. O., p. VI [= 16].

auf den grundsätzlichen Unterschied AT – NT, d. h. unerfüllbares Gesetz und das Angebot von „gnad on verdienſt“.[219] Wie wichtig es den Reformatoren war, die Sache mit den guten Werken auf das richtige Gleis zu setzen, eben den theologischen Hintergrund aufzudecken, macht Melanchthon mit dieser Einbindung in Gesetz – Verheißung, also AT und NT recht deutlich:

> „Diß aber iſt den einfeltigen leicht zu verſtehen / vnd allen zu wiſſen hoch von nöten / Das vnterſcheid iſt / zwiſchen Geſetz / vnd Verheyſſung der gnaden / die vergebung / vmb des Heylands Chriſti willen / gibt nicht vmb unſerer verdienſt willen / vnnd das es Gottes vnwandelbarer wille ſey / das wir diſer Verheiſſung glauben.“[220]

Zu Melanchthons Auslassungen über den „Unterschied zwischen der reinen christlichen Lehre und der abgöttischen Papistenlehre“, die insbesondere auf Fragen zu den guten Werken, ihren Ursachen, ihrer Notwendigkeit und ihrer Gottgefälligkeit eingeht (so die Überschriften bei Melanchthon), ist bereits in der Analyse von Trubars erstem Katechismus von 1550 ausführlich eingegangen worden. Die dort getroffenen Feststellungen gelten unverändert auch für das sieben Jahre später erschienene „Vorwort“ des Slowenen.

Von Interesse ist die Auslegung von Rö. 3 durch Veit Dietrich, die der Paulus-Deutung durch Luther genau folgt. Bereits die von der Vulgata abweichende lutherische Übersetzung – „Nun aber iſt on zuthun des Gesetzes / die Gerechtigkeit so für Gott gilt“ („nunc autem sine lege iustitia Dei manifestata est“) – weist auf das Vorbild für Dietrich hin. Gesetz und Evangelium sind die Leitlinien; der Glaube (der das Herz durch den von Christus geschenkten heiligen Geist verändert) bewirkt die „guten Werke“ des Gesetzes: „wo glaube vnd heiliger Geiſt iſt / da fehet man an das gesetz zuthun.“[221] Das erinnert an Luthers Einleitungssatz zum „Sermon von den guten Werken“: „wer gute Werke wissen und tun will, der braucht nichts anderes als Gottes Gebot kennen.“[222] Veit Dietrich gibt in seinen Randglossen zum o. a. Kapitel des Römerbriefes sehr deutlich die lutherische Auffassung von Gesetz – Evangelium, Unterschied zwischen AT und NT zu erkennen. Mit der Übereinstimmung mit Paulus, „Iustitia imputatur non uenit ex merito“ leitet Dietrich den Übergang vom AT ein: „Iustitia non est ex lege.“ (Luther: „die Werke [können] niemand vor Gott ohne den Glauben rechtfertigen.“[223]) „Lex iram operatur, ergo non iustificat“.[224] Luther hat in den Vorlesungen über

219 A. a. O., p. IX [= 22].
220 A. a. O., p. IX a [= 23].
221 *Summaria*, a. a. O., p. XCVIII a [=557] und p. XCIX [= 558].
222 „Von den guten Werken“ (1520), p. 1222.
223 A. a. O., p. 1236.
224 *Summaria*, a. a. O., p. XCIX a [= 559].

den Römerbrief wie auch über den Galaterbrief die Werke des Gesetzes von den Werken der Gnade geschieden, d. h. einerseits die Unerfüllbarkeit samt Zorn Gottes und andererseits die nicht erdiente Rechtfertigung.

Veit Dietrichs Ausführungen zu den o. a. Randglossen weisen Übereinstimmungen mit Trubars „Sermon über den Glauben" im Katechismus von 1550 auf, die insofern interessant sind, als sich auch hier Hinweise auf die theologische Quellensituation bei dem Slowenen ergeben. Trubar bezeichnet es als nützlich für den Gläubigen, dass er beginnt, aus rechtem Herzen Gottes Zorn zu fürchten wegen des Menschen verderbter Natur und einsieht, dass er Gottes Gebot nicht einhalten kann; dass er seine Sünden erkennt und bedenkt und von der Strafe Rettung und Vergebung nur durch Christus erlangen kann.[225] Gottes Zorn im Gesetz, Einsicht in den Ungehorsam gegenüber Gott, Notwendigkeit des Glaubens an die Verheißung Christi sind die Thesen, die Veit Dietrich zur Wirkung des Glaubens im Zusammenhang mit dem Römerbrief diskutiert:

> „Zum andern / Ist des Gesetzes eigenes Ampt / das es zorn anrichte / das ist / Es macht das gewissen zu vnfriden / vnd verzagt / Sintemal es vns vberzeuget / das wirs vbertretten haben [...] zur vergebung der sünden gehöret nicht das Gesetz / sonder das man glaubt an die verheissung an Christo",[226]

mit der Konklusion: „Iustitia est ex fide".[227] Das stimmt ebenfalls mit Luthers Aussagen zum Römerbrief 2, 13 überein:

> „Der Apostel unterscheidet wie zwischen Gesetz und Glaube oder zwischen Buchstaben und Gnade, so auch zwischen ihren Werken. [...] Werke des Glaubens [...] nennt er solche, die aus dem Geist der Freiheit, allein aus Liebe zu Gott geschehen. Und diese können nur von denen vollbracht werden, die durch den Glauben gerechtfertigt sind."[228]

Die Praefatio Bullingers zum Johannesevangelium (evangelium secundum Iohannem), auf deren Kenntnis und Auswertung sich Trubar in seinen Briefen beruft, lässt hinsichtlich des Verständnisses der „guten Werke" keine Sonderstellung gegenüber Luther / Melanchthon / Dietrich zu. Ob Trubar in seinen Darlegungen sich in dieser Problematik auch auf Bullinger, der diesbezüglich in der Tradition Luthers steht, beruft, ist nicht auszumachen, da merkmalhafte Unterschiede fehlen. Wie auch seine Reformatoren-Kollegen stellt Bullinger die guten Werke in den Zusammenhang der Rechtfertigung, wie die Überschrift der

---

225 *Catechismus* (1550), a. a. O., p. Eiiii b und Ev [= 217 f.].

226 *Summaria*, a. a. O., p. XCIX a [= 559].

227 A. a. O., p. XCIX [= 558].

228 „Vorlesung über den Römerbrief" (1515/1516), a. a. O., p. 517 und p. 719, Anm. 66; vgl. dazu auch Kap. VII ds. Arbeit.

„Praefatio" andeutet: „De uera hominis Chriſtiani iuſtificatione, uera item & iuſta bonorum operum ratione".

Bullinger geht von Rö. 4, 6–7 aus, wo er die Verbindung zu den Psalmen findet und damit die „guten Werke" auch im AT verankert. Das ist auch das Verständnis Luthers, das er in seinen Psalmenuntersuchungen und der Römerbrief-Vorlesung[229] darlegt. Es ist die Linienführung vom (unerfüllbaren) Gesetz zur Rechtfertigung des Glaubenden ohne Zutun der Werke:

> „& ab omnibus a quibus non potuiſtis per legem Moſis iuſtificari, per hunc omnis qui credit iuſtificatur. [...] Ad eundem modum loquitur etiam David de beatificatione hominis, cui dues imputat iuſtitiam absque operibus."[230]

Die Zuordnung Gnade – Glaube – Werke nimmt bei Bullinger die gleiche Anordnung und Folge ein, wie bei Luther und Melanchthon und so auch Trubar. Auch hier ist deshalb keine eindeutige Bezugnahme zur nachrangigen Quelle möglich.

Kein Verdienst durch Werke, sondern allein der Glaube an Christus gibt umsonst die Erlösung vom Tode:

> „non propter opera aut merita noſtra ulla, ſed ex gratia & merito proprio propter fidem, qua credimus nos deo patri gratos eſſe, non propter noſ ipſos aut noſtra opera, ſed propter Chriſtum, quem dedit pater nobis gratiae & miſericordiae pignus, ut uiuamus per nomen eius."[231]

Bullinger geht ebenfalls wie Melanchthon, Flacius und Trubar auf die „Hypocritae" ein, die sich selbstgerecht im Schein des guten Werkes spiegeln:

> „Operibus autem impiorum & hypocritarum nemo, opinor, tribuet iuſtificationem, cum ſcriptum ſit, Sacrificium impiorum abominatio domini eſt. Et iterum, Hypocrita innitetur ſuper domum ſuam, & non ſtabit."[232]

Gott ist die Quelle aller guten Werke, er ist wahrhaftig, der Mensch aber ist verderbt, korrupt und ein Täuscher und kann somit nicht Träger guter Werke sein. Durch den Hl. Geist und den Glauben an Christus werden die Menschen gerechtfertigt; die eigenen Werke sind Werke des „Fleisches", wiedergeboren wird der Mensch durch die Werke Gottes.

Die „Aufspaltung" der Werke und ihr unterschiedlicher Wirkungsgrad sind Gedanken, die eindeutig auf Luther zurückgehen und von Flacius in seiner „Prae-

229 „Erste Vorlesungen über die Psalmen" (1513/1515), a. a. O., p. 332; „Vorlesung über den Römerbrief" (1515/1516), a. a. O., pp. 553 f.

230 Bullinger, *In divinum Iesu Christi domini nostri*, a. a. O., Praefatio, p. aa2 a [= 9].

231 A. a. O., p. aa4 [= 12].

232 A. a. O., p. aa6 [= 16].

fatio" übernommen und rekapituliert werden.[233] Für Luther ist das „Wort" Quelle aller guten Werke[234], ebenfalls der von Gott vermittelte Glaube Quelle des Guten: „Der Glaube, den Gott aus Gnade [...] schenkt [ist] der Grund, die Quelle [...] aller geistlichen Gnaden, Gaben, Kräfte, Verdienste und Werke."[235] Die verderbte Natur des Menschen ist lutherischer Ausgangspunkt in der Rechtfertigungsfrage, ebenso die Teilung in Werke des Fleisches und Werke des Geistes.

Hinsichtlich der Imputationsfrage gibt es möglicherweise weitere Vernetzungen unter den Reformatoren; eine klare Zuerkennung der Stellungnahmen nach Luther auf die Meinungsbildung Trubars lassen sich daher kaum abschätzen. Beurteilungsfähig ist dabei nur, dass die Weitergabe lutherischer Erkenntnisse mit Variationen erfolgte und von der einen oder anderen Seite als Mixtur auf Trubar eingewirkt haben mag. Luthers an den Glauben gebundene Rechtfertigungsdefinition wird über Melanchthon bei Flacius aufgeschlüsselt. Beginnend in seinen Schriften von 1549, „De voce et re fidei", das mit einem Vorwort von Melanchthon versehen war und damit noch die Übereinstimmung signalisierte, hat Flacius dann in den Folgeschriften[236] den „Ansatz der melanchthonschen Rechtfertigungslehre" weiterentwickelt.[237]

Bullinger scheint auf diese Diskussionen reagiert zu haben. Zwar übersteigt der genannte Zeitraum den Veröffentlichungszeitpunkt von Bullingers „Praefatio", dennoch ist vorauszusetzen, dass er, zumindest in den Ansätzen, von der melanchthonschen und dann flacerischen „Imputationslehre" gelesen und gehört hat und dies in die „Praefatio" einfließen ließ. Seiner Überzeugung, dass allein durch den Glauben, ohne die Werke gerechtfertigt wird, „Ex operibus non iuſtificabitur in conſpectu dei ulla caro. Sed de iuſtitia fidei idem, Iuſtificantur autem omnes, inquit, qui credunt",[238] folgt die indirekte Ansprache der Imputationsvorstellungen der lutherischen Dogmatik, die von den Gnesiolutheranern fortentwickelt worden ist: „Idem alibi dicit, Iuſtitia fidei imputatur ſecundum gratiam: iuſtitia autem

233 „Fontem bonorum operum non alium indicamus, quam ipſum deum omnium bonorum authorem. Propheta enim, Omnis, inquit, homo mendax, ſolus deus uerax. Et dominus in euangelio, Nemo, inquit, eſt bonus niſi ſolus deus. Vnde oportet bona opera, non ab homine oriri, qui mendax & corruptus eſt, ſed ab ipſo deo, a quo omne quod bonum eſt, proficiſcitur. Regenerat autem hic homines per ſpiritum ſuum, & per fidem in dominum Ieſum, ut qui per ipſum renati ſunt, non iam ſua operentur opera, id eſt opera carnis, ſed opera dei." A. a. O., p. bb a [= 19].

234 „Die Summe christlichen Lebens" (1532), a. a. O., p. 4062.

235 „Erste Vorlesung über die Psalmen" (1513/1515), a. a. O., pp. 431 f.

236 Vgl. die Angaben bei Nüssel, *Allein aus Glauben*, a. a. O., pp. 71 ff.: Ausgabe von 1563 und „Clavis Scripturae Sacrae, Band II" von 1567.

237 Nüssel, a. a. O., p. 71.

238 Bullinger, *In divinum Iesu Christi domini nostri*, a. a. O., p. bb [= 18].

operum non imputatur ſecundum gratiam, ſed ſecundum debitum."[239] Das könnte eine Anspielung auf den Imputationsgedanken sein, der unterscheidet zwischen dem Glauben, d. h. „der Zurechnung des Glaubens zur Gerechtigkeit" und „der Zurechnung der Gerechtigkeit Christi".[240] Diese doppelte Sicht des Imputationsbegriffes, die seit Melanchthon in der Diskussion steht, hat möglicherweise die Bemerkung Bullingers ausgelöst.

Im Grunde zeigen diese theologischen Problemstellungen deutlich, welche konkrete Auswirkungen das Prinzip „sola scriptura" auf die neue evangelische Theologie hatte und einen Variantenreichtum erschuf. Trubars Dilemma ist nachvollziehbar, gleichzeitig aber auch die immer wieder durchscheinende Linie, sich an die Vorgaben Luthers zu halten und einzelne Verästelungen als nicht förderlich für seine Verkündungs-Theologie mitzumachen oder zu diskutieren.

9. Sakrament als Zeichen und Verheißung

Das Stichwort „Abendmahl" bzw. „Sakrament" ist für Trubars Theologie und seine theologische Verankerung von großer Bedeutung. In den bisher analysierten Veröffentlichungen zu Glaubensfragen ist eine Stellungnahme des Slowenen zu dem unter den Reformatoren umstrittenen evangelischen Verständnis jeweils vorhanden. Die Katechismen, die Diskussion theologischer Begriffe im ersten slowenischen Buch, die theologischen Ansätze der „Langen Vorrede" setzen mosaikartig das Bild von Trubars Interpretation der Abendmahlslehre Luthers und seiner Nachfolger zusammen, teils in großer Klarheit, teils verschlüsselt, teils verschwommen. Die Katechismen von 1550 und 1555 stützen sich auf Brenz bzw. Luther mit eindeutigen Angaben zum Abendmahl. In den Briefen von 1557 führt er Brenz als Zeugen gegenüber Bullinger an, lehnt eine Verdächtigung als Zwinglianer mit dem Hinweis auf die Katechismen und die dortige lutherische Auslegung des Abendmahls ab, verweigert sich einer weiteren Infragestellung seiner Treue zur Augsburger Konfession. Da der Slowene sich nicht berufen fühlte, an vorderster Front den Abendmahlsstreit auszutragen, hält er sich mitunter bedeckt, antwortet diplomatisch, fördert die Verständigung bei den Laien durch ausführlichere Beschreibungen, ohne einen theologischen Sonderweg zu gehen.[241]

239 A. a. O.

240 Nüssel, a. a. O., pp. 74 und 75; vgl. dazu auch Kap. VI, 6 ds. Arbeit.

241 Die Problematik entsteht eigentlich mehr durch bestimmte und bestimmende Zielsetzungen, die, angeregt durch Jože Rajhman, darauf abzielt, Trubar zumindest in seinen ersten Veröffentlichungen auf eine Nähe zum Zwinglianismus festzulegen.

Es besteht Klarheit zu Trubars Abendmahlseinstellung in den Katechismen und seinen brieflichen Äußerungen aus dieser Zeit. In Trubars theologischem Traktat „Ena dolga predguvor“ gewinnen seine verschiedentlichen Stellungnahmen zum Sakrament insofern an Interesse, als der Slowene nicht mehr im Kanon steht, d. h. strengen Vorgaben zu folgen hat. Es wird sich herausstellen, dass letztlich dennoch eine Bindung an die Wittenberger Reformation konstatiert werden kann.

Der Einleitungssatz zu den „Sakramenten“ (Kap. 44) enthält eine Absicherung durch die „rechten Lehrer“, ein durchaus üblicher Vorgang nicht nur bei Trubar. Er begibt sich auf eine neue Spur, d. h. die Trennung von „Zeichen“ und „Verheißung“ bzw. „Sakrament“ und „Wort“:

> „ty Sacramenti, prauio vſi ty ſtari inu noui praui Vuzheniki[242] ſo ena vunana uidezha ſueta Snamena, te neuidezhe dobre uole pruti nom inu te Gnade inu miloſti Boshye.“[243]

Der Slowene hat eine lutherische Deutung aufgegriffen, die das Mysterium der Gleichsetzung von Brot / Wein = Leib / Blut verständlich macht. Bei Luther tauchen auch die Begriffe „äußerlich“ und „innerlich“ auf, d. h. sichtbar und nicht sichtbar:

> „Äußerlich handelt er [Gott] an uns […] durch leibliche Zeichen, als da ist Taufe und Sakrament [= Abendmahl]. Innerlich handelt er an uns durch den heiligen Geist und Glauben.“[244]

Luthers Trennung in Zeichen, manchmal auch „Sakrament“ benannt,[245] und Verheißung/Wort/Testament wendet sich gegen die Verwehrung des Abendmahls in beiderlei Gestalt durch die katholische Kirche.[246] Für den deutschen Reformator ist das eine die Einkleidung des wichtigen Vorgangs, das andere die eigentliche Sinnstiftung, die Verheißung:

> „So hat Gott auch in der Messe, der wichtigsten aller Verheißungen, ein Zeichen als ein Denkmal der so großen Verheißung hinzugesetzt: seinen eigenen Leib und sein eigenes Blut in dem Brot und Wein […] So ist auch in der Messe das Wort Christi das Testament,

242 Trubars „Gelehrte“ sind Augustinus, Luther, Melanchthon, die diese Formulierung geprägt und weitergegeben haben.

243 [Die Sakramente, sagen alle alten und neuen rechten Lehrer, sind ein äußerlich sichtbares heiliges Zeichen des unsichtbaren guten Willens uns gegenüber und der Gnade und Güte Gottes.] *Ena dolga predguvor*, a. a. O., p. t4 a [= 110].

244 „Wider die himmlischen Propheten, von den Bildern und Sakrament“ (1525), a. a. O., p. 2615.

245 „Von der babylonischen Gefangenschaft der Kirche“ (1520), p. 1382.

246 Vgl. dazu die Ausführungen in: A. a. O., pp. 1355 f.

> Brot und Wein aber sind das Sakrament. Und wie mehr Kraft in dem Wort als in dem Zeichen liegt, so auch mehr im Testament als im Sakrament [= Zeichen]."[247]

Trubar nimmt für sein Abendmahlsverständnis diese Verbindung Zeichen – Verheißung (Äußeres – Inneres / Vorgang – Gnade) auf; die Begriffe stimmen nicht konsequent überein, aber ihre Bedeutungen sind kongruent. Er erweitert das im Zusammenhang, aber über die Erörterung des Abendmahls hinaus, auf das AT, wenn er auch bei Abraham Zeichen (Beschneidung) und Segen Gottes als Einheit auffasst: „Taku ſe ie ta Abraam shnega Sacramentom Inu ſuetim ſnaminem ſto Obreſo tudi derſhal, Kadar ie ſpumnil na to obreſo, taku ie per tei tudi ſmiſlil na to Oblubo Boshyo".[248] Trubar stützt sich dabei auf Rö. 4, 11, wo sehr deutlich auf die sakramentale Zweigliedrigkeit hingewiesen wird, das „Zeichen" und die „Gerechtigkeit des Glaubens", die durch das Zeichen versiegelt ist. Bei der Erörterung des Abendmahls werden AT und NT in der Theologie der Verheißung von Trubar verbunden und wird folgerichtig an dieser Stelle auf 1. Mose 3, 15, hingewiesen: die Verheißung des kommenden Christus. Durch den Glauben, so Trubar, wird Abraham ein „wahres Glied der wahren Kirche Gottes".

Das ist die Theologie Luthers, die Trubar übernimmt. Das Zeichen hat Signalfunktion, das eigentliche Mysterium ist das geglaubte Wort, das zur Rechtfertigung führt:

> „weil Abraham vor der Beschneidung gerecht war, und zwar durch den Glauben, ist es also nicht die Beschneidung gemäß den Werken des Gesetzes, die gerecht macht, sondern der Glaube."[249]

Luther hat sehr ausführlich in seiner Abhandlung „Von der babylonischen Gefangenschaft der Kirche" (1520) über das Sakramentwesen im AT und NT nachgedacht und die Funktion von Zeichen und Sakrament verdeutlicht.[250] Es kam ihm darauf an, die Wirkung festzumachen: „Nicht das Zeichen rechtfertigte,

---

247 A. a. O., p. 1382.

248 [So hat auch Abraham mit seinem Sakrament und dem heiligen Zeichen die Beschneidung bestehen lassen, denn er erinnerte sich an die Beschneidung und dachte dadurch auch an das Versprechen Gottes.] *Ena dolga predguvor*, a. a. O., p. u a [= 112].

249 „Vorlesung über den Galaterbrief" (1516/1517), a. a. O., p. 757.

250 Luther hat in Auseinandersetzung mit der katholischen Kirche nur die Handlungen als Sakramente anerkannt, denen Zeichen zugeordnet sind, also Taufe und Abendmahl. Die Diskussion der „Zeichengebung" ist also eine bewusst reformatorisch-lutherische Angelegenheit; vgl. dazu auch Heinrich Bornkamm, „Martin Luther. Leben und Schriften". In: *RGG*³ Bd. 4, 485 und Gerhard Ebeling, „Martin Luther. Theologie". In: *RGG*³, Bd. 4, 504.

sondern der Glaube an Gottes Verheißung" mit den Beispielen: Abel – Opfer, Noah – Regenbogen, Abraham – Beschneidung. Die Funktion des Glaubens als Kern der Sakramente, die sich zwar in ihren Zeichen im Neuen Testament (gegenüber dem AT) verändert haben, nicht aber im Glauben an die Verheißung. Luther drückt diesen christologischen Vorgang so aus: „deus, qui nos nunc per babtismum et panem salvat, salvavit Abel per sacrifitium, Noe per arcum, Abraham per circumcisionem et alios omnes per sua signa."[251]

Trubar übernimmt diesen theologischen Ansatz im Zusammenhang mit den Sakramenten; das Äußere (Zeichen) ist dem Wandel unterworfen, der Glaube aber unwandelbar:

> „Te vunane slushbe Boshye, koker ie tu obreſouane, offri, Prasniki, ſpisha, ta kerſt, tu obhaiane, ne ſo ta Vera. Adam, Abraam ty Iudi, ſo imeli druge Sacramente inu Boshye slushbe, koker mi sdai imamo, Ampag druge Vere ne ſo imeili. Mi sdai, potle kar ie Criſtus prishal, imamo tudi druge Sacramente, vezh ne offruiemo shiuine, Sobote ne prasnuiemo. Ampag mi ſatu druge Vere, koker ſo oni imeili nemamo, Nih Vera inu ta nasha ſo vſe Enu. [...] Goſpud Bug ie po tih zhaſih inu po tih ludeh te Sacramente, te Ceremonie, te vunane Boshye slushbe preſtaulel inu premenoual, Ampag te Vere on nei nigdar premenil. Ty Sacramenti inu te vunane videzhe Boshye slushbe, ſo le ene dekle inu eni slushabniki bili te Vere. Ta Vera pag ie bila koker ena Kraliza inu Gospa."[252]

Dieses Bild, das von Augustinus über Luther und Melanchthon[253] Zeichen und Verheißung/Glaube funktional zuordnet, wird ausdrücklich auch von Trubar so betont und ausgeführt:

251 „De captivitate Babylonica ecclesiae praeludium" (1520). In: WA, Abt. I, Bd. 6, p. 532.

252 [Die äußeren Gottesdienste, wie sie durchgeführt werden, die Opferungen, die Feiertage, das Mahl, die Taufe, die Kommunion – das ist nicht der Glaube. Adam, Abraham, die Juden hatten andere Sakramente und Gottesdienste als wir heute haben, aber einen anderen Glauben hatten sie nicht. Wir haben heute, nachdem Christus gekommen ist, auch andere Sakramente, opfern keine Tiere mehr, feiern nicht mehr den Sabbath. Deshalb haben wir aber keinen anderen Glauben als sie. Ihr Glaube und unser sind eins. Gott der Herr hat in diesen Zeiten und bei diesen Menschen die Sakramente, die Zeremonien, den äußeren Gottesdienst eingesetzt und geändert, aber den Glauben hat er überhaupt nicht geändert. Die Sakramente und die äußeren sichtbaren Gottesdienste waren nur eine Magd und ein Diener des Glaubens. Der Glaube aber war wie eine Königin und eine Herrin.] *Ena dolga predguvor*, a. a. O., p. k a [= 32].

253 Melanchthon spricht von einer Hinzufügung der Zeichen: „Ideoque sacramenta seu signa misericordiae dei promissionibus sunt addita [...] quae certissime testarentur nobis contigisse benevolentiam dei." (*Loci communes*, a. a. O., p. 280). An anderer Stelle legt sich Melanchthon fest auf durch die Schrift überlieferte Zeichen: „Duo sunt autem signa a Christo in evangelio instituta, baptismus et participatio mensae domini." (A. a. O., p. 330).

„Ty slushabniki inu dekle, ſe premenuio inu preſtauleio, Ampag ta Vera veden inu vſelei venim ſtanu, veni oblaſti inu veni vrednuſti ſtoy inu oſtane do konza. Ty Sacramenti, ſo le ene pripraue, ena poſſoda, en berzeug, de ſteimi to Vero poterduiemo inu mozhno delamo."[254]

Luthers Auslassungen über die Zeichen, die nicht rechtfertigen, über die Sakramente/den Glauben, der vom AT bis zum NT Grundlage der Verheißung ist, gliedern sich ein in seine Abrechnung mit dem katholischen Messeverständnis, der Transsubstantationslehre und dem Kelchentzug in der Schrift „De captivitate Babylonica ecclesiae". Seine Kritik zielt auf die Einsetzung des Glaubens als Kernsubstanz der Sakramente ab. Es sind theologische Vorgaben der frühen Reformation, die Trubar in seinem „Langen Vorwort" geschlossen übernommen hat.

„Error enim est, sacramenta novae legis differri a sacramentis veteris legis penes efficatiam significationis: utraque aequaliter significabant. Idem enim deus, qui nos nunc per baptismum et panem salvat, salvavit Abel per sacrifitium, Noe per arcum, Abraham per circumcisionem et alios omnes per sua signa. Nihil itaque differt sacramentum veteris et novae legis quo ad significationem, modo veterem legem appelles quicquid in patriarchis et aliis patribus tempore legis operatus est deus. Nam ea signa, quae in patriarchis et patribus facta sunt, longe sunt discernenda a figures legalibus, quas Moses in lege sua instituit, quales sunt ritus sacerdotales in vestibus, vasis, cibis, domibus et similibus [...] hoc ergo different legales figurae a signis novis et vetustis, quod legales figurae non habent annexum verbum promissionis, quod fidem exigat, nude non sunt signa iustificationis, quia non sunt sacramenta fidei, quae sola iustificant, sed sacramenta operis tantum. Tota enim eorum vis et natura erat opus, non fides. [...] Inde proverbium illud ‚Non sacramentum sed fides sacramenti iustificat'."[255]

Die Anmerkungen Rajhmans zu den Sakramenten sind nicht weiterführend, da sie den christologischen Ansatz, den Trubar von Luther übernommen hat, nicht erkennen.[256] Insbesondere erscheinen die Versuche, Trubars Bemerkungen zum Abendmahl doppeldeutig auszulegen, d. h. auch einen Einfluss des „schweizerischen Protestantismus" anzunehmen, durch nichts gerechtfertigt. Trubars Wortlaut und seine Kommentierungen zu den Einsetzungsworten weichen nicht von der lutherischen Realpräsenz ab.

„Ta Vezherya Criſtuſeua pomeni inu nas opomina, potehmal mi uſi vkupe od ene Myſe Ieimo tu tellu Criſtuſeuu, inu pyemo nega kry, de imamo biti eni praui shiui vudi Gmaine

254 [Die Diener und Mägde verändern sich und werden eingesetzt, aber der Glaube besteht immer und stets in einem Stand, einer Macht und einem Wert, die bis zum Ende bestehen bleiben. Die Sakramente sind nur eine Vorrichtung, ein Gefäß, ein Werkzeug, mit dem wir den Glauben befestigen und mächtig machen.] *Ena dolga predguvor*, a. a. O., p. k a [= 32].

255 WA 6, 532.

256 Vgl. Rajhman, a. a. O., pp. 87 ff.

> kerſzhanske, lubiti nashiga rauen zhloueka, nikomur hudu misliti, ne rezhi ne ſturiti temuzh vſe dobru."[257]

Luther hat ähnliche Formulierungen, die darauf hinweisen, dass Trubar in seiner geistlich-theologischen Haltung steht, die auf den gemeinsamen Tisch, die Christenheit, die Liebe zum Nächsten, die Abwehr des Bösen verweist:

> „Niemand [wird] leugnen, daß wir das heilige Sakrament des Altars haben, genauso, wie es Christus selbst eingesetzt […] und die ganze Christenheit gebraucht haben, und essen und trinken so mit der alten und ganzen Christenheit von einerlei Tisch und empfangen mit ihnen dasselbe eine alte Sakrament und haben darin nichts Neues noch Anderes gemacht."[258]

In der Vermahnung zum Sakrament verweist Luther auf die Früchte aus dem Gebrauch des Sakraments:

> „Wo solcher Glaube immer so erfrischt und erneuert wird [durch Teilnahme am Sakrament], da wird zusätzlich auch das Herz immer von neuem erfrischt zur Liebe zum Nächsten […] und gerüstet, der Sünde und aller Anfechtung des Teufels zu widerstehen."[259]

Verheißung, Empfang der Gnade Gottes, Voraussetzung des Glaubens, Zeichengebung für die heilige Handlung sind Trubars Stichworte,[260] die ihn in der Abendmahlsfrage mit Luthers Lehre dauerhaft verbinden. Rajhmans spitzfindiger Versuch, eine Doppeldeutigkeit aus Trubars Abendmahlsdefinition, „per kateri on ſteim Kruhom inu ſteim Vinom dili vſakimu ſuſeb tu ſuie tellu, […] Inu to ſuio kry,"[261] herauszulesen, übersieht, dass es hier weder um eine Transsubstantation noch eine Symbolhandlung geht.[262] Luther selbst ist solchen Auslegungen seiner Zeitgenossen entgegengetreten:

> „Fürwahr, wenn ich nicht begreifen kann, auf welche Weise das Brot der Leib Christi sein kann, will ich doch meinen Verstand gefangennehmen unter den Gehorsam Christi und

257 [Das Abendmahl Christi bedeutet und erinnert uns, wenn wir alle zusammen von einem Tisch den Leib Christi essen und sein Blut trinken, dass wir ein wahres lebendiges Glied der christlichen Gemeinde sein sollen, unseren Nächsten lieben, niemandem Böses ansinnen, nachsagen, tun sollen, sondern alles Gute.] *Ena dolga predguvor*, a. a. O., p. u [= 111].

258 „Wider Hans Worst" (1541), a. a. O., pp. 2817 f.

259 „Vermahnung zum Sakrament des Leibes und Blutes unsers Herrn" (1530), a. a. O., p. 3031.

260 „Ampag ner vezh ſo ty Sacramenti od Buga poſtauleni, de ſteimi, koker ſuiemi ſuetimi Snamini, hozhe vſakiga Verniga ſuſeb ſaguishati inu pruti nemu ſpryzhati, de ie V nega Gnadi inu miloſti." [Die Sakramente aber sind von Gott eingesetzt, der mit ihnen wie mit hl. Zeichem jeden Gläubigen vergewissern und ihm gegenüber bezeugen will, dass er in seiner Gnade und Güte ist.] *Ena dolga predguvor*, a. a. O., p. u [= 111].

261 [nachdem er mit dem Brot und dem Wein jedem gesondert seinen Leib … und sein Blut ausgeteilt hat.] A. a. O., p. u2 [= 113].

262 Rajhman, a. a. O., pp. 89 f.

> schlicht bei seinen Worten bleiben, und glaube fest nicht allein, daß der Leib Christi in dem Brot ist, sondern das Brot der Leib Christ ist.“[263]

Der gemeinsame Tisch, den Trubar in seinen Überlegungen zum Abendmahl anführt („vkupe od ene Myſe Ieimo [...] inu pyemo nega kry“ – gemeinsam von einem Tisch essen wir und trinken sein Blut), wendet sich gegen den Kelchentzug der Eucharistie, nimmt die Kritik Luthers und Melanchthons an der katholischen Priesterschaft auf:

> „Iam et eucharistia ablegata est ad peculiare quoddam genus hominum, ad sacerdotes, et qui communis esse volebat omnium piorum Christus, iam a solis sacerdotibus usurpatur atque ita et missae fructus et vis eucharistiae prorsus obscurata est.“[264]

10. Sola fide, sola gratia, sola scriptura – die christozentrische Lehre der lutherischen Reformation im Widerhall Trubars

In den letzten Kapiteln begründet Trubar zusammenfassend die Notwendigkeit der Gesetze im Sinne der Reformation. Sie dienen der Erkenntnis der Sünde, halten an zur Buße, führen zur Verzweiflung des Sünders und bewirken die Umkehr im Herzen, vermitteln den richtigen Dienst an Gott, bringen zur Erkenntnis, durch die Erbsünde verdammt und unfähig zu sein, aus eigener Kraft die Gebote einzuhalten. All das dient dazu, alle Gedanken und Werke nach Gottes Willen zu richten:

> „Ta Oſmi Vrshah. De bomo lubili Boga inu vſe Verne ludi ſcelim ſerdcem, Inu vſe nashe misli tar diane ſe bode Sboshyo Volo, inu shnega Sapuuidami glihalu. Sa letih Oſſem rizhi inu Vrshahou volo, ſo nom te Boshye Poſtaue inu Sapuuidi dane, Inu nekar de bi mi ſteimi oli skuſi nih derſhane, dobili tu odpuſzhane tih Grehou inu ta vezhni leben.“[265]

Das zu erfüllen, wäre nützlich und Gott gefällig; es sei dem Menschen aber aufgrund seiner verderbten Natur nicht möglich, die Gebote zu halten, deshalb muss ein anderer Weg zur Seligkeit gefunden werden. „Ta iſta ie ſam nash Goſpud inu

263 „Von der babylonischen Gefangenschaft der Kirche“ (1520), a. a. O., pp. 1366 f.

264 Melanchthon, *Loci communes*, a. a. O., p. 156.

265 [Die achte Ursache: Wir werden Gott lieben und alle gläubigen Menschen mit ganzem Herzen; und alle unsere Gedanken und unser Tun werden Gottes Willen und seinen Gesetzen entsprechen. Um dieser acht Dinge und Ursachen willen werden uns die Gesetze und Gebote gegeben und gesetzt den Fall, dass sie gehalten werden, würden wir die Vergebung der Sünden und das ewige Leben erhalten.] *Ena dolga predguvor*, a. a. O., p. z2 [= 137].

Isuelizhar Iesus Cristus."[266] Das ist ein Bekenntnis nach der lutherischen Exegese von Gesetz und Evangelium.

Einen resümierenden Überblick erfährt auch die Diskussion um die „guten Werke", auf die hier nicht erneut eingegangen werden muss. Es geht Trubar sichtlich um die Ausräumung von Missverständnissen, wie der Eingangssatz Kap. 56 andeutet:

> „Aku nas le ta sama Vera pres vsiga nashiga dobriga diane, Isuelizha, taku nei potreba nom dershati tih Boshyh Sapuuid, ne brumnim biti, ne dobriga diati, ne slushiti Bogu."

Die Antwort beweist die falsche Voraussetzung dieser Argumentation und macht sie damit ungültig:

> „Koker tu nashe dershane inu ohranene tih Sapuuid, ta nasha bruma, dobra della, inu te nashe slushbe Boshye, ne o zhiste, popolnoma inu sadosti, dopernessene, Inu one ne saslushio odpuszhane tih Grehou, ne tiga vezhniga lebna, Tu vse nom bode is milosti Boshye, Sabston, sa volo te Vere Viesusa danu."[267]

Trubar führt buchhalterisch neun Gründe auf, die allesamt mit den Argumenten der Lehre von den guten Werken Luthers und Melanchthons übereinstimmen. Luther weist zu Beginn seines Sermons über die guten Werke auf die Erfüllung der Gebote hin. Das ist auch Trubars erste Bedingung. Bußfertigkeit, der Glaube als Voraussetzung, das Handeln aus reinem Herzen und guten Gewissen, d. h. vom Heiligen Geist inspiriert, sind weitere Anleitungen, die Trubar aufzählt: „Ta nasha dobra della, so Pryzhe, de imamo to prauo Vero".[268] Es ist ebenfalls Luthers Grundformel, dass gute Werke nur aus dem Glauben hervorgehen können, dass sie sozusagen eine zwingende Folge sind für den, der in der Gnade Gottes steht.[269] Diese Erkenntnis geht in die „Confessio Augustana" über, findet sich in Melanchthons „Loci communes"[270] bildet somit eine direkte Linie zu Trubar hin.

---

266 [Das ist allein unser Herr und Heil Jesus Christus.] A. a. O.

267 [Wenn uns allein der Glaube ohne alle unsere guten Taten selig macht, dann ist es nicht nötig, die Gebote Gottes zu halten, fromm zu sein, Gutes zu tun, Gott zu dienen. Da unser Einhalten und Bewahren der Gesetze, unsere Frömmigkeit, die guten Werke und unser Gottesdienst nicht rein, vollständig und genügend erbracht sind und sie nicht der Vergebung der Sünden dienen, nicht dem ewigen Leben, so wird uns alles aus Gottes Gnade umsonst, um des Glaubens an Jesus willen gegeben.] A. a. O., p. z4 a – aa [= 142 f.].

268 [Unsere guten Werke sind Zeugen, dass wir den wahren Glauben haben.] A. a. O., p. aa2 a [= 146].

269 „Vorlesung über den Hebräerbrief" (1517/1518), p. 846.

270 „Unica fides est sensus misericordiae dei, quae omnium bonorum operum et fons et vita et rectrix est" (Melanchthon, *Loci communes*, a. a. O., p. 264); vgl. auch den Hinweis auf Luthers Aussage in „Von den guten Werken", a. a. O., Anm. 820: „Der Glaube muß Werkmeister und Hauptmann sein in allen Werken, oder sie sind gar nichts".

Im letzten Abschnitt seiner „Langen Vorrede" sucht Trubar einen neuen Zugang zu seiner Gemeinde. Nach der vorangegangenen Deutung evangelisch-theologischer Grundbegriffe vermittelt Trubar Stützen für das Leben der Gemeinde in notvoller Umgebung. Seine Erörterungen wirken praxisbezogen, von der Sorge um das Seelenheil bestimmt und erörtern die Nutzanwendung der „neuen" Religion als geistliche Handhabe für seine Gläubigen. Schon in der Überschrift betont er die Nützlichkeit und die Mittel des Trostes:

> „Sakai ie Criſtus tulikain zaihnou delal, kai nom ty nuzaio. Sakai ta Cerkou, ima tulikain Nadlug na tim Sueitu, Szhim ſe ima Troshtati. Koku inu obkai ſe ima prou Moliti."[271]

Für Luther ist „Zeichen" das Hinführen Gottes zur Erkenntnis der Verheißung, die allerdings nur im Glauben wirksam wird; es ist Mittel zum Zweck der Gewissheit für die Heilsgeschichte im AT ebenso wie im NT. Nicht das Zeichen rechtfertigt, sondern der Glaube an Gottes Verheißung.[272] Bei Melanchthon sind „Zeichen" nicht Selbstzweck, sondern eingesetzt, „damit der Glaube an die Gnade angefacht werde."[273] Die Zeichen sind auch bei ihm Hinweis, Bekräftigung, Erkenntnisförderung für die göttlichen Verheißungen. In diese Interpretation reiht sich Trubar ein. Seine Hinweise auf die Zeichen Gottes, die Beispiele aus dem AT, die Vermittlung von Gewissheit, die Auslöschung von Zweifeln, die Stärkung des Glaubens sind blumig ausgemalt, nach allen Seiten hin sich absichernd dargestellt und jedermann verständlich und tröstlich vorgestellt:

> „Obtu inu ſa tiga volo, ie nash Goſpud Bug inu ozha nebeski ſred ſuim ſynum, is nega preuelike, neiſrezhene dobrute, miloſti inu lubeſni, kir on ima pruti ſui ſtimu zhloueku, ie on hotel, te ſuie riſnizhne inu ſtonouite beſſede, oblube inu priteshe, ta ſui Vuk Euangelium inu to nasho prauo ſtaro kerſzhansko Vero, tudi ſuelikimi zhudeſi inu zaihni ſpryzhati, poterditi inu ſteimi ſaguishati vſe ludi, de vſe tu kar ie on ſam, oli nega Syn, Inu kar ſo ty ozhaki, Moiſes, Preroki inu, Iogri, po nega vkaſanu inu vnega imeni gouurili, oblubili, prytili oli vuzhili, ie guishnu, riſnizhnu ſtonouitu inu Boshye, da na tim ner manshim, kar ie gouorienu od Buga inu vtu S. Piſmu poſtaulenu, nemaio zbiulati."[274]

---

271 [Warum Christus so große Zeichen getan hat, was diese uns nützen. Warum es die Kirche gibt, so viele Nöte auf der Welt, womit man trösten soll. Wie und worum man beten soll.] *Ena dolga predguvor*, a. a. O., p. aa4 [p. 149].

272 „Von der babylonischen Gefangenschaft der Kirche" (1520), a. a. O., p. 1462.

273 Melanchthon, *Loci communes*, a. a. O., p. 329.

274 [Deshalb wollte unser Herr Gott und himmlischer Vater mittels seines Sohnes, aus übergroßer, unsagbarer Güte, Gnade und Liebe, die er gegenüber dem Menschen hat, seine wahren und beständigenWorte, Versprechen und Zeugnisse, seine Lehre, das Evangelium und unseren wahren alten christlichen Glauben, auch mit großen Wundern und Zeichen bezeugen, festigen und damit alle Menschen vergewissern, dass alles, was er selbst ist oder sein Sohn und was die Väter, Moses, die Propheten und Jünger nach seinem Befehl und in seinem Namen sprachen, versprachen, androhten oder lehrten, gewiss ist, wahr, be-

Die Zeichen sind Leitfaden für die Gläubigen, Kennzeichnung des Wortes Gottes, Erkenntnis der Gottgleichheit Christi.[275] Sie sind Bestätigung der Verheißung: „imamo Pryzh, de Bug nom bode guishnu inu rifnizhnu vfe tu dal, per prauim redu inu zhafu, kar ie nom vtim S. Pifmu inu vtih Euangelieh oblublenu."[276]

Im Abschluss seiner Überlegungen zu Glaubensfragen versammelt Trubar eine Reihe von reformatorischen Diskussionen und Problemen, die ihn vermutlich erst nach seinen bisherigen Veröffentlichungen erreicht haben. Das sind weniger Stellungnahmen oder ernsthafte Auseinandersetzungen, sondern mehr Hinweise auf die Kenntnisnahme und gleichzeitig eine Art Abwehr von komplizierten Überlegungen, mit denen er seine Landsleute (und sich selbst) nicht belasten möchte.

Abgelehnt wird der Einstieg in solche Diskussionen auch aus dem Grund, dass dadurch unnötig der „wahre Glaube" in Gefahr gebracht werde.[277] Nicht zufällig lesen wir im Brief an Bullinger vom März 1557 Trubars Ablehnung einer Diskussion über die abweichenden Formen des Abendmahls;[278] sie liegt zeitnah zur Absage, über solche komplizierten Dinge wie die Erforschung von Gottes Willen zu disputieren. Trubar hält es nicht für notwendig, in erhabener, tiefgründiger Weise Überlegungen anzustellen über die Pläne, Entscheidungen oder Auswahlprinzipien Gottes. Er begründet das mit der Zusage Gottes und seinem Gebot, an dieses Versprechen fest zu glauben „inu de nemamo od Boshye Vole drigazhi misliti, gouoriti ne dershati, temuzh koker nom ta Boshya beffeda inu nega oblube naprei dershe inu prauio".[279] Nicht der Mensch und sein Wille stehen im Mittelpunkt, sondern die Abhängigkeit des Menschen von Gott

ständig und göttlich, damit am kleinsten, was von Gott gesprochen worden und in der Hl. Schrift festgehalten worden ist, niemand zweifeln soll.] *Ena dolga predguvor*, a. a. O., p. bb [= 151].

275 A. a. O., pp. bb–bb2 [= 152 f.].

276 [Wir haben Zeugen, dass Gott uns gewiss und wahrhaftig all das geben wird, in rechter Ordnung und Zeit, was uns in der Hl. Schrift und in den Evangelien versprochen worden ist.] A. a. O., p. bb3 [= 155].

277 Trubar warnt bei solchen Gelegenheiten vor Abweichlern, in diesem Fall den Wiedertäufern: „vfaki dobri kerszhenik vary pred teim Bidertaufferskim Hynauskim Vukum" [jeder gute Christ hüte sich vor der heuchlerischen Wiedertäufer-Lehre.] (A. a. O., p. ff a [= 184]) – Trubar bezieht seine Kritik auf das falsche Gebet, bei Luther wird der Taufmissbrauch angeprangert: „Also: wo du die Wiedertäufer hinkehrest, so tun sie unrecht, lästern und schänden Gottes Ordnung" („Von der Wiedertaufe an zwei Pfarrherrn (1528), a. a. O., p. 2556).

278 Vgl. Rajhman, *Pisma Primoža Trubarja*, a. a. O., p. 26; vgl. Kap. I, 2, 4, III, 7 ds. Arbeit).

279 [Und dass wir von Gottes Willen nichts anderes denken, sagen, halten sollen, als uns das Wort Gottes und seine Versprechen für die Zukunft halten und sagen.] *Ena dolga predguvor*, a. a. O., p. ee4 a [= 182].

und seiner Gnade. Hier klingt die Abkehr von Erasmus auf der Grundlage lutherischer Argumentation an.

Für Luther ist die Erbsünde Auslöser und ständiger Begleiter des Menschen. Der Wille des Menschen ist deshalb gebunden und notwendig unfrei. „Das facere quod in se est kann nur Sünde zutage fördern. Die einzige dispositio ad gratiam ist die göttliche Erwählung."[280] Trubar verdeutlicht diese Gebundenheit und die alleinige Wirkungsmacht Gottes im Hinweis auf das „Wort" als einziger zuverlässiger Quelle von Gottes Wollen: „Mi nemamo tudi drugdi, kai ie Bogu vmisli, kai hozhe imeiti, kakoue ie Vole vprashati, ne iskati, ſamuzh vti nega beſſedi, vtim S Euangeliu."[281] Das „liberum arbitrium", die freie Wahlentscheidung des Menschen, die Erasmus vertritt, wird von Luther bekanntlich abgelehnt. Die diesbezügliche Argumentation erkennt zwei Willensbereiche (Mensch bzw. Gott) nicht an; der Mensch unterliegt dem Wirken von Gottes Gnade, somit ist sein Wille in der Konsequenz unfrei.[282]

Trubar lässt gar keinen Zweifel an solcher Anordnung aufkommen. Die Verheißung Gottes ist unabänderlich, der einzige Zugang ist der Glaube; das „liber arbitrium" ist nicht für den Menschen gegeben „in bezug auf die Gnade, die Geltung vor Gott":[283]

> „per tim ima uſaki veiditi inu Verouati, de te Boshye Oblube, [...] na vſe gredo, Bug to ſuio Gnado miloſt inu odpuſzhane tih grehou vſem ludem V criſtuſu, ponuie inu ſtaui naprei."[284]

Trubar bezeichnet diese Zusage als Trost für die Gemeinde, die nicht durch Eigenverdienst, eigene Willensentscheidung vor Gott bestehen kann, sondern nur durch den Fürsprecher Christus. Trubar hat seine Argumente in den Zusammenhang der Lehre von den guten Taten gestellt. Das zeigt auch von dieser Seite die indirekte Auseinandersetzung mit Erasmus, dessen Polemik gegen Luther ja gerade auf der Ablehnung der These von der alleinigen Rechtfertigung durch die Gnade und der Mitwirkung der guten Taten beruhte. Trubars obiges Zitat steht in enger Sinnverwandtschaft zu Luthers Thesen in der radikalen Katholizismuskritik „Von der

280 Ebeling, „Martin Luther. Theologie", a. a. O. In: *RGG³*, Bd. 4, 501.

281 [Wir sollen auch nicht erkunden, was Gott gedacht hat, was er haben will, wie sein Wille zu erfragen ist, nicht suchen, außer in seinem Wort, im hl. Evangelium.] *Ena dolga predguvor*, a. a. O.

282 Zusammenfassend formuliert Gerhard Ebeling das theologische Problem der Willensfreiheit nach Luther, dass „allein im wirkenden Willen Gottes existierend, [...] der menschliche Wille nie sein eigener Herr [ist], sondern [...] Gott [gehört]." (A. a. O., p. 194).

283 Ebeling, a. a. O., *RGG³*, Bd. 4, 516.

284 [deshalb soll jeder wissen und glauben, dass die Zusagen Gottes ... an alle gehen; Gott erneuert und stellt seine Gnade, Güte und Vergebung der Sünden für alle Menschen in Christus für die Zukunft sicher.]

Freiheit eines Christenmenschen" (1520). Der deutsche Reformator betont die Unmöglichkeit für den Menschen, sich selbst zu rechtfertigen, d.h. die Gebote zu erfüllen und stellt dem als Lösung die Zusage Gottes entgegen:

> „Dann kommt [...] die göttliche Verheißung und Zusagung, und spricht: Willst du [...] deine böse Begierde und Sünde los werden, [...] glaube an Christus, in welchem ich dir alle Gnade, Gerechtigkeit, Frieden und Freiheit zusage."[285]

11. Resümee

Die „Lange Vorrede" baut eindeutig auf der Theologie Luthers auf. Um das zu demonstrieren, war eine gründliche und vergleichende Textanalyse notwendig, die eine hohe Frequenz an Textzitaten nach sich gezogen hat. Sie führt nicht nur die Quellen und Überzeugungen Trubars vor Augen, sondern auch seine Vermittlungsabsichten.

Bereits die Einleitung der „Langen Vorrede" zeigt den Zuschnitt auf den Erfahrungshorizont des Lesers bzw. Zuhörers, weniger auf theologisch-gelehrte Exaktheit. Mehr auf Mittel der Evokation und Persuasion vertrauend, bietet sich die undogmatische Überzeugungstheologie dar, die den slowenischen Menschen mit den Mitteln der Scheinalternative in die gewünschte Richtung führen soll. Die Eindringlichkeit des Verfahrens wie auch die Simplizität der Beweisführung ist im Einleitungstext spürbar, der hier noch einmal im Zusammenhang zitiert wird:

> „Kateri zhlouik leta ſami Articul oli shtuk te nashe praue kerszhanske vere prou ſna inu ſaſtopi, Ta iſti vei inu more is eniga velikiga Greshnika en nebeski ſuetnik, is Hudiga Brumen, is eniga Boshyga ſouurashnika, en Boshy Periatel ratati, On ſna inu more priti is te Hudizheue oblaſti vto Boshyo Miloſt, inu ſtopiti is Pekla vta ſueta nebeſſa. Spet naſai, kateri zhlouik letiga Articula prou ne ſaſtopi, tar li on bodi vuzhen, Moder inu brumen pred ludmi, taku on ne ſaſtopi prou obeniga drugiga kerszhanskiga Articula, nevei kai ie Ieſus nom dobriga shnega Martro ſturil, ne vei kai ſo ty S. Sacramenti, ſa zhes uolo ſo poſtauleni, ne ſna ſe Sbugom ſprauiti, ie vnemiloſti Boshy, on nema obeniga odpuska od Buga. On ie ſo vſem nega dianem inu rounanem, ſo vſemi nega dobrimi delli inu Sboshymi slushbami poduershen timu Hudizhu. Inu aku on hprauimu ſaſtopu letiga Articula dotle ie vtim shiuotu ne pride, inu po nim ne veruie, taku on hpuslednimu na tei ſmerti inu vdrugih teshkih nadlugah mora zagati na miloſti inu na vſei pomuzhi Boshy, inu bode vekoma ferdamnan."[286]

---

285 „Von der Freiheit eines Christenmenschen" (1520), a.a.O., p. 1496.

286 [Der Mensch, der die Artikel oder Stücke unseres wahren christlichen Glaubens recht kennt und versteht, der weiß es und kann aus einem großen Sünder ein himmlischer Heiliger, aus einem Bösen ein Frommer, aus einem Gottesfeind ein Gottesfreund werden. Er weiß es und kann aus der Herrschaft des Teufels in Gottes Gnade kommen, und aus

Trubar wählte mit der ausführlichen Vorrede zum Neuen Testament erstmals eine Vortragsweise, die unabhängig vom Kanon dogmatischer Glaubensinhalte ihm die Möglichkeit freier Gestaltung ließ. Er beruft sich gleich zu Anfang darauf, die „nötigsten Hauptartikel des Christlichen Glaubens“ auszulegen. Das liegt auf der Linie der „Confessio Augustana“, die sich Trubar zum Vorbild genommen hat; denn es geht ihm nicht nur um Auslegung, sondern auch darum, diese Auslegungen „in eine Ordnung“ zu bringen, dass alle „zum rechten Verstand des göttlichen Wesens und Willens“ kommen.[287] Wichtig ist ihm die Feststellung, alles aus der „Heiligen Schrift auch mit Exempeln und Gleichnissen“ darzulegen. Das ist ebenfalls Absicht der Confessio. Im „Epilogus“ heißt es: „Recensuimus praecipuos articulos, qui videntur habere controversiam.“[288]

> „Allein die Stücke [Artikel] [werden] erzählt, die wir für nötig geachtet haben, anzuführen und zu vermelden, damit man daraus desto leichter zu vernehmen habe, daß bei uns nichts, weder mit Lehre noch mit Zeremonien, angenommen ist, das entweder der heiligen Schrift oder der allgemeinen christlichen Kirche entgegen wäre.“[289]

Begründung und Beglaubigung der Vorgehensweise bei Trubar spiegeln sich in der Absichtserklärung des Augsburger Bekenntnisses wider.

Trubar hat gegenüber knapper dogmatischer Erläuterungen des „Bekenntnisses“ eine Verfahrensweise gewählt, die den wesentlich größeren Umfang seiner Schrift bedingt. Sie lässt sich in den Stichworten „Erläuterung/Erklärung“, „Exem-

---

der Hölle in den heiligen Himmel treten; umgekehrt wiederum, wenn ein Mensch die Artikel nicht richtig versteht und mag er gelehrt sein, klug und fromm vor den Leuten, so er keinen einzigen anderen christlichen Artikel versteht, nicht weiß, was uns Jesus mit seiner Marter Gutes getan hat, nicht weiß, was die hl. Sakramente sind, wofür sie eingesetzt sind, nicht versteht, sich mit Gott zu versöhnen, der steht in Gottes Ungnade, hat keine Vergebung von Gott. Er ist mit seinem ganzen Tun und Streben, mit seinen guten Taten und Gottesdiensten dem Teufel unterworfen. Und wenn er zum rechten Verständnis des Artikels nicht kommt, solange er in diesem Leben weilt, und nicht an ihn glaubt, so muss er zuletzt im Tod und anderen schweren Nöten an der Gnade Gottes und aller seiner Hilfe verzagen, und er wird für immer verdammt sein.] *Ena dolga predguvor*, a. a. O., p. f2 a; zur Interpretation dieser Textstelle vgl. auch G. Giesemann, „Die slovenischen Vorreden Primus Trubers zu seinen Übersetzungen der Heiligen Schrift. Erkenntnisse zur Struktur, Theologie und zu den lutherischen Quellen der Schriften des slovenischen Reformators“. In: *Biblia Slavica*, a. a. O., pp. 23–39, hier p. 27.

287 *Ena dolga predguvor*, a. a. O., Deckblatt.

288 *Confessio Augustana*. Das Augsburger Bekenntnis (1530). Lateinischer Text (= Bekenntnisschriften der evangelisch-lutherischen Kirche (1930)), Göttingen, p. 41.

289 A. a. O., p. 42: „Tantum ea recitata sunt, quae videbantur necessario dicenda esse, ut intelligi posset, in doctrina ac caeremoniis apud nos nihil esse receptum contra scripturam aut ecclesiam catholicam“.

plifizierung", „Einbettung in die Alltagserfahrung", „Festigung des Glaubens" manifestieren.

Trubar übernimmt sozusagen den Schlusssatz des Augsburger Bekenntnisses, „dass keine neue und gottlose Lehre sich in unseren Kirchen einflöchte, einreihe und überhand nähme",[290] und richtet danach sein striktes Festhalten an der lutherischen Konfession aus. Die Bemühungen, Sachverhalte verständlich zu machen, führen bei Trubar zu ständigen Wiederholungen, ausladenden Erläuterungen, die mit zahlreichen Beglaubigungen durch Bibelstellen exemplifiziert werden. Die Stichworte der „Hauptartikel" sind nicht isoliert dargestellt, sondern in immer wieder neuen Zusammenhängen und Kombinationen mit anderen Grundelementen christlicher Lehre vermittelt. Das geschieht z. B., wie oben dargelegt, hinsichtlich des Stichwortes „gute Werke", die eingebettet sind in die Lehre vom Gesetz – Evangelium, in das Problem Rechtfertigung, Erbsünde, Glaube und Gnade. Dadurch ergeben sich Redundanzen, d. h. ganze Passagen werden als Formel an verschiedenen Stellen eingesetzt und damit wiederholt. Das hat natürlich auch einprägende Wirkung.

Exemplifizierungen können bei Trubar Zitatcharakter haben – ein übliches Verfahren im Schrifttum seiner Zeit –, werden aber auch in theatralischen Inszenierungen dargeboten, wie oben dargestellt. Die Dialogform ist besonders geeignet, Schlüsselbegriffe zu hinterfragen. An vielen Stellen, wie gezeigt werden konnte, geht der Slowene auf das Glaubensverständnis und die praktische Glaubensausübung seiner Landsleute ein, kennt und erwähnt die alltäglichen Versuchungen, Nöte, Anfechtungen, Ängste und verbindet solche Seelsorge mit pädagogischen Anweisungen. Die Grundlagen der evangelischen Lehre werden nicht nur vorgestellt und in ihren Zielsetzungen erörtert, sondern mit Anweisungen versehen, die dem Zuhörer/Leser eine Perspektive des Trostes eröffnet, indem eine erfüllbare Anleitung für den Heilsweg aufgezeigt wird.

Schließlich sieht es Trubar als seine Aufgabe an, sein Christenvolk vor den Verführungen aller falschen Lehrer, auch den Abweichlern unter den Protestanten, zu warnen. Er erweitert das auf die Würdenträger der Papstkirche, die Heiligenverehrung und Wallfahrten. Es ist ein regelrechtes antipäpstliches Programm, das er in seinen Auslegungen vorführt:

> „ſdaici po nih Lozhitui tiga ſuita, ſo ſe ty kerszheniki puſtiti od falſh Vuzhenikou, kezarieu Inu potle od Papeshou, Cardinalou, Shcofou, Faryeu inu Menihou, na mnogetere kriue Vere, inu na zhudne norske, Malikouske, Boshye slushbe ſepelati. De ſo iskali inu she ſdai nih doſti iszheio, to Gnado inu Miloſt Boshyo, tiga Odpuska, tu ie Odpuſzhane tih Grehou, Vrymu, Vrokonatu, Vhu, Vishpany, na Gorah, na Doleh, na Puli inu vtih Goſdeh,

290 A. a. O.: „ne quae nova et impia dogmata in ecclesias nostras serperent."

> Per Iſpazhenih Mashah, per ſidanih Cerquah, per mertuih Suetnikih, Per Papeshih, Scofih, Faryh, Menihih, per Babishnih ſanah, per Sludieuih zaihnih inu prikasnah, per lizhkakih zhloueskih inu norskih Boshyh Slushbah.“[291]

Der Text wurde in einer längeren Passage wiedergegeben, um die Eindringlichkeit, die überredende Manier Trubars zu demonstrieren.

Die Besonderheit liegt in der Vermittlung der Theologie, sie ist wie bei jedem der Reformatoren durch die Zielpersonen, den gesellschaftlich-kulturellen Anlass, das verfolgte Programm bestimmt. Die Glaubensüberzeugungen und der Richtliniencharakter der theologischen Quellen, denen die Definitionshoheit obliegt, sind dadurch nicht berührt.

Trubar, so kann festgestellt werden, gründet seine Ausführungen in „Ena dolga predguvor“ auf die Lehre Luthers in direkter oder umschreibender Wiedergabe; Hilfestellung leisten im einen oder anderen Diskussionsbereich Melanchthons „Loci“, soweit sie verbreiternd oder auch vertiefend einzelne Themen weiterführen. Zur Begleitung dieser theologischen Aufnahme gehören Ansichten von Veit Dietrich, aber auch Matthias Flacius, die in der lutherischen Tradition stehen und als direktes Vorbild für die Wiedergabe einzelner Glaubensfragen dienen können. Da alle diese Quellen und Richtungen in die „Confessio Augustana“ einfließen, lassen sich grundsätzlich Übereinstimmungen mit der als lutherisch-protestantisches Bekenntnis anerkannten Veröffentlichung feststellen. Das ist, nicht im Wortlaut, jedoch dem Sinne nach die Wiedergabe der einzelnen Kapitel der „Confessio“. Dabei hat Trubar nicht nur die entscheidenden Stichworte der Augsburger Kapitel, sondern auch ihre Tendenz aufgenommen.

---

291 [Bei ihrer Trennung von dieser Welt sollen die Gläubigen ablassen von falschen Lehrern, Kaisern und dann von Päpsten, Kardinälen, Bischöfen, Pfarrern und Mönchen, die zu vielfältigem falschem Glauben, zu närrischen Wundertaten, zu Götzendienst und Gottesdiensten verführen. Sie haben gesucht und suchen auch jetzt noch die Gnade und Güte Gottes, seine Vergebung, das heißt, die Vergebung aller Sünden, Vrymu, Vrokonatu, Vahu, Vishpany, auf den Bergen, in den Tälern, auf den Feldern und in den Wäldern, durch Messen, steinerne Kirchen, sterbliche Heilige, Päpste, Bischöfe, Pfarrer, Mönche, Weiberträume, durch böse Zeichen und Gesichte, durch irgendwelche vom Menschen veranstaltete närrische Gottesdienste.] *Ena dolga predguvor*, a. a. O., p. u4 [= 117].

Exkurs: Slovenska cerkovna ordninga von 1564

1. Auseinandersetzungen

Eigentlich gehört die von Trubar zusammengestellte slowenische Gottesdienstordnung nicht in erster Linie in den Rahmen der Untersuchung. Zwar sind theologische Erkenntnisse und Festlegungen in einer solchen Ordnung selbstverständlich vorhanden, da sie Grundlage dieses „kirchlichen Gesetzeswerkes“ sind. Sie bringen aber keine neuen Einsichten in die bereits entwickelte Theologie des Slowenen, was sich in vielfachen Wiederholungen zeigt. Trubar hat sich auf mehrere Ordnungen und Agenden, für Landeskirchen oder die Pfarrerschaft geschrieben, stützen können, wobei er natürlich als Untertan eines württembergischen Herzogs und seiner Kirche sich am Ende den theologischen Auffassungen und traditionellen Zeremonien dieser Landeshoheit beugen musste bzw. seine Verschriftlichung diesen Vorgaben anzupassen hatte.

Er hat sich viel Ärger mit dieser Kirchenordnung eingehandelt, auch, weil es ein übergriffiges Unternehmen war. Die Empörung des Slowenen über die Ablehnung der Kirchenordnung durch den Landesherrn war groß, zumal er sie im „rechten Glauben“ nach bestehenden Kirchenordnungen zusammengestellt und verdolmetscht habe. Seinen Protest („Bedenken und Ratschläge“) gegenüber den Landständen vom 29. Oktober 1564 stilisiert Trubar zu einem historischen Vergleich mit Luthers Protest gegenüber Kaiser Karl V. und dem Wormser Reichstag. Diese Erhebung der eigenen Person in geschichtliche Dimensionen verweist auf eine tief empfundene geistige Verwandtschaft, eine Parallelisierung des Lebensschicksals hin; mit einem solchen Bekenntnis macht Trubar nicht nur Luthers Sache zu seiner eigenen, sieht sich in der Nachfolge des deutschen Reformators, sondern betrachtet auch sein slowenisches reformatorisches Konzept in Parallelität zu Luthers kirchenpolitischen Zielen. Der Slowene versucht, an der Bedeutung des deutschen Reformators in der damaligen geistigen und geistlichen Welt zu partizipieren, obwohl sein Anlass (Ablehnung einer Kirchenordnung) mit Luthers Einspruch (Angriff auf sein gesamtes reformatorisches Werk) in der Größenordnung eigentlich nicht vergleichbar ist.

Parallelität ergibt sich in der Hochrangigkeit der Adressaten, in der Beteuerung, nichts außerhalb der Schrift verfasst zu haben, in der Bereitwilligkeit des Widerrufs bei Irrtümern und dem Angebot der Vernichtung der eigenen Werke und Ämter.

Luther schreibt jeweils am 28. April 1521 an den Wormser Reichstag und an Karl V., in deutscher bzw. lateinischer Sprache die folgende, inhaltlich übereinstimmende Passage:

> „weil meine ſchriften mit dem claren und lautern wort gottes bekreftiget ſeind, iſt mir auf das höchſt beſchwerlich, unpillich und unmüglich, gottes wort zu verlaugnen und ſolliche meine bücher der maß widerruffen, und in demut gepetten, Kei. Ma. wolte mich zu ſollichem widerſpruch in keinen weg laſſen dringen, beſunder mein ſchriften und bücher, durch ſich ſelbst oder andere, auch die wenigeſten, so es vermügen, beſichtigen, die irtumb, ſo darinnen ſein ſollen, durch götliche, Euangeliſch und Prophetiſche ſchriften zuerweiſen, mit Chriſtenlichen errpieten: ſo ich verweiſet wurd, das ich ſolt geirret haben, wollte ich alle irtumb widerruffen und der erſt ſein, der meine bücher in das fewr wolt werfen und mit den füſſen darauf tretten."[1]

Trubar schreibt in der Angelegenheit seiner abgelehnten Kirchenordnung an den Landesverwalter und Krainer Landesausschuss am 29. Oktober 1564 folgenden Bericht:

> „[...] das er [Trubar] auch ein khirchenordnung, die sich durchhauß mit der lehr vnnd ceremonien der augspurgerischen confession verwandten vergleyche, sol verdolmetschen. Das hat er gethan vnnd sich vor der ganczen ersamen landtschafft erbotten, von disem buch so wol alß von den andern vor allen gottsaligen rechenschafft zugeben. Wo etbas dem wort gotts, durch die propheten vnnd aposteln geschriben, zuwider wird erfunden, will er soliches mündtlich vnnd schrifftlich widerruffen vnnd sich von e. f. d. [eure fürstliche Durchlaucht] vnnd vnns straffen vnnd auß dem lanndt wie ein betrieger veriagen lassen. Vnnd auff solichen bericht müessen e. g. [ewige Gnaden] die f. d. [fürstliche Durchlaucht] bitten, das sie meine bücher gottsalige, verstandige personen lasse durchsehen, vnnd wo sie was vnrecht finden, den Truber auß h. geschrifft vberzeugen, er hab geirret, [...] Vnnd nach demselbigen, wo er vnrecht befunden, soll er vnnser prediger nimmer sein, wellen jn selbst gen Rom dem babst gefencklich vbersenden."[2]

1 „Brief an den Wormser Reichstag" (28. April 1521). In: Martin Luther, WA, Abt. IV, Bd. 2, Nr. 402, p. 315; vgl. dazu die lateinische Version an Karl V. (28. April 1521), a. a. O., Nr. 401, p. 307: „Ego vero, vbi meos esse agnouissem [...], indicaui cum reuerentia & submissione multa, eum esse mihi animum, quod, cum libellos meos claris & apertis scripturis muniissem, mihi non esse integrum neque equum neque vllo modo committendum vt verbum dei negarem & libellos meos eo pacto renocarem, rogans humiliter, ne S[acra] M[aiestas] tua me, ad huius modi reuocationem adigi pateretur vllo modo, sed hoc potius curaret, vt libelli mei sine perseipsum sine per alios etiam cuiuscunque ordinis vel minimos (siquis posset) perlustrare & errores, quos inesse causantur, liberis diuinis scilicet Euangelicis & propheticis redarguere dignaretur, offerens me christiana promptitudine, si redargutus & reuietus de errore fuissem, omnia me reuocaturum & primum futurum, qui libellos meos igni traderem & pedibus conculcarem."

2 Rajhman, *Pisma Primoža Trubarja*, a. a. O., p. 192.

Trubar hat hin und wieder Luther bemüht, um irgendwelche prekäre Lebenssituationen zu fokussieren. Auf diese Weise ließen sich Aufmerksamkeit und ernsthafte Anhörung erwecken. Die Angst vor einer Gefangennahme in Laibach und einer Auslieferung nach Rom wird in der Parallelität zu Luther dringlich vor Augen geführt. Im Brief an Baron Ungnad heißt es am 5. Oktober 1563:

> „Wo es zu dem khombt, so würde […] nichts helffen, den ich werde jm gschloß alhie nicht lang behallten, sonnder gen Rom geschickht, alda wird jch ein walische suppen mit gifft vermacht außtrinckhen müessen, den mein nam jst zu Rom schier woll als Lutheri saligen bekhanndt vnd verhast."[3]

Die Landesherrschaft war in der Auseinandersetzung um die reine Lehre in Zeiten mannigfaltiger Abweichungen, Sektenbildungen, theologischer Wortklauberei hinsichtlich solcher grundlegender und wirkungsmächtiger Texte von größter Wachsamkeit und penibler Kontrolle buchstabengetreuer Wiedergabe.[4] Das wird wohl besonders deutlich in der „Überwachung" der Abendmahlsformulierung. Es gab Irritationen bei kleinsten scheinbaren Abweichungen, insbesondere nach Luthers Tod.

Es kann gar keine Frage sein, dass die Bezichtigungen gegen Trubar einen Theologen trafen, der immer wieder seine Treue zur lutherischen Lehre bekundet hat. Trubar fehlte das Gespür für die „political correctness", die er vermutlich als Wortklauberei empfand. So mussten gerade seine „Richtigstellungen", wie er sie gegenüber Nikolaus Graveneck zum Ausdruck brachte, negatives Aufsehen erregen:

> „Jnn vnseren kirchen, die die euangelisch lehr angenommen, jst noch (gott lob) von kheiner sect noch zwispalt zuehören.[5] Wir lernen vnnd glauben ainhelligclich den wortten Christj beim nachtmal, das wir alda den waren leib vnnd das ware pluet Christj dess herrn jm geist vnnd jm glauben empfachen […]".[6]

---

3 A. a. O., pp. 162 f.

4 Vgl. hierzu die ausführliche Darstellung der Drucklegungsprobleme der „Kirchenordnung" bei Rupel, *Primož Trubar*, a. a. O., pp. 166 ff.

5 Trubars Eigenart, bestimmte Aussagen formelhaft zu wiederholen, ist auch hier deutlich zu spüren. Fast 20 Jahre später hat er in der Dedikation des NT von 1582 an Ludwig, Herzog zu Württemberg, wiederum die „Reinheit" der Kirche in den „Windischen Landen" beteuert, im Gegensatz zum Mutterland der Reformation mit seinen Abweichlern: „Es ist auch bey jnen bißher / Gottlob / kein Sect oder Schisma Caluinisten noch Flaccianisten / noch andere / wie bey den Teutschen entstanden". (*Ta celi novi testament*, Teil 1 (Evangelien, Apostelgeschichte), Tübingen 1582. In: *Biblia slavica*, a. a. O., pp. 427 f.). Die Namen sind dabei nach aktueller Lage austauschbar.

6 Rajhman, *Pisma Trubarja*, p. 166; vgl. dazu auch p. 279, Anm. 12 ds. Arbeit.

Trubar weiß, dass Glaubenstreue an der richtigen Formulierung des Abendmahlvorgangs gemessen wird. Anstoß erregte seine Passage „im Geist und im Glauben empfangen", weil es auf Zwinglianismus hindeuten konnte. Seit Rupel[7] wird immer wieder aufgrund solcher Formulierungen die Möglichkeit eines heimlichen Zwinglianismus bei Trubar in Betracht gezogen.

Das ist allerdings theologisch kaum haltbar. Zwar erscheinen Trubars Worte wie die unfreiwillige Offenbarung eines Abendmahlsverständnisses, nämlich dass die Realpräsenz („dass wir allda den wahren Leibe und das wahre Blut Christi empfangen") einer symbolischen Auffassung („im Geist und Glauben empfangen") untergeordnet sei und damit der Verdacht auf eine zwinglianische Einstellung gerechtfertigt wäre.[8] Trubar kann sich aber – so paradox das klingen mag – auf die Argumentation Luthers stützen, die er in seiner Auseinandersetzung mit dem Wittenberger Andreas Karlstadt und dessen symbolischer Abendmahlslehre, die den ehemaligen Lutheraner in die Verwandtschaft der süddeutsch-schweizerischen Sakramentsauffassung brachte, verdeutlichte. Die Schrift „Wider die himmlischen Propheten, von den Bildern und Sakrament" (1525) ist eine Abrechnung mit dem Bilderstürmer und dem Prediger einer „widersinnigen" und „mutwilligen" Ordnung des Abendmahls. Luthers Beweisführung beruft sich auf 1. Kor. 10, 16, die Trubar ebenfalls aufgreift: „vnnd vnns warhafftig dess leibs vnnd pluets Christj, das jst seins verdiensts, theilhafftig machen nach dem wortt Paulj 1. Cor. 10".[9]

Luther weist zum Verständnis der Realpräsenz Christi in Brot und Wein auf die beiden Naturen (Gott und Mensch) hin, die nebeneinander bestehen:

> „Und wie es sich mit Christus verhält, so verhält es sich auch mit dem Sakrament. […] Und wenn die Philosophie das schon nicht versteht, so versteht es doch der Glaube."[10]

Die wörtliche Ausrichtung am Wort Gottes und damit die „Annahme der leiblichen Gegenwart Christi im Abendmahl" entspricht „dem Heilswillen Gottes",[11] eine Formulierung gegen die mystisch-theologische Haltung von Karlstadt. Das äußere Element (Zeichen) des Abendmahls wird durch Geist und Glauben wirksam; es ist eine doppelte Wirkung, schreibt Luther:

---

7 Vgl. Rupel, *Primus Truber,* a. a. O., pp. 206 f.

8 Sakrausky, der ebenfalls zum Abendmahlsstreit Stellung nimmt, führt noch den Widerspruch zur Ubiquitätslehre des „Württembergischen Bekenntnisses" ins Feld, allerdings nicht recht einsichtig. Vgl. O. Sakrausky, *Primus Truber. Deutsche Vorreden*, a. a. O., p. 74 ff.; ähnlich Raeder, Primus „Trubers Lehre vom Abendmahl". In: *Simpozij: Slovenci v evropski reformaciji šestnajstega stoletja*, Ljubljana 1986, pp. 165 ff.

9 Brief v. Oktober 1563 an Nikolaj Graveneck. In: Rajhman, *Pisma Trubarja*, p. 166.

10 „Von der babylonischen Gefangenschaft der Kirche" (1520), a. a. O., p. 1367.

11 Vgl. dazu den Kommentar zu „Wider die himmlischen Propheten", a. a. O., p. 2674.

> „einmal äußerlich, das andere Mal innerlich. Äußerlich handelt er an uns durchs mündliche Wort des Evangeliums und durch leibliche Zeichen, als da ist Taufe und Sakrament [Abendmahl]. Innerlich handelt er an uns durch den heiligen Geist und Glauben."[12]

Wir haben also bei Luther die ständige Verbindung von Geist/Glaube und wörtlichem Textverständnis der Schrift. Der durch den Geist bewirkte Glauben als Voraussetzung ist die Formulierung, die eben auch in der Auseinandersetzung mit Karlstadt Anwendung findet in der Vorhaltung der Unverrückbarkeit des Wortes Gottes: „In demselben Wort kommt der Geist und gibt den Glauben, wo und welchem er will."[13] Die Begrifflichkeiten werden ebenso zusammengeführt, wie sie in der Zitierung von 1. Kor. 10, 3 f. das Vorbild liefern: „Sie haben alle einerlei geistliche Speise gegessen und haben einerlei geistlichen Trank getrunken; [...] sie haben ebendenselben Geist und Glauben an Christus gehabt, den wir haben."[14] Trubars „Kombination" im Schreiben an Graveneck ist also kein „Ausrutscher", sondern eine solide Aussage auf der Grundlage lutherischer Theologie.

2. Quellenlage

Es bedarf einer umfangreichen Untersuchung, im Einzelnen die Quellen Trubars nachzuweisen, aus denen er wörtlich zitiert, Gedanken übernimmt, paraphrasiert, Ordnungen ab- oder zusammenschreibt. Das kann hier nicht geleistet werden, ist unter der Themenstellung auch nicht weiterführend und deshalb nicht sinnvoll. Die von Kozma Ahačič besorgte Ausgabe, „Cerkveni red (1564)" mit Übertragung des Trubartextes in modernes Slowenisch und einem Nachwort „Veliki slovenski cerkveni red" – Große slowenische Kirchenordnung (p. 501–529), Ljubljana 2014, ist sorgfältig ediert und hinsichtlich der erhaltenen Exemplare gründlich

12 „Wider die himmlischen Propheten", a. a. O., p. 2615; vgl. hierzu auch die Einlassungen von Gerhard Ebeling zur Theologie Luthers im Abschnitt „Wort und Sakrament". In: *RGG*[3], Bd. 4, p. 512: „Im Sakramentstreit ging es um das Verständnis des Wortes. Die krasse Abwertung des verbum externum zugunsten enthusiastischer oder mystischer Geistesunmittelbarkeit hielt Luther nur für die grobe Parallele zu einer subtilen Verachtung des Wortes bei den „Sakramentierern". In der Zerreißung bzw. Umkehrung des Zusammenhangs von „äußerlich" und „innerlich", „leiblich" und „geistlich" im Wortgeschehen sah er die Auflösung von Gott gesetzter Ordnung. Das Wort qualifiziert das leibliche Essen zum Heil: „Ja ich hab wol mehr geſagt, nemlich, Das Chriſtus leib leiblich eſſen on geiſt und glauben gifft und tod ſey". („Vom Abendmahl Christi, Bekenntnis" (1528)). In: Luther, WA, Abt. I, Bd. 26, pp. 292 f.

13 „Wider die himmlischen Propheten...", a. a. O., p. 2620.

14 „Von weltlicher Obrigkeit, wie weit man ihr Gehorsam schuldig sei" (1523), a. a. O., p. 4368.

recherchiert. Die Entstehungsgeschichte fußt im Wesentlichen auf den Angaben von Rupel.[15]

Die Angaben zu den Quellen machen die überwiegende Anlehnung an die Mecklenburgische Kirchenordnung und damit z. T. Philipp Melanchthon deutlich, ebenso die (von Trubar angegebene) Nutzung der württembergischen Ordnung und die Übernahme von Veit Dietrichs Agendbüchlein in einigen Artikeln. Allerdings ist die Affinität zur Mecklenburgischen Kirchenordnung stärker, als angegeben: Bei den Ausgaben von 1552 und 1554 ist die großenteils wörtliche Übernahme vom Anfang (p. 6) bis zum Ende des ersten Teils (p. 64) mit wenigen Auslassungen festzustellen; im zweiten Teil, der dem „Predigtamt" gewidmet ist, sind es die Seiten 65–70, 75, die auszugsweise genutzt werden; auch im dritten Teil, „Ordnung der Zeremonien", sind Textstücke wörtlich übersetzt worden, etwa pp. 106, 108, 109, 111, 114, 118.

Grundsätzliche reformatorische Festlegungen seit Luther sind übernommen worden; das hat die Überprüfung der folgenden Stichworte ergeben: Predigt als Grundlage der Kirche für alle Christen, schulisches Wesen als Basis allumfassender christlicher Erziehung, Begriffe wie Gesetz und Evangelium als Elemente der Heilsgeschichte.

Zunächst ist festzuhalten, dass die Mecklenburgische Kirchenordnung für Trubar eine entscheidende Rolle spielte.[16] Das ist nicht verwunderlich, da sie seitens der Verfasser, der Autorität des Landesherren, der Absegnung durch berufene Vertreter der Reformation und der zeitlichen Nähe ihrer Entstehung prädestiniert war für eine Richtlinienkompetenz lutherischer Ausrichtung.

In seiner umfangreichen Auflistung und Beschreibung von Quellenmaterial zum Zivilrecht der Herzogtümer Mecklenburg, Schwerin und Wismar notiert der Herausgeber Carl Christoph Albert Heinrich von Kamptz 1805 zur Mecklenburgischen Kirchenordnung von 1552 die folgende Entstehungsgeschichte, die die Bedeutung dieser Ordnung und damit die Wahl von Trubar verdeutlicht:

> „Nach dem Tode des Herzogs Albrecht ward bei Fortsetzung der Reformation auch die Nachsicht der bisherigen Kirchen-Ordnung vorgenommen. In einem, unter des berühmten Theologen und Predigers zu Rostock, Johann Aurifabers[17] Vorsitz 1551 zu Schwerin ge-

---

15 Vgl. Rupel, *Primus Truber. Leben und Werk*, a. a. O., pp. 206 f.; Rajhman, *Pisma Primoža Trubarja*, a. a. O., pp. 172 ff. (Brief vom 9. Dezember 1563 an Baron Ungnad).

16 „Kirchen-Ordnung, so in unsern / Johan Albrechts / von Gottes gnaden Hertzogen zu Meckelnburg / Fürsten zu Wenden / Grauen zu Swerin / der Lande Rostock vnd Stargard Herrn / Fürstenthumen vnd Landen ſol gehalten werden". Johann Aurifaber, Philipp Melanchthon. Wittenberg 1552.

17 Die humanistische Namensprägung von Johann Goldschmidt, der um 1519 in Weimar geboren wurde und 1575 in Erfurt starb. Er war nach einem Theologiestudium in Wittenberg

haltenen, Convent der Theologen ward die vorige Kirchen-Ordnung revidiert und daraus mit Rücksicht auf die Chur-Sächsische eine neue Ordnung in hochdeutscher Sprache entworfen, darauf an Philipp Melanchton zu Wittenberg zur Nachsicht und Prüfung durch gedachte Prediger Aurifaber gebracht und, nachdem Melanchthon sie mit einigen Zusätzen bereichert hatte, 1552 zu Wittenberg bei Hans Luft in 4. unter dem Titel: Kirchen-Ordnung, wie es mit christlicher Lehre, Reichung der Sacramenten, Ordination der Diener des Evangelii etc. ordentlichen Ceremonien in den Kirchen-Visitationen, Consistorio und Schulen im Herzogthum zu Mecklenburg gehalten wird gedruckt und demnächst landesherrlich als Gesetz und Ordnung öffentlich bekannt gemacht."[18]

3. Umgang mit dem Quellentext: Ergänzungen, Paraphrasierungen, Erweiterungen

Trubar hat die Mecklenburgische Kirchenordnung in den Teilen I. „Nauk", II. „O pridigarstvu", III. „O Obredih" genutzt. Man kann durchgehend von einer affinen Situation sprechen. Große Teile sind wörtlich übertragen worden, bei anderen hat er ergänzend, verdeutlichend, formalisierten Wendungen folgend, den lokalen Bedingungen angleichend, aber auch ausschmückend den Text erweitert, häufig auch Redundanzen aufweisend. Einige Beispiele mögen das verdeutlichen. Sie zeigen gleichzeitig, dass Trubar sich theologisch streng an die Vorgaben hielt:

OD TIGA PERVIGA SHTVKA [...] Od tiga uuka	Vom erſten Stück / nemlich von der Lere
Ta vſigamogozhi riſnizhni Bug, ie te Angele Inu tiga zhloueka, po nega zhudnim, modrim ſueitu ſa tiga volo ſtuaril. De on ima te ſuie ſtuare, katerim on od te ſuie modruſti inu dobrute daie inu dili. Inu de bo on od nih prou ſpoſnan, zheſtzhen inu hualen. Inu on ie tudi, po tim Padzu tiga Adama inu te Eue, is nega	Der allmechtige / warhafftige Gott / hat gewislich Engel vnd Menſchen geſchaffen / mit wunderbarlichem rat / das er Creaturen habe / welchen er ſeine weisheit vnd gütigkeit mitteile / vnd von jnen dagegen erkand vnd gepreiſet werde. Vnd hat dazu / nach dem fall Adams vnd Heua / aus groſſer

Famulus bei Luther und Teilnehmer an den Tischgesprächen. 1556 wirkte er als Hofprediger in Weimar und ab 1566 als Pfarrer in Erfurt. Aurifaber stand im Zentrum der religiösen Auseinandersetzung, unterstützte die Gnesiolutheraner (Flacius Illyricus), verfasste mit die Streitschrift gegen das Augsburger Interim, mischte sich in den osiandrischen Streit um die Rechtfertigungslehre ein. Von Bedeutung sind seine Kollegnachschriften, die Erstdrucke der Tischreden Luthers, etliche tröstliche Vermahnungen („schöne Sprüche" der Hl. Schrift) und die Mitarbeit an der Jenaer Ausgabe von Luthers Werken. Auch wenn Aurifaber redaktionell-inhaltlichen Einfluss bei der Wiedergabe lutherischer Aufzeichnungen genommen hat, so sind doch seine Zeugnisse von unschätzbarem Wert.

18 Carl Christoph Albert von Kamptz, *Civil-Recht der Herzogthümer Mecklenburg, Schwerin und Wismar* 1805, § 46: Die Kirchenordnung von 1552 (= pp. 59 f.).

preuelike Milosti, sa volo suiga Synu, te ludy spet vto suio Gnado inu Milost gori vsel inu pryel. De hozhe taku vselei is te zhloueske shlahte, sebi eno vezhno Cerkou vkupe sbrati inu perprauiti. [Cerk. red., p. 14]

barmhertzigkeit / vmb seines Sons willen / die Menschen widerumb gnediglich angenomen / vnd will jm fur vnd fur ein ewige Kirche im Menschlichen geschlecht samlen. [Meckl. Kirchen-Ordnung, p. 6b]

Die wörtlichen Übereinstimmungen, für die hier ein Beispiel angeführt wird, ziehen sich durch alle Artikel des ersten Teils;[19] die einzelnen Artikel werden in der Reihenfolge übernommen und um so wörtlicher ausgeführt, je mehr sie dogmatische Fragen betreffen, wie etwa die Funktion der guten Werke, die Dreieinigkeit, die Erbsünde usw.

Ergänzungen, die der Verdeutlichung dienen, zeigt der folgende Text, wo „offenbaren“ ersetzt wird durch „predigen und Gottes Wort auslegen“; weiterhin steht die Benennung der Bezugspersonen, „dass allen Menschen bekannt gegeben werde“, für klare Zuordnung; selbstständige Wiedergabe (Auswahl) der Quellen (Ergänzung des Tridentiner Konzils, Auslassung der „Confessio Lutheri“) ist ebenfalls kennzeichnend.

Obtu inu sa tiga volo vti Kerszhanski Cerqui Ie letu ner potrebnishe inu pridnishe, de se ta bessseda Boshya, ta praui Nauuk Boshy, od Boshyga Stanu inu od nega vole pruti nom, lipu, zhistu, sastopnu inu ozhytu pridiguie, ta isti Nauuk ie vtim Pysmi tih Suetih Prerokou inu Iogrou, inu vtih Symbolih inu Verah, tih Iogrou, tiga Nicenishkiga Concilia, inu tiga S. Atanasia, sapopaden inu vkupe postaulen. Skaterim Nauukom se tudi gliha ta Catehismus Inu Confessio. Spoznane te vere tiga Raiha, timu Cessariu Vauspurgu inu Conciliu Vtrientu naprei postaulena inu poloshena.[20] [A. a. O., p.16]

So ist nu das aller nötigst / vnd erste / das man Christliche Lere / rein vnd gantz pflantze / vnd erhalte / die Gott von seinem Wesen vnd Willen geoffenbaret hat / vnd die in der Propheten und Aposteln schrifften / vnd in Symbolis /Apostolico / Niceno / vnd Athanasiano gefasset ist. Mit welchen auch gleich stimmen / der Catechismus vnd Bekenntnis Lutheri / vnd Confessio / die dem Keiser zu Augspurg / Anno 1530 vberantwortet ist. [Meckl., a. a. O., p. 7]

19 *Cerkveni red*, a. a. O., pp. 15–188; *Mecklenburgische Kirchen-Ordnung*, a. a. O., pp. 6–64.

20 [Daher und deswegen ist das nötigste und vorherrschende in der christlichen Kirche, dass die Worte Gottes, die rechte Gotteslehre von Gottes Wesen und von seinem Willen uns gegenüber, schön, rein, verständlich und offen gepredigt wird; diese Lehre ist in den Schriften der hl. Propheten und Jünger, in den Symbolen und Glaubensbekenntnissen der Jünger, des Nicänischen Konzils und des hl. Athanasius zusammengefasst und vorgestellt. Mit dieser Lehre stimmen auch der Katechismus und die Confessio überein. Das Glaubensbekenntnis des Reiches ist dem Kaiser in Augsburg und dem Konzil in Trient vorgestellt und vorgelegt worden.]

Ein drittes Beispiel weist in der Formulierung Trubars auf ausschmückende, durch auffällige Reihung und Synonyme verdeutlichte Sachverhalte hin, die nichts an der Kernaussage des Textes ändern, ihn aber zugänglicher machen.

Die Vergleichsstelle ist dem Artikel „Reslotik vmei to postavo inu umei teim Euangeliom" („Unterschied zwischen dem Gesetz und dem Evangelio") entnommen:

Inu letu ſe drigazhi ne godi inu ne ſturi, Samuzh skuſi to vero, tu ie, kadar ie tuie ſerce vueliki reui, nuy inu nadlugi, vti ſmerti leshozh, kadar ſe boy Boshyga ſerda, vezhne ſmerti, Hudyzha inu Pekla, De ti trdnu veruiesh timu Euangeliu, De tebi ſamimu ſa volo Criſtuſa, ſo guishnu, riſnizhnu inu ſtonouitnu vſi tui Grehi mali inu veliki cilu odpuſzheni, Nekar ſa volo te Poſtaue oli ſa volo tuih Dell, Oli ſa volo tuie brume oli ſa volo tuiga ſaslushena, kratku nekar, Temuzh le ſabſton is Gnade ſa Criſtuſeuo volo.[21] [A. a. O., p. 44]

Dieſes aber geſchicht nicht anders / denn alſo / allein durch Glauben / das iſt / ſo dein hertz in rechter angſt vnd ſchrecken vor Gottes zorn / dem Euangelio gleubet / das dir ſelb vmb des Herrn Chriſti willen / gewislich deine ſünd vergeben ſind / Vnd das dir Gott gnedig ſey / vnd neme dich an vmb des Herrn Chriſti willen / nicht von wegen des Geſetzes / oder aus verdienſt deiner werck. [Meckl., a. a. O., p. 17]

Solche verdeutlichenden Redundanzen tauchen an vielen Stellen auf: „Pres nashiga ſaslushena, **ſabſton**, skuſi nega Gnado" – Ohne unser Verdienst, umsonst, durch seine Gnade („One vnſere verdienſt werden wir für Gott gerecht") [Cerk. red, p. 54; Meckl., p. 20]. Oder: „Samuzh is Gnade **inu Myloſti** Boshye" – Allein aus Gnade und Güte Gottes („aus gnaden") [68/24], oder: „De ty verni **nemaio na Gnadi, miloſti Boshy inu na tim Iſuelyzhanu** zbiulati, Temuzh letu imaio veiditi inu ſa guishnu dershati" – Dass die Gläubigen nicht an der Gnade, der Güte Gottes und an der Erlösung zweifeln sollen, sondern das wissen und für gewiss halten sollen. („das man nicht im zweivel bleiben ſoll") [68/24].

Das folgende Beispiel zeigt von Trubar vorgenommene Erweiterungen des Textes, die diesen eindringlicher machen, ohne in der Botschaft etwas zu verändern. In der Zusammenfassung des Artikels über die Examinierung und Auswahl der Prediger heißt es:

21 [Und es geschieht und wird bewirkt nicht anders als durch den Glauben, das heißt, wenn dein Herz in großem Elend und Nöten, auf dem Todeslager, sich fürchtet vor Gottes Zorn, dem ewigen Tod, Teufel und Hölle, dass du fest an das Evangelium glaubst, dass dir selbst um Christi willen alle deine Sünden, kleine und große, gewiss, wahrhaftig und beständig ganz vergeben sind, nicht wegen des Gesetzes oder deiner Werke oder deiner Frömmigkeit oder um deines Verdienstes willen, sondern umsonst um der Gnade Christi willen.]

Inu de ty Pridigary inu ty Gmain ludy inu Ouzhice Boshye, ſe nauuzhe inu nauadio, te nerpotrebnishe shtuke inu Articule te Vere Kerſzhanske, lipu, kratku, vkupe inu vueni ſumi ſapopaſti, inu de veido is grunta, prou ſaſtopnu od nih gouoriti, inu ſagouariati, inu drugim od nih pouedati inu vuzhiti. Obtu oni imaio te iſte zheſtu ſami premisliti.[22] [Cerkv. red, a. a. O., p. 186]

Vnd das die Prediger / sich vnd die zuhörer gewehnen / die Chriſtlihe lere in ein ſumma zu faſſen / vnd die Heubtartickel bey ſich ſelb offt vnd vleiſſig betrachten. [Meckl., a. a. O., p. 64]

Trubar prägt die Intensität gerne durch Beispiele aus der Bibel, die er seinen Lesern zur Erhöhung der Anschaulichkeit zusätzlich präsentiert. In Erläuterung der „Poenitentia", die Voraussetzung für alle Gnadenerweise ist, wirkt diese Verstärkung durch Redundanzen und Namensbeispiele:

Inu ako ta Greuinga, shaloſt inu ſtrah gori iemlo inu raſto, inu tu ſerce nema obeniga Troshta na Criſtuſu. Taku tiga Zhloueka perprauio vtu zagane inu vta Pekal, koker ſo Caina, Ishcariota inu Ahitofela perprauile, de ſo na Boshy Miloſti inu pomuzhi zagali.[23] [Cerk. red, a. a. O., p.106]

Vnd ſo die rew vnd ſchrecken wachſen / vnd das hertz nicht troſt hat an Chriſto / ſo verſinckt es gantz in die Helle. [Meckl., a. a. O., p. 36]

4. Das Predigtamt: Die Berufung auf Veit Dietrich, Philipp Melanchthon mit dem Hintergrund Martin Luther

Auch im 2. Teil der Kirchenordnung, „Od tiga Pridigarstva" [Von dem Predigtamt] nutzt Trubar wiederum zum Teil wörtlich die Mecklenburgische Kirchenordnung. Auf Beispiele kann hier verzichtet werden. Ähnliches gilt für den 3. Teil, in dem

22 [Und dass die Prediger und die einfachen Leute und die Schäflein Gottes lernen und sich gewöhnen, die allernötigsten Stücke und Artikel des christlichen Glaubens schön, kurz allgemein und in einer Summe erfassen und dass sie von Grund auf verstehen, recht verständig von ihnen zu reden und sie zu verteidigen und andere von ihnen hören zu lassen und sie zu lehren. Daher sollen sie diese immer wieder selbst durchdenken.]

23 [Und so wie die Reue, der Jammer und Schrecken sich erheben und wachsen, und das Herz keinen Trost findet in Christus, so haben sie den Menschen zugerichtet in seiner Verzagtheit und in der Hölle, wie sie Kain, Ischariot und Ahitofel zugerichtet haben, dass sie an Gottes Güte und Hilfe verzagten.]

z. T. Artikel aus dem Agendbüchlein von Veit Dietrich übernommen wurden. Die Hinweise im dritten Teil auf die Quelle des Agendbüchlein von Veit Dietrich, Nürnberg 1544, bedürfen einer näheren Beschreibung.

Trubar hat für einen bestimmten seelsorgerlichen Bereich, nämlich den ermahnenden und tröstenden Umgang mit Gefangenen, diese Vorlage benutzt in wörtlicher Übertragung und mit typischen Auslassungen und Ergänzungen. Hierzu sind einige Anmerkungen dienlich, die Trubars Vermittlungsart und seine theologische Auffassung beleuchten sollen. Es handelt sich um den Abschnitt XVII bei Veit Dietrich und die Passage in der Kirchenordnung: „Wie man Gefangene und zum Tod verurteilte unterrichten und trösten soll“ / „KOKV SE TY SHKODLIVY LVDY, kir Vyezhi ſa shiuot syde ſo ſpraudo hti Smerti obſoyeni, imaio troshtati“,[24] mit den Untertiteln: „Von Schrecken“ / „KOKV INV SZIM TY NEPOKVRNY inu drugi letniki ſe imaio hpokuri perprauiti“[25], „Vom Trösten“ / „KOKV PAG TY SLABISHA loſtni zagoui letniki imaio ſe troshtati“[26], „Trost wider die Schande und den Tod“ / „TROSHT SYBPER TA shpot inu ſramoto“.[27]

Trubar bemüht sich trotz angleichender Übersetzung um die Darstellung einer konkreten Situation, was der Angelegenheit einen persönlicheren Zugang verleiht; seinen Ausführungen ist der intensive Gesprächswille anzumerken. Der Slowene füllt den Text mit eingeschobenen Erläuterungen und Wiederholungen:

---

24 [Wie man die schädlichen Menschen, die im Gefängnis sitzen und im Prozess zum Tode verurteilt worden sind, trösten soll,] Veit Dietrich, *Agend-Büchlein für die Pfar-Herren auff dem Land*, Nürnberg 1544, pp. siii ff. [140–154] / Primož Trubar, *Cerkveni red* (Cerkovna ordninga) 1564. Znanstvenokritična izdaja dela Cerkovna ordninga z znotrajjezikovnim prevodom v sodobni knjižni jezik, Hg. Kozma Ahačič, Ljubljana 2014, pp. 448–467.

25 [Wie und womit man die Ungehorsamen und die anderen Gefangenen zum Gehorsam bringen soll.] Dietrich, a. a. O., pp. siiii ff. [141–145] / Trubar, *Cerkveni red*, a. a. O., pp. 448–453.

26 [Wie man die Schwachen und verzagten Gefangenen trösten soll.] Dietrich, a. a. O., pp. ti ff. [145–150] / Trubar, *Cerkveni red*, a. a. O., pp. 454–461.

27 [Trost wider den Spott und die Schande] Dietrich, a. a. O., pp. tv ff. [150–154] / Trubar, *Cerkveni red*, a. a. O., pp. 460–467.

28 [Zu allererst soll ein Prediger, wenn er zu den Gefangenen, den Dieben, Räubern oder anderen schädlichen Leuten kommt, sie fragen, was sie gesündigt haben, wofür sie im Gefängnis sitzen. Und auf ihre Antwort hin wird sofort zu merken sein, wie es um ihr Herz und ihr Denken steht. Die einen werden schweigen, nichts bekennen oder sie werden sich darüber aussprechen, wie sie ihrer Verbrechen wegen ins Gefängnis gesetzt worden sind etc. Die anderen aber werden ihre bösen Taten bekennen oder sie werden zumindest nicht kriminell sein wollen und sie werden zu denen, die sie nicht ergriffen haben, kommen und trotzig reagieren. Die andern aber werden ihre bösen und kriminellen Taten bekennen

Nerpoprei en Pridigar, kadar on htim letnikom, **tatum oli Rasbuinikom oli hdrugim shkodliuim ludem pryde**, Ima nee vprashati, kaiſo pregreshili, ſa zhes volo vyezhi ſede.
Inu na nih odguuori, ſe bo ſdaici merkallu, koku nih ſerze **inu misli** stoye.
Sakai ty eni bodo molzhali, nishter ſpoſnali, oli ſe bodo isgouoriali, de ſo po kriuini viezho poſaieni etc. Tij eni pag bodo ſpoſnali **nih hudu inu kriuu diane,** oli uſai ne bodo hoteli kriui biti, inu bodo tim, kir ſo ne vyeli prytili inu **truzalli**.
Tij eni pag bodo ſpoſnali **nih hudu inu kriuu diane**, Inu ſe bode na nih beſſedah merkallu, **da ſe boye martre inu te Smerti** inu de ſo polni britke shaloſti.[28] [Cerk. Red., p. 448]

Zum aller erſten / mag man fragen /warumb ſie da gefangen ligen.

Da wirdt man den an der antwort bald mercken / wie es vmb jr hertz ſtehe.
Etlicher wirdt ſchweygen / nichts bekennen/ oder ſich anheben zu entſchuldigen / wie er vnſchuldig drein kummen etc.

Etlicher würds alſo bekennen / das man an worten vnd geberden ſehen muß / das er ſeer bekümmert / vol layds vnnd jammers ſey. [Agend-Büchlein, pp. 141 f.]

Trubar bemüht sich, abstrakte Begrifflichkeiten aufzulösen, Sachverhalte durch Reihung zu gewichten:

Sice de bi ſe ui bili **Boga bali**, grehou uarouali, **ne krali inu ne ubyali**, Temuzh uash Kruh ſuashim dellom inu ſuashimi rokami dobiuali, Taku bi ui pres ſramote ſuasho natursko Smertio [...].[29]
[Cerk. red, pp. 450, 452].

So du ſonst / wo du dich ſolcher ſünde enthalten / dich deiner arbeyt genehret / vnd Chriſtlich gelebt hetteſt / beym leben bliben / deine narung von Gott gehabt / vnd mit natürlichem todt [...]
[Agend-Büchlein, p.143].

Die eindringliche Vermahnung ist bei Trubar gekoppelt mit unermüdlicher Wiederholung von Heilszusagen; neben wörtlicher Übertragung wird an einigen Stellen der Gedankengang erweitert mit fast floskelartiger Einprägung solcher Gewissheiten, die dem Zuhörer Sicherheit vermitteln sollen und damit eine theologisch-pädagogisch gefärbte Aussage sind:

Drigazhi ſe ſtakimi ludy ne more rounati. Temuzh pertacih beſſedach nee en zhas puſtiti, de nee prou reſmislio, Inu proſſiti ſa nee Bo-

Neher kann mans / eim ſolchem menſchen nicht bringen. Darumb mag man jn ſelbs mit ſolchen gedancken bey ſich ein zeyt

und man wird an ihren Worten merken, dass sie die Marter und den Tod fürchten und dass sie voll bitterer Klagen sind.]

29 [So ihr nun Gott gefürchtet, euch vor den Sünden bewahrt hättet, nicht gestohlen und nicht getötet hättet, sondern euer Brot mit eurer Arbeit und euren Händen erworben hättet, so wäret ihr ohne Scham mit eurem natürlichen Tod ...]

ga, de on nim nih ſerza omzhi, reſueti inu tiga Hudyzha odnih odshene.[30] [Cerk. red p. 452].
ſe vi terdnu prymite, inu na Criſtuſa ſe cillu ſaneſſite, troshtaite shnim to vasho shaloſtno veiſt, inu ſe te ſmerti ne buite, potehmal ta vasha ſmert, ſa volo Criſtuſa, nei ſo ena vrata htimu peklu, temuzh vta Nebeſſa.[31] [Cerk. red, p. 452].
Obtu mui periateli, ne bodite teshke misli, ne shaloſtni, ne ſtrashite ſe taku slu pred to ſmertio, potehmal vi tukai slishite inu Ie riſnica, tu ieſt vam prauim is Boshyh vuſt, inu is tiga prauiga Boshyga ſuetiga Pyſma, is vuſt ſamiga Ieſuſa inu vſeh Prerokou inu Iogrou, inu is te pridige te Diuice Marie, de Goſpud Bug Ozha nebeshki, ſa volo ſuiga diniga Synu Ieſuſa Criſtuſa vom hozhe biti dober, Gnadliu inu miloſtiu, vas uſeti vta ſueta Nebeſſa, Potehmal ie Criſtus te vashe grehe na ſe vſel, te iſte ſam noſſil inu ſa nee ſuimu Ozhetu ſturil ſadoſti.[32] [Cerk. red, pp. 458, 460].

lang arbeyten laſſen. [Agend-Büchlein, pp. p. 144 f.].

Chriſtus aber hat darfür genug thun / des ſelben ſolt du dich annemen / dein gewiſſen damit tröſten / vnd frölich auff ſolchen troſt ſterben / weyl Chriſtus für dich geſtorben iſt / auff das du alſo gantz gerecht werdeſt. [Agend-Büchlein, p. 149].
Was kan dich denn weyter bekümmern / weyl du höreſt / Gott wölle vmb Chriſtus willen dir gnedig ſein: weyl Chriſtus dein ſünde auff ſich genummen / die ſelben tragen / vnd dafür ſeinem Vater hat genug gethan. [Agend-Büchlein, p. 149].

Trubar erweist sich in der Hervorhebung der Dreieinigkeit von Gott Vater, Sohn Jesus Christus und Heiligem Geist als ausgesprochener Dogmatiker. Er hat diese „Eingangsstelle" der Mecklenburgischen Kirchenordnung sehr genau übersetzt[33] und an anderen Stellen, wo ihm die Erwähnung der Göttlichkeit zu verkürzt erschien, stets die Ergänzung vorgenommen. Beispiel ist der Abschluss von Veit

30 [Anders kann man es solchen Leuten nicht richten. Dennoch sollte man es bei solchen Worten eine Zeit lang belassen, dass sie sie recht bedenken und Gott darum bitten, dass er dadurch ihre Herzen öffnet und den Teufel von ihnen fernhält.]

31 [Ihr sollt ihn fest annehmen und ganz auf Christus vertrauen, mit ihm euer betrübtes Gewissen trösten, und fürchtet euch nicht vor dem Tod, zumal euer Tod um Christi willen nicht ein Tor zur Hölle ist, sondern in den Himmel.]

32 [Darum, meine Freunde, seid nicht schwermütig, nicht betrübt, fürchtet nicht das Böse vor dem Tod, zumal ihr nur die Wahrheit hört, das heißt, ich euch aus Gottes Mund sage und aus der wahren hl. Schrift Gottes, aus dem Munde von Jesus selbst und aller Propheten und Jünger und aus der Predigt der Jungfrau Maria, dass Gott der Herr, der himmlische Vater, um seines einigen Sohnes Jesus Christus willen euch gut sein will, gnädig und gütig, euch in den Himmel aufnehmen will, zumal Christus eure Sünden auf sich genommen, diese selbst getragen und dafür mit seinem Vater genug getan hat.]

33 *Mecklenburgische Kirchenordnung*, a. a. O., pp. 9, 9b – *Cerkveni red*, a. a. O., pp. 20, 22.

Dietrichs Absatz vom „Trost wider die Schande und den Tod" im Agend-Büchlein.[34] Gegenüber dem Wortlaut: „Wie du yetzt hie glaubſt / ſoll dir geſchehen dort inn jhener welt. **Befilh dein Seel deinem trewen hirten Chriſto Jheſu / vnnd far hin mitfriden / Amen.**" überträgt Trubar: „Koker vi ſdai tukai veruiete, taku ſe bo vom godilu na vunim ſuetu. **Natu porrozhiteſſe Gospodi Bogu, ozhetu Nebeshkimu, inu nega lubimu Synuui Ieſuſu Criſtuſu inu Suetimu Duhu, tim tryem Imenom enimu ſamimu Bogu, Ta uas obari pred vſem slegom Amen.**"[35]

Hinsichtlich der Vorlagen war von Interesse, wie intensiv Trubar sie genutzt hat, wo wörtliche Wiedergabe, wo Erweiterungen vorgenommen wurden oder welchen Zweck Abweichungen erfüllten. Ebenso wichtig aber ist es, nachzuforschen, wie sich die lutherische Lehre und die Verbreiter der theologischen Prinzipien des Wittenbergers, wie Philipp Melanchthon, Veit Dietrich und andere, sich in einzelnen merkmalhaften Abschnitten der Kirchenordnung widerspiegeln. Letztlich also die Beantwortung der Frage, ob die so von Trubar zusammengestellte Kirchenordnung seiner Glaubensüberzeugung und seinem Kirchenverständnis entsprach.

Wesentlicher Bestandteil für Trubar waren das Predigtamt und die Sorge um die schulische Bildung der Kinder und Jugendlichen. Der Seelsorger sieht zum einen das Vermächtnis Christi, wie Paulus es im Epheserbrief, Kap. 4, 10 f., formuliert hat und so von Trubar übernommen wird: „Criſtus ie vnebeſa gori shel, inu daie Daruue tim ludem, te Iogre, te Preroke, te Euangeliſte, te Paſtyrie, te uzhenike. & c."[36] Auch hinsichtlich der Bestellung und des Leumundes der Prediger hält sich Trubar an die Schrift; er zitiert dazu den Brief an Titus, Kap. 1, 6 ff. Nicht nur die Untadeligkeit der Person, sondern auch die Ausbildung, Überprüfung und Durchsetzung der rechten Lehre sind für den Slowenen unabdingbare Forderungen:[37]

> „Obtu htimu obdershanu inu ohranenu tiga Pridigarſtua shlishio, Ordinatio, Synodi, Viſitationes. Poklyzane inu poſtaulene tih Pridigarieu. Inu te Cerkoune praude, de ſetu Prydigane, dobrim, vuzhenim ſaſtopnim inu vmei talnim ludem iſrozhi inu porozhi. Inu, de ſe falsh vuk ne terpi."[38]

---

34 Dietrich, *Agend-Büchlein*, a. a. O., p. vii [154].

35 [So wie ihr hier glaubt, so wird euch geschehen in jener Welt. Daher vertraut euch Gott an, dem himmlischen Vater und seinem lieben Sohn Jesus Christus und dem Heiligen Geist, dem dreinamigen einigen Gott, dass er uns bewahre vor allem Bösen. Amen.] *Cerkveni red*, a. a. O., p. 466.

36 [Christus ist in den Himmel aufgefahren und gibt seine Gaben den Menschen, den Jüngern, Propheten, Evangelisten, Hirten und Lehrern.] *Cerkveni red*, a. a. O., p. 10.

37 Er hatte das bereits in seiner Vorrede zum Titusbrief formuliert, vgl. *Biblia slavica*, a. a. O., p. 1527.

38 [zur Erhaltung und Bewahrung des Predigtamtes gehören ordinatio, synodi, visitationes, Berufung und Aufstellung der Prediger und des Kirchenrechts, damit das Predigen guten,

Verständlich und klar zu predigen ist um der einfachen Menschen willen notwendig. Dazu müssen die Prediger die Artikel des christlichen Glaubens grundlegend kennen, also entsprechend ausgebildet sein. Dieser Anspruch scheint zunächst eine aus den Schriften des Paulus formalisierte Forderung zu sein, beglaubigt und glaubwürdig durch die unbezweifelbare Quelle der Heiligen Schrift. Paulus geht häufiger auf die Bedeutung des Predigtamtes und seines Verfalls bei den Gemeinden ein. So schreibt er Epheser 4, 11 u. 14 über das Amt und seine Bedeutung:

> „Und er hat etliche zu Aposteln gesetzt, etliche zu Propheten, etliche zu Evangelisten, etliche zu Hirten und Lehrern […]. Auf daß wir nicht mehr unmündig seien und uns bewegen und umhertreiben lassen von jeglichem Wind der Lehre durch Bosheit der Menschen und Täuscherei, womit sie uns beschleichen und uns verführen."

Ähnlich geht er auf dieses Thema im ersten Brief an Timotheus (Kap. 1 u. 4) und dem Brief an Titus (Kap. 1) ein.

Dieses dringliche Anliegen bezieht sich nun auf konkrete Zustände der Reformationszeit; das Predigtamt gewinnt im Kampf gegen die Schwärmer, Häretiker, Verfälscher des neuen evangelischen Glaubens eine für die Existenz der Kirche grundlegende Bedeutung, die der zu Zeiten von Paulus vergleichbar ist. Schon aus diesem Grunde sind die Einlassungen bei Veit Dietrich[39] und bei Luther, deren Schriften Einfluss auf die Kirchenordnung Trubars haben, kaum unterschieden von den Warnungen Trubars.

Der Nürnberger Veit Dietrich prangert in seinem Agend-Büchlein den Verfall der päpstlichen Messe mit scharfen Worten an:

> „Ob wol bey den leyen die Meß für ein groſſen Gottesdienſt iſt gehalten worden / denn dahin hat man ſie in allen Predigten mit macht getriben / ſo hat doch ſolcher Gottesdienſt / den Pfaffen und München nur darumb geliebt / das er vil gelts getragen."[40]

Dem Sittenverfall wird als noch viel schlimmere „Greueltat" die Verfälschung der Lehre durch das „Meßopfer" der „Papisten" hinzugefügt.[41] Veit Dietrich bezeichnet es gar als „Gotteslästerung".[42] Abschließend folgt die Bitte um rechtschaffene

---

gelehrten, klugen und geeigneten Leuten übertragen und anvertraut wird. Und dass eine falsche Lehre nicht geduldet wird.] *Cerkveni red*, a. a. O., p. 10.

39 Vgl. seine Stellungnahmen bei der Praphrasierung und Kommentierung der entsprechenden Textstellen in den Briefen an Timotheus und Titus. In: Veit Dietrich, *Summaria vber die gantze Bibel*, Nürnberg 1550, pp. 625 ff., p. 632; die von Paulus aufgenommenen und besonders kommentierten Stichworte sind: die Kirche als Pfeiler und Grundfeste, Garant der Wortverkündigung, die Warnung vor den „Lügenrednern" (Papst und seine Anhänger) und falschen Lehren, die Sorge um aufrichtige, fleißige, gut beleumundete Lehrer.

40 Dietrich, *Agend-Büchlein*, a. a. O., p. aiiii [7].

41 A. a. O., p. av [8].

42 A. a. O., p. bi [11].

Lehrer, die das „heilsame Wort" im Herzen und im Mund führen „und nichts predigen, was dem heiligen Wort entgegen sei", das „ermahnen, lehren, speisen, trösten und stärken soll."[43]

Gleiche Argumentation ist bei Luther in noch drastischeren Formulierungen gegeben. Hier wirkt ebenfalls die Auseinandersetzung mit dem Papsttum und der heruntergekommenen Kirche nach:

> „daß leider viel Prediger und Pfarrer [...] sehr säumig sind und beides verachten, ihr Amt und diese Lehre, [...] aus lauter Faulheit und Bauchsorge, welche sich nicht anders zur Sache stellen, denn als wären sie um ihres Bauchs willen Pfarrer oder Prediger."[44]

Der deutsche Reformator stellt das Predigtamt unter die christlichen Güter, wie das Evangelium, den Glauben, die Taufe, das Sakrament (Abendmahl), die Schlüssel.[45] Seine Philippika gegen die „Schleicher und Winkelprediger" von 1532 beschwört die Gefahr der falschen Lehrer, die als „Teufelsboten" die Kirche verwüsten und vernichten.

Die scharfe Wendung gegen die Feinde der Kirche drückt sich auch in den Texten Trubars aus, die sich mit dem Predigtamt beschäftigen:

> „Inu leta Syn Boshy, ta pred inu pred po ſyli tu Pridigarſtuu na tim ſueitu, ſubper to Volo tiga Hudyzha, tih Tyranou inu Kezarieu, gori dershi. Inu aku glih tu Pridigarſtuu ie zhaſſi shibku inu vosku. Taku on tu uſai ſpet gori vſdigne inu perpraui."[46]

Wie bei Veit Dietrich wird der Gläubige aufgefordert, für das Predigtamt und seine Bewahrung zu beten.[47]

> „Mi imamo tudi is ſerza molyti inu proſſiti. De Bug ne puſti to ſuio Cerkou, skuſi tiga Sludia, Papesha, Turka, skuſi Tyranne, Kezarie, falsh Vuzhenike, Sepelauce inu Hynauce reſdreti inu ſatreti. Inu per tim proſſiti, de nom dobre [...] ludy htimu Pridigarſtuu poshle."[48]

---

43 A. a. O., p. cvi–d [25 f.].

44 „Der große Katechismus" (1529), a. a. O., p. 1711.

45 „Von der Wiedertaufe an zwei Pfarrherrn" (1528), a. a. O., p. 2526.

46 [Und der Sohn Gottes bewahrt das Predigtamt auf dieser Welt für uns gegen den Willen des Teufels, der Tyrannen und der Ketzer. Und wenn das Predigtamt bisweilen schwächlich und wenig verbreitet ist, wird er es dennoch beständig von neuem erheben und zurüsten.] „Od tiga pridigarstva". In: *Cerkveni red*, a. a. O., p. 190 ff., hier: p. 192.

47 Dietrich, *Agend-Büchlein*, a. a. O., p. cvi [25]: Fürbittengebet „Umb frumme Prediger vnd Kirchen Diener".

48 [Wir sollen auch von Herzen beten und bitten, Gott möge nicht zulassen, dass seine Kirche zerstört und vernichtet werde durch den Teufel, den Papst, die Türken, Tyrannen, Ketzer, abgefallene Lehrer, Verführer und Heuchler. Und dazu sollen wir bitten, dass er uns gute [...] Menschen zum Predigtamt schicken möge.] *Cerkveni red*, a. a. O., p. 194.

Die Beispiele mögen genügen; sie machen zutiefst deutlich, dass die Sorge um Prediger, ihre Ausbildung und evangelische Festigkeit zu Recht und in Einklang mit den Reformatoren, die die Erfahrung Trubars stützen, ein essentieller Bestandteil der „Kirchenordnung" ist.

Der hohe Rang des Predigtamtes und seine ausführliche Behandlung in der Kirchenordnung gründen sich auf die Stelle im Epheserbrief, an der die Nachfolge des Lehrers Christus „geregelt" ist. Vertreter auf Erden ist die Kirche, die damit dieses hohe Amt verwaltet. Daraus ergibt sich nicht nur die Beklagung der Amtsvernachlässigung unter der päpstlichen Kirche, sondern die Sorge um den Predigernachwuchs. Die „alten" Geistlichen („starešine, to je pridigarje zadevajo vse prave, učene in bogaboječe pastirje, duhovnike in pridigarje")[49] und die Kirche sollen die Hüter der Nachfolge sein, die neue Prediger und Geistliche auswählen und in das Amt einführen. Zusätzlich ist es ihre Aufgabe, die neuen Amtsinhaber und die Lehrer auf ihre Zuverlässigkeit hin zu überprüfen.

Die „Schlüsselgewalt" der Kirche gibt ihr das Recht der gewissenhaften Beauftragung mit dem Predigtamt. Die Verantwortung liegt in der richtigen Auswahl, Prüfung der Kandidaten auf ihre Ausbildung, Fähigkeiten und Rechtgläubigkeit hin.[50] Die Dringlichkeit kommt einer Zustandsbeschreibung der Gemeinden gleich:

> „Nu is letiga vſiga ie ſuitlu, ozhitu inu ſaſtopnu, De ta Gmaina inu Cerkou Kerszhanska, ima muzh inu Oblaſt od Buga dano, brumne inu umeitalne ludy htimu Pridigarſhtimu Shkofflimu oprauilu, isuolyti, poſzauiti, poterditi, Inu nim to Cerkouno slushbo ſteim Pridigouanem inu Dilenem te Sacramente isrozhiti inu porozhiti. Inu tu ie prou dobru inu hualeshnu, de per takim Isuolenu inu ſtaulenu tih Nouih Pridigarieu, ty eni vuzheni Paſtyri inu prydigary bodo."[51]

49 [Älteste, das heißt, Prediger, die nicht nur Bischöfe betreffen, sondern alle rechten, gelehrten und gottesfürchtigen Hirten, Geistlichen und Prediger.] A. a. O., p. 197.

50 Bei Melanchthon werden ähnliche Argumente angeführt, die die Hierarchie als Trennungsgrund für kirchliche Amtshandlungen ausschließen, trotzdem aber eine Regelung notwendig anerkennen: „Doch die Verwaltung dieser [Dinge] wurde auf Einige übertragen, damit es welche gäbe, die wüßten, daß sie die Aufgabe der Gemeinde zwingend ausführen müssen". Melanchthon, *Loci communes*, a. a. O., p. 361.

51 [Aus alledem ist klar, offenkundig und verständlich, dass der christlichen Gemeinde und Kirche von Gott Macht und Gewalt gegeben ist, dass sie rechtschaffene und geeignete Leute auswählt, einsetzt und bestätigt für das Predigeramt, für die rechte Arbeit als Bischof und dass sie ihnen den kirchlichen Dienst übergibt und anvertraut, im Rahmen dessen sie predigen und die heiligen Sakramente austeilen werden. Und richtig, gut und lobenswert ist, dass bei einer solchen Auswahl und Aufstellung neuer Prediger dann die gelehrten Hirten und Prediger sein werden.] *Cerkveni red*, a. a. O., p. 200.

Sei es von Trubar selbst formuliert oder aus verschiedenen Kirchenordnungen kompiliert, der Hinweis auf die Pflicht der Gemeinde zur verantwortlichen Übertragung des Amtes auf Einzelne geht von Luther aus und wird von Melanchthon bekräftigt:

> „die Kirche [erkennt man] äußerlich daran, daß sie Diener der Kirche weiht oder beruft, [...] denn man muß Bischöfe, Pfarrer oder Prediger haben [...] oder Heiligungsmittel geben, reichen und üben."[52]

Luther schließt als Begründung Epheser 4, 11 an.

> „Denn die Gemeinde im ganzen kann solches nicht tun, sondern sie muß sie einem befehlen oder befohlen sein lassen. Was wollte sonst werden, wenn ein jeglicher reden oder reichen, und keiner dem andern weichen wollte? Es muß einem allein befohlen werden, und ihn allein (muß man) predigen, taufen, absolvieren und Sakramente reichen lassen."[53]

Diese Zuordnung übernimmt Trubar in der Kirchenordnung:

> „Is tiga vſaki ſaſtopi, de ta Cerkou ima Oblaſt, to slushbo od Odpuszhane tih Grehou, tu ie tu Pridigarſtuu, inu tu prauu Dilene tih S. Sacramentou, tim umeitelnim ſaſtopnim ludem isrozhiti inu porozhiti."[54]

Es schließt sich ebenfalls die Begründung mit Eph. 4, 11 an.

Die Sorge um Predigernachwuchs, um das neutestamentliche Gebot zu erfüllen, die Bemühung um eine gute Ausbildung und Vertretung der neuen Lehre, die andere Anforderungen an das Amt stellt und auf einen neu geordneten Gottesdienst samt theologisch anders begründete sakramentale Handlungen reflektiert, ist die unabweisbare Folge des reformatorisch veränderten Predigtamtes.

Die Einrichtung und der Unterhalt von Schulen guter Qualität sind für Trubar selbstverständlich und Gott wohlgefällig. Es geht ihm um die Erziehung, Ausbildung von Kindern und Jugendlichen. Sie ist auf das katechetische Studium ausgerichtet: Die Schüler sollen die Hl. Schrift lesen und verstehen, um sie anderen weiterzugeben. Der Anspruch ist hoch; Trubar verlangt dazu die Kenntnis „vieler Sprachen."[55] Die Schule muss den Neubeginn begleiten; die bisherige „Lehre" ist unzureichend und antichristlich, er sieht in den Vertretern gefährliche Verführer des einfachen Mannes, ja den Antichristen der Bibel:

---

52 „Von den Konzilen und der Kirche" (1538), a. a. O., p. 3746.

53 A. a. O., p. 3747.

54 [Daraus kann jeder verstehen, dass die Kirche Macht hat, das Amt zur Erlassung der Sünden, d. h. das Predigtamt und die rechte Handhabung der hl. Sakramente den verständigen Menschen auszuhändigen und zu übertragen.] *Cerkveni red*, a. a. O., p. 202.

55 A. a. O., p. 10.

„Tu Ime tih Shcoffou inu tu Shegnouane tih Faryeu, ima per tih Gmain preproſtih ludeh, eno veliku Ime, inu bo ſa veliku zhazanu inu dershanu. Oli vti Riſnici, pred Bugom, inu pred ſaſtopnimi inu vuzhenimi Kerſzheniki, nishter nei vrednu. Sakai ty Shcoffi inu Fary, kir ſo Criſtuſeuimu, tih Prerokou inu Iogrou Vuku, inu timu Euangeliu ſouurash, inu kir praue Predigarie inu Kerſzhenike, fratuio, obreko, oblasheio, preganeio, loue inu more, Ty iſti ne ſo Shcoffi ne Fary, temuzh ty Vulki, Anticriſti inu Prekleti ludy."[56]

Die Sprachenvielfalt ist Luthers Anliegen, schon aus dem Grunde, weil er zwei Formen von Gottesdiensten aufrechterhalten will, „eine lateinische Form, welche wir früher haben hinausgehen lassen, und die Formula Missae heißt." „Zum zweiten gibt es die deutsche Messe und Gottesdienst, [...] welche um der einfältigen Laien willen eingerichtet werden soll."[57] Trubars Plädoyer für Bildung betrifft alle sozialen Schichten: Der Priester hat die Gemeinde, der Schulmeister die Schüler, die Eltern die Jugendlichen und Kinder[58] in allen Stücken des christlichen Glaubens zu unterrichten.[59] Es ist eine Formulierung, die so auch bei Luther gegeben ist: „Und besonders sollen Prediger den Menschen, und Schulmeister den Knaben, und Eltern den Kindern solche Gedanken von Jugend auf einprägen, daß sie gut lernen".[60] Aus der Erkenntnis, dass Schulen eine gute Saat für die Jugendlichen sind, erwächst die Aufforderung Trubars an die Herrschaft, gute Lehrkräfte zur Verfügung zu stellen, um sich der faulen und pflichtvergessenen Pfaffen und Mönche entledigen zu können.

Luther begründet die Unterweisung der Jugend ebenfalls aus der Notwendigkeit eines Neubeginns, da die „ungelehrten Prediger das ungebildete Volk verführen";[61] die Obrigkeit soll „angetrieben" werden, gut zu regieren und „Kinder zur Schule heran[zu]ziehen."[62] Luther sieht das geradezu als eine Verpflichtung

56 [Die Ernennung von Bischöfen und die Heiligung von Geistlichen hat bei den einfachen und gewöhnlichen Menschen eine große Geltung; sie schätzen und halten es für etwas Großes. Aber in Wahrheit, vor Gott und vor klugen und gelehrten Christen ist das zu nichts nütze. Denn die Bischöfe und die Geistlichen, die die Lehre von Christus und die Lehre der Propheten und Apostel und des Evangeliums hassen und die wahren Christen und Prediger verachten und verleumden, über sie Lügen verbreiten und sie verfolgen, gefangen nehmen und morden, das sind weder Bischöfe noch Geistliche, sondern Wölfe, Antichristen und verworfene Leute.] *Cerkveni red*, p. 196.

57 „Deutsche Messe und Ordnung des Gottesdiensts" (1526), a. a. O., pp. 3859, 3860.

58 Luther versteht unter dem Begriff „Kinder" Jungen und Mädchen unter häuslicher Aufsicht, tritt also auch wie Trubar für die Bildung von Mädchen ein, vgl. „Der große Katechismus" (1529), a. a. O., p. 1775.

59 *Cerkveni red*, a. a. O., p. 19.

60 „Eine Predigt, daß man Kinder zur Schule halten solle" (1530), pp. 4816 f.

61 „Vorlesung über den Römerbrief" (1515/1516), a. a. O., pp. 639 f.

62 „Der kleine Katechismus" (1529), a. a. O., p. 3961.

der Eltern vor der Gesellschaft an, für gelehrten Nachwuchs zu sorgen,[63] um die rechte Verkündigung des Wortes zu gewährleisten. Das ist auch die Motivation von Trubar:

> „De ſe dobre Shule gori narede inu dershe, Sakai Bug hozhe, de ſe ty eni ludy od mladoſti gori koie, rede inu vuzhe, De ta Pyſma tih Prerokou inu Jogrou bodo vmeili brati, prou ſaſtopiti, inu druge is shnih vuzhiti."[64]

Auch die Auswahlmethode ist bei Luther und Trubar gleichartig angelegt. Luther schreibt in seiner Postille von 1523,

> „[d]aß die christliche Versammlung oder Gemeinde Recht und Macht habe, alle Lehre zu beurteilen und Lehrer zu berufen, Ein- und Abzusetzen: Grund und Ursache aus der Schrift, dass die Gemeinde das Recht hat, unter uns denjenigen selbst zu berufen und ein[zu]setzen, die man geschickt dazu findet und die Gott mit Verstand erleuchtet und mit Gaben dazu geziert hat."[65]

Trubar stimmt diesem Gedanken zu und bestätigt,

> „dass jeder Christ, der wünscht, einen Bischof oder Prediger einzusetzen, aus der Versammlung heraus unter den Geistlichen, den Studierten und anderen Leuten jemanden auswählen kann, der fromm, ehrenhaft, verständig ist und den rechten christlichen Glauben vertritt."[66]

5. Lehre von den zwei Predigten: Luthers Vermächtnis

Klang in der Darstellung des Predigeramtes bereits die Auseinandersetzung mit den „Papisten" an, so verstärkt sich das naturgemäß in der Belehrung über die Unterscheidung zwischen päpstlicher und evangelischer Religion. Die wesentlichen Glaubensdogmen werden in einem regelrechten Plus-Minus-Verfahren

63 A. a. O., p. 1775.

64 [dass wir gute Schulen einrichten und erhalten. Denn Gott wünscht, dass man etliche Menschen von Jugend auf erzieht, entwickelt und lehrt, dass sie lesen lernen und die Schriften der Propheten und Apostel recht verstehen und andere aus diesen unterrichten.] *Cerkveni red*, a. a. O., p. 10.

65 Vgl. die gleichartige Überschrift zu Luthers Artikel von 1523 (a. a. O., p. 3774 und a. a. O., p. 3781).

66 *Cerkveni red*, a. a. O., p. 198; zu Kirchenämtern und ihrer Besetzung äußert sich ebenfalls Veit Dietrich in seiner kommentierten Bibelausgabe in der Paraphrasierung des 1. Briefes an Timotheus, Kap. 3 (a. a. O., pp. CXXXVIII f. [= 636 f.]). Die Übereinstimmungen zwischen Luther, Trubar und Dietrich sind zwar biblisch begründet, zeigen aber in den gewählten Schwerpunkten eine interne Übereinstimmung.

gegenübergestellt.[67] Da auf solche Probleme bereits mehrfach eingegangen worden ist, sollen im Zusammenhang mit der „Cerkovna ordninga" nur einige typische Wiederholungen aufgezeigt werden.

Gesetz und Evangelium: In ihrer Zusammenwirkung und ihrer Zuordnung zur Erkenntnis Gottes und der eigenen Person erläutert Trubar vollständig aus der Position Luthers und Melanchthons, die er (richtigerweise) als Lehre des Apostel Paulus erkennt. Stichworte sind die Ablehnung der Rechtfertigung durch eigene Werke, das Verbot des Zweifels an Gottes Gnade, die Unmöglichkeit, dem Gesetz voll gehorsam sein zu können, dass das Gesetz keine Vergebung der Sünden erwirkt, die nur um Christi willen umsonst vergeben werden.[68] Trubar nennt das alles „große Irrlehren der Papisten", die alle durch die Verkündigung von Gesetz und Verheißung in biblischen Zeugnissen widerlegt seien. Trubar demonstriert in seinen Auslassungen zu Gesetz und Evangelium eine besonders enge Beziehung zu dem deutschen Reformator. Er adelt Luther gleichsam durch seine Einbeziehung in die Reihe der biblischen Zeugen in der Nachfolge Christi; die Erwähnung Luthers findet in der Mecklenburgischen Kirchenordnung an dieser Stelle nicht statt, ist also von Trubar bewusst eingebracht worden:

> „Ampag Gofpud Bug ie pred inu pred veden per tih ludih, te Preroke gori budil, Ty fo ta praui reslotik vmei to Poftauo inu vmei to oblubo Boshyo, vmei tim Euangeliom pridigali, koker ie Criftus fam, inu potle ty nega Iogri fo vuzhili. Inu per nashim zhaffu ie Bug tudi tiga Luteria obudil, ta ie prou faftopnu to Poftauo, od tiga Euangelia, po Vuki S. Paula, tih Iogrou inu Prerokou, reslozhil inu vuzhil."[69]

Aber auch Melanchthon hat bei den Formulierungen Pate gestanden. Mit der Gegenüberstellung von „Christlicher Lehre des Evangeliums und der abgöttischen Papistenlehre"[70] bietet er nicht nur die Argumente für Trubars Darstellungen, sondern gibt auch den Ton der Vermittlung vor. Trubar spricht von „Irrlehre" (velika zmota), von „Verwirrung" (zmešnjava) und schließlich „Blindheit" (velika slepota) der „Papisten" (papežniki). Der Zweifel an Gottes Gnade („dvomijo,

---

67 Vgl. z. B. Melanchthon, in den Beilagen zu Veit Dietrichs *Summaria*.

68 Vgl. dazu die Ausführungen in *Cerkveni red*, a. a. O., p. 42.

69 [Aber Gott der Herr hat bei den Juden unaufhörlich Propheten erweckt; die haben den Unterschied zwischen Gesetz und Gottes Zusage recht verstanden und haben über das Evangelium gepredigt wie Christus selbst und haben danach ihre Schüler gelehrt. Und in unserer Zeit hat Gott Luther erweckt, der genau so verständig das Gesetz vom Evangelium unterschieden hat nach der Lehre des hl. Paulus, der Jünger und Propheten und darüber gelehrt hat.] A. a. O.

70 Dietrich, *Summaria vber die gantze Bibel das alte und newe Testament*, Nürnberg 1545, a. a. O., pp. 675 ff.

so v nemilosti pri Bogu") ist schon bei Melanchthon den Päpstlichen angelastet worden:

> „Dagegen ſagen die Papiſten nichts vom glauben / ja leren darwider man ſol zweyfeln / ob man hab vergebung. Item die ehre Christo gebürent / geben ſie den wercken / Erlanget yemand vergebung / ſo erlangt er ſie durch verdienſt eigner werck. Leſtern alſo Chriſtum / und laſſen dazu daſ gwiſſen in zweifel stecken."[71]

Die Verbindung mit dem Irrglauben an die Wirkung der „guten Werke" ist auch bei Trubar vorhanden:

> „ty ludy mislio inu menio, Ta zhlouik bo prauizhin inu Iſuelyzhan, ſa volo ſuih laſtnih Dell, inu ſaslushi tu odpuſzhane tih Grehou, ſavolo ſuiga laſtniga ſaslushena [...] vſi ludy [...] obtu oſtano vtim zbiulanu, ne mogo prou na Buga klyzati. [...] oni ne veido, prou ne [...] veruio, ſakai inu ſa zhes volo ie Boshy Syn na ta ſueit poslan."[72]

Die negative Version, sozusagen die Vorstellung der Papisten, wird bei Melanchthon in die positive Denkweise des Evangelium überführt: „Man soll Gott anruffen mit glauben /vnd nicht zweiffeln / Er wölle vnſer Gebet vmb ſeines Suns Chriſti Jeſu willen annemen."[73]

Die wiederholten Einlassungen zum Gegensatz evangelische/papistische Lehre entspringen dem einprägsamen wie kämpferischen Brauch seit den Formulierungen im Augsburger Bekenntnis. Melanchthon hat in seinem erwähnten Beitrag alle wichtigen christlichen Begriffe der Dogmatik (Abendmahl, Gesetz und Evangelium, gute Werke), des kirchlichen Brauchtums (Heiligenverehrung, Zölibat, Klosterwesen, Wallfahrten) und des Priestertums in ihrem antinomischen Verhältnis definiert.

Die Lehre von den zwei Predigten greift Trubar in einem anderen Zusammenhang und wesentlich später noch einmal auf. Im „Katehismus z dvejma izlagama" von 1575 offenbart er deutlich die theologische Nähe zum lutherischen Glauben. Der Slowene übernimmt die polemische Form der Auseinandersetzung, die Luthers Einstellung zu den „Papisten" (Papst, Kardinäle, Bischöfe, Mönche, Pfaffen) kennzeichnete. Sie werden den Türken und Heiden gleichgesetzt. Die Polemik nährt sich aus dem Vorwurf des Dogmen-Missbrauchs seitens der katholischen Kirche; gemeint ist die Einstellung zu den Sakramenten, zur Sündenlehre, den

71 A. a. O., pp. 675 f.

72 [Die Menschen denken und meinen, der Mensch wird gerechtfertigt und selig aufgrund seiner eigenen Werke und verdient sich die Vergebung der Sünden aufgrund seiner eigenen Verdienste. Alle Menschen bleiben in ihrem Zweifel, verstehen nicht, Gott richtig anzurufen. Sie wissen nicht und glauben nicht recht, warum und durch wessen Willen Gottes Sohn in diese Welt gesandt worden ist.] *Cerkveni red*, a. a. O., p. 42.

73 *Summaria*, a. a. O., p. 676.

guten Werken, der Heiligenverehrung samt der Person Maria. Luthers Polemik wird übernommen, aber auch die seit der Augsburger Konfession übliche Abgrenzung von der falschen Lehre, wie sie von Melanchthon in seiner Beilage zu Veit Dietrichs „Summaria über die ganze Bibel“ begründet und verdeutlicht worden ist. Auch Melanchthons Wortwahl zeugt von der Schärfe der Auseinandersetzung, wenn er von der „abgötischen Papisten Lehre“ spricht.

Trubars Besorgnis um die Erziehung der Jugend im rechten Glauben ist begründet im Adressaten der deutschen Dedikation, dem Junker Franz Georg von Rein, seinem Patenkind, zumal er den Jesuiten unterstellt, Verführer der Jugend zu sein, die „auß der lieben jugendt Kinder der Höllen [...] machen“.[74] Trubar sieht sich mit seinen, Melanchthons und Luthers Schriften sowie den verschiedenen Konfessionsbekenntnissen im Einklang. Die Auslegungen selbst sind ebenfalls in dieser doppelten Predigt gehalten, wie man sie von Dietrich und Melanchthon kennt: Dem Artikel „Od obhajila, stariga praviga lutrskiga mašovane“ etwa stehen die Ausführungen „Od kriviga, falš obhajane inu papežoviga izpračeniga mašovane“ gegenüber.[75]

In seiner entschiedenen Auseinandersetzung mit dem Glauben der Papisten offenbart Trubar in einem weiteren Beispiel seine Kenntnis der lutherischen Verheißungslehre in der Gestaltung von Veit Dietrich und Philipp Melanchthon. Er lehnt das Argument des Alters der Religion als Rechtfertigung ab:

> „Denn deß Teuffels vnrechter Glaub / iſt auch Alt / denn er hat noch im Himmel den vnrechten Glauben [...] auffgebracht / darnach den Adam / Eua / Cain vnd ſeine nachkommen / die Heiden / Juden / Türcken vnd Papiſten /an ſich [...] gezogen.“[76]

Daraus werden die beiden Linien oder Predigten, die die Schrift verkündet, abgeleitet; ein Gedanke, der seine besondere Ausprägung in der lutherischen Theologie hat:

> „die jungen vnd einfältigen Chriſten [sollen wissen], das wir zweierley Eltern vnd Väter in Glaubens ſachen haben / die recht vnnd vnrecht Glaubigen.“

Die rechten Gläubigen gehören zu der Verheißungslinie:

---

74 Trubar, *Catehiſmus z dveima islagama*. Ena pridiga od staroſti te praue inu kriue Vere, Kerſtzhouane, Mashouane, zheſtzhena tih Suetnikou, od Cerkounih inu domazhih Boshyh slushbi , Tübingen 1575, Vorrede, p. 4.

75 [Von der Kommunion, der alten rechten lutherischen Messe ... Von der falschen Kommunion und falschen päpstlichen Messe]. Zitiert nach Rupel, *Slovenski protestantski pisci*, a. a. O., pp. 222 f.

76 *Catehiſmus z dveima izlagama*, a. a. O., Vorrede, p. 6.

> „Adam / Eua / vor vnnd nach dem fahl / da ſie widerumb der Göttlichen verheiſſungen vom Weibſſamen / das iſt / in Chriſtum geglaubt / vnnd nach jhnen Abel / Seth / Enoch / Noe / Abraham / Iſaac / Jacob / die Erzvätter /Propheten / Apostel […] nachgefolget."[77]

Die zweite Linie oder zweite Predigt der Schrift geht ebenfalls von Adam aus:

> „Aber vnſere falſchglaubige Vorelter / ſeind auch Adam / Eua / wie ſie der Schlangen / dem Teuffel / mehr dann Gott geglaubt. Ihre Geschlechterlinie sind Kain, Cham, alle falſche Propheten / Biſchoffen / Prediger."[78]

Sie halten sich weder an das Wort Gottes, das Evangelium, noch den Katechismus und missbrauchen die Sakramente.

Das Thema der zweigeteilten Entwicklung ist für Melanchthon in seiner Unterscheidung von AT und NT die essenzielle Lehre vom Gesetz und dem Evangelium.

> „Darumb ſoll man nun die ſchrecklichen Hiſtorien von anfang der welt predigen / das wir lernen / das Gott ſein Geſetz bedrewung / vnd ſeinen zorn von anfang alſo geoffenbaret hat /Als mit Cam / mit der Sindflut / mit Sodoma / mit Pharao etc. Vnd ſollen dabey wiſſen / das hernach alle ſtraffen auff Erden auch ſolche werck ſind / darin Gott ſeinen zorn wider die ſünde erzeyget."[79]

Und auch hier darf nicht die komplementäre Ergänzung fehlen:

> „Nun weis der mensch von natur nichts denn Geſetze / vnd muß im zorn ſtecken bleiben / wenn Gott nicht ſeine gnade vnd vergebung der ſünd / aus groſſer vnaußſprechlicher barmhertzigkeyt geoffenbaret hette. Darumb iſt von anfang die Verheyſſung vom Mittler Jeſu Chriſto gegeben worden."[80]

Diese Linie wird ebenfalls aus Adam und Eva heraus fortgeführt in der Geschlechterfolge der Gläubigen: Abel, Noah, Abraham, Mose, David.

In Veit Dietrichs Kommentaren zu den Büchern Mose findet sich eine ähnlich lebhafte Schilderung des doppelten „Ursprungs", die durchaus Vorbild für Trubar gewesen sein kann; die Gegenüberstellung wirkt ebenso plastisch:

> „[Das Kapitel ist] ein Hiſtoria / wie der menſch durch den Teuffel von Gottes wort abgefüret / vnnd in die ſünd vnnd ſtraffe Gottes durch den vngehorſam gefallen ſey / […] das wir […] feſt an Gottes wort halten vnnd vns vor ſünden hüten / welche vom Teuffel jren anfang hat / vnd den todt / ſampt allem anderm jammer / vber die menſchen bracht hat."

Die zweite Predigt:

---

77 A. a. O.

78 A. a. O.

79 Melanchthon, „Vnterſchid des Alten und newen Teſtaments". In: *Summaria vber die gantze Bibel*, a. a. O., p. 13.

80 A. a. O.

> „Dagegen ſol man aber den troſt mercken / welchen hie Gott Adam vnd Eua gibt / Das des weibes ſame / Chriſtus / der ſchlangen den kopff zutretten / Das iſt dem Teuffel ſein macht nehmen."

Wie eine conclusio wirkt der abschließende Satz im Verhältnis Gesetz – Evangelium bzw. der Zwei-Reiche-Lehre:

> „Denn im Paradis hat es angefangen / vnd muß für vnd für alſo gehen. Der Teufel gönnet vns die ſeligkeyt nicht / widerumb will Gott vns in ſünden nicht verderben laſſen vnd ſchaffet vns hilff durch ſeinen Son."[81]

Veit Dietrich führt die Linien bis in die gegenwärtige reformatorische Auseinandersetzung fort, worin ihm Trubar folgt:

> „Cayn [...] der ſeinen Bruder Abel erſchlug. Solchs exempel gehet noch jmmerdar in der welt / Denn der Abel / das iſt die rechte Chriſtliche Kirche / die auff Gottes wort / vnnd ſein Barmhertzigkeyt in Chriſto ſich gründet / muß ſich von Cain / das iſt / von der falſchen Kirchen / vnd den werckheyligen leyden."[82]

Trubars Ziel ist ebenfalls die Abwehr aller Beschuldigungen der Ketzerei. Er kehrt die Argumente gegen die Katholiken, indem er ihnen die negative Linie in den biblischen Zeugnissen zuschreibt und sie als teuflische Verleumder und Verführer der Jugend bezeichnet („daß die Papißten mit jhrem newen Glauben / Abgotterey / Tiranniſiren / verfolgungen / vnd vnzüchtigem leben / an allem Vnglück ſchuldig."). Den positiven Heilsweg aber beschreiten die Lutherischen:

> „Ich verhoff / der Allmächtig [...] werde vnſere Gottſelige Crainer vnnd Windiſchen / mit diſer vnd den vorigen vnſern Predigten vnd Büchern in der erkan[n]ten vnd angenommen Warheit [...] beſtendig erhalten."[83]

Bei Luther ist der Ursprung zu finden, weniger bildhaft, sondern abstrahiert in theologischer Betrachtung der zwei Kirchen, die sich gegenseitig Ketzerei vorwerfen,[84] der Lehre von Gesetz und Evangelium – einmal die Verbindung zur Erbsünde, zum andern ihre Aufhebung. Das ist u. a. Thema von Luthers Bekenntnisschrift von 1525, „Eine Unterrichtung, wie sich die Christen in Mose schicken sollen", in der er sehr deutlich die Gegensätze herausarbeitet:

81 *Summaria vber die gantze Bibel*, a. a. O., pp. 24, 25, 26.

82 *Summaria*, a. a. O., p. 26.

83 *Catehiſmus z dveima izlagama*, a. a. O., Vorrede, p. 8.

84 Luther schreibt in seiner Zurückweisung von Heinrich von Wolfenbüttels Angriff gegen den evangelischen Glauben in der Streitschrift „Wider Hans Worst" von 1541: „es gibt zweierlei Kirchen von der Welt Anfang an bis zu Ende, die Augustin Kain und Abel nennt. Und der Herr Christus gebietet uns, daß wir nicht die falsche Kirche annehmen sollen und unterscheidet selbst zwei Kirchen, eine rechte und falsche". („Wider Hans Worst" (1541), a. a. O., p. 2815).

> „Die erste Predigt und Lehre ist das Gesetz Gottes, die andere das Evangelium. Diese zwei Predigten kommen nicht überein, darum muß man ein gutes Verständnis davon haben, daß man sie wisse zu unterscheiden und wisse, was das Gesetz sei und was das Evangelium. Das Gesetz bietet und fordert von uns, was wir tun sollen, ist allein auf unser Tun gerichtet und bestehet im Fordern. [...] Das Evangelium aber predigt nicht, was wir tun oder lassen sollen, fordert nichts von uns, sondern wendet es um, tut das Gegenteil."[85]

Luther verknüpft also seine Analyse mit der Zwei-Reiche-Lehre, der Welt des Gesetzes und des Evangeliums. Dabei fällt die seit Luther tradierte Übernahme der biblischen Generationen in der positiven und negativen Linie auf:

> „[Wir lesen] wegen der schönen Beispiele des Glaubens, der Liebe und des Kreuzes bei den lieben heiligen Vätern Adam, Abel, Noah, Abraham, Isaak, Jakob, Mose [...], daran wir lernen sollen, Gott zu vertrauen und ihn zu lieben. Umgekehrt sehen wir auch die Beispiele des Unglaubens der Gottlosen und des Zorns Gottes, wie Gott den Ungläubigen ihren Unglauben nicht schenket, wie er den Kain, Ismael, Esau gestraft hat, die ganze Welt mit der Sintflut, Sodom und Gomorrha und dergleichen viel Strafen mehr."[86]

Auf alle diese grundlegenden lutherischen Bedingungen geht Trubar nicht nur an dieser (späten) Stelle, sondern mehrfach ein, u.a. ausführlich in der „langen Vorrede". Das kann auch für das Gesamtwerk des Slowenen konstatiert werden; aus den verschiedensten Blickwinkeln, d.h. der jeweiligen Zielsetzung der benutzten Gattungen, werden die Grundbegriffe beleuchtet, was seine persuasive Absicht, nicht seine Theologie anzeigt.

6. Resümee

Das Besondere an diesem Werk Trubars ist das Risiko, das er mit einem solchen Unternehmen eingegangen ist. Die „Cerkovna ordninga" versucht auf der Grundlage der gängigen landesherrlichen Kirchenordnungen ein in seiner thematischen Anlage umfassendes und gleichzeitig theologisch abgesichertes Regelwerk für das kirchliche Leben zu erstellen. Motivation für die Kombination oder besser gesagt Kompilation dieser Textzusammenstellung war die Absicht, neueste Erkenntnisse erstmals in slowenischer Sprache vorzustellen und damit Modernität zu gewährleisten. Trubar nutzt die reformatorischen Vorlagen geschickt für die Erhebung seiner „Landes"-Kirche auf eine zentrale Ebene europäischer Diskussion.

Dazu kommt noch die „Bearbeitung" der Texte; sie beschränkt sich auf Verständlichkeit und Überzeugungskraft, erweitert deshalb das Textvolumen, nicht

85 „Eine Unterrichtung, wie sich die Christen in Mose schicken sollen" (1525), a.a.O., p. 3175.
86 A.a.O., p. 3196.

aber die Theologie. Trubar entfaltet keine eigene geistliche Richtung – er bringt jedoch die Theologie näher zu den Menschen, d. h. fügt ihre Ordnung auch in die slowenische Sprachvermittlung ein, indem er die Schwerpunkte auf Lehramt, Ausbildung und Predigt setzt.

Die genaue Analyse wurde unternommen, um die Quellen- und Übernahmesituation zu klären, die sich als Weg von Luther über Melanchthon und Veit Dietrich erweist. Es kommt dabei nicht auf eine zeitliche Reihenfolge, sondern die Übermittlung theologischer Grundbereiche an, die bei diesen lutherischen Reformatoren in variierenden Schwerpunkten und Zielsetzungen vorhanden sind. Vieles wiederholt sich, was in Trubars Werken weitgehend bereits diskutiert worden ist. Das theologische Potenzial wird von Trubar übernommen ohne Anspruch auf Selbstständigkeit; nur die Darbietung trägt seine Handschrift, das heißt, die Einlassung auf persuasive Formen, gekleidet in Erweiterungen, Paraphrasierungen, Wiederholungen, zusätzliche Erläuterungen, als Mittel eindringlicher Überzeugungen.

VIII.
Trubars Vorworte zu seinen Bibeltexten: Die Festigung seiner theologischen Orientierung

1. Übersetzungsprobleme und Übersetzungsrichtlinien

Trubars slowenische Vorreden zum Matthäus-Evangelium und den Briefen legen Zeugnis ab von seiner Orientierung an der lutherischen Theologie. Sie machen aber auch deutlich, dass der Slowene die Übersetzung von Teilen der Bibel zwar für notwendig, für sich selbst aber als großes Wagnis hielt. Er fühlte sich dazu nicht befähigt. Das war für ihn keine Floskel der Humilitas, des Understatements. Im Brief an Bullinger klingt in erster Linie die Berufung an, das Bewusstsein, von Gott in die Pflicht genommen zu sein wie Paulus (!), erst an zweiter Stelle die Zwangslage, in die sich der Nicht-Humanist versetzt sieht. „D. Vergerius ist **nach Gott** [Hervorhebung G. G.] der erst vnd fürnembst Vrsacher das dises dolmetschen angefangen worden."[1] Trubar hat immer wieder auf die Vermittlerrolle von Peter Paul Vergerius hingewiesen und damit auch ein Stück Verantwortung verschoben.[2] „Der herr Vergerius mein herr vnd landsman, welher vor 12 jaren auch mein Saulus, aber yezund, gott lob, Paulus worden", so schreibt Trubar 1555 an Bullinger,[3] habe ihn ermutigt, mit dem Übersetzen der Bibel zu beginnen, was Trubar mit der zaghaften Bemerkung versah, dass „Herr Vergerius [...] von mir zuwissen [begehrt], ob ich mir getrawet die Bibel in die Windische und Croatische sprach zu verdolmetschen."[4] Das Matthäus-Evangelium, das Trubar 1555 mithilfe von Vergerius drucken ließ, war das Probestück und ermunterte zu weiteren Übersetzungen des NT. Die Bedenken des slowenischen Reformators waren trotzdem groß, da er nicht, wie sein Vorbild Luther, über griechische und hebräische Sprachkenntnisse verfügte. Trubar konnte bei Luther nachlesen, welche Bedingungen

1 *Ta pervi deil tiga noviga testamenta*, Deutsche Vorrede, a. a. O., Tübingen 1557; zitiert nach Sakrausky, a. a. O., p. 99.

2 Der päpstliche Nuntius und Bischof von Capodistria war während Trubars Aufenthalt bei Bonomo in Triest ein entschiedener Gegner seiner reformatorischen Ansichten, schloss sich dann aber 1548 selbst der Reformation an und wurde Rat des Herzogs Christoph von Württemberg. Im Jahre 1535 traf er Luther in Wittenberg zur Vorbereitung eines allgemeinen Konzils. Vergerius hielt Luther für „besessen", war jedoch von seiner festen Überzeugung beeindruckt. (Vgl. Luther, „Biographische Zeittafel". In: *Luther deutsch*, a. a. O., p. 8).

3 Brief vom 13. September 1555, in: Rajhman, *Pisma Primoža Trubarja*, a. a. O., p. 23.

4 *Ta pervi deil*, Deutsche Vorrede, a. a. O.; zitiert nach Sakrausky, a. a. O., p. 96.

es für Bibelübersetzer gab: Ohne Kenntnis der Ursprachen, so Luther, „tappen [sie] wie ein Blinder an der Wand, daß sie sehr oft den rechten Text verfehlen."[5] Selbst Augustinus habe erkannt, „daß einem christlichen Lehrer, der die Schrift auslegen soll, über die lateinische auch die griechische und hebräische Sprache vonnöten sind."[6] Luther geht noch einen Schritt weiter, indem er der philologischen Grundbildung eine weitere Bedingung zufügt: Der „schlichte" Priester sei nicht in der Lage, „die Schrift auszulegen und fortlaufend zu behandeln und wider die irrigen Anführer der Schrift zu streiten".[7] Nur auf diesem Hintergrund ist letztlich verständlich, mit welcher Vorsicht, ja Ängstlichkeit und welchem Absicherungsbedürfnis Trubar ans Werk geht, was er in seiner Deutschen Vorrede von 1557 erläutert.[8]

Noch ein anderer Gesichtspunkt unterstreicht, dass sich der Slowene im reformatorischen Sinne berechtigt fühlt, sich an die Bibelübersetzung zu wagen. Das Matthäus-Evangelium ist als einzige Teilübersetzung nur mit einer slowenischen Einleitung versehen, die – wie bereits dargestellt – andere Funktionen als die deutschen Vorreden erfüllt. Sie wendet sich an die slowenischen Landsleute, an die „wahre Kirche Gottes der slowenischen Sprache", d. h. Trubar beginnt mit der ganz persönlichen Zuwendung an seine „lieben Brüder". Die seelsorgerliche Haltung findet Unterstützung in der von der deutschen Vorrede zur ersten Hälfte des NT deutlich abweichenden Behauptung,

> „De ſte ui nas proſſili (potehmal ta vegshiu del Ludi vnashi desheli druſiga Ieſiga ne ſna, ſamuzh ta Slouenski), De mi te ſuete Euangelie inu Liſtuue [...] tudi vta slouenski Ieſig iſpishemo."[9]

Trubar macht aus der lutherischen Einsicht in die Verbreitung von Gottes Wort einen Auftrag, bei dem die Verantwortung sozusagen dem Auftraggeber obliegt. Er habe diese Bitte mit Freuden gehört und erfülle sie nun zunächst mit dem Matthäus-Evangelium. Ganz im Sinne einer Alltagsverständlichkeit überträgt er diese Bitte in Bilder der Bedürfnisbefriedigung. Er spricht vom Hunger und Durst nach dem Evangelium und bietet es als Speise zur Sättigung der Seelen an. Es ist

---

5 „An die Ratsherren aller Städte deutschen Landes, daß sie christliche Schulen aufrichten und halten sollen" (1524), a. a. O., p. 3127.

6 A. a. O.

7 A. a. O.

8 Vgl. Gerhard Giesemann, „Die slovenischen Vorreden Primus Trubers", a. a. O., p. 28.

9 [Dass ihr uns gebeten habt (zumal der größte Teil der Menschen in unserem Land eine andere Sprache als das Slowenische nicht kennt), die heiligen Evangelien und Briefe auch in die slowenische Sprache zu überschreiben.] *Ta Evangeli svetiga Matevsha* , a. a. O., 1555, p. A2 (= *Biblia slavica*, a. a. O., p.6).

eine Taktik Trubars, geboren aus dem Dilemma von Einsicht in die Notwendigkeit einerseits und Aufgabenüberforderung auf der anderen Seite.

Über Trubars Sorge um eine angemessene und gleichzeitig verständliche Übersetzung ist bereits gesprochen worden. Der einfache Mann sollte in den Bann der Sprache gezogen werden, ein durchaus lutherischer Gedanke, wie er im Sendbrief vom Dolmetschen ausgedrückt ist:

> „Aber wenn sie [die Buchstaben / Worte] so zusammengefaßt werden [...], so weiß kein Deutscher, was gemeint ist; [...] das hieße dann fein übersetzt. Darum muß ich hier die Buchstaben fahen lassen und erforschen, wie der deutsche Mann das ausdrückt, welches der hebräische Mann [anders] meint."[10]

Dennoch hat Trubar ein weiteres Problem, das sein Wirken zusätzlich belastete. Luther konzentrierte die Abwehr gegen Kritik auf seine Bibelübersetzung auf die katholischen Einwände und hatte sich damit ein geschlossenes Feindbild geschaffen.

> „Hab ich drinnen [in der Übersetzung des NT] irgendwie fehlgegriffen – dessen ich mir nicht bewußt bin, wie ich freilich ungern auch nur einen Buchstaben absichtlich falsch übersetzt haben wollte – darüber will ich die Katholiken nicht zu Richtern leiden."[11]

Trubar hat es dagegen mit Kritikern aus den eigenen Reihen zu tun, gegenüber denen er sich nachsichtig und rechtfertigend verhalten musste. Ihn beaufsichtigten der Generalsuperintendent und theologische Berater des Herzogs, Jakob Andreae, der Herzog Christoph in Württemberg, die evangelischen Landstände in Krain. Dass Trubars Einlassungen und Bedenken nicht grundlos waren, zeigen zahlreiche Schreiben vor allem aus dem Jahr 1560, in denen er sich gegen Anzeigen, Druckverbote, Häresievorwürfe wehren musste.[12] Er beklagt sich über ein Druckverbot gegenüber dem Landeshauptmann Jakob Lamberg und geht wieder auf den Vorwurf falschen Dolmetschens ein (Brief vom 12. Januar 1560).[13] Baron Ungnad teilt er am 1. April 1560 mit, dass Maximilian alle seine Bücher habe überprüfen lassen; „die seindt, gott allein sey die ehr. Für warhafft, lautter, christlich vnd heilig erfunden vnd erkhent worden."[14]

10 „Ein Sendbrief vom Dolmetschen" (1530), a. a. O., p. 3151.

11 A. a. O., p. 3139.

12 Vgl. Trubars Schreiben an König Maximilian vom 2. Januar 1560: „Es ist meinem gnedigen fursten und herren von Wuerttemberg etc. schrifftlich vnd mündtlich, nit waiß jch durch wen, furkhomen vnnd angezaigt worden, das jn meinen außgegangnen getruckhten windischen buechern vnrechte dolmetschungen, grosse jrthumben, falsche außlegungen, schwermerische vnd zwinglische opinionen von der tauff, des herren nachtmal vnd von der justification [...] sein sollen". (Rajhman, *Pisma Primoža Trubarja*, a. a. O., p. 38).

13 A. a. O., p. 52.

14 A. a. O., p. 61.

Trubar sucht nicht nur, die Verantwortung bei den Auftraggebern unterzubringen; er sichert auch seine Übersetzung in dreifacher Weise ab. Zunächst bittet er alle Gelehrten, seine Arbeit durchzusehen,

> „inu ſoditi [...], kar kuli ta praua Gmaina kershanſka uletim nashim dellu, Kai kriuiga oli neſaſtopniga naide, nas poduuzhi oli opomeni."[15]

Dann wird die Gemeinde, „alle frommen Christen", gebeten,

> „de kadar vi beroz letiga Euangeliſta, kai kriuiga oli neſaſtopniga [die wiederholt formelhafte Wendung fällt auf] vletim nashim Tolmazheuanu ſagledate, de vi tu iſtu nom sdaici puſtite veiditi."[16]

Die Verantwortung siedelt Trubar zum dritten dann noch höher an:

> „Mi dobru na ſebi pozhutimo de htakimu viſokimu dellu ſmo shibki inu nekar ſadoſti. Oli mi ſmo letu ſteim vupanem ſazhelli, de Bug ſa nami skorai druge obudi, kir bodo letu nashe dellu poprauili."[17]

Später wird Trubar deutlicher, indem er sich nun der von Luther angeführten Argumente im „Sendbrief vom Dolmetschen" bedient. Der deutsche Reformator geht auf den Vorwurf der falschen Übersetzung ein. Die Gegner benutzten seine Sprache:

> „Sie danken mir aber nicht dafür [...] Aber ich gönne es ihnen wohl, denn es tut mir doch sanft, daß ich auch meine undankbaren Jünger, dazu meine Feinde, reden gelehrt habe. [...] Damit habe ich niemand gezwungen, daß ers lese, sondern freigelassen und es allein denen zu Dienst getan, die es nicht besser machen können. [...] Wers nicht lesen will, der laß es liegen."[18]

Trubar stellt sich dem Problem in gleicher Weise: „Aber ich weiß gleichwol / das jr etlich sagen werden / diß vnser dolmetschen vnd schreiben ist nicht / wie es sein soll [...]."[19] Er versieht es noch mit der schärferen Randglosse: „Warnung wie sich gegen den spöttern dises wercks sollen halten" und trifft damit noch deutlicher den Ton Luthers.

---

15 [und darüber zu urteilen, ... uns zu unterweisen oder zu ermahnen, was die wahre christliche Gemeinde in unserem Werk an Falschem oder Unverständlichem findet.] *Ta Evangeli svetiga Mateusha* , a. a. O., 1555, p. A4 (= *Biblia slavica*, a. a. O., p. 8).

16 [wenn ihr das Evangelium lest und etwas Falsches oder Unverständliches in unserem Dolmetschen seht, dass ihr uns das unverzüglich wissen lasst.] A. a. O.

17 [Wir spüren selbst recht gut, dass zu einem solchen hohen Werk wir zu schwach und nicht ganz geeignet sind. Wir haben in der Hoffnung begonnen, dass Gott nach uns bald andere erweckt, die unser Werk verbessern werden.] A. a. O.

18 „Ein Sendbrief vom Dolmetschen" (1530), a. a. O., p. 3139.

19 *Ta pervi deil*, Deutsche Vorrede, a. a. O.; zitiert nach Sakrausky, a. a. O., p. 106.

Es ist erstaunlich, wie intensiv sich Trubar bei seinen Übersetzungsproblemen Argumentationshilfe bei Luther sucht, auch wenn die jeweilige Ausgangslage nur bedingt vergleichbar ist. Luther ist polemischer als Trubar. Für ihn ist die Sache entschieden, der Gegner erledigt und die Argumente sind nur noch Scheingefechte:

> „Zum ersten, wenn ich, D. Luther, das hätte erwarten können, daß die Katholiken alle auf einen Haufen so geschickt wären, daß sie ein Kapitel in der Schrift recht und gut verdeutschen könnten, so wollte ich mich fürwahr demütig gezeigt und sie um Hilfe und Beistand gebeten haben, das Neue Testament zu verdeutschen."[20]

Trubar kann sich die Ironie nicht leisten und muss ein ernsthaftes Angebot unterbreiten, bleibt aber in der lutherischen Zuversicht:

> „Den ersten antwortet vnd saget zu jnen / das sie solches bald erzeigen vnd beweisen / mit einem stuck auß der Bibel / vnd wo sich dermassen befinde / wöllen wir jnen diß angefangen Werck zuuolbringen / gantz vnd gar übergeben."[21]

Auch die Form des fiktiven Dialogs hat Trubar von Luther übernommen!

Trubar beschließt die Übersetzung des Matthäus-Evangeliums mit angehängten mehrsprachigen Bibelsprüchen (lateinisch – deutsch – slowenisch); das sind Merksätze, die von der Ausbreitung und Unbesiegbarkeit des Evangeliums sprechen. Die Texte aus Joh. 20, 31, Matth. 24, 14, Offbg. 17, 14 basieren im deutschen und slowenischen Teil auf der Übersetzung Martin Luthers; der lateinische Text entspricht der Vulgata.[22]

Trubars slowenische Einleitung zu seiner ersten Teilübersetzung ist bunt zusammengewürfelt. Einem Lebenslauf des Matthäus, abgesichert durch Hieronymus, folgt das eigentliche Vorwort mit Erklärungen zum Übersetzungsanlass und den Übersetzungsschwierigkeiten; ein kurzer Exkurs weist auf die Lehre des Matthäus-Evangeliums hin, bringt aber in der Tat eine Kurzfassung der christlichen Glaubensinhalte:

> „Sakai ie zhlouik poſtal, vmerl inu vſtal od ſmerti, Skuſi kai inu koku moremo dileshni biti nega dobrute inu ſaslushena, To nasho vero vnega pobulsha inu poterdi, de tudi nashe ſerce bode preminenu na dobru, de naprei do konza nashiga shiuota, ſo vſem nashim gianem

20 „Ein Sendbrief vom Dolmetschen" (1530), a. a. O., pp. 3138 f.

21 *Ta pervi deil*, Deutsche Vorrede, a. a. O.; zitiert nach Sakrausky, p. 106.

22 Die einzige Abweichung in Joh. 20, 31 ist durch eine unkorrekte Abschrift der Vulgata gegeben: „[...] ut credentes vitam habeatis *per Nomen* [statt richtig: in nomine]" – „[...] de vi veruiezh imate ta vezhni leben *skuſi* nega ime". (*Ta Evangeli svetiga Matevsha*, a. a. O., M4 (= *Biblia slavica*, a. a. O., p. 96)). Solche Ungenauigkeiten sind durchaus üblich; deshalb sollte tunlichst vermieden werden, bei „unpräzisen" Wiedergaben Wortklauberei zu betreiben, wie z. B. in der Deutung von Abendmahlsformulierungen.

inu lebnom ſe dershimo po vuki tih S. Euangeliou, inu de dobimotu nebesku Kraleuſtuu skuſi Ieſuſa Criſtuſa [...].“[23]

Es ist wiederum eine Werbeschrift des Seelsorgers, der um Verständlichkeit und Einfachheit bemüht ist.

2. Luthers Schriftauslegung (Apostel Paulus) in Trubars Übertragung

Mit der Übersetzung der Epistel des Paulus, die 1560 erschienen war, begab sich Trubar sprachlich, begrifflich und theologisch auf ein schwieriges Terrain. Schließlich waren Römerbrief und Galaterbrief reformatorische Erkenntnisquellen von Martin Luther. Trubar trägt dem Rechnung, indem er sich in der Hervorhebung und Erläuterung der Begrifflichkeit, in vielen Wendungen und Einschätzungen an die Schriftauslegungen Luthers hält. Nicht jede Zuordnung ist eindeutig, da manche Beispiele, Bilder oder Motive reformatorisches Gemeingut sind und in vielen Formeln sich die gemeinsame Berufung auf den Bibeltext widerspiegelt.

Trubar redet sich bei schwierigen Textstellen, wie viele seiner Zeitgenossen – unter anderem Erasmus – auf „dunkle“ Stellen heraus. Später schwächt er in Kenntnis von Luthers Auseinandersetzung mit Erasmus diese Einschätzung ab. In seiner Dedikation an Maximilian jedenfalls verkündet der Slowene noch seine Absicht, „wegen der Hyperbasen und Hebraismos“,[24] die den Brief „dunkel und schwer verständlich machen“, zu jedem Artikel kurze Argumente und Scholien zu verfassen. Trubar versucht, nicht in sich die Ursache für Irritationen zu suchen; trotzdem bleibt eine Grundunsicherheit, die ihn dazu bringt, sich bei Autoritäten abzusichern. Dabei geht es ihm besonders um die paulinischen Begriffe Gesetz, Sünde, Gnade, Glaube, Gerechtigkeit, Fleisch, Geist. Damit hat er sich bereits in der „langen slowenischen Vorrede“ von 1557 befasst.[25]

---

23 [der Mensch ist entstanden, gestorben und vom Tod auferstanden; wodurch und wie können wir seiner Güte und seines Verdienstes teilhaftig sein, vergrößert und verfestigt sich der Glaube an ihn, damit auch unser Herz verändert wird zum Guten, wir bis zum Ende unseres Leibes mit allen unseren Taten und unserem Leben uns an die Lehre des hl. Evangeliums halten und das himmlische Königreich durch Jesus Christus erreichen werden.] *Ta Evangeli svetiga Mateusha*, a. a. O., Predgvvor, p. A5 (= *Biblia slavica*, a. a. O., p. 9).

24 *Ta drugi deil tiga noviga teſtamenta*, a. a. O., Tübingen 1560, Deutsche Vorrede, p. a iii (= *Biblia slavica*, a. a. O., p. 103).

25 Vgl. dazu Kapitel VII: Das „Bekenntnis“ des reformatorischen Theologen.

Trubar will zweierlei. Einmal wird mit der Bewältigung dieser schwierigen Materie selbstbewusst verkündet, dass das Wort Gottes auch in der „Windischen [...] Spraach / so klar / lauter und verstendig / als in der Lateinischen / Teutschen / Wälschen / vn Böheimischen / werden reden vnd predigen".[26] Es ist die übliche Gleichstellungsformel.

Das zweite, von Trubar nicht angezeigt, ist die Absicherung, d. h. die Übernahme der lutherischen Schriftauslegung zum Römerbrief, die gleichsam eine theologisch-dogmatische Sicherung darstellt. Die slowenische Summa des Paulusbriefes an die Römer macht die Abhängigkeit in der wörtlichen Übernahme von Luthers Vorrede zum Römerbrief von 1522 deutlich:

Trubar

vſe tu, Kar en Kerszhenik ima veiditi. Sakai on tukai vnim vuzhi, Kai ie Euangelium, Kai ie Greh, Kai ie Shtraifinga, Kai ie Gnada, Kai Vera, Kai ie Prauiza, Kai ie Criſtus, Kai ie Bug, Kai ſo dobra Della, Kai ie Lubeſan, Kai ie Vupane, Kai ie Crysh. Inu on tudi tukai vuzhi, koku se pruti vſakimu zhloueku, pruti Periatelom, pruti Souurashnikom, pruti Brumnim, pruti Greshnikom, pruti Mozhnim, pruti Shibkim vti Veri, vſak pruti ſam ſebi inu vmei ſebo, imamo dershati. Inu on tu vſe Suetim Piſmom, ſteimi Exempli inu Perglihami, ſam ſebo inu ſteimi Preroki, cilu lipu inu dobru ſpryzha inu poterdi, de ſubper tak nega Vuk niſzhe po riſnici nemore kai rezhi. Obtu ſe vidi inu merka, de S. Paul ie hotel enkrat vleta lyſt vuſſ Kerszhanski inu ta praui Euangeliski Nauuk kmalu vkupe poſtauiti, Inu ta praui pot inu ſaſtop tiga Stariga Testamenta pokaſati inu dati naſnane vſem ludem. Sakai guishnu ie timu taku, de kateri leta lyſt htim Rymlanom zheſtu prebere inu prou ſaſtopi, inu tu kar bere vnega ſercei ohrani, Ta iſti ima to prauo luzh inu ta praua vrata htimu Starimu Testamentu.[27]

Luther

So finden wir in diesem Brief aufs allerreichlichste, was ein Christ wissen soll, nämlich: was Gesetz, Evangelium, Sünde, Strafe, Gnada, Glaube, Gerechtigkeit, Christus, Gott, gute Werke, Liebe, Hoffnung, Kreuz sei und wie wir uns gegen jedermann, er sei fromm oder Sünder, stark oder schwach, Freund oder Feind, und gegen uns selber verhalten sollen. Dazu das alles mit Schriftstellen trefflich begründet, mit Beispielen von sich selbst und den Propheten bewiesen, daß nichts mehr hier zu wünschen ist. Darum scheinet es auch, als habe Paulus in diesem Brief einmal die ganze christliche und evangelische Lehre in die Kürze fassen und einen Zugang zum ganzen Alten Testament bereiten wollen. Denn wer diesen Brief recht im Herzen hat, der hat ohne Zweifel des Alten Testaments Licht und Kraft bei sich.[28]

26 *Ta drugi deil*, a. a. O., p. a iii (= *Biblia slavica*, p. 103).
27 *Ta drugi deil*, a. a. O., p. b i (= *Biblia slavica*, p. 106).
28 „Vorrede zum Brief des Paulus an die Römer" (1522), a. a. O., pp. 45–61, hier pp. 60 f.

Trubars Ausrichtung auf die Theologie Luthers ist in seinen Kommentierungen des NT weiterhin eine feste Größe. Sowohl in den Einleitungssätzen zur „Summa“[29] als auch im Vorwort zu allen Paulusbriefen[30] übernimmt Trubar den Gedanken Luthers, dass der Römerbrief das „rechte Hauptstück“ des NT und das „allerlauterste Evangelium“ sei.[31] In der Vorrede zum Neuen Testament („Welches die rechten und edelsten Bücher des Neuen Testaments sind“) bezeichnet Luther explizit das Evangelium des Johannes und die Briefe des Paulus als „rechten Kern und das Mark unter allen Büchern“, was wiederum von Trubar paraphrasierend umschrieben wird:

> „Ty ſtari inu ſadashni Vuzheniki inu vſi ſaſtopni kerszheniki [...] prauio inu piſſheio, de potrebnishiga, bulshiga inu modreshiga Piſma inu Nauuka nei vtim Nouim Teſtamentu, koker ſo S. Iansha Euangeli inu S. Paula lyſtuui.“[32]

Trubar hat also sehr aufmerksam die verschiedenen Kommentierungen Luthers zurate gezogen. Auch in der sich anschließenden Deutung dieser Lehre folgt Trubar der lutherischen Argumentation in der Vorrede zum NT und übernimmt dessen Vorstellungen über das Verhältnis von AT zu NT.[33]

Zum Abschluss der Vorrede wird der Wert der Paulusbriefe noch einmal durch die Aufforderung betont, die tägliche Lektüre zu pflegen und die Texte auswendig zu lernen:

> „Tu Piſmu S. Paula ie vrednu, de ſe veden od vſakiga zhloueka nuzh tar dan bere, inu koker ta Ozha nash vmei iſuuna.“[34]

Das ist ebenfalls eine fast gleichlautende Aufforderung Luthers in der Vorrede des Römerbriefes, die sich Trubar als pädagogisch überzeugend zu eigen macht:

> „Dieser Brief ist das rechte Hauptstück des Neuen Testaments und das allerlauterste Evangelium, welcher wohl würdig und wert, daß ihn ein Christenmensch nicht allein Wort für Wort auswendig wisse, sondern täglich damit umgehe.“[35]

---

29 A. a. O.

30 „Predguuor zhes vſe lyſtuuve S. Paula“. In: *Ta drugi deil*, a. a. O., p. c – c2 (= *Biblia slavica*, a. a. O., pp. 107 f.)

31 „Vorrede zum Brief des Paulus an die Römer“ (1522), a. a. O., p. 3060.

32 [Die alten und früheren Gelehrten und alle verständigen Christen sagen und schreiben, dass es keine notwendigeren, besseren und klügeren Schriften und Lehren im Neuen Testament gibt als das hl. Johannes-Evangelium und die Briefe des hl. Paulus.] „Predguuor zhes vſe lyſtuue“, a. a. O., p. c1 (= *Biblia slavica*, a. a. O., p. 108).

33 „Vorrede zum Neuen Testament“ (1522), a. a. O., pp. 3042 ff., bes. p. 3047.

34 „Predguuor zhes vſe lyſtuue“, a. a. O., p. c2 (= *Biblia slavica*, a. a. O., p. 108).

35 „Vorrede zum Brief des Paulus“ (1522), a. a. O., p. 3060.

Der theologische Auftakt in den Erläuterungen beginnt mit „Predgvvor zhes ta lyst Htim Rymlanom".[36] Er hält sich vage an Paulus' Mahnungen eingangs des Römerbriefes, die Warnung vor falschen Predigern, die die Ausbreitung des Evangeliums hindern wollen und die Rechtfertigung durch Einhaltung mosaischer Gesetze. Luther hat das an mehreren Stellen einer grundsätzlichen Diskussion unterzogen, in der „Vorrede zum Alten Testament" (1523), wo er das Gesetz Moses der Liebe Christi gegenüberstellt, vom äußeren und inneren Gesetz spricht, diese Gedanken dann in „Eine Unterrichtung, wie sich die Christen in Mose schicken sollen" (1525) ausführt.[37]

Text- und Gedankennähe zeigen, dass Trubar über Luthers Auslegung Zugang zu Paulus gefunden hat bzw. sich darauf verlässt. Die falschen Propheten in der Auslegung der Schrift werden mit der mosaischen Gesetzestreue verbunden, die von der evangelischen Lehre wegführe, da sie behaupten, dass das Evangelium keinen Menschen erlöse.

> „Temuzh vſaki, kir misli inu hozhe priti vnebeſſa, Ta iſti mora vſe Moiſeſeue Poſtaue popolnoma dershati, ſe obreſati, offrouati, Sobote inu druge Prasnike prasnouati, Suinskiga meſſa ryb press hub, rakou, kerruauiz inu druge shpendie, ne ieiſti."[38]

Deutlich ist schon bei Luther dieser Gegensatz hervorgehoben:

> „wenn ich Mose zum [...] Gesetzgeber annehme, so müßte ich mich beschneiden lassen, die Kleider nach jüdischer Weise waschen und so essen und trinken, mich kleiden und solches Wesen alles halten, wie den Juden im Gesetz geboten war. So wollen wir Mose nicht halten noch annehmen [...]. Sein Regiment ist aus gewesen, da Christus kam."[39]

Luther will den „einfältigen Mann" aus seinem alten Wahn auf die rechte Bahn führen, „daß er nicht Gebot und Gesetz suche, da er Evangelium und Verheißung Gottes suchen soll."[40] Trubar hebt ebenfalls die auf den einfachen Menschen ausgerichtete Predigt hervor, dass das Gesetz Mose abgelöst werde durch den Glauben

---

36 *Ta drugi deil*, a. a. O., p. c2 (= *Biblia slavica*, a. a. O., p. 108).

37 Weitere Schriften dazu: „Ein kleiner Unterricht, was man in den Evangelien suchen und erwarten solle" (1522), a. a. O., pp. 196 ff.; „Vorrede zum Neuen Testament" (1522), a. a. O., pp. 3041 ff.

38 [Jeder, der beabsichtigt in den Himmel zu kommen, muss alle Gesetze Mose vollkommen halten, sich beschneiden, opfern, den Sabbath und andere Feiertage einhalten, Schweinefleisch, Fisch, Krebs, Blutiges und andere Speisen nicht essen.] „Predguuor zhes ta lyſt htim Rymlanom", a. a. O., p. c3 (= *Biblia slavica*, a. a. O., p. 109).

39 „Eine Unterrichtung, wie sich die Christen in Mose schicken sollen" (1525), a. a. O., pp. 3172 ff., hier p. 3180.

40 „Vorrede zum Neuen Testament" (1522), a. a. O., p. 3045.

an Jesus Christus, der vor Gott gerecht mache.[41] Deutlich wird in dieser Ausführlichkeit der menschlichen Gesetzeserfüllung der Bezug auf Christus, für Luther und Trubar unerlässlich. So heißt es auch weiter: „inu de ſo nee napelouale na Criſtuſa, kateri ſam ie ta nasha popolnoma Prauiza, Suetost inu Modroſt, inu tu nashe Iſuelizhane."[42] Der Grundgedanke der lutherischen Auslegung des Galaterbriefes entspricht der trubarschen Auffassung.

Der Seelsorger Trubar überträgt die Warnungen des Apostels vor falschen Propheten auf seine eigene Gemeinde, die er vor Irrlehrern beschützen will. Der Abschnitt wird abgeschlossen mit der von Luther initiierten wiederholten Wertschätzung der Apostelbriefe.

3. Die Deutung von Gesetz und Sünde

Die theologische Arbeit an den Paulusbegriffen Gesetz, Gnade etc. wird in fast wörtlicher Übersetzung des Luthertextes und damit der Übernahme seiner Begründungen eingeleitet:

> „Aufs erste müssen wir [...] wissen, was Paulus mit diesen Worten meinet: Gesetz, Sünde, Gnade, Glaube, Gerechtigkeit, Fleisch, Geist und dergleichen, sonst ist kein Lesen darin von Nutzen."[43]

Trubar formuliert dementsprechend:

> „Sdai hozhmo tukai nakatere Beſſede, katere S. Paul vletim Lystei inu drugdi zheſtu nuza isloshiti, inu poueidati kai ena vſaketera pomeni [...] Sakai kateri letih Beſſed, Poſtaua,

41 „Predguuor zhes ta lyſt htim Rymlanom", a. a. O., p. c3 (= *Biblia slavica*, a. a. O., p. 109); vgl. auch die Argumentation in der Vorrede zum Galaterbrief, wo er von den „menschlichen Rechtfertigungen" spricht: „Vti bodo vſe Moiſeſeue Poſtaue od Boshyh vunanih slushbi inu Ceremonie u ſspopadene. Bug ie bil tim Iudom vmei vſemi ludmi ſuſeb to Obreſo, te Moiſeſeue Poſtaue, tu Farſeno Cerkou oli ta Tempel, te Offre, Prasnike [...] inu druge rizhi, dal [...]. Inu kateri Iud ie te iſte dershal inu dopernashal, Ta iſti ie bil brumen inu Prauicin, Nekar pag pred Bugom, Temuzh le pred Fary [...]". [Alle Mosaischen Gesetze vom äußeren Gottesdienst und Zeremonien stoßen zusammen. Gott hat den Juden unter allen Menschen insbesondere die Beschneidung, das Mosaische Gesetz, die Pfarrkirche oder den Tempel, die Opfer, Feiertage und andere Dinge gegeben. Und der Jude hat das gehalten und ertragen, er war fromm und rechtschaffen, nicht aber vor Gott, sondern nur vor dem Priester.] („Svetiga Paula lyſt htim Galatariem", Predguuor, a. a. O., p. O (= *Biblia slavica*, a. a. O., p. 201)).

42 [Und dass sie ihn zu Christus geführt haben, der selbst unser vollkommenes Recht, unser Heil und unsere Weisheit und Erlösung ist.] A. a. O.

43 „Vorrede zum Brief des Paulus an die Römer" (1522), a. a. O., p. 3060.

Greh, Gnada, Vera, Prauiza, Meſſu, prauiga ſaſtopa ne ima, ne vei vkakouim ſastopu ie te iſte S. Paul gouuril inu piſſal."[44]

Auch das weitere Darstellungsverfahren übernimmt Trubar von Luther; die einzelnen Begriffe werden nacheinander in Abschnitten (bei Trubar mit eigenen Überschriften) abgehandelt.

Luther unterscheidet in Anlehnung an Paulus „dreierlei Arten des Gesetzes", auf die er in der Vorrede zum AT zu sprechen kommt:[45]

a) Wehrgesetze oder weltliche Gesetze, um das Böse im menschlichen Zusammenleben einzudämmen; Trubar übernimmt das unter dem Begriff „lex forensis" oder „politica" und beschreibt es so: „Vti Bug skuſi Moiſeſa ſapoueda tim Iudom koku imaio nih Tatye [...] vmoriti inu shtraifati";[46]
b) Gesetze des äußerlichen Gottesdienstes, „mit Opfern, Geboten, Fasten, Züchtigen usw.",[47] die Trubar als „lex ceremonialis" bezeichnet: „Ta Postaua od tih Iudouskih Moiſeſeuih vunanih Boshyh Slushbi, koker ſo te Poſtaue od Obreſane, od Offrou, od Prasnikou, od prepouedne shpendie & c."[48] – auch hier wieder eine wörtliche Abschrift der Lutherauslegung. Schließlich die dritte Gesetzesform,
c) Gesetze vom Glauben und von der Liebe: Sie übertreffen die ersten beiden Gesetze (diese sind tot und „abgetan"),[49] sind Verheißungen Gottes, sind ursprünglich in die Herzen der Menschen (auch des AT) eingeschrieben.[50]

Der Slowene folgt dieser Argumentation im paulinischen Sinne, der Weg über Luther (die Hilfestellung Luthers) ist eindeutig am Aufbau der Thesenvermittlung

---

44 [Wir wollen hier einige Worte, die der hl. Paulus in diesem Brief und anderswo häufig benutzt hat auslegen und erzählen, was jedes einzelne bedeutet ... Denn der, der zu diesen Worten: Gesetz, Sünde, Gnade, Glaube, Rechtfertigung, Fleisch keinen rechten Zugang hat, weiß nicht, auf welche Weise sie der hl. Paulus gesagt und geschrieben hat.] „Predguuor zhes ta lyſt htim Rymlanom", a. a, O., p. c4 (= *Biblia slavica*, a. a. O., p. 110).

45 „Vorrede zum Alten Testament" (1523), a. a. O., p. 2994; vgl. die wörtliche Übernahme bei Trubar: „ty Vuzheniki deille to Boshyo Poſtauo na Try Deile" [Die Lehrer teilen das Gesetz Gottes in drei Teile] („Koku ſe ima ta beſſeda Poſtaua", a. a. O., p. c4 (= *Biblia slavica*, a. a. O., p. 110).

46 [Gott gebietet durch die Gebote Moses den Juden, wie sie ihre Diebe ... töten und strafen sollen.] „Koku ſe ima ta beſſeda Poſtaua", a. a. O.

47 „Vorrede zum Alten Testament" (1523), a. a. O., pp. 2993, 2994.

48 [Das Gesetz von den jüdisch-mosaischen äußeren Gottesdiensten, wie die Gesetze von der Beschneidung, der Opferung, den Feiertagen und den verbotenen Speisen etc.] „Koku ſe ima ta beſſeda Poſtaua", a. a. O.

49 „Eine Unterrichtung, wie sich die Christen in Mose schicken sollen" (1525), p. 3182.

50 „Vorrede zum Alten Testament" (1523), pp. 2994 f.

nachzuweisen. Trubar nennt diese Gesetzesversion c) lex moralis:[51] Es verkündet, wie jeder Mensch sich gegenüber Gott, den Menschen mit Gedanken, Worten und Werken verhalten soll.[52] Das Gesetz bezieht sich auf jede Person in ihrem Verhalten coram mundo und coram deo; dieser Doppelcharakter wird auch von Trubar wahrgenommen: Die Unterscheidung von „leiblichem" und „geistlichem" Gesetz ist im lutherischen Sinne kommentiert:

> „ta Poſtaua, praui S. Paul Ro. 7. [Römer 7, 14] ie Duhouska, ona ne hozhe, le ſamuzh to vunano, videzho, zhlouesko, purgarsko, inu to neuolno inu hynausko Brumo inu Prauizo od tiga zhloueka imeiti, Temuzh veliku vezh to noterno, zhiſto, polno cilo, ſtonouito Suetuſt inu Prauizo tiga ſerza. [...] Per tim pag ima vſaki zhlouik, kir hozhe S. Paula Vuk veiditi inu dobru ſamerkati, De taciga zhloueka na tim ſueitu [...] nigdar nei bilu inu ne bode, kir bi taku, koker ſmo tukai ſdai gouurili to Poſtauo cilu inu popolnoma ſadosti dershali inu doperneſſil."[53]

Gegenüber Luther ist Trubar in seinen Erläuterungen ausführlicher, man könnte auch sagen, umständlicher; das ist der Tatsache geschuldet, dass er seine Zuhörer bzw. Leser kennt, sie vor sich sieht und ihnen auf der Grundlage ihrer Lebenserfahrung predigt.

Das Verfahren setzt sich fort; mit seiner Einleitung – „Im zweiten Kapitel zeigt er [Paulus] ..." – nimmt Trubar Luthers Abschnitt – „Daher folgert Paulus Kap. 2, 9 f." – auf, in dem von beiden der Gedanke ausgelegt wird, dass die Juden trotz Einhalten der 10 Gebote inwendig das Gesetz der Nächstenliebe übertreten.[54]

---

51 Vgl. dazu die Einteilung in der Mecklenburgischen Kirchenordnung, die Grundlage für Trubars Cerkvena ordninga gewesen ist. Dort wird die „lex moralis" als höchstes Gesetz bezeichnet, „die nicht eine vergängliche Ordnung ist, sondern ewige Weisheit Gottes". (*Meckl. Ki-Ordnung*, a. a. O., p. 54; *Cerkvena ordninga*, a. a. O., p. 159).

52 „Koku ſe ima ta beſſeda Poſtaua", a. a. O., p. c4 (= *Biblia slavica*, a. a. O., p. 110); in der theologischen Deutung von Ebeling ist im Dekalog die „lex naturalis" gegeben, d. h. eine die menschliche Existenz und ihr Gewissen berührende Vorschrift. Die höherwertige Bedeutung „liegt jedoch in dem, was wir nicht von Natur haben: den Verheißungen und den Exempeln des Glaubens, der Liebe und des Kreuzes." (*Luther deutsch*, a. a. O., p. 173). Luther entwickelt sein Verständnis des Gesetzes zur „Lehre vom duplex usus legis". (A. a. O., p. 174).

53 [Das Gebot, schreibt Paulus ... ist geistlich, es will nicht nur die äußerliche, sichtbare, menschenbezogene und die unwillige und heuchlerische Frömmigkeit und solchen Anspruch vom Menschen haben, sondern vielmehr das innere, reine, vollkommene, beständige Heilige und den Anspruch des Herzens. Dadurch aber weiß jeder Mensch, der die Lehre des hl. Paulus wissen und gut behalten will, dass ein solcher Mensch auf der Welt niemals war oder der sein wird, der so, wie wir hier und jetzt gesprochen haben, das Gebot vollständig und zur Genüge halten und erbringen wird.] „Koku se ima", a. a. O., p. d (= *Biblia slavica*, a. a. O., p. 111).

54 „Vorrede zum Brief des Paulus an die Römer" (1522), p. 3061; „Koku se ima", a. a. O.

Auch der folgende Bezug auf Matth. 5, 21 ff. findet eine Parallele in Luthers Vorlesung über den Galaterbrief in der Auslegung der inneren und äußeren Sünde.[55] Überhaupt fällt auf, dass Trubar häufig auf Bibelstellen zurückgreift, die Luther herausgehoben hat.

Wie ausführlich am Beispiel des Begriffes „Gesetz" dargelegt, ist die Nutzung Luthers auf theologisch schwierigem Terrain augenfällig. Auslegungsstruktur, wörtliche Anklänge, Reihenfolge der Argumentation u. ä. lassen es zu, dies eindeutig zu konstatieren. Daneben sind natürlich Parallelen aufgrund gleicher Textgrundlage des Paulusbriefes vorhanden.

Ganz anders verhält sich Trubar in der Ausschmückung des Begriffes „Sünde"; hier sind weniger dogmatische Rücksichten zu nehmen, soweit es die Illustration der Stichworte „Erbsünde", „Verlust des Paradieses", „Trennung von Gott", „verdammungswürdiges Verhalten" angeht. Trubar verdinglicht den theologischen Gehalt durch Beschreibung der Gegensätze: paradiesische „Unschuld, Heiligkeit, Gerechtigkeit, Klugheit und ewiges Leben"[56] einerseits und „Sünde, Reue, Klage" andererseits, die der Teufel durch Adam und Evas Sündenfall aufgebürdet hat. Die Sachlage wird in neun Einheiten aufgeschlüsselt,[57] vom „Zweifel an Gott und seinem Wort" bis zum Hinweis auf das Elend, den Tod und die ewige Verdammnis, die Adam und Eva dem Menschengeschlecht gebracht haben.[58] Die Mahnung, die sich dahinter verbirgt, wird an die Gläubigen wiederum in Einzelargumenten und in Parallelität zu Adams und Evas Vergehen weitergegeben und damit ein seelsorgerlicher Effekt der inneren Einkehr bezweckt:

> „Mi zbiulamo na Bugi inu na nega beſſedi, Mi ſe nega Praude prytesho inu Shtraifing veliku oli skorai nishter ne boymo, Nega riſnizhnim Euangeliskim Oblubom vnadlugah inu na ſmerti terdnu ne Veruiemo, Mi ga ſadoſti ne lubimo, Nom ſe ne ſdy de bi on vſelei per nas bil, na nas gledal, nas varoual inu branil."[59]

55 „Vorlesung über den Galaterbrief" (1516/1517), p. 762.
56 Htim Rymlanom: „Kai ie ta greh", a. a. O., p. d3, wiederholt p. e (= *Biblia slavica*, a. a. O., p. 113, p. 114).
57 Den Gepflogenheiten der Zeit in der Argumentationsdarlegung folgend, nummeriert Trubar seine Begründungen; ebenfalls eine bei Luther und anderen Reformatoren, wie etwa Veit Dietrich, durchgängig beliebte Methode, die Trubar sicher nicht unentdeckt geblieben ist.
58 Htim Rymlanom, a. a. O., p. d4 (= *Biblia slavica*, a. a. O., p. 114).
59 [Wir zweifeln an Gott und an seinem Wort, wir fürchten seine Wahrheit und große Strafe fast gar nicht, an seine wahrhaftige evangelische Zusage in Notlagen und im Tode glauben wir nicht fest genug, wir lieben ihn nicht genug, wir sind nicht überzeugt, dass er immer bei uns ist, auf uns schaut, uns bewahrt und beschützt.] A. a. O.

4. Übereinstimmung in der Kommentierung des Begriffes „Gnade“

Die Einleitungssätze der einzelnen Abschnitte zu Leitbegriffen des Paulus-Briefes zeigen unterschiedliche Zugänge, an denen man bereits ablesen kann, ob der Slowene sich auf eine eigene Auslegung verlässt oder auf Unterstützung angewiesen ist. Während Trubar im Abschnitt „Sünde“ seine Aussagen ohne Beanspruchung einer dogmatischen Hilfestellung macht, werden an den Beispielen, wo es sich um theologisch diffizile Aussagen handelt, im Einleitungssatz die Wörter lateinisch, deutsch, kroatisch und slowenisch benannt, um dadurch einen breiteren Ansatz für die Definitionen zu gewinnen. So heißt es zum Abschnitt „Koku ſe ima ta beſſeda Poſtaua vtim Piſmu S. Paula ſaſtopi“: „To Latinsko beſſedo, Lex, Nembci imenuio, Geſetz, Ty Crouati inu Peami, Sakon, Mi Crainci pag po tei Nembſzhini ni prauimo, Poſtaua.“[60] Und in der Abhandlung „Koku ſe ta besseda Gnada per S. Paulu inu vtim S. Piſmu ima prou Saſtopiti“ lautet die Einleitung: „To Latinsko beſſedo Gracia, Mi Crainci, koker Nembci, Tolmazhimo, Gnada, Crouati y Peami, Miloſt.“[61]

Luther spricht einleitend zum Thema von der Relation von Gnade und Gabe,

> „eigentlich Gottes Huld oder Gunst […], die er zu uns bei sich selbst trägt, aus welcher er geneigt wird, Christus, den Geist mit seinen Gaben in uns zu gießen, wie das aus Kap. 5, 15 klar wird.“[62]

Und Trubar richtet sich danach:

> „Ta iſta bode zhaſi ſa en Dar ſaſtoplena inu iemana“, „Sa to dobrovolo, miloſt, lubeſno inu periaſno Boshyo, katero Bug pruti tim Vernim ſa volo ſuiga Synu ima“.[63]

Beide münden in der angeführten Bibelstelle, wo Gnade und Gabe im Zusammenhang erscheinen: „Gnade und Gabe ist vielen reichlich widerfahren durch die Gnade des einen Menschen Jesus Christus“ / „vezh ta Gnada inu Dar ſe ie obilnu

60 [Wie das Wort postava im Brief des hl. Paulus erklärt werden muss … Das lateinische Wort lex nennen die Deutschen Gesetz, die Kroaten und Peami zakon, wir Krainer benennen es aber nicht nach dem Deutschen, sondern sagen postava.] Htim Rymlanom: „Koku ſe ima ta beſſeda Poſtaua“, a. a. O., p. c4 (= *Biblia slavica*, a. a. O., p. 110).

61 [Wie das Wort Gnada durch den hl. Paulus in der Hl. Schrift richtig erläutert wird … Das lateinische Wort gratia: Wir Krainer übersetzen wie die Deutschen Gnade, die Kroaten und Peami milost]. „Koku se ta besseda Gnada“, a. a. O., p. e (= *Biblia slavica*, a. a. O., p. 115).

62 „Vorrede zum Brief des Paulus an die Römer“ (1522), a. a. O., p. 3065.

63 [Das wird als ein Geschenk angenommen werden … als guter Wille, Gnade, Liebe und Freundlichkeit Gottes, die Gott den Gläubigen gegenüber um seines Sohnes willen gibt.] „Koku ſe ta beſſeda Gnada“, a. a. O., p. e (= *Biblia slavica*, a. a. O., p. 115).

nim doſtim pergodila, skuſi to Gnado tiga eniga zhloueka Ieſuſa Criſtuſa"[64] Da die slowenische Textstelle mit Luthers Zitat aus der Vorrede zum Römerbrief übereinstimmt und nicht in diesem Wortlaut mit Trubars Übersetzung von Kap. 5, 15, ist an eine Anlehnung an diese Vorrede zu denken.

Luther beschließt seinen Abschnitt über die Gnade in Anlehnung an Kap. 8 des Römerbriefes (Wirken des Geistes) mit einer speziellen Auslegung des fleischlich-geistlichen Gegensatzes in der Denkweise von Paulus. Diesen Passus übernimmt Trubar, ebenfalls zum Ende seiner Ausführungen, wörtlich:

Trubar	Luther
Obtu S. Paul ſam vletim lyſtei Rom. 7. ſe ſa eniga velikiga Greshnika ozhitu vunkai daie. Inu, potle ſdaici. Ro. 8. Praui, De na tih, kir ſo V criſtuſa ſaſaieni, nei obeniga ferdamnena. Dotle tu nashe iskaſenu Meſſu nei cilu vmorienu inu pocopanu, ſmo mi Greshniki. Oli kadar mi V criſtuſa Veruiemo inu ta Sazhetig tiga S. Duha imamo, taku ie nom Goſpud Bug taku dober, periatel, miloſtiu inu Gnadiu, de te nashe Grehe, kir is te shibkuſti inu nekar radci ſturimo, ne hozhe na nas viditi ne ſoditi, Temuzh po tei Veri V criſtuſa ſnami hoditi okuli, Dotle ta Greh cilu notri nas bode vmorien. (Htim Rymlanom, = *Biblia slavica*, p. 115)	So verstehst du daß das siebente Kapitel, da sich Paulus noch einen Sünder schilt und im achten sagt, es sei nichts Verdammliches an denen, die in Christus sind [...] Um des ungetöteten Fleisches willen sind wir noch Sünder aber weil wir an Christus glauben und des Geistes Anfang haben, ist uns Gott so zugetan und gnädig, daß er solche Sünde nicht achten noch richten, sondern nach dem Glauben in Christus mit uns verfahren will, bis die Sünde getötet werde. (Vorrede zum Brief des Paulus an die Römer, 1522, a. a. O., p. 3066)

Auch hier darf wieder konstatiert werden, dass sich Trubar bei wichtigen theologischen Aussagen auf Luther verlässt und ihn zur Vermeidung von Irrtümern oder Abweichungen wörtlich wiedergibt.

5. Luthers theologische Vorgabe und Trubars Illustration des Begriffes „Gerechtigkeit"

In der Einleitung zum Abschnitt „Gerechtigkeit" berührt Trubar zum wiederholten Male[65] ein wichtiges Problem reformatorischer Theologie. Er weist darauf hin, dass die „Deutschen" die Begriffe „iustitia dei", „Pravica božija" mit „Gerechtigkeit,

64 [Gnade und Gabe kommen ihnen reichlich zugute durch die Gnade des Menschen Jesus Christus.] „Vorrede zum Brief an die Römer", a. a. O. / „Koku se ta besseda Gnada", a. a. O.

65 Im Katechismus von 1555; in der „Langen Vorrede".

die vor Gott gilt", übersetzen.[66] Trubar war somit bekannt, welchen Wert diese Paulusstelle für Luthers Erkenntnis zu Fragen der Werkgerechtigkeit hatte.[67] Er kommt so auch am Ende seiner Ausführungen auf diese Formulierung zurück und übernimmt sie.

Luther hat später, im Vorwort der „Opera latina" (1545), noch einmal auf seine „Entdeckung" des eigentlichen Sinns von „iustitia dei" (Röm. 1, 17) hingewiesen, „als Gabe, nicht als Lohn oder Strafe wirksame Eigenschaft Gottes gegenüber der [...] Auffassung in der scholastischen Exegese [...], wo Gottes Gnade durch kirchliche Mittel wie Ablaß, Wallfahrten und Messen errungen werden muß."[68] Luther hat die Übersetzung „Gerechtigkeit, die vor Gott gilt" gewählt, um den Zusammenhang zwischen Glauben und dem daraus mitgeteilten rechtfertigenden Handeln aufzudecken:

> „Iustus ex fide vivit, ibi iustitiam Dei coepi intelligere eam, qua iustus dono Dei vivit, nempe ex fide et esse hanc sententiam, revelari per euangelium iustitiam Dei, scilicet passivam, qua nos Deus misericors iustificat per fidem."[69]

Luther leitet somit seinen Abschnitt zur „Gerechtigkeit" mit den Worten ein:

> „«Gerechtigkeit» ist nun solcher Glaube und heißt «Gottes Gerechtigkeit» oder «(Gerechtigkeit), die vor Gott gilt», deshalb, weil es Gottes Gabe ist und den Menschen (bereit) macht, daß er jedermann gibt, was er schuldig ist."[70]

---

66 „V kakovim Saſtopu S. Paul lete Try beſſede, Prauiza, Prauizhin, inu Prauizhnu ſturiene, Iemle" [auf welche Weise der hl. Paulus die drei Worte Recht, rechtschaffen und gerecht gemacht verwendet], a. a. O., p. e3 (= *Biblia slavica*, a. a. O., p. 117).

67 Zum Problem „iustitia dei" und Literatur dazu vgl. *RGG*³, Bd. 4, pp. 482 ff.

68 Martin Luther, Leben, Schriften und Theologie (Biographische Zeittafel). In: *Luther Deutsch*, a. a. O., p. 17. Bezug genommen wird auf Luther, WA, Abt. I, Bd. 54, pp. 185 (15–20). Der Text aus der Vorrede zum ersten Bande der Gesamtausgabe seiner lateinischen Schriften, Wittenberg 1545, beginnt mit dem Verweis auf das 1. Kapitel des Römerbriefes: „Miro certe ardore captus fueram cognoscendi Pauli in epistola ad Rom., sed obstiterat hactenus non frigidus circum praecordia sanguis, sed unicum vocabulum istud 'Iustitia Dei', quod usu et consuetudine omnium doctorum doctus eram philosophice intelligere de iustitia (ut vocant) formali seu activa, qua Deus est iustus, et peccatores iniustosque punit."

69 Luther, WA, Abt. I, Bd. 56, p. 186, (5–7) (Vorrede zum ersten Bande der Gesamtausgabe seiner lateinischen Schriften, a. a. O.).

70 „Vorrede zum Brief des Paulus an die Römer" (1522), a. a. O., p. 3068; Trubar ist in der Randglosse zum Artikel über die „Gerechtigkeit" auf den „duplex usus legis" eingegangen. „Ta Poſtaua / zhloueska Prauiza nei ſadoſti htimu Iſuelizhanu / Ta Nebeska Criſtuſena mora per ni biti" [Das Gesetz / die menschliche Gerechtigkeit genügt nicht zur Erlösung / die himmlische, auf Christus bezogen, muss da sein.] (Predguuor zhes ta lyſt htim Rymlanom, p. e3 (= *Biblia slavica*, a. a. O., p. 117)). Die Scholien waren Trubar sehr wichtig zur erläu-

Trubar paraphrasiert Luthers Ausführungen, dem er sich in der Unterscheidung von menschlicher (Werkgerechtigkeit) und göttlicher (aus dem Glauben kommender) Gerechtigkeit anschließt. Am Ende seiner Überlegungen hält Trubar die Erkenntnis fest, dass Gott

> „vſe ludi kir deio Pokuro, Vieſuſa Veruio, ima inu dershi ſa Prauizhne inu ſa Brumne, koker bi oni nigdar obeniga Greha ne bili ſturili, inu vſe Sapuuidi bili dershali popolnoma."[71]

Dabei unterstreicht er noch einmal, dass von dieser Gerechtigkeit die menschliche Weisheit nichts ahnt. Die lutherische Deutung der Trennung von menschlicher und göttlicher Gerechtigkeit ist für Trubar einleuchtend und bestärkt ihn zur Übernahme der deutschen Übersetzung: „ſa volo bulshiga ſaſtopa, smo mi to beſſedo S. Paula, Iustitia Dei, Prauiza Boshya Tolmazhili, Ta Prauiza, kir vela pred Bugom."[72]

6. Die Zuordnung von „Geist" und „Fleisch" auf paulinischer Grundlage und lutherischer Formulierung

Der letzte Abschnitt in der slowenischen Vorrede zum Römerbrief ist den Begriffen „Geist" und „Fleisch" gewidmet. Trubar bleibt seiner Quelle treu, genauer gesagt, er richtet sich nach den lutherischen Gedankengängen in z. T. wörtlicher Übernahme: Fleisch sei nicht allein Unkeuschheit, sondern der gesamte Mensch mit Körper, Seele, Willen. Trubar übernimmt von Luther auch die stützenden Bibelstellen, hier Joh. 3, 6:

> Alles was aus Fleisch geboren ist / Vſe tu, kar ie od Meſſa,

und erweitert sie im lutherischen Sinne:

> „od tiga Peruiga zhloueskiga Roystua, Royenu, Tiga vſiga celiga zhloueka, ſteim Teleſſom inu ſto Dusho, ſo vſo ſaſtopnoſtio, shego inu miſſalio, [...] Tu iſtu vſe le pomeſſenih, po zhloueskih inu po ſemliskih rizheh gleda misli dei inu trahta."[73] / „den ganzen Menschen

---

ternden Zusammenfassung schwer verständlicher Abhandlungen (vgl. Deutsche Vorrede, a. a. O., p. aiii (= *Biblia slavica*, a. a. O., p. 103).

71 [Alle Leute, die Buße tun, an Jesus glauben, die hält er für gerecht und fromm, als ob sie niemals eine Sünde getan und alle Gesetze vollkommen gehalten hätten.] „Predguuor zhes ta lyſt htim Rymlanom", a. a. O., p. e4 (= *Biblia slavica*, a. a. O., p. 118).

72 [Um eines besseren Verständnisses willen haben wir das Wort des hl. Paulus, Iustitia Dei, die Gerechtigkeit Gottes, übersetzt als: die Gerechtigkeit, die vor Gott gilt.] A. a. O.

73 [Von der ersten Menschenerschaffung an ist der ganze Mensch geboren worden mit Leib und Seele, mit allem Verstand, Gewohnheiten und Sinnen ... alles richtet die Gedanken darauf und trachtet nach dem Fleisch, den menschlichen und irdischen Dingen.] „Koku

mit Leib und Seele, mit Vernunft und allen Sinnen, deshalb, weil es alles an ihm nach dem Fleisch trachtet."[74]

Die Berufung auf Gal. 5, 19 ff. und die Einbeziehung dieser Textstelle (Ketzerei und Hass als fleischliche Werke) finden sich gleichfalls bei Trubar.

Die Parallelen setzen sich fort in der Struktur (erst die Behandlung des Fleisches, dann des Geistes) und der Argumentation; Trubar übernimmt das von Luther eingebrachte Beispiel der Fußwaschung:

„Andererseits (nennt Paulus) auch den geistlich, der mit den alleräußerlichsten Werken umgehet, wie z. B. Christus, da er der Jünger Fuß wusch und Petrus, da er das Schiff führet und fischet"[75] / „ta Della tiga Duha imenuie S. Paul, vſe tu Mishlene, Tihtane, Della inu opranila, kir ſe deio po voli tiga S. Duha, [...] Nai ſi ſe ſuunanimi vudi, [...] Koker tu dellu ie bilu Duhousku, kir ie Criſtus ſuim Iogrom noge vmiual, Inu S. Peter ſui zholn pelal inu rounal".[76]

Trubar schließt die Überlegungen mit dem lutherischen Hinweis, dass man ohne die Begriffserklärungen weder die Briefe des Paulus noch die Schrift richtig verstehen könne.[77] Allerdings vermeidet der Slowene den Schlusssatz bei Luther, in dem er vor anderen Auslegungen auch der Kirchenväter warnt: „Drum hüte dich vor allen Lehrern, die diese Worte anders brauchen, sie seien auch, wer sie wollen, obs gleich Hieronymus, Augustin, Ambrosius, Origenes und ihresgleichen und noch höhere wären."[78] Dies ist vielleicht ein Zeichen, dass sich der um Ausgleich bemühte Praktiker Trubar von den streng dogmatisch bestimmten Anschauungen Luthers lieber ein wenig distanziert.

Die ausführliche Untersuchung der Einleitung des Römerbriefes hat das methodische Vorgehen Trubars aufgezeigt. Er selbst verweist noch einmal in den

---

ſe imaio te duei beſſedi, Duh inu Meſſu per S. Paulu prou ſaſtopiti" [Wie die zwei Worte, Geist und Fleisch, durch den hl. Paulus richtig verstanden werden müssen] („Predguuor zhes ta lyſt htim Rymlanom"), a. a. O., p. e5 (= *Biblia slavica*, a. a. O., p. 119).

74 „Vorrede zum Brief des Paulus an die Römer", a. a. O., p. 3069.

75 A. a. O.

76 [Werke des Geistes nennt Paulus alles Denken, Abwägen, Arbeiten und Geschäfte, die nach dem Willen des hl. Geistes getan werden, sollten sie auch äußerlich stattfinden, so wie die Arbeit geistlich war, als Christus seinen Jüngern die Füße wusch und der hl. Petrus seinen Kahn geführt hat.] „Koku ſe imaio te duei beſſedi", p. e5 (= *Biblia slavica*, a. a. O., p. 119).

77 „Vorrede zum Brief an die Römer", a. a. O.; „Koku ſe imaio", a. a. O.

78 „Vorrede zum Brief an die Römer", a. a. O., pp. 3069 f. Solche Hinweise sind situationsgebunden; an anderen Stellen (vgl. etwa „Vorlesung über den Römerbrief", a. a. O., p. 562) sind sie wiederum Zeugen der eigenen theologischen Meinung. Trubar verfährt ähnlich – die Kirchenlehrer sind willkürlich einsetzbar (vgl. etwa die deutsche Vorrede zum NT 1582, a. a. O., (= *Biblia slavica*, a. a. O., p. 309, p. 312)).

Vorworten zu den Briefen an die Korinther und dem Brief an die Galater auf die grundsätzliche theologische Bedeutung des Römerbriefes und damit auf seine Anlehnung an Luther. Er spricht von der Nützlichkeit und Güte des Römerbriefes,

> „Sakai vnim ner vegshe inu potrebnishe rizhi, koker od Greha, od Postaue, od Vere, koku, skuſi kai brumni inu Prauizhni ratamo pred Bugom, & c. vuzhi."[79]

Vieles, was bereits in Trubars „Langer Vorrede" zum 1. Teil des NT diskutiert worden ist, findet in den Erörterungen der Paulusbriefe seine Wiederholung, Vertiefung und Verdeutlichung. Von Wichtigkeit aber ist, dass der Slowene die Deutung der Paulusbriefe von Luther übernimmt und dadurch einen der „Eckpfeiler"[80] seiner Theologie anerkennt: In der „theologia crucis" steht das rettende Wirken Gottes durch den Opfertod Christi im Mittelpunkt, der in der Rechtfertigungslehre den Menschen zur Einsicht zwingt, dass seine Taten und Werke keinerlei heilsbringende Wirkung vorzuweisen haben.

7. Lutherische Anstöße: Die Verantwortung des Predigtamtes – weitere Schwerpunkte in den Paulusbriefen – Biografische Parallelen

Trubar geht im Vorwort zum Korintherbrief sehr ausführlich auf die Reisetätigkeit von Paulus und die von ihm besuchten Orte ein, nutzt die Vorhaltungen an die Korinther pädagogisch zu Mahnungen des Predigers an die eigene Gemeinde:

> „Inu potehmal vtim nega Peruim lystu, ie te Corintarie ſa volo nih mnogoterih velikih Grehou, oſtru shtraifal, vte nih Rane vinu vlyl […] Kadar pag en Ioger inu Euangeliski Pridigar ima troshtliu biti, ta preſtrashena ſerza, te slabe viſty vezh troshtati."[81]

79 [Denn in ihm lehrt er die besten und nötigsten Dinge, wie von der Sünde, vom Gesetz, vom Glauben, wie und durch was wir fromm und gerecht vor Gott werden können etc.] „Predguuor zhes ta perui lyſt htim Corintariem", a. a. O., p. Aiii (= *Biblia slavica*, a. a. O., p. 151).

80 Eine Wortprägung von Horst Neumann in seiner Lutherstudie; er teilt die Untersuchung in vier Eckpfeiler ein, von denen drei hier relevant sind: 1. „Luthers Schrift- und Verkündigungsverständnis", 2. „Luthers Gottesverständnis", 3. „Luthers kreuzestheologischer Ansatz". (Horst Neumann, *Luther neu entdecken im 21. Jahrhundert*, Berlin: Sola-Gratia-Verlag, 2014 pp. 8 ff.).

81 [Und nachdem er in seinem ersten Brief die Korinther wegen ihrer vielfachen großen Sünden streng bestraft hat, goss er in ihre Wunden Wein … ein Jünger aber und evangelischer Prediger soll Trost verbreiten und die erschrockenen Herzen, die schwachen Gewissen mehr trösten.] „Svetiga Paula ta drugi lyſt htim Corintariem, Predguuor", a. a. O., p. Hiiii (= *Biblia slavica*, a. a. O., p. 180).

Trubars bildhafte Sprache, die er häufig als Mittel in der Verdolmetschung anwendet, kommt den einfachen Lesern und Zuhörern zugute. Solche aktuellen Parallelen nutzt er auch im Galaterbrief, wobei er Bevölkerungsbewegungen im Altertum mit Bewegungen im slowenischen Siedlungsgebiet parallelisiert[82] und die Strafe für Unglauben für ihn mit der Bedrohung durch die Türken in Verbindung steht. Das ist ein auch an anderen Stellen benutzter Vergleich, den Trubar bei Luther und seinen Zeitgenossen immer wieder finden kann. Die Türken sind für die Reformatoren, so auch Trubar, Ausdruck des Zornes und der Strafe Gottes:

> „Kadar ſo pag ty Galatery tiga Euangelia ſyti poſtali, hudi, neuerni ratali, ie Bug zhes nee tudi tiga Turka vtim leitu po Criſtuſeuim Royſtuum 1335 poslal. Sdai ta Galatershka deshela ſe imenuie Velika Turzhya [...]".

Daraus könne man lernen,

> „aku mi ne hozhmo pod Turka pryti, taku imamo ta S. Euangeli ſa lubu imeiti, nemu Verouati, nasho Vero, to slushbo Boshyo, nash ſtan inu leben po nim pelati inu dershati do konza."

Trubar beendet diese Mahnung mit der Drohung:

> „Aku tiga ne deimo, taku nas bo Bug ſteimi Turki oli ſdrugimi Tyranni inu Anticriſtouimi hlapci groſſouiti ſtraifal."[83]

Trubar nimmt im Vorwort zum Galaterbrief die Diskussion um die Doppelnatur des Rechtes/Gesetzes, die er bereits in der Einleitung zum Römerbrief ausführlich auf der Grundlage Luthers erörtert hatte, wieder auf. Er hält sich hier ebenso an Luthers Unterscheidung von menschlichem Recht (AT) und göttlichem Recht (NT).[84] Bei Trubar erfolgt die Systematisierung der menschlichen Gesetze in a) kirchliches Recht (äußere Zeremonien der Gottesdienste),[85] b) bürgerliches

---

82 „Svetiga Paula lyſt htim Galatariem, Predguuor", a. a. O., p. Niii (= *Biblia slavica*, a. a. O., p. 199).

83 [Als die Galater des Evangeliums überdrüssig waren, böse, ungläubig wurden, hat Gott über sie den Türken im Jahre 1335 nach Christi Geburt geschickt. Jetzt heißt das Land der Galater Groß-Türkei. ... wenn wir nicht unter die Türken fallen wollen, müssen wir das Evangelium lieb haben, ihm glauben, unseren Glauben, den Gottesdienst, unseren Stand und unser Leben gottgemäß führen und bis zum Ende durchhalten. ... Wenn wir das nicht tun, dann wird uns Gott mit den Türken oder mit anderen Tyrannen und Knechten des Antichristen grausam bestrafen.] „Svetiga Paula lyſt ...", a. a. O., (= *Biblia slavica*, a. a. O.)

84 Vgl. „Vorrede zum Neuen Testament", a. a. O., pp. 3042 ff.; „Vorrede zum Alten Testament", a. a. O., pp. 2987 ff.; „Vorrede zum Brief des Paulus an die Römer", a. a. O., pp. 3060 ff.

85 Vgl. bei Luther „Vorrede zum Alten Testament", a. a. O., p. 2994, p. 3001.

Recht (gesetzliches Wohlverhalten),[86] c) Hausrecht (Standesordnung in Familie und Herrschaft) – bei Luther Zusammenfall mit b), d) 10 Gebote.[87]

Dem stellt der Slowene die Systematisierung des göttlichen Rechtes gegenüber, wiederum eine Aufnahme der lutherischen Ausführungen zum paulinischen Gedanken, dass in Christus die Erfüllung des Gesetzes, des Gesetzes Ende, zu finden sei. Das göttliche Gesetz, das „fromm, gerecht und heilig macht",

> „inu sturi zhloueka pred Bugom cilu brumniga, Prauizhniga inu Suetiga. Leta Prauiza nom bo Ie is Gnade inu Miloſti od Buga ſabſton, ſa volo Ieſuſa nega Synu Goſpudinu Odreshenika nashiga".[88]

Luther spricht von der Suche über das Gesetz hinaus, nämlich „Gottes Gnade, im zukünftigen Christus verheißen."[89] Beide Reformatoren treffen sich in der Einsicht, dass die Hinwendung zu Christus dem Herzen einen vom Gesetzeszwang befreiten Glauben gibt:

> „ie potreba te ludi vuzhiti, de mi le skuſi to Vero Vieſuſa bomo Prauizhni inu iſuelizhani, De mi natu riſnizhnu inu is ſerza molimo inu klizhemo na Buga [...] De skuſi leta Nauuk to Poſtauo od Euangelia lozhimo."[90]

Trubar schildert die „Begrenztheit" des Gesetzes, d. h. seine strafende und nicht erlösende Funktion und stellt die befreiende Gnadenhandlung Christi dem gegenüber: „Ta Euangeli pag vſem Ludem, to veliko, neisrezheno Gnado Miloſt inu dobruto Boshyo, odpuſzhane uſeh Grehou."[91] Luther weist unter dem Stichwort „Christus ist des Gesetzes Ende" auf die Trennung zwischen Mose und Christus hin:

---

86 Vgl. a. a. O., p. 2994.

87 Vgl. a. a. O., p. 3001; zu dieser Einteilung vgl. bei Trubar „Predguuor zhes ta lyſt htim Galatariem", a. a. O., p. O (= *Biblia slavica*, a. a. O., p. 201): „Natu hozhmo gouoriti Nerpoprei od te zhloueske Prauice, katera ie ſamo zheterta. Is letih zhloueskih Shtyrih Prauiz, ſe mora ta ena, ta Cerkouna Prauiza imenouati" [Dann wollen wir zuallererst über die menschlichen Rechte sprechen, das das vierte ist. Aus den vier menschlichen Rechten muss man eines als kirchliches Recht bezeichnen.]

88 [und macht den Menschen vor Gott ganz fromm, gerecht und heilig. Die Rechtfertigung wird uns von Gott aus Gnade und Güte umsonst gegeben, um Jesu willen, seinem Sohn, unserem Herrn und Erlöser.] A. a. O., p. Oii (= *Biblia slavica*, a. a. O., p.202).

89 „Vorrede zum Alten Testament", a. a. O., pp. 3001 f.

90 [es ist nötig, die Leute zu lehren, dass wir nur durch den Glauben an Jesus gerechtfertigt und erlöst werden, dass wir darauf wahrhaftig und von Herzen beten und Gott anrufen, dass wir durch diese Lehre das Gesetz vom Evangelium trennen.] „Predguuor zhes ta lyſt htim Galatariem", a. a. O., p. Oiii (= *Biblia slavica*, a. a. O., p. 203).

91 [Das Evangelium aber bringt allen Menschen die große, unaussprechliche Gnade, Güte und göttliche Wohltat, die Vergebung aller Sünden.] A. a. O.

„Denn durch Christus ist die Sünde vergeben, Gott versöhnet und das Herz hat angefangen, dem Gesetz hold zu sein, daß es des Mose Amt nicht mehr strafen und zu Sünden machen kann, als hätte es die Gebote nicht gehalten [...] wie es vor der Gnade tat und ehe denn Christus da war."[92]

Die slowenischen Einleitungen, Vorworte und Argumente zu den Paulus-Briefen an die Epheser, Philipper, Kolosser, Thessaloniker, an Timotheus, Titus und Philemon von 1567 sind gegenüber den brisanten Themen des Römerbriefs und ihrer Diskussion weniger grundlegend, zumindest vom theologischen Standpunkt aus. Vieles von dem dort Gesagten wird wiederholt. Trubar vertieft den paulinischen Gedanken der Ermahnung durch den verantwortlichen Prediger, weil er darin eine Parallelisierung zum eigenen Amt und seiner Gemeindeaufgabe sieht. Das wird besonders deutlich in der Beschreibung des 4. Kapitels (Epheserbrief), in dem Paulus Rangstreitigkeiten anspricht, zur Einigkeit auffordert und dazu anhält, dass jeder die Tätigkeit ausübt, wozu er von Gott aufgrund seiner Gabe berufen ist. Trubar spricht deutlich das Predigtamt an, das jeder nach seiner Begabung und ohne Neid auf andere auszufüllen habe. Das hat biografische Züge:

„Inu nerperuizh on [Paulus] ſapoueda, de vti Cerqui ty Prydigary bodo eniga Duha inu ene misli. Sakai nai ſi ty Prydigary shnih Darruui nei ſo vſi glih, Edan ima en vegshi Dar, koker ta drugi od Buga, de ie edan vuzheneishi, nemu bule gre tu prydigouane od rok koker timu drugimu. Oli vſai taki Darruui, bodo le od Buga vſakimu dani, de shnimi imaio slushyti tei Cerqui, shnimi to Cerkou ſydati, bulshati inu reſtegouati."[93]

Er kann sich dabei auch auf Luther berufen, der in der „Vorrede zu Melanchthons Unterricht der Visitatoren an die Pfarrherrn im Kurfürstentum Sachsen" (1528) das Predigtamt biblisch begründet und bewertet.[94] Die Erkenntnisse aus der Luther angenäherten Einleitung zum Römerbrief werden genutzt; insgesamt bleibt Trubar eng am Bibeltext, den er paraphrasiert, weniger selbstständig kommentiert. Erbsünde, Sünde, Gnade, gute Werke, wahrer Gottesdienst sind solche Stichworte, an denen man den paraphrasierenden Charakter erkennen kann. Dabei

92 „Vorrede zum Alten Testament", a. a. O., p. 3002.

93 [Zuallererst gebietet Paulus, dass die Prediger in der Kirche eines Geistes und eines Sinnes sein sollen. Denn die Prediger seien mit ihren Gaben nicht alle gleich. Der eine hat eine größere Gabe von Gott als der andere, denn der eine ist gelehrter, ihm geht das Predigen besser von der Hand als dem anderen. Alle diese Gaben werden nur dazu von Gott jedem einzelnen gegeben, dass sie mit ihnen der Kirche dienen, mit ihnen die Kirche aufbauen, vergrößern und verbreiten.] „Argumentum, tu ie Summa, kratik sapopadik, kai inu kakove rizhy S. Paul vletim lyſtei htim Efeſeriem po redu vuzhi" [Argumentum, d. h. Summa, kurze Zusammenfassung, was und welche Dinge der hl. Paulus in diesem Brief an die Epheser nach der Ordnung lehrt.], a. a. O., p. Bii (= *Biblia slavica*, a. a. O., p. 227).

94 *Luther deutsch*, a. a. O., p. 3818.

bedient sich Trubar durchaus Illustrationen, Ausmalungen und anderer Intensivierungen in der negativ – positiven, d. h. antagonistischen Gestaltung der Heilsbotschaft, um in seelsorgerlicher Absicht seine Gemeinde an der Erlösungsbotschaft aufzurichten.

8. Aktuelle reformatorische Probleme im Spiegel der Paulusbriefe – Trubars Selbstaufwertung

Bemerkenswert am deutschen Vorwort zu den Paulusbriefen an die Epheser etc. ist die Dedikation an die „hochwohlgeborenen, edlen und gottesfürchtigen Frauen, Witwen und Jungfrauen in den Fürstentümern Krain, Kärnten und der Grafschaft Görz", denen er ein Denkmal für die ihm und der Gemeinde erzeigten Wohltaten setzen wollte. Trubar geht auf die Rolle der Frauen in der Verbreitung des Glaubens ein und stellt gleichzeitig ihre biblische Funktion in das rechte Licht. Dreierlei Gründe führt der Slowene auf, die den christlichen Eifer unterstreichen. Sie haben

> „auff allen eweren Schlöſſeren / Höfen vnnd Heuſern Bibliſche und andere Gottſelige Bücher / [gehabt] vnnd dieſelbigen nicht / wie etlich thun / auff den Bencken im ſtaub vngeleſen ligen laßt / ſonder darauß mit vorleſen vnnd ſingen ewer liebe Kinder / Haußgeſind vnd vil Vnderthonen / zum alten / ſeligmachenden Glauben / vnd zum rechten Verſtand / des gantzen Catechiſmi gebracht."[95]

Trubar rühmt die Lehrtätigkeit im Lesen und Schreiben, die Erziehung nach dem Katechismus, sieht die Frauen als Träger schulischer Bildung. Die entsprechenden Bibelstellen werden angeführt: „Im alten vnd newen Teſtament haben frumme Weiber an der Kirchen vil guts gethon."[96] Zu ihrer sozialen Tätigkeit zählt er ebenfalls die Sorge um sein Wohlergehen in Verfolgung und Not. Eine ähnliche Einstellung konnte Trubar bei Luther finden, der in der Auslegung von Paulus' Mahnung, dass jeder in dem ihm zugewiesenen Amt tätig sein soll, auf die Rolle der Frau in der Bibel eingeht. Er sieht ebenfalls die Vorbilder im AT:

> „Sie habens [...] nicht [...] unberufen, noch aus eigener Meinung und Wagemut getan, sonst hätte Gott ihr Amt und Werk nicht mit Wundern und großen Taten bestätigt."[97]

Aufs Neue Testament bezogen spricht Luther die Erziehungsfunktion der Frauen an: Sie können

95 Svetiga Paula lyſtuui", a. a. O., Tübingen 1567, p. Av (= *Biblia slavica*, a. a. O., p. 219).
96 A. a. O. (Randglosse).
97 „Von den Schleichern und Winkelpredigern" (1532), a. a. O., p. 3805.

„wohl beten, singen, loben und Amen sprechen, und daheim lesen, und sich untereinander lehren, vermahnen, trösten, auch die Schrift auslegen, so gut sie es immer können."[98]

Trubar geht auf aktuelle Probleme seiner Kirche ein. Die Schrecken der Zeit sind eingeordnet in den Plan Gottes; aus den Schriften des Paulus seien die Hauptursachen zu erkennen,

„warumb Gott die Kirch vnd ſein Volck / ſo wol als die Gottloſen / mit dem Pabſt / falſchen Lehrern / Türcken / Thewrungen / Peſtilentz / vnd anderen Plagen heimſucht vnd ſtraffet."[99]

Diese allgemeine Formulierung mündet ein in die Frage, die die Christen besonders bewegt: „Vnd ob die Päpſtiſchen oder Lutheriſchen an diſem allem / vnd an jetzigem Vnglück / das der Türck alſo abſiget / ſchuldig [sind]".[100] Dieses Problem gibt Trubar in der anschließenden slowenischen Vorrede auch an seine Landsleute weiter, noch eindringlicher und in direktem Anruf:

„Vi iſuoleni Boshy, aku hozhte [...] biti poterieni inu ſaguishani, inu vſadashnim kregu, dishputiranu inu shtritanu ſa Vero volo, kateri deil, mi Luterski oli ty Papeshniki, prou vuzhe, veruio, pridiguio, [...] Inu aku hozhte veiditi po riſnici inu po Boshy Beſſedi ſodyti, katera ie ta praua ſtara, inu katera ie ta noua, falſh, Anticriſtoua Vera. Inu du, aku Luterski oli Papeshniki, ſo kriui inu dolshni, de ſo ſadashni Ludie taku hudi, neſueiſti, de ie pouſod tulikain reu inu nadlug, inu de Turk taku premaga. Inu aku hozhte [...] biti prou potroshtani, De ſdobro vystio, volnu inu ſueſſelem, vse tu, kar vom Bug skuſi hude Turke oli boleſni naloshi, radi preterpyte, inu de ſterdno Vero inu ſcelim vupanem zhakate, na Boshyo guishno pomuzh, inu na odreshituu od vſiga slega".[101]

Zwar schwächt Trubar zwei Sätze später ab, wenn er die Lutheraner nicht mehr in einem Atemzug mit den falsch auslegenden Juden, mit den Türken und Papisten

98 A. a. O., p. 3806.

99 „Svetiga Paula lyſtuui", a. a. O. p. Aiii (= *Biblia slavica*, a. a. O., p. 218).

100 A. a. O.

101 [Ihr Auserwählten Gottes, wollt ihr denn bestätigt und vergewissert sein und in der jetzigen Auseinandersetzung, Disputation und Streit um des Glaubens willen, der uns teilt, wissen, ob wir Lutherischen oder die Papisten recht lehren, glauben, predigen ... Und habt ihr denn vor, wahrheitsgemäß und nach Gottes Wort zu richten, welcher der rechte alte und welcher der neue, falsche, antichristliche Glaube ist, und ob die Lutherischen oder die Papisten irren und schuldig sind, dass die heutigen Menschen so böse, untreu sind, dass sie überall voller Elend und Not sind und dass der Türke so siegt. Und ihr sollt denn richtig getröstet sein, dass ihr mit gutem Gewissen, bereitwillig und freudig alles das, was euch Gott durch die bösen Türken oder Krankheiten auferlegt, gern erduldet und dass ihr mit festem Glauben und mit ganzer Hoffnung wartet auf Gottes gewisse Hilfe und nach Erlösung von allem Bösen.] „Vſem Crainzom inu Slouenom myloſt" [Allen Krainern und Slowenen Gnade] (Slowenisches Vorwort), a. a. O., p. B (= *Biblia slavica*, a. a. O., p. 220).

nennt; dennoch befremdet diese auffällige Gleichsetzung. Sie wird verständlicher, wenn man die theologische Deutung der Plagen des 16. Jahrhunderts zurate zieht. Die Türken, „unsers Herrgotts zornige Rute und des wütenden Teufels Knecht"[102] werden als Gottes Strafe gedeutet für die Sünden der Menschen, von der niemand, auch nicht die Lutheraner, ausgeschlossen ist. Luther spricht in seiner Abhandlung „Vom Krieg wider die Türken" (1529) vom Türken, in welchem man Gottes Rute und Zorn erkennen soll, „welche die Christen [...] zu erleiden haben, wenn Gott ihre Sünde heimsucht".[103] Trubar bedient sich ähnlicher Worte, etwa in der Vorrede zum letzten Teil des NT (1577). Da heißt es:

> „srd božji imamo čestu mi vsi (smo li papežniki oli lutrski, kir se imenujemo inu hočmo biti ti pravi krščeniki te stare katoliške, evangeliske vere inu božji ludje) premisliti inu prov pogledati v tu s. pismu."[104]

Die Türken sind die Strafe Gottes für die Sündhaftigkeit und Heuchelei der Papisten wie der Lutherischen.

> „ti papežniki [...] ž nih falš vukum inu hinavščino boge ludi ob dušo inu blagu perpravlajo. Ti lutrski tudi le čedale huši, nezvejstiši perhajejo, v nepokuri prebivajo, malu inu skoraj nikomer prave lubezni inu perjazni izkažo."[105]

Für Luther sind all diejenigen, die öffentlich falsch lehren und ein schändliches Leben führen, Türken, Juden, Heiden, Unchristen.[106] Trubar begibt sich also nicht auf ein gefährliches Diskussionsterrain, sondern steht in bester lutherischer Tradition in der Illustration der göttlichen Zuchtrute.

Wenn Trubar alle Briefe des Paulus mit kurzen Erläuterungen zur historischen Situation versieht, ist das für ihn ein willkommener Anlass, Parallelen zur Gegenwart zu ziehen und besonders die „Zornesrute Gottes", die Türken, als warnendes Exempel anzuführen. Dafür nimmt der Slowene auch Digressionen in Kauf. Die Berufung des Paulus nach Philippi ist Anlass, vor allen Verfälschungen des Evangeliums zu warnen. Zahlreiche Bibelstellen zu Orten und Ländern werden

---

102 „Vom Kriege wider die Türken" (1529), a. a. O., p. 4509.

103 A. a. O., p. 4517.

104 [Gottes Zorn müssen wir alle (ob wir Papstanhänger oder Lutherische sind, die sich wahre Christen des alten katholischen, evangelischen Glaubens und Gottesleute nennen und sein wollen) bedenken und recht anschauen in der hl. Schrift.] Zitiert nach M. Rupel, *Slovenski protestantski pisci*, Ljubljana 1966, p. 258.

105 [die Papstanhänger] beeinträchtigen durch ihre falsche Lehre und ihre Heuchelei die armen Leute an Seele und Gut. Die Lutherischen benehmen sich auch immer böser und untreuer, sind unbußfertig, sie erweisen sich wenig und bald überhaupt nicht mehr liebevoll und freundlich.] A. a. O., p. 259.

106 „Vom Kriege wider die Türken", a. a. O., p. 4520.

herangezogen, den Zorn Gottes zu demonstrieren, um dann die aktuelle Situation aufzunehmen:

> „Na take Exemple inu shtraifinge Boshye, kir ie Bug zhes Iudoske, Aſiske, Syriske, Egyptoue, Affriske inu potle zhes Europo, Traciske, zhes Gershke, Vogerske, Hrouaske inu Slouenske Deshele poslal, imamo mi ſmisliti."[107]

Der Slowene verlegt sich zu jeder möglichen Gelegenheit auf die Erörterung zwischenmenschlicher Beziehungen und standesgemäßer Einordnung in der frühneuzeitlichen Gesellschaft, wozu er Anregung bei Paulus findet. Mit der Ermahnung zur Einigkeit und zur Wahrnehmung der Verantwortung im jeweiligen Stand leitet Paulus das 4. Kapitel des Epheserbriefes ein. Trubars Neigung, durch Aufzählung oder Nummerierung[108] ein Gerüst zu schaffen und Übersichtlichkeit zu wahren, führt ihn dazu, Leben und Taten eines Gläubigen in drei Kategorien zu erfassen: a) „cerkovna dobra dela" (kirchliche gute Werke), b) „purgarska dobra dela" (bürgerliche gute Werke), c) „hišna ali domašna dobra dela" (häusliche oder heimische gute Werke).[109] Eine Anregung dazu ließe sich, wenn auch in umgekehrter Reihenfolge, in Luthers Tischreden im Einteilungssystem der Stände finden, zu denen die entsprechenden Taten und Pflichten gehören.[110] „Dreierlei Stände sind von Gott geordnet, in welchen man mit Gott und gutem Gewissen sein kann. Der erste ist der Hausstand; der andere das politische und weltliche Regieramt; der dritte der Kirchen- oder Priesterstand".[111] Für „weltlich" setzt Luther auch „bürgerlich" (Trubar: „purgarski") ein.[112]

Die oben erwähnte Ermahnung zur Einigkeit münzt Trubar auf die Prediger: „Inu nerperuizh on ſapoueda, de vti Cerqui ty Predigary bodo eniga Duha inu ene misli."[113] Das ist ein aktuelles reformatorisches Anliegen, das natürlich schon bei Luther vorgeprägt ist, wiederum in den Tischreden mit der Bemerkung, „Ich weiß

107 [Über solche Beispiele und Strafen Gottes, die Gott über die jüdischen, asiatischen, syrischen, ägyptischen, afrikanischen und dann über Europa, die thrakischen, griechischen, ungarischen, kroatischen und slowenischen Länder geschickt hat, müssen wir nachdenken.] „Predguuor zhes ta lyſt S. Paula htim Filipperiem", a. a. O., p. Fii (= *Biblia slavica*, a. a. O., p. 243).

108 Diese Form der Systematisierung nutzt Luther ständig zur Problemdarstellung.

109 „Argumentum, tu ie, Summa ...htim Efeſeriem", a. a. O., p. Bii (= *Biblia slavica*, a. a. O., p. 227).

110 Ebenfalls bei Luther im Zusammenhang mit Überlegungen zum Gesetz und zur Gerechtigkeit (Vorrede zum Alten Testament, zum Römerbrief).

111 „Tischreden", a. a. O., p. 6884.

112 A. a. O., p. 6306.

113 [Und zuallererst befiehlt er, dass in der Kirche die Prediger eines Geistes und eines Sinnes sein sollen.] „Argumentum, tu ie, Summa .... htim Efeſeriem, a. a. O., p. Bii (= *Biblia slavica*, a. a. O., p. 227).

keine größere Gabe […], denn die Einhelligkeit der Lehrer, daß man hin und her in den Fürstentümern […] mit uns gleichförmig lehrt."[114] Trubar hält sich eng an die Inhalte, lässt sich jedoch in ihrer Zusammenfassung durchaus anregen, Lehrinhalte als solche zu deklarieren.

Einen weiteren Bezug zur eigenen Biografie stellt Trubar mit der Überlegung her, warum nicht der Engel selbst den Makedoniern predigte, sondern Paulus dazu berief. Das Predigeramt wird in besonderer Weise herausgehoben.

> „Rauen tiga vleti Hiſtory od poklyzana S. Paula vto Macedonio htimu Pridigarſtvu, imamo tudi reſmisliti, ſakai Goſpud Bug nei skuſi tiga Angela ta ſui Euangeli vti Macedonij puſtil pridigati, temuzh on tiga Paula htimu poklyzhe. Is tiga ſe mi imamo vuzhiti, De Bug hozhe htaki slushbi le te ludy, inu nekar te Angele imeiti, inu de skuſi tako nisko preproſto slushbo tiga Pridigarſtua, hozhe bit mozhan, inu dati vſem ludem, kir tako Pridigo radi inu is ſerza poslushaio […]. Inu de skuſi take shibke, niske inu preproſte Pridigarye, hozhe to veliko muzh, inu hudo kunſt tiga Hudyzha reſualyti inu ſatreti."[115]

Trubar nutzt Paulus zur Aufwertung seiner eigenen Situation als verfolgter Prediger gegenüber den Gläubigen. Es trägt beinahe Züge einer Apotheose.

Der Auftrag des Paulus an Titus, Predigerämter zu besetzen mit untadeligen Menschen, die geeignet sind zu ermahnen, zu strafen und den Lästerern das Maul zu stopfen (vgl. Titus, Kap. 1, 5–11), ist Trubar hinsichtlich seiner schweren Zeit in Laibach als Superintendent aus dem Herzen gesprochen und sozusagen eine Rechtfertigung seines Tuns. So lobt er denn auch den Brief an Titus als kurz, aber hochwertig, reich an notwendiger Lehre; in ihm sei alles das, was einem Christen nötig ist zu wissen, zu glauben und auf dieser Welt zu leben.[116]

Im kurzen Nachwort zur gesamten Ausgabe der Paulusbriefe[117] macht Trubar seine „lieben Krainer und Slowenen" in einem einzigen Satz auf die Leistung des Apostels, indirekt auch auf die eigene, nachhaltig aufmerksam. Sie hätten mit den

---

114 „Tischreden", a. a. O., p. 6397.

115 [Ebenso müssen wir in der Geschichte von der Berufung des hl. Paulus in das Predigeramt nach Makedonien darüber nachdenken, warum Gott der Herr nicht durch Engel oder sein Evangelium in Makedonien predigen ließ, sondern er Paulus dazu berief. Daraus sollen wir lernen, dass Gott für einen solchen Dienst nur Menschen und nicht Engel haben will und durch einen solchen niedrigen, einfachen Predigtdienst stark sein und das allen Menschen geben will, die gern und von Herzen eine solche Predigt hören. Und mittels solcher schwacher, niederer und einfacher Prediger wird er die große Gewalt und die böse Kunst des Teufels zerstören und zertreten.] „Predguuor zhes ta lyſt S. Paula htim Filipperiem", a. a. O., p. Fii (= *Biblia slavica*, a. a. O., p. 243).

116 „Predguuor zhes ta lyſt S. Paula htim Titu piſſan", a. a. O., p. T3 (= *Biblia slavica*, a. a. O., p. 296).

117 *Ta drugi deil tiga noviga testamenta*, Tübingen 1560, a. a. O., p. Xi (= *Biblia slavica*, a. a. O., p. 303).

Paulusbriefen in ihrer Sprache einen Schatz, als ob sie Jesus selbst hätten. Darauf habe er in den Vorworten zum Römerbrief (die am stärksten von Luther beeinflusst sind) aufmerksam gemacht. Diese Apotheose der Paulus-Briefe wiederholt er im Vorwort zu den Korinther-Briefen 1561, wie hoch sie von allen gelehrten Christen geschätzt würden. Das ist Luthers Urteil. Trubar versteht es allerdings, sich im „Schatten" des Apostels zu „sonnen"!

Die systematische Durchsicht aller slowenischen Einleitungen zu den Ausgaben des Neuen Testaments weist eine Reihe von Wiederholungen und Redundanzen zum bereits Gesagten auf. Trotzdem ist es wichtig, darauf einzugehen, um die verfolgte theologische Linie bis in die Spätzeit seiner Schaffensperiode aufzuhellen. Die slowenischen Einleitungen zur Ausgabe des zweiten Teils des Neuen Testaments (1582) stellen eine volkstümlich ansprechende Kurzeinführung in die christliche Lehre dar, die Elemente des Glaubensbekenntnisses aufführt. Eine Ermahnung zum verständigen Bibellesen ist mit dem Hinweis auf falsche Lehren verbunden, zu denen für Trubar neben dem Heidengötzendienst die Türken samt ihrem Koran, aber auch die Juden zählen, da sie Christus als Gottessohn verleugnen. Das ist alles nicht neu und weicht vom bisherigen Theologieverständnis nicht ab.

Merkmalhaft ist – wie schon oft bezeugt – die Einfachheit bzw. Bildlichkeit der Darlegung, auf die einfache Leser- bzw. Zuhörerschaft ausgerichtet. So fasst der Slowene seine Christuslehre am Ende folgendermaßen zusammen: „ta Vera, ie ta nasha roka, moshna shakel oli poſſoda, s katero mi to Ieſuſouo vſo dobruto inu nega blagu primemo [...] inu ohranimo."[118]

9. Die „Summa" Trubars als Spiegel der christologischen Theologie Luthers

Theologisch interessanter ist Trubars Summierung biblischer Lehrinhalte, „Ta svmma, en kratig navvk, od vſiga Piſma", die er der Apostelgeschichte und den Briefen in der Ausgabe des Neuen Testaments von 1582 voranstellt.[119] Die kurzen

118 [Der Glaube das ist unsere Hand, ein mächtiger Schekel oder ein Gefäß, mit dem wir die Güte und das Wohlwollen von Jesus aufnehmen und bewahren.] *Ta drugi deil nouiga testamenta*, a. a. O., Tübingen 1582, Slowenische Vorrede, p. **5 (= *Biblia slavica*, a. a. O., p. 479).

119 Solche zusammenfassenden Berichte waren Begleiterscheinungen der Bibelveröffentlichungen der Reformatoren. Veit Dietrichs große Bibelausgabe von 1545 und 1550 enthält die Titelangabe: „Summaria vber die gantze Bibel / das Alte vnd Newe Testament / darinn auffs kurtzte angezeygt wirdt / was am nötigſten vnd nützten iſt [...] zu wiſſen

Zusammenfassungen sollen dem „gemeinen Mann" die christliche Lehre verständlich vermitteln. In 14 nummerierten Absätzen schlägt er den Bogen vom AT zum NT. Hier kann die Orientierung an Luthers Einschätzung des Verhältnisses von AT und NT überprüft werden. Natürlich ist der Heilsweg vorgegeben; insofern sind Parallelen auszumachen, insbesondere deshalb, weil auch bei Veit Dietrich oder Melanchthon und anderen Reformatoren solche „Summa" zu finden sind, wie bereits dargestellt. Allen ist gemeinsam die Hochschätzung des AT als Quelle und Ausgangspunkt für die christologische Entwicklung.

Der Vergleich ist angebracht, weil die Art der Einteilung, Formulierungen und Verknüpfungen deutlich in den ersten Abschnitten die Vorlage von Luthers Vorrede zum AT zeigen:

2. Schaffung des ersten Menschen, der in allem Geschaffenen steht – das Böse – Gottes Zorn – ewiger Tod – Verdammnis[120] → Schaffung der Kreaturen – Sünde durch das Böse – Tod.[121]
3. Gott versprach Adam den Samen, aus dem Christus hervorgeht, zur Erlösung von den Sünden – Erneuerung des Versprechens durch die Propheten[122] → Hilfe durch den Samen, Christus, dem Adam verheißen – Glaube von Anfang der Schrift.[123]
4. Um Menschen nicht der Sünde zu überlassen, gab Gott die Gebote, um Böses von Gutem zu unterscheiden – Warten auf die Ankunft Christi, der wahres Opfer am Kreuz bringt – Unterschied zum äußeren Opfer der Juden[124] → Gott bringt Moses hervor und das Gesetz, um Welt wieder zu erleuchten und Sünde erkennbar zu machen – Gesetz nötigt uns, weiteres zu suchen, nämlich Gottes Gnade, im zukünftigen Christus verheißen.[125]
5. Inkarnation – Marter – Auferstehung – Himmelfahrt – Erlösung ohne Verdienst, aus Barmherzigkeit – Auserwählte für das himmlische Reich[126] → „Ho-

vnd hzu lernen"; wie wichtig solche Erläuterungen den Reformatoren waren, zeigt die wörtliche Wiederholung dieses Vorhabens in der Dedikation an den Fürsten Albrecht von Brandenburg (a. a. O., p.10). Es war ebenfalls üblich, Luthers Unterscheidung von AT und NT (Vorrede zum Alten Testament) und Melanchthons Unterscheidungsargumente dem Bibeltext voranzustellen. Trubar befand sich also hier in der Gemeinschaft der lutherischen Reformatoren.

120 „Ta summa, en kratig nauuk, od vſiga S. Piſma" [Summa, eine kurze Lehre von der ganzen hl. Schrift]. In: *Ta drugi deil nouiga testamenta*, a. a. O. (= *Biblia slavica*, a. a. O., p. 480).

121 „Vorrede um Alten Testament", a. a. O., p. 2990.

122 „Ta summa ...", a. a. O., p. *** (= *Biblia slavica*, a. a. O., p. 481).

123 „Vorrede zum Alten Testament", a. a. O.

124 „Ta summa ...", a. a. O.

125 „Vorrede zum Alten Testament", a. a. O., p. 2990, p. 3003.

126 „Ta summa ...", a. a. O.

hepriester Christus [hat] durch sein Selbstopfer [...] die Sünde, die von Natur Sünde ist, weggenommen", um uns zu versöhnen.[127]

Die Begründung des NT im AT und der Übergang von Moses zu Christus, eine wichtige Einsicht in der Gesetzeslehre Luthers, sind in ihrer Exemplifikation vergleichbar.

In der letzten Ausgabe des gesamten Neuen Testaments (1582) nimmt Trubar die lutherische Betonung des Zusammenhangs von Altem Testament und Neuem Testament bereits in der Titelei wieder auf: „Das new Testament [...] / in welchem des alten Teſtaments Erfüllung / Summa vnd rechte Außlegung begriffen".[128] Wie Paulus für die Korinther, Luther für die Deutschen, so vermittle er für das „gemeine Landvolk" der Krainer, Untersteirer, Kärntner und Windischen die Bibel in ihrer Sprache. Diese Stärkung seiner Position gegenüber dem Adressaten seiner Dedikation, dem Herzog Ludwig von Württemberg, wird von den notwendigen Absicherungen in der theologischen Diskussion begleitet.

Trubars kühner Versuch, sich in die Kirchengeschichte oder gar das Heilsgeschehen einzubringen, ist schon mehrfach angesprochen worden. Immer geht es ihm um das Predigeramt, also eine theologisch begründete Hervorhebung der eigenen Person. Die Absicht ist, sich als Vertreter der slowenischen Kirche in die reformatorische Entwicklung einzureihen und damit den Schutz der mächtigen Bewegung und die Gewissheit der wahren Glaubensvertretung aufzurufen. Trubar sieht sich in der elementaren Auseinandersetzung mit dem Antichristen, die vom Alten Testament bis in seine Zeit reicht:

> „Inu koker ti eni govore, de ta Enoh inu Elias bota pridigala inu tiga Antikrišta premogla & c., tu se zdaj per našim času godi. Bug je obudil inu s s. duhum rezsvetil tiga Luterja inu druge zvejste, vučene pridigarje."[129]

Das Predigeramt, das er immer wieder hervorhebt und dem er einen bedeutenden Platz auch in der Kirchenordnung einräumt, verlangt ebenfalls, das Schicksal eines Märtyrers zu tragen, wie die Geschichte bis hin auf seine Person lehre:

> „Ti s. očaki, preroki, jogri, vučeniki so vselej eden za drugim pridigali. Inu per našim času je za Joanesom Usom gori vstal doktor Martin Luter, za Luterjem nih veliku po vseh deželah.

127 „Vorrede zum Alten Testament", a. a. O., pp. 3007 f.

128 *Ta celi novi testament*, a. a. O., Tübingen 1582, Titelei (= *Biblia slavica*, a. a. O., p. 305).

129 [Und wie die einen sagen, dass Enoch und Elias predigen und den Antichristen besiegen werden etc., so geschieht es jetzt in unserer Zeit. Gott hat diesen Luther erweckt und mit dem hl. Geist erleuchtet und andere treue, gelehrte Prediger.] Rupel, *Slovenski protestantski pisci*, a. a. O., (*Noviga testamenta pusledni dejl*, 1577), Predgovor, p. 257.

Za meno, kir sem tretič pregnan, so zdajci v krajnski deželi drugi pridigarji, hvala Bogu, na mujim mejstu stopili."[130]

Ähnlich auch im Vorwort zur Psalmenübersetzung, wo er die Nachstellungen gegenüber dem Prediger (Trubar) mit dem Verfolgungsschicksal Christi und der Jünger parallelisiert: „ne zhudite ſe, [...] De ſdai tudi, koker Criſtuſu, tim Prerokom inu Iogrom, ſe tim ſadashnim riſnizhnim Pridigariem inu vſem prauim kerſzhenikom, taku gody".[131] Es ist nicht Eitelkeit oder Größenwahn, sondern die Leidensbereitschaft und schließlich das Aufatmen des Seelsorgers über den von Gott gefügten Erhalt der eigenen Kirche im Verbund der Heilsgeschichte.

Er habe die Epistel und die Offenbarung mit Auslegungen aus den besten Kommentaren „der alten und neuen Scribenten" belegt,[132] bezeugt Trubar, was er wenige Seiten später noch einmal unterstreicht: „Denn ich hab / von der gnaden Gottes / auß vilen alten vnd newen Scribenten [...] genommen vnnd gestolen".[133] Der Nachweis der Produktivität durch die Aufzählung der Übertragungen, die Bestätigung der richtigen evangelisch-theologischen Grundlage durch summarische Benennung der „Quellen", die zur lutherischen Linie gehören, allen voran die Schriften Luthers selbst und die seiner „Gefolgschaft" wie Brentius, Melanchthon oder der „Vorkämpfer" Luthers,[134] die evangelischen Positionsschriften der Artikel der Augsburger Confession und schließlich die Formula concordiae – alles zusammen ist für den rechenschaftspflichtigen Trubar ein Existenznachweis in der Vertretung des wahren christlichen Glaubens, ein Nachweis der Zugehörigkeit zum theologischen Kanon, weniger eine Präsentation fundierter Quellennutzung.

130 [Die hl. Väter, Propheten, Jünger und Gelehrten haben einer nach dem anderen gepredigt. Und in unserer Zeit ist nach Johannes Hus der Doktor Martin Luther aufgestanden, nach Luther viele weitere in allen Ländern. Nach mir, der ich zum dritten Mal verbannt worden bin, sind, Gott sei Dank, andere Prediger an meinen Platz getreten.] A. a. O., (Iz razlage XI. Poglavja Apokalipse), p. 262.

131 [Wundert euch nicht, dass es so wie Christus, den Propheten und Jüngern, auch den wahrhaftigen Predigern und allen rechten Gläubigen geschieht.] *Biblia slavica*, a. a. O., p. 617.

132 *Ta celi novi testament*, a. a. O., Tübingen 1582, (Deutsches Vorwort), p. 306; Sakrausky kommentiert in seiner Untersuchung zu den deutschen Vorworten Trubars Quellenangaben, indem er Titel des Slowenen mit entsprechenden Ausgaben verschiedener Reformatoren der Zeit in Verbindung bringt. Leider fehlt ein Nachweis, dass es sich nicht nur um Erwähnungen, sondern wirkliche Benutzungen handelt. (Vgl. Sakrausky, *Primus Truber, Deutsche Vorreden*, a. a. O., pp. 415 f.)

133 *Ta celi novi testament*, a. a. O.

134 Sakrausky, a. a. O., p. 417.

Die Sorge des Slowenen um eine theologisch fehlerfreie Übersetzung, von der er letztlich überzeugt war,[135] bringt ihn dazu, Unklarheiten auf den Text selbst zu schieben. Dabei tritt allerdings ein Wandel ein. In der Ausgabe von 1567 hatte er von sprachlich „dunklen Stellen“ in der Bibel gesprochen und die Schuld daran den „Evangelisten“ zugeschoben,[136] jetzt aber übernimmt er voll die lutherische theologische Argumentation: Die Verheißungen des AT seien

> „dunckel, vnuerſtendig / darnach durch die Propheten ettwas klarer mit mehr Worten / Figuren / vnd Gleichnuſſen außgeführt / letſtlich aber im newen Teſtament / durch ſeinen Sohn Chriſtum / vnd ſeine Apoſtel gantz lautter / mit verstendigen Worten offentlich [...] offenbart.“[137]

In Luthers Vorrede zum Alten Testament finden wir den Text: Die Dunkelheit des Gesetzeszwanges und die Schrecken des sündigen Todes tun nicht mehr wehe, „denn wir haben nun die Klarheit im Angesicht Christi.“[138] Es ist ganz deutlich, dass sich die Diskussion verlagert hat von einer Textstelleninterpretation auf die Christologie des Heilsweges.

Trubar kommt in einem weiteren Beispiel auf Luther zu sprechen. Zur Exemplifizierung der Schwierigkeiten des Dolmetschens führt der deutsche Reformator Texte mit freierer Übersetzung an, damit jeder Deutsche wisse, was gemeint sei. Umgekehrt bringt er Beispiele, in denen er trotz möglicher Verständnisschwierigkeiten den theologisch wichtigen Begriff über die Erfordernisse der Umgangssprache stellt. Die Textstelle in Joh. 6, 27 lautet: „Diesen hat Gott der Vater versiegelt.“ Luther schreibt: „Ich habe eher der deutschen Sprache Abbruch tun wollen, als von dem Wort [versiegelt] weichen.“[139] Genau diese Textstelle führt Trubar im Anschluss an seine oben ausgeführte Stellungnahme zu „dunklen Stellen“ an, durch Fettdruck noch hervorgehoben: Christus und die Apostel haben in lauteren und verständlichen Worten die Botschaft verkündigt, wie die „Sprüche der Schrift“ im Neuen Testament bezeugen:

> „Chriſtus ſelbs ſagt / Johan. 6. Würcket die Speiß / nicht die vergenglich iſt / ſondern die bleibt in das ewig leben / welche euch des Menſchen Son geben würt / **Denn denſelbigen hat der Vatter verſieglet.**“[140]

---

135 Die Übersetzungen aus den 60er Jahren hat Trubar ohne Änderung in der Ausgabe von 1582 wieder verwendet, da er „nichts unrechts ersehen“ und „von niemandt einigerley falsitet beschuldigt worden“ (*Ta celi novi testament*, a. a. O., Tübingen 1582, Deutsche Vorrede, p. 311).

136 Vgl. dazu Kap. II, 3 ds. Arbeit.

137 *Ta celi novi testament*, a. a. O., Deutsche Vorrede, p. 308.

138 „Vorrede zum Alten Testament“, a. a. O., p. 3003.

139 „Ein Sendbrief vom Dolmetschen“ (1530), a. a. O., p. 3153.

140 *Ta celi novi testament*, a. a. O., Deutsche Vorrede, p. 308.

Hier wird der bewusste, aber auch unkommentiert-hilflose Bezug zu Luther deutlich, denn Trubars Absicht selbst bleibt im Dunkeln. Luthers Meinung, der freien (sprachangepassten) Übersetzung dort Zügel anzulegen, wo es auf theologische Genauigkeit ankommt, ist von Trubar wohl so nicht verstanden worden. Er rekurriert mehr auf die lutherische Aussage von der Klarheit der Schrift im NT, führt dazu Bibelzitate an und übernimmt dabei Luthers „sprachfremde" Formulierung. Übrigens: In der Übersetzung des Johannesevangeliums lautet der Text bei Trubar anders. Hier fehlt der direkte Bezug zur Lutherstelle.

10. Resümee

Die slowenischen Vorreden zu den Episteln des von Trubar übersetzten Neuen Testaments sind wichtig zur Interpretation seiner theologischen Auffassungen. Sie bestätigen und vervollständigen das Bild seiner früheren Einlassungen in den Katechismen, der „Langen Vorrede", der Kirchenordnung, der Übersetzung des Matthäus-Evangeliums. Daher ist es nicht verwunderlich, dass viele theologische Überlegungen, zahlreiche sprachliche und strukturelle Vermittlungen, manche Festlegungen von Glaubensinhalten einer mehrfachen Erörterung zugeführt werden.

Die Einlassungen zur Theologie der Paulusbriefe, insbesondere des Römerbriefes, erfordern allerdings präzise Stellungnahmen, bei denen sich Trubar der Hilfe des deutschen Reformators vergewissert; deutlich nachweisbar ist seine Orientierung an Luthers einschlägigen Schriften, um auf solche Weise die Positionen des Apostels Paulus gesichert durch diesen reformatorischen Filter wiederzugeben. Wo es dem Slowenen auf Luthers Interpretation und seine Erkenntnisse in der Wiedergabe ankam, löst sich Trubar nicht von Luthers Vorbild, um die Zusammenhänge von Gesetz und Evangelium, die christologische Verbindung von AT und NT, die Position des Menschen in der Rechtfertigung in der von ihm so erkannten wahren Auslegung seinen Landsleuten mitzuteilen.

Trotzdem bleiben Möglichkeiten eigenständiger Gestaltung, die allerdings nicht von der Grundlage orthodoxer Lehre abweichen. Freiräume in der Vielfältigkeit von Sündenpartikulierung nutzt Trubar zu ausführlichen illustrierten Vorstellungen. Insgesamt zeichnet sich das Bemühen ab, durch Zusatzbeispiele, Bibelzitate und anderes das Gesagte zu multiplizieren und damit einer erhöhten Aufmerksamkeit zuzuführen. Bei dieser Form der „Argumente" hat der Slowene die besten Möglichkeiten, einfühlsam, aber auch ermahnend auf seine Landsleute einzuwirken.

Auffällig ist der Versuch, das eigene Schicksal vergleichend mit der Apostelgeschichte zu verweben, was Trubar in der Darstellung des Predigeramtes gelingt. Damit geht nicht nur eine Konkretisierung des Bibeltextes einher, durch die der Slowene seinen Krainern die Aktualität der Heiligen Schrift beweisen will; es ist auch das Anliegen des slowenischen Reformators, sich selbst mit dem Apostel und dem deutschen Reformator zu verbinden in der Verkündigung des Predigers gegen alle Widerstände, im Schicksal der Verfolgung, in der Verteidigung des Glaubens gegenüber den Feinden der wahren Lehre. Die Verfolgung macht ihn zum Märtyrer: Das ist sein Lebensstress, aber auch bleibendes Verdienst in der Geschichte seiner Kirche; so hat er es formuliert und geglaubt.

IX.
Das reformatorische Bekenntnis in den Psalmenkommentaren und Psalmennachdichtungen

1. Zur Frage der Textorientierung und des Textzugangs

Bei der Beurteilung von Trubars theologischen Ansichten darf ein Blick auf die Psalmen nicht fehlen. Sie sind für die Reformatoren als Bindeglied zwischen Altem und Neuem Testament besonders wichtig. Ihrer christologischen Bedeutung nach sind sie unverzichtbar für das auf die Endzeit ausgerichtete gemeindliche Leben sowohl als Klage- wie auch als Trost- Bitt- und Lobpsalmen. Sie spiegeln für die Reformatoren aber auch die gegenwärtige Verfolgungssituation. Die Psalmen sind Vorbild für das protestantische Kirchenlied, von Luther gepflegt und bei den Slowenen über Trubar, Jurij Dalmatin und Sebastian Krelj in den Katechismen nachgedichtet worden.[1]

Die Psalmenübersetzung Trubars erschien 1566 in Tübingen und ist in der deutschen Vorrede den Herrschaften in den österreichischen Erbländern gewidmet. Ein unsicherer Quellenhinweis für die Übersetzung ist im Brief an Bullinger aus Kempten vom Februar 1559 zu finden, unsicher deshalb, weil nicht klar ist, ob die Erwähnung von Wolfgang Musculus und Johann Walter sich auf Formalien oder Textvorbilder bezieht:

> „Gruest [...] furnemblich den herrn Gualtherum jn meinen namen; sein arbeit vnd des Musculi jn psalterium dient mir gantz wol zu meinem windischen psalter. Jch hab schon 33 psalm vertirt, hab auch die argumenta vor vnd annotationes jn margine vnd expositiones in fine wie der herr Walther gesetzt."[2]

Sakrausky vermerkt, dass Trubar seine schweizerischen Quellen in den slowenischen bzw. deutschen Vorreden nicht angegeben habe, „um nicht in den Verdacht des Zwinglianismus zu kommen".[3] Es wäre trotzdem ein riskantes Spiel

---

1 Die folgenden Ausführungen stützen sich z. T. auf die Untersuchungen: Giesemann, „Die slovenischen Vorreden Primus Trubers zu seinen Übersetzungen der Heiligen Schrift". In: *Biblia slavica*, Kommentare, a. a. O., p. 34 ff.; Giesemann, „Psalmennachdichtungen bei Trubar, Dalmatin, Krelj – Reformatorisches Bekenntnis im Vergleich". In: *Gattungen in den slavischen Literaturen*. Köln, Wien: Böhlau 1988, pp. 697–725.

2 Brief vom 1. Februar 1559. In: Rajhman, *Pisma Trubarja*, a. a. O., p. 36.

3 „Einführung zur deutschen Vorrede zum ganzen Psalter Davids". In: Sakrausky, *Primus Truber. Deutsche Vorreden zum slowenischen und kroatischen Reformationswerk*, a. a. O., Wien 1989, pp. 333–336, hier: p. 335.

gewesen, denn Rudolf Gwalther als Schwiegersohn Zwinglis und Nachfolger von Heinrich Bullinger Antistes der Züricher Kirche war in den Augen von Herzog Christoph kein erträglicher Gewährsmann. Das gilt auch für Wolfgang Musculus, dessen Kommentierung der Psalmen vermutlich durch Bullinger vermittelt worden waren.[4] Trubar hat die beiden Schweizer sicherlich als Anreger verstanden, ohne sie direkt als nachweisbare Quelle zu benutzen, deshalb auch keine Erwähnung in den Vorworten seiner Psalmenübersetzungen. Dafür spricht auch, dass der Slowene sich 1564 an Herzog Christoph mit der Bitte gewandt hat, den Psalter in Tübingen drucken zu lassen und dieses Werk eine Überprüfung auf Veranlassung des Herzogs über sich ergehen lassen musste.[5] Die Schweizer Reformatoren waren eine für Tübingen unannehmbare Quelle. Auch in der slowenischen Einleitung „Vsem Bogaboiezhim vernim crainzom inv slovenom" wird die Sache nicht klarer:

> „Aku ſe sledna beſſeda ſteim Nemshkim [dem lutherischen] Tolmazhenem neſgliha, Satu ſe ne ſmotite, Ieſt ſem vezh is Latinskih koker Nemshkih Tolmazherieu tomazhil."[6]

Sicherlich hat Trubar die Psalmenübersetzungen Luthers und seine Einleitung dazu gekannt; sicherlich war ihm auch bewusst, welchen Wert Luther auf diesen Teil der Heiligen Schrift, den er als Kern der Bibel bezeichnete, legte. Luthers Psalmenvorlesungen von 1513 an und dann wieder 1518 umrahmen die Römer-, Galater-, Hebräerbriefkommentare. Vielleicht prägt gerade das Trubars Einsicht in die Gewichtigkeit dieser grundtheologischen Materie. Dass es für ihn schwierig gewesen war, sich an die deutsche Übersetzung zu halten, liegt an Luthers Anforderungen, nicht nach den Worten, sondern dem Sinne nach zu übersetzen. Luthers Bemerkungen in den „Summarien über die Psalmen und Ursachen des Dolmetschens" von 1533 sind streng, um nicht zu sagen abweisend:

> „Wo es die Worte erlaubt haben und ein besseres Verständnis geben, da haben wir uns nicht durch die von den Rabbinen gemachte Grammatik zu schlechteren oder anderen

4 Der Reformator Wolfgang Musculus, Diakonus am Straßburger Münster und von Martin Bucer gefördert, musste wegen seines energischen Protestes gegen das Augsburger Interim fliehen und siedelte schließlich in Bern, wo er ab 1549 als Professor der Theologie wirkte. Seine Psalmenkommentierungen waren bei den Zeitgenossen sehr beliebt.

5 Vgl. Brief vom 15. November 1564. In: Rajhman, *Pisma Trubarja*, a. a. O., p. 196; vgl. Sakrausky, a. a. O., p. 335, insbesondere Anm. 25.

6 [Wenn die folgenden Worte der deutschen Übersetzung nicht entsprechen, dann lasst euch nicht irremachen; ich habe mehr aus den lateinischen als den deutschen Dolmetschern übertragen.] „Vſem bogaboiezhim vernim Crainzom inu Slouenom" [Allen gottesfürchtigen gläubigen Krainern und Slowenen]. In: Der gantz Pſalter / in die Windiſche Sprach zum erſten mal verdolmetſchet, a. a. O. (= *Biblia slavica*, a. a. O., p. 608).

Bedeutung zwingen lassen. Wie denn alle Schulmeister lehren: daß nicht der Sinn den Worten, sondern die Worte dem Sinn dienen und folgen sollen."[7]

Luthers Auslegungen der Psalmen haben wesentliche Korrekturen erfahren im Einklang mit seinen reformatorischen Erkenntnisen.[8]

Das zwiespältige Unterfangen konnte Trubar nicht verborgen geblieben sein, wenn er auch direkt in seinen Vorreden zum Psalter nicht auf Übersetzungsprobleme dieser Art eingegangen ist. Die Erkenntnis aber blieb:

„vtim Pſalteriu, vtih mahinih Buquizah Ie vſe tu, kar ſo kuli Moiſes, Samuel, Salomon, Preroki inu ty Jogri piſſali, kratku ſaſtopnu inu ſlepimi, glatkimi, dobru poſtaulenimi beſſedami, ſapiſſanu inu vte veſſele peiſmi ſloshenu. Obtu eni ta Pſalter prou imenuio to malo Biblio, Inu en Regishter vſiga S. Pyſma."[9]

Die Einschätzung, nicht die Textgrundlage, ist lutherisch, kenntlich gemacht in dem zugesprochenen hohen Wert, der Mittelpunktzuweisung, der tröstenden und mahnenden Aufgabe des Psalters und schließlich der christologischen Zuordnung – alles Zentralpunkte der lutherischen Psalmenauslegung. Für Luther gibt es keine frommen Exempel oder Heiligenlegenden, die den Psalter übertreffen könnten. Trubars Bild von der „kleinen Bibel" ist mehrfach und visuell einprägsam von Luther formuliert worden:

„In Summa: willst du die heilige christliche Kirche abgemalet sehen mit lebendiger Farbe und Gestalt, in ein kleines Bild zusammengefaßt, so nimm die Psalter vor dich, so hast du einen feinen, hellen, reinen Spiegel, der dir zeigen wird, was die Christenheit sei."[10]

In den Psalmen ist nach Meinung des deutschen Reformators alles zusammengefasst, dass es „eine kleine Bibel heißen könnte" für den, der „die ganze Bibel nicht lesen könnte, hierin doch fast die ganze Summe […] hätte."[11] Auch Trubar wiederholt den Begriff: einmal, wie oben zitiert, eine „kleine Bibel" und gleichsam

7 „Die Sieben Bußpsalmen" (1525), a. a. O., p. 3224.

8 Vgl. dazu die editorischen Bemerkungen zu den Bußpsalmen von 1525, a. a. O., p. 3310; Rupel spricht in der Beurteilung von Trubars Übertragung von „sklavische[r] Abhängigkeit in der Konstruktion und im Wortschatz", sodass die „dichterischen Feinheiten" verloren gegangen seien. (Rupel, *Primus Truber. Leben und Werk*, p. 228).

9 [Im Psalter, in diesem kleinen Büchlein ist all das, was Moses, Samuel, Salomon, die Propheten und Jünger geschrieben haben, kurz, verständlich und mit schönen, geschmeidigen, gut aufgestellten Worten aufgeschrieben und in fröhlichen Liedern zusammengesetzt. Daher nennen einige den Psalter zu Recht kleine Bibel und ein Register der ganzen hl. Schrift.] „Predguuor zhes ta Psalter". In: *Der gantz Psalter*, a. a. O., pp. 7–8 (= *Biblia slavica*, a. a. O., p. 612).

10 „Vorrede zum Psalter" (1528), a. a. O., pp. 3036 f.

11 A. a. O., p. 3032.

„ein Register der ganzen Bibel“; zum anderen, ebenfalls die Gewichtigkeit der konzentrierten und lehrenden Funktion unterstreichend, weist der Slowene auf die Kernbedeutung des Psalters hin, nämlich dass Christus, die Propheten, die Jünger nichts anderes lehrten, „Temuzh kar mi ſdai vuzhimo inu Veruiemo, tu ie, Vſe tu, kar ie kratku vti mali Bibly, vtim Catechiſmi ſapopadenu.“[12]

2. Parallelen in der theologischen Auffassung zu Luther

Eine wichtige Rolle spielt die christologische Zuordnung des Psalters, die Allgemeingut der christlichen Kirche ist. Das geschieht auf unterschiedlichste Weise. Trubar greift das Bild der Arznei wieder auf, das er im Katechismus von Luther übernommen hatte und hier nun als ein auf Christus bezogenes Symbol wiederholt; die Psalmen sind Arznei für die Seele („Trosht inu guishno Arznio ſui Dushi“ – ein Trost und eine sichere Arznei für die Seele), verstärkt durch Berufung auf Augustinus („Ty Psalmi, praui S. Auguſtin, ſo ena dobra bogata Apoteka inu ſdraua Arznya, ſa vſe shlaht boleſni, tih Vernih Dush.“)[13] David als Psalmsänger trägt das Versprechen Gottes, dass aus „seinem Blut und Geschlecht“[14] Christus geboren wird; unter Berufung auf Psalm 110 (Christus der ewige König und Hohepriester) erläutert Trubar, dass David durch den Hl. Geist von Christus spricht[15] und schließt als rückwirkende Bestätigung die Worte Christi aus dem Lukasevangelium (Kap. 24, V. 44) an: „Drugdi tudi ie dial, De vſe, kar ie piſſanu vtim Moiſeſu, Vprerokih inu vtih Pſalmih, ie moralu biti na nim doperneſſenu.“ (Abermals sagte er, dass alles, was geschrieben ist bei Mose, bei den Propheten und in den Psalmen, bei ihm erfüllt sein musste.)

Erasmus von Rotterdam wird in diesem Zusammenhang nicht explizit erwähnt. Seine Zitierung beschränkt sich im „Prologus Arnobii“ auf die Verbreitungshinweise der Psalmen.[16]

12 [sondern was wir jetzt lehren und glauben, das heißt, was kurz in der kleinen Bibel, in diesem Katechismus zusammengefasst ist.] „Vſem bogaboiezhim vernim Crainzom“, a. a. O., p. bv (= *Biblia slavica*, a. a. O., p. 607).

13 [Die Psalmen, sagt der hl. Augustinus, sind eine gute, reichhaltige Apotheke und gesunde Arznei gegen alle bösen Krankheiten der gläubigen Seelen.] „Predguuor zhes ta Psalter“, a. a. O., p. B4 (= *Biblia slavica*, a. a. O., p. 614).

14 A. a. O., p. A2 (= *Biblia slavica*, p. 609).

15 A. a. O., p. A3 (= *Biblia slavica*, p. 610).

16 „Predguuor zhes ta psalter“, a. a. O., p. A6 (= *Biblia slavica*, p. 611) und p. B6 (= *Biblia slavica*, p. 615).

Es gibt weitere Parallelen in der theologischen Sicht. Luther schreibt, dass die Psalmen „Christi Sterben und Auferstehung verheißen",[17] bei Trubar lautet es: „oni prauio od Criſtuſeue Prydige, Martre, Smerti, Goriuſtaiena".[18] Auch der Gedanke, dass der Heilige Geist selbst im Psalter geschrieben habe, wie man mit Gott reden müsse,[19] liest sich wie ein Vermerk aus Luthers Vorrede: „Daß mich dünkt, der Heilige Geist habe selbst die Mühe auf sich nehmen und eine kurze Bibel [...] zusammenbringen wollen".[20] Während Luther allerdings mehr die Qualität der Heiligenrede analysiert und ihre metaphysische Kraft beleuchtet, liegt Trubar daran, den Nutzen und die Bedeutung der Psalmen durch Aussagen der Kirchenväter (Augustinus, Lactantius, Athanasius u. a.) zu unterstreichen.

Fünf Bereiche decken die Psalmen ab, worauf Luther in seinen „Summarien" besonders hinweist. Diese Einteilung mit den entsprechenden Themenzuordnungen übernimmt Trubar, wenn auch in einer weniger exakten Formulierung, stärker ausgemalt und in einer leicht verschobenen Anordnung.

Die Weissagung steht bei Luther an erster Stelle:

> „etliche Psalmen *weissagen*, z. B. von Christus und der Kirche oder den Heiligen, [...] und hier herein gehören alle Psalmen, da Verheißungen für die Frommen und Drohungen über die Gottlosen drinnen sind."[21]

Trubar:

> „Ty Pſalmi ozhytu tar ſaſtopnu gouore, inu prerokuio od nashiga Ohranenika inu Goſpudi Ieſuſa Criſtuſa, Od nega vezhniga Royſtua is Buga." „ta zhas guishnu pride, vtim drugim vezhnim lebnu, De tim brumnim bode vſelei dobru, te bude pag bode ta Smert vtim Peklu imer glodala".[22]

Es folgt bei Luther der *Lehrpsalm*:

> „die uns lehren, was wir tun und lassen sollen nach dem Gesetz Gottes. Und hierher gehören alle Psalmen, die Menschenlehre verdammen und Gottes Wort preisen."[23]

---

17 „Vorrede zum Psalter" (1528), a. a. O., p. 3032.

18 [Sie reden von Christi Predigt, Marter, Tod und Auferstehung.] „Predguuor zhes ta psalter", a. a. O., p. B (= *Biblia slavica*, p. 613).

19 A. a. O., p. B6 (= *Biblia slavica*, p. 615).

20 „Vorrede zum Psalter", a. a. O., p. 3032.

21 „Summarien über die Psalmen und Ursachen des Dolmetschens" (1533), a. a. O., p. 3326.

22 [Die Psalmen sprechen offen und verständlich, und künden von unserem Erhalter und Herrn Jesus Christus, von seiner ewigen Geburt aus Gott. Die Zeit kommt gewiss, im anderen ewigen Leben, wo es den Frommen stets wohl sein wird, sie aufweckt, in der Hölle aber der Tod unaufhörlich am Leben nagt.] „Predguuor zhes ta psalter", a. a. O., pp. A8–B (= *Biblia slavica*, a. a. O., pp. 612 f.).

23 „Summarien", a. a. O.

Trubar:

> „Ty Pſalmi nas vuzhe nerpoprei popolnoma ſpoſnati tiga prauiga Boga [...]. Nas tudi vuzhe, kai dopade Bogu oli nekar, kai imamo diati, kai puſtyti inu kai ſe varouati."[24]

Luthers apodiktische Aussage wird bei Trubar, wie schon oft beobachtet, verallgemeinert und für die slowenischen Zuhörer verständlich und pädagogisch vermittelt.

Das dritte Thema sind die *Trostpsalmen*,

> „welche die betrübten und leidenden Heiligen trösten, umgekehrt die Tyrannen schelten und schrecken. Und hier gehören her alle Psalmen, die da trösten, vermahnen, zur Geduld reizen und die Tyrannen schelten."[25]

Die Psalmen erzählen von den Freunden Gottes, den Heiligen, von ihrem frommen Leben, ihrem Leiden und ihrem Verhalten gegenüber Gott in den großen Nöten, den Versuchungen durch die Welt, der Marter durch das Böse.

Trubar schwelgt in Ausmalungen. Die Ausführungen sind auch bei ihm durch den Gegensatz zwischen Gut (Heilige) und der Tröstung durch Gott sowie Böse (Tyrannen, Heuchler) und der Verdammnis gekennzeichnet: Die Heiligen erleiden Verfolgung, aus der sie durch den Hl. Geist errettet werden, weil sie mit reinem Herzen,

> „ſuelykim globokim vſdihanem, ſplazhem inu ſelſami, ſtakimi leipimi dobru sloshenimi inu poſtaulenimi beſſedami inu Peiſmi klyzali na Buga, vpyli inu proſili ſa pomuzh."

Die gegensätzliche Welt wird ebenso eindringlich aufgezählt:

> „Potle iſuuna ta hudi Sueit, Tyranni, Neuerniki, Hynauci, falsh periateli, hudi Soſedi, neſueiſti Stryci [...] ſo nim vſe shlaht nadluge naganeli, te ſo oblogali, ſratouali, obrupali, byli, preganali, louyli inu moryli."[26]

Trubar beleuchtet wieder ganz konkret die nächste Umgebung seiner Landsleute, um die Gefahr für das Seelenheil drastischer darzustellen.

Luther zählt zu den *Betpsalmen* die Texte,

---

24 [Die Psalmen lehren uns zuallererst, den wahren Gott vollkommen zu erkennen. Uns lehren sie ebenfalls, was Gott gefällt oder was wir tun, was lassen und was wir bewahren sollen.] „Predguuor".

25 „Summarien", a. a. O., p. 3327.

26 [mit großem, tiefen Seufzen, mit Weinen und Tränen, mit schönen, gut gesetzten und aufgestellten Worten und Liedern Gott angerufen, um Hilfe geschrien und gebeten haben. ... Dann draußen die böse Welt, Tyrannen, Ungläubige, Heuchler, falsche Freunde, böse Nachbarn, untreue Onkel – sie haben schlimme Notlagen angerichtet, beraubt, geschlagen, verjagt, gefangen und getötet.] „Predguuor", a. a. O., p. B2 (= *Biblia slavica*, a. a. O., p. 613).

„darinnen man Gott anruft und betet in allerlei Not. Und hier gehören her alle Psalmen, die da klagen und trauern und über die Feinde schreien."[27]

Trubar vereint in seiner vierten Rubrik der Psalmeneinteilung Trost und Gebet. Die Psalmisten schreien und bitten um Hilfe: „Sakai reue, nadluge vuzhe te ludy prou inu Andohtliuu molyti." Sie glauben, dass Gott sie nicht in Not und Tod verlässt. Der feste Glaube und das Gebet helfen gegen alle inneren und äußeren Feinde:

„Ty klagoui Pſalmi ty kasheio, koku ie ta Sludi is notra [...] ſerce inu veiſt ſtrashil shnih Grehi [...] Ty Suetniki ſo prou ſpoſnali inu pozhutili vnih veiſti inu ſercei, koku ta ſerd Boshy velik. [...] Stako Vero inu klyzanem na Buga, ſo oni premogli tiga Hudyzha, Smert, Sueit inu nih laſtnu zagouu meſſu, inu nih vſe Souurashnike."[28]

Die Psalmen der letzten Kategorie sind, so drückt es Luther aus, zum Loben und Preisen gemacht;

„die *Dankpsalmen,* darinnen man Gott lobt und preiset für allerlei Wohltat und Hilfe [...] sind die vornehmsten."[29]

Trubar unterstreicht gleichfalls diese Kernaufgabe des Psalters, indem er verschiedentlich in seinen Vorreden auf den Lobpreis eingeht:

„vſak Kerſzhenik ſuſeb, ima peiti, Vcerqui, doma inu na puli[30], vdobrim inu vhudim, Bogu is prauiga ſerza".[31]

Er zitiert dazu Epheser 5, 19–20, die Aufforderung zu Psalmengesängen, geistlichen Liedern und Danksagungen. Im fünften Abschnitt seiner Themenaufzählung betont er ebenso wie Luther die Notwendigkeit der Danksagung:

---

27 „Summarien", a. a. O., p. 3327.

28 [um die armen notleidenden Menschen zu lehren, recht und andachtsvoll zu beten. ... Die Klagepsalmen zeigen, wie das Böse aus dem Innern Herz und Gewissen wegen ihrer Sünden erschreckt hat. Die Heiligen haben in ihren Gewissen und Herzen recht erkannt und gefühlt, wie groß der Zorn Gottes ist. Durch den Glauben und die Anrufung Gottes haben sie den Teufel, Tod, Welt und ihr eigenes tölpelhaftes Fleisch und alle ihre Feinde überwunden.] „Predguuor", a. a. O., pp. B, B2 (= *Biblia slavica*, a. a. O., p. 613); Trubar verstärkt die lutherische Wendung, „über die Feinde schreien", durch direkte Benennungen: Kain, Saul, Herodes, Ischariot, Nero.

29 „Summarien", a. a. O., p. 3327.

30 Mehrfach bezieht sich Trubar in der ausschmückenden Darstellung der Psalmenverbreitung auf Erasmus von Rotterdam. Es waren wohl Hinweise für seine Landsleute, auf die es ihm ankam: die Verbreitung unter dem einfachen Volk (die Venezianischen Gondelfahrer, die Flussschiffer, die Bauern auf dem Felde, die Bergleute im Tagebau, die Weber); das Singen der Psalmen in der eigenen Landessprache; das Auswendiglernen der Psalmen.

31 [Jeder Gläubige soll singen, in der Kirche, zu Hause und im Freien, Gott aus rechtem Herzen, im Guten und Bösen.] „Predguuor", a. a. O., p. A4 (= *Biblia slavica*, a. a. O., p. 610).

„Hpetimu. Ty Pſalmi nom tudi prauio, ſzhim inu koku ty Verni, vſi Suetniki tukai na Semli inu Vnebeſſih, Bogu nega dobrute plazhuio, nega zheſte ter hualio, inu kai nemu offruio. Sdrugim nekar, Samuzh ſteimi hualeshnimi Peiſmi inu Pſalmi, ſteimi Confitemini, Laudate, Alleluia."[32]

Es ist nicht zu übersehen, dass sich Trubar in der Einschätzung der Psalmen am deutschen Reformator orientiert hat. Es gibt weitere Hinweise, die diese Nähe unterstreichen und eine Ausrichtung des Slowenen in zwinglianischer Richtung, wenn auch nur hinsichtlich der Textbearbeitung, nicht wahrscheinlich machen.

Trubar nutzt die Vorreden, um anhand der biblischen Schicksale auf seine eigene Vertreibung hinzuweisen und erinnert in diesem Zusammenhang auch an die Exilantensituation Luthers. Im slowenischen Vorwort führt Trubar die Propheten, Märtyrer und Lehrer an, die wegen ihres unbeirrbaren Glaubens verfolgt und getötet worden sind und vergleicht dies mit der eigenen Verfolgung in Laibach:

„Tu ta rogati hudi Sludi dela, kir taku vnih, ſuſeb vtim vſteklim, neſramnim, lashniuim Menihu per S. Miclaushu Vlublani [...] ſubper to nasho vero, [...] dyuia, resbya, prity, inu vſe slu ſubper nas ſmishlaua inu ſazhene."[33]

Es ist, muss man sagen, ein übliches Verfahren des Slowenen. Trubars Schriften sind voll von Klagen über Anfeindungen; er hatte in seinen Briefen ständig Vorwürfe der Ketzerei, des Schwärmertums, des Zwinglianismus zu entkräften, die er, wie auch hier gegenüber einem Papisten, als unwahr und aus Neid und Hass geboren zurückwies. Dabei betonte er stets seine strenge Ausrichtung an der Augsburger Konfession. In der deutschen Vorrede zum Psalter wiederholt er gegenüber allen Landesherren in Krain, Untersteiermark, Kärnten, Görtz, Windische Mark seine Treue zur Konfession, bezichtigt wiederum die Verleumder zu Laibach:

„vnſere Widerwertigen / der vermeint Geiſtlich Hauff / überall / in vnd auſſerhalb des Landts / vnnd fürnämblich der vngelert Münchs Clamant im Thumb zu Laibach / außgeben / außſchreyen vnd von vns ſchreiben / Nämlich: Wir Lutheriſchen / ſagen ſie / ſein Ketzer / der Kirchen feind / von jr abtrünnig / abgeſchnittne faule Glider / vngehorſam / Auffrürer."[34]

32 [Fünftens: Die Psalmen sagen uns auch, womit und wie die Gläubigen, alle Heiligen auf Erden und im Himmel Gott seine Güte vergelten, ihn immer wieder loben und was sie ihm opfern. Mit nichts anderem, als mit Lobliedern und Psalmen, mit Confitemini, Laudate, Halleluja.] „Predguuor", p. B2 (= p. 613).

33 [Da arbeitet der gehörnte böse Teufel, der besonders in diesem tollwütigen, unverschämten, verlogenen Mönch in St. Miklauš in Ljubljana gegen unseren Glauben tobt, auf ihn einschlägt, ihn verfolgt und alles Böse gegen uns ausgedacht und begonnen hat.] „Vſem bogaboiezhim vernim Crainzom inv Slouenom", a. a. O., p. bvi (= *Biblia slavica*, a. a. O., p. 607); vgl. ebenfalls „Einführung zur deutschen Vorrede zum ganzen Psalter Davids". In: Sakrausky, *Primus Truber. Deutsche Vorreden*, a. a. O., pp. 335 f.

34 *Ta celi Psalter Dauidou*, Dedikation, p. a iiii (= *Biblia slavica*, a. a. O., p. 602).

Die deutsche Vorrede beendet Trubar mit einer an Luther erinnernden Anmerkung: „Geben auß meinem anderen Patmos im Monat Januario […]“.[35] Sakrausky hat darauf hingewiesen, dass es sich um einen Vergleich mit Johannes, dem Verfasser der Offenbarung, handelt und ebenfalls von Luther zur Benennung seines erzwungenen Aufenthaltes auf der Wartburg gebraucht wurde.[36] Luther ist für Trubar vermutlich die näher liegende Quelle; es ist verschiedentlich nachgewiesen worden, dass sich Trubar in seinen biografischen Verhältnissen gern mit dem deutschen Reformator vergleicht, um seiner Sache mehr Gewicht zu geben. Im Brief an Georg Spalatin vom 30. März 1522 hatte Luther mitgeteilt, dass er neben dem Johannesevangelium das ganze Neue Testament in seinem „Patmos“ (Zufluchtsort Wartburg) übersetzt habe.[37] In den Tischreden taucht aus den Nachschriften des Johannes Aurifabers von 1545/1546 die kurze Erzählung auf: „Poltergeister, die Luther auf seinem Patmos auf der Wartburg geplagt haben“.[38] Der Begriff war zum Synonym für Exil und Verbannung, aber auch Zufluchtsort geworden.

Es ist nicht nachweisbar, dass Trubar, der sich in den deutschen und slowenischen Vorreden zu den Psalmen so eindeutig zum Luthertum bekennt, sich öffentlich über alle Häresievorwürfe empört, sich in der Textkommentierung in vielerlei Hinsicht auf Luthers Psalmenverständnis stützt, theologisch nicht auf der Seite Luthers steht. Möglicherweise entsprach die gewählte Textgrundlage mehr seiner sprachlichen Kompetenz, die theologische Leitlinie aber dem Wittenberger Vorbild.

Eine entscheidende Bindung an Luthers reformatorische Umgebung stellen die Psalmennachdichtungen dar. Sie sind in den slowenischen Katechismen verschiedener Jahrzehnte des 16. Jahrhunderts konzentriert. Luther hat dem „mühseligen Gottesdienst“ unter dem Gesetz Mose den „besseren Gottesdienst“ im Neuen Testament entgegengesetzt, ausgedrückt im Psalmwort „Singet dem HERRN alle welt“.[39] Die Summe der christologischen Psalmendeutung Luthers liegt in der Gegenüberstellung; bereits in der Vorrede zum Gesangbuch Wittenberg 1524 bekräftigt er diese Theologie: Es sei Aufgabe der Psalmlieder, christliche Lehre „ynn schwanck zu bringen.“

> „Das geystliche lieder singen / gut […] sey / […] die weyl yderman nicht alleyn das Exempel der propheten vnd könige ym allten testament […] sondern auch solcher brauch / sonderlich mit psalmen gemeyner Christenheyt von anfang / kund ist. […] von hertzen

35 A. a. O., b iiii (= *Biblia slavica*, a. a. O., p. 606).

36 Vgl. Sakrausky, *Primus Truber*, a. a. O., p. 382.

37 *Luther deutsch*, a. a. O., p. 7275.

38 „Tischreden“ Nr. 675. In: *Luther deutsch*, a. a. O., p. 6812.

39 Luthers Vorrede zum Gesangbuch Leipzig 1545. In: M. Luther, *Die deutschen geistlichen Lieder*, Hg. G. Hahn, Tübingen 1967, p. 58.

dem Herrn singen geystliche lieder vnd Psalmen / Auff das da durch Gottes wort vnd Christliche leere / auff allerley weyse getrieben vnd geübt werden."[40]

Der Psalter als Vorbild für das protestantische Kirchenlied erhält durch diese Verbindung seine wesentlichste Funktionszuweisung.[41] Die Argumente der slowenischen Protestanten Primož Trubar, Jurij Dalmatin, Sebastian Krelj orientieren sich am Vorbild Luther. Trubar bemüht in seiner Vorrede zum Gesangbuch von 1574 ebenfalls die Liedzeugen im AT und NT, von Moses bis hin zu Christus:

„Darumb thun die Reformierten Euangelischen Kirchen recht / daß sie in ihren Kirchen / die H. Schrifft vnd Psalmen / nach der Lehr vnd Beuelch des heiligen Paulus / in gemeiner verstendiger Sprach lesen / vnd singen."[42]

Dalmatin äußert sich ähnlich in der Einleitung zum Gesangbuch 1584 und unterstreicht noch einmal die Eingliederung des Psalters in die Heilslehre.[43]

Luther ebnet mit seinen Äußerungen zur Psalmennachdichtung die Aufnahme dieses Sangesgutes in die evangelischen Gesangbücher und wirkt als Vorbild für die zahlreichen Nachdichter des 16. Jahrhunderts wie Johann Gramann, Sebald Heyden, Justus Jonas, Adam Reißner, Burcard Waldis, wie auch die slowenischen Lieddichter Trubar, Dalmatin und Krelj. Das Konzept Luthers beruht auf der Forderung nach Darstellung des Sinns, des biblischen Gehalts, der in der gemeindebezogenen, jedermann verständlichen Kommentierung bewahrt bleiben muss, nicht auf sklavisch wortgetreuer Wiedergabe des Textes.[44] Gemeint und genutzt ist damit in erster Linie die Aktualisierung: Aus der Psalmklage Israels gegen die Zerstörer Jerusalems (Psalm 74 und 79) etwa wird das Gebet und Lied gegen die Türken und Papisten.[45]

Die christologische Interpretation der Psalmen ist für die slowenischen Textdichter ebenfalls Verpflichtung. Der Gemeinde werden die Verheißungen des alten Testaments in der neutestamentlichen Erfüllung verdeutlicht, etwa in der Paraphrasierung des 130. Psalms.[46]

---

40 „Die Vorrede des Wittenberger Gesangbuchs von 1524". In: WA, Abt. I, Bd. 35, p. 474. Vgl. dazu auch A. Reich, *Übersetzungsprinzipien in den deutschsprachigen liedhaften Gesamtpsaltern des 16. und 17. Jahrhunderts*, Diss. Regensburg 1977, p. 56.

41 Hier und im Folgenden vgl. auch G. Giesemann, „Psalmennachdichtungen bei Trubar, Dalmatin, Krelj". In: *Gattungen in den slavischen Literaturen*, a. a. O., Köln, Wien 1988, pp. 697–725.

42 *Ta celi catehismus, eni Psalmi*, deutsche Vorrede, Blatt 2–3.

43 Vgl. *Ta celi catehismus, eni Psalmi*, Faksimile Ljubljana 1984, p. 8.

44 Vgl. Luthers Hinweise im Brief an den Humanisten Spalatin. In: M. Luther, *Die deutschen geistlichen Lieder*. Hg. G. Hahn, Tübingen 1967, p. 65.

45 Vgl. dazu Giesemann, Psalmennachdichtungen, a. a. O., pp. 700 ff.

46 Vgl. A. a. O., pp. 709 ff.

Die von Luther verlangte reformatorische Nutzung des Psalters klingt in seinem poetologischen Konzept[47] des Spalatinbriefes an: „Consilium est, […] psalmos vernaculos condere pro vulgo, id est spirituales cantilenas, quo verbum dei vel cantu inter populos maneat."[48] Dieses Prinzip wurde von Trubar verstanden, d. h. der theologisch-christologische Sinngehalt, die heilsgeschichtliche Erlösungshoffnung fand in den paraphrasierenden Nachdichtungen Raum. Mit diesem Anschluss an die Vorstellungen des deutschen Reformators aktualisiert er den Psalm unter den Stichworten „Kirchenkampf", Auseinandersetzung mit dem konkreten Feind, Verfechtung der „reinen Lehre". Aus dem Psalmengeschehen heraus werden zudem wesentliche Elemente der lutherischen Lehre in einprägsamen, auf die aktuelle Situation der Gemeinde bezogenen Darstellungen verständlich gemacht: Befreiung aus der Knechtschaft des Gesetzes durch Christus, sola fide (Nachdichtung Psalm 130), äußere Frömmigkeit, Werkgerechtigkeit, Ablass bleiben nutzlos ohne Buße und Glauben (Nachdichtung Psalm 51), falsche – reine Lehre: hier findet das Thema von Psalm 12, „Menschenwort – Gotteswort" bei Trubar diese aktuelle, reformatorisch-lutherische Wiedergabe in der Nachdichtung.

Trubars Verkündigungspotenzial im Psalmenliedgut richtet sich nach den Bedürfnissen der slowenischen (Land-)Bevölkerung. Im Vordergrund stehen deshalb der Seelsorger, der Volksaufklärer, der Prediger. Sprache ist für den Slowenen einerseits das Vehikel, um durch das gesungene und gesprochene Wort die Heilsbotschaft auf der Denkebene seiner Landsleute verkündigen zu können und andererseits garantiert sie ihm das Nahesein bei seinem „auserwählten" Volk.

Die Dogmendistanz hindert ihn allerdings nicht, sich für die lutherische Dogmatik als gelehrte Stütze der „reinen" Lehre zu entscheiden. Der deutsche Reformator ist für ihn Richtschnur der Verkündigungsstrategie. Das betrifft nicht nur die offensichtlichen Anlehnungen an die theologischen Schriften Luthers, sondern auch die Orientierung an Luthers Einstellung zum Gesang, der Liedstruktur und den mit dem Kirchenlied verbundenen Strategien.

Mithilfe antithetischer Gestaltung der Liedtexte erreicht Trubar eine strukturelle, fassbare Wiedergabe des abstrakten dualistischen Prinzips der christlichen Lehre. Die Popularisierung des Evangeliums durch das Lied und damit die Anerkennung seines hohen Stellenwertes in der Verkündigung hat Trubar, ebenso wie die Intensivierung durch Bilder, Vergleiche und Vereinfachung, von Luther übernommen. Der Slowene aktualisiert das Kirchenlied, geht in freier Gestaltung, ebenfalls wie sein Wittenberger Vorbild, in den Klagepsalmen auf die gegenwär-

47 Vgl. A. Reich, *Übersetzungsprinzipien*, pp. 4–7: „Luthers poetologisches Konzept vom Psalmlied – der Spalatinbrief".

48 A. a. O., p. 65.

tige Situation ein: die Türkengefahr, den Vorwurf der Ketzerei, die Auseinandersetzung um die falsche und reine Lehre.

Die Anlehnung in theologisch-dogmatischen Fragen an Luther, sozusagen Trubars Eckstein, wird begleitet vom Menschenverständnis des Seelsorgers und damit typisch eingefärbt zu seiner Theologie, die auf diese Weise slowenisch geprägt ist. Das zeigt sich gerade auch im optimistischen Ansatz der Betonung der Gnadenzusage im slowenischen protestantischen Liedgut.

Es sei noch einmal betont: Trubars reformatorische Überzeugung ist in der Erscheinungsform von subjektiv-slowenischer Prägung – was in der Forschung zu einer Betonung der „Eigenständigkeit" theologischen Denkens geführt hat; in der Absicherung aber ist sie ganz deutlich auf lutherische Theologie gegründet.

Ergebnisfeststellung

Es ist ein Wagnis, die theologischen Äußerungen des slowenischen Reformators Primož Trubar als eine – seine – Theologie systematisch erfassen zu wollen. Ein Wagnis deshalb, weil sich zwar systemrelevante Merkmale ergeben, aber nicht von einer Systematik gesprochen werden kann. Der Slowene ist zeitlebens mit wuchtigen exegetischen Erkenntnissen konfrontiert, zudem der Bedrängnis reformatorischer Auseinandersetzungen unterworfen und gegenreformatorischer Gewalt ausgeliefert. Trubar hat weder die Zeit noch den zentralen Ort, eigene Konzeptionen zu entwickeln, um eine beachtete reformatorische Ebene zu betreten. Das schmälert nicht seine bleibende Leistung, erfordert aber für seine angemessene Wertung einen bisher wenig beschrittenen methodischen Zugang, auf dem manches Hindernis aus dem Weg geräumt werden muss. Die ganzheitliche Betrachtung der Leistung Trubars bedeutet auch die Abtragung von historischem Firnis und fragwürdiger nationaler Ereigniswertung.

Trubar hat für den slowenischen Kulturkreis Großes geleistet, das steht außer Frage: In den ersten Jahrzehnten des 20. Jahrhunderts wird die sprachschöpferische Leistung des Slowenen als kultureller Auslöser und Träger von nationaler Bedeutung gewürdigt. Später erst wird seine eigentliche Bedeutung als Begründer und Verbreiter einer slowenisch gefärbten reformatorischen Theologie in den Mittelpunkt gerückt. Und das zu Recht: Verkündigung und Ausrichtung auf das Heilsgeschehen leiten Trubar und keine andere Zweckbindung.

Das frühe geistliche Schrifttum auf einer einheitlichen sprachlichen Grundlage und ein geistlich-kultureller Mittelpunkt durch Anschluss an humanistisch-reformatorische Errungenschaften des 16. Jahrhunderts in Verbindung mit der Drucklegung und Verbreitung von Trubars Schriften im Südwesten Deutschlands befördert in der Geschichte einer Kultur, die übermächtigen Nachbarn ausgesetzt ist, das Bewusstsein von Eigenständigkeit und Gleichberechtigung. Solche Konstellationen verführen zur Überschätzung. Die Aufwertung von Trubars Bedeutung im national(istisch)en Rahmen verengt durchaus den Blick für eine realistische Einschätzung. Die Bildungseinflüsse im Kreise von Bonomo, insbesondere die „Lektüre" von Erasmus, der Zugang zum Zwinglianismus über Bullinger sind ein zu unsicherer Boden, um damit eine originale Denkweise Trubars zu konstruieren, zumal auch noch der lutherische Einfluss möglichst zurückgedrängt werden soll.

Der Weg, Zugang zu Trubar zu finden, ist steinig. Einen Stolperstein schafft Trubar selbst durch den Umgang mit seinen angezeigten Quellen; um die ihm zugeschriebene Bedeutung zu unterstreichen, werden Hinweise dieser Art kaum in Zweifel gezogen. Das führt in selbst gebaute Irrwege. In großen Teilen der

Forschung besteht die Tendenz, den slowenischen Reformator in Konkurrenz zur europäischen Reformation zu setzen. Ihm wird überdies die Rolle eines Vermittlers in der europäischen religiösen Auseinandersetzung zugesprochen. Eine gewollte Originalität, die eine vermeintliche Gleichberechtigung demonstrieren soll. Das aber stellt eine Überforderung für den slowenischen Reformator dar, dessen umfangreiches und vielgestaltiges Werk einer solchen Zumutung nicht standhalten kann.

Überlegungen dieser Art bestimmen den methodischen Zugang zur Untersuchung der Theologie Trubars, da zu eruieren war, ob sie einer Systematik gehorcht und wie originell sie ist, welche Voraussetzungen das Studium der Quellen bestimmten, in welchen theologischen Bereichen aktiver Einsatz bzw. passive Übernahme zu verzeichnen sind, welche Schwerpunkte Trubar selbst in seinem Theologieverständnis setzte. Dazu ist eine Orientierung im reformatorischen Umfeld notwendig, auch anhand der wichtigsten historischen Zeugnisse der lutherischen Reformation, die Einfluss auf Trubar hatten und von ihm reflektiert wurden. Sie sind die Voraussetzung, um Bekenntnisse und Weichenstellungen in den Schriften des slowenischen Reformators zu erkennen.

Als Eckpunkte von Trubars theologischer Entwicklung stehen Veröffentlichungen aus den 50er bis 80er Jahren des 16. Jahrhunderts im Mittelpunkt. Sie stellen Schwerpunkte in der Wiedergabe von Impulsen der europäischen reformatorischen Bewegung dar. Es handelt sich um Katechismen seit den 50er Jahren, darunter das sog. „erste slowenische Buch", Trubars „Lange Vorrede" zum Neuen Testament von 1557, seine deutschen Vorworte und Dedikationen sowie die slowenischen Vorreden zu sämtlichen Teilen des Neuen Testaments und der Psalmen. Hinzu kommen aus den 60er Jahren die frei transferierten Texte des Augsburger Bekenntnisses (Articuli) sowie Trubars Kirchenordnung (Cerkovna ordninga). Es handelt sich um unterschiedliche Textsorten, die unterschiedliche Zeiten reformatorischer Entwicklung widerspiegeln.

Es erwies sich als notwendig für die Untersuchung, die Texte Satz für Satz zu analysieren. Nur so konnte eine einigermaßen verlässliche Beurteilung von Trubars Verhältnis zu seinen Quellen bzw. der Prozedur eigener Ergänzungen oder Umgestaltungen vorgenommen werden. Zugrunde liegt die Erkenntnis, dass nicht immer durch den Wortlaut allein die Übernahme reformatorischer Erkenntnisse bestimmt werden kann; viele aus der reformatorischen Bibelexegese gewonnene Formeln, von Luther geprägte Standardbegriffe werden über seine geistigen Nachfolger wie Melanchthon, Veit Dietrich ebenfalls vermittelt, sodass bei manchen Textpassagen die Herkunft nicht eindeutig ist bzw. nur durch weitere Recherchen ermittelt werden kann. Dazu sind Strukturen der Textdarbietung, die Behandlung von Einzelbegriffen, die Rangfolge von theologischen Erkenntnissen, die Art der Beglaubigung durch Bibelzitate und ähnliches von Bedeutung. Nur in der sorgfältigen Entwirrung dieses Geflechtes ergeben sich Erkenntniswege.

Das Bestreben eines Teils der Forschung, Trubars Theologie als eigenständigen Part im Konzert der europäischen Bewegung herauszustellen, gipfelt in der Bemühung, dem Slowenen eine maßgebliche Stimme zwischen den zwinglianischen und wittenbergischen Auseinandersetzungen zu verleihen und ihn als unabhängigen reformatorischen Geist aufzubauen. Dazu dienen Andeutungen Trubars über seine Quellen, die ungeprüft als gegeben hingenommen werden und aus dieser unsicheren Sachlage zu diffusen Schlussfolgerungen führen. Solche Versuche wirken sich kaum positiv auf die Bedeutung Trubars für die slowenische und europäische Kultur aus.

Trubars Theologie hat einen anderen Schwerpunkt. Unbezweifelbar ist nach eingehender Textanalyse seine Orientierung am Werk Luthers, auch wenn in den ersten Zeugnissen Hinweise auf eine süddeutsche/schweizerische Berührung zu bestehen scheinen. Sie sind nicht weiter vertiefbar, stellen mehr eine Interessensbefriedigung in der Prägungsphase dar. Auch die immer wieder betonte Nähe zu Erasmus von Rotterdam erweist sich als oberflächliche Berührung. Die Auseinandersetzung mit Erasmus in der Rechtfertigungslehre, der zweifachen Natur des Christenmenschen ist – wie Luther zeigt – komplizierter, als Trubar je in dessen moralische Theologie einzudringen vermochte.

Seine Katechismen sind in ihren Lehreinheiten lutherisch geprägt, auch wenn die Anordnung gewisse Abweichungen zeigt, die allerdings theologisch nicht relevant sind. Gleiches gilt für die Auslegung der Paulusbriefe; Trubar hält sich in der Erörterung der Begrifflichkeit von Rechtfertigung, Gesetz und Gnade, Erbsünde, Doppelnatur des Menschen, Christologie usw. streng an die lutherischen Dogmen, d. h. Luthers Auslegung der paulinischen Schriften. Das bleibt über die Jahre hin erhalten. Natürlich gibt es etliche Schriften, die – bezeugt oder ungenannt – den Formulierungen, aber auch dem Erzählmodus oder den ausgewählten Exempla zugrunde liegen. Trubar benutzt für seine Übermittlung des „wahren Glaubens" eidetische, mnemonische, strukturbildende, rhetorische Verfahren. Es sind Ausschmückungen, Verdeutlichungen, Konkretisierungen, umständliche Erweiterungen, ausgerichtet auf sein Zielpublikum, die slowenischen Landsleute.

Trubars Absicht bestand nicht in der Schaffung einer originalen Theologie. Dazu fehlten ihm, wie er wohl erkannte, die humanistischen Voraussetzungen eines Quellenstudiums. Er hat immer wieder durchblicken lassen, dass sein Bestreben die Anlehnung an eine verlässliche, den wahren Glauben reflektierende christliche Einstellung war. Luther ist für ihn der Gewährsmann; er kehrt in dogmatischen Fragen immer wieder zu ihm zurück. Trubar sah als seine Aufgabe die Missionierung seines Volkes an, d. h. das Verfassen von Gebrauchstexten für den christlichen Unterricht. Der Slowene sammelt dafür das Material, das auf dem reformatorischen Markt zur Verfügung stand, soweit der lutherische Ansatz in entsprechenden Texten zu erkennen war. Dadurch entsteht der Eindruck eines kompilatorischen Verfahrens: immer wieder neue Zusammenstellungen, das Rekurrieren auf Texte, die der Erläuterung der behandelten Materie dienlich sind. Aber gerade in dieser Produktion, nicht in der unterstellten Originalität liegen das Verdienst und die Bedeutung für den slowenischen Kulturkreis. Trubar hat für sein Volk das erreicht, was Luther für die Deutschen getan hat. In dieser Tradition sieht sich der Slowene. Seine Theologie ist die christliche Volksaufklärung, die kirchliche Ordnung, die gewissenhafte Glaubensgrundlage, initiiert durch sein Vorbild in der Phalanx Paulus – Luther – Trubar. In diesem Sinne haben sie Bestand: seine Sprachleistung, seine Werkzusammenstellung und Druckverbreitung, die die Gegenreformation überdauert haben und zum festen Kulturgut der Slowenen geworden sind.

Am Ende seiner Übersetzungstätigkeit ist Trubar dort, wo er angefangen hat, mitten im Kampf um die reine Lehre in der gegenreformatorischen Bedrängnis. Er übernimmt sie, d. h. die lutherische Reformation; sie durchzieht seine Argumente. Sie bestimmt als Kernkompetenz seine missionarische Tätigkeit. „Ieſt ſem eno dobro Voisko douoiskoual, ieſt ſem ta Teck dokonal, ieſt ſem to Vero ohranil“ – „ich habe einen guten Kampf gekämpft, ich habe den Lauf vollendet, ich habe Glauben gehalten.“ (2. Tim. 4, 7) Wie Paulus hätte es Trubar von sich sagen können, der unermüdliche Arbeiter für seine windischen Gemeinden, der Seelsorger für seine innerlich und äußerlich bedrängten Landsleute, der Prediger gegen alle Widerstände, der Schöpfer der Literatursprache, der ersten gedruckten slowenischen Bücher und Trubar, der Luthers Theologie in eine slowenische Theologie zu verwandeln verstand.

Literaturverzeichnis

Abhandlungen über die slowenische Reformation. Literatur, Geschichte, Sprache, Stilart, Musik, Lexikographie, Theologie, Bibliographie. Joseph Suhadolc, Branko Berčič (Hg.). München 1968. (= Geschichte, Kultur und Geisteswelt der Slowenen. 1).

Ahačič, Kozma: „Od naslovnikov knjig do rabe slovenščine v cerkvi: nekaj vprašanj slovenske zgodovinske sociolingvistike 16. stoletja". In: *Jezik in slovstvo*, 2003, Jg. XLVIII, pp. 3–24.

Ahačič, Kozma; Almasy, Karin: „Neue Entdeckungen und Erkenntnisse zum slowenischen Protestantismus". In: *Zeitschrift für Slawistik*, Bd. 59, H. 3 (2014), pp. 385–398.

Augustinus: *Contra Julianum. Haeresis Pelagianae defensorum*. Liber primus ff.

Aurifaber, Johann; Melanchthon, Philipp: *Kirchen-Ordnung, so in unsern / Johan Albrechts / von Gottes gnaden Hertzogen zu Meckelnburg / Fürsten zu Wenden / Grauen zu Swerin / der Lande Rostock vnd Stargard Herrn / Fürstenthumen vnd Landen ſol gehalten werden*. Wittenberg 1552.

Biblia sacra iuxta vulgatam versionem. Roger Gryson (Hg.). 4. verb. Aufl., Stuttgart 1994.

Biblia slavica. Hans Rothe, Friedrich Scholz (Hg.). Serie IV. Südslavische Bibeln, Band 3 (Slowenische Übersetzungen 1555–1582). Jože Krašovec, Majda Merše, Hans Rothe (Hg.). Paderborn, München, Wien, Zürich 2006.

Biblia slavica, a. a. O., Serie IV, Band 3,2: Kommentare. Jože Krašovec, Majda Merše, Hans Rothe (Hg.). Paderborn, München, Wien, Zürich 2006.

Bizjak Končar, Aleksandra: „Trubarjeva pridiga *Sermo de vocabulo fidei* in sodobni pridižni diskurz". In: *Reformacija na slovenskem* (ob 500-letici Trubarjevega rojstva), a. a. O., pp. 291–301.

Bonazza, Sergio: „Primož Trubar in Italijanska reformacija". In: *III. Trubarjev zbornik. Prispevki z mednarodnega znanstvenega simpozija „Reformacija na slovenskem"*. Ljubljana 1996, pp. 22–33.

Bornkamm, Heinrich: „Martin Luther. Leben und Schriften". In: *RGG*³, Band 4, pp. 480–495.

Brenz, Johannes: *Catechismus* [Ausgabe 1535]. In: www.glaubensstimme.de/doku.php?id=autoren:b:brenz:catechismus_nach_b

Brenz, Johannes: *Fragstück des christlichen Glaubens (Catechismus 1528)*. In: www.glaubensstimme.de/doku.php?id=autoren:b:brenz:catechismus_minor

Bullinger, Heinrich: *In divinvm Iesv Christi Domini noſtri Euangelium ſecundum Ioannem, Commentariorum libri X. Tiguri apvd Frosch 1543*.

Calwer Bibelkonkordanz oder vollständiges biblisches Wortregister. Calwer Verlagsverein (Hg.). Stuttgart, 3. verb. Aufl. 1922.

Cancik, Hubert: „Primus Truber – Martin Crusius – Nikodemus Frischlin. Der slowenische Reformator und die Tübinger Humanisten". In: *Slovenci v evropski reformaciji*, a .a. O., pp. 29– 49.

Confessio Augustana. Das Augsburger Bekenntnis (1530). Lateinischer Text. Göttingen. (= Bekenntnisschriften der evangelisch-lutherischen Kirche (1930)).

Das Neue Testament. Interlinearübersetzung Griechisch – Deutsch. Griechischer Text: Nestle-Aland: Novum Testamentum Graece, 28. rev. Aufl., Stuttgart: Deutsche Bibelgesellschaft 2012.

Deutsch, Vlado L.: „Flacijanci v slovenski reformaciji". In: *III. Trubarjev zbornik*, a. a. O., pp. 34–38.
Dietrich, Veit: *Summaria Chriſtlicher lehr / für das junge volck / Was auß eim yeden Sontags Euāgelio zu mercken ſey / Sampt angehenckten Gebeten*. Nürnberg 1548. Digitale Ausgabe: Münchener DigitalisierungsZentrum. Digitale Bibliothek.
Dietrich, Veit: *Summaria vber die gantze Bibel / das alte vnd newe Teſtament / darinn auffs kürtzſte* angezeygt wirdt / was am nötigſten vnnd nützſten ist / dem jungen Volck vnnd gemeynen Man / aus allen Capiteln / zu wiſſen vnd zu lernen / Darnach ſie ihr leben richten / vnnd ſolcher feyner Lehre /zu ihrer Seelen ſeligkeyt brauchen können. Nürnberg 1545. Neu übersehene, gemehrte und gebesserte Aufl., Nürnberg 1550. Digitale Ausgabe: Münchener DigitalisierungsZentrum. Digitale Bibliothek.
Dietrich, Veit: *Agend Büchlein für die Pharrherrn auff dem Land*. Nürnberg 1544. Digitale Ausgabe: Münchener DigitalisierungsZentrum. Digitale Bibliothek.
Dohmen, Günther: „Der Begriff der »Bildung« in den religiösen Auseinandersetzungen des 16. Jahrhunderts in Deutschland". In: *Slovenci v evropski reformaciji*, a. a. O., pp. 57– 65.
Ebeling, Gerhard, „Martin Luther. Theologie". In: *RGG*[3], Band 4, pp. 495–520.
Ein Leben zwischen Laibach und Tübingen. Primus Truber und seine Zeit. Intentionen, Verlauf und Folgen der Reformation in Württemberg und Innerösterreich. Rolf-Dieter Kluge (Hg.). München 1995.
Elze, Theodor: *Primus Trubers Briefe*: mit dazugehörigen Schriftstücken gesammelt und erläutert. Tübingen 1897 (= Bibliothek des literarischen Vereins in Stuttgart. 215).
Evangelisches Kirchenlexikon (EKL). Internationale theologische Enzyklopädie. Erwin Fahlbusch u. a. (Hg.), 3. Aufl. (Neufassung), Band 1–5. Göttingen 1986–1987.
Flacius, Matthias: *Clavis scripturae s. seu de Sermone Sacrarum literarum*. Pars prima. Basel 1567.
Flacius, Matthias: De vocabvlo fidei et aliis qvibvsdem vocabvlis explication uera & utilis, ſumta ex fontibus Ebraicis. Vitebergae 1549. (Digitale Ausgabe: Münchener Digitalisierungs-Zentrum. Digitale Bibliothek).
Gerjolj, Stanko: „Pedagoška razsežnost Trubarjevih katekizmov". In: *Primož Trubar, Simpoziji v Rimu*, a. a. O., pp. 261–270.
Giesemann, Gerhard: „Die slovenischen Vorreden Primus Trubers zu seinen Übersetzungen der Heiligen Schrift. Erkenntnisse zur Struktur, Theologie und zu den lutherischen Quellen der Schriften des slovenischen Reformators". In: *Biblia slavica*, a. a. O., Serie IV, Bd. 3.2: Kommentare, pp. 23–39.
Giesemann, Gerhard: „Die Psalmennachdichtungen von Trubar, Dalmatin und Krelj – Kreativität unter Rahmenbedingungen". In: *III. Trubarjev zbornik*, a. a. O., pp. 39–51.
Giesemann, Gerhard: „Das Problem mit Trubar. Theologisches, Nationales, Originales auf dem Prüfstand". In: *Schulbildung und ihre Weiterentwicklung. Gedenkband zum 100. Geburtstag von Alfred Rammelmeyer*. Hg. G. Giesemann, H. Rothe. München – Berlin 2010.
Giesemann, Gerhard: „Die Psalmennachdichtungen bei Trubar, Dalmatin, Krelj – reformatorisches Bekenntnis im Vergleich". In: Harder, Hans-Bernd u. a. (Hg.): *Gattungen in den slavischen Literaturen*. Köln, Wien 1988, pp. 697–725.

Giesemann, Gerhard: „Theologie und Poesie: Kombinationsvarianten in Liedmodellen von Trubar, Dalmatin und Krelj“. In: *Ein Leben zwischen Laibach und Tübingen*, a. a. O., pp. 289–308.

Giesemann, Gerhard: „Der »Feind« im protestantischen Kirchenlied – reformatorisches Bekenntnis bei Trubar aus der Perspektive des geistlichen Liedes“. In: *16. stoletje v slovenskem jeziku, književnosti in kulturi*, a. a. O., pp. 181–197.

Giesemann, Gerhard: „»Gott sey gelobet und gebenedeiet«: Der Lobgesang (Lobpreis) als Wandlung und Anverwandlung von Panegyrik im slovenischen reformatorischen Bekenntnis“. In: *Herrscherlob und Herrscherkritik in den slawischen Literaturen. FS für Ulrike Jekutsch*. Hg.: Britta Holtz und Ute Marggraff. Wiesbaden 2013 (= Opera Slavica NF 55).

Glaubensstimme.de/doku.php?Id=bekenntnisse:concordienformel (aufgesucht 22. 08. 2015).

Grmič, Vekoslav: „Korenine Trubarjeve teološke misli“. In: *16. stoletje v slovenskem jeziku, književnosti in kulturi*, a. a. O., pp. 129–138.

Grmič, Vekoslav: „Prinzipien von Trubars theologischem Denken“. In: *Ein Leben zwischen Laibach und Tübingen*, a. a. O., pp. 251–257.

Des heiligen Kirchenvaters Augustinus fünfzehn Bücher über die Dreieinigkeit / aus dem Lateinischen übersetzt und mit Einleitung versehen von Michael Schmaus. Kempten; München 1935 (elektronische Version).

Janko, Anton: „Deutsche Lehnwörter zur Bezeichnung des Begriffskomplexes »Christliche ethische Werte und menschliche Sünden« in Trubars Cerkovna Ordninga“. In: *Slovenci v evropski reformaciji*, a. a. O., pp. 77–89.

von Kamptz, Carl Cristoph Albert: *Civil-Recht der Herzogthümer Mecklenburg, Schwerin und Wismar* 1805, § 46: Die Kirchenordnung von 1552.

Kerševan, Marko: „Protestantizem in slovenska ljudska religioznost v 16 stoletju“. In: *Slovenci v evropski reformaciji*, a. a. O., pp. 91–104.

Kerševan, Marko: „Božja beseda in/kot ljudski jezik pri slovenskih protestantih 16. Stoletja“. In: *Slavistična revija*. 56/57. Ljubljana 2008/09, pp. 23–34.

Kerševan, Marko: „Trubarjeva reformacija. Primož Trubar v kontekstu reformacijske teologije“. In: *Vera in hotenja*, a. a. O., pp. 196–214.

Kolar, Bogdan: „Trubarjeva odvisnost od Bonoma, Vergerja in Bullingerja“. In: *Primož Trubar. Simpoziji v Rimu*. Celje 2009, pp. 243–259.

Koruza, Jože: „Programska utemeljenost književne dejavnosti slovenskih protestantov“. In: *Protestantismus bei den Slowenen*, a. a. O., pp. 15–37.

Koruza, Jože: „Die literarischen Formen der Predigten Primus Trubers“. In: *Ein Leben zwischen Laibach und Tübingen*, a. a. O., pp. 268–277.

Kos, Janko: „Trubars Begründung des slowenischen Schrifttums und die metaphysische Wende in der Theologie Luthers“. In: *Ein Leben zwischen Laibach und Tübingen*, a. a. O., pp. 258–267.

Kos, Janko: „Prva slovenska knjiga“. In: *Catechiſmus 1550*, a. a. O., Anhang, p. [1].

Kos, Janko: „Po Trubarju“. In: *Demokracija*, Nr. 48, Jg. XIII. Ljubljana 2008, p. 11.

Kovač, Edvard: „Slovenska teologija Primoža Trubarja“. In: *Vera in hotenja*, a. a. O., pp. 285–289.

Krajnc-Vrečko, Fanika: „Trubarjeva antropologija." In: *Primož Trubar. Simpoziji v Rimu,* a. a. O., pp. 115–128.
Lah, Avguštin: „Trubarjevo pojmovanje Boga Stvarnika". In: *Primož Trubar, Simpoziji v Rimu,* a. a. O., pp. 77–88.
Langenscheidts Großwörterbuch Lateinisch. Unter Berücksichtigung der Etymologie von Hermann Menge. 23. Aufl., Berlin 1988.
Lexutt, Athina: *Die Reformation. Ein Ereignis macht Epoche.* Köln (etc.) 2009.
D. Martin Luthers *Werke. Kritische Gesamtausgabe.* Weimar 1883–1929. (Weimarer Ausgabe – WA: Abteilung, Band, Seite, Nummer).
Luther, Martin: *Luther Deutsch. Die Werke Luthers in neuer Auswahl für die Gegenwart.* Kurt Aland (Hg.), Band 1–10, 2. durchgesehene Aufl. Göttingen 1991.
Luther, Martin: *Gesammelte Werke.* Kurt Aland (Hg.). Mit einer illustrierten Lebenschronik und einer Einführung in Werk und Theologie. Berlin 2004. Digitale Bibliothek Band 63.
Luther: „Die drei Symbole oder Bekenntnisse des Glaubens Christi, in der Kirche einträchtiglich gebraucht" (1538). In: *Gesammelte Werke,* a. a. O., pp. 2942–2973 / WA I, 50, 262–283.
Ders.: „Vorrede zur Thesensammlung" (1538). In: *Gesammelte Werke,* a. a. O., pp. 883–888 / WA 39 I, 6–8.
Ders.: „Von der Freiheit eines Christenmenschen" (1520). In: *Gesammelte Werke,* a. a. O., pp. 1489–1528 / WA I, 7, 20–38.
Ders.: „Vorrede zum Brief des Paulus an die Römer" (1522). In: *Gesammelte Werke,* a. a. O., pp. 3059–3080 / WA I, DB7, 2–26.
Ders.: „Vorrede zur Theologia Deutsch" (1518). In: *Gesammelte Werke,* a. a. O., pp. 995–1001 / WA I, 1, 378–379.
Ders.: „An die Ratsherren aller Städte deutschen Landes, daß sie christliche Schulen aufrichten und halten sollen" (1524). In: *Gesammelte Werke,* a. a. O., pp. 3119–3136 / WA I, 15, 36–43.
Ders.: „Deutsche Auslegung des Vaterunser für die einfältigen Laien" (1519). In: *Gesammelte Werke,* a. a. O., pp. 3384–3511 / WA I, 2, 81–130.
Ders.: „Die Predigten (Sonntag Trinitatis)". In: *Gesammelte Werke,* a. a. O., pp. 5531–5539 / WA I, 36, 184–187.
Ders.: „Die Schmalkaldischen Artikel" (1537). In: *Gesammelte Werke,* a. a. O., pp. 2270–2347 / WA I, 50, 192–253.
Ders.: „Ein Sendbrief vom Dolmetschen" (1530). In: *Gesammelte Werke,* a. a. O., pp. 3137–3171 / WA I, 30 II, 632–646.
Ders.: „Deutsche Messe und Ordnung des Gottesdiensts" (1536). In: *Gesammelte Werke,* a. a. O., pp. 3855–3894 / WA I, 19, 72–113.
Ders.: „Wider die himmlischen Propheten, von den Bildern und Sakrament" (1525). In: *Gesammelte Werke,* a. a. O., pp. 2591–2686 / WA I, 18, 62–83; 134–214.
Ders.: „Summarien über die Psalmen und Ursachen des Dolmetschens" (1533). In: *Gesammelte Werke,* a. a. O., pp. 3319–3328 / WA I, 38, 9–28.
Ders.: „Vom unfreien Willen" (1525). In: *Gesammelte Werke,* a. a. O., pp. 1952–2269 / WA I, 18, 600–787.
Ders.: „Von der Ordnung des Gottesdiensts in der Gemeinde" (1523). In: *Gesammelte Werke,* a. a. O., pp. 3847–3854 / WA I, 12, 35–37.

Ders.: „Vorrede zur Offenbarung Johannes“ (1522). In: *Gesammelte Werke*, a. a. O., pp. 3101–3106 / WA I, DB 7, 404.
Ders.: „Vom Kriege wider die Türken“ (1529). In: *Gesammelte Werke*, a. a. O., pp. 4506–4556 / WA I, 30 II, 107–148.
Ders.: „Die Thesen für fünf Promotionsdisputationen“ (1535–1537). In: *Gesammelte Werke*, a. a. O., pp. 2864–2906 / WA I, 1939 I, 14–53; 82–86; 202–204.
Ders.: „Vorlesung über den Römerbrief“ (1515/1516). In: *Gesammelte Werke*, a. a. O., pp. 449–731 / WA I, 56, 3–523.
Ders.: „Zweite Vorlesung über die Psalmen“ (1518/1521). In: *Gesammelte Werke*, a. a. O., pp. 1014–1049 / WA I, 5, 126–166.
Ders.: „Vorrede zur Apostelgeschichte“ (1533). In: *Gesammelte Werke*, a. a. O., pp. 3052–3058 / WA I, DB 6, 414–416.
Ders.: „Die Ablaßthesen und die Resolutionen“ (1517/1518). In: *Gesammelte Werke*, a. a. O., pp. 1113–1194 / WA I, 1, 530–628.
Ders.: „Vorrede zum Neuen Testament“ (1522). In: *Gesammelte Werke*, a. a. O., pp. 3041–3051 / WA I, DB 6, 2–10.
Ders.: „Sermon von dem Sakrament des Leibes und Blutes Christi, wider die Schwarmgeister“ (1526). In: *Gesammelte Werke*, a. a. O., pp. 2687–2735 / WA I, 19, 482–523.
Ders.: „Vorlesung über den Hebräerbrief“ (1517/1518). In: *Gesammelte Werke*, a. a. O., pp. 788–881 / WA I, 57, 5–236.
Ders.: „Wider das Papsttum zu Rom, vom Teufel gestiftet“ (1545). In: *Gesammelte Werke*, a. a. O., pp. 1648–1699 / WA I, 54, 228–263.
Ders.: „Bekenntnis der Artikel des Glaubens wider die Feinde des Evangeliums und allerlei Ketzereien (Vom Abendmahl Christi, Bekenntnis)“ (1528). In: *Gesammelte Werke*, a. a. O., pp. 2919–2967 / WA I, 26, 499–509.
Ders.: „Der kleine Katechismus“ (1529). In: *Gesammelte Werke*, a. a. O., pp. 3956–4001 / WA I, 30 I, 346–402.
Ders.: „Der große Katechismus“ (1529). In: *Gesammelte Werke*, a. a. O., pp. 1710–1951 / WA I, 30 I, 125–238.
Ders.: „Eine Predigt, daß man Kinder zur Schule halten solle“ (1530). In: *Gesammelte Werke*, a. a. O., pp. 4779–4834 / WA I, 30 II, 526–588.
Ders.: „Eine einfältige Weise zu beten, für einen guten Freund“ (1535). In: *Gesammelte Werke*, a. a. O., pp. 4095–4129 / WA I, 38, 358–373.
Ders.: „Von den guten Werken“ (1520). In: *Gesammelte Werke*, a. a. O., pp. 1221–1322 / WA I, 6, 204–250.
Ders.: „Ein Urteil Luthers über die Klostergelübde“ (1521). In: *Gesammelte Werke*, a. a. O., pp. 1601–1618 / WA I, 8, 323–329.
Ders.: „Von der babylonischen Gefangenschaft der Kirche“ (1520). In: *Gesammelte Werke*, a. a. O., pp. 1348–1465.
Ders.: „De captivitate Babylonica ecclesiae praeludium“ (1520). In: WA I, 6, 497–573.
Ders.: „Vorlesung über den Galaterbrief“ (1516/17). In: *Gesammelte Werke*, a. a. O., pp. 732–787 / WA I, 57, 5–108.
Ders.: „Vorrede zum Alten Testament“ (1523). In: *Gesammelte Werke*, a. a. O., pp. 2986–3011 / WA DB 8, 10–30.

Ders.: „Die Summe christlichen Lebens“ (1532). In: Gesammelte Werke, a. a. O., pp. 4045–4081 / WA I, 36, 352–375.
Ders.: „Vermahnung an die Geistlichen, versammelt auf dem Reichstag zu Augsburg“ (1530). In: *Gesammelte Werke*, a. a. O., pp. 1632–1647 / WA I, 30 II, 345–356.
Ders.: „Sermon über die zweifache Gerechtigkeit“ (1518). In: *Gesammelte Werke*, a. a. O., pp. 943–965 / WA I, 2, 145–152.
Ders.: „Eine Unterrichtung, wie sich die Christen in Mose schicken sollen“ (1525). In: *Gesammelte Werke*, a. a. O., pp. 3172–3203 / WA I, 24, 2–16.
Ders.: „Vorrede zu Band I der lateinischen Schriften der Wittenberger Luther-Ausgabe“ (1545). In: *Gesammelte Werke*, a. a. O., pp. 1067–1090 / WA I, 54, 179–187.
Ders.: „Die Heidelberger Disputation“ (1518). In: *Gesammelte Werke*, a. a. O., pp. 966–994 / WA I,1, 355–365.
Ders.: „Predigten“ (Zweiter Pfingsttag). In: *Gesammelte Werke*, a. a. O., pp. 5517–5530 / WA I, 37, 409–414.
Ders.: „Eine Heerpredigt wider den Türken“ (1530). In: *Gesammelte Werke*, a. a. O., pp. 4557–4607 / WA I, 30 II, 160–197.
Ders.: „Sermon über die zweifache Gerechtigkeit“ (1518). In: *Gesammelte Werke*, a. a. O., pp. 943–965 / WA I, 2, 145–152.
Ders.: „Die sieben Bußpsalmen“ (1525). In: *Gesammelte Werke*, a. a. O., pp. 3204–3318 / WA I, 18, 479–530.
Ders: „Bericht über die Verhandlungen in Augsburg mit Kardinal Cajetan“ (1518). In: *Gesammelte Werke*, a. a. O., pp. 1002–1013 / WA I, 2, 13–16.
Ders.: „Wider Hans Worst“ (1541). In: *Gesammelte Werke*, a. a. O., pp. 2810–2863 / WA I, 51, 472–536.
Ders.: „Erste Vorlesungen über die Psalmen“ (1513/1515). In: *Gesammelte Werke*, a. a. O., pp. 289– 448.
Ders.: „Von der Wiedertaufe an zwei Pfarrherrn“ (1528). In: *Gesammelte Werke*, a. a. O., pp. 2523–2590 / WA I, 26, 146–174.
Ders.: „Von weltlicher Obrigkeit, wie weit man ihr Gehorsam schuldig sei“ (1523). In: *Gesammelte Werke*, a. a. O., pp. 4348–4422 / WA I, 11, 246–280.
Ders.: „Von den Konzilen und der Kirche“ (1538). In: *Gesammelte Werke*, a. a. O., pp. 3721–3766 / WA I, 50, 606–650.
Ders.: „Ein kleiner Unterricht, was man in den Evangelien suchen und erwarten solle“ (1522). In: *Gesammelte Werke*, a. a. O., pp. 3369–3383 / WA I, 10 I,1, 8–18.
Ders.: „Von den Schleichern und Winkelpredigern“ (1532). In: *Gesammelte Werke*, a. a. O., pp. 3792–3816 / WA 30 III, 518–527.
Ders.: „Vorrede zum Psalter“ (1528). In: *Gesammelte Werke*, a. a. O., pp. 3030–3040 / WA DB 10 I, 98–104.
Ders.: „Vorrede zu Melanchthons Unterricht der Visitatoren an die Pfarrherrn im Kurfürstentum Sachsen“ (1528). In: *Gesammelte Werke*, a. a. O., pp. 3817–3829 / WA I, 26, 195–201.
Ders.: „Disputation über des Menschen Vermögen und Willen ohne die Gnade“ (1516). In: *Gesammelte Werke*, a. a. O., pp. 892–914 / WA I, 1, 145–150.
Luther, Martin: *Die deutschen geistlichen Lieder*, G. Hahn (Hg.). Tübingen 1967.

Luthers Epistel-Auslegung, Band 4: Der Galaterbrief. Vorlesung von 1531. Hermann Kleinknecht (Hg.). Göttingen, 2. Aufl. 1987.

Markuža, Jože: „Cerkovna ordninga in Trubarjeva Ekleziologija". In: *Primož Trubar. Simpoziji v Rimu,* a.a.O., pp. 71–76.

Matjaž, Maksimilijan: „Načela Trubarjevega prevajanja svetega pisma". In: *Primož Trubar. Simpoziji v Rimu*, a.a.O., pp. 341–354.

Mau, Rudolf (Hg.): *Evangelische Bekenntnisse*. Band 1. Bekenntnisschriften der Reformation und neuere theologische Erklärungen. Bielefeld 1997.

Melanchthon, Philipp: *Glaube und Bildung. Texte zum christlichen Humanismus*. Lateinisch / Deutsch. Günter R. Schmidt (Hg.). Stuttgart 2010 (= Reclams Universal-Bibliothek Nr. 8609).

Melanchthon, Philipp: *Loci Communes 1521*. Lateinisch – Deutsch. 2. durchgesehene und korrigierte Aufl. Horst Georg Pöhlmann (Hg.). Gütersloh 1997.

Melanchthon, Philipp: *Loci praecipui theologici.* Lipsiae 1556 (elektronische Version).

Melanchthon, Philipp: *Werke in Auswahl.* Robert Stupperich (Hg.). Band I–IX. Gütersloh 1951–1975. (Band II/1+2: „Loci praecipui theologici"; Band III: „Liber de anima"; Band IV: „Scholia in Epistolam Pauli ad Colossenses").

Melanchthon, Philipp: „Vnterſchid des Alten vnd Newen Teſtaments". In: *Summaria vber die gantze Bibel / das alte vnd newe Teſtament*, a.a.O., pp. [12–23].

Melanchthon, Philipp: „Fürneme vnterſchid zwiſchen reyner / Chriſtlicher lere des Euangelij / vnd der Abgöttiſchen Papiſten lere". In: *Summaria vber die gantze Bibel / das alte vnd newe Teſtament*, a.a.O., pp. [675–681].

Melanchthon, Philipp: „Chriſtlicher vnd kurtzer vnterricht / von vergebung der ſünden vnd ſeligkeit". In: *Summaria vber die gantze Bibel / das alte vnd newe Teſtament*, a.a.O., pp. [682–692].

Melanchthon: *Commentarii in Epistolam Pauli ad Romanos*, 1529.

Melanchthon, Philipp: *Catechesis puerilis.* Wittenberg 1545. Digitale Ausgabe.

Mitrović, Marija: *Geschichte der slowenischen Literatur.* Von den Anfängen bis zur Gegenwart. Aus dem Serbokroatischen übersetzt, redaktionell bearbeitet und mit ausgewählten Lemmata und Anmerkungen ergänzt von Katja Sturm-Schnabl. Klagenfurt – Ljubljana – Wien 2001.

Münscher, Wilhelm; Coelln, Daniel Georg Conrad; Neudecker, Christian Gotthold: *Lehrbuch der christlichen Dogmengeschichte*, Band 2, 2011.

Neumann, Horst: *Luther neu entdecken im 21. Jahrhundert.* Berlin 2014.

Neweklowsky, Gerhard: „Die südslawischen Standardsprachen". Wien 2010. (= Schriften der Balkan-Kommission. 51), pp. 37–49.

Novum Testamentum Graece. Kurt Aland, Matthew Black u.a. (Hg.), 27. revidierte Aufl. Stuttgart 1993.

Nüssel, Friederike: *Allein aus Glauben.* Zur Entwicklung der Rechtfertigungslehre in der konkordistischen und frühen nachkonkordistischen Theologie. Göttingen 2000 (= Forschungen zur systematischen und ökumenischen Theologie. Bd. 95).

Osredkar, Mari Jože: „Trubarjev nauk o opravičenju". In: *Primož Trubar. Simpoziji v Rimu*, a.a.O., pp. 129–143.

Paternu, Boris: „Primož Trubar – naš sodobnik“. In: *Letopis slovenske akademije znanosti in umetnosti*, 59. Knjiga, 2008. Ljubljana 2009, pp. 12–21.

Pogačnik, Jože: „Reformacija“. In: Ders., *Slovenska književnost I.* Ljubljana: Narodna in univerzitetna knjižnica 1998, pp. 83–122.

Pöhlmann, Horst Georg (Hg.): *Unser Glaube. Die Bekenntnisschriften der evangelisch-lutherischen Kirche*. Gütersloh, 5. Aufl., 2004 (= Gütersloher Taschenbücher 1289).

Press, Volker: „Württemberg und Österreich in der zweiten Hälfte des 16. Jahrhunderts – Der Hintergrund des Wirkens von Primus Trubar“. In: *Slovenci v evropski reformaciji*, a. a. O., pp. 125–148.

Protestantismus bei den Slowenen. Protestantizem pri Slovencih. Wien 1984 (= Wiener Slawistischer Alamanach. Sonderband 13).

Raecke, Jochen: „»Windisches« in der »Windischen Sprach« der Truberschen »Hishna postilla«“ In: *Ein Leben zwischen Laibach und Tübingen*, a. a. O., pp. 382–413.

Raeder, Siegfried: „Primus Trubers Lehre vom Abendmahl“. In: *Slovenci v evropski reformaciji*, a. a. O., pp. 149–164.

Raeder, Siegfried: „Herzog Christoph und seine Maßnahmen zur Kirchenordnung“. In: *Ein Leben zwischen Laibach und Tübingen*, a. a. O., pp. 56–69.

Raeder, Siegfried: „Die theologische Orientierung slowenischer Reformatoren“. In: *III. Trubarjev zbornik*, a. a. O., pp. 73–85.

Rajhman, Jože: *Teologija Primoža Trubarja*. Hg. Fanika Krajnc-Vrečko. Ljubljana 2008.

Rajhman, Jože: *Pisma slovenskih protestantov*. Briefe der slowenischen Protestanten. (= Korespondence pomembnih Slovencev. Epistolae Slovenorum illustrium. 11). Ljubljana 1997.

Rajhman, Jože: „Analiza dveh predgovorov (1557–1584)“. In: *16. stoletje v slovenskem jeziku, književnosti in kulturi*, a. a. O., pp. 151–158.

Rajhman, Jože: „Die Frömmigkeit im slowenischen Protestantismus des 16. Jahrhunderts“. In: *Ein Leben zwischen Laibach und Tübingen*, a. a. O., pp. 115–123.

Rajhman, Jože: *Pisma Primoža Trubarja*. (= Korespondence pomembnih Slovencev. Epistolae Slovenorum illustrium. 7). Ljubljana 1986.

Rajhman, Jože: „Zgodovinski okvir nastanka Trubarjevega katekizma iz leta 1550“. In: Ders., *Teologija Primoža Trubarja*, a. a. O., pp. 31–39.

Rajhman, Jože: „Trubarjeve zveze s švicarskimi reformatorji v dobi nastanka prve slovenske knjige“. In: Ders., *Teologija Primoža Trubarja*, a. a. O., pp. 51–66.

Rajhman, Jože: „Trubarjev stik z Bullingerjem v Eni dolgi predguvori“. In: Ders., *Teologija Primoža Trubarja*, a. a. O., pp. 75–83.

Rajhman, Jože: „Bernardova alegorija v Trubarjevi Eni dolgi predguvori“. In: Ders., *Teologija Primoža Trubarja*, a. a. O., pp. 85–94.

Rajhman, Jože: *Prva slovenska knjiga v luči teoloških, literarno-zgodovinskih, jezikovnih in zgodovinskih raziskav*. Ljubljana 1977.

Rajhman, Jože: *Trubarjeva ena dolga predguvor*. Reprint. Ljubljana 1986.

Rajhman, Jože: „Razvoj Trubarjeve teološke misli (1557–1575)“. In: *Slovenci v evropski reformaciji*, a. a. O., pp. 165–172.

Reich, Angelika: *Übersetzungsprinzipien in den deutschsprachigen liedhaften Gesamtpsaltern des 16. und 17. Jahrhunderts*. Regensburg 1977.

Reformacija na slovenskem (ob 500-letnici Trubarjevega rojstva). Aleksander Bjelčevič (Hg.). Ljubljana 2010 (= Obdobja 27).

Die Religion in Geschichte und Gegenwart. Handwörterbuch für Theologie und Religionswissenschaft. Dritte, völlig neu bearbeitete Aufl. Kurt Galling (Hg.). Tübingen 1957–1965.

Rigler, Jakob: *Začetki slovenskega knjižnega jezika.* The Origins of the Slovene Literary Language. (= Razred za filološke in literarne vede. Classis II, Dela 22). Ljubljana: SAZU 1968.

Rotar, Janež: „Das Wirken Primus Trubers für den kroatischen und kyrillischen Druck". In: *Slovenci v evropski reformaciji,* a. a. O., pp. 173–202.

Rozman, France: „Kako je Trubar prevajal Sveto pismo". In: *Bogoslovni vestnik* 46 (1986), pp. 227–240.

Rublack, Hans-Christoph: „Lutherische, oberdeutsche und schweizerische Reformationen in Südwestdeutschland". In: *Ein Leben zwischen Laibach und Tübingen,* a. a. O., pp. 46–55.

Rupel, Mirko: *Slovenski protestantski pisci,* 2. ergänzte Aufl., Ljubljana 1966.

Rupel, Mirko: *Primož Trubar. Življenje in delo.* Ljubljana 1962.

Rupel, Mirko: *Primus Truber. Leben und Werk des slowenischen Reformators.* Deutsche Übersetzung und Bearbeitung: Balduin Saria. München 1965.

Rupel, Mirko: „Razvoj reformacije na Slovenskem". In: *Zgodovina slovenskega slovstva,* Band 1. Ljubljana 1956, pp. 197–205.

Saje, Andrej: „Trubarjev odnos do papeža". In: *Primož Trubar, Simpoziji v Rimu,* a. a. O., pp. 67–69.

Sakrausky, Oskar: *Primus Truber. Deutsche Vorreden zum slovenischen und kroatischen Reformationswerk.* Wien 1989. (= Studien und Texte zur Kirchengeschichte und Geschichte. Fünfte Reihe, Bd. 1).

Sakrausky, Oskar: „Primus Trubers deutsche Widmungsreden zum slowenischen und kroatischen Reformationsschrifttum". In: *16. stoletje v slovenskem jeziku, književnosti in kulturi,* a. a. O., pp. 139–149.

Saria, Balduin: „Die slowenische Reformation und ihre Bedeutung für die kulturelle Entwicklung der Slowenen". In: *Abhandlung über die slowenische Reformation,* a. a. O.

Šegula, Andrej: „Trubarjeva odvisnost od Luthra, Kalvina in Zwinglija". In: *Primož Trubar. Simpoziji v Rimu,* a. a. O., pp. 229–241.

Schilling, Heinz: „Reformation – Umbruch oder Gipfelpunkt eines Temps des Réformes?". In: Moeller, Bernd (Hg.): *Die frühe Reformation in Deutschland als Umbruch.* Heidelberg 1998, pp. 13–34.

Schilling, Heinz: „Die konfessionelle Entwicklung im Reich zwischen 1555 und 1600". In: *Ein Leben zwischen Laibach und Tübingen,* a. a. O., pp. 37–45.

16. stoletje v slovenskem jeziku, književnosti in kulturi. Ljubljana 1986. (= Obdobja 6).

Schorn-Schütte, Luise: *Die Reformation. Vorgeschichte – Verlauf – Wirkung.* München 1996.

Septuaginta. Id est Vetus Testamentum graece iuxta LXX interpretes. Alfred Rahlfs (Hg.). Stuttgart 1979.

Simoniti, Primož: „K vprašanju razmerja med humanizmom in reformacijo". In: *Protestantismus bei den Slowenen,* a. a. O., pp. 89–102.

Sleidanus, Johannes: *De statu religionis et rei publicae Carolo V. Caesare commentarii.* 1556.

Slovenci v evropski reformaciji šestnajstega stoletja. Die Slowenen in der europäischen Reformation des sechzehnten Jahrhunderts. Ljubljana 1986.

Smolik, Marjan: „Luthers Kirchenlieder in Trubers Gesangbüchern". In: *Ein Leben zwischen Laibach und Tübingen*, a. a. O., pp. 278–288.

Smolik, Marijan: *Odmev verskih resnic v slovenski cerkveni pesmi od začetkov do konca 18. stoletja*. Ljubljana 1963.

Stanovnik, Majda: „Truber und das Problem der literarischen Übersetzung". In: *Ein Leben zwischen Laibach und Tübingen*, a. a. O., pp. 363–381.

Sturm-Schnabl, Katja: „Die Rolle der Literatur- und Sprachwissenschaft bei der Affirmation der slowenischen nationalen Identität". In: http://www.inst.at/trans/6Nr/sturm.htm (November 2009).

Theologische Realenzyklopädie. Studienausgabe, Teil II. Hg. Gerhard Müller u. a. Berlin 2006.

Primož Trubar: *Catechiſmus In der Windiſchenn Sprach / ſambt einer kürtzen Außlegung in geſang weiß. Item die Litanai vnd ein predig vom rechten Glauben / geſtelt / durch Philopatridum Illiricum [1550]. Faksimile-Ausgabe: Primož Trubar, Catechismus 1550,* nach dem Exemplar der Österreichischen Nationalbibliothek in Wien. Aleksander Zorn (Hg.). Ljubljana 2000.

Primož Trubar: *Cerkveni red (1564). Znanstvenokritična izdaja dela Cerkovna ordninga z znotrajjezikovnim prevodom v sodobni slovenski knjižni jezik*. Kozma Ahačič (Hg.). Ljubljana 2014.

Primož Trubar: *Ena dolga predguvor k novemu Testamentu*. Reprint po originalih iz Narodne in univerzitetne knjižnice v Ljubljani in knjižnice Edvarda Kardelja v Celju. Ljubljana 1986.

Primož Trubar. Simpoziji v Rimu. Ljubljana 2009.

Primož Trubar: *Catechismus v slouenskim Iesiku sano kratko sastopno Islago*. Tübingen 1555. Faksimile-Ausgabe: Primož Trubar, *Catechismus 1555*. Miha Kovač (Hg.). Ljubljana 1992.

Primož Trubar: *Abecedarium vnd der klein Catechiſmus In der Windiſchen Sprach*. Faksimile-Ausgabe: Primož Trubar, *Abecednik* (1550). Slovenj Gradec 2008 (= Zbirka Trubar v sodobnem jeziku. 1. zvezek).

Primož Trubar: *Articvli oli deili te prave stare vere kerszhanske, is s. pysma poredu poſtauleni inu kratku ſaſtopnu islosheni.... Drey Chriſtliche Confeſſionen / namlich Augſpurgiſche / Wirtembergiſche vnd Sächſiſche / ... / auß Latein vnd Teutſch / in diß Windiſch Buch zuſamen gezogen*. Tübingen 1562.

Primož Trubar: *Catehismus z dveima izlagama, ena pridiga od starosti te prave inu krive vere*. Tübingen 1575.

Trubar, Primož; Krelj, Sebastian: *Ta celi Catehismus, eni psalmi, inu teh vekshih Godov, stare inu nove kerszhanske pejsni*. Vitemberg 1584. Faksimile: Ljubljana 1984.

III. Trubarjev zbornik. Prispevki z mednarodnega znanstvenega simpozija „Reformacija na slovenskem". Ljubljana 1996.

Turnšek, Marjan: „Trubarjev nauk o krstu". In: *Primož Trubar. Simpoziji v Rimu,* a. a. O., pp. 145–154.

Vera in hotenja. Študije o Primožu Trubarju in njegovem času. Sašo Jerše (Hg.). Ljubljana 2009.

Vinkler, Jonatan: „Primož Trubar in schwenckfeldijanstvo“. In: *Vera in hotenja*, a. a. O., pp. 243–254.

Weismann, Christoph: *Die Katechismen des Johannes Brenz*. 1. Die Entstehungs-, Text- und Wirkungsgeschichte. Berlin 1990. (= Spätmittelalter und Reformation. Texte und Untersuchungen. Band 21). Anhang: Text 1, Fragstücke 1528.

Zgodovina slovenskega slovstva. Bd. 1: Do začetkov romantike. Lino Legiša, Alfonz Gspan (Hg.). Ljubljana 1956.

Namensindex